제5판

청소년비행론

Juvenile
Delinquency

김준호
노성호
곽대경
박성훈
박여주
박정선
박철현
송효종
이동원
이성식
최수형
황지태

박영사

5판을 내면서

이번 개정판은 제4판 출간 이후 7년 만에 이루어진 것으로, 초판이 출간된 이후로는 벌써 20년이라는 세월이 지났다. 그동안 사회는 물론 학문적 환경도 크게 변화하였고, 청소년 문제를 바라보는 시각과 접근 방식 또한 점차 폭넓어지고 있다. 그럼에도 불구하고 이 책이 한국의 청소년 비행을 이해하는 데 있어 고유한 이론적 토대와 경험적 근거를 바탕으로 하고 있으며, 관련 분야의 연구와 실무에 의미 있는 역할을 수행해 왔다고 여겨진다.

다만 초고가 작성된 이후 시간이 오래 지난 만큼, 그간 축적된 최신 연구 성과나 급변하는 사회 현실을 미처 담아내지 못한 부분들이 있었다. 이에 이번 제5판에서는 내용 전반을 재검토하고, 최신 연구 동향과 사회적 변화를 적극적으로 반영하는 방향으로 개정 작업을 진행하였다. 또한, 이번 개정 작업에는 고려대학교 송효종 교수님과 대구대학교 박여주 교수님이 새로 참여하였다. 두 교수님의 전문적인 견해와 소중한 조언이 이번 개정판의 완성도를 높이는 데 큰 도움이 되었다.

또한 각 장의 내용이 방대하고 문장이 다소 어렵게 구성되어 독자들이 이해하기 어렵다는 지적이 있었던 점을 고려하여, 제5판에서는 전체 내용을 다시 살펴보고 최근 연구 동향과 통계 자료를 반영하며, 보다 명확하고 쉽게 읽히는 표현으로 다듬는 작업에 중점을 두었다. 불필요한 중복이나 지나치게 학술적인 서술은 정리하고, 문장의 흐름과 표현의 통일성도 개선하려고 하였다.

특히 2018년 제4판 이후 7년 동안 우리 사회는 큰 변화를 겪었다. 디지털 기술의 급속한 발전과 함께 청소년들의 일상에 스마트폰과 SNS가 깊숙이 자리 잡았고, 장기간에 걸친 코로나19 팬데믹은 이들의 사회적 관계와 학습 환경에 본질적인 변화를 일으켰다. 더불어 인공지능 기술의 대중화와 이에 따른 새로운 형태의 디지털 범죄 등이 등장하면서, 청소년을 둘러싼 환경은 과거와는 완전히 다른 수준으로 복잡하고 빠르게 변화하고 있다.

이로 인해 청소년 비행 역시 사이버 공간을 중심으로 한 새로운 양상을 보이고 있으며, 이는 다양한 사회적 요인들과 복합적으로 연결되어 나타나고 있다.

이번 개정판은 이러한 변화들을 반영하여 최신 통계자료를 통해 오늘날 청소년 비행의 실태를 제시하고, 이를 다양한 이론적 관점에서 체계적으로 설명하며, 현재 시행되고 있는 정책들과 제도적 대응 방안을 소개하고자 하였다. 이 과정에서 학문적 깊이를 유지하면서도 실무 현장에서의 활용 가능성을 고려하였으며, 궁극적으로는 변화된 시대 속에서 청소년들을 이해하고 돕는 데 도움이 되기를 기대한다.

마지막으로 이번 개정판 출간에 지원을 아끼지 않으신 박영사 관계자 여러분께도 깊은 감사를 드린다.

2025년 8월

저자 일동

차례

PART 01

청소년 비행의 개관: 개념, 실태, 이론

CHAPTER

01 청소년과 청소년 비행

SECTION 01 청소년기의 특성

'청소년'이라고 하면 '문제'라는 단어가 연상될 정도로, 많은 어른은 청소년과 그들의 행동을 일정한 틀에 맞춰 평가하려는 경향이 있다. 또한 청소년에 대한 평가는 극단적으로 갈리는 경우가 많아, 어떤 관점이 옳은지 단정 짓기가 쉽지 않다. 사실, 청소년을 특정한 성격으로 정의하는 문제는 단순히 개념을 정의하는 것을 넘어선다. 청소년을 어떻게 바라보느냐에 따라 그들의 문제를 해결하기 위한 접근 방식과 전략도 달라질 수 있기 때문이다. 따라서 청소년을 이해하기 위해서는 청소년기를 바라보는 다양한 관점을 살펴볼 필요가 있다.

청소년을 바라보는 시각은 크게 두 가지로 나뉜다. 하나는 청소년기를 '반항의 시기'로 보는 입장이고, 다른 하나는 '순응의 시기'로 간주하는 입장이다. 먼저, 청소년기를 반항의 시기로 보는 관점을 살펴보자. 청소년기를 상징하는 대표적인 개념으로 흔히 '질풍노도'가 언급된다. 이는 1904년 홀(Hall)이 주장한 견해로, 청소년기를 이해하는 일반인의 시각에 큰 영향을 미쳤다. 홀은 청소년기를 인생에서 특별한 시기로 본 첫 번째 학자이다.

그는 청소년을 갈등하고 방황하며 반항하는 존재로 보았으며, 이러한 과정은 자연스럽고 필수적이라고 주장했다. 또한 이러한 특성은 사회문화적 차이를 넘어 전 인류에게 공통으로 나타나는 보편적 현상이라고 설명했다. 청소년기가 '질풍노도의 시기'로 불리며 혼란스러운 단계로 간주하는 이유를 청소년기가 인간의 성장 과정에서의 과도기적 단계를 반영하기 때문이라고 해석했다. 구체적으로 아동도 성인도 아닌 모호한 위치에 있는 청소년은 자아의식과 현실 적응 사이에서 갈등을 겪으며, 소외감, 외로움, 혼란의 감정을 경험하게 되고, 이로 인한 긴장과 혼란이 청소년기를 질풍노도의 시기로 만든다는 것이다.

이러한 관점은 정신분석학적 입장에서도 지지된다. 프로이트(Freud)는 인간의 심리적 발달을 다섯 단계로 나누었다. 출생 후 약 1세까지를 구강기, 1세에서 3세까지를 항문기, 3세에서 5~6세까지를 남근기, 5~6세에서 12세까지를 잠복기, 12세 이후를 생식기로 분류하였다. 그에 따르면, 세 번째 단계인 남근기에 인간의 기본적인 성격이 형성되는데, 이 시기에는 아이가 이성 부모에게 느끼는 성적 애착으로 인해 동성 부모와 갈등이 생기는데, 이를 남자아이의 경우 오이디푸스 콤플렉스(Oedipus complex)라고 하고, 여자아이의 경우 엘렉트라 콤플렉스(Electra complex)라고 한다. 이러한 갈등을 해결하는 방법이 동성 부모에 대한 동일시이며, 이러한 동일시를 통해 초자아가 형성되고 성역할을 습득하게 된다. 각 심리적 발달단계에서 문제없이 순조롭게 발달한 사람은 이후 타인에 대한 관심과 이타적인 성향을 가지며 성숙한 인격체로 성장한다. 그러나 남근기를 성공적으로 지나지 못하고 동성 부모와의 동일시에 혼란을 겪은 아동은 생식기에 이르러 성적 에너지를 합당하고 적절하게 처리할 능력을 갖추지 못하게 되고, 이에 따라 권위에 반항하거나 비행행동을 보이거나, 원만한 이성 관계를 형성하지 못하는 경향이 나타난다. 또한 프로이트는 청소년기 이후에 개인이 성취해야 할 발달 과업으로 '부모로부터의 독립'을 제시하였다. 부모와의 유대와 갈등에서 벗어나, 독립된 자기의 인생을 확립하는 것이 성인으로 성장하는 핵심이라고 보았다.

청소년기에 대한 두 번째 견해는 반두라(Bandura, 1964)를 중심으로 전개된다. 반두라는 청소년이 홀(Hall)의 견해처럼 반드시 '질풍노도의 시기'를 겪는 것은 아니며, 더 나아가 겪을 필요조차 없다고 주장한다. 그의 견해에 따르면, 성인은 청소년의 행동에 지나치게 관심을 가지고 관찰하며, 이를 과장하는 경향이 있다. TV와 같은 대중매체는 청소년 행동에 대해 예언적 역할을 수행하는데, 청소년의 행동 특성을 전형화시켜 일반화하고,

이를 하나의 고정된 틀로 만들어 모든 청소년문제를 그 틀에 맞추려고 한다. 이처럼 대중매체가 만든 틀은 청소년을 바라보는 고정된 시각이 되고, 이 틀에서 벗어나는 행동이나 특성은 무시된다. 그 결과 청소년은 성인이 만들어 놓은 관념에 맞춰서 행동하게 되는 역설적인 상황이 벌어진다. 즉 기성세대가 만들어 낸 '낙인찍힌 청소년 행동 특성'이 다시 청소년에게 피드백되어 청소년은 그 틀에 맞게 행동하도록 강요하는 역할을 하게 된다는 것이다. 청소년은 자신의 내면세계를 중요시하면서 동시에 또래 집단에 속하고자 하는 이중적인 욕구를 가지고 있기에, 대중매체가 만들어 낸 또래 집단 특성에 자신을 포함하려는 경향성을 가지게 되고, 이는 그들이 자유롭게 행동하지 못하게 제약하는 요소로 작용한다. 반두라의 주장을 받아들인다면, '질풍노도의 시기'로 묘사되는 청소년기는 성인과 대중매체가 만들어 낸 각색된 모습에 불과하며, 실제 청소년의 본질과는 거리가 멀다고 할 수 있다.

이처럼 대립하는 두 가지의 견해를 모두 포괄하는 제3의 관점이 존재하는데, 청소년기를 정체성 개념을 중심으로 발달론적 관점에서 살펴본 에릭슨(Erikson)의 견해가 여기에 해당한다. 에릭슨은 청소년기가 질풍노도의 시기로 나타날 가능성을 충분히 인정한다. 그렇지만 인간은 전 생애를 통해 단계마다 그 단계의 고유한 위기를 겪고 이를 극복하며 발달 과업을 이루어야 하므로, 청소년기만이 특별히 힘들고 넘기기 어려운 격동기가 되어야 할 이유는 없다는 것이 그의 주장이다. 에릭슨에 따르면, 청소년기는 아동기와 성인기 사이에 놓인 심리적 유예기간으로서의 의미를 가지는 시기이다. 이는 청소년기가 청소년이 진정한 자신을 찾기 위해 노력하며, 자신에 대한 중요한 결정을 잠시 보류할 수 있는 시기라는 뜻이다. 정체성을 탐색하는 오랜 과정은 고통스럽게 느껴질 수 있지만, 이러한 과정은 궁극적으로 더 높은 수준의 인격적 통합을 이루는 데 필수적이다. 즉, 청소년기는 자신의 정체성을 형성하고 미래를 준비하기 위한 중요한 전환기로 볼 수 있다.

정체성이 확립되기 위해서는 자아개념과 자존감의 발달 과정이 필요하다. 자아개념의 발달은 자신을 깨닫는 과정이며, 자존감은 자아에 대한 긍정적 또는 부정적 평가로 이루어지는 것으로서 이 두 가지는 청소년의 정신건강에 큰 영향을 미치며, 개인의 적응력과도 밀접하게 연관된다. 모든 인간은 자존감에 대한 욕구를 가지고 있으며, 이 욕구가 충족되면 자신을 가치 있는 존재로 인식하며 유용감을 느낀다. 그러나 욕구가 충족되지 못하면 열등감을 느끼고 자신에 대해 부정적인 감정을 가지게 된다(Maslow, 1965). 이러한 부정적 감정은 문제행동을 유발할 수 있으며, 나아가 정신질환으로 이어질 가능성도 있다. 또한 자기 자신에 대한 낮은 자존감은 부정적 정체성과 연결될 수 있는데, 마르시아(Marcia, 1966)는 부정적 정체성을 부모의 가치관이나 사회적 가치관과 정반대되는 자아 개념으로 정의했다. 부정적 정체성은 부모나 사회로부터 긍정적인 강화나 지지를 받지 못할 때 형성되기 쉽다. 소년범죄자나 문제행동을 보이는 청소년은 이러한 부정적 정체성을 형성한 사례로 볼 수 있다. 이들은 사회적으로 용인되는 행동을 내면화할 기회를 충분히 얻지 못했기 때문에, 사회적 가치에 반하는 태도나 행동에 자신을 동일시하고 이를 자기 암시하는 등의 악순환을 겪으며 부정적 정체성을 형성하게 되는 것이다.

이와 같은 에릭슨의 '정체성' 개념은 청소년의 문제행동을 바라보는 기존의 관점을 변화시킬 수 있다. 일반적으로, 정체성 위기를 성공적으로 해결하지 못한 청소년은 자신의 자아에 대해 안정적이고 통합된 견해를 가지는 데 실패한 상태인 정체성 위기를 경험하게 된다. 이러한 정체성 위기의 개념은 가출청소년, 중퇴자, 퇴학자, 일탈행동을 보이는 청소년 등 다양한 청소년문제를 이해하는 데 큰 도움을 준다. 에릭슨의 정체성 위기 개념이 소개되기 전에는 이러한 청소년이 일반적으로 '비행 청소년'이나 '문제아'로 낙인찍혔다. 정체성 위기 개념은 이러한 청소년이 안고 있는 문제를 좀 더 긍정적인 시각에서 바라볼 수 있게 해 주었다. 사실 비행 청소년뿐만 아니라 모든 청소년이 정체성 위기를 경험한다. 단지 어떤 청소년은 다른 이들보다 좀 더 쉽게 이 위기를 극복하는 반면, 일부는 다양한 이유로 위기를 극복하는 데 어려움을 겪을 뿐이다. 청소년이 자기를 발견하려는 노력은 여러 가지 형태로 나타날 수 있다. 청소년기는 자기를 탐구하고 발견하는 적극적인 시기로, 자기를 발견하려는 노력은 복종, 동조, 반항 등의 다양한 행동으로 표출될 수 있다. 따라서 청소년기를 단순히 질풍노도의 시기로 간주하거나, 반대로 순응의 시기로 못 박을 필요는 없다.

개인의 정체성의 확립은 사회적 진공 상태에서 이루어지지 않기 때문에, 개인의 신념, 가치, 역할에서의 안정성과 통일성, 독특성과 연속성은 사회문화적 배경에서 자유로울 수 없다. 즉, 개인의 정체성은 현존하는 사회의 성격, 즉 그 사회를 지배하는 이데올로기의 영향을 받게 된다. 따라서 청소년은 종종 기성세대가 예견하고 매스컴이 전달하는 부정적인 고정관념에 자기 행동을 맞추는 경향을 보인다. 만약 한 사회가 청소년의 정체성 확립 과정에서 일시적으로 나타날 수 있는 방황과 반항을 과도하게 해석하고 이를 청소년

다움으로 규정한다면, 청소년은 그에 맞는 자기 인식을 형성하게 되고, 그의 행동 역시 그러한 방향으로 흘러갈 가능성이 크다. 에릭슨의 주장처럼, 우리는 청소년을 바라보는 관점을 바꿀 필요가 있다. 청소년의 문제행동을 무조건 확대 해석하거나 과도하게 주목해서는 안 되며, 반대로 그들의 일탈행동을 정당화하고 방관해서도 안 된다.

우리에게 필요한 것은 청소년에 대한 긍정적인 시각과 적극적인 이해의 자세이다. 이를 통해 청소년 문제행동에 대한 효과적인 대처를 위한 전략의 방향성을 결정할 수 있을 것이다. 만약 청소년기가 반항의 시기로 나타난다면, 문제행동에 대해 보다 강력한 대처방안을 마련해야 할 것이다. 그러나 청소년기가 자기 발견과 발전을 위한 시기라면, 그 노력의 과정에서 순응이나 반항 같은 행동이 나타날 수 있음을 인정하고, 또한 청소년에 대한 부정적 시각이 단지 고정관념에 지나지 않는 것이라면, 좀 더 유연한 대처방안을 선택하고, 청소년에 대한 신뢰를 제공해야 할 것이다.

SECTION 02 청소년 비행의 개념

청소년에 대한 시각이 어떻든 간에, 청소년기가 문제행동이 많이 나타나는 시기라는 점에는 이견이 거의 없다. 청소년의 발달적 특징과 환경의 상호작용 속에서 나타나는 청소년의 행동은, 적어도 어른의 관점에서는 문제행동으로 간주되곤 한다. 하지만 이러한 문제행동 중에서 무엇이 청소년 비행으로 정의될 수 있는지에 대해서는 다양한 시각이 존재한다. 먼저 청소년문제와 관련된 몇 가지 주요 개념을 살펴볼 필요가 있다.

1 일탈행동

청소년 비행을 이해하기 위해서는 먼저 일탈행동이 무엇인지 파악할 필요가 있다. 일탈행동이란 사회의 규범에서 벗어난 행동을 의미한다. 모든 사람이 공통으로 받아들일 수 있는 정의를 내리기 어렵지만, 사회 규범이란 한 사회의 특정 행동이 바람직한지, 바람직하지 않은지를 판단하는 다수가 지닌 도덕적 기준이라고 잠정적으로 정의할 수 있다. 그렇지만 이러한 정의는 문제를 초래할 가능성이 있다. 한 사회를 구성하는 구성원 사이에 가치 합의의 존재 여부에 따라 규범의 성격이 달라질 수 있기 때문이다. 만약 구성원 간에 상당한 수준의 가치 합의가 이루어진 사회라면, 규범은 다양한 행동을 판단하는 도덕적 기준이 될 수 있으며, 이를 통해 사회적 구속력을 발휘할 수 있다. 이러한 규범이 존재하는 사회에서는 일탈행동을 정의하는 일이 비교적 쉬운데, 규범에서 벗어난 행동, 즉 규범에 비추어 바람직하지 않은 모든 행동을 일탈행동으로 간주할 수 있다.

그러나 사회에 가치 합의가 존재하지 않는다면, 상황은 훨씬 복잡해진다. 합의된 규범이 존재하는 것이 아니라 사회를 구성하는 다양한 집단에 따라 서로 다른 규범들이 존재할 수 있다면, 누구의 기준에 따라 일탈행동을 정의해야 하는지의 문제가 발생한다. 예를 들어, 눈이 두 개인 사람이 눈이 하나뿐인 사회로 간다면, 두 눈을 가진 것 자체가 이상하게 보일 수 있다. 반대로 눈이 하나뿐인 사람이 눈이 두 개인 사회로 간다면, 그 사람 역시 이상하게 비칠 것이다. 하지만 눈이 두 개인 사람과 하나뿐인 사람이 함께 사는 사회에서는 어떤 모습이 이상한 것인지에 대한 가치 합의를 이루기가 어렵다. 이처럼 이러한 사회에서는 일탈행동도 상황과 맥락에 따라 달리 정의될 수 있다. 이를 설명하기 위해 1970~1980년대 운동권 학생의 사례를 들어보자. 당시 집권 세력의 입장에서 학생운동은 대표적인 일탈행동으로 간주되었다. 그러나 운동권 학생의 입장에서 보면, 당시 집권 세력은 독재 정권이었고, 학생운동을 탄압하는 그 행위 자체가 일탈행동으로 규정될 수 있었다.

일탈행동은 사회 규범이라는 기준에 따라 상대적으로 정의될 수 있는 성격을 지닌다. 이 때문에, 다양한 일탈행동 이론 역시 각 이론이 기반으로 삼고 있는 사회이론의 영향을 받는다. 예를 들어, 구조기능론에 기반한 일탈행동 이론은 사회에 가치 합의를 바탕으로 한 사회 규범이 존재한다고 가정하며, 이러한 규범에서 벗어난 행동을 총칭하여 일탈행동이라고 정의한다. 반면 갈등론에 입각한 일탈행동 이론은 절대적인 의미에서 일탈행동은 존재할 수 없다고 본다. 갈등론은 "어떤 행동이, 어떤 사회에서, 왜, 누구를 위해, 그리고 누가 일탈행동으로 규정하는가?"에 관심을 둔다.

대부분의 일탈행동에 대한 관점은 다소 보수적인 시각에서 출발한 경우가 많다. 일탈행동이라는 용어 자체가 함축하듯, 일탈행동은 정도를 벗어난 행동이기 때문에 바람직하지 못한 행동이라는 의미를 내포하고 있으며, 이러한 행동을 적절한 대책을 통해 해결해야 한다는 의도가 암묵적으로 전제되어 있다. 이러한 이론들은 대체로 구조기능론이나 균형이론에서 출발한 것으로서, 사회에 가치 합의가 존재하며, 이 가치 합의에 기반한 행동 기준인 사회 규범이 사회구성원이 따라야 할 기준이라고 본다. 그리고 이 규범에서 벗어난 행동을 일탈행동으로 간주한다. 구조기능론적 관점은 일탈행동이 사회의 안정, 균형, 질서, 통합을 위협한다고 보며, 이를 해결하기 위해서는 일탈행동의 실태를 정확히 파악하고 원인을 밝혀야 한다고 주장한다. 따라서, 일탈행동에 대한 연구는 그 실태와 원인을 규명하고 적절한 대책을 모색하는 데 초점을 맞춘다고 할 수 있다.

② 범죄

사회에는 다양한 규범이 존재하며, 이에 따라 일탈행동에도 여러 유형이 나타난다. 그 중 하나가 바로 청소년 비행이다. 예를 들어, "어른에게 인사해야 한다"라는 규범과 "살인하지 말라"라는 규범이 존재한다. 이 두 가지 모두 규범에 해당하지만, 규범 위반에 따른 사회적 반응의 정도에는 차이가 존재한다. 어른에게 인사를 하지 않는 일탈행동에 대한 처벌은 보통 꾸지람과 같은 약한 수준에 그친다. 반면 살인과 같은 심각한 규범 위반에는 사형과 같은 가장 무거운 처벌이 내려질 수 있다. 이러한 맥락에서 어떤 규범을 위반했는지에 따라 다양한 유형의 일탈행동이 존재하며, 그중 대표적인 것이 범죄라고 할 수 있다.

범죄란 법이라는 규범을 위반하는 일탈행동을 말한다. 특히 법 규범 중에서도 형법을 위반한 행동을 일반적으로 범죄로 정의한다. 따라서 범죄를 이해하기 위해서는 먼저 형법이 무엇인지 규정할 필요가 있다. 이재상(2003: 3)은 형법을 "범죄와 범죄에 대한 법률효과인 형벌 또는 보안처분을 규정하는 법 규범의 총체"라고 설명한다. 이 정의에서 알 수 있듯이, 형법은 어떤 행위가 범죄 요건이 되는지를 규정하는 동시에, 그 행위에 어떤 처벌이 이루어질지를 규정하는 법이다. 따라서 형법은 다양한 일탈행동이 어떠한 요건을 갖추어야 범죄로 간주되는지 명확히 규정해 놓은 법 규범이라고 할 수 있다.

어떠한 행위가 범죄로 규정되는가에 대한 논의는 형법학자의 영역이라고 할 수 있다. 그러나 사회학적 관점에서 보면, 어떠한 행위가 범죄로 성립한다고 규정하는 형법 역시 상대적인 성격을 가질 수밖에 없다. 형법의 범죄 구성요건에 대해서도 사회구성원 사이에 가치 합의가 존재할 수도, 존재하지 않을 수도 있기 때문에 형법도 주관적이고 상대적인 성격을 내포한다. 여기서 중요한 점은 법의 주체가 국가라는 사실이다. 가치 갈등이 극심한 사회일지라도 특정 집단이 국가권력을 장악하게 되면, 그 집단의 가치가 법 규범이라는 형태로 나타나게 되고, 이 경우 집단의 가치 기준에 의해서 범죄 구성요건이 규정될 수 있다. 이를 구조기능론과 갈등이론의 관점에서 살펴보면 다음과 같다. 구조기능론적 관점에서는 범죄란 사회의 핵심적인 가치 기준, 즉 붕괴되면 사회의 질서와 안정이 심각하게 위협받을 수 있는 가치 기준을 위반한 일탈행동이 범죄로 정의된다. 반면 갈등이론적 관점에서는 지배 집단의 이익을 보호하기 위해 형법이라는 도구가 사용되며, 이를 통해 지배집단의 이익에 반하는 사회적 행동이 범죄로 규정된다고 본다.

형법은 특정한 구성 요건을 충족하는 행위를 범죄로 규정할 뿐만 아니라, 이러한 행위에 대한 처벌도 규정한다. 처벌을 실행하기 위해서는 강제성이 전제되며, 강제성에는 물리적 힘이 요구된다. 국가는 형사사법기관을 통해 물리적 강제력을 독점한다. 경찰, 검찰, 법원, 교도소와 같은 형사사법기관은 국가로부터 물리적 강제력을 위임받아, 범죄를 저지른 사람을 처벌할 권한을 가진다. 사회가 안정될수록 물리적 강제력은 사회적 정당성을 얻을 수 있다. 반면 사회가 극도로 혼란스럽고, 구성원 간에 가치 합의가 없을 때는 물리적 강제력은 정당성을 잃게 된다. 이 경우 정당성을 잃은 물리적 힘만 남게 되며, 형법은 권위를 상실하고 사회성원을 탄압하는 도구로 전락할 위험이 있다.

3 청소년 비행

대표적인 일탈행동 중 하나인 청소년 비행의 개념 규정은 쉽지 않다. 청소년 비행은 청소년에게 기대되는 규범에서 벗어난 일탈행동으로 정의할 수 있다. 형법에서 범죄를 규정할 때는 범죄 구성요건 중에서 범죄자가 책임을 질 수 있는 상태인지가 고려되기도 하지만, 일반적으로 범죄는 행위자보다 행위를 중심으로 정의된다. 반면 청소년 비행은 청소년이라는 행위자를 중심으로 규정되기 때문에, 청소년의 범위를 논의하는 것이 개념 정의의 출발점이다. 기존의 소년법은 12세 이상 20세 미만의 청소년을 대상으로 했으나,

청소년 비행의 저연령화와 심각화 추세를 반영할 필요성이 제기되어, 2007년 개정된 소년법에서는 적용 대상을 10세 이상 19세 미만으로 조정하였다.

청소년 비행을 논의할 때, 청소년의 나이뿐만 아니라 어떤 행위가 청소년 비행으로 간주되는지에 대해서도 의견이 분분하다. 여기에는 청소년 비행과 법적 개념인 소년범죄가 어떻게 다른지의 문제도 따른다. 예를 들어, 중·고등학생의 가벼운 음주나 흡연은 청소년 비행으로 간주될 수 있지만, 소년범죄에는 해당하지 않는다. 따라서 청소년 비행은 소년범죄를 포함하는 더 넓은 개념으로 볼 수 있다. 먼저 법적 개념인 소년범죄에 대해 살펴보자. 소년범죄의 정의와 규정은 소년법에 명시되어 있다.

개정 소년법에서는 소년범을 세 가지 유형으로 분류한다. 첫째, 우범소년이란 10세 이상 19세 미만자로 형벌 법령을 위반한 것은 아니지만, 다음과 같은 성향을 가진 경우를 말한다(소년법 4조). ① 집단적으로 몰려다니며 주위 사람들에게 불안감을 조성하는 성벽이 있는 것, ② 정당한 이유 없이 가출하는 것, ③ 술을 마시고 소란을 피우거나 유해환경에 접하는 성벽이 있는 것이다. 다시 말해, 우범소년이란 보호자의 정당한 지시에 따르지 않고 아직 형벌 법령을 위반한 것은 아니지만, 그의 성격이나 환경에 비추어 앞으로 형벌 법령에 저촉되는 행위를 할 가능성이 매우 높은 청소년을 의미한다.

둘째, 촉법소년이란 10세 이상 14세 미만자로 형벌 법령을 위반했지만 형사책임이 없는 청소년을 말한다. 이들은 우범소년과 마찬가지로 형사처분을 받을 수 없으며, 보호처분만 가능하다. 셋째, 범죄소년이란 14세 이상 19세 미만자로서 형벌 법령을 위반하고 형사책임이 있는 청소년을 말한다. 이들은 보호처분과 형사처분이 모두 가능하며, 검사가 형사법원으로 보낼지 소년법원으로 보낼지 판단한다.

• 표 1-1 • 현행 소년법에서의 소년범의 분류

유형	해당 연령	형사책임 여부	형벌 법령 위반 여부	가능한 처분
우범소년	10세 이상 19세 미만	없음	위반 안 함	보호처분
촉법소년	10세 이상 14세 미만	없음	위반	보호처분
범죄소년	14세 이상 19세 미만	있음	위반	보호처분 및 형사처분

출처: 「소년법」

일반적으로 사회학적 의미에서 청소년 비행이라는 개념은 소년법에서 규정하는 소년범죄보다 더 포괄적인 의미를 가진다. 사회학적 관점에서 청소년 비행은 크게 세 가지 행위군으로 구분할 수 있다.

첫째, 형법을 위반하는 중한 범죄행위로, 청소년이 저지르는 형법 위반 중 성인에게도 기소될 수 있는 중대한 행위이다. 여기에는 살인, 강도, 강간, 폭행 등의 강력범죄와 주거침입, 절도와 같은 일부 재산범죄가 포함된다.

둘째, 경한 비행으로, 중한 범죄보다는 빈도상 더 자주 나타나는 형법 위반 행위이다. 여기에는 사소한 절도, 폭행, 기타 법 위반 행위가 포함된다. 이러한 행위를 저지른 청소년은 대부분 체포되지 않으며, 설령 경찰에 체포되더라도 집으로 돌려보내지는 경우가 많다. 이로 인해 경한 비행의 상당 부분은 공식적으로 드러나지 않은 채 지나치게 된다.

셋째, 청소년 지위비행으로, 이는 청소년에게만 적용되는 위반 행위이다. 성인이 동일한 행동을 했을 때는 문제가 되지 않지만, 청소년이라는 사회적 지위 때문에 일탈행동으로 간주되는 것이다. 예를 들어, 음주, 흡연, 음란물 접촉, 사소한 싸움, 부모에 대한 반항, 가출 등은 범죄로 간주될 정도로 심각한 행위는 아니지만, 행위자가 청소년이라는 이유로 일탈행동으로 규정된다.

이상에서 살펴본 바와 같이 청소년 비행은 소년범죄뿐만 아니라 사회학적 의미에서의 경한 비행과 지위비행을 모두 포함하는 개념으로 정의할 수 있다. 즉, 형벌에 저촉되는 행위인 범죄는 물론, 범죄 구성요건에는 해당되지 않지만, 청소년에게 기대되는 규범에서 벗어난 일탈행동도 청소년 비행으로 간주할 수 있다.

CHAPTER

02 | 청소년 비행의 실태 및 추세: 공식 통계상 소년범죄를 중심으로

SECTION 01 공식통계와 소년범죄[1]

우리나라에서 범죄에 관한 공식통계의 수집은 1963년에 시작되었다.[2] 그 시기는 한국 사회가 본격적인 국가 주도의 경제개발 시대로 접어들던 때였다. 이후 한국은 눈부신 경제발전과 군부독재, 민주화 등으로 격동의 시기를 겪었으며, 그 과정에 수많은 사회문제가 발생하였고, 청소년 비행도 대표적인 사회문제 중 하나가 되었다. 특히 청소년 비행이 급증하기 시작한 1980년대 이후에 정부는 청소년의 생활에 직접적으로 영향을 미칠 수 있는 다양한 정책과 조치를 시행하였다. 예를 들어, 1980년 7월 30일에는 소위 12·12 사태와 5·18 광주민주화운동의 진압을 통하여 정권을 장악한 신군부에 의해 세칭 7·30 조치라는 이름으로 대입 본고사 폐지, 대학 졸업정원제, 과외금지 조치 등이 취해졌으며, 1982년과 1983년에는 사실상 강제적인 자율화 조치의 하나로 중·고생의 두발 자율화,

1 공식통계에서 소년범죄란 넓은 의미의 청소년 비행 전체를 포괄하는 것이 아니라, 소년법상 범죄소년과 촉법소년이 저지른 범죄행위만을 의미한다.

2 1963년에 중앙정보부에서 수집하기 시작하였고, 1964년에 대검찰청으로 이관되었으며, 1966년부터 더 안정된 지표를 통한 통계수집이 이루어졌다.

교복 폐지 등이 시행되었다. 1990년대 초 당시 노태우 대통령이 민생치안 사범에 대한 강력한 대응으로 「범죄와의 전쟁」을 선포했고, 1997년에는 한국경제가 IMF 구제금융 체제하에 들어가는 등 사회 전반에 걸친 변화가 있었다. 이후 2000년에 경찰청에서는 경찰의 대국민 신뢰도를 향상하기 위하여 절도나 폭력 등 일상적인 경미범죄에 대해서도 정확한 사건 처리 및 통계입력을 지시하기도 하였다.

이러한 사회적 변화가 범죄 공식통계에 미치는 영향은 크다. 범죄에 대한 급진론적 관점을 지닌 퀴니(Quinney, 1975)가 일찍이 지적했듯이, 범죄통계는 일종의 정치적 산물이기 때문에 정치적 · 사회적 상황이나 정책의 결과라는 측면을 무시할 수 없고, 따라서 단순히 범죄자 수의 증가와 감소라는 의미로만 파악할 수 없다. 특히 소년범죄에 관한 통계는 그 특성상 이러한 영향을 더 받을 수밖에 없다. 셀린(Sellin, 1931)은 범죄지수를 작성할 때 범죄로부터의 거리가 멀어질수록 범죄지수의 가치가 낮아진다고 주장하였는데, 이는 범죄 공식통계의 가장 큰 한계점인 '숨은 범죄'에 대한 지적을 의미한다. 그렇지만 소년범죄 통계에 있어서는 단순히 숨은 범죄에 대한 지적에 그치지 않고, 소년범죄 통계 자체가 여러 한계를 내포하고 있음을 보여준다.

우리나라의 대표적인 범죄통계인 『범죄분석』은 범죄발생에 대한 통계를 '범죄발생통계원표'를 바탕으로 집계한다(김준호 · 이동원, 1990). 그러나 이 방식은 숨은 범죄의 발생을 배제할 수밖에 없다는 한계를 가진다. 더 나아가 소년범죄에 대한 집계는 '범죄발생통계원표'로 집계가 불가능하다.[3] 왜냐하면 특정 사건이 청소년이 저지른 범죄인지 여부는 범인이 검거된 후에 범인의 나이를 확인한 후에야 비로소 알 수 있기 때문이다. 따라서 소년범죄 통계는 피의자가 검거된 후 작성되는 '피의자통계원표'에 의해서 집계되며, 이에 따라 퀴니와 셀린이 공식통계의 문제점으로 지적한 바와 같이 범죄의 실상에서 더 멀어지게 된다. 결국 '소년범죄'에 대한 통계는 엄밀한 의미에서 '소년범죄자 통계'일 뿐이다(이동원, 2000). 이처럼 소년범죄에 대한 통계는 발생통계가 아닌 검거통계이기 때문에, 소년범죄 통계를 사용할 때는 실제 발생연도와 검거연도가 다른 경우가 많다는 점도 고려

3 『범죄분석』은 '범죄발생통계원표', '범죄검거통계원표', '범죄피의자통계원표'라는 세 가지 통계원표를 기반으로 집계된다. 발생통계원표는 사건 발생 시 작성하는 것이며, 검거통계원표는 범인이 검거된 이후에 작성하는데, 발생통계원표와 검거통계원표는 사건당 1매씩 작성한다. 반면에 피의자통계원표는 범인이 검거된 이후에 범인 1인당 1매씩 작성한다. 소년범죄에 관한 통계는 범인의 나이가 소년임이 밝혀진 후에야 작성 가능하기 때문에 피의자통계원표의 집계결과에 의존한다.

해야 한다. 이는 소년범죄 통계를 사용하여 특정 연도에 소년범죄의 증가와 감소를 논함에 있어 각별한 주의가 필요하다는 것을 의미한다.

또한 정치 · 사회적 상황과 사법당국의 대응에 따라서 소년범죄 통계는 달라질 수 있어서, 소년범죄 통계의 수치는 실제 소년범죄의 발생량과 멀어질 수 있다. 따라서 소년범죄 통계를 사용해서 소년범죄자의 동향을 파악할 때는 이러한 점을 반드시 염두에 두어야 한다.

본 장에서는 우리나라의 대표적인 공식통계 「범죄분석」의 자료를 체계적으로 「정리한 「범죄백서」의 자료를 바탕으로 소년범죄자의 실태 및 추세를 살펴본다. 「범죄분석」과 「범죄백서」에서는 현행 소년법에서 분류하고 있는 세 가지 소년 유형(범죄소년, 촉법소년, 우범소년) 중에서 우범소년을 제외한다. 범죄소년과 촉법소년은 실제로 형법을 위반한 행위를 저지른 청소년이지만, 우범소년은 범죄를 범할 우려가 있다고 인정되는 행위를 한 청소년으로 엄밀한 의미에서 형법을 위반한 행위를 하지는 않았기 때문이다. 따라서 본 장에서 지적하는 소년범죄자는 범죄소년과 촉법소년을 의미하며, 이를 중심으로 그 실태와 추세를 살피고자 한다.[4]

SECTION 02 전체 소년범죄자의 추세

① 전체 소년범죄자의 동향

1970년부터 2020년까지 전체 소년범죄자의 동향을 살펴보면 <표 2-1>과 같다.[5] 소년범죄자 수는 1970년에 42,612명에서 2000년 143,643명까지 꾸준히 증가했으나 그 후로 대체로 감소세를 보이며 2020년에는 64,480명에 이르렀다. 같은 기간 청소년 인구의

4 2018년부터 소년범죄 통계를 집계할 때 14세 미만의 피의자(촉법소년)가 제외되고 있기 때문에, 2018년 이후에는 사실상 범죄소년만 집계되고 있다.

5 소년 형법범은 형법 각칙에 규정된 범죄를 저지른 소년을 의미하며, 소년 특별법범은 형법범 이외의 범죄를 저지른 소년, 즉 특별법을 위반한 소년을 말한다. 주요 특별법으로는 '폭력행위 등 처벌에 관한 법률', '특정범죄 가중처벌 등에 관한 법률', '성폭력범죄의 처벌 및 피해자보호 등에 관한 법률', '교통사고처리 특례법', '도로교통법', '유해화학물질 관리법' 등이 있다.

변화를 고려하여 산출한 청소년 인구 10만 명당 소년범죄자수(인구비)는 1970년 729명에서 2020년에는 2,747명으로 증가하였다. 그런데 소년인구비의 추세를 보면 2000년까지는 2,528로 증가하지만 이후 절반 수준으로 감소하여 유지하다가 2020년에 다시 2,747로 증가하는 모습을 보이고 있다. 문제는 <표 2-1>에서 2020년은 이전에 비해서 소년범죄자 수는 감소하였는데, 인구비는 두 배 정도 커졌다는 점이다. 이러한 형태의 소년 인구비 증가는 2018년부터 통계집계 시에 소년의 범위가 축소된 사실에서 기인된 것이기에, 소년 인구비의 추세에 대한 해석에 주의가 필요하다. 2018년부터 소년범죄 통계에서 14세 미만이 제외되었는데 이 사실만으로도 소년인구 10만 명당 범죄자 수(인구비)가 많이 증가한다. 왜냐하면, 14세 미만 인구집단은 인구수는 많지만, 범죄발생률이 다른 연령대(14~18세)에 비해 매우 낮기 때문이다. 따라서 이 집단이 제외되면서 소년 인구비 계산식에서 분자인 범죄 건수의 감소폭은 적으나 분모인 인구수의 감소폭은 커지게 되므로 전체적으로 소년 인구비가 커질 수밖에 없는 것이다.

• 표 2-1 • 소년범죄자의 동향(1970~2020)

연도	소년범죄자수			인구비[b]
	계	소년 형법범[a]	소년 특별법범	
1970	42,612	40,699	1,913	729
1975	62,920	60,314	2,606	881
1980	88,725	83,959	4,766	1,249
1985	102,225	88,298	13,927	1,422
1990	105,567	82,446	23,121	1,560
1995	124,244	85,461	38,783	1,938
2000	143,643	95,335	48,308	2,528
2005	67,478	50,652	16,826	1,307
2010	89,776	70,045	19,731	1,465
2015	71,035	56,962	14,073	1,411
2020	64,480	50,969	13,511	2,747

a) 특별법상 폭력행위처벌법범과 성폭력특별법범은 형법범에 포함

b) 인구비는 소년인구 100,000명당 범죄자 수

출처: 범죄백서, 1996, 2001, 2006, 2011, 2016, 2021. 재구성

- 2018년부터 소년범죄 집계 시 14세 미만 소년을 제외함

전체 기간 중 1970년에서 2000년 사이에는 소년범죄자가 꾸준히 증가하였는데, 이 시기에는 소년범죄자의 실질적 증가 또는 통계집계에 영향을 미칠 수 있는 여러 가지 중

요한 정치 · 사회 · 경제적 사건이나 변화가 있었다.

1970년대 중반은 유신정권 시기로서 사회 전반에 대한 통제가 강화되었으며, 범죄분석(1975, 1976) 자료에 따르면 이 시기에는 청소년뿐만 아니라 우리나라 전체 범죄율도 크게 증가하였다. 1972년 유신헌법에 따라 탄생한 유신정권에 대항하여 1974년부터 개헌에 대한 요구가 일어나기 시작하였으며, 대학생의 시위가 본격화되자 박정희 정권은 1974년 1월부터 1975년 9월까지 연이어 국민의 자유와 권리를 제한하는 헌법적 효력을 가진 긴급조치를 1호부터 9호까지 발표하기에 이르렀다. 이러한 국가의 통제 활동이 범죄통제 분야에도 일정한 영향을 미쳤을 것으로 추측되며 그러한 결과가 범죄통계에 반영된 것으로 보인다.

다음으로 1980년대 초반은 제5공화국 출범기로서 철권통치로 불리는 강력한 국가통제 체제 시기였다. 이 시기에는 청소년의 일상에 영향을 미칠 수 있는 여러 가지 조치가 취해졌다. 1980년에는 소위 7 · 30 조치로 불리는 대입 본고사 폐지, 과외 금지, 대학졸업정원제 실시 등이 있었다. 같은 해 12월에는 컬러TV 방송이 본격적으로 실시되었다. 아울러 청소년의 생활과 행동에 큰 영향을 미칠 수 있는 사건으로 1982년부터 중 · 고생의 두발 자율화와 교복 자율화가 사실상 강제적으로 실시되었다. 1975년과 1976년 시기와 마찬가지로 이 시기에도 전체 범죄율은 크게 증가하였다(범죄분석, 1981, 1982).

한편 1990년대 후반은 한국경제의 몰락과 함께 우리 경제가 IMF 구제금융 체제에 편입되는 시기로서 사회 전반에 걸쳐 많은 변화와 고통을 몰고 온 시기이다. 이 시기 역시 전체 범죄율도 크게 증가하였다. 이처럼 특정 시기별로 소년범죄자가 급증한 것은 청소년뿐만 아니라 사회구성원 전체에게 영향을 미칠 수 있는 사회적 · 정치적 · 경제적 변화와 관련이 있음을 알 수 있다.

한편 소년범죄자를 형법범과 특별법범으로 구분하여 추이를 살펴보면, 형법범은 1970년과 2020년 사이에 40,699명에서 50,962명으로 약 1.25배 증가하였으며 특별법범은 같은 기간 동안 1,913명에서 13,511명으로 약 7.1배 증가하였다. 1970년에 전체 소년범죄자 42,612명에서 형법범은 40,699명으로 95.5%이고 특별법범은 1,913명으로 4.5%이었으나, 2020년에는 전체범죄자 중에서 형법범이 차지하는 비중은 79%로 줄어들고 특별법범의 비중은 21%로 증가하였다. 1980년대 후반 이후에 두드러진 이러한 현상은 「도로교통법」이나 「교통사고처리 특례법」(1982년 시행) 등을 위반한 청소년이 많이 증가하였기 때문이다. 자동차 보급이 확대되면서 청소년의 무면허 운전이나 음주운전 증가가 낳은 결과로 볼 수 있다.

2 소년 형법범의 동향

소년 형법범의 동향을 성인과 비교하면 <표 2-2>와 같다. <표 2-2>를 보면, 1970년과 2020년 사이에 성인 형법범은 215,334명에서 863,260명으로 범죄자 수가 4배 정도 증가하였으며, 같은 기간 동안 소년 형법범은 40,699명에서 50,969명으로 1.3배 정도 증가하였다. 단순 범죄자 수를 기준으로 비교하면 소년 형법범보다 성인 형법범이 훨씬 더 많이 증가하였다는 것을 알 수 있다.

• 표 2-2 • 소년 형법범의 동향(1970~2020)

연도	소년 형법범[a]		성인형법범[a]		소년범의 비율(%)[c]
	인원	소년인구비[b]	인원	성인인구비[b]	
1970	40,699	696	215,334	1,411	15.9
1975	60,314	843	313,376	1,809	16.1
1980	83,959	1,179	403,783	1,969	17.2
1985	88,298	1,228	438,016	1,818	16.8
1990	82,446	1,218	475,921	1,700	14.8
1995	85,461	1,333	731,259	2,404	10.5
2000	95,335	1,678	858,147	2,581	10.0
2005	50,652	981	743,640	2,079	6.4
2010	70,045	1,147	833,966	2,104	7.7
2015	56,962	1,132	904,872	2,160	5.9
2020	50,969	2,171	863,260	1,979	5.6

a) 특별법상 폭력행위처벌법범과 성폭력특별법범은 형법범에 포함(이하 동일)

b) 소년인구비는 소년인구 100,000명당, 성인인구비는 성인인구 100,000당 범죄자 수를 말함(이하 동일)

c) 소년범의 비율은 (소년범/(소년범+성인범)×100)로서 전체범죄자 중 소년범죄자 비율(%)을 말함(이하 동일)

출처: 범죄백서, 1996, 2001, 2006, 2011, 2016, 2021. 재구성

- 2018년부터 소년범죄 집계 시 14세 미만 소년을 제외함

그러나 이는 청소년과 성인의 인구 규모를 고려하지 않는 단순 비교에 불과하다. 즉 표준화된 수치를 통한 객관적인 비교가 필요하다. 따라서 인구 규모를 고려한 수치 즉, 인

구비를 살펴보면, 소년 형법범의 경우 1970년에는 청소년 인구 10만 명당 696명이었으나, 2020년에는 2,171명으로 약 3.1배[6] 증가하였고, 성인 형법범의 경우에는 1970년에 성인 인구 10만 명당 1,411명이었으나 2020년에는 1,978명으로 1.4배가량 증가하였다. 따라서 인구 규모의 변화를 고려했을 경우 소년 형법범의 증가 정도가 성인 형법범의 증가 정도보다 더 높게 나왔지만, 이러한 결과를 해석할 때도 앞서 언급한 바와 같이 소년범죄 통계집계에서 촉법소년이 제외되었다는 점을 고려해야 한다.

③ 소년 특별법범의 동향

• 표 2-3 • 소년 특별법범의 동향(1970~2020)

연도	소년 특별법범		성인특별법범		소년범의 비율(%)
	인원	소년인구비	인원	성인인구비	
1970	1,913	33	99,426	651	1.9
1975	2,606	38	90,048	520	2.8
1980	4,766	70	232,776	1,135	2.0
1985	13,927	194	465,651	1,932	2.9
1990	23,121	342	839,019	3,078	2.7
1995	38,783	605	882,664	2,901	4.2
2000	48,308	850	978,206	2,942	4.7
2005	16,826	326	891,604	2,647	1.9
2010	19,731	322	909,669	2.295	2.1
2015	14,073	280	940,961	2,245	1.5
2020	13,511	576	668,745	1,533	2.0

출처: 범죄백서, 1996, 2001, 2006, 2011, 2016, 2021. 재구성

- 2018년부터 소년범죄 집계 시 14세 미만 소년을 제외함
- 폭력행위처벌법범과 성폭력특별법범은 제외

<표 2-3>은 소년 특별법범과 성인 특별법범의 추이를 보여준다. 소년 특별법범은 1970년에 1,913명이었으나 2020년에는 13,511명으로 절대 인원이 약 7.1배 증가하였다. 반면 성인 특별법범은 99,426명에서 668,745명으로 약 6.7배 증가하였다. 인구비를 비

6 앞서 언급한 바와 같이 2020년 인구비의 해석을 위해서는 2018년부터 14세 미만 촉법소년 통계집계에서 제외되었다는 점을 고려해야 한다.

교할 경우 성인은 651명에서 1,533명으로 2.4배 증가하였지만, 소년은 33명에서 576명으로 17.5배[7] 증가하였다. 앞서 형법범의 경우와 달리 소년 특별법범에서는 인구비에서 성인보다 증가폭이 훨씬 더 크게 나타났다.

SECTION 03 소년 범죄자의 유형별·연령별 추세

1 소년 형법범의 유형별 구성

• 표 2-4 • 소년 형법범의 유형별 동향(1970~2020)

연도	합계		재산범죄[a)]		강력범죄(폭력)[b)]		강력범죄(흉악)[c)]		기타[d)]	
	인원	%	인원	%	인원	%	인원	%	인원	%
1970	40,699	100	17,194	42.2	18,427	45.3	1,234	3.0	3,799	9.3
1975	60,314	100	24,320	40.3	28,401	47.1	2,273	3.8	5,320	8.8
1980	83,959	100	29,206	34.8	42,014	50.0	4,216	5.0	8,523	10.2
1985	88,298	100	34,160	38.7	46,309	52.4	5,689	6.4	2,140	2.4
1990	82,446	100	25,404	30.8	49,075	59.5	6,261	7.6	1,706	2.1
1995	85,461	100	32,396	37.9	47,494	55.6	4,349	5.1	1,222	1.4
2000	94,165	100	35,281	37.5	52,902	56.2	4,332	4.6	1,650	1.8
2005	50,652	100	26,848	53.0	21,009	41.5	1,549	3.1	1,246	2.5
2010	70,045	100	40,478	57.8	23,276	33.2	3,106	4.4	3,185	4.5
2015	56,962	100	32,068	56.3	17,473	30.7	2,713	4.8	4,708	8.3
2020	50,969	100	28,855	56.6	14,774	29.0	3,134	6.1	4,206	8.3

a) 재산범죄: 절도, 사기, 장물, 횡령, 배임, 손괴 등

b) 강력범죄(폭력): 폭행, 상해, 공갈, 폭력행위처벌법범(특별법) 등

c) 강력범죄(흉악): 살인, 강도, 강간, 방화, 성폭력특별법범(특별법) 등

d) 기타: 과실범, 기타 등

출처: 범죄백서, 1996, 2001, 2006, 2011, 2016, 2021. 재구성

- 2018년부터 소년범죄 집계 시 14세 미만 소년을 제외함

7 소년 특별법범의 인구비 추세를 살펴볼 때도 앞서 언급한 바와 같이 2018년부터 14세 미만 촉법소년을 제외하였다는 점을 고려해야 한다.

소년 형법범의 범죄유형을 재산범죄, 강력범죄(폭력), 강력범죄(흉악), 기타 범죄로 나누어 5년 단위로 구성 비율의 변화를 살펴보면 <표 2-4>와 같다.

<표 2-4>에서 볼 수 있듯이, 1970년에는 소년 형법범 중에서 재산범죄가 42.2%, 강력범죄(폭력)가 45.3%, 강력범죄(흉악)가 3.0%였으나 이후 폭력범죄의 비율은 꾸준히 상승하고 재산범죄의 비율은 꾸준히 하락하여 1990년에는 재산범죄가 30.8%, 강력범죄(폭력)가 59.5%를 차지하게 되었다. 그러나 이후 재산범죄의 비율이 다시 상승하기 시작하고 강력범죄(폭력)의 비율은 하락하게 되면서 2020년에는 재산범죄가 56.6%, 강력범죄(폭력)가 29.0%, 강력범죄(흉악)가 6.1%로 나타났다.

② 연령별 동향

청소년 형법범의 연령별 구성 동향은 <표 2-5>와 같다. <표 2-5>에서는 청소년 형법범의 연령별 동향을 두 가지 측면에서 살펴보았다. 우선 연도별 전체 범죄자 중에서 각 연령층이 차지하는 구성 비율을 살펴보았으며, 다음으로는 연령층별로 청소년 인구 10만 명당 범죄자 수, 즉 인구비를 살펴보았다.

연령별 동향을 살펴보는 주된 이유는 범죄자의 연령별 동향 자체에 대한 관심에서 비롯되지만, 더 큰 관심은 소년범죄자의 저연령화 현상이 실제로 나타나는가 하는 점을 확인하기 위함이다. 그런데 단순히 각 연령층이 차지하는 구성 비율만으로는 저연령화 여부를 정확하게 파악할 수 없다. 왜냐하면 이런 수치는 특정 연령층의 범죄자 수에만 영향을 받는 것이 아니라 다른 연령층의 범죄자 수 변화에 따라서도 달라지는 상대적인 수치이기 때문이다. 따라서 연령층별로 해당 연도의 청소년 인구의 규모를 고려하여 그 연령층의 범죄자 수(인구비)의 변화를 비교함으로써 정확하게 저연령화 여부를 파악할 수 있을 것이다.

• 표 2-5 • 소년 형법범의 연령별 동향(1970~2020)

연도	계	12~13세*		14~15세		16~17세		18~19세**	
		인원	인구비	인원	인구비	인원	인구비	인원	인구비
1970	40,699 (100)	2,348 (5.8)	133	5,904 (14.5)	369	13,891 (34.1)	1,055	18,556 (45.6)	1,588
1975	60,314 (100)	2,569 (4.3)	139	7,763 (12.9)	413	19,560 (32.4)	1,120	30,422 (50.4)	2,080
1980	83,959 (100)	3,988 (4.7)	232	11,419 (13.6)	670	26,175 (31.2)	1,529	42,367 (50.5)	2,529
1985	88,298 (100)	1,435 (1.6)	78	15,306 (17.3)	819	31,254 (35.4)	1,766	40,303 (45.6)	2,372
1990	82,446 (100)	1,684 (2.0)	110	14,705 (17.8)	907	28,627 (34.7)	1,601	37,430 (45.4)	2,037
1995	85,461 (100)	1,617 (1.9)	100	25,650 (30.0)	1,513	30,890 (36.1)	1,983	27,304 (32.0)	1,772
2000	95,335 (100)	983 (1.0)	80	25,420 (26.7)	1,951	32,919 (34.5)	2,196	36,013 (37.8)	2,148
2005	50,652 (100)	198 (0.3)	14	24,420 (48.2)	1,881	17.098 (33.8)	1,391	16,586 (32.7)	1,303
2010	70,045 (100)	147 (0.2)	6	24,210 (34.6)	1,733	31,208 (44.6)	2,187	14,480 (20.7)	1,999
2015	56,962 (100)	45 (0.1)	2	12,632 (22.2)	1,053	28,660 (50.3)	2,273	15,625 (27.4)	2,326
2020	50,969 (100)	– (–)	–	18,251 (35.8)	2,059	20,703 (40.6)	2,141	12,015 (23.6)	2,432

* 2010년 이후로는 10~13세, ** 2010년 이후로는 18세

출처: 범죄백서 1996, 2001, 2006, 2011, 2016, 2021. 재구성

- 각 연령층의 인구비는 각 연령층 인구 100,000명당 소년범죄자 수를 말함
- 2018년부터 소년범죄 집계 시 14세 미만 소년을 제외함

먼저 연령층별 인구규모의 변화를 고려하지 않고 단순히 소년 형법범의 연령별 구성비를 <표 2-5>를 통해 살펴보면, 1970년의 경우에는 18~19세가 45.6%를 차지했으며, 다음은 16~17세로 34.1%, 14~15세가 14.5%, 12~13세가 5.8%를 차지했다. 이와 같이 1970년도에는 소년범죄자 중 절반 이상을 18~19세 청소년이 차지하였으며, 이러한 경향은 1980년대 초반까지 지속되다가 1980년대 후반 이후부터 18~19세 청소년이 차지하는 비율이 50% 이하로 떨어지기 시작했다. 그리하여 2015년에는 18세가 27.4%(단, 2010년 전에는 18~19세였던 것이 2010년 이후로는 18세로 한정되었다는 점은 고려해야 함), 16~17세가 50.3%, 14~15세가 22.2%로 나타났다. 2018년 이후엔 14세 미만이 제외되어 2020년 통

계에서는 18세가 23.6%, 16~17세가 40.6%, 14~15세가 35.8%가 되었다.

따라서 각 연령층별 인구규모의 차이를 고려하지 않고 단순히 범죄자의 연령별 구성비를 통해서 볼 때 전체 소년범죄자 중에서 상대적으로 고연령층 청소년에 비해서 저연령층 청소년이 차지하는 비중이 늘었다는 것을 알 수 있다. 그러나 이를 곧바로 소년범죄자의 저연령화라고 단언할 수 없다. 왜냐하면 연령층별 청소년 인구 규모가 다르고 또 변화 속도도 다를 수 있기 때문이다.

따라서 연령층별로 인구비를 살펴보면, 14~15세는 1970년에 369명에서 2015년에 1,053명으로 2.9배 증가하였으며, 16~17세 연령층은 1,055명에서 2,273명으로 2.2배 증가하였고, 18세 이상은 1,588명에서 2,326명으로 1.5배 증가하였다. 14세 미만이 제외된 2020년 통계와 비교하자면, 14~15세 연령층은 2020년 2,059명으로 1970년에 비해 5.6배 증가하였으며, 16~17세 연령층은 2,141명으로 2배, 18~19세(2010년 이후 18세) 연령층은 2,432명으로 1.6배 증가한 것으로 나타난다. 이처럼 14세 미만의 연령층을 제외하면 저연령층의 증가폭이 더 크다는 것을 알 수 있다. 따라서 1970년에서 2020년까지 50년 기간 전체를 비교하면, 전반적으로 저연령화 경향이 나타났다고 할 수 있다. 하지만, 그러한 경향은 2005년경 정점에 이르렀으며, 그 후로 조금은 약화되었다.

• 표 2-6 • 소년 형법범의 연령과 범죄유형(2020)

범죄유형	14~15세		16~17세		18세		계	
	인원	%	인원	%	인원	%	인원	%
재산범죄	11,762	64.4	11,704	56.5	5,389	44.9	28,855	56.6
강력범죄(폭력)	4,395	24.1	5,787	27.9	4,562	37.9	14,774	29.0
강력범죄(흉악)	1,013	5.6	1,316	6.4	805	6.7	3,134	6.1
기타	1,081	5.9	1,896	9.2	1,259	10.5	4,236	8.3
계	18,251	100	20,703	100	12,015	100	50,969	100

출처: 범죄백서, 2021. 재구성

- 2018년부터 소년범죄 집계 시 14세 미만 소년을 제외함

한편 연령에 따라서 저지르는 범죄유형에 차이가 있는지 2020년 자료를 중심으로 살펴보면 <표 2-6>과 같다. <표 2-6>에 따르면, 저연령층일수록 재산범죄의 비중이 상대적

으로 높고 강력범죄(폭력)의 비중이 낮은 반면, 고연령층일수록 강력범죄(폭력)의 비중이 상대적으로 더 높아지고 재산범죄의 비중이 낮아지는 것으로 나타났다. 고연령층에서 강력범죄(폭력) 비중이 높은 것은 신체적 성숙과 일정 부분 관계가 있는 것으로 보인다.

3 강력범죄(흉악), 강력범죄(폭력), 재산범죄의 동향

1) 강력범죄(흉악)의 동향

소년 강력범죄(흉악)의 동향은 <표 2-7>에서 볼 수 있다. 소년 강력범죄(흉악)는 1970년에 1,234명이고, 인구비는 21명이었는데 1980년대 이후부터 급격하게 증가하다가 2000년 이후에는 다시 감소하는 양상을 보인다. 특히 1990년에 최고치를 기록하였는데, 이는 1990년 당시 노태우 대통령이 민생치안 범죄에 대한 엄격한 대응을 위하여「범죄와의 전쟁」을 선포하였고, 이에 따라 흉악범에 대한 경찰의 강력한 대응이 강력범죄(흉악)의 검거율을 높였을 것으로 해석된다.

• 표 2-7 • 소년 강력범죄(흉악)의 동향(1970~2020)

연도	계		살인	강도	성폭력[a]	방화
	인원	인구비				
1970	1,234	21	58	518	614	44
1975	2,273	33	81	1,037	1,100	55
1980	4,216	62	88	1,822	2,278	28
1985	5,689	79	88	2,287	3,266	48
1990	6,261	88	160	3,334	2,675	92
1995	4,349	68	65	2,684	1,526	74
2000	3,762	66	39	2,295	1,366	62
2005	1,549	30	24	696	752	77
2010	3,106	51	19	819	2,107	161
2015	2,713	54	16	432	2,207	58
2020	3,134	134	9	324	2,702	99

a) 1995년 이후 성폭력특별법범을 포함. 과거에는 강간이었으나 강간 외의 성범죄도 포함되어 있기에 성폭력으로 명칭이 변경됨

출처: 범죄백서, 1996, 2001, 2006, 2011, 2016, 2021. 재구성

- 2018년부터 소년범죄 집계 시 14세 미만 소년을 제외함

죄명별로 살펴보면, 살인범은 1990년에 가장 많았으며 이후에는 감소하는 추세이다. 강도범은 1970년부터 1990년까지 증가하다가 1995년 이후에는 대체로 감소하는 추세를 보인다. 2000년대 이후 크게 감소하여 2020년에는 9건으로 역대 최저 수준이다. 1990년의 급증은「범죄와의 전쟁」선포와 일부 관련이 있어 보인다.

한편 성폭력범은 1970년부터 1985년까지 급격하게 증가하다가 1990년 이후 급격하게 하락하여 2005년경에는 1970년대 수준 이하로 하락하기도 하였다. 그러다가 2010년부터 증가하기 시작한 후 2020년까지 증가세를 유지하고 있다. 방화범은 인원수는 상대적으로 적지만, 증가와 감소를 거듭하면서 대체로 증가하는 경향을 보인다. 예를 들어, 2010년에는 161명으로 급격하게 증가하였다가 2015년에는 58명으로 많이 감소하였다가, 2020년 다시 99명으로 증가하는 등 증감이 반복된다. 방화범은 과거에는 살인보다 적었지만 1995년 이후에는 살인범보다 많은 수치를 나타내고 있다.

2) 강력범죄(폭력)의 동향

소년 강력범죄(폭력)의 동향은 <표 2-8>과 같다.

• 표 2-8 • 소년 강력범죄(폭력)의 동향(1970~2020)

연도	계		상해	폭행	폭처법[a)]	공갈	기타*
	인원	인구비					
1970	18,427	315	87	1,113	16,057	270	-
1975	28,401	409	972	802	26,433	194	-
1980	42,014	617	1,278	683	39,763	290	-
1985	46,309	644	1,454	503	44,041	311	-
1990	50,075	702	1,119	362	48,347	247	-
1995	47,494	741	1,173	410	45,113	798	-
2000	54,556	960	1,663	846	51,593	454	-
2005	18,532	410	10,187	3,714	814	3,757	60
2010	27,264	710	12,080	8,403	685	5,966	130
2015	17,473	347	5,882	9,321	395	1,285	590
2020	14,744	628	3,616	7,830	610	1,604	1,084

a) 2005년도부터 과거「폭력행위 등 처벌에 관한 법률」위반이 상해, 폭행, 공갈 등으로 재분류

* 기타에는 협박, 약취와 유인, 체포와 감금, 폭력행위 등(단체 등의 구성, 활동) 해당

출처: 범죄백서, 1996, 2001, 2006, 2011, 2016, 2021. 재구성

- 2018년부터 소년범죄 집계 시 14세 미만 소년을 제외함

소년 강력범죄(폭력)는 1970년에 18,427명이고 인구비는 315명이었는데, 1980년 이후에 계속 급증하여 2000년에는 54,556명(인구비 960명)으로 최고치를 기록한 후 하락하는 추세이다. 앞서 강력범죄(흉악)의 경우 1990년을 정점으로 다소 감소 추세를 보였으나, 강력범죄(폭력)은 1990년 이후에도 일정 기간 증가세가 지속되었다. 특히 2000년도에 급격한 증가가 나타난 이유 중 하나는 경찰이 2000년을 「범죄통계원년」으로 선포하면서 그동안 실적 위주의 통계로 입력에서 누락되었던 경미한 절도범죄, 우발성 폭력범죄를 정확하게 입력하도록 일선 경찰서에 지시한 결과로 보인다. 그 결과 공갈을 제외한 상해, 폭행, 「폭력행위 등 처벌에 관한 법률」 위반(이하 폭처법) 모두 2000년에 급증한 것으로 나타났다.

2005년부터는 과거 폭처법이 적용되던 사건이 많은 경우 상해로 분류되거나, 나머지는 폭행, 공갈 등으로 분류됨으로써 강력범죄(폭력)의 하위 유형에 해당하는 범죄는 이전의 통계와 직접 비교하기 어려워졌다. 따라서 2005년부터 2020년까지의 최근 추세에 국한하여 죄명별로 살펴보면, 상해는 뚜렷한 감소세를 보이고, 폭행, 폭처법, 공갈은 증감을 반복하거나, 기타 범죄의 경우는 증가하는 경향을 보인다.

특별법상의 폭처법 위반 사범은 1970년부터 2000년까지 상승하여 이 기간에 강력범죄(폭력)의 증가를 주도했으나, 2005년부터는 앞서 언급한 이유로 급격하게 감소하였고, 최근까지도 감소추세에 있다. 과거 폭처법 위반은 2인 이상 공동범행, 흉기소지 범행, 상습범행, 야간범행을 의미하는 것이므로 폭처법의 증가는 청소년 폭력범죄의 집단화, 흉포화, 상습화, 야간화의 경향을 보여주는 지표였다고 할 수 있다. 그러나 2005년 이후 폭처법은 손괴범죄 등 일부만 남기고 상해와 폭행 등으로 분산, 재분류되었기 때문에 과거와 같은 지표 역할은 더 이상 수행하지 못하게 되었다. 2005년도 이후 최근 추세로만 보자면, 상해죄의 추세가 과거 폭처법과 비슷한 지표로서 기능한다고 할 수 있는데, 지난 15년간 상해죄의 감소세로 보건대, 최근 청소년 폭력범죄의 심각성이 다소 완화되고 있다고 판단된다.

3) 재산범죄의 동향

소년 재산범죄의 동향은 <표 2-9>와 같다. 전체 재산범은 1970년에 인구비를 기준으로 294명에서 2015년에 637명, 2020년 1,229명으로 증가와 감소를 반복했지만 전반적으로 증가하는 추세를 보인다.

• 표 2-9 • 소년 재산범죄의 동향(1970~2020)

연도	계		절도	사기	횡령[a]	장물	기타
	인원	인구비					
1970	17,194	294	15,459	521		788	426
1975	24,320	351	21,856	568		1,065	831
1980	29,206	429	26,929	714		842	721
1985	34,160	475	30,566	1,847		825	922
1990	25,404	356	22,663	1,292		653	796
1995	32,396	505	28,616	1,927		739	1,114
2000	35,196	619	30,125	3,474		520	804
2005	24,743	410	21,556	2,415	533	172	67
2010	43,599	709	36,011	4,950	1,215	837	586
2015	32,068	637	21,170	7,844	1,456	801	797
2020	28,855	1,229	17,066	9,212	1,309	188	1,080

a) 2003년 이후로 횡령범 추가(범죄백서, 2012: 121)

출처: 범죄백서, 1996, 2001, 2006, 2011, 2016, 2021. 재구성

- 2018년부터 소년범죄 집계 시 14세 미만 소년을 제외함

전체 재산범죄의 80% 이상을 차지하는 절도범의 경우 증가와 감소를 거듭하지만 전체적으로는 감소보다는 오히려 증가 쪽에 가깝다. 다만 최근 10년간은 약간의 감소세를 보인다. 경제수준의 향상에도 불구하고 절도범죄의 증가 추세는 청소년 절도범죄가 단순히 생활고나 경제적인 목적에서만 이루어진다고 보기 어렵다는 것을 의미한다.

한편 사기범죄는 1970년 521명에서 2015년 7,844명으로 15배 이상, 2020년 9,212명으로 약 18배 가까이 증가하였다. 일반적인 통념상 사기범죄는 상대방의 경제적·사회적 신뢰를 악용하는 범죄이기에 청소년이 사기범죄를 저지르기 어렵다고 생각되지만, 최근 사기범죄의 급증은 사이버 공간 등을 활용한 소년범죄의 지능화 경향과 범죄 양상의 변화를 보여주는 것으로 해석할 수 있다.

SECTION 04 소년범죄자의 특성

① 소년범죄자의 가정환경

소년범죄자의 가정환경에서, 먼저 부모의 존재 여부는 <표 2-10>과 같다.

• 표 2-10 • 소년범죄자의 가족구조[a)](1970~2020)[b)]

(단위: 인원(%))

연도	계	실부모	한부모	부모없음
1970	30,377(100)	21,628(71.2)	6,209(20.4)	2,540(8.4)
1975	60,991(100)	44,651(73.2)	13,012(21.3)	3,328(5.4)
1980	85,354(100)	69,360(81.3)	13,161(15.4)	2,833(3.3)
1985	93,962(100)	76,559(81.5)	14,374(15.3)	3,029(3.2)
1990	98,636(100)	77,989(79.1)	15,572(15.8)	5,075(5.1)
1995	166,444(100)	93,597(80.4)	19,114(16.4)	3,733(3.2)
2000	135,950(100)	106,797(78.6)	23,898(17.5)	5,255(3.9)
2005	60,366(100)	47,106(78.0)	11,140(18.5)	2,120(3.5)
2010	80,484(100)	63,211(78.5)	14,295(17.8)	2,978(3.7)
2015	62,274(100)	47,733(76.6)	12,521(20.1)	2,020(3.2)
2020	58,090(100)	50,582(87.1)	6,498(11.2)	1,010(1.7)

a) 한부모는 편부(실부계모, 실부무모), 편모(실모계부, 실모무부)를 의미하고, 부모없음은 계부모, 계부무모, 계모무부, 무부무모를 의미함

b) 특별법범 포함, 기혼과 미상은 제외

출처: 범죄백서, 1996, 2001, 2006, 2011, 2016, 2021. 재구성

- 2018년부터 소년범죄 집계 시 14세 미만 소년을 제외함

<표 2-10>에서 보는 바와 같이 소년범죄자 중에서 실부모 가정, 즉 어머니와 아버지가 모두 있는 가정 출신의 비율은 1970년에 71.2%였다가 1980년 이후에는 80% 정도로 증가하였으며, 2020년에는 그 비율이 87.1%까지 증가하였다. 즉, 소년범죄자 중에서 한부모가정이나 부모가 모두 없는 가정 출신의 비율은 줄어들고, 실부모 가정 출신자의 비율이 늘어난 것이다.

다음으로 가정의 생활 정도는 <표 2-11>과 같다. 가정의 생활 정도는 여러 가지 지표

를 종합하여 산출된 것이 아니라 '피의자통계원표'를 작성하는 담당 경찰관이 청소년의 가정에 대한 여러 가지 정황을 판단하여 기록한 것이다. 따라서 정확도에 있어서 한계가 있을 수밖에 없지만, 개략적인 흐름을 파악하는 데는 충분할 것으로 보인다.

• 표 2-11 • 소년범죄자의 생활 정도(1970~2020)[a]

(단위: 인원(%))

연도	계	하류	중류	상류
1970	40,512(100)	37,116(91.6)	3,127(7.7)	269(0.7)
1975	62,007(100)	57,342(92.5)	4,390(7.1)	275(0.4)
1980	87,962(100)	79,232(90.1)	8,406(9.6)	324(0.3)
1985	102,225(100)	91,559(89.6)	10,192(10.0)	474(0.5)
1990	105,567(100)	87,315(82.7)	17,668(16.7)	584(0.6)
1995	119,731(100)	86,832(72.5)	32,366(27.0)	533(0.5)
2000	140,728(100)	98,913(70.3)	41,402(29.4)	413(0.3)
2005	62,236(100)	40,730(65.4)	21,246(34.1)	260(0.4)
2010	81,861(100)	51,115(62.4)	30,359(37.1)	387(0.5)
2015	62,465(100)	36,946(59.1)	24,941(39.9)	578(0.9)
2020	58,308(100)	27,366(46.9)	30,229(51.8)	713(1.2)

a) 특별법범 포함, 미상은 제외

출처: 범죄백서, 1996, 2001, 2006, 2011, 2016, 2021. 재구성

- 2018년부터 소년범죄 집계 시 14세 미만 소년을 제외함

<표 2-11>에서 보는 바와 같이 1970년부터 1980년까지는 하류계층에 속하는 청소년이 90% 이상을 차지했지만, 1985년과 1990년에는 80%대로 떨어졌다가 1995년 이후에는 70%대로 떨어지고, 2005년 이후에는 60%대로 떨어졌다. 그 후 2020년에는 그 비율이 46.9%까지 감소하였다. 반면에 중류계층 청소년의 비율은 1970년부터 1980년까지는 10% 미만이었으나, 1985년과 1990년 들어 10%대로 증가한 이후 95년과 2000년에는 급격히 증가하면서 20%대를 넘었으며, 2005년 이후에는 30%를 넘었다. 2020년에는 그 비중이 51.8%까지 증가하여, 처음으로 하류 계층 출신 청소년의 비율을 넘어섰다. 한편, 상류층 청소년의 비중은 0.3~0.7% 정도로 여전히 소수를 차지하고 있어서 증가와 감소를 판단하기 곤란하지만, 2020년에는 1.2%를 기록하며 최고치를 기록하였다.

청소년의 가정환경에 대한 <표 2-10>과 <표 2-11>의 결과를 종합하면, 과거에는 하류

계층의 한부모가정(내지 부모가 모두 없는 가정) 출신 청소년의 범죄가 주류를 이루고 있었지만, 그러한 경향에서 점점 벗어나서 중류층의 실부모 가정 출신의 소년범죄자가 점점 증가하고 있다는 것을 알 수 있다.

2 소년범죄자의 전과

<표 2-12>를 보면 1970년에는 전과가 없는 청소년의 비율이 압도적이었으나 꾸준히 그 비율이 감소하여 2000년 이후에는 60%대로 떨어졌다. 반면에 전과 1범인 소년범죄자의 비율이 1970년에는 3.0%에 불과했으나 1985년 이후에는 10%를 넘었으며, 전과 2범이나 전과 3범 이상 청소년의 비율도 꾸준히 상승하고 있는데, 2000년 이후에 이러한 현상이 더욱 두드러진다. 이러한 경향은 앞으로도 지속될 것으로 보여 소년범의 재범 문제에 대한 대책 마련이 시급하다.

• 표 2-12 • 소년범죄자의 전과 현황(1970~2020)[a]

(단위: 인원(%))

연도	계	전과 없음	1범	2범	3범이상
1970	42,901(100)	41,377(96.4)	1,273(3.0)	162(0.4)	89(0.2)
1975	62,007(100)	57,533(92.8)	3,657(5.9)	616(1.0)	201(0.3)
1980	87,962(100)	78,246(89.0)	6,954(7.9)	1,845(2.1)	917(1.0)
1985	102,225(100)	80,819(79.0)	12,000(11.7)	5,308(5.2)	4,098(4.0)
1990	105,567(100)	81,896(77.6)	13,040(12.4)	5,446(5.2)	5,185(4.9)
1995	120,047(100)	91,048(75.8)	16,678(13.9)	6,774(5.6)	5,547(4.6)
2000	140,893(100)	90,875(64.5)	22,608(16.0)	11,311(8.0)	16,099(11.4)
2005	62,932(100)	42,017(66.8)	9,307(14.8)	4,601(7.3)	7,007(11.1)
2010	82,368(100)	50,580(61.7)	12,091(14.7)	6,546(7.9)	12,091(15.7)
2015	62,705(100)	35,650(56.9)	8,636(13.8)	4,518(7.2)	13,901(22.2)
2020	58,377(100)	37,079(63.5)	6,636(11.4)	3,368(5.8)	11,294(19.3)

a) 특별법범 포함, 미상은 제외

출처: 범죄백서, 1996, 2001, 2006, 2011. 재구성, 범죄분석 2015, 2020 재구성

- 2018년부터 소년범죄 집계 시 14세 미만 소년을 제외함

3 소년범죄자의 학력 수준

<표 2-13>을 통해서 알 수 있듯이 소년범죄자 중에서 미취학 아동과 초등학교의 학력을 가진 소년범죄자의 비율은 지속적으로 감소하는 반면, 중학교 · 고등학교 · 대학교 수준의 학력을 가진 소년범죄자의 비율은 지속적으로 증가하고 있다. 이와 같은 소년범죄자의 고학력화 경향은 청소년의 취학률 · 진학률의 상승으로 인해서 나타날 수 있으므로 정확한 평가를 위해서는 시기별로 전체 청소년의 학력 수준과 소년범죄자의 학력 수준을 비교하여 살펴보는 것이 필요하다.

한국형사정책연구원의 보고서(김성언 · 노성호, 1999)에 따르면, 1966년에 중학교 수준의 학력을 가진 일반 청소년의 비율은 22.1%였고, 1995년에는 그 비율이 39.6%로 상승하였다. 같은 기간 동안 고등학교 수준의 학력을 가진 일반 청소년의 비율은 12.9%에서 44.2%로 상승하였다. 즉 일반 청소년의 경우 중학교 수준의 학력을 가진 청소년의 비율은 1.5배 증가하였고, 고등학교 수준의 학력을 가진 청소년의 비율은 3.3배 증가하였다.

• 표 2-13 • 소년범죄자의 학력수준 현황(1966~2020)[a)]

(단위: 인원(%))

연도	계	미취학	초등학교	중학교	고등학교	대학교
1966	36,857(100)	3,150(8.5)	19,047(51.7)	8,148(22.1)	5,948(16.1)	564(1.5)
1970	39,148(100)	1,804(4.6)	20,261(51.8)	9,964(25.5)	6,672(17.0)	447(1.1)
1975	61,458(100)	1,495(2.4)	26,550(43.2)	19,173(31.2)	13,410(21.8)	830(1.4)
1980	84,246(100)	816(1.0)	24,720(29.3)	29,254(34.7)	27,812(33.0)	1,644(2.0)
1985	92,478(100)	660(0.7)	11,548(12.5)	33,049(45.7)	43,492(47.0)	3,729(4.0)
1990	94,416(100)	353(0.4)	4,946(5.2)	31,325(33.2)	53,735(56.9)	4,057(4.3)
1995	118,176(100)	177(0.1)	2,896(2.5)	39,480(33.4)	70,199(59.4)	5,424(4.6)
2000	138,231(100)	112(0.1)	2,161(1.6)	41,088(29.7)	82,400(59.6)	12,470(9.0)
2005	61,195(100)	27(0.0)	432(0.7)	17,939(29.3)	36,078(59.0)	6,719(11.0)
2010	80,217(100)	18(0.0)	503(0.6)	28,640(35.7)	48,873(60.9)	2,183(2.7)
2015	61,366(100)	17(0.0)	294(0.5)	12,069(19.7)	46,060(75.1)	2,926(4.8)
2020	55,880(100)	12(0.0)	204(0.4)	16,858(30.2)	36,719(65.7)	2,087(3.7)

a) 특별법범 포함, 기타 미상은 제외

출처: 범죄백서, 1996, 2001, 2006, 2011, 2016, 2021. 재구성

- 2018년부터 소년범죄 집계 시 14세 미만 소년을 제외함

한편 <표 2-13>을 통해 같은 기간 동안 소년범죄자의 학력 수준의 변화를 보면, 중학교 수준의 학력을 가진 소년범죄자의 비율은 1.5배 증가하였고, 고등학교 수준의 학력을 가진 소년범죄자의 비율은 3.7배 증가하였다. 따라서 전체 청소년의 고학력화 경향보다 소년범죄자의 고학력화 경향이 더 빠르다는 것을 알 수 있다.

4 소년범죄자의 성별

<표 2-14>에 따르면, 소년범죄자 중 여자 청소년의 비율은 1970년에 9.3%에서 1990년에 4.1%에 이르기까지 꾸준히 줄어들다가, 1995년부터는 그 비율이 급격하게 상승하여 2010년도에는 19.3%까지 이르렀다가 그 후로 약간 감소한 상태이다. 이는 1990년대 후반 들어서면서 여자 청소년을 포함한 여성의 폭처법 위반 사범이 크게 증가하면서 나타난 것으로 풀이된다. 이러한 경향은 여학생의 학교폭력 증가와도 일정 부분 관계가 있는 것으로 보이며, 여성의 사회활동 증가와 같은 사회 전반적인 분위기 변화와 맞물려 '여성다움'을 강조하는 과거의 문화적 풍토가 약화되면서 더욱 가속화될 것으로 보인다.

• 표 2-14 • 소년범죄자의 성별 현황(1970~2020)[a)]

연도	계	남자	여자	여자비율
1970	42,901	38,895	4,006	9.3
1975	62,007	57,508	4,499	7.3
1980	87,962	82,722	5,240	6.0
1985	102,225	97,495	4,730	4.6
1990	105,567	101,255	4,312	4.1
1995	124,244	115,290	8,954	7.2
2000	143,643	125,156	18,487	12.8
2005	67,478	57,799	9,679	14.3
2010	89,776	72,461	17,315	19.3
2015	71,035	60,535	10,500	14.8
2020	64,478	53,720	10,758	16.7

a) 특별법범 포함. 미상 제외

출처: 범죄백서, 1996, 2001, 2006, 2011, 2016, 2021. 재구성

- 2018년부터 소년범죄 집계 시 14세 미만 소년을 제외함

CHAPTER

03 | 청소년 비행 이론: 개인 중심

청소년 비행의 원인에 대한 설명 중에서 개인적 원인론은 청소년이 비행을 저지르는 이유는 개인의 생물학적 특성 또는 심리학적인 특성 때문이라고 본다. 물론 일부 이론가들은 청소년이 저지르는 비행은 개인이 합리적인 판단 과정을 거쳐 예상되는 행위의 결과를 고려한 후에 여러 가능한 행위 중에서 최종적으로 선택한 것이라고 본다. 그러나 많은 청소년 비행 학자는 청소년에 의해 저질러지는 기물파괴 행위나 무차별적인 폭력행위처럼 비이성적이고 별다른 경제적 이득이 없는 행위는 개인의 성격이나 심리적 특성, 또는 생물학적인 소질로 설명하는 것이 적절하다고 본다.

청소년은 충동적이고 우발적으로 비행을 저지르는 경향이 있으며, 이는 개인의 신체적, 정신적 기능이상이나 결함 때문이라는 견해가 강하게 제기되어 왔다. 즉 반복적으로 공격적인 행동을 하거나 규범위반 행위를 저지르는 청소년은 비정상적인 개인적 소질 때문에 그런 행동을 한다고 본다. 그 결과 통제되지 않고 충동적인 행동을 일삼는 청소년은 우리 사회에 문제를 야기하고 법에 따른 처벌에 직면하게 된다(Siegel and Senna, 2000; Siegel and Welsh, 2017).

이처럼 비행 청소년의 개인적인 특성 중에서 충동적 성향은 가장 중요한 특성으로 간주된다. 충동적 성향이란 어떤 행동을 실행하면서 전후 사정에 대한 깊은 생각이나 행동

것을 말한다. 이러한 성향을 지닌 청소년은 자신이 하고 싶은 일은 즉시 실행해야만 만족할 수 있기 때문에 오래 기다리지 못한다. 행동의 결과를 충분히 예측하지 못한 상태에서 순간적인 충동에 휩싸여 무리하게 행동하게 되면, 의도하지 않은 비행을 저지르는 경우들이 생겨날 수 있다(Gottfredson and Hirschi, 1990; Moffitt, 1993). 실제로 성인범죄와 비교해 보면 청소년 비행의 상당 부분은 우발적으로 일어나는 경우가 많다. 별것도 아닌 사소한 일에 쉽게 흥분하여 화를 내며 다른 사람과 말다툼하다가 순간적으로 치밀어 오르는 분노를 참지 못하고 폭력을 행사하는 경우가 빈번하게 나타난다. 또한 일시적인 충동으로 가게에서 음료수나 과자를 훔치는 때도 있다. 이러한 청소년 비행은 대부분 자신의 순간적인 충동과 이기적인 욕구를 적절하게 통제하지 못한 결과로 나타난다.

이와 같이 청소년이 저지르는 비행 중에는 별다른 경제적인 이득이나 뚜렷한 보복의 감정이 없이 저지르는 기물파괴 행위나 무작위로 선택된 대상에 대한 폭력행위처럼 합리적인 판단이나 결과에 대한 진지한 예측이 없이 우발적이고 충동적으로 저질러지는 경우가 많다. 이처럼 청소년이 행위의 결과에 대한 면밀한 검토 없이 순간적인 감정을 참지 못하고 즉흥적으로 비행을 저지르는 경우에 대해 학자들은 개인이 가지고 있는 생물학적 또는 심리적 소질이 영향을 미친 결과라고 설명한다.

이제부터 청소년 비행의 개인적 원인론이라고 말해지는 생물학적 원인론과 심리학적 원인론에 대해 살펴보도록 하자.

SECTION 01 생물학적 원인론

청소년 비행에 대한 생물학적 원인론에서 과거에는 개인의 신체적 특징,[1] 체형,[2] 그리

1 사람들은 흔히 생김새가 우락부락하고 눈매가 날카로우며 광대뼈가 튀어나온 사람을 보고 '범죄형'으로 생겼다고 이야기하는 경우가 있다. 이처럼 사람의 외형적인 모습을 보고 범죄를 저지를 가능성을 예측하는 방법을 처음 학문적으로 연구한 학자는 이탈리아의 롬브로소(Lombroso)이다. 그는 정신의학자이면서 외과의사였으며, 이탈리아 실증주의 범죄학파의 창시자로서 '근대범죄학의 아버지'로 불린다. 정신병원과 교도소에서 정신병과 범죄에 대한 생물학적 원인을 조사하면서 정신이상자, 범죄자(주로 사형수), 군인, 그리고 일반인 등 수천 명의 조사대상자에 대한 체계적이고 면밀한 관찰을 실시한 후에 범죄자에게는 진화론적으로 퇴행한 것으로 간주되는 신체상

고 유전성 등을 통해 개인의 비행을 설명하는 경향이 있었다. 그렇지만 최근에는 단순한 생물학적 특성보다는 생물사회학적 요인으로 설명하는 경향이 늘고 있다. 이는 청소년의 행동을 주변을 둘러싼 환경에 적응하는 과정에서 나타나는 것으로 보고, 청소년의 유전적인 소질과 환경적인 영향의 조합이 청소년의 행위유형을 결정한다고 보는 것이다. 현대의 개인적 소질이론가들은 개인적 소질과 환경의 조합이 개인의 행위 특성을 만들어 낸다고 주장한다. 이러한 입장에서는 청소년의 신체적, 정신적 이상과 아이가 성장하는 환경 사이의 상호작용에서 발생하는 부조화와 문제가 결국 청소년 비행을 유발한다고 설명한다. 즉 청소년의 생물학적, 정신적 결함에 의해 야기된 개인의 소질과 주변의 환경 사이의 상호작용이 청소년의 비행을 일으키는 원인이라고 주장하는 것이다.

먼저 한 가지 사례를 살펴보자. 불우한 환경에서 태어난 청소년은 종종 자신의 불리함을 극복하는 데 필요한 사회적, 가족적 지원을 얻기가 어려운데, 이러한 지원의 부족은 장기간에 걸쳐 부정적인 신체적 결과를 초래할 수 있다. 예를 들어, 일부 청소년의 경우에 반복되는 아동방임과 학대 때문에 중추신경계의 경로들이 손상을 입는 경우가 발생할 수 있다(Siegel and Senna, 2000). 상대적으로 소수이지만 이처럼 신체적, 사회적 장애로 고통을 받고 사회적 지원이 부족한 청소년은 어린 나이에 비행을 시작하고 성인이 되어서도 장기간에 걸쳐 범죄자로서의 인생을 지속하게 될 가능성이 크다(Moffitt, 1993).

최근의 생물사회학적 이론에서는 공격성과 폭력 등 반사회적 행위들이 시작되는 이유를 행위자의 물리적 특성들에 초점을 맞추어 설명하는 경향이 강하다. 이러한 연구 노력

의 야만적인 격세유전적 특징들이 현저하게 나타난다고 주장하였다. 이처럼 롬브로소는 변경할 수 없는 선천적인 신체적 특성과 범죄 간에 높은 상관관계가 있다고 보았는데, 이러한 연구결과를 토대로 『범죄인론』(1876)이라는 저서를 발표하며 타고난 범죄자를 뜻하는 생래적 범죄자란 개념을 처음 사용하였다.

2 인간의 전체적인 신체 구조상의 특징을 뜻하는 체형을 근거로 하여 인간을 구분하고, 신체적 특징과 범죄와의 관계를 연구함으로써 체질생물학에 대한 연구를 최초로 시도한 사람은 독일의 정신과 의사였던 크레취머(Kretschmer)이다. 정신질환자 4,414명의 체격형 분류를 기초로 범죄자의 유형을 구분한 연구결과를 『신체구조와 성격』(1921)이라는 저서에서 발표하였다. 이 책에서 인간의 체형을 세장형, 투사형(또는 근육형), 비만형, 발육이상형으로 나누었는데, 세장형은 키가 크고 마른 체형을 가진 사람의 유형이고, 투사형은 근육질이 잘 발달된 사람의 체형이며, 비만형은 키가 작고 뚱뚱한 사람의 체형이고, 발육이상형은 여러 가지의 신체상의 특징이 혼재되어 나타나는 체형을 말한다. 이러한 체형과 범죄성향의 관계에 대한 그의 설명에 따르면, 투사형은 잔혹한 공격성과 격렬한 폭발성을 보이는 성격의 소유자로 폭력범죄자 중에서 가장 많이 발견된다. 세장형은 다른 사람을 배려하는 감정이 없고 지성이 부족하며 행동에 조심성이 많은 성격을 가진 사람인데, 주로 소액 절도범이나 사기범에게서 많이 발견되지만 때로는 살인을 저지른 자도 있다. 비만형은 범죄를 저지를 가능성이 가장 낮은 유형이지만 간혹 횡령이나 사기범에서 발견되기도 한다.

의 대부분은 세 가지 분야에 집중되고 있는데, 이는 생화학적 요인, 신경 체계상의 기능장애 그리고 유전적인 영향이다. 이제부터 이러한 세 가지 연구 분야의 내용들을 보다 자세히 살펴보도록 하자.

1 생화학적 요인들

이 분야의 연구들은 청소년의 반사회적 행위와 생화학적 요인 사이의 관계에 주목한다(Raine, 1993). 이러한 견해에 따르면, 청소년의 신체적 화학작용이 공격성과 분노조절 수준 등을 포함하는 행동과 성격을 지배할 수 있다는 것이다.

1) 음식물 섭취

청소년 비행에 영향을 미치는 생화학적 반응을 연구한 일부 학자는 청소년이 섭취하는 음식물이 신체의 화학작용 과정을 통해 그 아이의 행위에 영향을 미칠 수 있다고 주장한다. 특히 인공적인 음식색소, 우유, 비타민, 미네랄 그리고 당분 등을 일반적인 수준보다 많이 섭취했을 때 청소년의 행동에 어떠한 영향을 미치는가에 관한 분야에 관심을 가진다. 최근에는 지방과 콜레스테롤이 많이 함유된 패스트푸드를 즐기는 청소년이 참을성이 부족하고 공격적인 행동을 하기가 쉽다는 연구결과가 발표되기도 하였다. 나아가 디노(Denno)는 납에 과도하게 노출되는 것이 청소년의 비행과 공격행위의 위험 요인인 학업부진, 인지 결함, 낮은 지능 그리고 정신적인 판단능력 부족 등을 초래하는 원인이 된다고 주장하였다(Denno, 1988).

비행을 저질러 교도소나 소년원에 수감되어 있는 청소년은 단백질이 부족하고 당분이나 탄수화물이 많은 부적절한 영양섭취를 오랫동안 지속해 왔다는 연구결과가 보고되었다(Hippchen, 1981). 그리고 정교하게 설계된 실험에서는 비행 청소년에게 영양학적으로 균형이 잡힌 음식이 제공되자 반사회적 행위가 현저히 줄어들고 심리검사의 점수가 향상되는 결과를 보여주기도 하였다(Schauss and Simonsen, 1979). 또한 미국 학교에서 실시한 실험에서는 설탕과 방부제가 적은 음식을 섭취한 학생이 전국적인 학업능력 측정시험에서 점수가 향상되었다. 학업성취가 일관되게 비행행위와 관련이 있다는 점에서, 음식물 섭취 변화로 인한 학습능력 향상은 학생인구(집단)의 반사회적 행위 발생비율을 낮출 수 있을 것으로 기대된다(Schoenthaler et al., 1986).

그러나 생화학적인 음식물 섭취와 비행의 관계에 대한 연구결과는 설득력이 있기는 하지만, 연구방법론의 문제점과 인식 차이로 인해 학자들 간의 합의에 도달하기에는 아직 부족하다. 그리고 음식물 섭취와 비행의 관계에 의문을 제기하는 학자들은 세계에서 가장 높은 청소년 비행률을 보이는 미국의 일인당 설탕 소비량이 다른 서구 국가에 비해 낮다는 사실을 반대 증거로 제시하고 있다. 더군다나 가장 높은 범죄율을 보이는 10대 청소년이 일반 인구에 비해 설탕 소비량이 절반밖에 되지 않는다는 사실이 밝혀졌다(Gans, 1991).

2) 호르몬 수준

또 다른 생화학적 연구 분야인 호르몬 연구에서는 반사회적 행동이 10대 청소년기에 가장 높은 수준을 보이는 이유가 이 시기에 호르몬 활동이 가장 활발하기 때문이라고 설명한다. 특히 십대 소년이 지나치게 높은 폭력성을 보이는 이유가 남성 호르몬인 테스토스테론이 이 시기에 가장 왕성하게 분비되기 때문이라고 본다. 따라서 인간발달 단계의 다른 시기와 비교할 때 가장 강렬한 기분을 느끼고 변화가 심하며 분노와 흥분상태를 경험하기 쉬운 청소년이 가장 높은 범죄율을 기록할 가능성이 높다(Buchanan et al., 1992). 이러한 기분과 행동의 변화는 청소년기에 가족 간의 갈등과 반사회적 행동이 가장 많은 이유와도 밀접하게 관련이 있는 것으로 설명된다.

② 신경계 기능장애

청소년 비행에 대한 생물학적 또는 생물사회학적 원인으로 일부 학자들은 비행 청소년의 신경계 또는 뇌체계의 구조 이상에 주목하고 있다.

1) 신경내분비계의 이상

이러한 견해 중의 하나는 비행 청소년의 폭력성과 공격성을 이해하는 데 뇌의 화학작용을 조절하는 신경내분비계의 체계가 핵심적이라는 것이다. 중앙신경체계의 화학적, 호르몬 활동의 부조화가 반사회적 행동이나 약물남용과 관련이 있다고 본다(Fishbein et al., 1989).

2) 뇌신경계의 기능장애

일반적으로 뇌파 기록장치로 측정할 수 있는 뇌신경계의 기능장애도 비행과 관련이 있는 것으로 보인다. 이 입장에 따르면 비정상적인 행동을 보이는 청소년은 뇌반구의 미세한 손상 등과 같은 뇌신경계의 결함을 가질 수 있다. 이러한 결함은 종종 극미한 뇌기능 장애(Minimal Brain Dysfunction: MBD)라고 하는데, 청소년의 생활방식과 사회적 적응에 부정적인 영향을 미친다. 이러한 뇌의 결함은 출생 시의 저체중이나 합병증, 뇌의 부상, 그리고 유전된 비정상상태 등의 요인에 의해 나타나게 된다. 여러 학자의 연구에 의하면 뇌신경계 결함을 보이는 청소년은 비행과 밀접하게 관련되는 낮은 지능점수나 인지상의 손상 등과 같은 다양한 발달상의 문제를 보일 위험이 크다고 한다(Beckwith and Parmelee, 1986).

뇌신경계의 장애와 비행 사이의 관계에 관한 연구에 따르면 이 관계는 매우 어린 시기에 발견될 수 있고, 출생 시에 뇌신경계 결함으로 고통받은 아이는 나중에 비행소년이 될 가능성이 높다는 사실을 알려주는 증거가 있다(Raine et al., 1966). 출생 시에 저체중 상태였던 아이는 뇌신경계 결함과 상당히 관련이 있고, 이러한 아이는 이른 나이에 비행을 시작할 가능성이 높다는 주장도 있다(Tibbetts, 1995). 반사회적인 청소년에게서는 분노, 적대감, 그리고 공격성의 분출을 경험하도록 유도하는 뇌신경계 결함이 있는 것으로 밝혀졌다(Monroe, 1978). 여러 나라의 자료들을 비교하며 검토한 연구에서도 뇌신경계 결함과 반사회적 행동 사이의 관계가 지지되었다(Seguin et al., 1995).

3) 학습부진

뇌신경계 기능장애로 인해서 '학습 무능력(Learning Disability)'이 나타날 수 있는데, 이는 청소년이 무언가를 이해하고 언어를 통하여 자신의 잠재적인 능력을 발휘해 무언가를 배우는 과정을 방해한다. 학습 무능력과 청소년 비행의 관계는 체포되거나 수감된 청소년이 일반 청소년보다 훨씬 높은 수준의 학습 무능력을 보여준다는 연구결과에 따라 관심을 끌게 되었다(Culliver, 1988). 청소년 비행에 있어 생물학적 원인론을 주장하는 학자들은 뇌신경계 기능장애와 학습부진 및 낮은 지능지수 사이에 밀접한 관련성이 있다고 보았는데, 이러한 관계가 나타나는 이유에 대해서는 두 가지의 다른 주장이 존재한다.

첫째, 지능이 낮고 학습능력이 부진한 아이들은 부작용으로 충동성이 높고, 과거 경험으로부터 교훈을 얻어 잘못된 행동을 고치려는 노력이 부족하며, 다른 사람과 교류하면서 인간관계를 형성해 가는 과정에서 효과적인 의사소통을 위해서 사회적 단서를 받아들이는 능력이 떨어져 갈등을 일으키고 비행에 빠지기 쉽다. 이러한 아이는 자기 행동이 초래할 수 있는 미래의 일을 예측하는 사고능력이 부족하여 순간적인 만족과 욕구에 따라 즉흥적으로 행동하기 쉽고, 자신의 감정을 통제하지 못하고 충동적으로 행동함으로써 비행을 저지를 가능성이 높다. 둘째, 학습부진아는 학업수행능력과 학교적응능력의 부족에서 기인한 좌절감이 부정적인 자아상을 형성함으로써 인해 비행을 저지르게 된다(Hirschi and Hindelang, 1977).

그렇지만 일부 연구는 학습부진아가 일반 청소년보다 비행에 빠져들기 쉬운 것은 아니라는 결과를 보여주며, 이에 따라 학습부진과 비행 간의 관계는 학습부진아를 처리함에 있어서 소년사법 제도에서 작용하는 인위적인 편견의 결과일 수 있다는 주장도 있다(Pasternak and Lyon, 1982). 이러한 주장에도 불구하고 여러 학자는 여전히 학습부진과 청소년 비행의 관계를 지지하고 있다. 심리학자인 모피트(Moffitt)는 이 관계를 연구한 여러 조사결과를 분석한 후에 학습부진과 지속적인 반사회적 행위 사이에는 상당한 관계가 있다고 결론을 내렸다. 그녀는 학습부진과 극미한 뇌기능 장애와 같은 뇌신경계의 기능장애 증상이 조기비행의 시작, '과도한 활동성(Hyperactivity)', 그리고 공격성 등과 같은 지속적인 반사회적 행동을 유발할 가능성이 높은 위험요인을 형성한다고 주장하였다(Siegel and Senna, 2000).

4) 자극 추구와 청소년 비행

극적인 재미를 추구하는 것도 청소년 비행의 동기가 된다고 오랫동안 주장되어 왔다. 청소년은 개인적인 능력을 과시하는 스릴과 매력을 제공하기 때문에 상점절도나 기물파괴와 같은 비행을 저지른다(Katz, 1988). 각성이론(Arousal Theory)에 따르면 다양한 유전적이고 환경적인 이유로 일부 청소년의 뇌기능은 환경적인 자극에 대해 다른 청소년과 다르게 반응한다. 어떤 청소년은 조그마한 자극에도 편안함을 느끼지만, 어떤 청소년은 만족을 느끼기 위해서 더 큰 자극이 필요하다. 여기서 후자의 경우가 공격적이고 폭력적인 행위와 같은 자극적인 행동을 추구하는 극적인 감흥추구자(Sensation Seekers)에 해당한다(Ellis, 1996).

이들은 일상적이고 반복적인 일상생활에 지루해하면서, 무언가 새롭고 자극적인 일을 찾아서 모험을 시도하려는 성향이 강한 자들로, 자신의 단조로운 일상생활을 벗어나서 흥분을 유발하고 기분을 상승시켜 줄 수 있는 외부의 강한 자극을 찾아서 경험해 보려는 성향이 높다. 그러한 이유로 이들은 스릴과 모험을 즐기기 좋아하고, 주도면밀한 계획을 세운 후에 행동하기보다 즉흥적으로 행동을 결정하기 때문에 우발적으로 비행을 저지를 가능성이 높다. 다시 말해, 극적인 행동추구 경향이 높은 청소년은 충동성이 높고, 모험성이 강해 비행에 빠질 가능성이 높다.

③ 유전적인 영향

일부 생물사회적 이론가는 비행 청소년에게 작용하는 유전의 영향에 관해 연구하였다. 일부 청소년이 폭력과 공격성에 빠질 가능성이 높은 유전적 기질을 물려받았다고 가정하였다. 범죄의 유전성을 주장한 초기의 이론은 비행 성향이 가족 간에 대를 이어 물려받게 된다는 주장을 제시하였다. 범죄의 유전적 기초에 대한 관심을 불러일으킨 계기가 된 사건은 1966년 8월에 미국의 시카고병원에서 여덟 명의 간호사를 살해한 리차드 스펙 사건이다. 그는 체포 직후의 검사에서 남성 성염색체가 하나 더 있어 '초남성'이라고 불리는 XYY형 염색체를 가진 것으로 보도되어 흥미를 유발했지만, 나중에 교도소에서의 재검사 결과 정상적인 염색체를 가진 것으로 확인되었다(Sarbin and Miller, 1970). XYY형은 과도한 남성성을 가지며 그로 인하여 공격적인 성향을 가지기 때문에 폭력적인 범죄행동을 저지를 가능성이 있다고 주장된다.

최근 연구는 같은 가정에서 자라난 형제자매가 비슷한 비행을 저지른다는 사실을 보여주었다. 형제자매는 똑같은 환경을 공유하기 때문에 그들의 행동이 비슷하다는 것은 별로 놀랄 일이 아니다. 하지만 그 이유가 환경 때문인지, 유전 때문인지에 대한 논란은 학자들 사이에 쉽게 합의를 보지 못하고 있다. 그래서 환경과 유전성의 영향을 독립적으로 파악하기 위해 범죄학자들은 범죄자 가계 연구, 쌍생아 연구와 입양아 연구를 진행하였다. 이제부터 각각의 연구 성과를 간략하게 살펴보기로 하자.

1) 범죄자 가계 연구

비행 청소년과 일반 청소년 사이에 신체적 차이가 있음을 확신한 학자들은 범죄의 유전성을 밝히는 데 관심을 가졌다. '그 부모에 그 자식' 혹은 '자식은 부모의 거울'이라는 상식을 입증하고자 노력한 것이다. 이는 범죄자인 조상으로부터 후손에게로 전해져 내려오는 범죄인의 혈통을 과학적으로 밝혀내고자 한 시도이다.

범죄는 유전의 결과라는 견해를 밝힌 가장 대표적인 학자는 덕데일(Dugdale)이다. 뉴욕주 군소재지의 교정시설에 대한 공무시찰 업무를 하는 중에 우연히 친족관계에 있는 6명이 동시에 수감 중인 사례를 발견하였는데, 그들은 쥬크(Jukes)라는 성을 가지고 있었다(Estabrook, 1916). 이러한 사실에 흥미를 느낀 덕데일은 쥬크 가문의 7대 선조 후손들의 행적을 추적하여 1877년에 결과를 발표하였는데, 7대에 걸친 쥬크 가문의 사람 1,000명 중에서 280명이 걸인, 60명이 절도범, 7명이 살인범, 140명이 잡범, 50명이 창녀, 40명이 성병 환자였다. 쥬크 가문에서 이처럼 많은 범죄자가 나온 것은 범죄자의 피가 흐르는 유전의 작용으로 해석할 수 있다고 주장하였다.

이후 이와 비슷한 연구결과가 곳다드(Goddard)에 의해 발표되었다. 그는 남북전쟁 당시의 민병대원이었던 칼리카크(Kallikak)의 후손을 대상으로 연구하였다. 칼리카크는 전쟁 중에 정신박약자인 매춘부를 만나 아들을 두었고, 전쟁 후에 고향으로 돌아와 독실한 가톨릭 신자인 여성과 정식으로 결혼하여 많은 자녀를 두었다. 그는 매춘부와의 사이에 태어난 아들의 후손 488명 중에는 정신박약자, 사생아, 알코올중독자, 간질병자, 포주, 범죄자 등이 다수 나타난 반면에, 가톨릭 신자와의 사이에 태어난 자손 중에 일부를 제외하고는 모두 교육자, 의사, 변호사 등 훌륭한 시민으로 성장하였다는 사실을 밝혀내며 좋지 않은 혈통을 물려받은 자손들 중에 비행행위를 저지르는 경우가 많다고 설명하였다.

2) 쌍생아 연구

범죄행동의 유전성을 주장하는 학자들이 사용한 또 다른 연구 방법은 쌍생아의 범죄성을 연구함으로써 범죄성의 유전 여부를 증명하는 것이다. 쌍생아에는 일란성 쌍생아와 이란성 쌍생아가 있다. 쌍생아는 기본적으로 동일한 환경을 공유하고 있다. 그런데 일란성 쌍생아는 유전적으로 동일하지만 이란성 쌍생아 간에는 유전적으로 차이가 존재한다. 따라서 일란성 쌍생아와 이란성 쌍생아의 행동에 있어서의 차이는 환경의 영향이 아니라 유전적 영향이라고 볼 수 있다. 구체적으로 범죄의 유전성을 확인하기 위해서 쌍생아의 범죄성 일치율을 조사하여 두 유형의 쌍생아를 비교하는 방법을 사용한다. 범죄성 일치란 쌍생아 중의 한쪽이 범죄를 저질렀을 때 다른 한쪽도 범죄를 저지른 경우를 의미한다. 일란성과 이란성 쌍생아를 비교해서 일란성 쌍생아의 범죄성 일치가 이란성 쌍생아보다 높다면, 그 원인은 환경이 아니라 유전적 차이에서 기인하는 것으로 해석할 수 있다. 즉 일란성 쌍생아일 경우 어느 한쪽이 범죄의 길에 들어서게 되면 다른 한쪽도 마찬가지로 범죄의 길에 들어서도록 운명지어진다는 것을 보여줌으로써 범죄에 있어 유전의 영향을 입증하려는 것이다.

이와 같은 범죄일치율에 대한 인식을 기초로 쌍생아 연구의 단서를 마련한 연구자는 영국의 갈튼(Galton)이고, 쌍생아 연구를 범죄생물학에 도입하여 체계화하고 획기적인 연구결과를 발표한 학자는 독일의 랑게(Lange)이다. 생리학자인 랑게는 수감 경험이 있는 13명의 남자 일란성 쌍생아와 17명의 남자 이란성 쌍생아를 조사하였는데, 일란성 쌍생아 중에서 약 80%는 범죄경력이 있는 쌍생아 형제가 있는 반면에, 이란성 쌍생아 중에서는 약 12%가 범죄경력이 있는 쌍생아 형제가 있다고 보고하였다. 이처럼 일란성 쌍생아의 범죄성 일치 비율이 높은 이유를 유전의 영향으로 파악하고, 이러한 연구결과를 『운명으로서의 범죄(Crime As Destiny)』(1929)라는 저서에 발표하였다.

많은 쌍생아 연구결과를 종합해 보면, 일란성 쌍생아가 이란성 쌍생아보다 비행에서 훨씬 높은 유사성을 보인다. 심지어는 태어난 직후부터 따로 살게 된 일란성 쌍생아도 같은 집에서 생활한 쌍생아와 마찬가지로 성격, 지능, 그리고 태도 등에 있어서 유사성을 보인다는 조사 결과가 미네소타의 연구에서 밝혀졌다(Bouchard et al., 1990). 이러한 연구결과들은 청소년의 비행에 있어 유전적인 영향들이 관련이 있다는 주장을 지지한다.

3) 입양아 연구

청소년 비행이 유전되는지를 살펴보는 또 다른 방법은 입양된 아이의 행동을 생물학적인 아버지의 행동과 비교해 보는 것이다. 입양아는 아주 어렸을 때 양부모에게 입양되기 때문에 생물학적 요소는 친부모에게, 환경적 영향은 양부모에게 받는다. 따라서 어릴 적에 입양한 아이의 행동이 아이를 양육한 양부모의 행동보다 한 번도 만나본 적이 없는 생물학적인 부모의 범죄행동에 가깝게 행동한다면, 그것은 아이의 행동이 환경적인 요인들에 의해 형성되기보다는 범죄성의 경향이 유전된다는 사실을 말하는 것이다(Siegel And Senna, 2000). 이러한 종류의 연구는 일반적으로 유전성과 비행 사이에 관계가 있다는 가정을 지지하는 결과들을 보여주었다(Cadoret et al., 1983). 다시 말해 입양아는 입양 가정의 사회적 그리고 환경적 조건에도 불구하고 생물학적인 부모의 행동적, 지능적 특성과 상당히 유사한 것으로 나타났다.

이 분야에서 영향력 있는 연구는 메드닉(Mednick)에 의해 수행되었다. 허칭스와 메드닉(Hutchings and Mednick, 1977)의 연구에 따르면, 유죄로 판결된 비행 청소년 표본의 양아버지 중에서 단지 13%만이 과거에 범죄를 저지른 기록이 있는 반면에, 생물학적인 아버지 중에서는 31%가 범죄기록이 있다는 사실을 발견하였다. 그리고 통제집단에 대한 분석에서는 모든 아버지 중에서 약 11%가 범죄기록을 가지고 있었다. 이러한 연구결과를 바탕으로, 메드닉과 허칭스는 비행 경향을 만들어 내는 데에 있어 유전성이 적어도 어느 정도의 역할을 한다고 결론을 내렸다. 즉 비행 청소년의 생물학적 아버지가 일반 청소년의 아버지에 비해 범죄자일 가능성이 훨씬 더 높다는 사실이 밝혀졌다(Gabrielli and Mednick, 1984).

한편 유전성과 청소년 비행 간의 직접적인 관련성 외에도 간접적인 관련성을 주장하는 논의가 있다. 즉 '과도한 활동성'을 보이는 입양된 청소년의 생물학적인 아버지는 양아버지에 비해서 과도한 활동성의 증상을 보일 가능성이 높다는 것이다(Alberts-Corush et al., 1986). 비록 과도한 활동성을 보이는 아이들이 모두 비행 청소년이 되는 것은 아니지만, 이러한 뇌신경계의 이상 상태와 비행의 관계는 오랫동안 학자들에 의해서 주장되어 왔기 때문에 간접적인 관련성을 보여주는 증거의 하나라고 할 수 있다.

하지만 청소년 비행을 유전성과 관련이 있는 것으로 보는 견해는 많은 논란을 낳고 있다. 왜냐하면 이러한 주장은 청소년 비행의 원인이 태어나면서 존재하고, 한 세대에서 다음 세대로 전달되며, 유전자는 변경될 수 없어서 어떠한 치료 노력도 별다른 효과를 거둘 수 없다는 것을 의미하기 때문이다. 최근의 유전성과 비행과의 관계에 대한 평가 결과를 종합해 보면, 비록 그러한 관계가 존재한다고 하더라도 최근의 잘 계획된 조사연구결과는 조사설계가 미흡했던 이전의 연구결과에 비해 그 관계가 약하다는 사실을 알 수 있다. 만일 청소년 비행에 대한 유전적인 기초가 존재한다면, 그 유전적 요인은 반사회적 행동을 유발하는 특정한 사회적·환경적 조건들과 상호작용함으로써 어떤 개인적인 차이를 만들어낼 가능성이 높다(Siegel and Senna, 2000).

SECTION 02 심리학적 원인론

범죄의 원인이 본질적으로 심리적 요인에 의한 것이라고 보는 견해가 존재한다. 이러한 관점에서는 폭력행위, 절도, 성적 비행 등의 모든 비행을 결국 청소년의 마음속에 내재된 심리적인 문제에 의해서 나타나는 증상으로 간주한다. 많은 비행 청소년은 가족이나 친구, 이웃, 선생님 그리고 경찰 등의 법집행기관의 사람들과 좋지 않은 관계를 맺고 있다. 이러한 사실은 청소년 내부의 파괴된 인격 구조를 반영하는 것일 수 있다. 더군다나, 수감생활을 하는 청소년에 대한 연구는 그러한 청소년의 인격이 부정적이고 반사회적인 성격을 띠고 있다고 지적하였다.

그런데 인간 심리에 대한 연구는 상당히 다양하고 복잡하기 때문에 청소년 비행에 대해서도 여러 가지의 설명이 가능하다. 현재는 비행을 설명하는 심리학적 접근은 비행자의 정신을 중심으로 비행의 원인을 규명하려는 정신분석적 또는 정신의학적 이론, 비행을 비행자의 과거 학습경험의 자연적인 발전으로 파악하는 학습 및 행동이론, 비행자의 인지발달 정도에 따라 비행자를 밝히고자 하는 인지이론, 그리고 인간의 인격특성의 차이에서 비행성을 찾으려는 인성이론 등이 주류를 이루고 있다. 이제부터 청소년 비행에 대한 네 가지의 대표적인 심리학적 관점들인 정신분석적 이론, 행동이론, 인지이론, 그리고 인성이론을 간략하게 살펴보도록 하자.

1 정신분석이론

오스트리아의 정신의학자인 프로이트에 의해 1896년에 시작된 정신분석이론(Psychoanalytic Theory)에 따르면, 법위반 행위는 인생의 초기에 형성되어 이후 인간의 행동선택 과정을 통제하는 비정상적인 성격 구조의 결과이다(Freud, 1963). 따라서 정신분석이론의 기초는 인간행위가 아이의 인생에서 초기에 발달된 무의식적인 정신작용에 의해 통제가 된다는 주장이다. 정신분석이론에서는 인간행위의 무의식적인 동기는 두 개의 기본적인 욕구인 성적 욕망과 공격성에 대한 반응이라고 가정한다.

1) 프로이트의 정신분석이론

프로이트는 인격 구조가 원본능(Id), 자아(Ego), 초자아(Superego)의 세 개의 체계로 이루어진다고 보았다. 원본능은 성욕이나 식욕과 같이 기본적인 생물학적 욕구와 충동을 대표하는 것으로 태어날 때부터 존재하는 무의식적 본능인데, 타인의 권리를 존중하지 않으며 즉각적인 만족을 추구하는 쾌락만족의 원칙을 따른다. 따라서 원본능은 비윤리적이고 비도덕적이며 동물적이고 쾌락만을 추구한다. 반면 자아는 사회관습의 테두리 내에서 행동하도록 안내하는 역할을 하는데, 원본능의 요구를 현실 상황을 고려하여 충족하게 하는 합리적이고 온순한 특성의 인성 부분으로, 사회적 기준에 따라 관습적이며 실질적인 것을 고려하는 현실원리를 따른다. 한편 초자아는 자기비판과 양심을 의미하는 것으로, 양육과정에서의 사회적 경험을 통해서 생성된다. 이는 인성 내에서 중요한 타자, 지역사회, 부모의 가치와 도덕적 기준을 통합하여 내면화한 결과로 발전되며, 도덕적 관점으로서 행위에 관한 판단을 담당한다. 즉 사회적 규범을 벗어나는 것에 대한 제재의 두려움으로부터 도출된 내적 제재이다. 이러한 인격구조의 세 가지 요소는 서로 갈등 관계를 형성하고 있는데, 비행은 원본능의 힘이 자아나 초자아의 통제기능을 능가했을 때 나타나는 것이라고 본다. 그리고 프로이트는 어린이는 범죄자로서 이 세상에 태어난다고 하였는데, 어린아이는 원본능을 가지고 있지만 초자아가 형성되지 못한 상태이기 때문에, 선악을 구분하지 못하고 유쾌한 것이 선이라는 쾌락원칙에 지배되어 있고, 폭력적이거나 파괴적인 행동을 하기도 하며 질투나 증오를 가지고 있다고 보았다.

정리하면 청소년 비행은 원본능에 의해 본능적인 욕구에 따라 행동하는 것을 자아와 초자아가 적절하게 통제하지 못하면 나타나는 것이다. 청소년이 도덕성을 의미하는 초자아를 적절하게 개발하도록 부모가 도와주지 못하면, 그 아이에게는 원본능에 의한 행동이 지배적인 성격으로 자리를 잡을 것이다. 강한 초자아가 부재한 상태에서 그 아이가 옳은 행동과 잘못된 행동을 명확하게 구분하기가 어려운 결과를 초래하게 된다. 그 이후 아이는 행동하는 데 있어 즉각적인 만족을 요구하고, 타인을 배려하는 마음이 부족하며 다른 사람들의 요구에 민감하게 반응하는 노력을 하지 않게 되고, 감정이 분리되며, 공격적이고 충동적으로 행동하게 되거나 다른 정신병질적인 증상들을 보이게 될 것이라고 정신분석적 이론에서는 설명한다.

2) 다양한 정신분석학적 설명들

프로이트의 이론을 발전시켜 에릭슨(Erikson, 1968)은 많은 청소년이 자신의 역할과 인생 목표에 대해 감정적이고 충동적이며 확신하지 못하는 상태를 경험하고 자기 내부에서 일어나는 갈등에 직면하는 '정체성 위기'를 경험하게 되며, 이때 청소년 비행을 저지르기 쉽게 된다고 설명하였다.

개성심리학을 창시한 아들러(Adler)는 인간의 기본적인 욕구는 성이 아니고 열등감의 극복이며, 자기완성을 위한 내적 요구라고 주장하고, 우리의 생활이란 열등성을 극복하기 위한 투쟁의 연속이라는 견해를 밝혔다. 신체적 결함, 기능적 결함, 과도한 사회적 억압 등이 청소년에게 열등콤플렉스를 일으키고 그것을 지나치게 보상하려는 시도에서 비행을 저지르게 된다고 보았다. 사회적 관심이 결여된 아이는 적절한 준비가 없는 사태에 직면했을 때 열등감을 느끼게 되는데, 이 열등감의 원인은 가정에서의 부적절한 조건들, 즉 지나친 응석받이나 무시 등이다. 이러한 열등감이 적절하게 해소되지 못하면, 아이 때부터 내면에 준비된 성향에 따라서 최초의 비행을 저지르게 된다. 특히 개인적 우월성에의 욕구가 강한 비행 청소년은 정복자가 되는 것을 목표로 하여 모든 활동을 이 목표를 달성하는 데 집중하게 되는데, 사회 규칙에 신경 쓰지 않고 오직 열등감을 극복할 수 있는 행동에만 몰두하다 보면 비행의 충동에 빠져들게 된다는 것이다.

비행이 청소년이 경험하는 해결되지 않는 정신적인 분노와 내적인 갈등의 결과라고 보는 정신분석학자도 있다. 일부 청소년, 특히 학대와 부적절한 취급을 받은 아이는 분노와 공포 또는 증오의 무의식적인 감정을 경험하게 되고, 이러한 감정들이 제대로 처리되지 않으면 나중에 청소년 비행을 저지르게 된다는 것이다(Abrahamsen, 1944).

욕구충족을 강조하는 에이콘(Aichorn, 1935)의 정신분석학적인 설명에 따르면, 비행 청소년은 자신의 충동적인 행동성향을 통제할 수 없는 것 때문에 고통을 받는 원본능(Id)에 의해 지배되는 아이들이라고 보고 있다. 극단적인 경우 청소년 비행이 피해자의 감정을 인식하고 자신의 만족을 위한 충동적인 욕구를 통제하는 것을 방해하는 정신병적인 형태로 보일 수도 있다. 이러한 상태를 설명하기 위해 '잠재적 비행자'라는 개념을 만들었는데, 아동방임과 학대 등으로 문제가 많은 가정에서 자란 청소년으로, 옳고 그름에 대한 고려나 다른 사람의 감정에 대한 배려가 없이 오로지 자신의 욕구에 대한 즉각적인 충족만을 추구하는 아이를 말한다.

일부 학자들은 청소년의 비행이 억압의 감정을 극복할 수 없는 아이들이 저지른 행동의 결과라고 본다. 비행은 일부 청소년에게 자유와 독립심, 흥분, 자신들의 실패에 대한 합리화의 기회 등을 제공함으로써 긍정적인 심리치료의 효과를 가져다주는 것으로 설명된다.

이처럼 다양한 정신분석이론이 있지만, 모든 정신분석적인 접근 방법은 비행을 야기하는 요인으로 가정의 역할을 강조한다. 반사회적 청소년은 아이가 필요로 하는 사랑을 주지 못하고, 일관된 행동의 한계를 제시하지 못하며, 세상에 맞서 살아가는데 도움이 되는 개인적인 능력의 개발에 필요한 적절한 통제를 제공할 능력이 없는 부모가 있는 가정으로부터 나타나기 때문이다(Brandt and Zlotnick, 1988). 결국 청소년의 파괴적이고 충동적인 행동은 실제로는 자신의 문제에 대해 부모와 주변의 사람들에게 도움을 요청하는 상징적인 몸짓인 것이다(Siegel and Senna, 2000).

2 행동이론

행동심리학자는 한 개인의 성격은 무의식적인 과정보다는 다른 사람과 상호작용하는 과정에서 평생 배우면서 형성되는 것으로 본다. 이러한 입장은 미국의 심리학자 왓슨(Watson)의 연구에 기반을 두고 스키너(Skinner)에 의해 널리 알려지게 되었다. 행동이론(Behavioral Theory)에서는 측정할 수 없는 무의식적인 현상이 아니라 오로지 측정할 수 있는 사건에만 관심을 기울인다. 개인은 자신의 행동에 대해 다른 사람들이 어떻게 반응하는가를 관찰하는 것을 통해 배우게 되고, 행동은 처음에 환경의 자극이나 변화 때문에 시작된다.

행동을 형성하는 데 가장 중요한 요인은 강화로서, 어떤 특정 행동이 다른 사람의 긍정적인 반응으로 강화되면 그 행동은 지속될 것이다. 반면에, 어떤 행동이 다른 사람에 의해 지지나 강화되지 않고, 오히려 비난이나 처벌을 받게 되면 그 행동은 점점 줄어들거나 완전히 없어지게 된다. 스키너의 주장을 발전시켜 반두라(Bandura)는 강화가 관찰에 의해서도 학습된다는 것을 강조했다. 행동이론을 발전시킨 사회학습이론에서는 인간의 행동이 친밀한 타자와의 직접적인 접촉을 통해 관찰한 바를 모델로 삼아 따라 하는 것뿐만 아니라 언론매체를 통한 간접적인 접촉에 의해서도 영향을 받는다고 설명한다. 어떠한 경우이든지 보상을 받는 행동은 모방이 되고, 처벌을 받는 행동은 피하게 된다는 기본원칙에는 변함이 없다(Siegel and Senna, 2000).

이러한 관점이 암시하는 바는 폭력행위가 빈번하게 발생하는 가정환경에서 자란 청소년은 그러한 행동이 받아들여질 수 있고 보상을 받는 것이라고 배울 가능성이 높다. 아이들은 부모가 말로 하는 것보다 행동하는 것을 보고 배우기 때문에, 이런 가정환경에서 자란 일부의 청소년은 집 밖에서 다른 청소년을 상대로 폭력을 행사하게 되고 심지어는 가족구성원이나 형제자매에게 공격성을 표출할 수 있다. 결국 가정은 청소년이 다른 사람과의 갈등 상황에서 물리적 폭력을 행사하는 것이 허용된다고 인식하도록 도와줌으로써 폭력에 대한 훈련장으로서의 역할을 담당하는 결과를 초래한다(Carlson, 1986).

③ 인지이론

1) 도덕적 발달단계

인지이론(Cognitive Theory)은 인간의 인지발달에 따라 도덕적 판단력이 내재화하는 과정을 상정하여 범죄원인을 탐구한다. 이 이론에서는 사람이 어떻게 외부 사회세계의 가치와 규범을 획득하여 내재화하는가가 비행의 연구에 있어서 중요한 문제가 된다고 본다. 여기에서 '내재화'는 사람이 사건이나 신념을 수용하고 그것을 사고의 일부로 만든다는 것을 의미한다. 어떤 사람은 사회적 기대를 쉽게 내재화하는 반면, 어떤 사람은 그렇지 못하다. 따라서 문제가 많은 비행 청소년은 사회의 규범을 내재화하는 데 어려움을 가장 많이 겪는 사람일 것이다(Bartol, 1980). 즉 사람은 법이나 규율에 대한 자신의 사고를 조직화하는데, 그들이 자신의 사고를 조직화하는 방법에 따라 비행적 또는 정상적 행위가 초래된다. 심리학자들은 이러한 사고의 조직화를 도덕적 추론이라고 일컬으며, 이것이 법과 관련될 때 법적 추론이라고 부르게 된다(Reid, 1985).

이 이론의 대표자인 스위스의 심리학자인 장 피아제(Jean Piaget)에 따르면, 사람의 도덕성은 일정한 단계에 따라 발전하며, 각 단계는 사람의 경험에 따라 그 이전 단계에 의존하여 발전한다. 콜버그(Kohlberg)는 이러한 주장을 구체화하여 일련의 연속적 과정을 거치면서 단계별로 발전하는 도덕수준의 첫 단계를 관습 이전(Preconventional), 둘째 단계를 관습단계(Conventional), 그리고 셋째 단계를 관습 이후(Postconventional)로 나누고 그에 따라 인간의 추론능력도 발전한다고 하였다(Kohlberg, 1958). 그에 의하면 사람들은 대개 10살에서 13살 사이에 관습 이전의 추론 또는 사고에서 관습적 추론 또는 사고로 옮겨가는데, 그렇지 못한 사람이 비행자가 될 수 있다. 후에 콜버그는 사람들은 도덕적 발달의 단계가 처벌과 복종 단계, 도구적 상대주의 단계, 착한 소년/소녀 단계, 법과 질서유지 단계, 사회적 계약 단계, 보편적 윤리 단계의 총 여섯 단계를 거쳐 가게 된다고 하며 자신의 주장을 수정하였다(황성현 외, 2022). 이론가들은 단순히 처벌을 피하기 위해서나 자신의 이해관계에 따라 행동하는 사람은 법이 사회의 모든 사람에게 도움이 되는 것으로 생각하거나 다른 사람의 권리를 존중하는 사람에 비해서 범죄를 저지를 가능성이 더욱 높을 것이라고 한다(Siegel & Senna, 2000). 따라서 더 높은 도덕적 판단수준을 갖추도록 가르침을 받고 성장한 청소년은 비행을 저지를 가능성이 낮다.

한편 도덕성 발달과 비행을 관련시키는 주장은 주로 도덕적 판단력이나 이성을 중심으로 이루어지고 있으며, 사람들이 조직화된 사회적 규칙을 어떻게 정신적으로 상징화하며 그러한 조직화에 기초하여 어떻게 판단하는가를 다룬다. 따라서 인지이론가들은 사람이 그들을 둘러싸고 있는 세계를 인식하고 정신적으로 대표하는 방법을 의미하는 정신적인 과정과 어떻게 문제를 해결하는가에 관심을 집중한다. 이러한 입장에서 가장 중요시하는 부문은 도덕적, 지성적 발달 분야인데, 이는 사람들이 어떻게 도덕적으로 표현하고 세상에 대해 추론하는가에 관심을 기울이는 분야이다.

실제로 콜버그와 그의 동료들(Kohlberg et al., 1973)에 의해 수행된 연구에서는 범죄자는 사회적 배경이 비슷한 일반인에 비해 도덕적 판단의 발달단계에서의 위치가 상당히 낮다는 사실을 발견했다. 청소년을 대상으로 한 후속 연구에서도 비슷한 결과가 나타났는데, 비행 청소년 중의 상당수는 도덕적 발달단계에서 1~2단계에 머물고 있는 반면에, 일반청소년은 그보다 높은 단계에 위치하였다. 그리고 도덕적 추론의 상위 단계는 청소년 비행과 양립할 수 없는 것으로 간주되는 정직성, 관대성, 그리고 비폭력과 관련되었다(Henggeler, 1989).

이처럼 인지발달 단계에 따라서 도덕적 판단능력에 차이가 있다는 인지이론의 설명은 다양한 비행원인론을 포괄할 수 있는 장점이 있다. 그러나 도덕성과 비행의 관계를 직접 검증한 연구가 부족하다는 점이 문제이다. 또한 도덕심과 비행의 상관관계는 하나의 상식에 지나지 않는다는 비판도 제기되고 있다. 그리고 개인의 도덕적 판단과 비행의 관계를 설명할 때 해당 사회의 옳고 그름에 대한 판단의 내재화 수준과 함께 고려되어야 한다. 즉 한 사회의 도덕, 규율 그리고 관습 등에 대한 판단과 태도가 개인이 선호하는 비행의 과정에 영향을 미치기 때문에 동일한 비도덕적 행위라도 도덕 수준이 낮은 사회에서는 조금의 죄의식도 없이 쉽게 행해질 수 있는 반면, 높은 도덕 수준을 견지하는 사회에서는 어려운 일이 될 수도 있다. 또한 사람이 믿고 느끼는 것이 반드시 실제적인 행동과 항상 일치하는 것은 아니라는 사실도 염두에 두어야 한다.

2) 정보처리 능력

정보처리를 연구한 인지이론가는 반사회적 행위를 자료의 인식과 분석의 측면에서 설명한다. 사람은 무언가를 결정할 때 인지적 사고과정을 거친다. 정보를 해석할 수 있는 형태로 고치고, 다음에 적절한 반응을 찾고, 그 후 가장 적합한 행동을 결정한다. 마지막으로 자신의 결정에 입각하여 행동을 취한다(Dodge, 1986).

합리적인 판단을 내리기에 좋은 조건을 가져 정보를 적절하게 사용하는 청소년, 그리고 감정이 개입된 사건들에 직면했을 때 빠르게 이성적인 결정을 내릴 수 있는 청소년은 반사회적 행위를 선택하는 잘못을 피할 가능성이 높다(Raine et al., 1996). 반면에 폭력을 쉽게 사용하는 청소년은 정보를 부적절하게 사용하거나, 결정을 내릴 때 너무 늦게 정보를 이용하는 경향이 있다. 또한 가정에서 부모의 학대와 폭력에 시달렸던 청소년은 다른 청소년에게 거부당하거나 의견이 대립될 때 더 쉽게 폭력을 사용하고, 다른 청소년의 행동을 실제보다 더 공격적인 것으로 인식할 가능성이 높으며, 다른 청소년의 행동에 대해 경계할 필요가 없는 경우에도 쉽게 위협을 느낄 수 있다. 즉 어릴 때부터 폭력에 노출된 청소년은 다른 청소년의 사소한 시비에도 지나치게 과민반응을 보이고 쉽게 폭력을 사용할 수 있다. 이때 상황을 잘못 파악하여 피해자를 공격하면서도 그 행동이 자기 자신을 보호하는 행동이라고 믿을 수 있다(Lochman, 1987). 다른 청소년과 충돌하는 상황에 대한 대처기술로 폭력을 사용하는 청소년은 약물남용이나 음주와 같은 비행을 저지를 가능성이 높은 것으로 나타났다(Cirillo et al., 1998). 또한 절도를 저지른 비행 청소년은 일반청소년에 비해 다른 인지적 결함을 보일 가능성이 더 높다는 연구결과도 있다. 예를 들면 비행 청소년은 일반청소년보다 시간관념이 철저하지 못하고 효과적인 방식으로 사회문제를 다루거나 해결하는 능력이 부족하다는 것이다(Greening, 1997).

이처럼 인지이론가는 청소년 비행의 설명에 있어서 청소년의 인지능력 결함, 즉 잘못된 정보처리와 사고가 중요한 원인이 된다는 것을 강조한다. 또한 인지능력의 부족은 출생 전 임산부의 약물남용 또는 아동학대의 결과로 나타날 수 있기 때문에 부모의 올바른 양육이 청소년 비행의 예방책으로 제시된다(Siegel, 2020).

3) 지능

지능 수준과 비행의 관계에 대한 논의는 두 가지 기본 가정에 기초하고 있다. 첫째, 지능이 낮은 사람은 특정 상황에서 자신의 잘못된 행위의 비도덕성 또는 비윤리성을 평가할 능력이 낮으므로, 낮은 지능과 범죄가 직접적으로 관계가 있다는 가정이다. 둘째, 사람이 지능이 낮으면 감정과 욕망을 통제하는 능력도 낮기 때문에, 비행을 원하지 않더라도 자신의 행위를 통제할 수 없어서 비행에 가담할 가능성이 높다는 가정이다. 일반적인 견해는 지능이 비행과 직접적인 관련이 있는 다른 요인에 영향을 미침으로써 간접적으로 비행에 영향을 주는 것으로 이해되고 있다.

특히 지능이 정상보다 훨씬 낮은 상태를 지적 장애라고 하는데, 일반적으로 표준화된 지능 검사에서 IQ 70 이하인 경우를 말한다. 이러한 지능적 결함이 청소년 비행의 주요 원인이라고 강조한 학자는 미국의 심리학자 곳다드(Goddard, 1920)이다. 그는 1920년에 실시한 한 연구를 통해, 상당한 수의 수감생활을 하는 청소년이 정신박약, 즉 지적 장애 상태라고 진단하고 적어도 비행 청소년의 절반 정도가 정신적인 결함을 가지고 있다고 주장하였다. 이러한 관점은 낮은 지능이 태어날 때부터 결정되고 유전된다고 간주하는 것으로 본성이론(Nature Theory)으로 불린다. 반면에 지능은 부분적으로만 생물학적이고, 대부분 부정적인 환경적 요인이 비행을 유발하고 낮은 지능점수를 얻도록 유도한다고 보는 관점은 양육이론(Nurture Theory)이라고 불린다(Siegel & Senna, 2000).

(1) 지능과 청소년 비행과의 관계에 대한 연구결과

한동안 잠잠했던 지능과 비행 사이의 관계에 대한 논란을 다시 불러일으킨 것은 1977년에 허쉬와 힌델랑에 의해 발표된 연구이다(Hirschi and Hindelang, 1977). 지능지수와 비행에 관련된 통계자료를 철저하게 분석한 후에 지능검사가 지능을 측정하는 데 있어 타당한 방법이고 지능지수는 비행을 예측하는 데 있어 인종이나 사회계층보다 더욱 중요하다고 주장하였다. 낮은 지능점수는 학업능력을 통해 간접적으로 비행에 영향을 미치고, 낮은 지능지수를 가진 청소년은 학교에서 잘 적응하지 못하며, 학교생활에서의 실패와 부진한 학업성취는 비행과 상당히 관련이 있다고 보았다.

반면에 낮은 지능지수가 비행에 참여하는 데에 직접적인 영향이 있다고 주장하는 학자도 있다. 지능과 비행의 관계를 결정짓는 핵심은 추상적인 개념을 조작할 수 있는 능력을 갖추고 있는지이다. 낮은 지능은 청소년으로 하여금 미래의 비행으로 야기되는 결과를 예측하고 피해자의 고통을 인식하도록 하는 능력을 제한한다는 것이다(Farrington, 1992). 따라서 낮은 지능을 가진 청소년은 처해 있는 상황과 다른 사람의 몸짓을 잘못 파악하고 바보스럽게 행동하며, 쓸데없이 위험을 무릅쓰고, 모두에게 해로운 비행에 빠질 가능성이 훨씬 높다.

(2) 지능검사 방법과 문제점

현재 대표적으로 사용되는 웩슬러(Wechsler) 지능검사 5판은 언어이해, 시·공간, 유동추론, 작업기억, 처리속도 등으로 구분되어 진단할 수 있다. 일반적으로 비행 청소년은 정상소년보다 언어적 지능에 있어 부족하다는 특징이 있다. 글룩(Glueck) 부부는 비행 청소년에 대한 웩슬러 검사 결과를 분석한 후에, 비행 청소년이 문제를 취급하는 방법이 비체계적이기 때문에 실패하는 일이 많다는 것과 매개적인 기호에 존재하는 추상적 사고가 뒤떨어지고 구체적이고 물질적인 접근을 선호한다는 사실을 지적하였다. 그 외에도 지능검사를 하는 데에는 여러 가지 문제점이 있다. 첫 번째는 비행 청소년 군과 정상 청소년 군을 대표하는 양 집단의 표본 선정에 있어서 그들의 사회적 배경 차이가 크다는 점이다. 글룩 부부의 연구에서도 전자는 빈곤가정과 결손가정 출신이 많고, 후자는 사회적, 경제적으로 지위가 높은 가정 출신이 많았다. 이 양자의 차이에서 언어성과 동작성 지능 차이가 나타난다는 비판이 있다. 두 번째는 지능 측정의 조건 문제이다. 지능 측정은 원래 학교생활에서의 일상 훈련 등에 의해 크게 좌우되는데 비행소년 군은 이전의 퇴학, 비행, 체포, 심문 등으로 지능 검사에 불리한 조건이 많다. 또한 문화적 편견이 작용하여 하류계층 출신보다는 중류계층 출신의 청소년에게 익숙한 상황이나 문장이 제시되어 그들이 높은 점수를 얻기가 유리하다. 세 번째로는 지능 측정의 개인차 문제로 설문에 대한 응답 경험과 능력이 조사 결과에 많은 영향을 준다는 것과, 지능검사의 타당성이 증가해 온 만큼 교육기회 균등의 증진이 이루어졌다는 점이다. 또한 특수교육이나 경제적인 혜택으로 지능이 낮은 소년이 비행으로부터 보호되고 있는 효과를 인정할 수 있다는 것이다. 네 번째로는 지능의 낮음은 비행과 결부될 수 있는데, 그 이유는 지적 장애를 가진 사람은 쉽게 비행으로 유도되거나, 위험을 눈치채지 못하고 있기 때문이다. 지능 그 자체는 도덕적 의미가 없지만, 지능이 낮은 것은 충동적·감정적인 이상과 결부시키기 쉽고, 그것이 사회적 기준이나 옳고 그름의 이해를 곤란하게 한다는 것이다. 그러므로 문제는 지능과 감정과의 혼합에 있기 때문에 그것을 측정할 수 있는 더 역동적인 검사방법의 개발이 필요하다. 한편, 이러한 논의에 있어서 지능이 높은 자의 비행은 종종 무시된다. 지능이 높은 비행자 중에는 지능이 낮은 자보다 충동·감정의 폭발을 억누르고 면밀하고도 신중하게 범행을 수행하고 사회에 잘 적응하고 있는 사람도 있다.

(3) 본성이론과 양육이론 간의 논쟁

청소년 비행과 지능의 관련성은 지능이 유전적인가, 아니면 후천적인 것인가에 따라 본성이론과 양육이론 중에서 어떤 것이 타당한지에 대한 논쟁을 초래한다. 이론과 시설에 수용된 재소자들에 대한 지능검사를 기초로 한 초기의 연구결과는 대체로 지능이 유전되며 지능이 낮은 소년을 잠재적인 비행 청소년으로 간주하여 낮은 지능과 비행성의 상관관계가 존재한다는 본성이론을 지지하였다(Burt, 1958). 반면 양육이론에서는 부모나 학교 또는 동료 등 수많은 요인들로부터의 환경적 자극이 지능수준을 결정하는데 큰 영향을 미친다고 본다. 따라서 낮은 지능은 바로 비행을 자극하고 유발하는 환경으로부터 초래되는 것이라고 할 수 있다. 그러므로 비행자의 지능이 낮다면 그것은 비행자의 문화적 배경을 반영하는 것이지 그 사람의 정신능력을 반영하지는 않는다고 결론을 내릴 수 있다. 물론 상당수 비행 청소년이 추상적 언어지능에서는 비교적 낮은 점수를 보일지라도 기계적인 적성과 비언어적 지능은 거의 정상인데, 이런 결과는 지능검사의 문화적 편견이 드러나고 있음을 보여준다. 즉, 전통적인 지능검사는 중·상류층의 생각 및 문화를 중심으로 평가하기 때문에 비행이 많은 하류계층의 청소년에게 상당히 불리하고, 하류계층에 낮은 지능지수를 가진 청소년이 많을 수밖에 없다는 것이다.

④ 인성이론

인성이론(Personality Theory)은 비행의 원인으로 비행자의 인성적 특성을 파악하고, 아울러 비행자의 비행적 인성을 교정하거나 치료하는 데 중요한 역할을 해 오고 있다. 인성이론은 비행이란 인간의 심리적 틀 내에 존재하는 저변의 갈등이 표출된 것이라고 말한다. 또한 인성 발달은 현재의 생활경험의 영향도 받지만 발생 기원은 아동기에 있으며, 어려서 형성된 특정한 인성적 특징이 그 사람의 일반적 성격뿐만 아니라 전반적인 행위를 특징지으며, 비정상적인 인성적 특징이 곧 비행을 유발하는 작용을 한다고 가정한다.

1) 인성검사 방법

인성이론에서는 연구 방법으로 비행과 관계되는 것으로 알려진 파괴적 · 비정상적 인성특징을 평가하기 위해 투사법(Projective Techniques)과 인성검사표(Personality Inventory), 그리고 법무부에서 자체 개발한 특수 인성검사 방법을 주로 사용한다. 투사법은 대상자에게 그림이나 모형이 무엇을 대표하는가를 기술하거나 이야기하도록 함으로써 그림이나 모형에 대한 반응을 검사하는 것으로 로샤(Rorschach) 검사와 주제통각 검사(TAT: Thematic Apperception Test), 집-나무-사람 검사(HTP: House Tree People Test)가 대표적이다. 인성검사표는 자기보고식 설문지의 질문에 대하여 동의 또는 반대를 표시함으로써 측정하는 것으로, 미네소타 다면적 인성검사(Minnesota Multiphasic Personality Inventory: MMPI)가 대표적이다. 청소년 대상으로 실시되는 MMPI-A는 총 478문항으로 구성되어 있으며, 건강염려증, 우울증, 히스테리, 반사회성, 남성(여성) 특성, 편집증, 강박증, 정신분열증, 경조증, 사회적 내향성의 10가지 척도를 평가한다.

최근 우리나라의 비행 청소년을 대상으로 법무부에서 자체 개발한 특수 인성검사(Special Personality Inventory-Ⅳ)가 활용되고 있다. 특수 인성검사는 소년보호기관에 위탁된 비행 청소년을 대상으로 재비행 위험성을 평가하기 위해 개발되었으며 비행 청소년의 분류심사와 재처우 심사에도 적극적으로 활용되고 있다. 이 검사는 타당성 척도, 일반척도, 일탈행동 척도 그리고 임상 척도로 구분되어 있고, 총 11개의 하위 척도와 20개의 소척도로 구성되어 있으며 이분형("예" 또는 "아니오"로 응답)으로 채점되는 검사이다.

2) 연구결과

인성과 비행에 대한 연구결과를 살펴보면, 글룩(Glueck) 부부는 로샤(Rorschach) 검사를 이용하여 500명의 비행소년과 500명의 일반소년 집단을 비교 연구한 결과, 두 집단 간에 중요한 인성 특성의 차이가 있음을 발견하였다. 비행소년이 더 도전적이고 반항적이며, 외향적이고 양면가치적인 성격을 갖는다고 한다. 그뿐만 아니라 실패와 패배를 두려워하지 않았고, 좌절과 불안을 많이 느끼고 있으며, 후회, 주저, 의심, 방어적인 태도를 많이 보인다고 밝혔다(Glueck and Glueck, 1950).

MMPI 인성검사를 통한 연구결과(Hathaway and Monachesi, 1957)를 보면, 건강염려, 우울, 히스테리, 반사회성, 남성(여성) 특성, 편집증, 강박증, 정신분열증, 경조증, 내향성 등 10가지 하위차원 중 비행 청소년은 반사회성(적대적, 반항적, 이기적 성격)과 정신분열증에서 높은 점수를 나타냈다.

한편 왈도(Waldo)와 디니츠(Dinitz)는 1950년에서 1965년까지 MMPI를 활용하여 범죄자의 성격을 조사한 94편의 연구를 재분석한 결과, 80% 이상에서 비행자와 정상인 사이의 중요한 성격적 차이가 통계적으로 유의미하게 나타나고 있음을 보여주었다. 특히, 정신병적 일탈 부분에서 큰 차이가 나타났다.

아이젠크(Eysenck)는 외향성-내향성(extraversion-introversion)과 신경증(neuroticism), 정신증(psychoticism)이라는 성격적 특성에 기초하여 인성이론을 체계화하였다. 아이젠크에 따르면 범죄자는 일반인보다 외향적이고 신경증과 정신증 경향성도 더 높다. 외향적인 사람은 내재된 각성 수준이 낮아서 자극과 흥분을 추구하는 경향이 강하기 때문에 내향적인 사람에 비해 잘못 조건지어진 방향으로 행동하며 규범순응적 행동 양식을 습득하기 어렵다. 또한 신경증 수준이 높은 불안정한 사람이 외향적 특성을 가지면 충동적이고 자기파괴적이기 때문에 비행의 가능성이 높아진다고 주장하였으며(Eysenck and H. J, 1979; Siegel, 2020), 정신증 수준이 높은 사람은 다른 사람의 감정에 공감하는 것이 어렵고 배려하지 않는 경향이 있기 때문에 잘못된 행위에 죄책감을 느끼지 않는다고 보았다. 아이젠크는 이러한 3차원적 성격을 바탕으로 아이젠크 성격검사(Eysenck Personality Questionnaire: EPQ)를 개발하여(황성현, 2022), 인성이론이 체계적으로 검증될 수 있게 하였다.

헤어(Hare, 1980)는 범죄자의 인성적 특성으로 '정신병질적 성격(Psychopathic Personality)'을 제시하였는데, 이는 충동적이고, 쉽게 흥분하며, 쉽게 지루해하고, 죄의식이 약하며, 이기적이어서 남에 대한 생각이 부족하고, 감정이입이 낮은 특성을 갖는다고 주장했다. 이러한 특성은 반사회적 성격과 일맥상통하며 비행 청소년의 주요 성격특질이 된다.

3) 반사회적 성격장애(Anti-Social Personality Disorder)

개인의 성격을 드러내는 지속적인 행동양식을 성격특질이라고 한다. 성격특질은 개인이 일상이나 사회생활 속에서 자기 자신과 환경을 지각하고, 타인과 관계를 맺고 생각하는 비교적 안정적인 행동양식이라고 정의된다. 일반적으로 사람은 이런 지속적인 행동양식을 통해서 개성을 드러내며 사회에 적응한다.

그러나 때로는 지속적인 행동양식으로 인해 사회생활에 적응하지 못하고 심각한 문제를 일으킬 수 있는데, 이를 성격장애라고 한다. 성격장애를 보이는 사람은 스트레스를 받으면 융통성이 없이 부적응적인 반응을 반복하고, 일이나 사랑하는 데에 있어 어려움을 드러내며, 정신건강 수준이 낮고, 대인관계에서 빈번하게 갈등을 일으키며, 다른 사람을 난처하게 만드는 성향을 지니고 있다. 이런 성격장애는 만성적인 행동양식으로, 적어도 사춘기에서 비롯되며 성인 초기에는 뚜렷하게 그 특성이 드러난다. 다시 말해 성격장애는 미성숙한 성장의 결과이고, 행동이 어린이 같고 충동적이며 이기적이고 무의식적으로 돌발하는 특징을 갖고 있으며, 자기 잘못이나 문제행동을 인식하지 못하기 때문에 죄의식을 갖지 않는다. 그중에서도 도덕적으로 무관심하고 법률제도와 충돌이 잦은 사람 중 일부를 심리학자들은 반사회적 성격장애라고 본다. 심각한 정신적인 문제가 없이 난폭하고 잔인한 범죄수법을 사용하는 폭력범죄자 중에서 이러한 유형이 많이 발견된다.

(1) 반사회적 성격장애의 특징과 진단 기준

반사회적 성격장애자는 성격상의 장애로 작은 자극에도 격렬한 감정의 폭발을 보이며, 다양한 욕망을 적절히 통제할 수 있는 능력이 결여되어 범죄나 반사회적 행동에 그만큼 쉽게 노출된다. 이들은 다양한 성격장애와 품행장애를 보이는데, 규칙 위반, 남을 속임, 충동성, 공격적인 행동, 분별심의 부족, 책임의식 결여 등의 성격 측면의 장애와 이에 따른 행동장애를 보인다. 이들은 근본적으로 비사회화된 성격과 행동양식으로 인하여 반복적으로 사회와 갈등을 겪는 사람이라고 규정지을 수 있다. 개인, 집단 또는 사회의 가치를 긍정하지 못하고, 이기적이고, 무감각하며, 무책임하고, 충동적이며, 죄의식을 느끼지 못하고, 경험과 형벌을 통해서 배우지도 못한다. 아울러 욕구불만을 참지 못하고, 남을 비난하기 좋아하며, 자기 행동을 그럴듯하게 합리화하는 버릇이 있다. 또한 공통으로 참회, 양심, 수치심이 부족하고, 거짓말을 잘하는 편이다. 학자들은 반사회적 성격장애가 발생하는 이유가 부모의 부재, 양육 결함 또는 적대적 환경 때문이라고 추정한다.

반사회적 성격장애를 판단하기는 쉽지 않다. 일반적으로 반사회적 성격장애자는 다른 사람의 권리를 침해하고 사회 규범을 지키지 못하는 특징을 보인다. 또한 자신이 원하는 것을 얻기 위해 수단과 방법을 가리지 않고, 반복적인 거짓말도 마다하지 않고, 통제당하는 것을 피하려고 충동적인 행동을 일삼는다. 그리고 쉽게 짜증을 내고 공격적인 성향을 보이며 다른 사람과 의견충돌이 있을 때 쉽게 주먹다짐으로 발전하기도 한다. 이들은 누구도 자신을 통제할 수 없다고 생각하고, 다른 사람의 안전은 신경 쓰지 않으며, 자기 잘못에 대한 반성이 부족하다. 반사회적 성격장애자는 보통 15세 이전에 품행장애의 증거가 뚜렷이 나타나고, 이러한 품행장애가 성인이 된 후에도 지속되는 경향이 있다. 물론 모든 품행장애가 성인이 되어 반사회적 성격장애가 되는 것은 아니지만, 반사회적 성격장애자는 사춘기 때 품행장애로 진단되었을 가능성이 높다.

(2) 반사회적 성격장애자의 성장배경과 성격형성 과정

반사회적 성격장애가 형성되는 성장배경을 살펴보면, 알코올 중독, 자녀 폭행, 부모의 의무 방치로 인한 양육 포기, 빈곤, 아버지의 부재 등의 고통스러운 경험이 많다. 반사회적 성격장애가 되는 결정적 요인은 발달 과정에서 중요한 시기에 대인관계를 형성하는 데 실패했다는 점이다. 부모가 자녀의 행동을 올바른 방향으로 이끌어 줄 역할모델을 제시하지 못하고 적절한 통제가 부족한 상황에서, 다른 사람에 대한 분노와 공격성이 폭발적이고 격렬해졌다고 볼 수 있다. 따라서 이들의 행동은 매우 공격적이고, 충동적이며, 무책임하고, 미래에 대한 계획이 없다고 평가할 수 있다.

반사회적 성격장애의 성격형성 과정에서는 죄의식이 없어서 죄를 저지른 후 도덕적인 감각을 발달시키지 못한 점이 가장 두드러진다. 양심의 부재는 반사회적 성격장애의 핵심적인 특징이다. 이들은 분노가 쌓였을 때, 공격성을 적절하게 통제하는 방법을 배우지 못했고, 오히려 폭력적인 부모가 폭력의 모델을 제공하기도 한다. 즉 어린 시절에 부모나 다른 어른들로부터의 학대와 통제에 분노하고 저항하게 만든 것이다.

심리학자들은 성격장애를 보이는 비행 청소년이 매일 반복되는 일상적인 일을 지루하고 따분한 것으로 생각하여 견디기 힘들어하고 지속적인 자극을 추구하며, 성을 쾌락이나 비행의 도구로 사용하면서도 죄의식을 느끼지 않는다고 본다. 쾌이(Quay)는 반사회적 성격장애자의 행동에서 극단적으로 자극을 추구하는 경향을 보인다고 한다. 생리학적으로 볼 때 반사회적 성격장애자는 환경으로부터 오는 자극의 영향을 별로 받지 않기 때문에 대뇌피질을 흥분시키기 위해서는 많은 양의 자극이 필요하다. 따라서 지속적으로 자극을 추구하고, 끊임없이 흥분을 일으킬 수 있는 행동을 찾는다. 이러한 쾌이의 가설은 최근에 여러 연구에서 지지되었다. 최근의 연구들은 반사회적 성격장애자가 병적으로 흥분과 모험을 추구하는 것은 그들의 뇌 속에 망상체를 활성화하는 체계에 결함이 있기 때문이라고 한다. 자극에 관한 각성수준의 연구에 따르면, 일반적으로 비행자는 일반인보다 자극이 결핍된 상황을 참지 못하는 것으로 드러났다. 이러한 연구가 제시하는 바는 자극이 결핍되었을 때, 계속 자극을 찾는 행동이 비행과 관련될 가능성이 매우 높다는 것이다. 따라서 앞으로 이런 특성을 가진 자에게 비행과 관련된 자극 이외의 다른 자극을 찾을 수 있도록 하는 실험적 연구를 수행할 필요가 있다.

(3) 반사회적 성격장애와 사이코패스

사이코패스(Psychopath)는 반사회적 성격장애와 종종 혼용되어 사용한다. 사이코패스는 인간의 심리적 특징, 행동적 특징 등을 반영하여 다양하게 정의된다. 사이코패시(Psychopathy)는 냉담하고, 충동적이고, 자기중심적이며, 무책임하고, 무감각적인 심리적 특질을 지닌 정신병질로서, 이러한 특질을 지닌 사람을 사이코패스(Psychopath)라고 한다. 이러한 특성을 가진 사람들은 감정에 둔감하여 사회가 놀랄 만한 엽기적인 범죄를 저지를 가능성이 높다.

19세기 초 프랑스의 정신과 의사인 필립 피넬(Philip Pinel)은 Manie Sans Délire라는 용어를 사용하여 사이코패스를 정의하였다. 이 용어는 '격분하지 않는 광(狂)', 즉 '흥분하지 않는 흥분자'를 의미하며, 비사교적이고 반사회적 행동을 상습적으로 하는 사람에 대해서 그들이 가지는 잔혹 · 무감각 · 무책임 · 부도덕성을 적절하게 표현한 용어이다.

이후 1837년, 영국의 정신과 의사인 프리처드(J. C. Pritchard)는 임상학적으로 정신병적인 증세로 인해 정신병을 일으켜 잔혹 · 무감각 · 무책임해진 사람들이 문제를 일으킨다고 설명하면서, 이러한 증세에 대해서 '도덕적 광기(Moral Insanity)'라고 명명하였다. 프리처드는 이러한 증세를 단순한 심리적인 문제가 아니라 정신병으로 분류하고 환자로 간주하였다.

그러나 1888년, 독일의 정신과 의사인 코흐(J. Koch)가 도덕적 광기는 부당하고 부정적인 의미를 내포하고 있다고 주장하고, 대신 정신병적 열등(Psychopathic Inferiority)이라는 명칭을 제시하였다. 우리가 알고 있는 사이코패스의 현대적 개념은 코흐의 명칭에서 유래된 것이다(김용근, 2006).

1976년에 클레클리(Cleckly)는 사이코패스(Psychopath)를 외관상으로는 정상적으로 보이고 지능도 보통 수준 이상을 지니지만, 극단적으로 이기적이며 타인을 자신의 목적 달성의 도구로 이용하고, 무책임하면서 냉담하고 쉽게 거짓말을 하는 특성을 지닌 사람이라고 설명하였다(이수정, 2006). 그 후 헤어(Hare)와 그의 동료들에 의해서 현재와 같이 세분화된 정신병질 개념이 형성되었고, 특히 PCL(Psychopathy Check-List)이라는 측정도구의 개발은 정신병질에 관한 실증연구를 촉진하는 계기가 되었다(이수정, 2006).

이와 같이 사이코패스의 주된 특징은 양심의 가책 결여, 자기중심적인 사고와 행동, 타인에 대한 책임성 전가, 죄책감의 결여, 타인과 교류의 부재 등이다. 그 외에도 헤어는 피해자에 대한 이해심의 부재를, 파울스(Fowles, 1988)는 회피 학습능력의 부족을, 시겔(Siegel, 1978)은 언어적 조건화와 수용-회피 학습 등의 열등성을 사이코패스의 추가적인 특징으로 제시하였다.

4) 인성이론에 대한 평가

인성이론에 대한 주요한 비판은 방법론상의 문제, 인과관계의 문제, 그리고 타당성의 문제로 집약될 수 있다. 첫째, 방법론상의 문제로서, 표본이 무작위로 표집되지 않아 대표성에 의문이 있다는 것과 인성과 비행과의 관계에 영향을 미칠 수도 있는 여러 다른 변수에 대한 고려가 부족하다는 점 등이 지적되었다. 둘째, 비행성과 인성 변수의 인과적 관계에 관한 것으로, 비행이 특정한 인성의 결과인지 아니면 인성 특징이 비행의 결과인지에 대해 확실히 결론이 나지 않았다는 것이다(Schuessler and Cressey, 1950). 즉 인성이 사람을 비행에 개입하도록 유도한다는 증거는 아직 발견되지 않았다. 오히려 불법행위에 가담하고 그 결과로 공식절차를 겪으면서 특정 인성 특성이 형성될 수 있다는 추론도 있다. 셋째, 타당성의 문제로, 인성분류과 관련되는데 사람은 지배적인 또는 핵심적인 인성을 지니고 있다는 가정으로 인해 특정한 인성을 선택하도록 강요받거나 때로는 잘못된 판단을 할 수도 있다는 것이다. 객관적 조사라고 해도 사람의 핵심적인 정체성을 명확하게 끄집어낼 수 있다고 보기 어려우며, 심지어 심층면접을 한다고 해도 사람이 매일의 생활에서 경험하고 표현하는 생각이나 행동과 분위기 등의 변화무쌍함을 측정하기가 어렵다는 점이 문제점으로 지적된다. 이와 같이 인성이론은 방법론, 인과관계 그리고 타당성 문제로 인해 비판받고 있으나, 여전히 인성과 비행 행위 사이의 관계를 탐구하는 데 중요한 학문적 시도로 평가된다.

CHAPTER

04 | 청소년 비행 이론: 사회환경 중심

비행을 설명하는 사회학적 이론은 비행의 원인을 청소년 개인이 가지고 있는 개인적 특성, 즉 유전된 생물학적 특성이나 성격, 기질 등에 주목하기보다는 그들이 처해 있는 사회환경(가정환경, 지역의 구조적 조건, 비행친구의 영향 등)에 초점을 맞추고 있다.

사회학적 청소년 비행 이론은 분석수준에 따라 크게 미시이론과 거시이론으로 나눌 수 있다. 미시이론은 개인이 처한 사회환경의 차이로 비행을 설명할 수 있다고 본다. 사회학적 미시이론에서는 개인을 분석단위로 하는 점에서는 생물학적, 심리학적 이론의 설명과 다를 바 없지만, 그 원인을 개인의 사회환경에 두는 점에서 다르다고 할 수 있다. 한편, 사회학적 거시이론은 개인보다는 사회를 단위로 두고 설명한다. 즉 지역이나 국가별 비행률의 차이를 해당 지역 및 국가의 사회환경적 특성의 차이로 설명하려고 한다.

비행을 설명하는 사회학적 원인론은 크게 네 가지 관점으로 구분할 수 있다. 첫 번째 관점은 긴장이론적 관점이다. 이 관점에서는 사회환경 속에서 경험하는 개인의 좌절과 긴장, 화, 울분이 비행의 동기로서 작용한다고 본다. 이는 불우한 아이들이 자신이 처한 환경에 대한 불만과 울분으로 비행을 저지르는 경우를 잘 설명할 수 있다.

두 번째 관점은 사회학습이론적 관점이다. 이 관점에서는 청소년이 일탈적인 사회환경 및 주변 사람들(부모, 친구)에게 노출됨에 따라 일탈적인 규범과 가치를 학습하고 그 가치와 태도에 따라 행동하는 가운데 비행을 저지르게 된다고 본다. 주위의 비행친구와 사귀게 되어 점차 비행에 대해 호의적으로 받아들이게 되고 그러한 인식을 바탕으로 비행을 저지르게 된다는 것이다.

세 번째 관점은 사회통제이론적 관점이다. 앞서 두 이론이 청소년 비행을 저지르게 하는 원인을 발견하는 데 초점을 맞추는 반면, 이 입장은 대부분의 아이가 비행을 저지르지 않는데, 이들이 비행을 저지르지 않는 이유를 찾으며, 비행의 발생에 있어서 통제의 역할에 관심을 둔다. 즉, 부모의 관심과 사랑으로 인해 부모와의 강한 애착관계가 있다면, 이것이 비행을 저지르지 못하게 하는 통제 요인으로 작동하지만, 부모의 관심과 애정이 부족하여 부모와의 애착관계가 약하다면 비행을 저지하는 사회적 통제의 힘 역시 약하게 되어, 비행으로 이어질 가능성이 높아진다는 것이다.

네 번째 관점은 앞의 세 관점과 시각을 달리한다. 이 관점에서는 비행보다는 비행에 대한 사법기관의 반응과 결과, 그리고 사법체계에 대한 비판에 주목한다. 낙인이론과 갈등이론가의 시각이 이에 해당된다.

• 표 4-1 • 비행을 설명하는 사회학적 원인론의 분류

관점	긴장이론	사회학습이론	사회통제이론	낙인/갈등이론	발달이론
미시이론	긴장이론 일반긴장이론	차별접촉이론 차별동일시이론 차별강화이론 사회학습이론	중화이론 봉쇄이론 사회유대이론 자기통제이론 (일반이론) 억제이론	낙인이론	상호작용이론 연령차등이론 발달적 범죄자 유형이론
거시이론	아노미/불평등이론	하위문화이론	사회해체이론	갈등이론	

앞서 분류한 긴장이론, 사회학습이론, 사회통제이론, 그리고 낙인 및 갈등이론의 관점에는 각각 미시이론과 거시이론이 있다. 여기서는 청소년 비행에 관한 사회학 이론을 소개함에 있어 앞서 제시한 네 가지 시각을 중심으로 기존 이론들을 분류하며, 그것을 또한 각기 미시이론과 거시이론으로 나누어 그에 해당하는 주요 이론을 소개한다. 여기서 제시하려는 주요 이론은 아래의 <표 4-1>의 분류에 따라 설명될 것이다. 마지막으로 이러

한 주요 이론에 더하여 최근에는 시간의 흐름에 따른 청소년의 발달 과정에서 비행의 시작, 지속 그리고 중단에 영향을 주는 요인에 대한 논의가 주목받고 있다. 발달이론 혹은 생애과정 이론이라 불리는 이러한 이론들에 대해서도 다루고자 한다.

SECTION 01 긴장이론적 관점

긴장이론적 관점은 청소년이 겪는 긴장과 좌절이 비행의 동기로 작용한다는 점에 주목한다. 이 주장은 머튼(Robert K. Merton)의 아노미이론에 기초하고 있으며, 1990년대 일반긴장이론(general strain theory)으로 발전되었다. 긴장이론은 개인의 비행을 설명하는 미시연구뿐만 아니라 지역 및 국가 수준에서 범죄율의 차이를 설명하는 거시연구에도 적용되었다.

1 초기 긴장이론: 머튼의 아노미이론

머튼(Merton, 1938)의 아노미이론(anomie theory)은 당시 미국 사회의 높은 범죄율과 하위계층의 비행, 범죄를 설명하고자 했다. 머튼은 당시 미국 사람들이 보편적으로 부, 성공을 추구한다는 점에 주목했다. 그러나 많은 사람이 보편적으로 부와 성공을 추구한다고 해서 모든 사람이 이를 달성할 수 있는 것은 아니다. 자기 집안, 교육배경이나 노력 등으로 부와 성공을 손에 넣을 수 있는 사람이 있는가 하면, 경제적 이유로 진학을 포기해야 하고, 아무리 노력해도 원하는 만큼 부와 성공을 이루지 못하여 좌절을 겪는 사람이 존재한다.

머튼은 그것을 문화적 목표(cultural goals)와 제도적 수단(institutionalized means)의 불일치라는 개념으로 설명했다. 즉 미국 사람이면 누구나 원하는 부, 성공이 문화적으로 공유하고 승인하는 목표인데, 일부 사람들은 이러한 문화적 목표를 제도권 내에서 합법적으로 달성하기 위한 수단, 예컨대 많은 돈을 벌 수 있는 안정적인 직업이나 사업 등이 있지만, 다른 사람들은 이러한 제도적 수단을 가지고 있지 못해 문화적 목표의 달성을 위해서는 비합법적인 방법을 동원할 수밖에 없다고 보았다. 예를 들어, 제도적 수단을 가지지 못한 사람은 남의 물건을 훔치거나 사기를 치는 행위를 통해서만 부와 성공을 이룰 수 있다는 것이다.

머튼은 이러한 목표와 수단의 불일치를 설명하는 요소로 계층에 주목했다. 즉 중산층 이상은 경제적 성공을 위한 합법적인 수단이 어느 정도 갖추어져 있어 노력만 하면 원하는 목표를 달성할 가능성이 높지만, 하층 청소년은 고등 교육을 받고 안정적인 직업을 갖기 어렵기 때문에 합법적으로 경제적 성공을 달성하기 어렵고, 결국 목표를 달성하기 위해서 비행에 의존할 수밖에 없다고 보았다. 즉, 머튼은 하층 청소년에게는 경제적 성공을 달성하기 위한 수단과 기회가 구조적으로 차단되어 있으며, 이러한 구조적 불평등을 비행의 주요 원인으로 제시했다. 머튼의 이론을 사회구조 이론의 대표이론으로 보는 것도 이 때문이다. 또한 하층 청소년이 겪는 긴장과 좌절이 비행의 원인이 된다고 본 점에서 그의 이론을 긴장이론(strain theory)이라고 부르기도 한다.

머튼은 문화적 목표와 제도적 수단에 대한 개인의 태도에 따라 여러 적응유형이 있다고 본다(표 4-2). 첫째는 동조형(conformity)으로, 문화적 목표를 달성하기를 원하고, 또 합법적인 수단으로 그것을 달성할 수 있는 집단이다. 둘째는 혁신형(innovation)으로, 목표는 추구하지만 합법적 수단이 없는 집단으로 부당한 수단으로 목표를 달성하려는 집단이다. 대부분의 범죄나 비행(특히 절도 등 재산비행)은 혁신형의 대처방식으로 일어난다. 셋째, 의례형(ritualism)은 통상적인 성공에 대한 목표 없이 하루하루 만족하면서 일정 관습과 규범을 엄격히 지키는 유형이다. 넷째, 도피형(retreatism)은 추구하는 목표가 없고 또 목표가 없으니 그것을 달성하려고 시도조차 하지 않는 유형으로, 부랑아나 마약중독자가 이에 해당된다. 다섯째, 혁명형(rebellion)은 기존의 목표보다는 새로운 목표를 대안으로 제시하고 사회변화를 시도하는 유형이다. 머튼은 첫 번째 이외의 유형은 모두 일탈적이라 보았는데, 특히 하층의 적응방식이며 그리고 비행과 관련 있는 유형은 두 번째 유형인 혁신형이라고 보았다.

• 표 4-2 • 머튼의 아노미이론에서의 개인의 적응유형

관점	문화적 목표	제도적 수단
동조형	수용(+)	수용(+)
혁신형	수용(+)	거부(-)
의례형	거부(-)	수용(+)
도피형	거부(-)	거부(-)
혁명형	대치(+/-)	대치(+/-)

머튼의 아노미이론은 미시적으로, 그리고 거시적으로 모두 설명이 가능하다. 미시적으로 보면 목표 좌절의 구조적 긴장을 경험하는 하층 청소년이 비행을 저지른다고 볼 수 있으며, 거시적으로 보면 문화적 목표 달성에 있어 제도적 수단이 결핍되어 있는 사회가 비행률이 높다고 볼 수 있다. 미국 내에 어떤 도시가 다른 도시보다 범죄율이 높은 이유를, 그리고 더 나아가서는 국가를 단위로 어떤 나라가 다른 나라에 비해 범죄율이 높은 이유를 아노미/긴장이론가들은 한 사회에서 문화적 목표의 강조에 비해 이를 합법적으로 달성할 수 있는 제도적 수단이 충분히 제공되지 못하는 구조적 조건을 갖는 경우로 설명하고 있다.

② 긴장이론에 기반한 미시연구

긴장이론에 대한 미시연구는 개인을 분석단위로 연구가 진행된다. 대부분의 연구는 계급상 하층에 위치한 사람이 과연 구조적 긴장을 더 경험하며, 이에 따라 비행을 더 많이 하는가의 물음에 대한 검증을 시도한다. 예를 들어, 개인의 '열망(aspiration)'과 '기대(expectation)' 간의 격차를 통해 긴장 수준을 파악하고 비행과의 관련성을 살펴본다. 여기서 열망은 이상적으로 추구하는 문화적 목표에 해당하며, 기대는 현재의 여건을 고려할 때 실현할 수 있는 수준에 대한 것으로써 제도화된 수단이 얼마나 접근 가능한지를 의미한다. 따라서 열망과 기대의 격차가 클수록 개인이 느끼는 긴장은 클 것으로 예상해 볼 수 있으며, 이것은 결국 비행 가담의 가능성을 높일 수 있다.

그러나 선행연구를 살펴보면 기본적으로 계층과 비행은 큰 관련이 없고, 하층일수록 그러한 열망과 기대 간의 격차가 큰 것으로 나타나지도 않았으며, 또 그 격차가 큰 아이

가 비행을 더 저지르는 것도 아니라는 연구결과가 확인되어 미시수준의 긴장이론은 큰 지지를 받지 못했다(Burton and Cullen, 1992). 오히려 열망과 기대의 격차보다는 열망의 수준 차이가 청소년 비행을 더욱 잘 설명한다고 보는데, 즉 열망이 높은 아이는 비행을 하지 않고, 열망이 낮은 아이가 비행을 더 많이 저지른다는 결과가 제시되었다(Elliott et al., 1985; Hirschi, 1969; Liska, 1971).[1]

한편 긴장을 열망과 기대 간의 격차로 다루되, 교육과 직업 수준이 아니라 머튼의 논의와 가깝게 돈을 많이 벌고자 하는 경제적 목표와 이를 달성할 수단으로 현실적으로 가능한 기대 교육 수준 간의 격차로 다루어야 한다는 주장이 있는데(Farnworth and Leiber, 1989), 연구결과에서 그 주장이 어느 정도 지지받고 있지만, 열망과 기대의 격차보다 교육의 열망 수준이 영향력이 더 큰 것으로 나타났다.

이러한 점을 종합했을 때 긴장이론에 대한 미시연구는 긴장이론에 대한 경험적 검증에서 긍정적인 결과를 보여주지 못한다고 할 수 있으며, 이러한 경험적 증거의 부재는 긴장이론에 대한 비판으로 이어졌다. 첫째, 계층은 비행과 관계가 없는 것으로 나타나 하층의 비행을 설명하려는 본래 의도 자체에 문제가 발생했다는 점과, 따라서 둘째로 중산층도 적지 않게 비행을 저지른다는 점을 고려했을 때, 열망과 기대 간의 격차로 측정되는 구조적 긴장이라는 요인이 비행의 적합한 원인인가에 대한 비판이 있었으며, 셋째, 부의 획득에 있어서 성공이라는 경제적 목표를 중시하고 있어 재산비행을 잘 설명할 수 있을지는 몰라도 스릴 혹은 울분에 따라 저질러지는 비행을 설명하는 데 한계가 있으며, 넷째, 청소년은 다양한 목표를 가질 수 있기 때문에(좋은 성적, 친구들 사이에서의 인기, 축구 시합에서의 승리 등) 단지 경제적 목표보다는 그러한 일상생활의 다양한 목표 달성에 대한 실패를 긴장의 주요 요소로 다루어야 한다고 지적되었다.

이렇듯 여러 미시연구에서 긴장이론이 경험적 지지를 받지 못하게 되자 긴장이론가들은 다른 대안을 강구해야 했다. 특히 중산층의 비행도 설명할 수 있어야 했기 때문에 하층 이외의 모든 층이 경험할 수 있는 긴장을 다루어야 했다. 그 결과 구조적 한계로 느끼

1 이 결과는 긴장이론보다는 차후 소개할 사회유대이론의 주장과 일치한다. 허쉬에 따르면 열망은 사회유대의 네 가지 요소 중 하나인 관여(commitment)의 측면으로 볼 수 있는데, 즉 교육, 직업에의 열망이 그만큼 높다면 그 아이들은 사회유대가 강한 것으로 볼 수 있으며, 그들은 성공하기 위해서라도 비행을 하지 않는다. 반면 열망이 낮은 아이들은 정진할 목표도 없는 사회유대가 낮은 것으로 볼 수 있기 때문에 비행 가능성이 높다.

는 성공의 좌절보다는 다른 일상 목표에서의 좌절을 비행의 요인으로 다루기 시작했다. 즉 부모로부터 인정받고 부모와 좋은 관계를 유지하며, 학교에서는 좋은 성적을 거두며, 친구들 사이에서는 인기를 바라는 것 등과 같이 계층과는 상관없는 청소년의 일상생활에서의 목표와 그 달성 가능성 간의 격차가 비행을 설명할 수 있는 주요 요인이 될 것이라고 방향을 수정하였다.

이러한 수정된 논의는 계층과 상관없이 모든 청소년의 비행을 설명할 수 있다는 장점이 있으며, 또한 재산비행 이외의 다른 유형의 비행도 설명할 수 있게 된다. 이와 관련된 연구에서는 일상생활에서의 긴장, 예컨대 부모와의 갈등, 학업성적의 부진, 친구와의 다툼, 이성친구와의 이별 등이 비행의 주요 요인으로 작용한다는 결과를 제시했다(Agnew, 1984; Elliott and Voss, 1974; Quicker, 1974). 이러한 수정된 논의는 1990년대에 들어 애그뉴(Agnew)에 의해 일반긴장이론으로 발전하게 되었다.

③ 일반긴장이론: 미시적 긴장이론의 부활

애그뉴(Agnew)는 1992년 일반긴장이론(general strain theory)을 제시하면서 여러 논의를 펼쳤다. 그는 비행의 원인으로 첫째는 목표달성의 실패, 둘째는 긍정적 자극의 소멸, 셋째는 부정적 자극의 발생을 제시했다.

먼저 목표달성의 실패에서는 세부적으로 세 가지로 나누어 설명했는데, ① 기존의 연구에서 강조되었던 원하는 열망과 기대 간의 격차(예를 들어, 대학에 가길 바라나 그렇게 되지 못할 것 같은 기대), ② 기대와 실제 성취 사이의 격차(예를 들어, 대학에 갈 수 있을 것 같았으나 실제 못 가게 된 것), 그리고 ③ 공정치 못한 결과로 인한 긴장(예를 들어, 나보다 공부를 못한 아이도 대학에 갔으나 나는 못 간 경우)을 그 요인으로 제시한다. 두 번째 요인인 긍정적 자극의 소멸은 청소년에겐 꼭 필요하지만, 그것이 상실된 사건, 예컨대 부모의 사망, 친구와의 이별 등의 생활사건을 긴장의 원천으로 다루었다. 마지막으로 부정적 자극의 발생은 부모로부터의 학대, 친구들의 괴롭힘, 선생님으로부터의 스트레스 등 일상생활에서의 부정적 자극을 말한다.

일반긴장이론에서는 긴장의 원천으로 인해 청소년이 부정적 감정을 경험하고, 이러한 부정적 감정에 대한 대처방안으로 비행을 저지른다고 봄으로써, 긴장과 비행 사이에 부정적 감정이 매개적인 역할을 한다고 보았다. 즉, 청소년은 앞서 언급한 여러 긴장요인으로 인해 화, 우울감, 절망감 등 부정적 감정을 경험하게 되며, 부정적 감정을 해소하기 위해 비행을 하게 된다는 설명이다. 따라서 비행은 부정적 감정에 대한 대처 방식이며, 예컨대 폭행은 상대의 모욕으로 생긴 화를 줄이기 위해, 약물복용은 우울감과 절망감에 대처하기 위한 행동이다. 그러나 이러한 부정적 감정을 적절히 해소할 수 있는 다른 합법적인 대처 방식이 존재한다면 비행은 일어나지 않는다고 본다.

일반긴장이론은 1990년대에 제시되어 많은 연구가 최근에 이루어지고 있다. 경험연구에서는 성공에서의 좌절(열망과 기대의 격차), 어른과의 부정적 관계, 친구와의 갈등이나 학교 부적응, 지역의 무질서 등으로 측정하여 살펴보았는데, 그러한 긴장은 부정적 감정을 유발하고 비행의 주요 원인이 된다는 연구결과를 제시한다(김준호 · 이동원, 1996; Agnew and White, 1992; Paternoster and Mazerolle, 1994). 또한 비행을 저지르면 부정적 감정이 해소된다는 연구결과도 있다(Brezina, 1996). 긴장 중에서는 부모와의 갈등이나 부모의 학대, 그리고 친구와의 갈등이 매우 중요한 요인이 되며(Agnew, 2001), 특히 긴장은 부정적 감정 중에서 분노를 일으키고, 이는 여러 유형의 비행 중에서도 폭력비행을 유발하는 것으로 평가되고 있다(Mazerolle and Piquero, 1997; Piquero and Sealock, 2000). 최근의 우리나라 청소년의 폭력 비행 및 사이버비행에 관한 연구에서는 비록 비행 유형별로 지속성의 차이가 있었으나, 가정에서 발생하는 부모와의 관계에서 비롯된 긴장이 공통으로 폭력 및 사이버비행을 예측하였으며, 분노 및 우울감 등의 부정적 감정은 폭력 비행에 유의미한 영향을 미치는 것으로 확인되었다(조영오, 2021).

한편 일반긴장이론에서는 긴장과 부정적 감정이 비행에 미치는 영향을 강조하고 있긴 하지만, 긴장과 부정적 감정을 경험하는 청소년 모두가 비행가능성이 높은 것은 아니며, 일정 조건이 충족될 때만 비행을 저지르게 된다고 본다. 즉 사회유대(부모에 대한 애착이나 학교공부에 대한 관여)가 낮고, 비행친구와 사귀거나 비행에 대해 호의적인 태도를 갖는 청소년, 그리고 비행성향(충동성, 낮은 자기통제력)이 높은 청소년이 그러한 긴장상태에 있게 되면 비행을 저지르지만, 사회유대가 강하고, 비행친구가 없고, 도덕적 신념이 강하며, 비행성향도 낮은 청소년은 긴장으로 부정적 감정을 경험하더라도 비행을 저지를 가능성이 낮다고 본다.[2] 이러한 긴장의 조건적인 영향력에 대해 여러 선행연구에서 검증을 시도하였는데, 지지하는 연구결과(Mazerolle and Maahs, 2000)와 지지하지 못하는 연구결과(Hoffman and Miller, 1998; Mazerolle and Piquero, 1997)가 모두 보고되었다. 우리나라의 맥락에서도 최근 긴장의 원천으로서 다양한 피해경험(폭행, 괴롭힘, 위협, 강도, 성희롱, 욕설 등)이 비행 가능성을 높이지만, 이는 자기통제력이 낮은 청소년에게서 더 강하게 나타난다는 연구결과가 확인되었다(Choi et al., 2019).

4 거시적 관점의 긴장이론 연구

머튼의 구조적 긴장의 논의를 계층에 따른 개인의 열망과 기대와의 격차와 같이 미시적으로 다뤄서는 안 된다는 주장도 존재한다. 긴장이론이 개인의 비행동기 이론의 하나로 간주되어 왔지만, 긴장이론은 개인을 분석단위로 해서 검증되어야 하는 것이 아니라 구조적 수준에서의 열망과 기대에 대한 측정이 이루어지고 이것이 집합적인 범죄율에 미치는 영향을 통해 평가되어야 한다는 것이다. 즉, 기존의 미시 수준의 경험연구에 따르면 머튼의 이론이 지지받지 못하는 것처럼 보이지만 미시연구로 머튼의 주장을 검증한 시도 자체가 잘못이라고 본다.

긴장이론은 사회구조적 환경이 비행을 유발한다는 거시적 이론이기 때문에 일정 지역이나 사회의 빈곤 정도가 그 지역, 사회의 비행률에 미치는 영향을 살펴보아야 한다고 주장한다(Messner, 1988). 즉, 사회구성원 중 절대적 빈곤층의 비율이 그 지역 혹은 사회의 비행률을 설명하는 주요 요인이 된다고 보았다. 하층이 많은 지역이나 사회는 그만큼 목표달성을 위한 제도적 수단을 갖지 못한 사회이므로 그러한 구조적인 이유에 의해 비행률이 높다고 본 것이다.

더 나아가 거시이론에 기반한 일부 긴장이론가는 단순히 절대적 빈곤층의 비율보다 사회의 경제적 불평등, 그리고 하층이 당면한 구조적 제약에 주목해야 한다고 주장한다

2 아울러 스트레스 연구에서의 조건적 변인들을 수용하여 주위 사람의 도움과 지원이 없고 자긍심이 낮은 청소년은 긴장을 경험할 때 비행 가능성이 높고, 사회지원과 자긍심이 높은 청소년은 긴장이 있어도 그것을 극복할 수 있기 때문에 비행을 저지를 가능성이 낮다고 주장한다.

(Blau and Blau, 1982). 이들은 단순히 빈곤층의 비율보다는 그 사회가 얼마나 불평등하며, 잘사는 사람과 못사는 사람의 격차가 얼마나 심한지, 따라서 하층이 목표달성에 있어 기회불평등이 얼마나 높은지가 그 사회의 비행률을 결정하는 중요한 요인이 된다고 본다. 이는 미시연구에서 상대적 박탈감에 주목한 연구와 유사하다고 볼 수 있다.

거시적 관점의 긴장이론은 제도적 아노미이론(Messner and Rosenfeld, 1994, 2012)으로 이어졌다. 이 이론에 따르면 미국 사회에서 지나치게 물질적인 목표가 강조됨으로써 경제적 제도의 힘이 지나치게 강해짐에 따라, 사회의 규범과 가치를 전수하고 개인의 행동을 통제하는 기능을 수행하는 가정, 학교, 종교 등의 비경제적 제도의 기능이 약화되고, 이로 인해 개인의 행동을 통제하는 데 실패함으로써 미국 사회의 높은 범죄율이 나타나게 되었다. 여러 선행연구에서는 경제적 제도의 압도적인 힘과 비경제적 제도의 약화가 거시적 수준의 범죄율을 성공적으로 예측하는 것을 확인하였다(Chamlin and Cochran, 1995; Groß et al., 2018; Messner and Rosenfeld, 1997).

5 청소년 비행에 대한 대책

긴장이론은 하층의 불우한 청소년이 성공의 목표를 달성하기 위한 합법적 기회의 부족으로 긴장과 좌절을 겪고 비행을 저지른다고 본다. 따라서 하층 청소년을 경제적으로 지원하고, 성공할 수 있는 합법적 수단, 예컨대 교육의 기회를 늘리고 적절한 직업기술을 가르쳐 주는 하층 청소년을 위한 복지가 필요한 대책이 된다고 본다.

비행 청소년을 위해 교정기관에서 행하고 있는 학과 교육이나 직업훈련이 이와 연관이 있다고 볼 수 있다. 그렇지만 사회학 이론은 사후대처보다는 사전예방에 더 큰 관심을 가지며, 이에 따라 미국 뉴욕시에서 행해졌던 '청소년을 위한 동원 프로젝트(Mobilization For Youth Project)'와 같이 문제행동의 징후가 보이는 하층의 아이들에게 일정 지역의 기관에서 교육과 직업훈련의 기회를 제공하는 예방프로그램이 중요한 대표적 대책이라고 본다.

일반긴장이론의 관점에서 보면 일상생활에서 경험하는 긴장의 원천들을 원천적으로 봉쇄할 수는 없으므로, 긴장이 발생한 후 분노와 같은 부정적 감정 상태에 놓였을 때 이에 대해 건강하고 합법적으로 대처할 수 있는 능력을 기르도록 돕는 교육프로그램 등이 대책으로 제시될 수 있다. 예를 들어, 분노조절 프로그램이나 인지행동훈련 등이 이러한 교육/훈련 프로그램의 예시가 될 수 있을 것이다.

빈곤이나 불평등과 관련된 구조적 조건들을 개선하는 것이 거시적 관점에서 비행을 줄이는 대책이 될 수 있을 것이다. 특히 제도적 아노미이론의 관점에서는 지나치게 강력해진 경제 제도의 힘과 균형을 맞출 수 있도록 가정, 교육, 종교, 정치 등 사회 규범을 전수하고 개인의 행동을 규제하는 비경제적 제도의 중요성을 강조하고, 이들이 건강하게 작동될 수 있도록 더 많은 관심과 지원이 필요하며, 궁극적으로 개인이 시장의 논리에 종속되지 않고 도덕적이고 정의롭게 행동할 수 있도록 구조적 조건을 개선해 가는 것이 비행을 줄이는 대책으로 제시될 수 있을 것이다.

SECTION 02 사회학습이론적 관점

사회학습이론의 관점은 불평등한 구조와 같은 구조적인 여건에 의한 긴장보다 청소년이 학습한 가치와 태도에 주목한다. 예를 들어 어떤 청소년은 법을 절대로 위반해서는 안 된다고 생각하는 반면, 법은 위반할 수도 있다고 보는 청소년도 있다. 이처럼 청소년이 주위 사회환경으로부터 학습한 법위반에 대한 가치나 태도가 서로 다르기 때문에 비행을 저지르는 경향도 다르다는 것이다. 머튼이 긴장이론적 설명의 대표자라고 한다면 사회학습이론적 설명은 서덜랜드의 논의에 기초한다.

여기서는 먼저 서덜랜드의 차별접촉이론을 소개하고, 이후 어떤 이론이 보완적 논의로 등장하게 되었는가를 소개하도록 한다. 사회학습이론 역시 개인의 비행을 설명하는 미시이론과 비행률을 다루는 거시적 설명으로 나누어 볼 수 있는데, 차별접촉/사회학습이론이 청소년 개인이 비행가치와 태도를 학습하여 비행을 저지르게 되는 과정에 관심을 둔다면, 하위문화이론(혹은 문화일탈이론)과 같은 거시이론은 집합적 단위에서 하층의 비행률, 그리고 지역의 범죄율 차이 등을 설명한다.

① 차별접촉이론: 사회학습이론의 시초

서덜랜드(Sutherland)는 1939년에 차별접촉이론(differential association theory)을 제시하면서 청소년이 주위 사람들로부터 법위반에 호의적인 가치나 태도를 학습하면 비행의 가능성이 높아진다고 주장했다. 즉 비행은 학습되는 것이고, 친밀한 관계에 있는 주위 사람들과의 상호작용과 의사소통에서 학습된다고 했다.

사회에는 법위반에 대해 호의적인 가치와 호의적이지 않은 가치 모두가 존재한다. 사회구성원의 가치와 태도도 그러한 가치들이 혼합되어 구성되어 있는데, 어떤 사람은 법위반에 호의적이지 않은 가치보다는 호의적인 가치를, 또 어떤 사람은 반대로 법위반에 호의적이지 않은 가치를 호의적인 가치보다 더 많이 갖고 있다.

서덜랜드는 청소년이 주변 사람들로부터 가치와 태도를 학습한다고 보았다. 청소년이 법위반에 호의적인 주위 사람과 더 많이 접촉하고 상호작용하면 그만큼 법위반에 호의적인 가치와 태도를 학습하고 내면화하여 그러한 가치와 태도대로 행동하다 보면 비행을 하게 된다는 것이다. 예컨대 청소년 주위에는 비행친구도 있고 일반친구도 있는데, 어떤 청소년이 일반친구보다 비행친구와 더 접촉하면 이 청소년이 법위반에 호의적인 태도를 학습하게 될 가능성이 높음을 의미하며, 이로 인해 비행을 저지를 가능성이 높다는 것이다.

이처럼 차별접촉이론은 비행친구와의 접촉이 비행의 가장 중요한 원인이 된다고 보았다. 즉, 비행친구와 접촉하면 법위반에 호의적인 태도를 학습하게 되어 비행을 한다고 봄으로써 법위반에 대한 태도가 비행에 대한 궁극적인 설명요인임을 강조했다. 마찬가지로 부모, 형제가 법위반을 일삼는 경우도 차별접촉이론에 따르면 법위반에 대한 호의적 태도를 학습하게 하여 비행의 가능성을 높게 한다고 볼 수 있다.

따라서 차별접촉이론에서는 법위반에 대한 태도를 학습하게 되는 과정에 영향을 미칠 수 있는 요인을 중요하게 본다. 예를 들어, 비행친구 등과 얼마나 자주 만나는지(빈도), 얼마나 오래 만나 왔는지(기간), 어릴 때 처음 사귀었던 친구가 누구였는지(우선성), 얼마나 친한지(강도)에 따라 학습의 정도가 달라진다고 했다.

차별접촉이론은 이후 많은 경험적 연구에서 지지를 받아왔다. 차별접촉이론을 검증하기 위해 비행친구의 수로 그 영향력을 파악한 연구가 있기도 했고, 비행친구와의 접촉 빈도, 기간, 우선성, 강도와 비행과의 관계를 살펴본 연구도 있었다(Short, 1957). 그렇지만 차별접촉이론대로라면 비행친구를 포함하여 주위 사람들로부터 학습한 법위반에 대한 호의적인 태도가 비행의 궁극적인 원인이 되는가를 살펴보아야 한다고 볼 수 있는데, 대표적인 연구로는 마쓰에다의 연구를 들 수 있으며, 그 연구에서는 비행에 호의적인 태도를 내면화한 아이들이 비행을 저지를 가능성이 높다는 결과를 제시했다(Matsueda, 1982; Matsueda and Heimer, 1987). 이후 다른 연구에서도 차별접촉이론은 지지되었다(Bruinsma, 1992; Jackson et al., 1986).

최근에도 범죄 친화적인 태도가 약물 사용, 재산범죄, 폭력 등 다양한 범죄행위와 관련이 있음을 보여주는 연구결과가 나타났으며(Boccio, 2022), 부모의 감독과 온정이 비행에 미치는 영향은 비행친구와의 교제에 의해 매개될 수 있음을 확인하였다(Ray and Park, 2024). 즉, 부모의 감독과 온정이 비행친구와의 관계를 감소시키고 결과적으로 비행 가능성을 감소시킨다는 것이다. 우리나라에서 수행된 연구에서도 차별접촉이론은 다른 주요이론에 비해 청소년의 지위비행에 있어 높은 설명력을 보이는 것으로 나타났으며(박정선 · 황성현, 2013), 다문화 청소년을 대상으로 한 연구에서도 비행친구와의 교제가 비행행동을 예측하는 데 유의미한 역할을 하는 것으로 확인되었다(이원기 외, 2019; 홍성초 · 조제성, 2021).

차별접촉이론은 청소년 비행 연구에 크게 기여했음에도 몇 가지 비판을 받았다. 여기서는 주요 비판 몇 가지를 소개한다. 첫째, 왜 청소년이 차별적 접촉을 하는가에 대한 설명이 없었다. 즉 어떤 아이는 다른 아이보다 비행친구와 더 많이 접촉하는데, 그 이유를 서덜랜드는 제시하지 않았다. 차후에 통합이론가들은 부모와 문제가 있거나 학업성적이 부진하고 학교에 적응하지 못하는 아이들이 비행친구와 더 어울린다고 주장하여 차별접촉이론을 보완하고자 했다.

둘째, 법위반 태도의 구체적인 학습 과정이 제시되지 않았다. 행동주의적 학습원리에 따르면 보상과 처벌로 행동이 강화되어 학습된다고 하는데, 차별접촉이론에는 구체적인 학습과정에 대한 설명이 없다. 이러한 점은 앞으로 살펴볼 차별강화 이론과 사회학습이론에서 보완된다.

셋째, 법위반 태도의 구체적인 내용을 제시하지 않았다. 따라서 법위반 태도를 경험적으로 측정하여 비행친구와의 교제 및 본인의 비행과의 관계를 확인하는 연구를 진행하는

데 애로점이 있었다. 차후 중화이론에서 그 문제가 다소 보완이 된다.

넷째, 비행친구와의 차별적 접촉이 없이도 비행이 일어나는 경우를 설명하지 못한다. 즉 어떤 아이는 비행친구가 없는데도 다른 곳에서 학습하여 비행을 하는 경우가 있다. 차별동일시 이론에서 이 문제를 보완한다.

다섯째, 비행친구와 접촉한다고 해도 누구나 비행을 하는 것은 아니라는 예외가 존재한다. 예를 들어 어떤 청소년은 비행친구가 있어도, 그리고 법위반에 호의적인 태도를 학습해도 비행을 하지 않을 수 있는데, 어떤 특성이 그러한 작용을 막게 되는지를 설명하지 못한다. 사회통제이론에서 다룰 레클리스의 봉쇄이론은 이러한 배경에서 등장했다.

2 차별접촉이론의 보완적 이론들

1) 차별동일시이론

글레이저(Glaser, 1956)의 차별동일시이론(differential identification theory)은 어떤 청소년은 비행친구와 접촉하지 않았음에도 불구하고 비행을 저지른다고 주장하여, 법위반에 우호적인 대상과 반드시 접촉할 필요는 없다고 하였다. 어떤 아이는 영화 속의 주인공을 존경하게 되고 그와 같은 사람이 되고 싶어하며 행동을 모방하는 가운데 비행을 하게 되는 경우가 있다고 하면서, 이처럼 반드시 대면적 접촉을 필요로 하는 것은 아니며, 실제 혹은 대중매체 속의 가상 인물을 모방함으로써 비행이 이루어지는 경우가 있다고 주장한다. 이 이론은 비행친구와 접촉하지 않은 아이도, 비행률이 낮은 지역에 사는 아이도 비행을 할 수 있다는 것을 차별동일시의 개념으로 설명한다. 그렇지만 이 이론은 그 아이가 왜 영화 속의 인물과 동일시하는가를 설명하지 못하는 단점이 있다.

2) 차별강화이론

버제스와 에이커스(Burgess and Akers, 1966)의 차별강화이론(differential reinforcement theory)은 비행이 주위 사람들로부터 학습되며, 강화라는 학습원리에 의해 학습된다고 주장했다. 학습원리에 따르면 사람은 보상이 있으면 그것을 반복하고, 처벌에 있게 되면 그

일을 회피한다고 하는데, 아이들이 나쁜 행동을 할 때 주위에서 꾸짖는 등 어떤 형태의 처벌이 가해지면 그 행동을 안 하게 되지만, 처벌이 없거나 반대로 칭찬을 받는 등의 보상적인 자극이 있게 되면 비행을 반복적으로 저지르게 될 가능성이 높다. 이 이론은 서덜랜드의 차별접촉이론을 보완할 수 있는데, 비행친구와 접촉하게 되면 비행 가치와 법위반에 대한 태도를 어떻게 학습하게 되는가를 이해할 수 있게 되기 때문이다. 즉 비행을 저지르지 않는 친구와 사귀는 경우 잘못된 행동을 했을 때 그것을 비난하거나 인정해 주지 않을 가능성이 높지만, 비행친구는 이를 멋지다고 칭찬해 주고 우러러보는 등 보상을 줄 가능성이 높아서 비행친구를 사귀는 아이들이 비행에 더욱 호의적인 태도를 학습하게 되고, 이것이 결국 비행으로 이어진다는 것이다.

3) 사회학습이론

에이커스(Akers, 1985)는 사회학습이론(social learning theory)을 통해 차별접촉이론을 확장하였으며, 차별적 강화의 원리도 통합시켰다. 아울러 자기 행동에 대한 강화의 학습뿐만 아니라 주위 사람의 강화를 관찰함으로써도 학습이 이루어진다는 것을 강조했다. 즉 자기가 과거에 비행으로 칭찬을 받는 것 이외에 비행친구 또는 어떤 범죄자가 떵떵거리며 잘 사는 것에 대한 관찰학습 과정도 법위반에 호의적인 태도를 형성하는 데 중요하다고 보았다. 그러한 이유로 다른 사람의 행동을 관찰한 후 모방도 있게 되는 것이라고 설명한다.

이처럼 사회학습이론에서는 차별접촉, 차별강화, 태도학습(범죄에 대한 우호적 정의), 그리고 모방을 비행의 학습 과정으로 중요하게 다뤘다. 이 이론은 여러 비행 중에서도 알코올남용과 흡연, 혹은 마리화나 사용에 적용하여 많은 연구가 이루어졌는데 크게 지지되는 것으로 나타나고 있으며(황성현, 2006; Akers et al., 1979; Krohn et al., 1985), 청소년의 스마트폰을 이용한 성비행 행위에도 적용되는 것으로 확인되었다(고순정 외, 2018).

③ 하위문화이론(혹은 문화일탈 이론)

사회학습이론 관점의 미시이론은 계층에 따른 가치와 태도의 차이를 상정하지 않는다. 그런데 비행의 학습과정을 다루면서도 계층, 그리고 지역의 비행 차이를 설명하는 이론도 존재한다. 하위문화이론(subculture theory) 혹은 문화일탈이론(cultural deviance theory)은 하층 청소년이 지배적인 문화와는 다른 문화 속에 위치해 있으며 그러한 문화 속의 가치와 신념에 따라 행동하다 보면 자연스럽게 비행을 많이 할 수밖에 없다는 것을 강조했다. 즉 비행을 하층 청소년이 자신의 비행문화 규칙을 잘 따른 결과라고 본다.

하위문화이론에는 코헨의 비행하위문화이론(delinquent subculture theory), 클로워드와 올린의 차별기회이론(differential opportunity theory), 밀러의 하위계층문화 이론(lower-class culture theory), 그리고 울프강과 페라쿠티의 폭력하위문화이론(violent subculture theory) 등이 대표적이다. 코헨의 이론과 클로워드와 올린의 이론은 비행하위문 화의 생성 원인으로 구조적 긴장을 다루고 있기 때문에 긴장이론으로 분류되기도 한다. 그렇지만 이 이론은 하위문화의 환경과 거기서 이루어지는 가치의 학습, 습득을 비행의 궁극적인 원인으로 다루고 있기 때문에 사회학습이론의 관점에서 논의한다. 하위문화이론은 하층계급 자체의 높은 비행률뿐만 아니라, 앞서 언급한 이러한 이유로 하층이 많이 모여 사는 지역의 비행률도 높을 것이라는 거시이론적 논의를 제시한다.[3]

1) 비행하위문화이론

코헨(Cohen, 1955)은 하층의 청소년이 어떻게 비행하위문화를 형성하게 되고 비행을 저지르게 되는지를 설명했다. 코헨은 그 원인을 긴장에 둠으로써 머튼의 이론과 유사성을 보이지만, 물질적 성공에 대한 좌절이 아니라 중산층 지위 성취에서의 좌절을 강조했다.

하층 청소년은 중산층 기준에 맞추는 과정에서 좌절을 경험한다. 중산층의 기준이란 학교에서 열심히 공부하고 좋은 성적을 얻는 것을 예로 들 수 있는데, 중산층의 아이들은 어려서부터 가정에서 그러한 방식으로 양육되어 왔기 때문에 기준을 충족하는 데 별문제가 없다. 그렇지만 하층 청소년의 가정환경은 중산층과 달라서 공부에는 관심이 없이 자라기 때문에 학교에 가면 학업에 뒤처지게 된다. 학교에서는 중산층의 기준, 즉 공부 잘하

3 하위문화이론은 서덜랜드에 크게 의존하고 있다고 볼 수 있다. 서덜랜드는 차별적 사회조직(differential social organization)이라는 개념을 사용하여 집단 혹은 지역, 사회의 비행률 차이를 설명하였다. 즉 어떤 지역이 다른 지역과 달리 비행에 호의적이지 않은 가치보다 호의적이고 용인하는 가치가 더 많이 존재한다면 그 지역의 비행률이 높게 나타난다는 것이다. 서덜랜드를 미시이론가로만 보는 학자도 있지만, 그는 1930~1940년대에 거시이론을 제시했으며, 이것이 1950년대 이후에 등장한 하위문화이론의 등장에 영향을 주었다고 볼 수 있다.

는 것을 기준으로 아이들을 평가하기 때문에 하층 아이들은 학교에서 인정받고 싶은 마음이 있지만 인정받는 데 실패하고, 이로 인해 항상 '지위좌절'을 경험하게 된다. 만약 운동을 누가 잘 하나, 누가 힘이 센가를 기준으로 하였다면 하층 청소년은 좌절을 경험하지 않았을 것이다.

하층 청소년이 중산층 기준에 맞춰 생활하다 보면 늘 좌절을 겪기 때문에 이들은 중산층 잣대를 거부하고, 자신만의 문화를 형성하기 시작한다. 이 문화는 중산층 문화와는 완전히 반대인 '반동형성'의 성격을 가지는데, 예컨대 '악의적'이고, '부정적'이며, '단기쾌락주의적'이고, '비공리적'인 가치에 입각한 하위문화이다. 하층 청소년이 그러한 하위문화를 형성하고 그 속에서 생활하다 보면 자연히 비행할 가능성이 높아지게 된다.

코헨의 이론은 하위문화의 특성으로 비공리성, 쾌락성을 강조하기 때문에 머튼과 달리 재산비행 이외에도 쾌락이나 좌절에의 대응으로 비롯되는 폭력 등 여러 유형의 비행도 잘 설명할 수 있는 장점이 있다. 그러나 계층과 비행의 관계가 유의미하지 않다는 것과 중산층의 비행은 어떻게 설명할 수 있는가에 대해 긴장이론과 동일한 비판을 받을 수 있으며, 실제로 코헨의 이론이 경험적으로 검증된 예는 그리 많지 않았다.

2) 차별기회이론

클로워드와 올린(Cloward and Ohlin, 1960)의 차별기회이론은 머튼의 아노미이론과 서덜랜드의 차별접촉이론, 그리고 3절에서 다룰 쇼우와 맥케이의 사회해체이론을 통합한 특성을 지닌다. 성공을 추구하는 문화적 목표를 수용하지만, 구조적으로 합법적 기회와 수단이 없는 사람들이 비행을 저지르게 된다고 봄으로써 아노미이론의 입장을 수용하지만, 모든 사람이 불법적인 수단에 접근이 가능하다는 아노미이론의 가정을 거부한다. 즉 합법적 수단이 제한된 사람들이 불법적 수단에 접근할 수 있는 정도는 사람마다 차이가 있으며, 이러한 차이는 청소년이 어떤 하위문화에서 자라는가에 따라서 달라지고, 하위문화에 따라서 비행유형도 달라진다는 점을 강조했다.

클로워드와 올린은 불법적 기회의 접근 정도에 따라서 세 가지 유형의 하위문화를 제시했다. 클로워드와 올린의 주장은 다음의 <표 4-3>으로 요약할 수 있다.

• 표 4-3 • 클로워드와 올린의 하위문화유형

하위문화	문화적 목표	제도적 수단	불법적 기회	주요범죄/일탈유형
범죄 하위문화	수용	거부	존재	재산범죄
갈등 하위문화	수용	거부	부재	폭력범죄
도피 하위문화	수용	거부	부재	약물/알코올중독

첫째는 범죄 하위문화로, 이는 범죄조직이 조직화, 체계화되어 있고, 대대로 범죄기술이 전수되어 재산범죄를 수행하면서 생계를 해결하는 등 불법적 범죄기회구조가 확고한 하위문화를 말한다. 즉 어떠한 사람이 긴장의 상태에서 이러한 하위문화에 놓이게 되면 주로 절도, 공갈, 사기와 같은 재산범죄를 저지르게 된다.

둘째는 갈등 하위문화로, 이는 범죄조직 집단보다는 주로 거리의 폭력패거리에게서 발견되는데, 주로 싸움을 잘할 뿐, 체계적으로 전수되는 범죄기술은 없고, 따라서 불법적 범죄기회가 없지만 폭력을 수용하는 하위문화이다. 어떠한 사람이 목표와 수단의 격차를 느끼고 불법적 기회구조도 없는 상태에서 폭력을 수용하는 문화에 있게 되면 주로 폭력범죄를 하게 된다.

셋째는 도피 하위문화이다. 어떤 조직의 구성원은 성공의 목표를 달성하지 못한 긴장의 상태에서 불법적 기회를 제공하는 조직에도 들지 못하고, 그렇다고 폭력조직에도 들어가지 못하여 재산범죄도, 그리고 폭력행사도 하지 못하는 이중실패자가 되는데, 이러한 하위문화에 속한 사람은 약물과 알코올 중독에 빠지게 된다.

차별기회이론은 머튼의 개념을 사용하여 범죄 및 일탈의 발생 이유와 유형을 제시했다는 점에서 긴장이론으로 분류되기도 한다. 그렇지만 하위문화의 역할에 대한 중요성을 강조했다는 점에서 하위문화이론으로 볼 수 있다. 그렇지만 가치나 문화의 계승, 학습보다는 주로 갱이라는 조직적 차원에서의 하위문화를 다뤘다고 볼 수 있다.

차별기회이론은 거시이론으로 파악하는 것이 적절하다. 즉 어떤 개인이 어떻게 해서 비행자가 되는가 하는 논의라기보다는 어떤 지역이 왜 비행률이 높고, 혹은 낮은가를 설명하는 데 적합하다. 즉 중산층 지역은 합법적 기회가 제공되므로 비행률이 낮지만, 하층 지역은 그러한 기회가 없으므로 비행률이 높은데, 하층 지역에 어떤 갱과 조직이 존재하는가에 따라 재산비행, 폭력비행, 혹은 마약사용이 다르게 발생한다고 볼 수 있다.

3) 하위계층문화이론

밀러(Miller, 1958)는 코헨이나 클로워드와 올린의 이론과 달리 머튼의 구조적 긴장에 대하여 언급하지 않는다. 대신 하층 지역에는 본래부터 비행가치와 문화가 존재하고 있기 때문에 하층지역에 사는 청소년이 비행을 저지르게 된다고 본다.

밀러에 따르면 하층 지역에는 홀어머니 밑의 한부모가정에서 자란 아이가 많은데, 그 지역의 남자아이들은 성역할 모델이 되는 아버지가 없어서 남성친구와 어울리면서 부단히 남성성을 찾으려고 노력한다. 이러한 가운데 하층 지역에는 고유한 문화가 발달하게 되는데, 그 문화의 성격은 코헨의 주장과 달리 중상층 문화에 대한 반동형성의 특성을 가지지 않는다.

밀러는 하위문화의 특성을 '주요 관심(focal concern)'으로 설명했는데, 하층의 주요 관심은 '말썽'(싸우고 말썽을 부려도 문제가 안 되는), '강인'(남자라면 힘이 세고 용감해야 한다는), '교활'(남을 속이는 것이 똑똑하다고 평가받는), '자극 추구'(신나는 일과 모험을 추구하는), '운명주의'(모든 것이 운에 달려 있다는), '자율성'(어른들의 간섭을 싫어하는)이며, 하층아이들이 그러한 문화에 있게 되면 비행을 많이 저지르게 된다고 보았다. 물론 이 이론도 거시이론으로서의 성격이 강하며, 하층 지역은 하위문화의 존재로 비행률이 높게 나타날 수 있다고 보았다.

4) 폭력하위문화이론

울프강과 페라쿠티(Wolfgang and Ferracuti, 1967)의 폭력하위문화이론은 폭력 사용을 적절한 행동으로 평가하는 문화 속에 있는 청소년이 폭력을 저지를 가능성이 높다고 본다. 폭력은 문화, 규범의 동조행위이며, 적절한 행위라고 학습되고, 강화되기 때문에 그러한 문화가 지배적인 지역은 폭력발생률이 높다. 울프강과 페라쿠티는 흑인은 폭력을 용인하는 하위문화를 가지고 있어서 폭력의 가능성이 높고, 따라서 흑인 비율이 높은 미국 남부지방에서 폭력발생률이 높다고 주장했다. 그러나 선행연구를 살펴보면 미국 남부지방이 특별히 폭력발생률이 높은 것은 아니며(Bailey, 1984; Loftin and Hill, 1974; Williams and Flewelling, 1987), 흑인 구성률이 높은 지역이 범죄율이 높다 하더라도 그것은 흑인의 하위문화가 아니라 빈곤문제에 기인한 것이라는 주장이 제기되듯이(Blau and Blau, 1982; Parker, 1989), 폭력하위문화이론은 큰 경험적 지지를 받지는 못했다.

④ 비행 대책

차별접촉/사회학습이론은 법위반에 호의적인 가치를 학습함으로써 비행이 발생된다고 보기 때문에 비행적인 주변인과의 접촉을 줄이고 인습적인 가치에 더욱 노출되도록 함으로써 비행을 막을 수 있다고 본다. 따라서 교정기관에서는 비행 청소년이 비행행동에 대한 호의적인 인식을 부정적인 것으로 바꿀 수 있도록 돕는 방안이 간구될 필요가 있다. 특히 준법적이고 친사회적인 주변인을 통해 긍정적인 영향을 미칠 수 있는데, 예를 들어 보호관찰 대상 청소년에게 보호관찰 감독관의 관심과 지지, 격려 등은 이들이 신뢰관계를 형성할 수 있도록 하고, 이를 통해 재범 가능성 또한 줄일 수 있다(Kennealy et al., 2012; Skeem et al., 2007; Sloas et al., 2020). 또한 대중매체나 학교, 지역사회에서 비행퇴치(예컨대, 금연, 폭력추방) 캠페인이나 교육을 통해 청소년이 올바른 가치를 갖도록 하며, 폭력물에 접하지 못하도록 등급을 정하는 것, 가정이나 학교에서 체벌이나 학대에 엄중히 대처해야 한다는 주장 등도 사회학습이론의 논의에 근거하는 것이라고 볼 수 있다. 폭력물, 체벌 등에 노출되는 아이들은 폭력을 용인하고 학습하게 될 가능성이 높다고 보기 때문이다.

SECTION 03 사회통제이론적 관점

사회통제이론적 관점은 앞선 소개한 이론과 달리 비행에 정(+)적으로 작용하는 요인을 찾기보다는 부(-)적으로 작용하는 요인에 주목한다. 다시 말해, 비행을 야기하는 동기요인이 무엇인지 대한 질문보다 비행을 하지 않도록 만드는 통제 요인이 무엇인지에 관심을 갖는다. 즉 대부분의 청소년은 비행을 저지르지 않고, 소수의 청소년만 비행을 하는데, 비행을 하지 않는 대부분의 청소년이 공유하는 특성에 주목한다. 이것이 청소년이 비행하지 않도록 통제하는 요인인데, 그 요인은 개인 내부에 존재하거나, 청소년의 사회화 기관인 가정, 학교에 의해 비롯되거나, 사법기관의 엄중한 처벌에 의한 것일 수 있다. 개인 내적 통제요인에 주목한 이론은 레클리스의 봉쇄이론(containment theory)과 갓프레드슨과 허쉬의 자기통제 이론(self-control theory)이 있고, 사회화 기관에 의한 통제작용은 허쉬의 사회유대이론(social bonding theory)이 주목하고, 사법기관의 처벌 작용은 억제이론(deterrence theory)에서 강조되고 있다. 더불어 사회통제 이론적 관점 중 거시이론으로 쇼우와 멕케이의 사회해체이론(social disorganization theory)과 최근까지 여러 발전된 논의를 다루려고 한다.

① 봉쇄이론

레클리스(Reckless, 1961)는 청소년에게 비행하도록 유인하는 요인으로 내적 배출, 외적 유인, 그리고 압력요인 등을 제시하였다. 배출요인은 비행의 욕구와 충동, 불만과 적의감, 공격성 등이고, 외적 유인요인은 주위 비행친구의 꼬임, 대중매체, 유흥업소 등 유해환경이며, 외적 압력요인은 빈곤, 실업 등 열악한 환경의 요인이라고 했다.

봉쇄이론에 따르면 이러한 요인들이 청소년의 비행 가능성을 높이지만, 그럼에도 내적, 외적 통제가 있다면 비행을 극복할 수 있다. 외적 통제는 부모의 감독, 훈육과 같이 외부의 누군가에 의한 통제이며, 내적 통제는 책임감이나 자기통제력과 같은 내적 특성에 의한 통제이다. 청소년이 두 가지 통제 중 하나만 갖추고 있으면 비행의 가능성은 낮아지는데, 내적 통제가 약하면 외적 통제가 필요하고, 외적 통제가 약하면 내적 통제가 있어야만 비행을 하지 않는다.

레클리스는 내적 통제가 비행을 결정하는 가장 중요한 요소라고 봄으로써 '좋은 자아개념'과 같은 청소년의 내적 통제 요인이 비행의 가장 중요한 설명요인이 된다고 했고, 그리한 점에서 그의 이론은 '자아 이론(self theory)'이라고 불리기도 했다. 즉 자신에 대해 긍정적인 생각을 가진 아이는 아무리 어려운 역경도 해결해 나갈 수 있다고 믿으며 비행

유발 환경에서 멀어지려고 노력하지만, 그렇지 못한 아이는 내적 충동이나 외적 비행 환경에 쉽게 저항하지 못하고 비행을 저지를 수 있다고 하였다.

레클리스와 동료들은 우범지역에 사는 청소년이 과연 좋은 자아에 의해 비행동기가 통제되는가를 연구했는데, 내적, 외적 유인과 압력 요인은 제시하지 않고 청소년이 우범지역에 의해 비행동기가 충만해 있음을 가정한 상태에서 자아개념의 내적 통제의 영향력을 다루었으며, 자아 개념은 교사들에게 학생 각각에 대해 좋은 학생인지를 평가하도록 했다. 이 연구는 교사가 좋게 평가한 아이들의 비행이 매우 적은 것으로 나타나 봉쇄이론을 지지하는 결과를 제시했다.

그렇지만 이 연구는 많은 문제가 있었다. 먼저 이 연구는 유인, 압력 요인이 생략되었기 때문에 좋은 자아의 영향력이 다른 요인들에 비해 어느 정도인지 파악하지 못한 단점이 있다. 즉 이 연구결과만으로는 자아개념의 중요성을 정확히 평가할 수 없다고 지적된다. 만약 실제 경험연구에서 유인 요인으로 비행친구와의 접촉과 같은 요인이 사용되고 그것이 자아개념보다도 비행에 더 큰 영향력이 있다면, 그 결과는 봉쇄이론보다 차별접촉이론을 더 지지하는 것일 수 있기 때문이다. 또한 자아개념의 측정을 교사의 평가에 의존했기 때문에, 실제 자아개념을 측정했다고 보기 어렵다는 지적이 있다. 교사는 주로 아이들의 문제행동을 기준으로 좋고 나쁜 아이라고 평가하기 때문에 교사가 좋게 평가한 아이가 비행을 안 한다는 결과는 당연하며, 따라서 그 결과는 동어반복적이라는 비판을 받는다. 이러한 이유로 동어반복적이지 않은 자아를 측정하기 위해 청소년이 자신을 직접 평가하는 '자존감(self-esteem)'이 이후 연구에서 사용되기도 했다(Jensen, 1973).[4]

최근 수행된 봉쇄이론에 기반한 연구에서는 이론에서 제기되는 내적 억제(자기 통제, 타인에 대한 죄책감 및 부끄러움의 정도), 외적 억제(학교 및 부모, 이웃의 통제, 부모와의 유대), 환경적 유인(감독되지 않은 또래와의 시간, 또래의 규칙 위반, 비행 강화), 그리고 환경적 압력(복지,

4 좋지 않은 자아, 혹은 자존감이 낮은 청소년이 비행의 가능성이 높다는 주장은 카플란(Kaplan, 1975)의 자아증진이론(self-enhancement theory)에서도 제시되고 있다. 카플란에 따르면 주위 사람과의 관계가 문제가 있고, 주위에서 인정해 주지 않으며, 학업성적도 낮은 자존감이 낮은 아이들은 무언가 자아를 높이려는 돌파구를 찾게 되는데, 그들은 자존감을 높이려는 목적에서 비행을 선택한다. 즉 자아증진을 위해 비행을 저지르며, 그러한 이유에서 낮은 자존감은 비행과 관련이 있다고 한다. 이후 연구에서 자존감과 비행과 관련이 있다는 연구결과가 있다. 그렇지만 비행을 하면 자존감은 높아져야 함에도 불구하고 비행 이후 변화는 없다는 결과가 제시되기도 하였다(McCarthy and Hoge, 1984; Wells and Rankin, 1983).

빈곤, 이민) 등이 청소년 비행에 미치는 영향을 분석하였으며, 내적 및 외적 억제는 청소년 비행과 강한 상관관계가 나타남을 확인하였다(Janssen et al., 2022). 한편 국내에서 학업 중단 청소년의 비행에 대해 봉쇄이론을 중심으로 분석한 연구가 수행되었다(김도선 · 김연수, 2023). 이 연구에서 비행을 유발하는 요인으로 충동성, 비행친구, 지역 사회의 무질서, 그리고 부정적인 부모 경험이 사용되었고, 봉쇄 요인으로 부모 애착, 지역 사회유대, 자아존중감, 좌절용인 능력 등이 측정되었다. 연구결과 내적 통제인 자아존중감과 좌절용인 능력은 비행에 유의미한 관계를 나타내지 못했으나, 외적 통제요소인 부모 애착은 복학 청소년 집단에서 비행과 부적 상관관계를 보였다. 이러한 결과는 학업중단 경험 청소년에게는 봉쇄이론에서 강조되는 내적 통제 요소의 역할이 외적 통제 요소에 비해 제한될 수 있음을 시사한다.

2 사회유대이론

허쉬(Hirschi, 1969)의 사회유대이론은 가장 대표적인 사회통제이론이라 할 수 있다. 허쉬는 '비행 청소년이 어떠한 특성을 갖고 있는가'의 물음보다는 '왜 많은 청소년이 비행을 하지 않는 것일까'의 물음에 답하고자 했다. 허쉬에 따르면 사람은 누구나 비행동기를 가지고 있다. 즉 누구나 비행성향을 가지고 태어나며, 여건만 되면 누구나 언제든지 비행을 저지를 가능성이 있다고 보는 일종의 성악설의 입장이다. 이처럼 누구나 가지 있는 비행동기는 비행의 설명 요인이 되지는 못한다. 대신 비행의 발생은 비행동기를 통제해줄 수 있는 통제기제에 달려 있다. 그렇다면 많은 청소년이 비행하지 않도록 하는 통제기제는 무엇인가?

허쉬는 사악한 특성의 개인과 달리 사회는 건전하고 인습적이기 때문에 사회가 사람들의 나쁜 행동을 막을 수 있다고 본다. 허쉬는 사회에 인습 가치 이외에 하위문화도 존재한다고 보는 입장과 달리 하나의 인습적인 도덕질서만이 존재한다고 본다. 따라서 청소년이 인습적인 사회에 벗어날수록 비행 가능성이 높아지고, 사회와 유대를 가질수록 비행동기를 통제할 수 있게 되어 비행을 저지르지 않게 된다.

이처럼 사회유대이론은 청소년이 사회와 맺는 사회유대의 정도를 비행의 중요한 원인으로 다루었으며, 사회유대는 애착(attachment), 관여(commitment), 참여(involvement), 신념(belief)의 네 가지가 있다고 보았다.

애착은 부모, 선생, 친구 등 주위의 중요한 사람과 맺는 애정적 결속관계를 말한다. 애착은 흔히 애정도, 친밀도, 상호작용 및 대화, 그리고 동일시 정도로 파악되는데, 부모와의 애착의 경우 부모를 사랑하는지, 친밀감을 느끼는지, 고민이 있을 때 부모와 대화를 하는지, 그다음에 부모와 같은 사람이 되고 싶은지로 측정된다. 기존의 연구에서 선생님에 대한 애착이나 친구에 대한 애착은 비행과 약한 관계를 보이지만, 부모와의 애착이 높은 아이는 비행을 적게 한다는 결과를 제시하였다(Liska and Reed, 1985; Wiatrowski et al., 1981). 부모에 대해 애착이 높은 아이는 비행동기가 작용할 수 있는 우연한 비행상황에 놓이더라도(예컨대, 친구의 꼬임) 비행을 하게 될 때 부모가 실망하시는 모습을 떠올려 부모의 기대에 어긋나지 않으려고 하지만, 부모와 애착이 낮은 아이는 그러한 비행상황에서 비행을 저지를 가능성이 높다(이성식, 1995).

관여는 청소년이 사회의 일에 열심인 정도, 비중을 두고 있는 정도를 말한다. 예컨대 청소년은 학교공부에 대한 관여로, 학교공부를 얼마나 열심히 하는지, 학교성적은 뛰어난지, 학교공부를 중요하게 생각하는지가 비행과 크게 관련된다. 학교공부에 관여가 높은 아이는 비행을 하게 되면 학교성적도 떨어지고 상급학교 진학도 어렵게 되는 등 잃을 수 있는 손실이 크기 때문에 비행을 하지 않는다. 그러나 공부를 못하는 아이들은 비행으로 잃어버릴 손실이 적기 때문에 망설임 없이 비행에 가담할 가능성이 높다. 기존 연구는 학교공부에의 관여는 비행을 설명하는 매우 중요한 요인이 된다는 것을 제시하고 있다(이성식, 1994; Cernkovich and Giordano, 1992).[5]

참여는 인습적인 활동에 얼마나 많은 시간을 할애하는가를 말한다. 즉 학교공부나 과외활동, 취미나 여가활동 등에 많은 시간을 보내는 아이들은 너무 바빠서 비행을 할 시간이 없다고 본다. 참여는 애착이나 관여보다 덜 중요하게 다뤄졌고, 최근까지 관여와 큰 구

5 관여는 긴장이론에서 다룬 직업과 교육 수준에 있어서 열망으로 측정되기도 했다. 즉 추구하고자 하는 열망 수준이 높을수록 그만큼 비행으로 잃어버릴 손실이 크기 때문에, 앞으로의 성공을 위해서라도 비행을 하지 않는다. 허쉬는 열망이 높고 기대가 낮은 아이들이 비행을 저지르게 된다는 긴장이론과 달리 열망이 높은 것만으로 비행할 가능성이 낮을 것이라고 본다. 그러나 이후 연구는 향후 직업, 교육 수준에의 열망보다는 현재 진행하고 있는 학교공부에의 관여가 비행의 더 중요한 요인이 된다는 결과를 제시하고 있다(Agnew, 1985; Krohn and Massey, 1980; Wiatrowski et al., 1981).

분 없이 사용되고 있는데, 시간적으로 어떤 인습적인 일에 많이 참여하고 있다는 것은 그만큼 그 일에 투자, 관여한다고 볼 수 있기 때문이다.

신념은 사회의 인습적인 가치를 받아들이고 있는 정도 혹은 법을 지켜야 한다고 믿는 정도를 말한다. 즉 법을 지켜야 된다는 사회의 도덕을 잘 받아들이는 아이는 비행의 가능성이 낮지만 그렇지 않은 청소년은 비행 가능성이 높다고 본다. 사실상 신념은 차별접촉이론에서 강조했던 법위반에 대한 정의나 태도와 크게 다를 바 없다. 상황에 따라 법을 위반해도 된다는 생각을 갖고 있는 아이들은 법위반에 호의적이라고 볼 수도 있지만 도덕적 신념이 낮다고 볼 수도 있기 때문이다. 다만 차별접촉이론과 사회유대이론은 가정이 다를 뿐이다. 즉 차별접촉이론은 인습가치와 비행가치 모두를 가정했고, 사회통제이론에서는 인습가치의 존재만을 가정했다는 차이가 있을 뿐이다. 이러한 이유로 차후 연구에서는 차별접촉이론의 요소와 구별하기 위해 사회유대이론의 요소로 신념보다는 애착과 관여가 중요하게 다루어지기도 했다.

한편 허쉬의 사회유대이론은 비행친구와의 접촉과 같은 요인은 비행에 중요하지 않다는 것을 강조했는데, 그 이유는 앞서 언급한 바와 같이 사회유대이론에서 비행에 정(+)적으로 작용하는 요인은 원인이 될 수 없기 때문이다. 허쉬는 비행의 원인은 애착, 관여, 참여, 신념 등 사회유대뿐이며 사회유대가 낮은 아이들이 비행친구와 사귀고, 또 비행을 하게 되기 때문에, 비행친구와의 접촉과 비행은 직접적인 관계가 아닌 허위관계임을 강조한다. 이와 관련하여 친구와의 애착 논의에서 비행친구나 착한 친구나 상관없이 친구와 애착을 가지면 비행을 하지 않게 될 것이라고 주장했다. 하지만 비행친구와의 접촉은 이후 경험연구에 의해 비행을 예측하는 중요한 원인으로 밝혀졌다(Matsueda, 1982). 한편 사회유대이론과 차별접촉이론의 적용가능성에 대해 한국과 미국을 비교연구한 이성식(1994)의 연구에 따르면 미국 청소년의 경우(특히 백인) 차별접촉이론의 적용가능성이 높을 수 있으나 한국 청소년의 경우 사회유대(애착과 관여)의 직접적인 영향력이 발견되어 사회유대이론의 설명력이 상대적으로 높다는 결과를 제시하고, 그 이유를 개인주의와 집합주의 문화의 차이로 설명했다. 최근의 한 국내연구에서는 사회유대 요소 중, 관여, 부모의 애착, 부모의 감독이 가벼운 비행을 설명하는 것으로 확인되었으며, 특히 부모의 감독은 가벼운 비행과 중비행 모두에 영향을 미치는 것으로 확인되었다(정진성 외, 2020).

허쉬의 사회유대이론은 비행친구와의 접촉과 같은 요인을 고려하지 않은 데에서 비판을 받았고, 또한 사소한 비행을 잘 설명할 뿐, 심각한 비행을 설명하는 데에는 한계가 있다고 지적받았다. 차별접촉/사회학습이론가들은 심각한 비행을 설명하기 위해서는 비행친구와의 접촉과 같은 요인이 고려되어야 한다고 주장했다. 또한 사회유대이론은 가정, 학교와 같은 사회기관을 인습적으로만 본다고 비판받았다. 어떤 부모는 일탈과 법위반을 일삼는 경우가 있는데, 그런 부모에 애착을 가질 경우에도 비행가능성이 낮을 것인가의 의문이 제기되었다. 부모가 어떠하든 부모에 애착을 갖는 아이들은 비행가능성이 적을 것이라는 가설은 지지되지 못했다(Jensen and Brownfield, 1983). 친구의 경우와 마찬가지로 부모가 일탈적인지 아닌지에 따라 애착의 영향력이 달라질 수 있다는 것이다.

③ 억제이론

억제이론은 형사사법기관의 처벌에 주목하여 처벌이 범죄나 청소년 비행에 어떻게 영향을 줄 수 있는지 관심을 갖는 이론이다. 앞서 살펴보았던 이론들이 실증주의 학파에 근거한 이론이었다면,[6] 고전학파에 기반한 억제이론은 인간은 누구나 쾌락을 추구하고 고통을 피하려 한다고 가정한다. 억제이론은 처벌로 발생할 수 있는 손실과 고통의 측면에 주목하는데, 처벌이 있게 되면 합리적인 인간은 자기 행위의 결과로 처벌이라는 고통이 따를 것으로 판단하기 때문에 비행을 삼가게 될 것이라고 보았다.

억제이론은 비행행동에 대한 처벌을 강화하면 청소년이 비행을 저지르지 않게 될 것이라고 본다. 즉, 처벌에 따르는 고통과 두려움이 강해진다면 합리성을 갖춘 인간은 비행을 하지 않게 된다는 것이며, 반대로 처벌과 통제가 느슨하다면 비행의 발생 가능성은 높아질 것이라 주장한다.

이때 처벌의 효과는 두 가지 형태로 나타난다. 먼저 실제 비행을 저지른 청소년에게 처벌을 가함으로써 그 당사자가 다시 비행을 하지 못하도록 하는 효과이다. 이에 더해서 처벌의 결과를 일반 청소년에게 알림으로써 잠재적으로 비행을 저지를 가능성을 사

6 기존에 주류를 이루어 왔던 이론들은 대부분 실증주의 학파에 기반하였다. 실증주의 학파에서는 인간을 자신의 의지와는 상관없이 무언가에 의해 결정되고 구속되며 좌지우지되는 그러한 존재로 파악한다. 따라서 비행성을 선천적으로 타고 태어났다든지, 후천적으로 습득하게 되든지, 외부 사회환경 때문에 비행을 할 수밖에 없는 처지에 놓이게 되든지 간에 그러한 내적, 외적 요인이 사람들로 하여금 비행을 하도록 한다고 본다.

전에 억제, 예방할 수 있다. 여기서 특정 대상에 대한 처벌의 억제효과인 전자를 '특수억제(specific deterrence)'라 하고, 일반인 다수에 대한 처벌의 억제효과인 후자를 '일반억제(general deterrence)'라고 한다. 이러한 억제효과의 크기를 결정짓는 처벌의 요소로 처벌의 세 가지 요소, 즉 '신속성(celerity)', '확실성(certainty)', '엄격성(severity)'에 주목했다. 즉, 비행이 발생하는 즉시 지체함 없이 신속하게 잡힐 가능성이 높거나, 비행이 일어났을 때 열이면 열 확실하게 처벌을 받는다면, 또한 그 처벌이 더욱 엄중하다면(예를 들어, 1년형이 아니라 5년형이라면) 비행의 가능성은 더욱 줄어들게 된다는 것이다.

억제이론에 대한 초기 연구(미국의 경우 1960년대 말부터 1970년대 초기까지)는 공식통계자료를 이용한 거시연구를 통해 이루어졌다. 지역별로 체포검거율, 기소율, 형량 등의 요인이 지역별 범죄율의 차이에 어떠한 설명력을 가지게 되는가에 관심을 가졌다. 초기의 연구는 지역별로 처벌의 확실성 차이가 범죄율과 밀접한 관계가 있다는 결과를 제시한다(Logan, 1972; Tittle, 1969; Tittle and Rowe, 1974). 즉 검거 및 기소율이 높은 지역이 그렇지 않은 다른 지역보다 범죄발생이 적다는 결과를 보인다.

이후 억제이론(미국의 경우 70년대 중반부터)은 개인을 단위로 하고 공식통계보다 질문지 등의 자기보고식 응답자료를 통해 많은 연구가 이루어졌다. 처벌에 대한 개인 인지도에 주목함으로써 처벌이 신속하게, 확실하고, 엄중하게 이루어진다고 인지할수록 비행의 가능성은 적어지는지에 관심을 가졌다. 그동안 많은 연구가 처벌의 확실성에 대한 인지도가 비행 또는 성인범죄에 부(-)적으로 영향을 미치게 된다고 봄으로써 억제이론을 증명하여 왔다(Erickson et al., 1977; Jensen et al., 1978; Silberman, 1976; Waldo and Chiricos, 1972). 즉 자신이 비행하면 분명히 처벌받게 될 것으로 인지하는 청소년이 비행 가능성이 적다는 것이다.

그러나 1980년대에 들어서면서 그동안의 억제이론의 연구 및 주장은 여러 면에서 비판을 받게 된다. 대표적인 비판은 기존의 연구가 횡단적 자료를 사용함으로써 처벌과 비행의 인과관계를 정확히 파악하지 못했다는 것과 기존 연구는 다른 통제변인을 사용하지 않고 단지 처벌과 비행과의 두 변인의 관계에만 주목했다는 것이다.

한 시점에서 조사가 이루어지는 횡단 연구는 처벌 인지도는 현재의 인지도로 측정하지만, 종속변인인 비행은 지난 1년간의 행위를 묻게 됨으로써 처벌과 비행의 인과관계가 명확하지 않다는 문제가 있다. 인과관계를 제대로 파악하기 위해서는 한 시점에서 처벌의 인지도를, 다음 시점에서 비행의 경험을 묻는 종단적 연구설계가 필요한데, 최근의 종단 연구결과는 처벌과 비행 간의 뚜렷한 관계를 나타내지 못하고 있다(Paternoster et al., 1983; Saltzman et al., 1982). 즉 방법론적으로 엄밀하게 인과관계를 고려할 경우 처벌은 비행에 영향을 미치는 요인이 되지 못한다는 것이다.

한편 처벌과 비행 두 변인 간에는 관계를 보이지만, 처벌 이외에 다른 변인을 동일한 모델 안에 포함하면 처벌과 비행의 관계가 크게 약화되거나 사라지게 되어, 두 요인의 관계가 허위관계라는 주장도 제기되었다(Paternoster, 1989; Paternoster et al., 1983; Tittle, 1980). 특히 공식적 처벌보다 비공식적 사회통제 요인이 비행에 가담할 가능성을 줄이는데 더 중요한 역할을 한다는 주장이 제기되었다. 예컨대 부모와의 애정 관계, 학업성적 및 학업에의 관여도, 도덕적 신념의 내면화 등의 요인이 처벌의 인지도보다 비행의 설명에 더 중요한 요인이라는 것이다(Anderson et al., 1977; Meier and Johnson, 1977; Paternoster, 1989; Paternoster et al., 1983; Thomas and Bishop, 1984; Tittle, 1980). 즉 청소년이 법을 지키는 것은 처벌이 무서워서가 아니라 사회유대 혹은 법을 지키는 것이 옳다고 생각하기 때문이며 일부 비행 청소년은 그것이 부족하다는 것을 나타내고 있다.

억제이론가들은 자신들의 주장이 경험적 지지를 받지 못하게 되자 새로운 돌파구를 모색했다. 윌리암스와 호킨스(Williams and Hawkins, 1986)는 공식기관에 의한 처벌은 처벌 자체의 확실성이나 위협 혹은 고통 때문에 비행의 감소 및 억제를 가져오는 것은 아니며, 처벌의 억제효과는 사회유대와 관련해서 나타난다고 주장한다. 처벌로 인하여 사회유대에 있어 많은 손실을 발생하기 때문에 행위자에게 위협적이라고 본 것이다. 즉, 비행을 하고 처벌받으면 주위 사람의 비난이 있게 되고, 주위 사람과의 관계에서 문제가 발생하며 부모나 친지들이 크게 상심할 것이라는 점에서 처벌은 위협적이라는 것이다. 마찬가지로 비행으로 인해 처벌을 받게 되면 학업을 중단하게 되고, 직장을 잃게 될지도 모른다는 두려움, 그리고 앞으로도 직장을 갖지 못하고 성공할 수 없을 것이라는 두려움이 비행을 억제한다고 보았다. 또한 처벌을 받은 후 전과자라는 낙인으로 발생하는 결과가 행위자에게 큰 두려움으로 작용할 수 있다고 본다.

그들은 이를 '애착 손실(attachment cost)', '관여 손실(commitment cost)', '체포로 인한 낙인(stigma of arrest)'이라는 개념으로 설명하였다. 애착 손실이란 처벌로 야기될 주위 사람과의 관계에서 나타날 수 있는 손실을, 관여 손실은 처벌로 야기될 현재 자신이 투자

하고 있는 사회활동과 앞으로의 일에서 있게 될 손실을, 그리고 체포로 인한 낙인은 처벌로 인해 야기되는 주위 사람의 낙인으로 야기될 자아손실 혹은 자아훼손 등의 두려움을 말한다.

이처럼 사회유대 요인과 관련하여 나타나는 처벌의 효과를 처벌의 간접 억제효과라고 하며, 내긴과 패터노스터(Nagin and Paternoster, 1991)는 이를 '확대된 억제이론'이라 불렀다. 처벌이 비행에 억제효과를 갖는 것은 처벌이 사회유대나 그 밖의 일에 중대한 손실을 가져올 것으로 인식될 때에만 가능하다는 것이다. 내긴과 패터노스터는 청소년을 대상으로 절도와 약물남용 등의 비행에 있어 관여 손실의 억제효과에 주목했다. 그러나 연구결과 처벌로 있게 될 학업에 있어서의 장애나 앞으로 좋은 직업을 얻지 못하게 될 두려움이 비행 억제에 유의미한 영향력을 갖지 못하여 확대 억제이론을 지지하지는 못했다.[7] 그러나 국내연구에서 이성식(1998)은 비록 관여 손실의 영향력은 미약했으나 처벌로 있게 될 애착 손실이나 자아훼손 등의 낙인으로 인한 손실은 비행을 억제하는 데 중요하다는 연구결과를 제시했다.

최근에는 처벌의 억제효과가 도덕적 신념이 낮아 높은 비행경향성을 가진 사람에게서 조건적으로 더 크다는 주장이 제기되기도 했다(Pogarsky, 2002). 억제이론은 모든 사람이 잠정적 범죄자라는 가정을 기반으로 하고 있지만, 모든 사람이 아니라 일부 사람만이 범죄를 대안으로 고려할 수 있는 잠정적 범죄자라고 그 가정을 수정한다면, 예를 들어 도덕적 신념이 낮은 잠정적 범죄자에게 있어서는 처벌의 유무가 범죄결정에 더 중요한 요인이 될 수 있을 것이라고 본다. 그럼에도 불구하고 공식적 처벌의 억제효과는 시간이 지남에 따라 감소하는 경향이 있으며, 특히 사법기관에 대한 빈번한 경험은 억제의 효과를 무뎌지게 할 수 있다는 비판(Pickett et al., 2018)과, 비행을 억제하는 처벌의 효과보다 낙인효과를 통해 오히려 비행을 촉진시킬 수 있다는 비판(Motz et al., 2020)이 여전히 제기된다.

7 확대 억제이론은 성인을 대상으로 연구가 이루어졌다. 윌리암스와 호킨스(Williams and Hawkins, 1989)는 아내구타를 연구한 문헌들에서 처벌 이후 있게 될 아내와의 이별이나 주위의 비난(애착 손실), 그리고 실직의 두려움(관여 손실)이 아내구타를 억제하지는 못했으나 처벌에 따르는 자아훼손은 유의미한 영향력을 보이고 있음을 밝혔다. 그라스믹과 버식(Grasmick and Bursik, 1990)은 세금포탈, 절도, 음주운전 등에 주목했는데, 처벌로 예상하는 자책감 혹은 자아훼손이 범죄억제에 중요한 요인으로 작용함을 밝혔다. 그렇지만 바흐만과 그 동료들(Bachman et al., 1992)의 성폭력에 대한 연구에서는 처벌로 있게 될 애착손실과 처벌 이후 낙인에 따르는 자아훼손 등은 범죄에 유의미한 영향력을 갖지 못한다는 연구결과를 제시했다. 그들은 도덕적 신념과 같은 요인이 범죄여부를 결정하는 중요한 요인이 된다고 지적하였다.

4 자기통제이론(일반이론)

갓프레드슨과 허쉬의 자기통제 이론(self-control theory)은 일반이론(general theory of crime)이라 불리며 가장 주목받고 있는 이론 중 하나이다. 이 이론은 어릴 때 형성된 자기통제력이라는 내적 요소가 어려서의 다양한 문제행동, 그리고 청소년 비행뿐만 아니라 성인의 범죄도 설명할 수 있는 유일하면서도 중요한 원인이 된다는 점을 강조했다(Gottfredson and Hirschi, 1990). 이 이론을 일반이론이라 부르는 이유는 기존의 실증주의 학파와 고전학파를 통합하고 있고, 또한 지위비행 이외에 재산, 폭력비행을 포함한 모든 유형의 비행을 설명하며, 모든 연령층과 모든 나라, 지역에도 적용된다는 점에 있다.

이 이론은 대부분의 비행이 순간적인 욕구에 대한 만족을 위해 충동적으로 일어난다는 점에 주목하면서 비행 청소년과 정상인을 구분하는 내적 성향은 순간 만족과 충동성을 통제, 조절할 수 있는 능력이라고 보았는데, 이것이 자기통제력(self-control)의 개념이다. 이 개념은 개인의 내적 성향이 순간 만족과 충동을 조절할 수 있는지, 스릴과 모험을 추구하기보다 분별력과 조심성이 있는지, 근시안적이기보다 장기적인 결과에 대해 고려하는지, 쉽게 흥분하는 성격인지 등을 나타내는 것으로, 이러한 내적 성향은 주로 10세 이전에 형성 및 발달되어 안정화된다. 개인의 자기통제력은 어릴 때 부모의 양육방법에 의해 결정되는데, 부모로부터 감독이 소홀하거나 애정 결핍, 무계획적 생활습관이 방치되고, 잘못된 행동에 대한 제재를 경험하지 못하고 자란 아이는 내적 자기 통제력이 낮게 형성되어 우연한 비행기회에 노출되면 우발적이고 충동적으로 쉽게 비행에 빠져들 수 있다.[8]

어릴 때 형성된 자기통제력은 청소년기를 지나 성인이 되어도 변하지 않는 안정적이고도 지속적인 개인의 성향이 된다. 따라서 자기통제력이 낮은 아이는 어려서부터 문제행동을 보이고 청소년이 되어서도 비행을 저지르며 성인이 되어서도 범죄를 할 가능성이 높으며, 결국 이러한 여러 유형의 문제행위, 비행, 범죄 등은 자기통제력의 결핍으로 설명될 수 있다.

이들은 자기통제력이 비행을 궁극적으로 설명할 수 있는 유일한 원인이라고 보면서 사회유대나 비행친구와의 접촉과 같이 기존의 사회통제이론이나 차별접촉이론에서 강조

8 그러한 점에서 갓프레드슨과 허쉬는 자기통제력 이외에 우연한 비행 기회에의 노출을 범죄의 요인으로 보았다.

되었던 요인은 직접적인 비행의 원인이 될 수 없다고 주장했다. 비행뿐만 아니라 청소년기 가정에서의 부모와의 관계나, 학업과 학교적응의 실패, 비행친구와의 접촉 등은 모두 자기통제력의 결핍에서 비롯되는 것이다. 즉 비행이나 사회유대의 약화, 비행친구와의 접촉은 모두 자기통제력 결핍이라는 공통된 원인에서 비롯되는 결과이며, 비행의 궁극적인 원인은 자기통제력의 결핍이기 때문에 자기통제력을 통제할 경우 청소년기의 사회유대, 비행친구와의 접촉과 비행과는 아무 관련이 없는 허위관계가 된다고 주장한다.

일반이론은 그동안의 연구에서 많은 지지를 받았으며 자기통제력이 낮은 사람이 비행이나 범죄행위의 가능성이 높음이 제시되어 왔다(민수홍, 2005; Gibbs and Giever, 1995; Grasmick et al., 1993; Wood et al., 1993). 또한 자기통제력은 비행 이외에 사회유대나 비행친구와의 접촉에도 영향을 주는 것으로 나타나고 있으며, 사회유대 및 처벌과 관련된 요인과 독립적으로 비행과 범죄의 주요 원인으로 작용한다는 결과가 있다(Evans et al., 1997; Nagin and Paternoster, 1993). 많은 국내연구에서도 자기통제력이 청소년 비행 및 범죄 예측에 중요한 역할을 하는지에 대해 검증하였고, 개별 연구결과들을 종합하여 분석했을 때 자기통제력의 효과는 통계적으로 유의미함이 확인되었다(박성훈 외, 2022). 자기통제력은 청소년의 오프라인 비행뿐만 아니라 온라인 비행행동에도 유의미한 영향을 미치는 것으로 나타났다(노희주 · 조윤오, 2022).

그러나 청소년 비행이 청소년기의 가정, 학교와의 유대나 비행친구와의 접촉과 상관없이 어릴 때의 성향만으로 설명될 수 있는지에는 많은 논란과 비판이 제기되어 왔다(Moffitt, 1993; Pratt and Cullen, 2000; Sampson and Laub, 1993; Simons et al., 1998). 최근에는 갓프레드슨과 허쉬의 주장과 달리 성장기의 가정, 학교, 비행친구 등의 요소도 청소년 비행을 설명하는 주요 원인이 될 수 있다는 주장이 제기되었으며, 후술할 생애과정 이론에서는 어릴 때 형성된 자기통제력만이 비행의 유일한 원인이라고 볼 수는 없으며 생애과정 전반에서 경험하는 사회유대적 요소가 낮은 자기통제력의 영향에도 불구하고 중요한 역할을 한다는 점을 강조하고 있다. 또한 자기통제력이 10세 이전 유년기에 형성되고 안정된 상태로 고착화되어 변화하지 않는다는 주장에 대한 비판과 10세 이후에도 자기통제력이 변화할 수 있음을 지지하는 경험적 근거들이 보고되기도 하였다(Hay and Forrest, 2006).

5 사회해체이론

쇼우와 멕케이(Shaw and McKay, 1942)의 사회해체이론[9]은 시카고의 특정지역에서 왜 범죄율이 높은지를 설명하려고 했다. 그들은 도시생태학자가 제시했던 동심원이론을 적용하였는데, 동심원이론(concentric zone model)에 따르면 시카고지역은 원형을 이루며 다섯 지역으로 구분된다(Park and Burgess, 1925). 도시의 가장 중심에 위치한 지역은 상업지역이며, 이 중심을 둘러싸고 공장, 상가, 유흥업소가 많고, 빈민촌 등이 형성되어 있는 전이지역(zone of transition)이 존재한다. 전이지역 외부에는 노동자 거주지역, 그 외부에는 중산층 거주지역, 마지막으로 동심원의 가장 바깥에는 상층이 거주하는 교외지역이 존재한다.

쇼우와 멕케이는 첫 번째 지역(상업지역)과 두 번째 지역(전이지역)이 비행률이 가장 높으며 도심에서 멀어질수록 점차 비행률이 낮아진다는 점을 발견했다. 범죄 및 비행률이 높은 도시의 중심부 지역은 시카고가 도시화, 산업화되면서 외국의 이민자들이 이주하여 정착하는 지역으로, 집값과 건물임대료가 싸고, 결손가정이나 빈민하층이 거주하며, 이민으로 인해 다양한 인종이 모여 살고, 상권지역으로 인구이동과 주민의 전출입도 많은 특성이 있었다. 그 지역이 비행률이 높은 이유는 외부 이민자들에 의한 갈등에 있다고 보았다. 다양한 인종의 이민자가 모여들게 되면 기존거주자와 이주자 간에 문화 갈등과 충돌이 발생하며 일관된 가치를 공유하는 사회통합을 이루기 어렵게 된다. 특히 외부 이민자의 문화와 가치가 어느 정도 비행을 용인하는 경향이 있어 그러한 문화와 가치가 도심지역에 점차 스며들게 됨으로써 비행이 발생할 가능성이 높아진다. 이러한 이유로 사회해체이론은 초기에 문화전달 이론으로 불리기도 하였고, 그러한 점에서 쇼우와 멕케이의 이론은 하위문화이론의 초기 연구로 평가받기도 했다.

그러나 콘하우저(Kornhauser, 1978)가 쇼우와 멕케이의 사회해체이론을 사회통제론적으로 설명한 이후, 1980년대부터 지역의 비행문화 형성과 비행가치의 공유라는 측면보다는 문화갈등으로 인한 통합, 결속력, 사회통제 약화의 측면이 강조되기 시작했다(Bursik,

9 사회해체이론은 이론이 제시된 시기상으로 보거나 영향력의 측면을 보더라도 이론 설명에서 가장 먼저 제시되는 이론이다. 그렇지만 본고에서는 사회해체이론을 사회통제이론적 시각에 기반한 거시이론으로 분류하여 설명하기에 여기에서 설명한다.

1988). 다양한 인종이 모여 살고 인구이동이 높은 지역은 지역성원 간에 결속력과 유대가 약하기 때문에 비행이 통제되지 못하여 비행률이 높다고 본 것이다. 1980년대 이후 사회해체이론은 지역의 비공식적 사회통제력을 강조하여, 지역주민의 유대와 결속력, 통합도가 높고, 일정한 행동기준이 있어 비행을 저지할 수 있는 효과적인 통제장치가 있으면 비행의 가능성이 작지만, 그러한 통합력과 비공식적 통제기제가 없는 지역은 비행률이 높다고 주장했다(Bursik and Grasmick, 1993; Sampson and Groves, 1989).

지역주민의 상호접촉 빈도가 높고 친밀하며 유대가 높은 지역의 청소년은 지역주민에 의해 적절히 통제되기 때문에 비행의 가능성이 작다. 즉, 청소년은 자기가 거주하는 지역에서 비행을 저지를 가능성이 높은데, 지역주민 간에 유대와 신뢰가 형성되어 있는 지역에서는 이웃주민의 아이에게도 관심을 가지고 어떤 아이가 잘못된 행동을 하면 이를 부모에게 알려 문제행동이 쉽게 통제될 수 있도록 할 수 있다. 이렇게 되면 이 지역의 청소년은 잘 알고 지내는 이웃 어른의 눈 때문에 함부로 비행을 저지르지 못하게 된다. 반면 지역유대가 약한 지역에서는 청소년의 행동이 지역 어른에 의해 통제되지 않고 무관심하게 방치되어 청소년이 쉽게 비행을 저지를 가능성이 높다. 이렇듯 사회해체이론은 지역주민에 의한 비공식적 사회통제력을 강조했고, 그것으로 청소년 비행을 설명할 수 있다고 보았다.

샘슨과 그로브스(Sampson and Groves, 1989)의 연구는 사회해체이론의 발전을 가져온 기념비적인 연구이다. 그들은 영국에서 1982년, 84년에 조사된 범죄피해 조사 자료를 통해 지역별 범죄피해 수준을 다루었는데, 지역의 빈곤, 인종의 다양성, 인구이동률, 결손가정률, 도시화 정도 등의 구조적 변수를 활용하여 그 정도가 높을수록 범죄피해율이 높다는 것을 확인했다. 또한 이러한 구조적 변수의 범죄피해에 대한 영향력이 지역의 유대망, 지역성원의 지역조직활동 참여도, 지역 불량청소년에 대한 약한 통제에 의해 더욱 직접적으로 설명된다는 점을 확인하여 사회해체이론에서 주장하는 비공식적인 사회통제의 영향력에 대한 경험적 근거를 제시했다.

이후 샘슨과 동료들(Sampson et al., 1997)은 '집합효율성(collective efficacy)'이라는 개념을 소개했는데, 사회가 구조적으로 해체된 지역(빈곤, 높은 이동률 등)은 일반적으로 지역주민 간의 유대와 네트워크가 약하게 나타나지만, 반대로 유대와 네트워크가 강하다고 해서 반드시 지역사회의 문제해결에 도움이 되는 것은 아니라고 지적했다. 지역주민 간의 단순한 친밀감을 넘어서 구체적으로 공동의 문제해결을 위해 적극적으로 협력하려는 지역사회의 집합적인 의지와 노력이 있어야 비행을 통제하는 데 효과적이라고 주장하였고, 집합효율성은 이러한 지역사회의 집합적인 의지와 노력을 나타내는 개념으로 사용하였다.

청소년 비행과 관련하여 지역의 비공식적 사회통제력의 수준이 청소년 개별 비행행동에 어떠한 영향을 주는가의 연구도 있었는데, 엘리어트와 동료들(Elliott et al, 1996)의 연구에서는 빈곤, 이혼율, 인구이동률 등이 높은 사회적으로 해체된 지역은 지역의 조직화 정도, 즉 지역성원의 통합도, 비공식적 연결망, 비공식적 통제력이 낮기 때문에 그러한 지역의 청소년이 비행을 저지를 가능성이 높다는 결과를 제시했다. 한편, 구조적으로 해체된 지역의 아이는 정상적인 사회화의 어려움으로 인해 비행을 저지를 가능성도 높아진다는 점에 주목한 연구도 수행되었다. 해체된 지역의 열악한 구조적 조건이 청소년의 가정, 학교생활, 친구관계에 부정적 영향을 미침으로써 비행으로 이어질 수 있다는 것이다(Cattarello, 2000; Simcha-Fagan and Schwartz, 1986). 예컨대 해체된 지역의 아이들은 비행친구와 접촉할 가능성이 높음으로 인해서 비행 가능성이 높아지게 된다(Cattarello, 2000).

국내 연구에서도 사회해체이론을 이용한 청소년 비행 연구가 수행되었다. 최근 연구에서는 지역사회의 빈곤과 유해환경이라는 지표를 활용하여 청소년 비행을 예측하였으며, 그 결과 빈곤과 유해환경 수준이 높을수록 중비행행동을 할 가능성이 증가하고, 유해환경 수준이 높을수록 중비행의 심각도 또한 증가하는 것으로 나타났다(주영선 · 정익중, 2019). 또한 집합적 효능은 청소년의 학교폭력 가담 감소를 유의미하게 예측할 수 있다는 연구(이지현, 2019)도 보고되어 지역 수준의 비공식적 사회통제가 청소년 비행을 줄이는 데 역할을 할 수 있음을 확인하였다.

6 비행 대책

사회유대이론에서는 부모와 자녀 간의 유대가 가장 중요한 사회유대임을 강조하고 있듯이 가정에서 부모-자녀 간에 애정과 관심에 기반한 긍정적인 관계가 형성, 발전될 수 있도록 돕는 사회적 지원 정책이 대책으로 제시될 수 있을 것이다. 더불어 청소년이 많은 시간을 보내는 학교에서 즐겁게 생활할 수 있도록 교과 및 방과후 프로그램을 개발하고, 기타 학교 관련 환경을 개선하는 등의 방안도 제시될 수 있을 것이다. 또한 교정시설에 있는 비행 청소년에게는 학교교육 과정 혹은 직업훈련으로 사회에 나가 사회유대를 형성할 수 있도록 하는 것도 사회통제이론에 기반한 대책이라고 할 수 있다. 한편, 이들 중 가정의 맥락은 자기통제 이론의 관점에서 특별히 더 중요하다고 할 수 있다. 효과적인 부모의 양육은 개인의 자기통제력 발달에 결정적인 영향을 미치기 때문에 유년기 자녀를 가진 부모, 그리고 자녀를 가질 계획에 있는 예비부모를 대상으로 효과적인 자녀 양육에 대한 교육을 제공하고, 이를 물리적으로 가능할 수 있도록 하는 경제적 지원 정책 및 가족/육아 관련 제도의 개선이 필요하다.

사회해체이론에 근거한 거시수준의 대책으로는 비행률이 높은 사회해체 지역을 찾아 그 지역의 변화를 만들어 낼 방안의 강구가 필요하다. 지역에서 지역주민 간의 유대를 강화하고 집합적 효능감을 높이기 위해 지역주민의 참여를 끌어낼 수 있는 지역활동을 계획하고 시행하여 지역주민 간의 소속감을 높이고, 지역의 청소년이 운동경기나 여가활동에 참여할 수 있도록 지원하여 서로 만날 기회를 늘리는 방안이 고려될 수 있다. 또한 지역의 유흥업소 등 유해환경이나 여러 지역시설을 정비하고, 범죄집단에 소속된 청소년에게 사회사업가를 할당하여 상담을 제공하는 등의 지역 프로그램을 고안하여 시행하는 것도 사회해체이론에 기반한 비행대책으로 고려될 수 있을 것이다.

SECTION 04 낙인, 갈등이론

낙인이론과 갈등이론은 미국에서 1960년대 후반부터 1970년대에 크게 발전했던 이론으로 베트남전쟁에 대한 반전 분위기와 닉슨 행정부의 부패 등으로 정부기관에 크게 반발하고, 비판하는 분위기 가운데 인기를 누렸다. 앞서 논의했던 비행원인 이론(긴장이론적, 사회학습이론적, 사회통제론적)에서는 비행 청소년을 법과 규범을 위반하는 존재로 보고 그들의 특성에 주목했다고 한다면, 낙인이론과 갈등이론은 비행 청소년보다는 청소년 비행을 취급하는 사회, 경제, 법 제도에 초점을 둔다. 낙인이론과 갈등이론은 특히 사법체계에 대해 비판적인 입장을 보이는데, 사법기관은 특별하게 큰 사회적 위해를 미치지 않는 청소년의 행동을 문제행동으로 규정함으로써 비행 청소년을 만들어 내며, 잘 살고 권력을 가진 사람을 대변하고 보호하지만 그렇지 못한 사람은 통제하고 억압하기 때문에, 하층의 청소년이 주로 비행 청소년으로 규정되어 낙인이 찍히게 된다고 본다.

1 낙인이론

낙인이론(labeling theory)은 누가 비행을 하는가가 아니라 누가 비행자로, 그리고 어떤 행동이 비행으로 규정되는가에 주목한다. 상상력이 풍부하여 수업시간에 간혹 엉뚱한 말과 행동을 하는 아이는 기발한 천재 또는 수업을 방해하는 멍청한 아이로 규정될 수 있다. 또한 독특한 헤어스타일을 한 학생은 개성 넘치는 유행의 선두주자 또는 규율을 지키지 않는 말썽꾼으로 규정될 수 있다. 이처럼 낙인이론가는 비행을 청소년의 행동 자체에 초점을 맞추어 접근하기보다는 사회적으로 규정되는 방식에 관심을 가지며, 그러한 사회적 규정이 청소년의 이후 행동에 미치는 효과, 즉 추가적인 비행과 범죄로 어떻게 발전하게 되는지에도 관심을 둔다.

낙인이론의 이론적 기반을 제공한 탄넨바움(Tannenbaum, 1938)은 비행자라는 꼬리표가 어떠한 결과를 낳는가에 관심을 가졌고, 레머트(Lemert, 1951, 1967)는 그것을 '일차적 일탈(primary deviance)'과 '이차적 일탈(secondary deviance)'이라는 개념으로 설명했다. 일차적 일탈은 누구나 우연한 기회에 저지를 수 있는 최초의 사소한 일탈을 말한다. 그런데 그 행동이 일탈로, 그리고 당사자가 일탈자로 낙인이 찍히게 되면, 당사자는 사회적 낙인을 자신의 정체성으로 받아들이게 되어, 이후에는 사소한 수준을 넘어 심각한 일탈을 저지르게 된다. 이처럼 일차적 일탈 이후 낙인으로 인해 더 심각한 수준의 일탈을 저지르게 되는 것이 이차적 일탈이다.

한편 베커(Becker, 1963)는 '주지위(master status)'라는 개념을 통해 비행 청소년 혹은 전과자로 낙인이 찍히게 되면 그가 학생, 누구의 아들, 어느 지역의 사람 등등과 상관없이 비행자(범죄자)라는 지위가 다른 지위를 압도한다고 설명했다. 결국 낙인을 찍힌 청소년은 학생으로, 누구의 아들로 돌아가지 못하고, 비행 청소년이라는 지위대로 행동할 수밖에 없게 되어, 지속적으로 비행을 저지르게 된다.

이처럼 낙인이론은 일차적 일탈에 대한 사법기관의 과도한 대응과 이로 인해 발생하는 낙인이 이차적 일탈을 만들어 내기에 청소년 비행이 발생된다는 점을 강조했다. 비행 청소년이라는 낙인은 자기 자신에 대한 부정적이고 일탈적인 자아를 형성하게 하고, 비행 청소년이라는 주지위를 받아들이게 하여 비행을 지속적으로 저지르도록 하는 '자기충족적 예언(self-fulfilling prophecy)'의 메커니즘이라는 것이다.

또한 낙인이론은 누가 비행 청소년으로 주로 낙인이 찍히는가에도 관심을 가졌는데, 주로 하층의 힘없는 아이들이 더욱 빈번하게 체포되고, 기소되며, 처벌받게 된다고 주장했다. 즉 사법기관의 대응은 계층 차별적이어서, 똑같은 행동을 하더라도 중산층보다는 하층의 아이들이 더 빈번하게 체포되고, 더 강하게 처벌받을 것이라고 주장한다. 따라서 하층아이들이 낙인과 처벌을 받게 되고 그런 아이들이 나중에 심각한 범죄자로 발전한다고 보고 있다.

그러나 낙인의 계층 차별성에 관한 연구를 보면 낙인이론의 주장은 크게 지지받지 못하고 있다. 예컨대 미국의 경험연구를 보면 연구결과의 3분의 1은 계층에 따라 사법기관의 대응이 다르다는 결과를 보이지만, 3분의 2는 그렇지 않다는 결과를 제시하며, 인종의 차별성을 보더라도 많은 연구가 인종에 따라 사법기관이 달리 대응하는 것은 아니라는 결과를 보여준다(Tittle and Curran, 1988). 체포나 기소, 형량은 계층이나 인종이 아니라 죄의 질에 의해 설명된다고 하는데, 계층이나 인종과는 관계없이 가벼운 비행을 한 아이가 훈방되고 가벼운 형량을 받고, 심각한 비행을 한 아이가 처벌받는다는 것이다.

한편 낙인의 영향에 관하여 사법기관으로부터 낙인을 받으면 부정적 자아(비행소년으로서의 자아)가 형성되고 그것이 비행을 일으키는지에 대한 연구가 있어 왔다. 기존 경험연구는 낙인이론을 어느 정도 지지하는 결과를 제시하고 있다(Kaplan and Johnson, 1991; Palamara et al., 1986). 그렇지만 그 효과가 강하지는 않으며, 다른 변인이 통제될 때 그 영향력은 미약하다는 주장이 제시되고 있다.

낙인이론은 억제이론(특히 특수억제에 관한 논의)의 주장과 대조되어 억제이론의 논의대로 과연 비행자에 대한 처벌이 이후 비행을 차단하는지, 아니면 낙인이론의 논의대로 처벌과 낙인은 지속적 비행 청소년을 양산하게 하는지가 논란의 관심이었다. 그렇지만 기존 연구에서는 비행 청소년이 공식기관에 의해 처벌을 받게 되면 처벌의 위협이나 두려움으로 추후 비행을 하지 않게 된다는 주장도 지지되지 못했고, 처벌받은 아이들이 부정적 자아를 형성하는 것도 아니라는 연구결과를 보여 억제이론도 낙인이론도 지지받지 못하였다(Burkett and Hickman, 1982; Thomas and Bishop, 1984).

비행을 저지르고 처벌받은 아이는 차후 비행을 저지를 가능성이 높지만, 그것은 처벌과 낙인이 아니라 이전 비행의 정도와 죄질에 의해서 크게 설명된다는 것이 지배적인 입장이다.[10] 즉 낙인이 아니라 초기 비행을 일으킨 개인 혹은 사회환경 요인이 이후 비행도 설명한다는 것이다. 그리고 비행은 낙인의 결과가 아니라 낙인이 비행의 결과라는 데에 대부분 동의한다(Smith and Paternoster, 1990; Wellford, 1975).

그렇지만 기존 연구에서 공식기관의 처벌과 낙인의 부정적 효과가 상대적으로 미약했던 반면 부모나 선생님 등 주위 사람에 의한 비공식적 낙인은 청소년에게 부정적인 영향을 미친다는 것이 밝혀지고 있다(이성식 2007b; Matsueda, 1992). 최근 연구에서도 비공식적 낙인이 자아 정체성의 변화 및 비행친구와의 교제를 통해 청소년 비행에 미치는 영향을 분석하였으며, 비공식적인 낙인이 청소년의 비행행동에 중요한 역할을 한다는 사실을 발견하였다(김중곤, 2022; 손은아 · 최응렬, 2024; Rowan et al., 2023). 이 밖에도 국내의 학교 밖 청소년의 비행에 대한 연구에서는 사회적 낙인을 경험한 학교 밖 청소년의 비행 위험성이 증가하는 경향이 나타남을 확인하였다(이래혁, 2021).

② 갈등이론

갈등이론(conflict theory)에서는 청소년 비행의 원인보다는 사법기관의 성격 규명에 더 많은 부분을 할애한다. 갈등이론에 따르면 법은 지배층과 권력자에 의해 장악되며 그들의 가치를 반영하며 질서와 권력을 유지하는 데 사용된다. 즉, 법은 모든 사람을 위해 존재하는 가치 합의에 의한 것이 아니라 특정 집단(지배층)의 이익을 지키기 위해 존재한다

10 소년원에 보내진 시설 내 처우 비행 청소년이 처벌의 위협으로 차후 비행을 중단하는지, 아니면 낙인의 부정적 효과로 계속 비행을 하는지를 살펴본 이성식(1997)의 연구에서도 처벌은 차후 비행의 중단, 지속에 어떠한 영향도 미치지 못했고, 지속적 비행은 과거 비행을 얼마나 경험했는지에 의해 설명된다는 결과를 제시했다.

는 것이다. 따라서 하층이나 소수민, 청소년, 여성처럼 사회적으로 불리한 위치에 있는 계층에게 법은 불리하게 차별적으로 적용될 수 있다는 점에 주목한다. 이러한 점은 낙인이론에서도 지적되었지만, 갈등이론가, 특히 마르크스주의자는 그러한 배경에 있는 사회구조의 근본원리를 설명하는 데 주목했던 점에서 차이가 있다.

갈등이론에 따르면 사회는 다양한 이해를 갖는 집단 간의 갈등과 경쟁이 있기 마련이며 이때 권력을 잡는 집단에 의해 법이 생성, 유지된다. 이렇게 생성된 법은 권력을 잡는 집단의 이익을 보호하는 방향으로 작동한다. 이처럼 마르크스주의자는 자본주의 체제 하에서 자본가가 법을 통해 자신의 이익을 대변하고, 노동자와 피지배층을 억압 및 통제하는 데 법이 사용된다고 본다. 따라서 갈등이론의 입장에서 법은 근본적으로 불공평하며 사회적 약자에게 차별적으로 적용된다. 예컨대 지배층이 저지를 수 있는 환경오염이나 뇌물보다는 하층 계급 사람에 의해 주로 저질러지는 절도, 강도가 더 엄격히 처벌되며, 또 같은 비행을 저질러도 하층 계급 사람에게 법이 더 엄격하게 적용될 가능성이 높다.

이처럼 갈등이론이나 마르크스이론은 개인의 비행 행위보다는 사회제도인 법을, 그리고 그것의 근간이 되는 사회구조의 원리를 규명하려 했다. 이것은 개인행동에 영향을 미치는 법에 대한 낙인이론의 미시적 접근과 대조적으로 법이 만들어지는 사회구조와 과정을 통해 비행과 범죄 문제를 근본적으로 이해하려는 거시수준의 관심에 해당한다.

이렇듯 갈등이론은 법의 형성 과정과 작동 방식을 규명하는 데 주로 관심을 가졌지만, 비행이나 범죄 발생도 이러한 갈등구조를 통해 설명하고자 했다. 예컨대 자본주의 사회에서 범죄나 비행은 자본가의 착취로 인해 하층민이 더욱 빈곤해지면서 발생하는 것이며 (Quinney, 1977),[11] 특히 청소년은 노동시장에서조차 배제되어 돈을 벌기 힘들고, 또 학교에서는 직장에 잘 적응할 수 있는 학생이 보상을 받는 체제가 작동하기 때문에 학업성적이 부진한 아이는 소외될 수밖에 없고, 이러한 과정을 통해 배제된 청소년에 의해 비행이 일어난다고 설명한다.

갈등이론이 제시한 법의 형성 과정에 있어서의 갈등구조에 대한 주장은 경험적으로 검증되기 어렵다는 점에서 많은 경험적 연구가 이루어지지는 못했다. 그렇지만 법의 차

11 퀴니(Quinney)에 따르면 범죄는 크게 세 가지로 나눌 수 있는데, 자본가가 이윤을 위해 저지르는 기업범죄, 자본가의 잉여착취로 노동자가 생활유지를 위해 어쩔 수 없이 저지르는 적응범죄(절도, 매춘), 그리고 자본주의 체제에 대응하기 위한 대항범죄이다.

별적 성격에 대한 부분은 앞서 낙인이론에서도 언급했듯이 경험적 연구가 이루어졌으나 그것을 뒷받침하는 결과는 분명하지 않았다. 또한 마르크스주의적 입장에서는 비행을 없애기 위해서 궁극적으로 자본주의 체제가 종식되고 사회주의로 전환되어야 한다고 했는데, 오히려 사회주의 국가에서 권위주의적 법이 나타나고, 비행이나 범죄 수준 역시 비사회주의 국가에 비해 특별히 낮지 않아서 예측과는 다른 결과가 나타났다. 이러한 사실을 기반으로 마르크스주의는 지나치게 이상적이고 이데올로기적이라는 비판을 받았다.

1980년대에 들어서 서구에서는 갈등주의, 마르크스주의 논의는 퇴조하기 시작했다. 그러한 가운데 지나친 이상주의 성격을 버리고 현실적으로 자본주의 체제 내에서 개혁할 수 있는 부분에 관심을 가져야 한다는 입장이 등장했다. 이러한 현실적 입장 중 하나로 좌파 현실주의(left realism)는 비행이 궁극적으로 불평등에서 비롯된다고 보고 있지만, 해결책으로 자본주의의 타파 대신에 정부가 빈민과 노동자의 삶의 질 개선을 위해 적극 지원해야 함을 강조한다. 이러한 노력을 통해 빈민과 노동자 계층의 삶이 개선될 때 청소년 비행 문제 역시 해결될 것이라고 보았다.

좌파 현실주의에서는 형사사법 체제에서의 불평등이 개선되어야 한다고 강조했다. 특히 사법체계가 처벌 위주의 통제적 성격을 줄여서 정부의 도구가 아니라 지역주민의 욕구에 부응하는 방식으로 전환되어야 한다고 주장했다. 경찰권력의 남용과 시설구금의 형태를 줄여서 사후대처식 대응보다는 비행예방에 더 많은 관심을 가져야 하며, 특히 지역사회를 기반으로 하는 다양한 예방대책이 마련되어야 한다는 점이 지적되었다.

이러한 주장은 전통적인 비행이론 중 불평등의 개선을 강조하는 아노미/긴장이론과 지역사회를 기반으로 비공식통제의 중요성을 강조하는 사회해체이론에 영향을 받은 것으로 보인다. 좌파 현실주의는 지역사회에 기반하는 여러 대책을 제시하는 이론적 기반이 되기도 했는데, 이후 대책 부분에서 다룰 지역사회 경찰활동을 낳는 데 기여했다.

사법체계가 지나친 처벌과 통제를 피해야 한다는 관심에서 기독교의 사랑과 비폭력을 원칙으로 평화주의에 입각할 때 비행 문제가 해결될 것이라는 평화주의 범죄학(peace-making criminology)도 등장했다(Pepinsky and Quinney, 1991). 낙인이론의 주장과 유사하게 처벌은 비행을 양산할 것이라 보고, 처벌보다는 그 대안으로 가해자와 피해자를 화해시키고, 갈등을 조정하며, 서로 용서하는 등의 인본주의적이고 평화적인 정책으로 나아갈 때 비행은 줄어들 수 있다는 것이다. 이는 이후 회복적 사법(restorative justice) 정책을 낳는 이론적 기반이 되었다.

③ 비행 대책

낙인이론가는 소위 4D 대책을 제시해 왔다. 첫째는 비범죄화(decriminalization)로, 사소한 비행은 법으로 처벌하지 말자는 것이다. 둘째는 전환제도(diversion)로, 비행 청소년을 체포, 기소, 처벌이라는 공식절차상에 두지 않고, 기소하기 전에 지역사회에서 일정한 처우를 받도록 함으로써 낙인을 줄이려는 것이다. 셋째는 공정한 절차(due process)이다. 인종이나 계층 간 차별 없이 공정하게 법이 집행되어야 한다는 것을 강조한다. 넷째로는 탈시설화(deinstitutionalization)이다. 소년원이나 소년교도소와 같은 시설에서 처우하기보다는 가능하면 사회내 처우를 통해 아이들이 낙인을 덜 받고 사회에 재적응하기 쉽도록 하자는 것이다. 이러한 낙인이론가의 주장은 소년사법 대책 부분에서 많은 변화를 낳았다.

갈등이론적 측면에서는 불평등한 사회구조를 개선하고, 빈민과 노동자 계층에 대한 지원의 확대를 통해 갈등 발생의 조건을 완화하려는 노력이 일차적으로 제시될 수 있다. 이러한 노력과 함께 좌파 현실주의와 평화주의 범죄학에서 제시하는 것처럼 형사사법 체계가 처벌적인 측면보다는 갈등 조정 및 화해 등 예방적인 측면에 초점을 맞추는 노력도 비행에 대한 대책으로 제시될 수 있을 것이다.

SECTION 05 발달이론

최근의 청소년 비행 연구에서 중요한 흐름 중 하나는 청소년 비행의 원인을 종단적으로 파악하려 한다는 점이다. 비행원인론으로 주류를 이루어 왔던 긴장이론, 차별접촉/사회학습이론, 사회유대이론 등에 기반한 많은 연구는 시간의 흐름에 따라 비행에 영향을 미치는 요인이 변화할 수 있다는 점을 간과했다. 그러나 1990년대에 들어 비행 청소년의 발달 과정을 고려하여, 비행 청소년이 어릴 때 어떤 환경에서 성장하였으며 어떤 행동적 특징을 보였는지, 그리고 언제 비행을 처음 시작했으며 어떠한 이유로 비행을 계속하는지, 혹은 중단하는지 등의 변화 과정에 관심을 가진 연구가 수행되었다.

이처럼 비행을 설명하는 데 있어서 시간의 흐름에 따른 변화의 과정에 주목한 이론을 발달이론(developmental theory) 혹은 생애과정 이론이라 부른다. 이들은 청소년 비행을 설명함에 있어 어릴 때 형성된 성향 이외에 아이들의 발달과정에서의 환경 변화를 강조했는데, 아이들이 성장하면서 가정, 학교생활, 친구관계가 어떠한지가 비행의 지속 혹은 중단에 결정적인 요인이 됨을 강조했다. 즉, 어린 시절의 경험을 중시하는 한편 성장하면서 환경에 따른 변화 가능성을 통해 청소년 비행을 설명하고자 했다(Loeber and LeBlanc, 1990; Patterson et al., 1992; Sampson and Laub, 1993; Thornberry, 1987).

이는 갓프레드슨과 허쉬가 자기통제 이론을 통해 주장했던, 어릴 때 자기통제력의 결핍으로 문제행동을 보였던 아이들이 청소년기와 성인에 이르기까지 지속적으로 문제행동과 비행, 범죄를 저지르게 된다는 관점과 대조된다. 발달이론은 단순히 지속의 측면 이외에 그러한 아이들이 어떻게 더욱 심각한 범죄자로 발전하게 되는지, 그리고 일부 아이들은 무슨 이유로 비행을 중단하여 평범한 아이로 되는가를 입체적으로 설명하고자 했다.

따라서 비행 발전과 중단에 영향을 미치는 요인으로 단일 요인을 제시하기보다는 기존 차별접촉/사회학습이론과 사회유대이론에서 강조되었던 다양한 사회환경 요인을 강조했다는 점에 특징이 있다. 즉, 발달이론은 차별접촉/사회학습이론과 사회유대이론이 종합적으로 그리고 종단적으로 결합된 이론이라고 볼 수 있다. 이 절에서는 손베리의 상호작용이론과 샘슨과 라웁의 연령차등이론, 모피트의 발달적 범죄자유형 이론 등을 살펴보고자 한다.

1 손베리의 상호작용이론

손베리(Thornberry, 1987)는 상호작용이론(interactional theory)에서 청소년의 발달 과정에서 연령에 따라 비행의 원인이 어떻게 달리 작용하는지에 주목했다. 청소년 시기를 초기(11~13세), 중기(15~16세), 후기(18~20세)로 구분하고, 초기에는 상대적으로 가정에서 부모와의 유대가 비행에 매우 중요한 요인으로 작용하지만, 중기를 거쳐 후기에 이를수록 부모의 영향력은 작아진다고 주장했다. 또한 비행을 하게 되면 부모와의 관계가 더 약화된다고 주장해 부모와의 애착과 비행이 일방향(애착 결여→비행)으로만 작용하는 것이 아니라 상호적인(reciprocal) 관계를 가진다고 주장했으며, 마찬가지로 비행친구와의 접촉 역시 비행과 상호적인 관계가 나타난다고 주장했다. 그리고 이러한 상호작용의 관계는 청소년기 전체에서 모두 중요하게 나타나지만, 상대적으로 청소년 초기보다는 청소년 중기를 거쳐 후기에 이를수록 그 관계가 강하게 작용할 것이라고 보았다. 이렇듯 그는 저연령기의 비행 시작은 부모와의 애착이나 학교공부에의 관여와 같은 사회유대 요인에서 비롯되지만, 성장하면서 청소년기의 비행은 비행친구와의 접촉이 더 중요한 원인이 된다고 보아 사회유대이론과 차별접촉이론의 논의를 모두 수용하면서도 연령에 따라 각기 다른 이론적 설명이 더 중요하게 적용될 수 있음을 지적했다.

손베리의 상호작용이론을 검증한 최근 연구에서는 비행친구와 비행의 상호적 관계가 확인되었으며, 특히 더 지속적이고 빈번하게 비행에 가담하는 청소년에게 이러한 효과가 더욱 분명하게 나타남을 확인하였다(Kim and Lee, 2023). 또 다른 연구에서도 초기 비행이 비행친구와의 교제를 증가시킬 가능성을 높이며, 비행친구와의 교제는 이후의 비행을 설명하는 것으로 확인되어, 마찬가지로 비행과 비행친구 간의 상호관계를 확인하였다(Cho, 2021).

2 샘슨과 라웁의 연령차등이론

샘슨과 라웁(Sampson and Laub, 1993)은 연령차등이론(age-graded theory)을 통해 비행은 비공식적 사회통제 혹은 유대의 결과라는 점을 강조했는데, 어려서 문제행동을 보였던 아이들이 지속적으로 혹은 더 심각한 비행을 저지르게 되는 이유는 어려서의 경험이 사회와의 유대를 지속적으로 약화시켰기 때문이라고 하였다. 즉, 어려서 문제성향을 보인 아이는 부모와의 유대가 약화되고, 학교에 적응하지 못하며, 친구와의 교우관계도 원만치 못하게 되어 비행 청소년이 될 가능성이 높아지고, 더 나아가서는 성인이 되어서도 범죄를 지속적으로 저지르게 된다고 보았다. 그들은 이러한 현상을 '누적적 지속(cumulative continuity)'이라고 명명했다.

반면 어려서 문제행동을 보였던 아이라고 할지라도 성장 과정에서 사회와의 유대가 회복되거나 강화될 경우 더 이상 비행을 저지르지 않을 수 있다고 보았다. 또한 청소년기에 비행을 저지르던 아이도 성인기에 안정적인 직업을 갖게 되거나 결혼으로 가정을 이루게 되면 비범죄적이고 정상적인 생활인으로 돌아갈 수 있다고 했는데, 이러한 사회유대 혹은 사회자본의 형성이 '인생의 전환점'(turining point)이 된다고 주장했다.[12]

샘슨과 라웁은 이처럼 청소년기의 비행, 그리고 더 나아가 성인기의 범죄여부를 설명하는 요인이 주위 사람과의 관계나 학교, 직업과 같은 사회유대라고 했다. 어려서 문제성향을 보였던 아이도 사회유대의 약화 혹은 강화에 따라 비행 청소년과 범죄자로 발전하기도 하고, 비행을 중단하여 정상인으로 돌아가기도 한다고 보았던 것이다. 어려서 문제성향과 행동을 보인 아이들이 사회유대가 약화될 가능성이 높다고 보았던 샘슨과 라웁의 주장은 갓프레드슨과 허쉬의 자기통제 이론의 주장과 유사한 점이 있다.

그러나 갓프레드슨과 허쉬가 비행의 원인은 어릴 때 결정되는 범죄적 성향이며 사회유대도 그 결과일 뿐 사회유대와 비행은 허위관계라고 주장했던 것과 달리, 샘슨과 라웁은 비행의 원인으로 개인의 성향만이 아니라 사회유대의 역할도 중요하다고 했다. 이러한 맥락에서 자기통제 이론처럼 어려서 문제행동을 보인 아이가 성인에 이르기까지 비행과 범죄를 저지른다고 보기보다는 어려서의 문제행동과 비행이 사회유대의 강화로 인해 중단될 수도 있다는 점을 강조하였다.

샘슨과 라웁의 연령차등이론의 관점에 기초한 최근 연구에서는 청소년기의 학교 정학이 성인기의 수감 확률을 증가시킨다는 사실을 발견하였다. 이는 학교 정학이 장기적으로 범죄 경로로 이어지는 부정적인 전환점으로 작용할 수 있음을 시사한다(Hemez et al., 2020). 마약 판매와 비행친구와의 교제의 관계에서 연령 간의 영향력 차이를 검토한 한 연구에서는 비행친구가 마약 판매에 미치는 영향이 청소년기에는 줄어들다가 성인기로 접어들면서 강해진다는 점을 발견했다. 대체로 청소년기보다 성인기에 비행에 대한 비행친구의 영향력은 줄어드는 경향이 있으나, 마약 판매는 성인기에 그 수요가 증가하기 때문에 비행친구와의 교제는 이러한 증가되는 수요와 밀접하게 관련이 있을 수 있다(Wojciechowski, 2022), 이는 연령에 따라 변화하는 사회적 관계의 특성이 비행과 일탈행위를 설명할 수 있음을 의미한다.

12 이러한 점에서 그들의 주장은 비행의 원인으로 사회유대를 강조한 허쉬의 사회유대이론과 맥을 같이 한다고 볼 수 있다. 그렇지만 그것을 종단적으로 파악했다는 점에서 특징이 있다.

3 모피트의 발달적 범죄자유형 이론

이와 유사한 논의는 모피트(Moffitt, 1993)의 발달적 범죄자유형(developmental taxonomy) 이론에서도 발견된다. 그녀는 신경심리계의 손상 등으로 인해 충동적이며 언어 및 학습능력이 부족한 아이는 어려서부터 문제행동을 할 가능성이 높으며, 그러한 아이는 성인에 이르기까지 지속적으로 비행이나 범죄를 저지르게 될 가능성이 높다고 주장하였다. 이는 어려서의 문제 성향과 행동으로 성장기에 부모 및 주위 사람과의 관계나 학교적응, 취업에의 실패, 그리고 비행친구와의 접촉 등이 있기 때문이라고 했다. 즉, 신경심리학적 문제는 청소년 비행의 원인으로 중요하지만, 그것과 청소년 시기의 비행과의 관계 사이에 매개로 작용하는 사회 요인 역시 중요하다고 강조했다.

모피트는 비행청소년 집단을 두 부류로 나누어 설명했다. 하나는 어려서부터 문제성향과 문제행동을 지속적으로 보이는 '초기 진입자(early-starters)'로 생애지속(life-course-persistent) 범죄자이며, 폭력 등 심각한 비행을 저지를 가능성이 높다. 이들은 전체 인구 중 약 5~10% 내외로 소수를 차지하지만 전체 범죄의 50% 이상을 저지르는 고위험 범죄자 그룹에 해당된다고 했다. 이러한 초기진입자와 달리 대부분의 비행청소년은 어려서 큰 문제적 성향을 보이지는 않은 '후기 진입자(late-starters)'에 해당된다. 이들은 청소년기에 부모의 감독 미비나 비행친구에 노출됨으로써 모방 등을 통해 비행을 저지르는 청소년기 한정(adolescence-limited) 비행청소년이다.

이러한 논의는 패터슨(Patterson, 1989)의 논의에서도 주장되었던 것으로 아주 어려서부터 문제행동을 보인 초기진입자들이 범죄성에 의해 비행을 저지르는 것과는 달리, 비행을 늦게 시작하는 대부분의 비행 청소년은 자기통제력과 같은 성향과 관계없이 비행을 하게 되며, 이것은 청소년기의 특징에 기인하는데 청소년기에 초기진입자의 행위를 동경하여 이들의 행위를 모방함에 따라 비행을 저지르게 된다는 것이다. 이러한 이유로 대부분의 비행 청소년은 청소년기가 지나고 성인기를 맞으면 자연스럽게 비행을 그만두게 되는데, 앞서 샘슨과 라웁의 이론에서도 언급했듯, 성인기 이후의 안정된 직장이나 결혼 등을 통해 새로운 사회유대가 생기게 되고 이것이 비행을 그만둘 수 있도록 하기 때문이다.

이렇듯 모피트의 이론은 범죄적 특성의 생애 전반에 걸친 지속적인 영향력을 인정하면서도(생애지속 범죄자), 생애과정에서 개입되는 사회적 요소의 영향력이 비행 및 범죄의 중단에 영향을 줄 수 있음도 인정하고 있다(청소년기 한정 비행 청소년). 최근 스웨덴의 장기 출생 코호트 데이터를 사용한 연구에 따르면, 비록 모피트의 이론에서 주장하는 것처럼 비행행위의 패턴을 단지 두 가지로만 구분하기는 어려우나 소수로 구성된 그룹에서 생애 전반에 걸쳐 지속적으로 비행 및 범죄에 가담하는 것이 확인되었다(Sivertsson et al., 2024). 이렇게 발달 과정을 추적하여 비행/일탈 집단의 이질성을 밝혀내는 작업을 통해 다양한 형태의 비행/일탈 패턴을 보이는 집단이 존재할 수 있으며, 이들의 생물학적, 사회학적 특징들 또한 다양하게 나타날 수 있음을 확인할 수 있다.

4 비행 대책

발달이론에서는 공통적으로 한 사람의 생애과정 전반에 걸쳐 나타날 수 있는 변화에 주목한다. 따라서 생애시기 별로 개인의 행동에 영향을 미칠 수 있는 요인을 일차적으로 구분하고, 비행 대책을 수립하는 데 있어 해당 시기에 이러한 주요 요소를 중심으로 개입하는 대책이 고려될 필요가 있다. 예를 들어, 유년기에는 부모와 가정의 역할이 강조되기 때문에 양육 과정의 어려움이나 부모와의 관계 등을 개선해 갈 수 있는 대책이 제안될 수 있을 것이다. 한편, 청소년기가 되면 학교생활이나 비행친구의 역할이 강조되기 때문에, 비행친구와의 관계나 학교 활동에 대한 참여 및 관여 등의 측면에서 비행 대책이 수립될 필요가 있으며, 마지막으로 성인기에는 범죄 관여 가능성을 낮출 수 있는 다양한 사회유대와 비공식적 사회통제 요소, 직업이나 결혼, 지역사회의 참여 등의 요소에 초점을 맞춘 대책이 제안될 수 있을 것이다.

PART 02

청소년 비행과 사회환경

CHAPTER

05 | 가정과 청소년 비행

가정은 아동이 태어나 처음 접하는 중요한 사회화 기관이며, 성장하는 청소년을 보호하고 안식처를 제공하여 건전한 성장을 돕는 중요한 기능을 수행한다. 이 과정을 통해 청소년은 긍정적인 자아상을 발전시키며 다른 사람과 상호작용하는 방법을 습득하고, 사회의 규범과 관습을 학습하게 된다(Kohnstamm, 1987). 이처럼 가정은 아동과 청소년의 정신적 육체적 성장에 중요한 역할을 담당하기 때문에, 적절한 가정환경이 청소년에게 제공되지 않았을 때 부정적인 결과가 나타날 수 있고, 그 대표적인 예가 청소년 비행이다.

가정의 중요성 때문에 청소년 비행의 연구에서 가정환경에 관한 연구가 오래전부터 수행되었고,[1] 많은 학자가 청소년 비행의 가장 중요한 원인으로 가정적 요인을 꼽고 있다.[2] 또한 청소년이 어릴수록 비행의 원인으로 가정의 중요성이 크며, 12세 미만 아동의 비행에 있어서는 특히 그런 경향이 강하게 나타난다(Angenent and Anton de Man, 1996). 이는 연령이 낮은 청소년의 경우에 상대적으로 다른 사회환경(친구나 기타 환경)보다 가정

1 1912년에 브렉킨리지와 애보트(Breckinridge and Abbott)가 『비행아동과 가정』(*The Delinquent Child and the Home*)이라는 책을 출판하였고, 그 이후 이 주제에 대한 수많은 연구가 이루어졌다.

2 이동원과 김지선의 '한국의 청소년 비행 연구동향'(1999:125)에 따르면, 국내에서 1958년부터 1998년까지 청소년 비행의 사회환경적 원인을 실증적으로 연구한 연구간행물 172편 가운데 가정에 관련된 연구가 123편으로 71.5%를 차지한 것으로 나타났다.

환경의 영향을 더 많이 받는 시기라는 점에서 설득력이 있다.

지금까지 이루어진 가정과 청소년 비행에 관한 수많은 연구는 크게 두 가지 측면에서 이루어졌다. 하나는 가정의 구조적 특징에 초점을 맞추는 것이며, 다른 하나는 가정의 기능적 특징에 초점을 맞추는 것이다. 초기에는 가정의 구조적 측면을 강조하였지만, 점차 가정의 기능적 측면을 강조하는 쪽으로 연구의 흐름이 변하였다(이동원 · 김지선, 1998; Laub and Sampson, 1988; McCord, 1982; Nye, 1958; Van Voorhis et al., 1988).

본 장에서는 가정의 구조적 요인으로 가정의 사회경제적 지위(계층), 가족의 결손 등을 중심으로, 기능적 요인으로 가정의 분위기, 부모와 자녀의 관계, 양육과 훈육, 부모의 감독 등을 중심으로 비행과의 관련성을 살펴보고, 마지막으로 가출 문제에 대해 살펴보고자 한다.

SECTION 01 청소년 비행 이론에서 논의되는 가정과 비행의 관계

청소년 비행을 설명하는 여러 이론에서는 직 · 간접적으로 가정의 영향을 주장하고 있다. 여기서는 사회유대이론, 긴장이론, 차별접촉이론, 일반이론, 권력통제이론 등을 중심으로 가정과 청소년 비행의 관계에 대해 간략하게 설명하고자 한다.

1 사회유대이론

허쉬(Hirschi, 1969)의 사회유대이론에 따르면, 일탈과 범죄에 대한 동기는 누구나 가지고 있는데, 개인에 따라 그것을 통제하는 힘에 차이가 있다. 통제하는 힘의 차이는 네 가지 사회유대에서 비롯된다. 허쉬는 비행을 통제하는 네 가지 사회유대의 요소 가운데서 애착을 강조하였는데, 그중에서도 특히 부모에 대한 애착을 강조하였다. 부모에 대한 애착이 강한 아이는 비행의 가능성이 매우 낮지만, 부모에 대한 애착이 약한 아이는 비행 동기가 통제되지 못하기 때문에 비행을 저지르기 쉽다.

허쉬는 가정의 기능적 측면에 관련된 요인으로 부모에 의한 직·간접적인 통제를 제시하였다. 직접적인 통제 요인으로는 부모의 감독, 부모의 훈육방식을 들 수 있으며, 간접적 통제 요인으로는 가정의 분위기, 부모와 자녀의 관계를 제시하였다. 즉 부모의 감독과 통제가 적절하고, 부모와 자녀 간에 애정적 유대가 있는 경우 비행을 통제할 수 있다고 주장하였다.

② 긴장이론

머튼(Merton, 1968)의 아노미이론으로 대표되는 긴장이론에 따르면, 하층 청소년은 목표 달성의 실패와 그로 인한 좌절로 아노미와 긴장을 경험하게 되고, 그것이 청소년 비행의 동기로 작용한다. 가정의 사회경제적 지위가 낮을수록 청소년은 상대적으로 더 많은 아노미와 긴장을 경험할 가능성이 크고 그로 인하여 비행을 저지를 가능성이 크다. 이러한 주장은 하류계층의 문화적 특성을 통하여 청소년 비행을 설명하는 하위문화이론에서도 나타난다. 그뿐만 아니라 구조적 긴장을 강조하는 머튼의 아노미이론과 달리 미시적 차원의 긴장을 강조하는 애그뉴(Agnew, 1992)의 일반긴장이론에서도 가정의 중요성은 강조되고 있다. 그는 목표 달성의 실패뿐만 아니라 일상생활 속에서 경험하는 긴장을 강조하였는데, 부모의 이혼이나 가정에서 일어나는 여러 부정적 사건, 부부간의 불화, 부모와 자녀 간 갈등 등이 청소년에게는 긴장 요인이 되고 이러한 요인들이 부정적 감정을 유발함으로써 비행을 일으킬 수 있다고 보았다.

③ 차별접촉이론

서덜랜드(Sutherland and Cressey, 1974)의 차별접촉이론의 핵심은 '범죄의 학습이 정서적으로 친밀한 집단에서 개인적인 접촉에 의해 이루어진다.'라는 것이다. 흔히 서덜랜드의 이론은 친구의 영향을 강조한 이론으로 인식되고 있지만, 엄밀하게 말하면 일탈성향을 가진 친밀한 사람과의 대면적인 접촉을 통하여 비행을 학습한다는 점을 강조한 이론이다. 따라서 일탈적인 가족 구성원도 청소년의 비행 학습에 영향을 미칠 수 있으므로 비행친구 못지않게 가정도 중요한 요인이 될 수 있다. 차별접촉이론에 따르면, 학습의 정도는 접촉의 빈도, 기간, 우선성, 강도에 따라 달라진다. 이러한 네 가지 요소를 고려할 때, 일탈적 가정에서 비행이 학습된다면 그 효과는 매우 클 것으로 예상할 수 있다. 따라서 부모를 비롯한 형제자매가 일탈적인 태도를 보이거나 일탈적인 행위를 하면 그 가정에 속한 청소년이 비행을 저지를 가능성이 높아질 것이다.

④ 일반이론

자기통제 이론으로도 불리는 갓프레드슨과 허쉬(Gottfredson and Hirschi, 1990)의 일반이론에서는 일탈과 범죄의 욕구를 통제할 수 있는 내적 자기통제력을 일탈과 범죄의 가장 중요한 원인으로 다루었다. 자기통제력은 어려서 형성되어 성인이 될 때까지 쉽게 변하지 않는 안정적 성향이며, 어릴 때 부모의 양육에 의해 자기통제력이 결정되기 때문에 부모의 역할이 매우 중요하다는 점을 강조했다. 어려서 부모로부터 적절하게 행동을 통제받고, 애정과 더불어 적절한 훈육과 처벌을 받으며 양육된 아이들은 자기통제력이 적절하게 형성되어 비행을 저지를 가능성이 작지만, 그렇지 못한 아이들은 어려서부터 문제행동을 하게 되고, 청소년기에도 비행을 저지를 가능성이 높다.

⑤ 권력통제이론

헤이건(Hagan, Gillis and Simpson, 1985)의 권력통제이론은 남녀 청소년 간의 비행 차이를 설명하면서 가족 구조에 따른 양육 방식을 원인으로 들었다. 직장에서 부모의 권력행사 정도(권력구조)는 가족 구성원 간의 권력관계에 반영되며, 이를 통해 가부장적 가정과 평등한 가정으로 구분된다.[3] 헤이건에 따르면 가부장적 가정에서는 전통적인 성역할을 강조하고, 평등한 가정에서는 전통적인 성역할을 덜 강조한다. 따라서 가부장적 가정의 딸은 아들에 비해서 더 엄격한 감독과 통제를 받게 되고, 그 결과 여성의 모험적이거

3 두 가지 유형의 가정 이외에도 모권적 가정의 존재도 인정하였다.

나 일탈적인 행동에 대한 제약이 더 심하다. 반면에 평등한 가정에서는 딸과 아들에 대한 감독과 통제의 차이가 덜하다. 이러한 양육 방식의 차이가 아들과 딸의 비행 차이에 영향을 미친다.

SECTION 02 가정의 구조적 특징과 청소년 비행

구조적 특징에 관한 연구 중 대표적인 주제는 가정의 사회경제적 지위(계층), 즉 불평등한 사회구조 속에서 가정의 위치와 비행의 관계에 관한 연구이다. 또한 아동과 청소년에게 큰 영향을 미치는 부모의 존재 여부와 비행의 관계에 초점을 맞추는 부모의 결손에 관한 연구가 있다.

1 사회경제적 지위(계층)

사회학적인 청소년 비행 이론은 빈곤과 범죄와의 관계에 대한 해답을 얻으려는 시도와 더불어 출발하였다고 보아도 과언이 아니다. 머튼(Merton)의 아노미이론은 가난한 사람들이 아노미를 더 많이 경험하여 범죄에 빠질 가능성이 높다는 점을 부각하였으며, 서덜랜드(Sutherland)의 차별접촉이론 역시 가난한 지역에서 청소년이 범죄를 배우기 쉽다는 점에 착안하였으며, 코헨(Cohen)을 필두로 하는 하위문화이론 역시 가난한 지역의 청소년은 중산층의 가치와 반대되는 가치를 지닌 비행하위문화를 형성하며, 그러한 문화에 영향을 받아 비행에 빠지기 쉽다는 가정에서 출발하였다. 쇼우와 맥케이(Shaw and McKay, 1942)의 고전적인 사회해체이론 역시 하층이 밀집해 살고 있는 지역의 특징으로서 사회해체 개념을 제시하였고, 허쉬의 사회통제이론도 하층 청소년은 비행을 억제할 수 있는 가정이나 직업 그리고 학교에 대한 긍정적인 가치수용이 약하다는 가정을 암묵적으로 인정하고 있다. 이처럼 대부분의 비행이론은 가난과 범죄의 관계에 대한 해답으로서 아노미, 학습, 하위문화, 사회해체 등을 제시하였다(김준호 · 김순형, 1995:21).

그러나 가정의 사회경제적 지위와 청소년 비행에 관한 경험적 연구결과들은 일관성을 보이지 못하고 있다. 공식통계에 따르면 대부분의 범죄자는 물론 비행 청소년도 하층에 집중된 것으로 나타나지만, 자기보고식 연구 방법을 사용한 연구결과는 그렇지 않다. 나이 등(Nye et al., 1958)은 자기보고식 비행척도를 사용한 연구에서 계층과 비행 간에 상관성이 없거나, 있다고 하여도 미약하다는 결과를 제시하였다. 그러나 자기보고식 연구에서도 심각한 중비행의 경우에는 사회계층과 비행 간에 강한 상관성이 있다는 연구결과(Clark and Wenninger, 1962; Reiss and Rhodes, 1961)도 있다. 반면에 하층에 청소년 비행이 집중되고 있다는 가설을 검증하지 못한 연구결과(Erickson and Empey, 1963; Voss, 1966)도 있다.

티틀 등(Tittle et al, 1978)은 이처럼 일관성 없는 연구결과들을 종합적으로 분석하였는데, 그 결과 사회계층과 청소년 비행 간에는 약한 부적 상관관계(r=-.09)가 있음을 발견하였다. 반면에 브레이스웨이트(Braithwaite, 1981)는 기존의 47개의 연구결과를 분석한 후 18개에서는 유의미한 관계를 발견하였으나 22개에서는 관계를 발견하지 못하였고, 나머지 7개는 남녀 혹은 비행유형에 따라 관계의 유의도가 달라진다고 보고하였다. 이처럼 2차 자료를 재분석하거나 종합한 연구에서도 일부는 미약하나마 관계가 있다고 결론짓기도 하고(Celland and Carter, 1980; Thornberry and Farnworth, 1982), 일부는 관계가 없다는 결론에 도달하기도 하였다(Hindelang et al, 1979; Tittle and Meiyer, 1991; Tittle et al., 1978).

이상에서 살펴본 외국에서의 연구결과를 요약하면, 공식통계에 기초한 연구는 사회경제적 지위와 청소년 비행의 관계를 뒷받침하는 경향이 상대적으로 강하지만, 자기보고식 연구결과는 관계가 없거나 매우 미약하며, 일부 연구에서는 관계가 있지만 일관성 있는 모습을 보이지 못하였다.

국내에서 실시된 연구결과를 보면, 김준호와 김순형(1995)의 연구에서는 브레이스웨이트의 연구결과와 마찬가지로 가정의 사회경제적 지위와 청소년 비행의 관계가 비행유형, 성별, 중·고생에 따라서 차이가 나타났다. 또한 사회경제적 지위를 측정하는 방식에 따라서도 차이가 있었다. 가족의 수입과 비행과의 관계에서 중학생에서는 유의미한 관계가 나타나지 않았지만, 고등학생의 경우에는 오히려 부유한 가정의 자녀들이 비행을 더 많이 저지르는 결과가 나오기도 하였다. 아버지의 직업과 비행과의 관계에서는 일부 비행유형의 경우 아버지의 직업수준이 낮을수록 비행 정도가 높다는 것이 발견되었다.

이후에 실시된 김준호 등의 연구(2002)에서 가족의 월수입과 지위비행은 관계가 없는 것으로 나타났는데, 예외적으로 자기 가족의 경제적 형편이 어렵다고 느낀 자녀가 비행을 많이 저지른다는 것을 발견하였다. 이는 객관적인 경제 수준이 아니라 주관적인 인식이 지위비행의 원인이 될 수 있음을 의미한다. 또 다른 연구(박정선 · 황성현, 2013; 이완희 · 유완석, 2014)에서도 부모의 경제적 수준은 지위비행과 관계가 없는 것으로 나타났다. 그러나 비슷한 시기에 실시된 다른 연구(황성현, 2012)에서는 부모의 경제적 수준과 청소년의 대표적인 지위비행인 음주 및 흡연 간에 유의미한 상관관계가 있다고 주장하기도 하였다.

이러한 관계의 불명확성에 대하여 기광도(2001)는 사회경제적 수준과 비행의 관계는 직접적인 관계보다는 매개요인을 통한 간접적인 관계에 초점을 맞추어 설명하여야 한다고 보았다. 부모의 사회경제적 지위가 높을수록 자녀양육이나 자녀통제가 적절하게 이루어지기 때문에 비행이 줄어든다는 것을 경험적으로 검증하였으며, 이를 바탕으로 사회계층이 비행에 미치는 효과는 간접적이며 약한 관계라고 결론지었다. 이와 유사하게 정소희(2007)도 부모의 사회경제적 지위는 양육행동을 통해 자녀의 비행에 간접적으로 영향을 미치며 그 효과는 약하다는 것을 발견하였고, 윤우석(2011)도 사회경제적 지위가 낮은 가정에서 나타나는 애정과 관심의 부족, 부적절한 훈육과 감독이 청소년의 지위비행을 유발한다고 주장하였다. 그는 양육을 통하여 나타나는 사회경제적 지위의 효과는 간접적이지만, 일관되고 명확하다고 주장하였다.

이처럼 기존의 연구 상당수가 사회경제적 지위(계층)와 청소년 비행 간에는 유의미한 관계가 없거나 있어도 매우 약하거나 직접적인 관계보다는 간접적인 관계가 있다는 식으로 결론을 내리고 있다. 그러나 이들 연구 대부분은 중 · 고등학교 재학생을 중심으로 연구가 수행되었기 때문에 극빈층 청소년이 연구대상에서 배제되고 경비행에 비해서 중비행이 상대적으로 덜 포함된 연구라는 한계를 안고 있다.

② 다양한 형태의 가족구조

초기의 청소년 비행에 관한 연구에서는 친부모 모두가 없거나 어느 한쪽이 없는 가족구조[4]를 청소년 비행의 가장 대표적인 원인으로 제시하였다(Mangold, 1924). 비행소년과 일반소년을 비교한 글룩 부부(Glueck and Glueck, 1950)는 비행소년은 60.4%가 한부모가정 출신이지만 일반소년은 34.2%만이 한부모가정 출신이라는 점을 발견하고, 한부모가정을 비행의 주요한 원인이라고 결론지었다.

그렇지만 1950년대 후반 이후의 연구는 일관된 결과를 보이지 못하고 있다(김준호·김순형, 1995). 나이(Nye, 1958)는 한부모가정이 비행을 야기하는 것이 아니라 친부모가 모두 있지만 문제가 있는 가정이 더욱 중요한 요인이라고 반론을 제시하였다. 로젠(Rosen, 1970)은 1932년부터 1968년까지의 연구결과를 재분석하여 한부모가정과 비행 간에는 관계가 없거나 아주 미미한 관계가 있을 뿐이라고 하였다. 이와 비슷하게 윌슨과 헌스타인(Wilson and Herrnstein, 1985)도 1900년부터 1985년까지의 연구결과를 재분석하여 동일한 결론을 내렸다. 반 부리스(Van Voorhis, 1988)도 가족의 기능적 요인이 일차적인 원인이며 한부모가정과 같은 구조적인 요인은 직접적인 영향을 미치지 않는다고 해석하였다.

국내에서 이루어진 연구를 보면, 김준호와 김순형(1995)은 친부모의 생존 여부 및 친부모와의 동거 여부[5]와 각종 비행과의 관계를 고찰한 결과 친부모의 생존 여부와 각종 비행과의 관계는 발견할 수 없었다. 친부모와의 동거 여부와 각종 비행과의 관계에서도 여중생 집단의 지위비행과의 관계에서만 약한 관계를 보일 뿐이며 다른 집단의 어떤 유형의 비행과도 유의미한 관계를 발견하지 못했다. 이후에 실시된 국내 연구결과를 보면, 조아미와 임영식(2009)의 연구에서는 청소년의 지위비행이 가족구조 유형에 따라 차이가

4 이러한 형태의 가족구조를 가리키는 용어로 과거에는 결손가정이라는 용어를 사용하였다. 그렇지만 결손가정은 차별적인 의미를 포함하고 있다고 간주되어 최근에는 사용을 지양하고 대신에 한부모가정이라는 용어를 많이 사용한다. 한부모가정에는 양친이 모두 계시는 않는 경우가 제외되어 결손가정과 의미가 정확하게 일치하지는 않지만, 보편적으로 사용되는 용어이기에 여기에서는 결손가정을 대체하는 용어로 한부모가정을 사용한다. 따라서 본 절에서 한부모가정은 친부모 중 한 분만 계시는 경우와 모두 계시지 않는 가족형태를 모두 포함하는 의미로 사용한다.

5 친부모와의 동거 여부와 비행과의 관계는 친부모가 모두 생존해 있을지라도 만약 어느 한쪽과 동거하지 않으면 사실상 한부모가정과 같은 영향을 청소년에게 미칠 수도 있다는 생각에서 비행과의 관계를 살펴본 것으로 볼 수 있다.

있었는데, 중학생과 고등학생 모두 한부모가정 청소년이 양부모 가정 청소년보다 지위비행을 더 많이 했다. 그러나 한부모 가족구조가 청소년 지위비행과는 상관관계가 없지만(이완희 · 유완석, 2014), 중비행(패싸움, 심한 구타, 삥뜯기, 훔치기, 성폭력 등)과는 관련이 있다는 연구(이완희 2014)도 있다. 그뿐만 아니라 한부모 가족구조가 비행에 직접적인 영향을 미친다는 연구(이충권 등, 2015)도 있다.

이상의 내용을 통해 한부모가정과 비행 간에 관계가 없다고 일반화하여 단정하기는 어렵다는 것을 알 수 있다. 한부모가정과 비행의 관계에 관한 연구 중 상당수는 그 관계를 일반화시켜서 결론짓기보다는 한부모가정의 구체적인 양상이나 영향력의 차별성을 중심으로 그 결과를 보고하고 있기 때문이다. 그러한 연구결과를 요약하면 다음 네 가지로 정리할 수 있다.

첫째, 한부모가정이 된 사유와 이후 경험에 따라서 비행에 미치는 영향이 다르다. 한부모가정이 된 사유로는 부모의 사망, 이혼, 별거가 대표적인데, 사망으로 인한 한부모가정은 비행과의 관계에 있어서 양친 가정과 실질적으로 거의 차이가 없지만, 이혼으로 인한 경우는 다르다(Rutter and Giller, 1983; Sterne, 1964; West and Farrington, 1973; Wilson and Herrnstein, 1985). 뢰버와 디시온(Loeber and Dishion, 1983)은 이혼을 자녀의 범죄행동을 예측할 수 있는 신뢰할 만한 요인으로서 간주하였으며, 패링턴(Farrington, 1983)은 이혼으로 인한 한부모가정은 비행과 관계가 있으나 부모의 사망으로 인한 경우는 관계가 없다고 주장하였다.

이혼은 그 자체로 아이들에게 마음의 상처를 주지만, 이혼 이전과 이후 자녀가 겪는 경험도 매우 중요하다(Rosenfeld and Rosenstein, 1973). 이혼 이전에 부부간의 갈등은 아이에게 심각한 결과를 가져올 수 있고, 충동적 행동이나 공격적 행동과 같은 모든 종류의 문제행동을 야기할 수 있다(Block et al., 1986). 이처럼 부부간의 갈등이 심각한 경우 이혼은 오히려 아이에게 긍정적일 수 있다. 이혼 이후에는 부모와의 접촉이나 상호작용이 중요하다. 이처럼 이혼은 그 자체로 비행과 직접적인 관계를 가지는 것이 아니지만 비행행위에 영향을 미칠 수 있는 다른 요인들이 개입할 수 있는 여지를 제공한다(Rutter, 1979).

둘째, 가족구조가 변화된 시기의 연령, 성, 가족형태에 따라서 비행에 미치는 영향이 다르게 나타난다. 자녀가 어린 나이에 한부모가정이 되었을 때 그 영향은 더 심각하다(Bowlby, 1946; Toby, 1957; Wells and Rankin, 1986). 또한 비행과의 관계는 남자 청소년보다는 여자 청소년에게서 더 강하게 나타난다(Austin, 1978; Datesman et al., 1975; Elliott, 1988; Monahan, 1957, 1960; Morris, 1964; Stern, 1964; Toby, 1964; Wattenberg and Saunders, 1954). 가족생활이 여자 청소년에게 더 중요하기 때문에 그들의 비행행위나 각종 문제행동은 가족상황과 더 밀접하게 관련된다.

또한 한부모가정의 형태에 따라서 살펴보면, 아버지가 없는 경우에는 자연스럽게 남성성을 사회화하지 못하고 부적절하게 남성성을 학습하고 표현할 가능성이 크다(Brownfield, 1987; Parsons & Shils, 1951). 남성성을 적절하게 표현하고 가르쳐줄 수 있는 동일시 대상이 없어서 공격적이고 범죄와 같은 행위를 통해서 자신의 남성성을 표현하는 경향이 있다. 따라서 어머니가 없는 경우보다는 아버지가 없는 경우에 비행의 가능성이 높다(Monahan, 1957; Rosen, 1985; Santrock and Warshak, 1979).

그러나 국내 연구결과(정소희, 2006)에 따르면, 비행의 경험에 있어서 부자가정의 청소년이 모자가정의 청소년보다 유의미하게 높은 것으로 나타났다. 모자가정의 경우에는 총 비행 정도나 비행 유형에 따라서 양친 가정과 어떤 차이도 나타나지 않았다. 이는 부자가정의 경우 자녀양육 및 가사의 어려움이 가중되어 나타난 결과로 풀이된다.

셋째, 한부모 가족구조 그 자체보다는 그러한 구조에서 파생되는 부정적 결과가 비행에 영향을 미칠 수 있다. 한부모 가족구조는 종종 소득규모에 영향을 미쳐서 물질적인 측면에서 불리하며 한부모 입장에서는 생계에 더욱더 치중할 수밖에 없어서 아이들은 애정과 지도를 덜 받게 되고, 아이가 동일시할 수 있는 대상이 없을 수 있다(Brandwein et al., 1974; Burgess, 1980). 이처럼 가정에서의 감독은 적어지며 비행에 노출될 기회가 많은 거리에서 더 많은 시간을 보내게 될 가능성이 높다(Matsueda and Heimer, 1987).

이창한과 강민완(2010)은 해체가족에서 야기되는 경제적 스트레스로 인하여 비행 청소년이 될 가능성이 높으며, 부모 애착과 부모 감독의 영향으로 비행행동에 참여할 가능성이 높아진다고 보았다. 이충권 등의 연구(2015)에서도 한부모가정은 청소년에 대한 감독에 영향을 미치는 것으로 나타났다. 한부모가정은 양부모 가정에 비해 감독기능이 떨어지므로 한부모가정의 청소년이 집 밖에서 여가시간을 보내면서 여러 유해환경에 쉽게 노출될 수 있고, 이는 비행을 경험할 가능성을 높인다.

한부모가정과 비행과의 관계는 자기보고식 조사와 공식통계에서 상당한 차이가 나타난다. 자기보고식 조사에서 두 요인 간에는 매우 약한 관계가 나타나거나 관계가 나타나지 않는 경우가 많지만, 공식적으로 기록된 비행(범죄)과 한부모가정 간에는 분명한 관계가 나타난다(Burchard and Burchard, 1987; Gove and Grutchfield, 1982; Johnson, 1986; Johnstone, 1980; Rankin, 1983; Van Voorhis et al., 1988).

이러한 결과는 낙인이라는 측면에서 설명할 수 있다. 이웃, 학교, 경찰 등은 한부모가정 출신의 아이들을 양친 가정의 아이들과 다르게 간주하는 경향이 있다. 같은 행위를 하더라도 더 쉽게 비행 청소년으로 규정하거나(Blechman, 1982; Johnson, 1986; Santrock and Tracy, 1978), 같은 비행을 하더라도 한부모가정 출신의 아이들에게 우선적으로 형사사법적 조치를 적용할 가능성이 크다(Datesman and Scarpitti, 1975; Herzog and Sudia, 1973; Robins and Hill, 1966; Smart, 1976; Wilson and Herrnstein, 1985).

넷째, 엄밀한 의미에서 한부모가정은 아니지만 그것과 유사한 효과를 지니는 가정적 특징이 비행에 영향을 미칠 수 있다. 한부모가정과 비행의 연구는 대부분 영구적인 한부모가정에 초점을 두고 연구가 이루어져 일시적인 한부모나 사실상의 한부모가정과 같은 가정적 특징에 대해서 별로 관심을 가지지 않았다. 허쉬(Hirschi, 1969)에 따르면 어머니가 직업을 가지고 있는 양친가정에서도 어머니가 일을 하기 위해 집을 비운 동안에 아이들을 돌보거나 감독할 수 없다. 따라서 어머니의 취업이 자녀에 미치는 영향에 관한 연구결과들이 항상 일치하는 것은 아니지만, 미약하나마 청소년 비행과 일정한 관계를 보인다.

어머니의 취업이 비행에 미치는 영향은 여러 요인에 따라서 달라질 수 있다. 어머니가 가족에게서 떨어져 있는 시간이 짧을수록 부정적 영향은 적어진다. 그렇지만 어머니가 하는 일의 종류(쉬운 일, 힘든 일, 재미있는 일, 지루한 일)가 더 중요할 수 있다. 어머니가 자신이 하는 일을 즐긴다면 어머니의 취업은 아이에게 긍정적인 영향을 미칠 수 있다. 비행과 같은 부정적인 효과는 어머니가 가계의 부족한 수입을 보충하기 위해서 억지로 일을 할 때 나타날 수 있다. 이러한 경향은 사회경제적인 수준이 낮은 가정에서 많이 나타난다. 더욱이 그 효과는 가정 분위기, 어머니 부재시 양육되는 방식, 아이들의 성별과 연령에 따라 달라진다. 부정적인 효과는 소년에게 더 크며, 나이가 많을수록 더 작아진다(Angenent, 1990; Glueck and Glueck, 1950).

SECTION 03 가정의 기능적 특징과 청소년 비행

가정의 기능적 특징은 기능이라는 용어의 포괄성과 추상성으로 인해 구조적 특징처럼 구분이 명확하지 않다. 여기서는 가정이 청소년 비행을 직·간접적으로 통제하는 기능을 수행한다는 관점에 따라 간접적 통제요인은 가정의 분위기, 부모와 자녀의 관계, 부모의 양육, 직접적 통제요인은 부모의 훈육과 감독으로 구분하여 기술하고자 한다.

1 가정의 분위기

가정의 분위기는 가족 구성원의 화합(화목) 정도, 그 중에서도 가정의 핵심 축을 형성하는 부부 사이가 얼마나 좋은가에 의존한다. 가정의 분위기는 가정의 중요한 사회화 기능의 수행에 영향을 미치며, 따라서 청소년 비행과 밀접한 관계를 가진다.

화목한 가정에서는 구성원들끼리 서로 사랑하며 우호적이고 상호 이해 수준이 높다. 따라서 긴장과 갈등의 발생이 상대적으로 적다. 반면에 화목하지 못한 가정에서는 구성원 간 관계에 문제가 있다. 부모의 자녀에 대한 태도 역시 냉담하고 태만하며, 자녀에 대한 감독도 적절하게 이루어지지 못하고, 아이들은 집에서 편안함을 느끼지 못한다. 따라서 비행 청소년은 화목하지 못한 가정 출신이 많다(Alexander, 1973; Emery and O'Leary, 1982; Hanson et al., 1984; Schneider, 1987; Snyder and Patterson, 1987).

화목하지 못한 가정에서 성장한 아이들은 가족을 소중하게 여기지 않으며, 가정에서 편안함을 느끼지 못하고 소외를 경험할 가능성이 높다. 이러한 소외로 인하여 아이들은 도피행동과 회피행동을 하게 된다. 도피행동은 아이들이 가정 밖에서 관심거리를 찾고, 활동하게 된다는 것을 의미한다. 집에 있는 시간이 적어지고, 유사한 상황을 겪고 있는 동료를 찾는다. 회피행동은 여러 가지 형태로 나타나는데, 수동적 회피행동, 적극적 회피행동, 반항적 회피행동으로 나타날 수 있다. 수동적 회피행동은 가정에서 일어나는 일에서 관심을 철회하고 무시하거나 신경질적으로 반응하는 것이다. 이러한 경향을 보이는 청소년은 대개 은밀한 형태의 비행(예컨대 절도)을 저지른다. 반면에 적극적 회피행동은 가정의 문제상황을 회피할 뿐만 아니라 더 나아가 다른 상황에 몰두하는 행위를 하는 것이다. 이들은 성인 세계의 영역에 속하는 활동(음주, 약물복용, 도박, 섹스, 늦은 귀가나 외박 등)을 하며 음주 후 집단적인 비행(기물파손, 폭행) 등을 저지른다. 반항적 회피행동은 직접적으로 부모를 겨냥하여 괴롭히거나 당황스럽게 하는 형태의 행위이다. 때로 범죄행위를 저지름으로써 부모를 괴롭게 하는 경우도 있다(Angenent and Anton de Man, 1996).

부부간의 불화도 가정의 갈등적이고 강압적인 분위기를 초래함으로써 아동의 공격적 행동에 영향을 미칠 수 있다. 연진영(1992)은 부부 불화가 공격행위 등을 포함한 아동의 반사회적 행동의 주요 요인 중의 하나라고 하였다. 특히 여자아이보다는 남자아이의 경우에 그러한 관계가 더 강하게 나타난다(Emery, 1982; O'Leary and Emery, 1984). 김주영과 장현석(2016)은 다양한 유형의 부부 갈등 중에서 부부싸움 중 욕을 하거나 때리는 등의 폭력적인 행위에 주목하고, 폭력적인 부부싸움을 목격한 청소년의 비행에 관해 연구하였다. 연구결과 폭력적인 부부싸움이 청소년의 지위비행과 폭력비행 모두에서 유의미한 영향을 미친다는 것으로 나타났다. 부모가 자녀에게 직접적인 학대나 폭력을 행사하지 않더라도 부부간에 행사하는 폭력을 목격하는 것 자체로 미성숙한 청소년에게 부정적인 자극을 주어 긴장을 유발하며, 이를 해소하기 위해 청소년은 비행을 저지를 수 있다. 정소희(2007)는 부부 갈등 그 자체가 비행의 직접적인 원인으로 작용하기보다는 갈등적인 부부관계가 긍정적 양육행동을 저해함으로써 비행에 영향을 미치고 부부 갈등을 자주 경험한 아동의 자아통제력을 떨어뜨림으로써 비행을 증가시킨다고 주장하였다.

또한 부부간의 불화는 아동학대와도 밀접한 관계를 맺고 있으며(고성혜, 1992; 김혜영, 1989; 이영숙, 1984), 학대받은 청소년은 비행을 저지를 가능성도 크다(김정준, 1986). 김현진과 김민(2016)은 부모의 학대가 청소년의 공격성 증가라는 매개효과를 통하여 비행에 영향을 미친다고 주장하였다. 이처럼 부부의 불화는 아동학대를 발생시키는 원인으로 작용할 수 있으며, 가정에서 학대당한 자녀의 비행 가능성은 커진다는 것을 알 수 있다.

2 부모와 자녀의 관계

부모와 자녀 간의 긍정적인 유대는 아동의 건전한 발달과 사회화에 있어 필수적인 요인이다. 허쉬(Hirschi, 1969)는 청소년 비행의 네 가지 통제요인 중의 하나인 애착에서 부모와 자녀의 관계를 매우 중요시하였다. 허쉬는 애착의 대상으로 부모, 학교, 동료집단을 들었으며, 그중에서 부모에 대한 애착은 부모에 대한 감정적인 유대를 의미하는 것으로, 부모와 감정적인 유대가 강할수록 자녀는 부모의 평가에 더 많은 관심을 가지기 때문에 비행을 통제하게 된다. 따라서 부모와 자녀의 관계가 좋을수록 비행을 통제하는 힘은 강해진다.

부모와 자녀 사이의 좋은 관계란 감독이나 훈육(처벌) 등과 같은 직접적 통제기제와는 달리 부모와 자녀의 감정적이고 내면화된 관계의 측면을 의미한다. 감독과 훈육은 부모가 자녀의 구체적인 행위에 대하여 감독을 하거나, 잘못을 저질렀을 때 벌을 주고, 잘하였을 때 상을 주는 등 직접적인 반응을 통해 자녀를 통제하는 것이다. 반면 부모와 자녀 간의 좋은 관계는 설사 부모가 구체적인 상황에서 옆에 없다고 하여도 자녀가 부모를 '가상적으로 인식'하여 '부모가 나의 이러한 행동에 대하여 어떻게 반응할 것인가'를 생각하게 하여 자녀의 행동을 간접적으로 통제하는 것을 말한다.

사회학과 발달심리학에서 부모의 직접통제와 간접통제에 대한 논의는 제법 오랜 역사를 가진다. 일반적으로 사회학에서는 간접통제의 중요성을 강조하였으며(Hirschi, 1969; Nye, 1958), 발달심리학에서는 직접통제를 강조하는 경향이 있어 왔다(Cernkovich and Giordando, 1987; Patterson, 1985; Van Voorhis et al, 1987). 한편 직접통제와 간접통제의 관계에 관심을 기울이는 학자들(Patterson et al., 1992; Rankin and Wells, 1990)은 간접통제가 직접통제의 선행요인이라고 보았다. 이는 부모와 자녀 간의 좋은 관계가 직접통제의 효과를 높이기 때문에 청소년 비행의 예방에 있어서 중요하다는 것을 보여준다.

부모와 자녀 간의 좋은 관계는 구체적으로 부모와 자녀 간의 정서적 친밀성과 부모와 자녀 간의 의사소통 정도로 구분할 수 있다. 정서적 친밀성에는 자녀가 힘들거나 어려운 일이 있을 때 부모가 힘이 되는지, 부모와 자녀가 함께 얼마나 많은 시간을 보내는지, 얼마나 다정하게 대화를 나누는지, 허물없이 대화가 가능한지 등이 포함된다. 다음으로 의사소통 정도에는 사소한 일이라도 자주 이야기를 나누는지, 장래 계획 등에 대하여 의논하는지, 부모님도 자신의 생각이나 느낌을 자녀에게 자주 이야기하는지, 학교에서 있었던 일 등을 부모와 자주 이야기하는지 등이 포함된다. 이러한 척도를 사용한 경험적 연구결과, 부모와 자녀의 정서적 친밀성 및 의사소통은 모두 청소년의 비행과 밀접한 관계가 있는 것으로 나타났다(김준호 · 김순형, 1995). 그뿐만 아니라 사이버비행에 관련된 연구(김경호, 2014; 남영옥 · 이상준, 2002)에서도 부모와 자녀의 의사소통은 유의미한 영향이 있는 것으로 나타났다. 부모와 자녀의 의사소통은 사이버비행에 대한 보호요인과 위험요인으로 작용하였다. 원만한 의사소통은 보호요인으로 작용하여 사이버비행 가능성을 낮추는 반면에, 권위적이고 통제적인 의사소통은 위험요인으로 작용하여 사이버비행 가능성을 증가시켰다(김경호, 2014).

한편 부모와 자녀 간의 부적절한 관계가 우울감이나 공격성을 유발할 수 있다는 연구결과도 있다(정주영, 2014). 어머니와의 갈등은 우울감을 유발하며, 부모로부터 받은 폭력은 분노를 유발하고 그로 인하여 공격성을 강화시킨다. 그 대상이 아버지든 어머니든 관계없이 자녀가 지각하는 부모와의 의사소통의 적절성 여부는 공격성에 영향을 미치는데, 이 관계를 매개하는 것은 자기통제력이다(송진영, 2016).

부모와 자녀 관계의 중요성은 박현진과 김동민(2010)의 탈비행을 경험한 청소년에 대한 사례연구에서도 찾아볼 수 있다. 부모와의 관계에서 그동안 겪어보지 못했던 새로운 경험을 한 것이 탈비행의 계기로 작용했다. 그러한 경험의 핵심적인 내용은 부모가 자녀의 일상생활에 관심을 가지고 지켜보며 지지해 줌으로써 상호 친밀감과 신뢰감을 형성(회복)하였다는 것이다. 이는 샘슨과 라웁의 발달이론에서 강조하는 '유대의 회복'이라는 개념에 해당하는 것으로 볼 수 있다.

3 양육과 훈육

일반적으로 사용하는 양육의 개념에는 훈육이 포함되는 경우가 많고, 두 개념을 구분하지 않고 혼용하여 사용되기도 한다. 그렇지만 사전적 의미를 고려하여 두 개념을 구분하면, 양육은 일반적으로 아동이나 청소년을 보살피고 잘 자라게 하는 것을 의미하고, 훈육은 올바른 품성이나 도덕을 가르치고 잘못된 행동을 바로잡는 것을 의미한다. 청소년 비행과 관련하여 두 개념을 구분하는 것이 의미가 있기에 별도로 구분하여 살펴본다.

1) 양육방식

자녀양육은 단순하거나 단일차원적인 과정이 아니라 여러 가지 요인들이 복합적으로 작용하여 나타난다. 이러한 복잡성에도 불구하고 자녀양육은 두 가지 기본적인 차원, 즉 온정과 지배(통제)라는 기준을 바탕으로 분류할 수 있다. 온정은 부모와 자녀 관계의 정서적인 측면을 의미하며, 지배(통제)는 부모가 자녀에게 규범을 전달하는 방식에 대한 것이다. 각각의 차원을 기준으로 네 가지 유형을 도출할 수 있는데, 이는 온화한 자녀양육과 냉담한 자녀양육, 그리고 위압적(지배적) 자녀양육과 허용적(관대한) 자녀양육이다(Angenent and Anton de Man, 1996). 네 가지 자녀양육의 특징과 청소년 비행과의 관계를 살펴보면 다음과 같다.

첫째, 온화한 자녀양육의 경우 부모와 자녀가 정서적으로 밀착되어 있어서 부모는 자녀를 있는 그대로 수용하고 자녀에게 관심을 기울인다. 따라서 자녀는 가정에서 안전감을 느끼고 보호받는다는 느낌을 받는다. 부모와 자녀는 많은 관심을 공유하고 많은 시간을 함께 보낸다. 아이는 부모에게 솔직하며, 자신이 어려움이나 문제에 봉착하게 되었을 때 부모가 자기편에 서서 도움을 줄 것이라고 믿는다.

온화한 자녀양육은 아동의 긍정적인 인성발달을 촉진시키기 때문에 청소년 비행과는 부적인 관계를 보인다(Angenent, 1990; Rodick and Henggeler, 1982). 온화하게 양육된 아이들은 대체로 사교적이고 독립적이며 분명한 정체성을 가진 개인으로 성장한다. 그들은 안정적인 퍼스낼리티를 갖고 있고, 자기확신이 있으며, 자아통제력이 있다. 그들은 자기 삶을 어느 정도까지는 예측할 수 있다고 생각하며, 자기 삶의 결과를 통제할 수 있다고 믿는다. 즉 내적 통제력을 갖고 있다(Dusek and Litovsky, 1985). 강한 통제력은 비행의 유혹을 물리치는 데 큰 힘을 발휘한다. 또한 부모와 정서적으로 밀착되어 있으므로 부모를 통하여 규범과 관습을 자연스럽게 내면화한다(Elifson et al., 1983; Snyder and Patterson, 1987). 정서적 친밀성으로 인하여 부모가 자녀를 감독하고, 자녀의 문제행동에 대해 적절한 조처를 하기 쉽고, 아이는 부모의 그러한 지시를 수용한다.

둘째, 냉담한 양육방식은 온화한 자녀양육에 반대되는 것으로 부모와 자녀 간의 정서적인 거리감이 크다. 부모의 자녀에 대한 태도는 피상적이고, 무관심하고, 부정적이고, 거부적이고, 비판적이고, 심지어 적대적이기도 하다. 아이들은 집에서 편안함을 느끼지 못하며, 무시당하거나, 불필요한 존재이거나 거부당한다고 느낄 수 있다. 극단적인 경우 유기, 착취, 성적 학대, 아동학대로 발전할 수 있다.

냉담한 자녀양육을 경험한 아이는 정체성에 문제가 생기고, 낮은 자긍심을 가지게 되며, 자신의 인생이 스스로 통제할 수 없는 외부의 힘에 의해서 결정된다고 믿는다. 이렇게 양육된 아이들은 부모에게 무관심하며, 부모를 거부하고, 반항하기도 한다. 이에 따라 부모로부터 규범이나 관습의 동일시와 전수가 잘 이루어지지 않는다. 그 결과 아이들은 어린 나이에 일탈행동을 시작하며, 나이가 들면서 다양한 형태의 심각한 일탈행동으로 발전한다(Brennan et al., 1978). 즉 냉담한 자녀양육은 자녀의 공격성을 증가시키며 자기통제력 발달에 부정적인 영향을 미치므로 즉흥적이고 충동적인 성향이 공격적 행동으로 표출된다(박희경 · 김은정, 2012; 이숙 · 최정미, 2006)

셋째, 위압적(지배적) 자녀양육은 부모가 자녀를 통제하려는 욕구가 강한 경우에 나타난다. 부모는 자신의 사고방식이나 관습을 자녀에게 강요하며, 자녀가 하는 모든 행동을 알고자 하며 감시 · 감독하려고 한다. 따라서 자녀는 활동에 제약받고, 부모에게서 독립하여 발전할 기회를 거의 얻지 못한다. 가족관계는 강한 위계구조를 특징으로 한다.

위압적인 자녀양육과 비행의 관계는 단순하지 않다. 지나치게 위압적인 양육방식이나 전혀 통제하지 않는 양육방식보다는 적절한 수준의 통제를 포함한 균형 잡힌 중간 정도 수준의 자녀양육방식이 청소년 비행의 예방에 효과적이다. 부모는 명확한 규칙과 규제를 제시하며, 자녀에게 필요한 요구를 적절하게 전달한다. 자녀가 부모의 생각에 관심을 두도록 유도하지만, 그런 생각을 강요하지는 않는다. 그들은 과도하게 엄격하지 않은 방식으로 자녀의 행위를 적절하게 감독한다(Weiss, 1980).

위압적으로 양육된 청소년은 스스로 의사결정을 하고, 책임감을 키우거나 자율적으로 행동하는 것을 배우지 못했기 때문에, 어려운 일을 혼자서 행해야 하는 상황에 직면하면 적절하게 대응하지 못한다. 이때 그들은 자신이 속한 집단의 다수를 모방하는 경향이 강하다. 이는 비행의 영향력에 거의 저항하지 못한다는 것을 의미한다. 지배적인 사람의 권위와 영향력에 노출되었을 때 이에 복종하는 경향이 있으므로 비행친구의 영향을 과도하게 받을 수 있다. 특히 청소년 비행집단에서 종종 발견되는 권위적인 리더십을 그대로 수용한다. 이들은 독립적인 방식으로 행동하려고 노력하지만, 독립적으로 행동하고 생활하는 방법을 배우지 못했기 때문에 그렇게 하지 못한다. 자녀의 행동에 대한 부모의 과도한 통제는 자녀에 대한 언어적 위협 또는 감언이설로 회유하는 방식으로 나타나는데, 이는 자녀의 자율적 통제력 발달에 부정적인 영향을 미치며(김귀연 · 김경연, 2005), 지나친 체벌로 발전하여 아이들을 불안하고 우울하게 만들어 정서적 불안을 야기한다(정동숙, 2014). 그 결과 자녀의 비행 가능성은 커진다.

넷째, 허용적(관대한) 자녀양육은 지배적인 자녀양육에 반대되는 양육방식이다. 부모는 아이들이 많은 자유를 갖도록 허용하며, 자녀를 거의 통제하지 않는다. 그들은 자녀에게 요구하는 것이 거의 없으며, 규칙이나 제한을 가하지 않는다. 사실상 방임에 가깝다. 이러한 양육방식이 나타나는 가정에서는 가족구성원이 함께하는 활동이 별로 없으며, 유대와 응집력이 약하다. 따라서 아이는 가정 외부에서 사회적 접촉을 추구한다.

허용적으로 양육된 아이는 외견상 적극적이며 사교적이고 자신의 생활에 주도권을 가진 것처럼 보인다. 그렇지만 이들은 필요한 것을 충족하기 위해 노력하여 얻는 방법을 배우지 못했다. 허용적으로 양육된 청소년에게 비행이 나타나는 주된 이유는 규칙을 따르고 다른 사람을 배려하는 방식을 전혀 배우지 못했기 때문이다(Bandura and Walters, 1959; Nye, 1958). 그들은 어린 나이에 비행에 참여하는 경우가 많고(Wilson, 1980a), 비행친구의 영향을 많이 받는다(Hewitt and Jenkins, 1946; Stanfield, 1966). 사실상 방임에 가까운 양육을 받고 자란 아이는 다른 유형과 달리 비행의 피해자가 될 가능성도 높다(박은주 · 최말옥, 2014; 정하은 · 전종설, 2012).

2) 훈육방식

자녀에 대한 직접통제의 대표적인 유형은 훈육이다. 훈육은 주로 상벌의 형태로 나타난다. 벌은 신체적 처벌과 말로 야단을 치는 것뿐만 아니라 잘못하지 않았다면 받을 수 있는 혜택을 빼앗는 방식으로도 이루어진다. 훈육이 중요한 이유는 행동에 대한 적절한 보상과 처벌이 아동의 정상적인 사회화에 필수적이기 때문이다. 훈육방식은 일관성과 엄격성이라는 두 가지 차원에서 고찰할 수 있다.

일관성 있는 훈육방식이 중요하다. 부모가 일관성 있게 훈육하면 아이는 부모가 원하는 것과 원하지 않는 것이 무엇인지 명확하게 인식할 수 있으며, 자신의 행동에 대해 부모가 어떻게 반응할지 예측할 수 있다. 따라서 일관성 있는 훈육방식은 아이들에게 안전감과 자기

확신을 심어주고, 규범을 내면화하는 데 효과적이다(Angenent and Anton de Man, 1996).

그런데도 일관성이 없는 자녀양육이 이루어지는 이유는 다양하다. 구조적인 이유로는 부모의 이혼 또는 사망, 새로운 가족구성원 등장 등 가족구성의 변화와 가정의 사회경제적 지위의 변화 등이 있다. 또한 기능적 이유로는 부모가 상황에 따라서 훈육방식을 바꾸거나 부모의 훈육방식 차이에서 비롯되는 경우가 있다.

일관성이 없는 자녀양육(특히 아버지)과 청소년 비행은 강한 관계가 있다는 것이 많은 연구를 통하여 입증되고 있다(Andry, 1960; Glueck and Glueck, 1950; McCord et al., 1959; Nye, 1958; Rutter and Giller, 1983). 특정 행위가 어떤 상황에서는 묵인되고 어떤 상황에서는 처벌된다면, 아이는 불안감을 느끼고 그러한 행동에 대해 혼란스러운 가치를 가지게 된다. 즉 특정 행위에 대하여 부모가 일관성 있게 대응하지 않으면 아이는 그 행동에 대해서 긍정적인 생각과 부정적인 생각을 동시에 갖게 되어 혼란을 느끼게 된다. 따라서 아이는 혼란과 불안, 그리고 무력감을 경험하면서 부모(가정)로부터 소외되고 도피행동과 회피행동을 통해 이러한 딜레마를 해결하고자 하게 된다. 그 결과 부모의 영향력은 감소되고 아이는 가정 밖에서 (비행)친구와의 관계를 추구하게 된다(Klein et al., 1976; Kohnstamm, 1987; Stanfield, 1966).

비행 청소년이 있는 가정의 부모들은 자녀의 문제행동에 대해 명확하게 거부의사를 표시하지 않거나, 일관성 있는 처벌을 하지 않는 경향이 있다(Olweus, 1977; Patterson et al., 1992). 그러한 부모들은 자녀들의 문제행동을 상황에 따라서 방치하여 자녀가 행동의 한계를 명확히 인식하지 못하게 하며, 때때로 아동학대에 가까운 처벌을 가하여 오히려 자녀의 반발을 초래한다(Baumrind, 1973). 일관성이 없는 신체적 처벌뿐만 아니라 부모의 잔소리도 '말로 하는 엄중한 야단'과는 달리 부정적인 영향을 미친다. 잔소리(비난, 감정적인 말투, 신경질, 들볶는 태도 등)는 자녀가 자신의 행위에 대해 진지하게 성찰하여 행동을 변화시키게 하기보다는 짜증을 유발하는 부정적인 효과를 나타내며, 부모와 자녀 간에 불안한 관계를 초래한다(연진영, 1992; Patterson et al, 1992). 대부분의 가정에는 허용되고 허용되지 않는 행위를 규정하는 일정한 규범이 존재하는데, 일관성이 없는 훈육이 이루어지는 가정의 특징 중의 하나가 가정 내의 규칙이 존재하지 않는다는 것이다. 패터슨 등(Patterson et al., 1992)은 문제가정의 특징으로 일관성이 없는 훈육과 함께 가정 내 규칙이 존재하지 않는다는 사실을 발견하였다.

훈육의 일관성이 높을수록 청소년 비행의 예방에 효과적이다. 그렇지만 엄격성은 반드시 그렇지 않다. 지나치게 관대하고 허용적인 훈육방식과 지나치게 엄격한 훈육방식 모두 문제를 야기한다(Glueck and Glueck, 1968; Gold, 1970; Hollerman et al., 1982; Kraus, 1977; Lobitz and Johnson, 1976; McCord, 1979; Nye, 1958; Rutter and Giller, 1983; West and Farrington, 1973). 이는 자녀를 양육할 때 처벌이 필요하기는 하지만 조심스럽게 사용되어야 함을 의미한다. 사실 처벌의 교육적 효과는 제한적이다. 그 이유는 처벌이 특정 행위가 허용되지 않는다는 사실만을 강조할 뿐, 대신에 어떤 행위가 행해져야 하는지를 구체적으로 제시하지 못하기 때문이다. 비행 청소년을 둔 가정의 경우, 부모는 관심 표현, 설득과 칭찬, 명확한 거부의사 등에 의존하기보다는 체벌, 언어적 학대, 위협에 의존하는 경향이 있다(Bandura and Walters, 1959; Glueck and Glueck, 1970).

심한 신체적 처벌에 의존하는 훈육이 부적절한 이유는 두 가지로 설명할 수 있다. 첫째, 신체적 처벌은 특정 행위를 일시적으로 억제시킬 수 있으나, 단지 외적인 처벌을 피하려고 그러한 행동을 하지 말아야 한다고 생각하게 만들기 때문이다. 이로 인해 아이는 잘못된 행동의 내적 경향성을 제거하지 못하고 스스로 행동을 통제하는 능력을 기르지 못하게 되어 외부의 통제에 의존하게 된다. 이러한 상황이 반복되면 아이는 처벌만 피할 수 있다면 나쁜 짓을 해도 된다는 잘못된 인식을 형성할 위험이 있다(Church, 1963). 둘째, 신체적 처벌 자체가 공격적 행동의 본보기가 될 수 있다. 반복적인 신체적 처벌을 경험한 아이는 문제 해결의 수단으로 신체적 공격행위를 선택할 가능성이 커지게 된다. 또한 처벌받는 입장에서 자신이 불공평하고 지나친 처벌을 받고 있다고 느끼는 경우, 부모에 대한 반감을 형성되어 공격성이 더욱 증폭될 수 있다.

지나친 제재와 체벌 위주의 훈육은 청소년의 공격성에 직접적인 영향을 미치며, 우울감과 충동성을 지속적으로 증가시켜 공격성의 수준을 더욱 악화시킬 수 있다(신현숙 등, 2012). 정주호(2017)는 자녀의 잘못에 대해 지나치게 엄격하고 폭력적으로 대응하는 경우, 자녀의 공격성이 증가하여 결국 폭력비행으로 이어질 수 있다고 주장하였다. 김준호와 김순형(1995)의 연구결과에 따르면, 훈육의 일관성이 비행 예방에 효과적이며, 체벌 위주의 엄격한 훈육보다는 칭찬과 상 위주의 덜 엄격한 훈육이 비행 예방에 효과적이다. 그러나 훈육의 일관성과 엄격성보다 비행에 더 큰 영향을 미치는 요인은 '잘못한 행위에 대한 부모의 무관심'으로 나타났으며, 이는 부모 감독의 중요성을 시사하는 연구결과이다.

④ 부모의 감독

부모의 감독은 자녀에 대한 직접적인 통제로서 '자녀의 행방에 대한 전반적인 주의'를 의미한다. 구체적으로 부모가 자녀가 어디에 있고, 누구와 함께 있는지, 무엇을 하고 있는지, 자녀의 활동이나 친구 관계 등에 대해 알고 있는 정도를 말한다(Hetherington and Parke, 1986; Parke and Slaby, 1984). 가정 밖에서 지내는 시간이 많은 청소년을 감독하기 쉽지 않지만, 가정 밖에서 보내는 시간과 청소년 비행은 직접적인 관계가 있으므로 부모의 적절한 감독은 매우 중요하다(Nye, 1958; Patterson et al., 1992; West and Farrington, 1973). 감독이 잘 이루어지고 있는 가정에서는 부모가 자녀의 활동이나 문제를 잘 파악하지만, 그렇지 않은 가정에서는 부모가 자녀의 학교생활에서의 문제, 친구와의 갈등, 집 밖에서의 행동 등에 대해 거의 알지 못한다. 감독이 제대로 이루어지지 않으면 자녀를 효과적으로 훈육하기 어려울 뿐 아니라, 자녀가 비행 성향이 있는 친구들과 어울려서 비행에 빠져들 가능성이 증가한다. 이러한 이유로 청소년의 행동에 대한 감독은 청소년 비행의 발전을 억제하는 데 중요한 역할을 한다(Laub and Sampson, 1988; Laybourn, 1986; Loeber and Schmaling, 1985; Patterson and Stouthamer-Loeber, 1984; Riley, 1987; Snyder and Patterson, 1987; Snyder et al., 1986).

효과적인 감독이 이루어지기 위해서는 자녀가 어디에 있고, 무엇을 하고 있는지를 부모가 잘 파악하는 것이 일차적으로 중요하다. 그런데 비행 청소년의 부모는 자녀에게 어떤 일이 일어나는지를 잘 모르는 경우가 많다(Hirschi, 1969, 1983; Patterson and Stouthamer-Loeber, 1984; West and Farrington, 1977; Wilson, 1980). 부모의 감독은 자녀의 비행행동에 대한 대응뿐만 아니라 자녀가 사귀는 친구에 대한 관심을 통해 비행을 예방하는 데 기여한다(Jensen, 1972; Patterson and Dishion, 1985; West, 1969; Wilson, 1980). 윌슨(Wilson, 1980)의 빈민지역 연구에 따르면, 비행은 주위 환경이 좋지 않은 지역에서 발생하는 경우가 많지만, 그러한 환경에 살더라도 부모의 적절한 감독은 주위 환경의 영향을 완충시켜서 비행에 참여할 가능성을 크게 낮출 수 있다. 김준호와 김순형(1995)의 연구에서도 부모의 감독은 청소년의 연령과 성별에 무관하게 비행과 밀접한 관련이 있다는 것을 보여주었다. 이후에 실시된 여러 경험적 연구결과에 따르면, 부모의 감독은 청소년 비행의 억제에 유의미한 효과가 있으며(기광도, 2011; 서봉언·김경식, 2015; 정병삼, 2010:

Hwang & Akers, 2006), 이러한 효과는 남자 청소년보다는 여자 청소년에게 더 크게 나타난다(기광도, 2011; 서봉언 · 김경식, 2015). 또한 부모의 감독은 비행친구와의 교제를 통하여 비행으로 나아가는 것을 사전에 차단하는 간접적 효과도 있는 것으로 나타났다(정병삼, 2010; Hwang & Akers, 2006). 이처럼 많은 시간을 가정 밖에서 생활하면서 친구를 비롯한 각종 사회환경에 노출되는 청소년에게 있어서 부모의 감독 역할은 청소년 비행을 예방하는 데 매우 중요하다.

SECTION 04 가출과 청소년 비행

청소년의 가출이란 '자신과 자신을 둘러싼 주위 환경에 대한 불만이나 갈등에서 비롯된 문제에 대하여 반발하거나 해결하기 위해 보호자의 승인 없이 하룻밤 이상 무단으로 집을 나가 돌아오지 않는 충동적 혹은 계획적 행위'로 정의된다(김준호 · 박정선, 1993). 청소년의 경우에 가출은 보호자의 승인 없이 이루어지는 행위이며, 무단 외박 행위라는 점에서 대표적인 지위비행에 해당된다. 그러나 가출은 단순히 하나의 지위비행에 그치지 않고, 이후 다른 비행으로 이어지는 전조가 될 수 있다는 점에서 문제가 된다. 이러한 점에서 소년법에서는 범죄를 저지르지 않았더라도 범죄를 저지를 우려가 있다고 판단되는 우범소년을 보호처분의 대상으로 규정하고 있고, 우범소년에는 '정당한 이유없이 가정에서 이탈하는 자'가 포함된다.

1 이론적 논의

가출을 단순히 어떤 원인의 결과로 나타나는 비행행동으로 보지 않고, 또 다른 비행을 낳은 중요한 요인으로 보는 이유는 다음과 같다(김준호 · 박정선, 1993). 첫째, 가출은 부모 또는 보호자의 부재를 초래하여 청소년의 행위에 대한 통제가 약화됨으로써 또 다른 비행행동을 할 가능성을 높인다. 둘째, 가출은 청소년을 가정 밖의 유해환경과 접촉하거나 연루되기 쉬운 무방비 상태로 놓이게 한다. 다시 말해, 가출은 가정이라는 내부적 통제의 끈을 끊어버리고 유해환경이라는 외부의 끈에 유인될 가능성을 커지게 하여 비행의 세계에 빠져들 가능성을 높인다.

첫 번째 논의를 대표하는 이론은 허쉬의 사회유대이론이다. 사회유대이론의 기본 가정에 따르면, 사람들은 사회와 유대를 맺고 있으며 그러한 유대를 통해 범죄나 비행의 욕구가 통제된다. 그러나 유대가 약화되면 범죄나 비행을 저지르게 된다. 가출은 이러한 사회적 유대의 단절 내지는 약화를 초래한다. 특히 이미 가정과의 유대가 약한 상황에서 가출이 발생하면, 가출로 인하여 그 유대는 더욱 약해지고 부모의 감독으로부터 멀어지게 된다. 또한 학생 청소년이 가출하는 경우 정상적인 학교생활에서 벗어나게 되어, 정상적인 학교 활동에 대한 참여라는 유대의 차원도 약화된다. 이는 관여의 약화로 이어진다. 관여의 약화는 비행을 저지름으로써 잃게 되는 것이 적어져서 비행의 가능성이 더 커진다는 것이다. 가출청소년은 이미 가출이라는 비행을 저지름으로써 모범생보다 추가 비행으로 잃어버릴 것이 적어져서 추가로 비행할 가능성이 크다. 끝으로 가출은 신념의 약화, 즉 규범을 준수해야 한다는 믿음의 약화를 초래할 수 있다. 가출 역시 규범의 위반이기 때문에 신념의 약화를 초래하며, 이는 또 다른 규범도 쉽게 어기게 만들 수 있다는 점에서 추가로 비행을 유발할 수 있다.

가출이 비행을 낳는다는 두 번째 논의는 서덜랜드의 차별접촉이론으로 설명할 수 있다. 차별접촉이론에 따르면 범죄는 학습되며, 그러한 학습은 친밀한 대면적 관계에서 주로 일어나는데, 자신의 주위에서 법을 위반하는 것에 대한 비우호적 정의보다 우호적 정의를 더 많이 접하면 그 과정에서 범죄에 대한 우호적 태도나 동기, 기술 등을 학습하여 범죄를 하게 된다. 청소년이 가출하면 가출하지 않은 경우보다 범죄행위에 비우호적인 가정이나 학교와의 접촉은 줄어들게 되고, 범죄행위에 우호적인 나쁜 동료를 만날 가능성이 커진다. 또한 범죄행위에 대한 죄의식을 저하할 수 있는 유해환경에 접촉하게 되어 범죄나 비행에 대한 긍정적인 태도나 동기를 학습하게 되고, 결국 각종 범죄나 비행을 저지를 가능성이 높아진다. 특히 가출한 청소년은 자신과 유사한 상황에서 가출한 또 다른 청소년과 접촉하며 서로 심리적 지지를 제공함으로써 비행에 빠져들 가능성을 더욱 부채질하게 된다.

② 가출 이후의 생활과 비행

가출이 또 다른 비행을 유발할 것이라는 주장은 국내의 경험적 연구에서도 입증되고 있다. 김준호와 박정선(1993)의 연구에 따르면 가출 경험이 있는 청소년의 비행이 가출 전에 비해서 가출 이후에 많이 증가했으며, 가출 전의 비행 정도와 가출 이후 비행 정도 간에 차이가 큰 항목은 강도, 강간, 이성과의 성관계, 폭행 등 중비행으로 나타났다. 같은 연구에서 소년원생을 조사한 결과 응답자의 60% 이상이 가출 상태에서 저지른 범죄로 소년원에 오게 되었다는 사실을 발견함으로써, 가출이 비행이나 범죄뿐만 아니라 그러한 행위로 인한 사법처리 가능성과도 밀접한 관련이 있다는 것을 보여준다. 결국 가출은 비행의 양적·질적 심각화는 물론 그로 인한 사법처리 가능성의 증대라는 심각한 결과를 낳는다.

가출 중인 청소년 266명을 대상으로 실시된 설문조사 연구(유서구, 2017)에 따르면, 6가지 비행 유형으로 구분된 총 26가지 비행 항목 중 일부 사이버비행 항목을 제외한 모든 비행에서는 가출 전후에 유의미한 증가가 나타났다. 특히 오토바이 폭주, 유흥주점 출입과 같은 지위비행, 이성친구와 성비행, 아리랑치기(술취한 어른 돈 뺏기 등)와 같은 비행에서는 더 큰 차이를 보였다.

가출청소년의 비행률이 높은 이유를 김지연와 정소연(2014)은 생존권과 주거의 취약성에서 찾았다. 가출청소년은 의식주가 해결되지 않은 상황에서 배고픔, 추위, 외로움, 두려움에 고통받고 심신이 상해가는 과정에서 자살을 시도하는 등 최악의 상황으로 몰리게 된다. 이들은 생존 문제를 해결하기 위해 각종 범죄의 유혹에 쉽게 빠질 수밖에 없다. 또한 주거 취약성이 생활 전반에 부정적인 영향을 미치고, 제한적으로나마 경제활동을 하더라도 주거비 부담이 크기 때문에 정상적인 근로 유인이 되지 않는다. 이에 따라 여자 가출청소년은 성매매나 원조교제와 같은 성관련 범죄를 저지를 가능성이 커진다. 또한 가출청소년은 비행의 가해자인 동시에 피해자가 될 가능성이 높은데, 특히 여자 청소년의 경우 성폭력의 피해자가 될 가능성도 높다.

가출청소년이 비행의 세계에 빠져들고 비행으로 생활을 영위하게 되는 비행화 과정을 김지혜(2003)는 5단계로 제시하였다. 가출청소년은 가출 직후 아는 사람을 통하여 생존의 문제를 해결하려고 시도하고, 새로운 관계를 형성하여 도움을 받으며, 점차 독립적으로 생계의 대안을 탐색하는 과정을 거쳐, 비행적 생계 방식을 배우고, 결국 비행으로 홀로 서는 과정으로 나아간다.

가출청소년의 생활은 2000년대 들어서면서 '가출팸'이라는 새로운 생활양식으로 발전하였다. 가출청소년은 인터넷을 기반으로 거리 생활에서 만나는 다른 가출청소년과 '가출팸'이라는 독특한 집단을 구성하고 함께 생활하면서 일종의 하위문화를 만들어 낸다(유서구, 2017). 가출팸은 가출과 family의 약자인 fam의 합성어로 '청소년이 가출 전후에 가출 관련 카페나 실시간 채팅 또는 가출청소년이 밀집한 지역에서 만남을 통해 가족(팸)을 구성한 후 원룸, 모텔 등과 같은 곳에서 생활하는 것'으로 정의할 수 있다(서보람 · 김유나, 2013). 가출청소년은 채팅 사이트나 가출 관련 카페 등을 통해 가출팸을 형성하며, 3~5명이 모여 원룸, 고시원이나 모텔에서 생활하는 것으로 보도되고 있다. 가출팸 경험 청소년은 살 곳을 정한 후 일종의 가족 형태를 구성하기도 하는데, 엄마, 아빠, 고모, 삼촌, 자녀 등의 역할을 정하고, 설거지, 청소, 빨래 등의 생활 규칙을 만들며, 아르바이트 등으로 돈을 모아 생활비를 마련한다. 이처럼 가출청소년은 가출 과정 초기에 재미와 자유를 누리며 일탈 과정을 경험하게 되며 2~3명의 가출팸이 형성된 후 가출 친구나 선후배를 만나 점점 집단화한다. 가출청소년이 가출팸을 형성하는 주된 이유는 외로움을 해소하기 위해서지만, 생활을 위해 비행이나 범죄로 발전한다. 이들은 음주, 흡연, 본드 흡입과 같은 약물을 남용하거나, 돈이 떨어졌을 때 앵벌이, 퍽치기, 삥뜯기, 아리랑치기, 소매치기, 절도, 차털이 등의 범죄에 빠지게 된다. 여자 청소년은 성폭행이나 성매매에 노출되기도 하며, 남자 청소년은 더 심각한 범죄의 보조자 내지는 주동자가 되기도 한다(서보람 · 김유나, 2013). 유서구(2017)의 연구에 따르면, 가출팸을 경험한 응답자의 절반 정도가 가출팸 구성원으로부터 비행행동을 학습하며, 가출팸 생활 청소년은 가출팸의 유지를 위해서 비행을 지속하게 된다. 이는 가출팸 생활이 비행을 강화하는 기제로 작용함을 의미한다.

CHAPTER

06 학교와 청소년 비행

학교는 청소년에게 큰 영향을 미치는 사회화 기관 중 하나이다. 전통적으로 아동과 청소년의 사회화에 가장 큰 역할을 한 것은 가정이다. 그러나 현대 산업사회의 발전으로 가정은 독자적인 사회화 기능의 많은 부분을 상실하였고, 학교가 그 역할을 대신하게 되었다. 또한 아동기에는 가정의 영향력이 지배적이지만, 아동이 성장하면서 가정의 영향력은 점차 줄어들고, 대신 학교와 친구와 같은 외부 환경의 영향력이 커지게 된다. 이때 학교와 친구 관계가 가정을 대신하여 청소년 사회화의 중심적 요소가 된다.

학교의 중요성은 현대 사회의 가치관과 밀접하게 연결된다. 현대 사회에서 성공의 기준 중 하나는 좋은 직업이며, 이러한 직업을 얻기 위해 중요한 판단 기준이 되는 것이 교육수준이다. 따라서 학교는 개인의 사회경제적 지위를 결정하는 데 큰 영향을 미치는 요인 중 하나로 작용한다. 오늘날 청소년은 학교교육 과정을 통해 정체성을 찾고, 사회적 성공을 위해 교육을 받아야 하며, 학교에 다녀야 한다. 특히 학교에서 얼마나 공부를 잘하는지, 그리고 좋은 학교에 진학했는지 등이 개인을 평가하는 중요한 요소로 자리 잡았다.

현대 사회에서 학교는 가정과 더불어 청소년의 가치관을 형성하고, 사회생활의 규범을 내면화하는 사회화 기능을 수행하는 중요한 기관이다. 학교는 청소년의 일상생활에서 가장 중심적인 사회적 영역이다. 청소년은 학교에서 하루 중 대부분의 시간을 보낼 뿐만 아니라, 학교에서 이루어지는 사회화 과정을 통해 자아 개념, 사회관, 그리고 청소년의 지위를 형성하는 데 큰 영향을 받는다. 또한 학교에서의 치열한 경쟁 경험은 청소년의 공적인 정체성 형성에도 큰 영향을 미친다. 최근 우리나라에서는 교실 붕괴와 공교육 부실화와 같은 문제가 제기되며 학교의 중요성이 감소하는 것처럼 보이기도 하지만, 여전히 학교는 청소년이 시간 대부분을 보내며, 친구 관계와 같은 사회적 관계망을 형성하는 공간으로서 중요한 역할을 하고 있다.

이러한 측면에서 학교에서 이루어지는 청소년의 경험과 행동은 청소년의 비행행동을 이해하는 데 중요한 단서를 제공한다. 실제로 학교와 관련된 여러 요인은 비행을 야기하는 원인으로 여겨지고 있다. 학교는 교육을 통해 사회의 관습적 태도와 행위를 내면화하지만, 한편 청소년이 학교생활에서 겪는 좌절감이나 학교에 대한 반항심은 비행으로 이어지는 계기가 되기도 한다. 즉 학교는 청소년을 교육하고 사회화하는 데 긍정적인 역할을 하면서, 동시에 청소년의 부정적인 행동에 영향을 미칠 수 있는 요인이 되기도 한다.

이러한 점들을 바탕으로, 본 장에서는 학교와 청소년 비행의 관계를 심층적으로 살펴보고자 한다. 구체적으로는 여러 범죄이론과 비행이론에서 학교가 비행의 원인적 요인으로서 어떤 위치를 차지하는지, 그리고 학교가 청소년 비행에 긍정적 또는 부정적 영향을 어떻게 미치는지를 다룬다. 또한 비행 이론과 기존 경험적 연구에서 청소년 비행에 영향을 미치는 다양한 학교 관련 요인들이 무엇인지 살펴보고, 이 요인들이 비행에 어떻게 작용하는지, 이를 검증한 연구결과를 소개한다.[1]

1 학교와 비행의 관계를 논의하기에 앞서 '학교'의 정의와 범위를 개략적으로 설정하는 것이 필요하다. 보통 학교라고 하면 떠오르는 것은 물리적 건물로서의 학교이다. 하지만 비행과의 관계에서 학교란 단순히 건물로서의 공간을 넘어, 학생의 사회적 관계와 활동이 이루어지는 장(場)을 포함한다. 여기에는 학교 내에서 학생과 교사들 간의 다양한 관계, 학업과 관련된 요인들, 성적, 공부와 관련된 여러 현상 등이 모두 포함된다.

SECTION 01 학교와 비행의 관계에 대한 이론적 논의

학교와 비행의 관계를 설명하는 데 있어, 학교 요인이 비행에 미치는 영향에 관해 두 가지 서로 다른 입장이 존재한다(Wilson and Herrnstein, 1985). 첫 번째는 공통원인 모델로서, 이 모델에 따르면 가정이나 다른 사회구조적 요인으로 인해 어릴 때부터 비행 성향을 가진 청소년이 학교에 다니는 동안 그리고 학교를 졸업 후에도 비행을 저지르는데, 이 비행은 학교 요인과 아무런 관계가 없다고 본다. 즉 학교 요인은 청소년 비행에 아무런 영향을 미치지 않으며, 비행의 원인은 전적으로 청소년이 가진 부정적인 개인적 특성에 있다고 본다. 이러한 부정적인 개인적 특성은 청소년이 학교에서 부정적인 경험을 하게 만드는 동시에, 그들의 비행에도 직접적인 영향을 미친다. 이처럼 공통원인 모델에서는 학교에서의 부정적 경험과 비행의 공통적인 원인이 개인의 부정적 특성이라고 보며, 학교 요인이나 학교에서의 경험은 청소년 비행에 독립적인 영향을 거의 미치지 않는다고 주장한다.

두 번째는 매개변인 모델로, 이 모델은 일부 청소년이 지닌 비행 성향이 학교에서의 부정적인 경험을 통해 더욱 강화된다고 본다. 개인의 비행 성향은 학교에서의 부정적 경험에 의해 악화될 수 있다. 이 모델은 개인적 특성으로서의 비행 성향을 인정하면서도, 이러한 잠재적 성향을 가진 청소년이 학교에서의 부정적인 경험을 통해 비행 성향이 더욱 심화되고, 결과적으로 비행으로 이어진다고 주장한다. 즉 매개변인 모델에서는 개인적 특성과 비행 간의 인과관계에서 학교 요인이 매개변인으로 작용한다고 본다. 이는 학교 요인이 청소년 비행에 직접적 영향을 미치며, 비행의 원인으로 역할을 할 수 있다는 것이다.

공통원인 모델의 대표적인 이론으로는 갓프레드슨과 허쉬의 일반이론이 있다. 반면 비행이론 중 다수는 매개변인 모델을 따르는 것으로 분류할 수 있다.[2]

2 물론, 모든 비행 이론이 학교와 비행의 관계를 명시적으로 다루고 있는 것은 아니다. 일부 이론은 학교와 비행에 대해 직접적으로 언급하고 있지만, 다른 이론에서는 학교와 비행의 관계를 암묵적으로 추론할 수 있을 뿐이다. 본 장에서는 가능한 한 학교와 비행의 관계를 직접적으로 다루고 있는 이론들을 중심으로 살펴본다.

① 일반이론

공통원인 모델을 따르는 대표적인 이론으로는 갓프레드슨과 허쉬의 일반이론이 있다(Gottfredson and Hirschi, 1990). 범죄를 저지르려는 개인적 성향에 차이가 존재하며, 이는 상당히 안정적으로 유지되는데, 이 속성을 자기통제력이라고 한다. 자기통제력은 개인이 즉각적인 만족을 지연시키고 장기적인 결과를 고려할 수 있는 능력을 의미하는 것으로, 이러한 자기통제력이 비행과 범죄의 유일하며 가장 중요한 원인이다. 자기통제력이 낮은 사람은 범죄를 저지를 가능성이 높고, 반대로 자기통제력이 높은 사람은 범죄를 저지를 가능성이 낮다. 자기통제력이 낮아지는 주요 원인은 가정에서의 불완전한 사회화, 특히 잘못된 자녀 양육에 있다. 자녀에게 애정을 갖고, 행동을 올바르게 감독하며, 잘못된 행동을 적절히 교정하는 부모 밑에서 자란 아이는 자기통제력이 충분히 발달하여 비행이나 범죄를 저지를 가능성이 낮다. 반면 양육 과정에서 이러한 요소가 결여된 경우 아이는 자기통제력을 갖추지 못하고 성장하며, 유혹적인 환경에 놓였을 때 범죄를 저지를 가능성이 매우 높아진다. 이러한 자기통제력은 주로 어린 시절(8~10세)에 형성되며, 형성된 후에는 평생 변화 없이 비교적 안정적으로 유지된다.

갓프레드슨과 허쉬는 자기통제력이 비행의 유일한 원인이라고 주장하며, 자기통제력이 낮은 아이들은 낮은 성적을 받게 되어 학교를 싫어하고, 다른 학생보다 공부를 덜 하며, 반항적인 태도를 보이고, 결국 학업을 중단할 가능성이 높다고 보았다. 동시에 자기통제력이 낮은 아이들은 비행을 저지른다. 학교생활 부적응과 비행행동의 공통적인 원인이 낮은 자기통제력이며, 학교 부적응과 비행 간에는 직접적인 인과관계가 없다. 이들은 학교가 청소년의 사회화에 기여하는 역할을 인정하였지만, 자기통제력 형성을 위한 사회화는 주로 가정에서 이루어진다고 보았다. 따라서 학교와 관련된 요인은 청소년의 자기통제력을 강화하거나 약화하는 데에는 영향을 미치지 않으며, 따라서 비행을 저지르는 데 있어서 학교 요인의 역할은 미미하다고 결론지었다.

② 긴장이론

고전적인 긴장이론은 사회구성원이 바람직한 목표를 달성하는 데 실패하는 것이 비행의 원인이라고 본다. 머튼(Merton)의 아노미이론은 대표적인 긴장이론으로, 문화적으로 규정된 목표와 이를 달성하기 위한 제도화된 수단 간의 격차에서 구조적 긴장이 유발되고, 이러한 상황에서 구성원은 아노미상태에 놓이게 된다고 본다. 아노미상태에 있는 구성원은 불법적인 수단을 사용하여 문화적 목표를 달성하려 함으로써 범죄행동을 하게 된다. 이처럼 아노미이론에서는 제도화된 수단의 부재로 인하여 문화적인 목표를 달성하지 못하는 아노미가 범죄를 야기하는 긴장 요인이다.

일반적인 긴장의 개념은 청소년의 주요 생활영역인 학교 상황에도 적용된다. 엘리어트와 보스(Elliott and Voss, 1974)는 긴장이론을 통해 학교와 비행의 관계를 설명하였다. 청소년은 자신이 속한 공동체, 가정, 그리고 가장 중요한 학교에서 원하는 목표를 성취하지 못하면 무규범 상태에 빠지고, 사회적 고립을 경험하게 된다. 이러한 상황에서 비슷한 문제를 겪는 친구집단과 접촉하게 되면서 비행이나 학업중단으로 이어지게 된다.

엘리어트와 보스를 비롯한 긴장이론가들의 공통된 주장은 다음과 같다. 청소년은 바라는 목표를 성취하는 데 실패했을 때 소외와 좌절을 경험하게 되며, 이러한 소외와 좌절은 청소년에게 자신만의 목표를 성취할 수 있는 대안을 제공하는 또래 집단을 찾게 만들며, 이를 통해 사회적 실패 상황에 적응하려 한다. 그러나 이러한 또래 집단에서 성취하는 목표는 종종 비행과 밀접한 연관을 가지게 된다. 청소년에게 대학 진학과 같은 교육 성취 또는 좋은 직업을 가지는 등의 직업 성취는 중요하지만, 장기적으로 달성할 목표이다. 단기적으로는 학교에서의 학업성적, 학교 활동 참여, 또래와의 관계 등과 같은 눈앞의 목표가 청소년에게 더 중요하다. 청소년이 이러한 단기 목표를 성취하지 못하면 학교로부터 소외되고, 좋지 않은 친구들과 어울리게 되며, 결국 비행을 저지르거나 학업을 중단할 가능성이 높아진다.

자기보고 자료와 공식통계를 활용한 검증에서 엘리어트와 보스(1974)는 비행 청소년이 되는 과정에서 학교가 가장 중요한 요인임을 밝혔다. 이들은 다변인 회귀분석을 통해 이론적 틀을 검증한 결과, 학교와 관련된 변인들이 가정이나 공동체 변인들보다 비행과 학업 중단을 설명하는 데 더 큰 영향을 미친다는 사실을 확인하였다. 한편, 일반긴장이론에 대한 경험적 연구(Agnew, 1985)에 따르면, 부모와 교사와의 부정적인 관계, 그리고 학교에서의 불만족과 같은 요인들이 청소년의 분노 감정에 유의미한 영향을 미치며, 이러한 분노 감정은 세 가지 형태의 비행행위(중비행, 폭력, 학교 비행)와 유의미한 영향을 미쳤다.

긴장이론에서 언급하는 이러한 긴장의 요인들은 우리나라 청소년의 비행을 설명하는 데에도 설득력을 가진다. 중·고등학생에게 중요한 목표 중 하나는 좋은 대학 진학이며, 이 목표에는 학생뿐만 아니라 부모의 높은 기대 수준도 반영된다. 사회의 엘리트주의적 가치관으로 인해 청소년은 좋은 대학 진학이라는 목표를 달성하기 위해서 공부에 대한 강한 압박을 받는다. 더불어 자녀의 성적에 대한 부모의 높은 기대는 이러한 압박을 가중한다. 청소년이 이러한 기대에 부응하지 못할 때 긴장이 발생하고, 이는 청소년에게 심리적 압박을 가중하며, 이들이 비행으로 빠져들게 되는 동기를 부여한다. 이러한 긴장 요인은 하층 청소년보다는 중상층 청소년에게서 더욱 두드러지게 나타나는 경향이 있다. 이를 통해 중상층 청소년 비행에 대한 설명이 가능하다. 한편, 청소년의 학교에서 이루어지는 활동도 주로 공부와 성적을 중심으로 이루어지며, 학생에 대한 평가 역시 이에 의존하는 경우가 많다. 따라서 성적이 일정 수준에 미치지 못하는 학생은 학교생활에서 소외되거나 학교 내 다른 사람들과의 관계에서 좌절을 경험할 가능성이 높다. 이러한 긴장 요인도 청소년 비행에 영향을 미칠 가능성을 높이는 중요한 요인으로 작용한다.

3 하위문화이론

하위문화이론 중에서 청소년 비행의 원인으로 학교의 중요성을 가장 강조한 이론은 코헨(Cohen, 1955)의 비행하위문화이론이다. 코헨은 미국 하층계급 청소년이 집단적으로 비행을 저지르는 경우가 많음을 발견하고, 집단비행의 원인을 설명하고자 하였다. 그는 하층계급 청소년이 공유하는 하위문화 개념을 사용하여 집단비행을 설명하였다. 코헨은 하층 청소년의 비행하위문화가 형성되는 원인에 초점을 맞추었는데, 주요 원인으로 하층 청소년이 학교에서 경험하는 좌절과 집단적 부적응을 들었다.[3]

코헨은 집단비행을 설명하면서 학교의 중요성을 강조했지만, 긴장이론과 달리 학교에

3 이러한 측면에서 일부 범죄학자들은 코헨의 이론을 긴장이론의 범주에 포함시키기도 한다.

서의 좌절과 부적응이 직접적으로 비행을 야기한다고 보지는 않았다. 그의 이론에서 학교는 하층 청소년이 좌절과 부적응의 문제를 경험하게 되는 중요한 사회적 장소이며, 비행하위문화가 형성되는 데 가장 중요한 역할을 하는 곳이다.

아동이 일정한 나이가 되면 학교에 입학하게 된다. 학교에서는 다양한 사회적 배경을 가진 학생이 함께 모여 어울리며, 서로 인정받기 위해 경쟁한다. 그런데 학교는 중산층의 가치가 지배적인 공간이기 때문에, 학생이 인정받을 수 있는 기준 역시 주로 중산층의 기준(좋은 성적, 교사의 인정 등)에 부합하는 것들이며, 이러한 기준으로 학생은 서로 경쟁하게 된다. 중산층 가정에서 양육된 아동들은 이러한 기준에 적응하는 데 큰 어려움을 겪지 않지만, 하층 가정의 아동들은 학교에서 인정받기 위해 자신이 가정에서 받아온 양육 방식과 다른 기준을 충족해야 한다. 이에 따라 하층 아동들은 중산층 아동보다 기본적으로 불리한 위치에 놓이게 된다. 이들은 학교 안팎에서 중산층의 척도로 평가받으며, 더 유리한 위치에 있는 중산층 청소년과 성적, 인정, 지위를 얻기 위해 끊임없이 경쟁한다. 하지만 하층 청소년은 학교에서의 여러 제약으로 인해 교육적, 직업적 성공이라는 열망을 성취하기 어려운 현실에 직면하게 되고, 이로 인해 좌절감을 경험하게 된다.

하층 청소년도 처음에는 중산층 기준에 따른 지위 상승의 열망이 있지만, 결국 집단적 좌절과 부적응을 경험하며 긴장과 분노를 느끼게 된다. 이러한 좌절의 결과로 하층 청소년은 중산층의 잣대나 기준에 집단으로 반발하게 된다. 학교에서 구조적으로 야기된 실패로 인해 하층 청소년은 유사한 처지에 있는 다른 청소년으로부터 인정을 받고자 하며, 그 집단 내에서 지위를 얻으려는 욕구를 가지게 된다. 이에 따라 이들은 사회를 지배하는 중산층의 가치와 정반대되는 믿음과 가치체계로 특징지어지는 비행하위문화를 형성하여 대응한다. 이러한 비행하위문화에 따라 행동함으로써 하층 청소년은 다양한 범죄나 비행을 저지를 가능성이 높아진다.

코헨에게 있어 학교는 청소년에게 직접적으로 범죄를 저지르게 하는 원인을 제공하는 곳은 아니다. 그러나 일부 청소년이 목표나 열망을 성취하는 과정에서 좌절과 분노를 집단으로 경험하도록 만들며, 이러한 경험이 비행친화적인 비관습적인 목표나 가치를 선택하게 함으로써 비행 청소년이 되는 중요한 단서를 제공하는 역할을 한다.

4 사회유대이론

사회유대이론(Hirschi, 1969)에서 학교는 비행을 이해하는 데 중요한 위치를 차지한다. 애착, 관여, 참여, 신념 등 네 개의 유대 요인 중에서 학교와 가장 밀접하게 관련된 것은 관여(commitment)이다. 관여는 사회통제의 중요한 차원으로, 관습적인 타자(예: 교사, 기관 지도자)와 관습적인 제도(교육, 직업 등)와 관련된 관습적 행위에 투자한 정도를 의미한다. 청소년에 있어서 비행을 통제하는 관여의 의미는 진학이나 취업 같은 관습적인 목표를 위해 더 많은 시간과 노력을 투자한 청소년일수록 비행을 저지름으로 인해 잃게 될 손실이 크기 때문에 비행을 저지를 가능성이 작아진다는 것이다. 청소년에게 있어 관여의 가장 중요한 부분은 학업성취, 즉 학업성적이다. 성적이 낮은 학생은 비행을 저지르더라도 성적이 높은 학생에 비해 잃을 것이 적기 때문에 비행을 저지를 가능성이 높다. 우리나라처럼 학생 평가의 가장 중요한 요소가 학업성적인 사회에서는, 성적이 좋은 학생은 모범생으로 간주하며, 교사나 다른 학생으로부터 인정받을 가능성이 높다. 이들은 비행을 저지름으로써 좋은 성적으로 인해 얻은 여러 유리한 지위와 사회적 관계를 잃고 싶어 하지 않는다. 따라서 관여는 성적이 좋은 학생이 비행을 저지르지 않도록 통제하는 역할을 한다고 볼 수 있다.

한편 허쉬에 따르면 사회유대의 다른 요소인 교사에 대한 애착, 학교에 대한 애착, 공부나 학교 활동에 대한 참여 등도 비행을 통제하는 데 중요한 역할을 한다. 학생이 교사에 대해 강한 애착을 가지고, 학교에 대해 긍정적인 태도를 보이며, 교사의 의견에 관심을 가지고 학교의 권위를 수용할수록, 즉 학교에 대한 애착이 높을수록 비행을 저지를 가능성은 낮아진다. 또한 공부를 더 열심히 하거나 건전한 학교활동에 적극적으로 참여하는 학생일수록 비행을 저지를 가능성은 낮아진다.

학교에 대한 청소년의 낮은 유대는 사회화 기제로서 교사의 교육적 영향력을 약화함으로써 학생이 학업이나 사회적 기술을 습득하는 데 어려움을 겪게 만든다. 경험적 조사 결과 학교에 대한 관여와 학교활동에 대한 참여는 비행행동과 부적 상관관계를 가지고 있음이 밝혀졌다(Hindelang, 1973; Hirschi, 1969; Krohn and Massey, 1980). 이때 관여와 참여의 측정에 사용한 변인은 평균 성적, 학교에 대한 만족도, 학교활동 참여도, 숙제하는 시간, 교육적 기대와 열망 등이 있으며, 이는 비행을 설명하는 학교 요인과 상당히 유사하다. 이러한 점에서 사회유대이론은 학교와 비행의 관계에 대한 다양한 조사 결과를 이론적으로 조직화하는 데 기여했다고 평가할 수 있다.

사회유대이론에서 학교는 청소년이 관습적인 성공을 목표로 하여 관습적인 활동에 더 많이 투자하도록 유도한다는 점에서 비행과 관련하여 중요한 역할을 한다. 부모나 타인에 대한 애착이 비행을 통제하는 효과는 관습적인 제도에 대한 지속적인 투자, 즉 학교에 대한 관여를 통해 더욱 강화된다. 이를 브라이어와 필리아빈(Briar and Piliavin, 1965)은 '동조에의 투자(stake in conformity)'[4]로 개념화하였고, 여기에는 정직하고 열심히 공부하며 다른 사람들을 도와준다는 평판, 좋은 학교성적, 학교 조직이나 운동부에의 참여[5] 등이 해당하며, 이러한 투자는 비행행동으로 인해서 위협을 받게 된다.

이러한 논의를 종합하여 허쉬는 청소년이 학습능력이 부족하거나 학교에서 좋은 성적을 얻지 못하면 학교에 대한 흥미를 잃고 싫증을 느끼게 된다고 설명하였다. 이는 결국 학교의 권위를 거부하는 태도로 이어져, 비행 가능성을 증가시킨다는 인과적 설명을 제시하였다.

5 차별접촉이론

차별접촉이론(Sutherland and Cressey, 1974)은 청소년이 타인과의 접촉을 통해 타인의 행동을 모방하며 비행을 학습한다고 본다. 이 이론에 따르면, 청소년이 비행을 긍정적으로 정의하는 타인과 접촉함으로써 학습을 통하여 그들 스스로 비행을 수용할 수 있는 행위로 규정하게 된다. 이 이론에서 학교는 학생이 관습적 행동 또는 비관습적(비행적) 행동 유형과 접촉하는 정도를 결정짓는 사회적 공간으로 의미를 가지기 때문에, 학교에서의

4 '동조에의 투자(stake in conformity)' 개념은 비행자로 밝혀졌을 때 따라오는 물질적 박탈이나 처벌에 대한 두려움뿐만 아니라, 자아상의 유지, 가치 있는 인간관계의 지속, 현재와 미래의 지위나 활동을 잃게 되는 해로운 결과에 대한 두려움까지 포함한다. 따라서 비슷한 수준의 일탈 욕구를 가졌더라도 관여 수준이 높은 청소년은 낮은 청소년보다 비행에 참여할 가능성이 적다고 본다.

5 우리나라에서 운동부에 참여하는 것의 의미는 미국과는 상황이 다르다. 미국의 경우 운동부에서 운동하는 것은 일정한 수준 이상의 학업성취를 병행해야 하지만, 우리나라의 경우 운동부가 학업을 등한시하고 운동만 하는 선수들이 가입하는 곳이라는 인식이 있어서, 운동부에 참여하는 것은 학생을 전통적 행동을 하도록 제약하거나 사회적으로 긍정적인 영향을 미치는 요소로 간주하지 않는 경향이 있다.

성공이나 실패가 비행에 영향을 미치는 방식은 가정이 비행에 영향을 미치는 방식과 유사하다고 볼 수 있다.

서덜랜드는 사회해체이론에서 보는 바와 같이 일탈지역을 사회적으로 해체된 상태로 보지 않고, 지역사회마다 비행률에서 차이가 존재하는 이유는 각 지역이 조직화된 정도에 차이가 존재하기 때문이라고 보았다. 즉 일탈지역에서 발생하는 행동을 관습적 질서와 규범에서 벗어난 것으로 보지 않고, 그 지역의 비관습적 규범과 가치의 통합 측면에서 해석하였으며, 이러한 비관습적 규범과 가치가 전승되는 사회적 과정에 초점을 맞추었다. 이처럼 차별접촉이론은 범죄도 사회조직에 기초하고 있으며, 그 사회조직의 표현이라고 가정한다. 대부분의 사회에는 범죄 행동과 비범죄 행동이 모두 존재하지만, 정도에 차이가 있으며, 범죄율은 이와 같은 차별적인 집단조직의 표현이라고 본다.

차별접촉이론에서 학교는 비행을 직접적으로 사회화하는 기관으로 간주되지는 않는다. 그러나 사회조직이 지역공동체의 특성을 반영한다는 점에서, 비행이 많은 지역의 학교에 다니는 청소년은 비행 동료와 접촉할 가능성이 높아질 수 있다고 본다. 또한 학교에서의 실패는 비행적 타자와의 접촉 가능성을 증가시키며, 이러한 접촉의 빈도와 강도가 높아질수록 청소년이 비행을 저지를 가능성도 함께 증가한다.

이와 같이 볼 때, 차별접촉이론에서 학교는 비행에 직접적인 영향을 미치는 것이 아니라, 비행 친구들과의 접촉을 통해 비행적 가치를 학습할 수 있는 사회적 장소로 간주된다. 또한, 학교에서의 실패는 비행적 타자와의 접촉 가능성을 높여, 결과적으로 비행에 영향을 미치는 간접적 요인으로 작용한다.

6 낙인이론

낙인이론은 공식적 · 비공식적 낙인의 적용, 즉 사회가 특정 구성원에게 비행자라는 표식이나 꼬리표를 부여하는 행위에 초점을 맞춘다. 낙인이론에서 비행과 관련된 학교의 역할을 직접적으로 언급하지는 않지만, 청소년에게 공식적·비공식적 낙인이 가장 빈번하게 발생하며 이를 쉽게 관찰할 수 있는 곳이 학교라는 점은 부인할 수 없다.

낙인이론에서는 특정한 특성을 기준으로 사람을 범주화하고 유형화하는 사회적 유형화의 과정이 중요한 부분을 차지한다. 낙인이란 사회구성원이 특정 사람에게 일탈자 또는 범죄자라는 범주 또는 유형을 부여함으로써 그의 일탈적 행동을 익숙하게 받아들이도록 하는 집단적 시도라고 볼 수 있다. 예를 들어, 착한 소년이 비행을 저질렀을 때 사람들은 놀라지만, 나쁜 소년이 동일한 행동을 했을 경우 놀라지 않는다. 이는 나쁜 소년이라는 낙인이 이미 그의 행동에 대한 기대를 형성했기 때문이다. 이러한 방식으로 낙인은 우리가 타인의 행동을 이해하는 데 도움을 준다.

낙인이론에서는 자기충족적 예언이라는 개념도 중요하게 다뤄진다. 한 사람이 비행자로 낙인되면, 그는 비행적 정체감을 가지게 되고, 비행자라는 낙인이 그의 주지위(master status)가 된다. 이로 인해 그 사람이 지닌 다른 개인적 특성이나 사회적 특성의 영향력은 급격히 축소된다. 일단 비행자로 낙인된 사람은 다른 사람들과 구별되고 격리되며, 결국 관습적인 사회로부터 배척당하게 된다. 이러한 배척 과정은 때로 과거의 비행행동에 대한 선택적 인지, 오해, 재해석을 통해 시작되기도 한다.

일반적으로 좁은 의미의 '범죄자 낙인'은 형사사법기관에 의해 처벌받은 사람에게 부여되는 것을 의미한다. 그러나 낙인은 공식적 방식으로만 이루어지지 않으며, 더 포괄적인 의미에서 비공식적 방식으로도 이루어진다. 비행 이외의 개인적 특성을 근거로 특정 사람에게 낙인이 부여될 수 있으며, 이러한 낙인은 그 사람에게 비행을 저지를 가능성을 높이는 요인으로 작용할 수 있다.

학교는 낙인 과정을 관찰할 수 있는 대표적인 장소 중 하나이다. 학교에서는 공식적인 낙인과 비공식적인 낙인이 모두 발생한다. 미국의 경우 학교에서 나타나는 낙인 효과의 대표적인 사례로 학생의 수준에 따라서 다른 트랙으로 편성하여 운영하는 능력별 학급편성체계(tracking system)를 들 수 있다. 학생이 어떠한 트랙에 속하는가는 그 학생의 경력에 중대한 영향을 미치는 것으로 여겨지며, 하위 트랙에 속한 학생은 그 자체로 부정적인 낙인을 받을 가능성이 높다.

포크와 샤퍼(Polk and Schafer, 1972)는 학교를 비행을 만들어내는 곳이라고 비판하며, 학교가 능력이 부족하거나 공부에 관심이 없는 학생에게 낙인을 부여함으로써 그들에게 낮은 자존감을 가지게 한다고 주장하였다. 교사는 낙인된 학생의 교육적 욕구를 무시하거나, 이들과 적대적인 관계를 가지는 경향이 있으며, 이러한 환경이 학교에서 비행을 유발한다고 보았다. 이들은 1960년대 고등학교 3학년 학생 1,300명을 조사한 데이터를 분석하여 낙인효과를 검증하였다. 특히, 대학진학반과 비대학진학반의 차이에 주목하며, 두 집단 간의 학업성적, 중퇴율, 학교 문제행동 비율, 그리고 공식적 비행률을 비교하였다. 그 결과 비대학진학반의 학생이 대학진학반 학생보다 학교 문제행동 비율과 비행률이 더 높다는 사실이 발견되었다. 이러한 결과에 대해 비대학진학반 학생이 대학에 진학하지 않는 학생이라는 낙인을 받고, 열악한 교육 환경, 임의적인 학점제도, 반학교적 학생 하위문화에의 노출, 그리고 학교교육과 취업전망의 불투명한 관계와 같은 낙인효과의 기제가 작용한 결과로 해석하였다.

일반적으로 많은 학자들은 고등학교 이전에 이루어지는 능력별 학급편성이 비행에 영향을 미칠 가능성이 높다는 가정에 동의하고 있다. 만약 학교에서 교사가 일부 학생에게 낙인을 부여함으로써 비행이 증가하는 현상이 나타난다면, 이는 주로 어린 학생에 대한 능력별 학급편성과 같은 비공식적인 낙인 과정에서 비롯될 가능성이 크다.

이러한 외국의 연구결과는 우리나라 상황에도 중요한 시사점을 제공한다. 우리나라 고등학교에서 가장 중요한 문제는 대학 진학이며, 고등학교의 평가는 좋은 대학교에 얼마나 많은 학생을 입학시켰는가에 따라 결정된다. 자녀를 좋은 대학에 입학시켜 안정된 삶을 살게 하려는 부모의 기대와 학벌주의와 같은 사회구조적 요인은 이러한 현상을 더욱 부추기고 있다. 결과적으로 고등학교는 대학 진학에만 초점을 맞춰 교육을 진행하며, 이 과정에서 소외된 학생에게는 부정적인 낙인이 부여된다. 이러한 낙인은 학생이 학교에서 소외감을 느끼게 하고, 더 나아가 비행으로 이어질 가능성을 높이는 요인으로 작용할 수 있다.

일부 학생은 학교에서 여러 가지 방법으로 불이익을 경험할 수 있다. 일부 학생은 학교성적, 성격, 행동을 기준으로 교사나 다른 학생에 의해 비공식적으로 유형화되고, 이로 인해 비공식적인 낙인을 받게 된다. 이러한 유형화를 통해 교사와 학생은 특정 학생의 행동에 대해 고정된 기대를 형성하게 된다. 예를 들어, 교사는 침착하지 못하고, 동작이 느리며, 충동적인 학생을 무시하거나 비난하며, 이들에게 공정하지 못한 처벌을 가할 수 있다. 특히 낮은 학교성적은 비공식적이고, 겉으로 잘 드러나지 않는 낙인 과정을 통해 비행에 영향을 미치기도 한다.

우리나라의 중·고등학교에서는 공부를 잘하는 정도 또는 성적 수준이 학생을 평가하는 가장 중요한 기준이다. 문제는 학교성적 수준이 학생의 성격이나 행동에 대한 평가에까지 이어지기도 한다는 점이다. 모든 교사가 그런 것은 아니지만, 공부를 잘하는 학생은 착하고 얌전하며 말썽을 일으키지 않는 모범생으로 인식되는 경향이 있다. 이러한 학생은 교칙을 위반하거나 잘못된 행동을 하더라도 심한 처벌을 받는 경우는 드물며, 대부분 용서받는다. 반면, 성적인 낮은 청소년은 다른 모든 측면에서 좋은 평가를 받지 못하는 경향이 있다. 이들에게는 학교에서 말썽을 일으키지 않고 조용히 지내는 것이 기대된다. 또한 학교성적뿐만 아니라 학생의 평소 행동 역시 그들을 유형화하는 데 사용된다. 학교활동에 얼마나 적극적으로 참여하는지, 평소 행동이 어떤지와 같은 요소도 학생에 대한 사회적 유형화에 기여한다. 이러한 평가나 유형화는 교사들 간, 학생 간에 비공식적인 경로를 통해 서로 전해진다. 일반적으로 학생은 좋은 평가를 받기보다는 나쁜 평가를 받는 것이 훨씬 쉽다. 어떤 학생이 좋은 학생이라는 것보다는 문제아라는 평가가 더 선명하게 드러나는 경향이 있다.

교사와 학생은 이러한 사회적 유형화를 중심으로 상호작용하며, 서로의 행동을 기대하고 그 기대에 따라 행동에 반응하게 된다. 따라서 똑같은 행동이라도 누가 그 행동을 했는가에 따라 교사나 학생의 반응은 달라질 수 있다. 또한 똑같은 나쁜 행동이라도 그 학생이 어떻게 유형화되었는가에 따라 처벌의 강도가 달라질 가능성이 크다.

SECTION 02 청소년 비행에 영향을 미치는 공부 관련 요인

1 학습능력

청소년의 학습능력(academic ability)은 공부와 연관된 주요 변인으로 간주된다. 학습능력을 측정하는 방법에는 여러 가지가 있지만, 일반적으로 지능지수(IQ)를 기준으로 측정하는 경우가 많다. 자기보고 연구나 공식 통계를 이용한 연구들은 학습능력과 비행 간에 강하지는 않지만, 일관된 부적 관계가 있음을 보여준다(Frease, 1973; Hirschi and Hindelang, 1977; Rutter and Giller, 1984). 그러나 일부 학자들은 지능지수의 신뢰성에 의문을 제기한다. 포크와 샤퍼(Polk and Schafer, 1972)는 지능검사 결과로 얻어진 지능지수가 학생의 선천적인 학습능력만을 측정하는 것이 아니라, 교사의 기대가 반영된 결과라고 주장하였다. 따라서 지능지수를 비행의 원인으로 사용하는 것은 학생의 선천적인 능력만으로 비행을 설명하는 것이 아니라고 보았다. 이들은 특히 교사의 기대가 학생의 성취에 매우 큰 영향을 미친다고 강조하였다. 그렇지만, 지능지수 척도가 단순히 교사의 기대를 반영한 결과라는 점만으로 지능지수와 비행 간의 관계를 부정하기는 어렵다.

지능지수는 여전히 학습능력과 비행 간의 상관관계를 설명하는 데 중요한 지표로 사용되고 있다. 지능지수와 비행의 관계에 대한 연구결과(Lynam et al, 1993)에 따르면 이 두 요인 사이의 부(-)의 상관관계는 분명하게 드러나고 있다. 다만 인과적 설명에 있어서 두 요인의 관계를 허위관계로 설명하거나, 비행 관련 요인이 낮은 지능지수 점수로 이어진다고 가정한 설명은 지지받지 못하고, 낮은 지능지수에서 비행으로 이어진다는 가설이 지지를 받았다. 허쉬와 힌델랑(Hirschi and Hindelang, 1977)은 지능지수가 비행에 미치는 영향은 학업성적에 의해서 매개된다고 보았다. 즉 지능지수는 학업성적에 영향을 미치며, 학업성적에 따라서 비행이 영향을 받는다는 것이다. 이는 지능지수가 비행에 직접적인 영향을 미치지 않는다는 뜻이며, 지능지수와 비행을 연결해 주는 고리가 학교에서의 성취와 적응이라고 주장하였다.

한편, 지능지수와 사이코패스 특성이 비행에 미치는 영향에 대한 연구(Hampton, et al. 2014)에서는 지능지수와 비행의 관계가 양면적 역할을 할 수 있다는 결과를 보이는데, 일반적으로 지능지수가 낮으면 비행 가능성이 높지만, 특정 상황에서는 높은 지능지수가 범죄를 정교하게 계획하고 실행하는 데 사용될 수 있음을 보여주었다. 특히 사이코패스 특성과 높은 지능은 공격적 비행 및 재산범죄와 밀접한 관계를 보이고, 지능지수는 사이코패스와 이들 비행 간에 조절효과를 가진다고 보았다. 일반적으로 높은 지능지수는 청소년의 문제 해결 능력을 향상시키고, 충동적 행동을 줄이며, 장기적으로 비행행동을 억제하는 보호 요인으로 작용할 가능성이 높지만, 사이코패스 성향이 동반될 경우, 높은 IQ는 반대로 비행을 강화하는 요인으로 작용하였다.

학습능력과 관련하여 논의할 수 있는 요인으로 학습장애(learning disability) 개념이 있다. 학습장애와 비행의 관계에 대해서는 오랫동안 많은 논쟁이 있어 왔다. 학습장애란 지능지수를 기준으로 기대되는 성취 수준과 실제 성취 수준 간의 불일치로 인해 나타나는 인지적 사고와 의사소통 과정에서의 결함을 의미한다(Hawkins and Lishner, 1987). 학습장애는 지능지수와 관련이 있기는 하지만, 비행에 있어서는 지능지수와는 별도의 영향을 미치는 것으로 연구되고 있다. 여러 자료에 따르면, 학습장애 청소년이 그렇지 않은 청소년보다 공식 통계상 더 높은 비행률을 보이는 경향이 있다는 점이 발견되었다(Bachara and Zaba, 1978; Lane, 1980). 한편 소년사법기관에 있는 지적 장애 및 발달장애 청소년에 대한 보고서(OJJDP, 2017)에 따르면 지적장애, 발달장애, 학습장애를 가진 청소년은 일반 청소년에 비해서 범죄를 저지를 가능성이 높고, 재범의 위험성도 높은 것으로 나타났다. 특히 학습장애는 장기구금시설 청소년의 33%에서 나타나는데, 이는 일반청소년 8%와 상당한 차이를 보인다. 이들은 충동적 행동, 낮은 사회적 기술, 사회적 단서를 읽는 데 어려움을 겪으며, 이러한 요인이 비행 가능성을 높이며, 더불어 이러한 장애를 지닌 청소년은 경찰, 판사 등 사법 관계자들로부터 더 엄격한 처벌을 받을 가능성도 높았다.

학습장애 청소년이 더 많은 비행을 저지르는 이유는 다음의 네 가지 가설로 설명할 수 있다. 1) 학습장애 청소년은 학업에서의 실패와 좌절을 경험하고, 이러한 경험은 낮은 자아존중감으로 이어지고 결국 비행 등 문제행동을 야기한다. 2) 학습장애와 연관된 인지적, 인성적 특성이 비행에 직접적인 영향을 미친다. 3) 형사사법기관이 학습장애 청소년을 그렇지 않은 청소년과 다르게 차별적으로 대우한다. 4) 학습장애 청소년은 불법행동을 저지르고 체포당하는 것을 피할 능력이 결핍되어 있다.

많은 연구가 학습장애와 비행 간에 관계가 있다는 결과를 보여주었지만, 반대로 두 요인 간에 관계가 없음을 보여주는 연구도 존재한다. 브로더와 동료들(Broder et al., 1981)은 12세에서 15세까지의 대규모 표본을 대상으로 조사한 결과, 학습장애 청소년이 정상 청소년보다 비행을 더 많이 저지른다는 증거를 발견하지 못했다. 그러나 소년법원에서는 학습장애 청소년이 정상 청소년보다 더 많이 발견되었다고 보고하였다. 이 사실은 학습장애 청소년이 정상 청소년보다 비행행동을 더 많이 하는 것은 아니며, 형사사법기관에서 차별적인 대우를 받고 있다는 논의를 뒷받침하는 것으로 해석될 수 있다.

우리나라에서 1,969명의 중고등학생을 대상으로 학교 요인들과 청소년 비행의 관계를 연구한 결과(김준호 · 노성호, 1992), 학습능력이 비행에 유의미한 영향을 미치기는 했으나, 그 영향의 강도는 그리 크지 않은 것으로 나타났다. 특히 지능지수와 같은 실제적인 능력보다는 학생이 자신의 능력을 어떻게 인식하는가가 비행에 더 중요한 영향을 미쳤다.

② 학업성취

공부와 관련된 요인 중에서 비행과 가장 일관되고 강한 관계를 보이는 것은 학업성취(academic achievement), 즉 학교성적이다.[6] 수많은 경험적 연구에서 학업성취는 어떤 측정 척도와 상관없이 비행행동과 강한 부적 상관관계를 나타냈다. 즉 학업성취가 낮을수록 청소년이 비행을 더 많이 저지르는 경향이 나타났다(Elliott and Voss, 1974; Hirschi, 1969; Hoffmann et al., 2013; Kelly and Balch, 1971; Krohn and Massey, 1980; Polk and Schafer, 1972; Polk et al., 1974; Rhodes and Reiss, 1969; Wiatrowski et al., 1982).

학업성취는 사회계층과 관계없이 비행과 유의미한 관계를 보인다. 로즈와 리스(Rhodes and Reiss, 1969)는 사회계층을 통제한 후에도 학업성적이 무단결석이나 비행과 강한 관계가 있음을 밝혀냈다. 포크와 동료들(Polk et al., 1974) 역시 사회계층을 통제해도 학업성취와 비행 간의 관계는 변하지 않는다는 사실을 발견하였다.

학업에서 실패한 학생은 낮은 성적에 따르는 낙인효과와 더불어 학교활동에서 소외되는 등, 눈덩이처럼 점점 더 커지는 제재를 경험하게 된다(Vinter and Sarri, 1965). 학교에서 일정 기준 이하의 성적을 받은 학생은 낮은 성적으로 인해 학교에서 여러 특권과 기회에서 직접적인 제약을 받는다. 다음으로 이들은 반 친구 사이에서 존중받지 못하며, 자기 반을 대표하는 활동에 참여하기 어려움을 겪고, 학교의 과외활동 참여에 제약을 받는다. 나아가 이러한 과정은 부모로부터의 부정적인 반응이라는 세 번째 처벌로 이어질 수 있다. 결과적으로 학업에서 실패한 학생은 학교 체계의 가치를 거부하게 되며, 부정적인 학교 압력에 대항하여 반항 행동을 보일 가능성이 높아진다.

이러한 경향은 우리나라에서 더욱 두드러지게 나타난다. 우수한 대학 진학이 최고의 관심사가 된 왜곡된 교육체계 속에서, 학생의 가치를 평가하는 가장 중요한 기준은 학교성적이다. 공부를 잘하는 학생은 성격도 좋고, 다른 모든 활동도 잘하는 모범생으로 인정받을 가능성이 높다. 반면, 공부를 잘하지 못하는 학생은 모든 면에서 인정받기 어렵고, 공부만을 강조하는 학교생활에 적응하기 어려움을 겪는다. 학교 과정에서 소외된 학생은 비슷한 처지의 학생과 어울리게 되며, 이는 지위비행이나 기타 비행을 저지를 가능성을

6 대부분의 경험적 연구에서 학업성취는 학생의 성적으로 조작적 정의하지만, 연구에 따라서 출석률, 학업태도, 학교생활 참여 등도 포함하여 학업성취를 정의한 경우도 존재한다.

높이는 요인이 될 수 있다.

실제로 조사결과 우리나라에서도 학생의 학교성적은 비행과 상당히 강한 관계를 보이는 것으로 나타났다(김준호 외, 1989; 임희연, 2023; 정진성 · 장응혁, 2023). 긴장이론, 차별접촉이론, 사회유대이론 등의 비행이론은 학교에서의 낮은 성적이 학교 및 관습적인 제도에 대한 낮은 유대를 가져온다는 점에 대해 일치된 견해를 보인다. 학교성적은 비행에 직접적인 영향을 미칠 뿐만 아니라 학교 관련 요인이나 다른 요인에도 영향을 미침으로써 간접적으로 비행에 영향을 미치는 등의 매우 중요한 역할을 하고 있다.

김준호와 노성호(1992)의 연구에서도 학교성적은 비행과 상당히 강한 관계를 보였다. 성적이 낮은 학생은 거의 모든 유형의 비행을 더 많이 저지르는 것으로 나타났다. 학교성적은 공부에 관련된 하위차원 중에서 비행에 가장 큰 영향을 미치고 있다. 이성식과 전신현(2009)이 학업성적과 비행의 관계를 다양한 비행이론의 측면에서 검토하고 경험적으로 검증한 결과 학업성적이 낮은 아이가 비행친구와 사귀게 되고, 주위 사람의 낙인 부여로 인해 비행을 더 많이 저지르게 된다는 결과를 보여 차별접촉/사회학습 이론과 낙인이론이 지지되었음을 제시했다. 반면에 학업성적이 낮은 아이는 부모와의 관계나 학교에서 일상긴장을 겪고 부정적 감정을 경험하지만, 그러한 매개요인이 비행에 유의미한 영향을 미치지 못하기 때문에 긴장이론은 지지되지 못하였다. 한편 손베리(Thornberry)의 상호작용이론을 바탕으로 학업성취와 비행행동 간의 관계에 대한 연구에서도 학업성취는 비행행동에 큰 영향을 미쳤는데, 높은 학업성취는 학생이 학교에 더 많이 애착을 가지게 하고, 이는 비행행동을 줄이는 데 기여하였다(Hoffmann et al., 2013). 같은 맥락에서 우리나라에서도 학업성적은 중고등학생의 지위비행을 감소시키는 역할을 하였다(박석만 · 노성훈, 2020).

③ 공부하는 시간

학생이 공부에 투자하는 시간을 나타내는 공부하는 시간 역시 청소년 비행과 관련된 중요한 요인 중 하나이다. 엘리어트와 보스(Elliott and Voss, 1974)는 교육적 목표를 위해 노력하지 않는 청소년이 비행에 빠질 가능성이 커진다고 주장했으며, 공부하는 시간 또한 비행과 유의미한 관계를 보인다고 하였다.

공부하는 시간은 허쉬(Hirschi)가 제시한 네 가지 사회적 유대 중에서 참여(participation)에 해당하는 개념이다. 관습적인 활동에 대한 참여는 비행을 통제하는 사회적 유대의 하나이며, 이는 "관습적인 활동에 참여하고 있는 동안에는 바쁘기 때문에 비행행동에 참여할 시간이 없다."(1969: 22)라는 논리에 근거한다. 관습적인 활동에는 학교활동 참여, 숙제하는 시간, 오락 또는 운동 등이 포함된다. 경험적 연구결과, 숙제하는 시간은 학교성적과 관계없이 비행과 유의미한 관계를 보이지만, 다른 사회적 유대에 비해 약한 상관관계를 보여 상대적인 중요성은 낮았다.

그러나 참여가 비행에 미치는 영향이 다른 유대 요인보다 약하다는 허쉬의 발견과는 달리, 국내 연구에서는 참여가 비행과 중요한 관계를 맺고 있음이 밝혀졌다. 특히, 공부에 관련된 참여, 즉 공부하는 시간은 비행과 부적인 상관관계를 보였다(김준호 외, 1989; 김준호 · 노성호, 1992).

이처럼 우리나라에서는 공부하는 시간이 비행과 관련하여 매우 중요한 요소인데, 그 이유는 공부하는 시간이 허쉬가 주장한 사회유대로서의 참여 이상의 의미를 가지기 때문이라고 볼 수 있다. 학생에게 가장 큰 목표는 우수한 대학에 진학하는 것이다. 이를 위해서는 끊임없는 노력과 시간이 필요하다. 학생에게 공부하는 시간이 가지는 의미는 공부로 인해 시간이 부족해서 비행을 저지를 여유가 없다는 참여의 개념을 넘어서서, 목표를 이루기 위해서 오랜 시간 공부하려고 노력하는 공부에 대한 마음가짐과 태도의 측면에서 더 중요하다. 즉 공부하는 시간이 많다는 것은 학생이 교육적 목표를 이루기 위해 노력하고 있으며, 미래의 목표에 대한 애착을 가지고 있음을 보여주는 것이다. 이러한 맥락에서, 비행과의 관계에서 학교성적과 함께 공부하는 시간은 매우 중요한 요소라고 할 수 있다.

4 교육에 있어서의 아노미

공부 또는 교육에서의 아노미 개념 역시 비행에 영향을 미치는 요인으로 볼 수 있다. 머튼(Merton, 1938)은 일탈행동을 설명하면서 아노미 개념을 사용하였는데, '문화적으로 규정된 목표'와 이를 달성하기 위한 '제도화된 수단'을 구분하고, 이 둘 사이에 격차가 생길 때 구조적 긴장이 발생하고 여기에서 아노미상태가 나타난다고 보았다. 즉 아노미란부의 획득이나 사회적 성공과 같은 문화적 목표를 성취할 수 있는 제도적 수단이 사회구조적으로 차별적으로 배분되어 있으므로 인해서 발생하는 문화적 목표와 제도적 규범 간에 발생하는 괴리 상태를 의미한다. 이러한 아노미상태는 사람들로 하여금 범죄를 저지를 가능성을 증가시킨다.

아노미이론은 거시이론에 해당하기 때문에 개인 차원에서 경험적으로 검증하기 위해서 긴장이론가들은 아노미 개념을 새롭게 조작적 정의할 필요가 있었으며, 문화적 목표와 제도화된 수단 간의 격차를 '열망과 기대 간의 심리적 격차'로 변환하여 측정하였다. 이런 맥락에서 과거 한국에서 아노미이론을 검증한 경험적 연구는 아노미를 청소년의 교육에 대한 열망과 기대 간의 격차로 조작적 정의하였다(한완상, 1973). 여기서 청소년의 교육에 대한 '열망'은 '현실적인 여건을 고려하지 않은 상태에서 어느 정도까지 교육받기를 원하는가?'로, '기대'는 '현실적인 여건을 고려했을 때 어느 정도까지 교육을 받을 수 있는가?'로 측정하였다.[7]

이러한 기대 수준의 측정은 두 가지로 구분된다. 하나는 기회제약인지로서 사회환경적(경제적) 제약에 의한 기대 수준을 의미하며, 경제적 어려움으로 인해서 원하는 만큼 교육을 받지 못하는 정도이다. 다른 하나는 능력제약인지인데 본인의 능력적 제약에 의한 기대 수준으로 본인의 능력이 부족함으로 인하여 원하는 만큼 교육을 받지 못하는 정도를 의미한다. 이처럼 개념을 구분했을 때, 아노미이론의 주장에 더 적합한 것은 능력제약인지보다는 기회제약인지라고 할 수 있다. 이는 아노미이론의 출발점이 하층계급이 중산층보다 비행을 더 많이 하게 되는 구조적 원인을 설명하는 데 있기 때문이다. 즉 청소년 자신은 더 교육받기를 원하지만, 계층적 또는 경제적 지위에 따른 제약으로 인해 원하는 만큼 교육받을 수 없을 때, 이 격차로 인해 아노미상태가 발생하게 된다. 이러한 제약은 결국 청소년 비행의 원인이 된다고 본 것이다.

그런데 여기서 기회제약인지라는 개념이 우리나라의 교육 현실을 설명하는 데 얼마나 타당한지를 다시 검토할 필요가 있다. 현재 우리 사회는 경제적으로 많이 성장하였고, 자녀의 교육에 대한 사회적 열망이 크게 증가하여 고등학생의 대학진학률이 크게 높아졌으며, 더 우수한 대학에 진학하고자 하는 경쟁이 심하다. 그런데 청소년이 우수한 대학에 진

---

7 가정의 경제적 어려움으로 인해서 원하는 만큼 교육을 받지 못함으로 인해 발생하는 긴장의 정도를 측정한 것으로, 경제발전 수준이 낮았던 70-80년대에는 흔히 볼 수 있었던 현상이다.

학할 수 있는지 여부는 이제 집안의 경제적 여건보다는 본인의 성적에 의해 결정된다고 해도 과언이 아니다. 물론 아직도 우리나라의 모든 가정이 자녀를 여유 있게 대학에 보낼 수 있을 정도는 아니라고 해도, 과거와 비교했을 때 경제적 여건보다는 성적이 대학 진학에 있어 더욱 중요한 요인으로 작용하고 있다는 점은 부인할 수 없다.

이러한 상황에서 아노미 개념을 교육에 대한 열망과 기대의 격차로 정의하기보다는, 청소년의 학교성적에 대한 열망과 기대의 격차로 보는 것이 비행을 설명하는 데 있어 더 의미 있다고 할 수 있다(김준호 외, 1989). 자녀의 교육에 대한 부모의 관심과 영향력이 비정상적으로 커진 한국 사회에서 부모는 자녀가 우수한 대학에 진학해 좋은 직장을 얻고 성공하기를 기대한다. 그러나 우수한 대학교에 진학할 수 있는 학생은 전체 입시생 중 극히 일부에 불과하다. 대학입시는 청소년의 인생을 결정짓는 중요한 사건으로 자리 잡았으며, 청소년에게 큰 부담을 주고 있다. 부모의 높은 기대를 충족하지 못하는 자녀들은 부모와 갈등이 발생할 가능성이 커지며, 이러한 상황에서 청소년이 긴장을 경험하고 비행으로 빠질 가능성도 증가한다. 이러한 맥락에서, 한국적 의미의 아노미는 '자녀의 성적에 대한 부모의 열망과 자녀의 실제 성적 간의 격차'로 정의될 수 있다. 이를 다른 용어로 표현하자면, '공부압력'이라는 개념으로 설명할 수 있다. 김준호 외(1989)의 연구에 따르면, 부모의 열망과 자녀의 현재 성적으로 정의되는 공부압력은 고등학생의 비행과 유의미한 관계를 가지고 있음이 밝혀졌다.

공부 잘하는 것이 최고의 가치로 여겨지는 상황에서 부모와 자녀의 관계는 자녀의 성적에 의해 영향을 받을 수밖에 없다. 자녀가 부모의 기대에 부응할 만큼 공부를 잘하면 큰 문제가 없겠지만, 부모의 기대만큼 성적이 좋지 못할 경우, 성적은 부모와 자녀 간의 관계에도 영향을 미칠 수 있다.[8] 특히, 형제 중에서 자신만 성적이 좋지 않아 비교당하거나 부모로부터 인정을 받지 못하는 청소년은 부모에 대한 올바른 애착을 형성하기 어려워지고, 가정에서 소외되며, 비행을 저지를 가능성이 높아진다.

김준호 외(1989)의 연구에 따르면, 사회경제적 변인, 공부압력, 부모의 불인정, 비행친구와의 접촉 등의 변수를 사용하여 비행에 대한 경로분석을 수행한 결과, 공부로 인해 부

---

8 자녀의 성적이 좋다고 해서 부모와의 관계가 항상 좋은 것은 아니다. 부모의 기대는 현재 자녀의 성적을 바탕으로 그보다 높게 형성되기 때문에 자녀가 좋은 성적을 거두더라도 자녀가 성적으로 인한 긴장을 경험할 가능성은 언제나 존재한다.

모로부터 받는 불인정은 지위비행, 폭력비행, 재산비행 모두에 영향을 미쳤는데, 비행친구와의 접촉을 통한 간접효과뿐만 아니라, 직접효과도 가지는 것으로 드러났다. 이처럼 우리나라에서는 공부나 성적으로 인해 부모가 자녀에게 가지는 불만족 또는 불인정이 비행의 중요한 원인 중 하나라고 볼 수 있다.

한편, 교육에서 아노미의 척도인 기회제약인지와 비행의 관계를 분석한 결과, 중학생의 경우 지위비행과 유의미한 관계를 보였으며, 고등학생의 경우 모든 비행유형과 유의미한 관계를 보였다. 그러나 이 관계의 방향은 이론적 예측과 정반대로 나타나 기회제약인지를 덜 느끼는 청소년이 오히려 비행을 더 많이 저질렀다. 이는 우리나라에서 경제적 어려움으로 인해 원하는 공부를 못하는 것이 비행과 관련해 의미가 없음을 시사한다. 한편, 능력제약인지는 중학생 비행에 약간의 영향을 미칠 뿐, 고등학생 비행에는 전혀 영향을 미치지 않았다. 이상의 결과는 교육 측면에서 긴장 요인이 비행과 큰 연관을 가지지 못함을 보여준다(김준호 · 노성호, 1992).

그러나 공부와 관련된 부모 요인은 학생의 비행에 영향을 미쳤다. 부모의 자녀 공부에 대한 만족도는 고등학생의 비행에 상당히 큰 영향을 미쳤다. 부모가 자녀의 성적에 만족하지 못하면 자녀를 공부하라고 다그치게 되며, 때로 이러한 불만족이 지나치게 심화되고 누적되면 부모는 아예 자녀의 성적에 대해 포기하고 무관심해지는 경우도 있다. 이러한 상황에서는 부모와 자녀의 관계가 정상적으로 유지되기 어렵고, 이러한 갈등 속에서 청소년이 나쁜 길로 빠질 가능성이 커진다. 비슷한 맥락에서, 본인이나 부모가 바라는 대학에 진학할 가능성도 비행과 유의미한 관계를 보였다.

부모가 바라는 성적과 청소년의 현재 성적 간의 격차를 의미하는 객관적인 공부압력도 중학생의 모든 비행유형과 유의미한 관계를 보였는데, 격차가 큰 학생일수록 비행을 많이 저지르는 경향이 나타났다. 특히 가출과 무단결석이 공부압력의 영향을 많이 받았는데, 이는 부모로부터 공부에 대한 압력이 과도할 경우 청소년에게 집은 더 이상 머물고 싶은 곳이 아니게 되고, 학교 역시 가고 싶지 않은 장소가 되기 때문에 가출이나 무단결석이 증가한다고 볼 수 있다. 한편, 고등학생의 경우 약물남용을 제외한 대부분의 비행유형에서 객관적 공부압력과 유의미한 관계를 보였다. 고등학생도 공부압력이 증가할수록 비행을 많이 저지르며, 이는 주어진 공부에 대한 압력을 음주, 흡연, 또는 미성년자 출입금지 장소 출입과 같은 금지된 행동을 통해 해소하려는 경향이 많기 때문으로 해석된다.

SECTION 03 청소년 비행에 영향을 미치는 학교 관련 요인

1 교사에 대한 애착과 학교에 대한 애착

학교와 비행의 관계에 있어서는 교사에 대한 애착과 제도로서의 학교에 대한 애착은 중요한 논의 주제이다. 많은 연구는 학교에 대한 만족, 학교에 대해서 가지는 감정적 결속, 학교와의 동일시가 비행에 직접적으로 또는 간접적으로 영향을 미친다는 결과를 보인다(Frease, 1973; Hirschfield and Gasper, 2011; Hirschi, 1969; Kelly and Balch, 1971; Kelly and Pink, 1973; Wiatrowski et al., 1981).

청소년이 학교에 대해 느끼는 애착과 비행의 관계는 여러 학자의 관심 대상이 되어 왔다. 허쉬(Hirschi, 1969)는 사회유대의 한 요소인 애착을 부모에 대한 애착, 학교에 대한 애착, 친구에 대한 애착으로 구분하고, 학교에 대한 애착을 비행을 억제하는 중요한 요소로 보았다. 학교에 대한 애착은 학교와의 동일시, 학교에 대한 태도, 교사에 대한 태도 등을 통해 측정된다. 허쉬는 학교와 교사에 대한 애착이 청소년으로 하여금 동조에의 투자를 증가시켜 비행을 감소시킨다고 주장하였다. 반면 학교에서 실패를 경험하거나 교사에 대한 애착이 결여될 경우, 청소년은 비행을 저지름으로써 잃을 것이 더 이상 없다고 느끼게 되어 비행 가능성이 높아진다.

힌델랑(Hindelang, 1973)은 학교에 대한 애정과 교사의 의견에 대한 존중이 비행과 부적인 관계가 있음을 밝혔으며, 켈리와 발치(Kelly and Balch, 1971)는 학교를 좋아하지 않는 청소년이 학교를 좋아하는 청소년보다 비행자가 될 가능성이 높다고 보았다. 히르쉬필드와 가스퍼(Hirschfield and Gasper, 2011)는 학교 참여(engagement)를 세 가지 하위 유형으로 구분하였다. 첫째, 정서적 참여는 학교, 교사, 동료들에 대한 정서적 애착을 의미한다. 둘째, 행동적 참여는 과제나 숙제와 같은 학업 관련 활동에의 참여를 뜻한다. 셋째, 인지적 참여는 학업 과제에 대한 심리적 투자와 어려운 과제를 해결하려는 노력을 의미한다.[9] 세 가지 참여 유형 중, 정서적 참여와 행동적 참여는 학교 비행과 일반 비행을 감소시키

9 이 연구에서 정서적 참여는 학교에 대한 애착 및 교사에 대한 애착과 유사한 개념이며, 행동적 참여는 허쉬의 사회유대 중 참여(involvement)와 유사하고, 인지적 참여는 허쉬의 관여(commitment)와 개념적으로 유사하다.

는 데 영향을 미쳤으며, 특히 행동적 참여의 영향이 가장 컸고, 정서적 참여는 제한적인 효과를 보였다. 이처럼 학교 참여는 비행행동을 예방하는 중요한 요인으로 작용하지만, 참여 유형에 따라 그 효과가 다르게 나타났다.

김준호와 노성호(1992)의 연구에 따르면, 교사와의 관계가 비행에 미치는 영향은 중학생과 고등학생 모두 유의미하였다. 교사에 대한 애착은 중학생의 지위비행, 폭력비행, 약물남용 등 3개의 비행유형과 고등학생의 6개 비행유형 모두에 유의미한 영향을 미쳤다. 또한, 교사를 좋아하는 정도 역시 중학생과 고등학생의 비행에 유의미한 영향을 미쳤다. 한편, 학생이 학교에서 느끼는 행복감과 편안함이 높을수록, 그리고 제약감이 낮을수록 비행을 저지를 가능성이 줄어들었다. 아울러, 학교에 대한 애착(즉, 학교를 좋아하는 정도)은 전체적으로 중·고등학생의 모든 비행유형에 강한 영향을 미친 것으로 나타났다.[10]

학생이 학교에 대해 가지는 애착은 학교에서의 소외감과 직접적으로 연결된다. 학생이 학교에 대해 애착을 느끼지 못하면, 학교에서 소외감을 느끼게 되며, 이로 인해 비행 가능성이 더욱 증가하게 된다. 또한, 교사에 대한 애착은 학생에게 관습적인 규범이 전수되는 근원으로 작용할 뿐만 아니라, 비행을 억제하는 개인 간 투자의 근원으로서도 중요한 역할을 한다.

② 학교에서의 소외

학교성적이 낮은 학생은 학교에서 인정받기 어려워, 학교생활을 가치 있고 의미있다고 여기지 않을 가능성이 높다. 이러한 학생은 학교에서 소외를 경험할 가능성이 높으며, 학교에서의 소외는 청소년 비행과 밀접한 관계가 있다. 이밖에 성적과 직접적인 관련은 없지만, 다음과 같은 요소들도 학생의 소외와 관련이 있다.

첫째, 교육내용과 관련하여, 학교에서 가르치는 내용이 실제 생활과 관련이 없다고 느끼는 학생은 학교 수업을 시간 낭비로 생각하는 경향이 있다. 둘째, 전통적으로 학생은 학

10 최근에도 학교 요인과 비행의 관계에 대한 연구들이 수행되었지만, 학교 적응 또는 부적응 등 포괄적으로 개념화하여 측정하였기에 교사에 대한 애착, 학교에 대한 애착 등을 별도로 구분하여 비행과의 관계를 탐구한 연구는 거의 없다.

교에서 수동적으로 교사가 전수하는 지식을 받아들이는 것이 올바른 역할로 여겨지기 때문에, 학생은 자신이 받는 교육의 성격이나 내용 등 중요한 결정 과정에 참여하지 못하고 이로 인해 소외감을 느끼게 된다. 셋째, 심각한 문제로 대두된 집단 따돌림(괴롭힘)이다. 학생 간에 특정 학생을 따돌리거나 괴롭히는 현상이 발생하면서, 소외된 학생이 학교에 적응하는 데 어려움을 겪고 있다.

김준호와 노성호(1992)에 따르면, 학생이 학교에서 느끼는 소외감은 제한적으로 비행에 영향을 미쳤는데, 중학생의 지위비행과 고등학생의 절도에 강한 영향을 미쳤다. 학교에서 소외감을 많이 느끼고 학교에 대한 애착이 적을수록, 비행을 더 많이 저지르는 경향이 있다.

또한, 최근에는 학교 관련 요인을 학교생활 적응 또는 부적응 개념을 중심으로 비행을 설명하는 경향이 있다. 연구마다 학교생활 적응이라는 개념의 조작적 정의에는 약간 차이가 있지만, 대체로 학교생활 적응은 비행을 억제하는 중요한 요인이며(임희연 외, 2023; 전신현 · 이성식, 2021), 반대로 학교생활 부적응은 비행의 발생 및 지속에 중요한 역할을 하고 있다(윤옥경, 2008; 정진성 · 장응혁, 2023). 이는 중고등학생 시절에 학교생활에 제대로 적응하지 못하는 것은 비행에 빠질 가능성을 크게 높이는 요인임을 보여준다.

이상에서 살펴본 바와 같이, 많은 연구결과는 학교 변인이 비행과 직접적 관계가 있음을 보여준다. 그러나 이러한 학교 변인이 비행친구와의 접촉에 영향을 미침으로써 간접적으로 비행에 영향을 미친다는 사실을 경험적으로 지지하는 연구도 있다(Akers et al., 1979; Elliott and Voss, 1974; Jensen, 1972; Reiss and Rhodes, 1963; Voss, 1964). 학교에서의 실패는 비행자와의 접촉을 유발하고, 이는 결국 청소년을 비행에 빠뜨린다고 보는 것이다. 리차드(Richards, 1979)는 청소년 친구가 가지는 특성이 청소년 비행의 강력한 예측 요인이며, 학교 경험은 친구집단 형성에 영향을 미침으로써 비행에 간접적 영향을 미친다고 결론지었다. 이처럼 다양한 학교의 하위차원은 비행행동과 직접적으로 관계될 뿐만 아니라, 친구집단과 형성에 영향을 미침으로 비행에 간접적 영향도 미치고 있다.

SECTION 04 학업 중단과 비행

학업을 중단한 청소년의 비행이 그렇지 않은 학생보다 많다는 점은 일반적으로 받아들여진다. 외국과 마찬가지로, 우리나라에서도 학업을 중단한 청소년에게는 중도탈락자라는 이미지와 함께 문제가 있는 청소년이라는 부정적인 인식이 부여되는 경향이 있다.[11] 이에 비행을 연구하는 학자들은 학업 중단과 비행 간에 어떤 인과적 영향이 존재하는지에 관심을 가지는데, 비행 이론에 따라서 두 요인 간의 인과관계의 형태는 달라진다(Jarjoura, 1996).

첫 번째로, 학업 중단이 그 이후에 더 많은 비행을 저지르게 되는 원인이 된다고 보는 입장이 비행 이론에서 주류를 이루고 있다. 학업을 중단한 청소년은 이전보다 더 많은 비행을 저지르며, 학업 중단이 직접적 원인이라고 설명한다. 즉 학교 부적응을 경험하고 다양한 행동상의 문제에 직면한 청소년이 학업을 중단하게 되면 학교라는 제약이 사라지면서 더 많은 비행을 저지를 가능성이 높아진다고 본다. 손베리와 그의 동료들(Thornberry et al., 1985)의 연구에서도 학업 중단자 중 체포된 사람들의 비율이 학교를 떠난 해부터 증가하며, 이는 25세에 이를 때까지 고등학교 졸업자의 체포율보다 지속적으로 높게 유지된다는 점을 발견하였다. 이러한 경향은 사회계층이나 인종과 관계없이 나타나고 있다.

두 번째로, 학업 중단과 비행행동 사이에 실질적인 관계가 없다고 보는 입장이다(Hawkins and Lishner, 1987). 학업 중단과 비행의 관계는 허위관계로서, 학교에서의 부정적 경험이나 학교에 대한 애착이 동시에 비행과 학업 중단에 영향을 미친다고 본다. 즉 청소년의 학업 중단과 비행행동은 직접적인 인과관계를 가지는 것이 아니지만, 두 요인 모두 학교에서의 부정적 경험에 의해 동시에 영향을 받음으로 인해 마치 관계가 있는 것처럼 보인다는 것이다.

세 번째로, 학업 중단이 비행을 감소시킬 것이라고 보는 견해도 있다. 학업을 중단하면 더 이상 학교에서 부정적인 경험을 하지 않게 되어, 비행을 유발하던 긴장 요인이 사

11 과거에는 학업 중단이 주로 문제행동이나 사고로 인한 경우가 많았기 때문에 이러한 인식이 크게 틀리지 않았다고 볼 수 있다. 그러나 최근 우리나라에서는 학업 부진이나 비행과 같은 문제행동으로 학업을 중단하는 사례 외에도, 좋은 내신등급을 받기 위해 검정고시를 준비하거나 홈스쿨링을 선택하는 등의 다른 이유로 학업을 중단하는 경우가 증가하고 있다. 이러한 경우에는 기존의 부정적 인식이 해당되지 않는다고 할 수 있다.

라지고, 이에 따라 학업 중단 이후 비행이 줄어든다고 본다. 이러한 관점은 코헨(Cohen, 1955)의 이론과도 일치한다. 코헨의 비행하위문화이론에 따르면, 하층계급의 청소년은 중산층의 가치 기준에 따라 운영되는 학교의 인습적 지위 기준을 충족시키는 데 어려움을 겪는다. 이들은 학교에서 적응하지 못함으로써 학업적 및 사회적 행위에서 좌절을 경험한다. 결과적으로, 하층계급 청소년에게 학교는 비행의 원인이 되는 실패와 긴장을 유발하는 장소가 된다. 이러한 논리에 따르면 학업 중단은 비행이나 범죄의 동기와 긴장 요인을 감소시키는 역할을 할 수 있다. 엘리어트와 보스(Elliott and Voss, 1977)는 이러한 가설을 검증하기 위해, 고등학교 졸업자와 학업 중단자의 공식적으로 기록된 범죄율을 19세까지 비교하였다. 그 결과 전반적으로 학업 중단자들의 범죄율이 고등학교 졸업자보다 높았지만, 재학 시절의 매우 높았던 범죄율이 학업 중단 이후 현저히 감소한 것으로 나타났다.[12]

학업 중단의 영향은 청소년이 학업을 중단한 이유, 인종, 연령, 성별 등의 요인에 따라 달라진다. 예를 들어 경제적 어려움, 학업 부진, 학교 부적응, 문제행동 등 어떤 요인으로 학업을 중단하였는가에 따라서 결과가 다를 수 있다. 이러한 변수들을 통제하면 학업 중단과 청소년 비행 사이의 관계는 대부분 통계적으로 무의미해진다는 점이 밝혀졌다.

이처럼 학업 중단과 비행의 관계를 명확히 밝히는 것은 쉽지 않다. 앞서 제시된 연구 결과에서도 나타나듯이, 학업을 중단한 청소년은 졸업한 청소년보다 비행률이 높게 나타난다. 이는 두 요인 간에 통계적으로 높은 상관관계를 보인다는 것을 의미하지만, 중요한 것은 상관관계가 인과관계를 증명하지는 않는다는 점이다. 학업 중단 자체가 비행을 유발하는지에 대해서는 세밀한 검증이 추가적으로 이루어져야 한다.

학교중퇴와 비행 간에 관련성이 높다는 것은 우리나라의 청소년 범죄 공식통계에서도 나타난다. 중·고등학교의 재학생이나 졸업생과 학업 중단자들의 공식 통계상의 범죄율을 비교하였을 때 학업 중단자의 범죄율이 다른 범주보다 월등히 높음을 보여주고 있다(김성언·노성호, 1999). 재학생, 중퇴자, 졸업자의 1만 명당 형법범죄율을 비교해 보면 지난 30년간 학교를 중도탈락한 학업 중단 집단의 범죄율이 엄청나게 증가하였음을 알 수 있다. 학업 중단 집단의 범죄율은 1966년 441명에서 1995년에는 4,018명으로 약 8배가 증

12 이러한 범죄율 감소가 긴장과 좌절로 가득 찬 학교 환경에서 벗어난 결과인지, 아니면 청소년이 성장하면서 17세 이상부터 법규 위반이 줄어드는 일반적 경향으로 인한 것인지는 명확히 밝혀지지 않았다.

가하였다. 이에 반해서 졸업자 집단의 범죄율은 1966년에 75.2명에서 1995년에는 306명으로, 재학생의 범죄율은 1966년에 26.9명에서 1995년에는 68.6명으로 높아졌다. 2023년에 재학생의 범죄율은 65.1명으로 1995년과 큰 차이를 보이지 않지만, 졸업자 집단은 32.5명으로 1995년에 비해서 많이 감소하였고, 학업 중단 청소년도 1,319로서 1995년에 비해서는 많이 감소하였다.[13] 그렇지만 집단별로 비교할 때 학업 중단 청소년의 범죄율은 재학생이나 졸업생 집단보다 압도적으로 높은 비율을 보인다.

최근 중 · 고등학교에서 학업을 중단하고 홈스쿨링을 하거나 대안학교를 선택하는 사례가 늘어나고, 대학입시에서 좋은 내신성적을 받기 위해서 학교를 중단하거나, 공적인 학교 교육의 필요성을 느끼지 못하고 자신만의 꿈을 이루기 위해서 학업 중단하는 학생의 수가 점차 증가하고 있다. 그럼에도 불구하고 가족 해체, 낮은 사회경제적 지위 등 가정환경이나 학교 부적응을 원인으로 학업을 중단하는 사례가 여전히 많고, 학업을 중단하는 청소년의 많은 부분이 문제행동이나 비행행동 등이 원인이 되는 경우가 많다. 통상 문제 청소년이 학교를 중퇴하는 경우가 많다는 점을 고려해볼 때, 문제 청소년의 행동특성으로 나타나는 무단결석이나 학업중단은 비행을 야기하는 것과 동일한 원인에 의해서 발생하는 것으로 해석하는 것이 더 타당한 것으로 보인다(김현숙, 2023). 따라서 학업 중단과 비행은 동일한 제3의 원인에 의해 나타나는 다른 형태의 결과라고 보는 것이 더 적절하다. 즉 경험적 연구에서 학업 중단과 비행 간에 높은 상관관계를 보이는 것은 같은 원인에 의해서 영향을 받는 일종의 허위관계로 이해하는 것이 타당할 것이다. 물론 학업 중단 이후 중단 자체가 가져오는 비행유발 요인으로서의 영향은 추가적으로 더 연구될 필요가 있다.

13 졸업생 집단의 범죄율이 급격히 감소한 것은, 통계적으로 1995년에 비해 졸업생 수가 크게 증가한 현상에서 기인한 것으로 보인다. 한편, 학업 중단 집단의 범죄율 감소는 학업 중단 청소년의 증가와 동시에 형법 범죄자의 숫자 감소에서 비롯된 것으로 해석된다.

SECTION 05 우리나라의 학교와 비행 관계의 특징

우리나라의 교육시스템에 대한 비판이 계속되고 있으며, 이런 불만 때문에 어려서부터 자녀를 외국으로 조기유학 보내는 부모도 점점 늘어나고 있다. 뿐만 아니라 시간이 지날수록 자녀 교육에 대한 부모의 관심은 더 커지고 있어서, 자녀 교육의 모든 것을 부모가 결정하고 자녀는 그저 수동적으로 따라가는 것이 현실의 모습이다. 부모는 자녀를 어려서부터 지나치게 학원이나 과외에 내몰아 공부시킨다. 특히 선행학습이라는 이름으로 초등학생이 중·고등학교 교과 내용을 배우는 경우가 많아지고 있다. 이는 단순히 학업성취를 넘어, 아이의 연령에 맞지 않는 과도한 학습 부담을 안게 되는 결과로 이어지고 있다. 결국 우리나라의 아동과 청소년은 어려서부터 부모가 만들어 놓은 틀 속에서 공부를 강요받으며, 창의성과 자율성보다는 경쟁과 성적 중심의 교육 환경에 노출되고 있다.

이러한 부모의 관심은 궁극적으로 자녀를 좋은 대학에 보내 행복한 미래를 만들어주고자 하는 기대에서 비롯된다. 그러나 우리나라의 교육제도와 자녀 교육에 대한 부모의 과도한 관심은 결국 학생에게 큰 부담으로 이어진다. 좋은 대학에 진학할 수 있는 인원수가 한정된 상황에서, 부모의 기대에 부응하지 못하는 많은 학생은 심리적 부담을 느끼고, 자신을 실패자나 낙오자로 인식하게 된다. 이들은 부모의 기대와 강한 압박 속에서 억지로 공부하는 흉내를 내고, 학교에서도 좋은 대학의 진학이 어려운 학생으로 인식되면서, 집과 학교 모두에서 중압감과 불안감의 포로가 될 가능성이 높다. 이러한 현상은 초등학교나 중학교보다 고등학교에서 더욱 두드러지게 나타나며, 이는 우리나라 교육 현실의 단면을 보여주고, 우리 사회의 구조적 문제를 반영하는 것이다. 타의에 의해 청소년의 가치 중심이 이미 공부와 진학에 초점이 맞춰져 있으며, 청소년이 교사와 맺는 관계 또한 학교성적에 의해 근본적으로 결정되는 경향을 보인다.

가정과 학교에서 적응하지 못하는 청소년이 압박감과 중압감을 해소하는 방법은 개인의 성격과 환경에 따라서 다양하게 나타날 수 있다. 그렇지만 일부 청소년은 심리적 압박감의 해소를 위해서 자연스럽게 음주나 흡연을 시작하게 되고, 미성년자들이 출입할 수 없는 장소에 드나들게 된다. 더 나아가 이들은 무단결석이나 가출과 같은 행동을 하게 되며, 결국 비행친구를 사귀게 되면서 더 중한 비행을 저지르게 된다.

한편, 가정의 사회경제적 지위와 성적을 중심으로 비행의 분포를 살펴본 결과, 비행을 가장 많이 저지르는 집단은 가정이 경제적으로 여유 있지만 성적이 낮은 학생이다. 이를 통해 우리나라의 학생 비행의 특징에 대해 다음과 같은 설명이 가능하다.

우리나라에서는 부모의 지나친 교육열로 인해, 가정의 경제적 사정이나 부모의 기대를 고려했을 때 학생 자신이 희망하는 교육 수준보다 더 높은 교육 수준을 요구받는 경우가 발생한다. 예를 들어, 청소년 자신은 대학교까지 졸업하기를 원하지만, 부모의 기대와 경제적 여건 때문에 대학원까지 공부해야 하는 상황처럼 일부 청소년은 자신이 원하는 수준 이상으로 공부할 것을 부모로부터 요구받을 수 있다. 이러한 현상은 대체로 가정의 수입, 부모의 직업과 교육 수준 등의 사회경제적 지위가 높은 경우가 많이 나타난다. 이러한 학생은 자신의 기대 이상으로 공부를 요구받으면서 심리적 압박감을 느끼며, 이로 인해 그렇지 않은 청소년에 비해 비행 수준이 높게 나타나는 경향이 있다.

부모의 높은 기대를 받고 있지만 공부를 잘하는 학생은 어느 정도 부모의 기대를 충족시키고 있어 비행 수준이 상대적으로 낮다. 이는 이들이 공부를 잘하기 때문에 부모의 기대로 인한 공부 압력을 덜 받기 때문이다. 그러나 부모의 높은 기대를 받으면서 공부를 잘하지 못하는 학생은 부모의 기대를 충족하지 못해 성적에 대한 부모의 높은 기대로 인해 공부 압력이 심화되며, 그 결과 비행을 더 많이 저지르는 것으로 나타났다. 이들의 비행 수준은 대체로 모든 비행 유형에서 전체 평균의 2배에 이르는 것으로 확인되었다.

결론적으로, 모든 학생 비행이 부모의 기대와 공부 압력에서 비롯되는 것은 아니지만, 상당수의 학생 비행은 경제적으로 여유 있는 가정에서 자라면서 부모로부터 자신의 능력 이상으로 많은 기대를 받는 청소년이 기대만큼 공부를 잘하지 못하면서 공부 압력을 받는 결과로 나타난다고 볼 수 있다. 이러한 현상은 대부분의 비행 유형에서 나타나지만, 특히 지위 비행에서 더욱 분명히 드러난다.

CHAPTER

07 친구와 청소년 비행

유 · 아동기 어린이는 시간의 대부분을 함께 보내는 부모로부터 지대한 영향을 받지만, 청소년기로 접어들면서 그들에게 큰 영향을 미치는 집단이 달라진다. 즉 부모의 영향력으로부터 점차 벗어나 독립적인 활동을 추구하는 청소년은 부모나 가족보다 친구로부터 더 큰 영향을 받게 된다. 8~14세의 청소년은 집 바깥으로 친구 집단을 찾아 나서며, 이후 청소년기에 본격적으로 접어들면서 우정을 맺는 친구의 유형과 숫자가 증가한다. 학교생활과 방과 후 활동 등에서 친구와 함께 보내는 시간이 부모나 가족과 함께하는 시간보다 훨씬 많아지는 청소년기에는 친구와 공동 관심 분야에 대해 의견을 나누고, 자신의 비밀을 털어놓으며 고민을 상담하는 기회가 늘어난다. 이러한 과정에서 청소년은, 동일한 혹은 유사한 고민과 관심사를 가지고 정서적인 지원을 제공하는, 친구들을 '동일 집단'으로 인식하며, 또한 일신상의 중요한 결정을 내릴 때 친구가 부모보다 더 큰 영향력을 발휘하게 된다(Berndt, 1982; Berndt and Perry, 1986).

친구 집단은 청소년기의 사회화 과정에서 중대한 역할을 한다. 해리스(Harris, 1988)는 친구 집단이 청소년의 생활에 중대한 영향력을 발휘하여 집단의 가치에 순종하도록 압력을 가하고, 친구 집단의 영향력은 청소년의 장기적인 행동 발달 과정에서 부모의 역할보다 더욱 주요하게 작용한다고 주장하였다. 청소년은 자기 생각과 고민을 친구와 공유하고, 또한 친구의 생각과 고민을 간접적으로 경험하며 자신이 결코 혼자가 아니라는 사실을 인지하게 된다(Rathus, 1988). 청소년은 부모와 가족보다 오히려 친구 집단 내에서 자신의 감정을 표현하고 생각을 전달하는 방법, 정보를 공유하고 협력하는 방법, 충동적인 공격성에 대응하고 문제를 해결하는 방법 등을 습득하면서 성장한다. 이처럼 친구 집단은 그 특징과 성격에 따라 집단에 속한 청소년에게 막대한 영향을 미치기 때문에 청소년의 성장 과정 중 반드시 주목해야 할 논제이다.

청소년기의 친구 관계 형성은 개인의 일생에 영향을 미치는 중대한 요소이다. 청소년기에 좋은 친구를 사귀는 일이 인생 전반에 걸쳐 매우 중요하다는 사실을 어른들은 자녀에게 반복해서 강조한다. 청소년 자녀가 비행 및 범행을 저질러 학교의 교칙이나 법률에 따라 처벌을 받는 상황이 되면, 부모들은 자기 자식은 착한 학생인데 불량한 친구로 인해 잘못된 행동을 하게 되었다는 푸념을 늘어놓기도 한다. 그러나 학교의 교사나 파출소의 경찰관이 "당신의 자녀는 이전에도 여러 번 불량한 행위를 저질렀고, 이번에도 행실이 비슷한 아이들과 끼리끼리 어울리다가 말썽을 피운 것이다. 괜히 남의 집 아이를 탓할 필요 없다."라고 지적하면, 부모로서 더 이상 할 말이 없는 난처한 경우에 놓이기도 한다.

청소년 비행을 설명하는 데 있어 친구 영향을 제시하지 않는다면 청소년 일상생활의 핵심 요인을 논의하지 못하는 것이기 때문에 청소년 비행에 대한 완전한 설명이 이루어지지 않는다. 따라서 이 장에서는, 청소년기의 친구가 비행에 미치는 영향을 설명하는, 다양한 이론을 통해 몇 가지 논쟁에 대해 이해하고자 한다. 특히 비행친구와의 접촉과 비행 간의 상관관계뿐만 아니라 인과적 선후 관계에 대한 논의를 비교·검토하고자 한다. 또한 우리 사회에서 청소년 비행집단의 유형을 구분하는 기준을 확인하고, 유형별 청소년 비행집단의 구조와 특성 및 비행집단 구성원들의 활동에 대해 파악하고자 한다.

SECTION 01 비행친구와 청소년 비행의 인과관계에 대한 이론적 논의와 논쟁

청소년기의 비행친구가 청소년 비행의 주요한 요인 중 하나라는 사실은 많은 선행 연구에서 공통으로 확인된 중요한 결과이다. 즉, 청소년 비행은 주로 비행친구와의 관계에 의해 발생한다. 비행 경험이 있는 청소년은 그렇지 않은 청소년에 비하여 비행에 대해 호의적인 시각을 가지며, 그들의 친구도 대부분 비행 경험을 가지고 있다는 주장에 대해 대다수의 연구자가 동의한다(김준호, 1993).[1] 비행친구란 자신의 친구에게 비행의 이유와 가치를 제공하고, 비행을 위한 특정 기술을 전수하며, 이에 대한 사회적 타당성이나 감정적 지지를 제공하는 사람으로 인식된다(Akers et al., 1979; Cloward and Ohlin, 1960; Cohen, 1955; Elliott et al., 1985; Liska, 1973; Sutherland and Cressey, 1974). 비행에 대한 경험적 연구들은 비행친구가 청소년 개인의 비행과 밀접한 관계를 가지며, 다른 어떤 변인들보다 비행에 큰 영향을 미치는 변인임을 보여준다(Akers et al., 1979; Conger, 1976; Elliott and Menard, 1996; Elliott et al., 1979, 1985, 1989; Erickson and Empey, 1965; Hepburn, 1976; Hindelang, 1973; Hindelang et al., 1981; Jensen, 1972; Johnson, 1979; Linden and Hackler, 1973; Matsueda, 1982, 1984; Poole and Regoli, 1979; Warr and Stafford, 1991).

청소년 비행에 있어서 비행친구의 중요성에 대해 다수 연구자가 동의함에도 불구하고, 청소년 비행과 비행친구 접촉의 시간적 선후 관계 문제는 가장 치열하게 논의되어 온 주제이다. 기존 비행의 원인에 관한 연구는 비행친구와 어울리는 것이 비행의 주요 원인이라는 것을 밝혀 왔지만, 일부 연구자들은 비행이 비행친구와의 교제에 영향을 미칠 수 있다고 주장하며 이러한 선후 관계에 의문을 제기하였다. 이로써 청소년 비행과 비행친

1 청소년 비행 관련 다양한 연구들에서 밝혀진 오래된 사실은 청소년 비행이 단독보다는 주로 공동으로 범해진다는 것이다. 청소년 비행의 선구적인 연구에서 쇼와 맥케이(Shaw and McKay, 1932)는 비행자의 82%가 집단으로 비행을 범했다는 것을 밝혀냈다. 다양한 후속 연구에서도 청소년 비행의 상당수가 친구와 공동으로 범해졌다고 보고되었다(Erickson and Jensen, 1977; Zimring, 1981). 청소년 비행의 집단적 특성과 더불어, 비행에 가담한 청소년은 경찰에 체포된 적이 있는 친구나 자기보고식 조사에서 스스로 비행을 인정한 친구를 사귀고 있다는 것이 밝혀졌다(Akers et al., 1979; Elliott and Voss, 1974; Hindelang et al., 1981; Hirschi, 1969). 엘리엇과 동료들이(Elliott et al., 1985) 종단적 연구를 실시한 결과, 비행친구 변수는 과거 비행 변인을 제외하면 후기 비행에 상당한 영향을 미치는 유일한 독립변인이라고 결론을 내렸다.

구 접촉 간의 선후 관계를 설명하는 다양한 이론들이 제시되었다.

① 비행친구 선행론

비행친구 선행론은 비행친구와 어울림으로써 친비행적인 가치나 태도를 습득하여 비행을 범하게 된다는 관념으로서 대다수의 연구자가 동의하는 지배적인 견해이다(Akers et al., 1979; Matsueda, 1982; Sutherland, 1947). 이 관점은 비행이 마음이 맞는 친구와의 교류를 통해 얻어지는 보상과 연결되며, 이는 친구로부터 비행과 그 가치를 배우며 친구 압력의 영향을 받는다는 것을 의미한다. 우리 속담 중 '친구 따라 강남 간다'라는 속담은 비행친구와 어울림으로써 비행을 저지르게 되는 상황을 빗대어 사용할 수 있다.

반사회적인 친구와 교류하는 청소년은 그렇지 않은 청소년보다 자신의 성격 구조, 부모 감독, 부모 애착 등과 상관없이 비행 청소년이 될 가능성이 높다(Keenan et al., 1995). 더욱이 청소년이 비행친구와의 접촉을 통해 비행친구 집단의 지원을 얻으면, 비행을 시작할 가능성이 높아질 뿐만 아니라 비행을 지속할 가능성 또한 높아진다. 비록 이전에는 법을 잘 준수하는 청소년이었다 할지라도 그들보다 먼저 비행을 시작한 반사회적 친구와 접촉한다면 비행이나 약물 사용 행위에 빠질 가능성이 비접촉 청소년보다 높아진다(Cole et al., 1995). 이러한 비행친구 선행론을 지지하는 대표적 비행 이론으로는 차별접촉이론, 사회학습 이론, 집단과정 이론이 있다(이성식, 1999).

1) 차별접촉이론

차별접촉이론(Sutherland and Cressey, 1974)은 비행친구와의 접촉이 비행을 유발하는 가장 주요한 원인이며, 청소년이 비행친구와의 접촉을 통해 비행의 기술을 학습하고, 더 나아가 비행을 합리화하고 비행 동기를 유발하는 가치관을 학습한다고 설명한다.

차별접촉이론가의 주장에 의하면, 청소년 비행의 핵심 요인인 '비행 가치의 전달'은 소규모의 비공식 집단에서뿐만 아니라 집합적 경험을 통해서도 이루어지며, 비행 가치의 전달 매체에는 부모, 형제자매, 친구 집단 등이 포함된다. 즉, 차별접촉이론가들은 비행 가치의 전달 매체로 비행친구만을 지목하지는 않는다. 이들은 규범 위반을 일삼는 부모에게서 자라난 아이들, 비행이나 범죄가 많이 발생하는 지역에 거주하는 아이들, 우범 지역 내의 학교에 다니는 아이들도 같은 이유에서 비행을 범할 가능성이 높다고 언급하고 있다.

청소년은 부모로부터 독립된 활동을 추구하고, 가정이나 지역 주민보다 친구와 접촉할 기회가 현저히 많으며, 이로 인해 친구의 가치를 더 높게 평가하는 경향이 있다. 이러한 특성을 가진 청소년의 사회적 가치관 형성은 여타의 사회 집단보다 친구 집단으로부터 지대한 영향을 받는다. 따라서 청소년기의 비행친구 접촉은 사회 규범을 위반하기 위한 동기를 유발하고, 비행 가치를 내면화시킴으로써 비행의 가능성을 증가시킨다. 이러한 이유를 근거로, 학자들은 비행친구 접촉을 비행 가치 습득의 가장 중요한 경로라고 간주한다(Johnson, 1979; Marcos et al., 1986; Massey and Krohn, 1986; Matsueda, 1982).

2) 사회학습이론

차별접촉이론과 유사하게, 사회학습이론도 청소년 비행은 학습 과정을 거친 산물이라고 서술한다. 사회학습이론은 비행친구 접촉이 청소년에게 비행 가치를 학습할 기회를 제공하고, 비행친구와 지속적으로 접촉한 청소년은 규범 위반 행위에 대한 호의적인 가치관을 내면화하고 비행에서 얻을 수 있는 보상에 대한 인식을 강화하기 때문에, 결과적으로 비행의 가능성이 높아진다고 설명한다(Akers et al., 1979). 이러한 과정을 사회학습이론은 '모델링' 개념으로 설명한다. '모델링'이란 개인이 다른 사람의 비행을 관찰함으로써 비행에 대한 정보나 기술을 인지하고 학습하게 된다는 개념이다. 즉, 범죄 의도가 없는 청소년이라 할지라도 '모델링'에 의해 비행에 관심을 가지게 되고, 규범 위반 행위에 대한 호의적인 가치관을 형성함으로써 친구 집단과 함께 비행에 가담할 수 있다.

사회학습이론은 행동 학습 측면에서 '처벌'과 '강화'의 역할을 강조한다. '모델링'을 통해 비행을 학습한 청소년이라도 타인이 비행으로 '처벌'받는 것을 인지하면 학습한 비행을 범하지 않거나, 추후 비행에 가담하지 않는 변화의 가능성을 제시한다. 반대로 비행을 범한 타인이 비행으로 처벌을 받지 않고 오히려 개인적 이득인 '보상'을 취한다면, 청소년은 해당 비행과 관련된 기술을 학습하고 실행하게 된다(Akers et al., 1979; Elliott et al., 1985; Krohn et al., 1985; Warr and Stafford, 1991).

따라서 사회학습이론에 의하면 청소년의 비행은 비행친구에게 비행가치를 학습하거나, 비행친구가 경험한 보상을 간접 경험함으로써 발생할 수 있다. 이러한 점에서 일부 학자는 비행친구로부터 비행 가치를 학습하는 것보다 비행친구의 행동 자체를 학습하여 그대로 따라 하는 모방이 비행의 중요한 원인이 된다고 주장한다(Warr and Stafford, 1991). 비행친구의 존재가 청소년 비행의 주요한 원인이며, 청소년이 비행친구와의 교류를 통해 비행을 긍정적으로 평가하는 가치관과 태도를 학습한다는 점에서 사회학습이론과 차별접촉이론은 서로 유사한 관념을 공유한다.

3) 집단과정 이론

청소년 비행과 비행친구 관계를 명확히 이해하기 위해 노력한 연구자들은 청소년의 비행친구 집단과의 상호작용과 비행 간의 밀접한 연관성을 제시하였다. 즉, 비행에 가담하거나 비행과 관련된 긴장 상태를 경험한 친구와 교류하는 청소년이 교류하지 않는 청소년에 비해 비행 청소년이 될 가능성이 높다(Agnew and Brezina, 1997). 다시 말해, 비행친구와 관계를 유지하는 청소년이 반사회적 행동이나 약물 사용에 더 쉽게 가담하는 것으로 나타났다(Cantor, 1995).

공식통계 자료와 설문 조사 자료를 근거로 진행된 연구에 따르면, 비행은 개인보다 주로 집단에 의해 발생한다. 특히 청소년기의 비행과 일생의 첫 비행은 '집단 범행' 또는 '공동 범행'으로 발생한다(Reiss, 1988). 이러한 집단 범행에 주요한 영향을 미치는 사람에는 부모, 형제자매, 친구 등이 포함되며, 비슷한 연령의 형제와 친구가 하나의 집단을 형성하여 공동 비행을 범한다는 연구결과가 보고되었다(Farrington and West, 1990). 이처럼 청소년 비행을 친구로 구성된 소규모 집단에 의해 발생하는 집단 역학 과정이라고 설명하는 이론이 집단과정 이론이다(Briar and Piliavin, 1965; Short and Strodtbeck, 1965).

집단과정 이론은 비행이 집단 구성원의 집단행동이라는 점에 주목한다. 반사회적 성향을 가진 비행친구와 동일 집단에 속한 청소년의 경우, 비행친구의 사고와 견해를 포함한 '집단 심리'에 지배를 받게 된다. 비행친구와 동일 집단 내에서 어울리면서 청소년은 집단 심리에 의해 혼자서는 시도해 보지 못한 과격하고 충동적인 행위에 가담하여, 비행에 대한 상황적 동기를 갖게 되고 결국 비행을 범하게 된다. 이러한 집단 심리는 청소년이 비행에 대해 가질 수 있는 두려움을 약화하는 동시에 익명성과 공동 책임에 의한 책임

분산을 인식시키기 때문에 청소년의 주저 없는 비행을 유발한다(Warr and Stafford, 1991).

집단과정 이론에 따르면 청소년은 동일 집단 내 친구의 기대에 부응하기 위해 비행을 범한다. 인간은 준거 집단의 기대를 인지하여, 그 기대치에 부합하는 행동을 하려는 경향이 있다. 청소년 역시 자신이 속단 집단의 성향을 파악하고, 집단의 목표를 인지하여, 집단 구성원들과 동일한 행동 방식을 선택하고 실행하는 사회화 과정을 거친다. 즉, 청소년이 속한 집단이 비행친구 집단이고 비행에 대한 친구의 반응이 긍정적이라면, 청소년은 그들의 기대에 부응하기 위해 그들의 행동과 일치하는 비행을 범하게 된다(Heimer and Matsueda, 1994).

이처럼 집단과정 이론은 집단의 압력이나 유혹이 청소년 비행의 동기 요인으로 작용한다고 설명한다. 청소년이 비행친구로부터 비행 참여 제의를 받는 경우 친구의 강압적인 요구를 수용하여 비행을 범하기도 하고, 도움이 필요하다는 비행친구의 부탁 또는 요청에 부응하기 위해 비행에 가담하기도 한다. 일부 청소년은 집단 구성원에게 자신의 소심한 성격을 들키고 싶지 않거나, 겁쟁이 취급을 받지 않기 위해 비행을 범하기도 한다. 결과적으로 집단과정 이론은, 비행집단으로부터 습득한 비행 가치와 기술이 비행의 주요 동기 요인이라기보다, 집단 구성원 간의 다양한 정신적·심리적 집단 역학 과정의 작용으로 인해 청소년 비행이 발생한다고 설명한다(이성식, 1999).

② 비행 선행론

'유유상종'이라는 사자성어가 뜻하는 바와 같이, 비행에 가담한 경험을 가진 청소년이 자신과 유사한 성향을 지닌 비행친구와 어울리게 된다는 것이 비행 선행론의 주장이다. 이 주장은 비행친구 선행론에서 주장하는 비행친구와의 교류가 비행의 원인이 된다는 것과 달리, 오히려 비행친구와의 교류가 과거 비행의 결과라고 본다. 따라서 비행 선행론은 비행친구와의 교류가 비행 가담의 가능성이나 지속성에 어떠한 영향도 미치지 못하며, 비행 행위자들이 주로 교류하는 친구가 자신과 유사한 특성 또는 취향을 가지고 있음을 설명한다. 비행 선행론에 속하는 대표적인 비행이론으로는 허쉬(Hirschi, 1969)의 사회유대이론과 갓프레드슨과 허쉬(Gottfredson and Hirschi, 1990)의 일반이론이 있다.

1) 사회유대이론

허쉬(Hirschi, 1969)의 사회유대이론은 개인과 사회 간의 유대 관계를 중심으로 청소년 비행을 설명한다. 청소년은 가족 내에서 부모, 형제자매 등과 유대 관계를 형성하고 유지할 뿐만 아니라 학교에서 선생님, 친구 등과 유대 관계를 형성·유지하며 사회의 규범과 가치체계에 영향을 받으며 성장한다. 특정 개인이 다른 사람 및 사회와 형성한 유대 관계는 한 개인의 행동을 통제하는 역할을 한다. 사회유대이론은 사회와 유대가 강한 청소년이 사회 규범의 범위 내에서 행동하는 반면 그렇지 않은 청소년은 비행에 가담할 가능성이 높다고 주장한다.

허쉬는 사회유대를 네 가지 구성 요소로 설명하였다. 첫째, 애착(attachment)은 개인이 애정과 정서적 관심을 통해 사회와 맺고 있는 유대 관계를 의미하며, 부모, 형제자매, 친구 등과의 사랑이나 애정에 의해 형성된다. 둘째, 관여(commitment)는 규범 준수에 따른 사회적 보상, 미래를 위한 투자와 노력에 대한 관심과 가치를 의미하며, 관여가 높을수록 사회 활동을 활발히 하고, 비행을 범할 가능성이 낮아진다. 셋째, 참여(involvement)는 사회 활동에 참여하는 행위적 측면을 의미하며, 학교 활동, 방과 후 활동, 여가 활동 등의 다양한 활동에 참여도가 높으면 비행을 범할 가능성이 낮아진다. 넷째, 신념(belief)은 사회 규범의 내면화를 통해 준법의 가치와 필요성에 대한 믿음의 정도를 말한다. 종합적으로, 부모의 감독과 관심을 현저히 적게 받는 청소년은 부모와의 애정적 결속 정도가 낮고, 학교생활 적응성이 낮으며, 사회 활동 참여도와 사회 규범에 대한 신념도 낮아서 비행에 가담할 가능성이 높다. 이러한 청소년은 비행을 통해 비행친구와 접촉하기 때문에 비행친구와의 접촉은 사회유대의 약화에서 비롯된 결과로 제시된다. 사회유대이론은 가정이나 학교에 적응하지 못한 청소년의 비행과 그들의 비행친구 접촉이 동일 선상에 존재하기 때문에 비행과 비행친구 간의 관계를 허위 관계로 인식한다.

쇼우트와 스트로백(Short and Strodtbeck, 1965)은 반사회적인 청소년이 자신의 비행을 이해하고, 지지하며 비행에 대한 시각과 생활·행동 양식이 비슷한 친구와 어울리는 경향이 있다고 주장했다. 이들의 주장에 의하면, 비행이 집단으로 범해진 경우라면 이는 비슷한 친구들이 유유상종하는 과정에서 공동으로 비행을 범한 것일 뿐, 올바른 생활양식을 추구하는 청소년이 비행친구에게 영향을 받아 규범을 어기고 비행에 가담한 경우가 아니다. 이와 같이 사회유대이론의 관점에서는 비행친구와의 접촉이 비행의 원인이라고 생각되지 않는다. 오히려 비행친구와의 접촉은 사회유대의 약화로 나타난 결과이자, 사회유대의 약화로 나타난 비행의 결과라는 견해이다. 사회유대이론에 따르면 이미 비행을 범한 청소년이 추후 비행친구와 접촉하게 되는 것이며, 비행친구는 비행에 별다른 영향을 미치지 못한다고 이해할 수 있다.

한편, 사회유대이론은 비행 청소년이 사회의 여러 요소와 일정한 거리를 두고 있으며, 친구와도 일정한 거리를 두고 있다고 주장하였다. 다시 말해, 비행 청소년이 자신에게 친구가 있다고 인식하고 있을지라도, 실제로 그들은 친구에게도 다소 냉정하고 착취적이라는 것이다. 허쉬(Hirschi, 1969)는 사회적 유대의 하나로서 친구에 대한 애착을 제시하였고, 친구 애착의 형성과 유지가 비행을 억제하는 요인으로 작용할 것이라고 주장하였다. 이 주장에서 허쉬는 준법적인 친구와 반사회적인 친구를 구분하지 않았다. 그러나 친구 애착이 비행을 억제한다는 가설은 경험적 조사 연구에서 일관성 있는 지지를 받지 못하였고(Conger, 1976), 준법적인 친구와 반사회적인 친구가 청소년 비행에 미치는 영향이 상이할 것이라는 비판을 받았다.

2) 일반이론

과거 비행의 결과로 비행친구와의 교류가 발생한다는 주장은 갓프레드슨과 허쉬의 일반이론(Gottfredson and Hirschi, 1990)에서 더욱 구체적으로 언급된다. 사회유대이론이 '사회 통제'에 주안점을 둔 것과는 달리, 갓프레드슨과 허쉬는 '자기통제(self-control)'에 초점을 맞추어 청소년 비행을 설명하였다. 대부분의 비행이나 범죄가 순간 만족과 욕구 충족을 위해 충동적으로 발생하며, 이러한 충동성을 스스로 조절하고 통제할 수 있는 능력과 성향에 따라 비행의 실행과 지속 여부가 결정될 수 있다. 다시 말해, 자기통제력이 약한 청소년은 자기통제력이 강한 청소년보다 비행, 가출, 무단결석 등의 유사 비행(analogous behavior)을 범할 가능성이 높다.

그들은 청소년의 자기통제력을 약하게 만드는 근본 원인이 부모의 부적절한 양육 방식이라고 설명하며 어린 시절 부모의 역할을 강조했다. 개인의 자기통제력은 유·아동기에 가정에서 이루어지는 사회화 과정을 통해 발달하는 개인의 특성으로서, 부모의 부적절한 양육 방식은 자녀의 자기통제력의 정상적인 발달을 저해하여 결과적으로 자녀의 자기통제력을 약화한다. 갓프레드슨과 허쉬는 일생의 초반에 형성된 자기통제력이 평생 유사한 수준으로 유지되며, 약한 자기통제력은 비행의 궁극적이고도 유일한 원인이 된다고 보았다. 자기통제력이 약한 청소년이 비행과 유사 비행을 지속적으로 범할 가능성이 높고, 비행을 범한 청소년이 결과적으로 비행친구와 교류한다는 것이 일반이론의 관념이다.

갓프레드슨과 허쉬는 사회유대이론이나 차별접촉이론에서 강조했던 성장기 과정에서의 부모 유대나 비행친구 접촉과 같은 요인이 청소년 비행의 직접적인 원인으로 작용할 수 없다고 주장했다. 이들의 주장에 따르면 자기 통제력이 약한 어린이가 청소년으로 성장하는 동안 문제행동과 비행을 범하게 되고, 이후에도 지속적으로 비행을 범할 가능성이 크며, 이로 인해 부모와의 관계가 약화하거나 비행친구와 교류할 가능성이 높다(Bowenfeld and Sorenson, 1993). 따라서 자기 통제력이 약한 청소년의 과거 비행이 부모와의 유대 약화나 비행친구와의 교류에 선행하며, 청소년 비행과 부모 유대 및 비행친구 접촉 간의 관계는 허위관계이다(Gottfredson and Hirschi, 1990).

3 비행친구 선행론과 비행 선행론에 대한 경험적 연구결과

비행친구 선행론을 설명하는 차별접촉이론의 가설을 검증한 여러 선행 연구는 청소년 비행과 친구비행의 경중 간의 밀접한 연관성을 제시하였으며(Akers et al., 1979; Hindelang, 1973; Poole and Regoli, 1979), 청소년 비행을 유발하는 주요한 요인으로 비행친구 접촉과 비행친구로부터 학습한 비행 가치를 제시하였다(Elliott et al., 1985; Johnson, 1979; Matsueda, 1982; Matsueda and Heimer, 1987). 차별접촉이론을 검증하기 위해 수행된 마쓰에다의 연구(Matsueda, 1982)는 청소년과 비행친구의 접촉 기회가 증가할수록 청소년이 비행 가치를 학습하고 내면화할 가능성이 높아지며, 그 결과 비행 횟수가 증가하는 일련의 과정을 보고하였다. 이후 다양한 분석 자료에 근거한 많은 연구가 이러한 연구결과를 뒷받침하였다.

엘리엇과 동료들(Elliott et al., 1985), 터라노빅과 프렛(Turanovic and Pratt, 2013; 2014)의 연구는 청소년의 비행친구 집단 가입이 다른 변인보다 비행과 약물 사용에 큰 영향을 미치는 변인임을 보고하였다. 또한 비행을 통제한 이후에도 비행친구와의 접촉이 비행 재발에 유의미한 영향을 미친다는 연구결과는 비행친구 선행론의 주장을 뒷받침한다. 엘리엇과 메너드(Elliott and Menard, 1996)의 종단적 연구도 비행이 비행친구 접촉에 미치는 영향력보다 비행친구 접촉이 비행에 미치는 영향력이 더 강하다는 연구결과를 발표하여 비행친구 선행론의 우세함을 보여준다.

동일한 맥락에서, 패터슨과 디시온(Patterson and Dishion, 1985) 역시 비행친구 집단 가입 여부가 비행 증가에 대한 가장 강력한 예측 요인이라고 주장하였다. 와와 스태포드(Warr and Stafford, 1991)는 비행친구 접촉이 비행에 미치는 영향을 분석하면서 '비행친구'를 두 변인으로 세분화하였다. 그중 하나는 '친구의 비행'이고, 다른 하나는 '친구의 비행에 대한 태도'이다. 이 두 변인을 비교 분석한 결과, '친구의 비행'이 '친구의 비행에 대한 태도'보다 더 중요한 변인임이 파악되었다. 이 연구는 청소년의 비행이 비행친구로부터 비행 가치관을 학습한 결과라기보다, 모방, 강화 또는 동조를 요구하는 친구 집단의 압력 등과 같은 사회적 학습 기제의 영향에 의해 발생할 가능성이 더 높다는 것을 보여준다. 종합적으로, 전술한 선행 연구는 비행친구와 비행 간의 선후 관계에 있어서 비행친구 선행론의 우세함을 뒷받침한다.

사회유대이론을 경험적으로 검증한 선행 연구는 약한 사회유대와 청소년 비행 간의 정적 관계를 보여주며 허쉬(Hirschi, 1969)의 주장을 지지한다. 설문 대상 청소년 중 부모와의 유대가 약하고, 학업성적이 저조하며, 학교에 대한 애착이 약한 청소년은 친구에 대한 신뢰도가 낮고, 친구와 강한 유대 관계를 형성하지 못하는 것으로 조사되었다. 또한 친구 애착이 약한 청소년의 비행 가담 가능성이 높게 나타난 결과는 친구 애착과 비행 간의 부적 관계를 의미하며, 이는 허쉬의 주장을 뒷받침한다(Chapman, 1986; Pratt, Turner, and Piquero, 2004, Stewart, 2003).

반면, 모든 경험적 연구가 허쉬(Hirschi, 1969)의 주장을 긍정하는 것은 아니다. 일부 선행 연구는 허쉬의 주장과 반대로 친구 애착과 비행 간에 정적 관계가 있음을 제시하였다(Conger, 1976; Elliott and Voss, 1974; Erickson and Empey, 1965; Hindelang, 1973; Linden and Hackler, 1973). 이와 같은 경험적 연구의 비일관적인 결과는 연구마다 친구 애착에 대한 다른 척도를 사용했기 때문에 발생할 수 있다. 그러나 허쉬와 동일한 척도를 사용한 힌델랑(Hindelang, 1973)의 연구에서조차 친구 애착과 비행 간의 정적 관계가 확인됨으로써 경험적 연구결과의 비일관성이 지속되었다.

한편, 브라운필드와 톰슨(Brownfield and Thompson, 1991)은 친구 애착을 비행친구에 대한 애착과 일반친구에 대한 애착으로 구분하여 조사하였다. 연구결과, 친구 애착이 비행에 미치는 영향은 크지 않았으나, 친구에 대한 믿음과 존경은 비행에 유의미한 부적 효과를 나타냈다. 그러나 이 연구의 결과만으로 친구 애착과 비행 간에 강한 상호작용이 존재한다고 볼 수 없으며, 따라서 이 연구결과는 친구 애착이 비행을 억제할 것이라는 허쉬의 주장을 충분히 뒷받침하지 못한다.

브라운필드와 톰슨(Brownfield and Thompson, 2005)은 더 나아가 고등학생 설문조사 자료에 근거하여 비행친구, 부모 애착, 관여, 신념, 친구/부모의 평가 및 자아 개념이 비행에 미치는 영향을 조사하였다. 연구결과는 친구의 평가, 자아 개념, 부모 애착 및 신념이 비행에 유의미한 효과를 미치는 것으로 나타났다. 다시 말해, 비행친구와의 교류보다 자신에 대한 친구의 평가와 자아 개념이 비행에 더 큰 영향을 미쳤으며, 약한 부모 애착과 신념이 비행의 가능성을 증가시키는 요인으로 나타났다. 국내에서 실시한 김준호(1993)의 연구에서도 비행 청소년과의 교류 여부보다 자신이 비행 청소년인지의 인식 여부가 미래의 비행에 더 큰 영향을 미치는 것으로 나타났으며, 이는 사회유대이론의 주장을 뒷받침한다.

SECTION 02 비행친구와 청소년 비행의 상호 영향

1 비행친구 접촉과 비행 간의 통합론적 관점

일찍이 비행친구와 청소년 비행의 선후 관계에 주목한 연구자들은 비행친구 접촉과 청소년 비행이 상호 영향력을 가진다고 주장했다. 과거에 비행을 범한 경험이 있는 반사회적인 청소년은 자신과 생각, 행동 또는 성향이 유사한 비행친구에게 강한 동질감을 느끼며 서로 가까이 어울리게 되고, 이러한 비행친구와의 교류는 또 다른 비행 기회를 포착하여 친구 공동의 비행을 지속적으로 유발한다(Dishion et al., 1995; Thornberry and Krohn, 1997). 이러한 개념을 주장한 대표적인 학자인 손베리(Thornberry, 1987, 1996)는 비행친구 접촉이 과거에 범한 비행의 결과이자 미래에 범할 비행의 원인이라는, 두 요인이 상호 영향을 미친다는 통합론적 관점을 제시하였다. 손베리(Thornberry, 1987, 1996)는 차별접촉이론과 사회유대이론 중 하나의 이론에 근거하여 청소년 비행을 설명하기보다는 두 이론을 통합하여 부모와의 약한 유대와 비행친구와의 접촉이 모두 비행의 원인이 된다는 관점을 제시하였다. 따라서 부모와의 유대가 약한 청소년은 비행의 가능성이 높고, 청소년이 범한 비행은 부모와의 유대 관계를 약화할 수 있기 때문에, 비행친구 접촉이 비행의 원인이자 결과가 될 수 있다(이성식, 2002).

손베리의 연구는 청소년의 연령과 발달 단계에 따른 주요 비행 유발 요인을 파악하여 비행의 원인이 어떻게 달라지는가를 규명하려 노력했다는 데에 큰 의의가 있다. 그는 연구를 위해 청소년 시기를 초기, 중기, 후기로 구분하였다. 초기 청소년에게는 부모와의 관계 및 유대의 강도가 비행에 주요한 요인으로 작용했지만, 중기를 거쳐 후기에 이를수록 비행에 미치는 부모의 영향력은 점차 감소하고 비행친구 접촉의 영향력은 점차 증가하였다. 또한 청소년은 청소년기를 넘어선 생애의 성장 과정에서 친구에게 영향을 미치는 동시에 친구로부터 영향을 받게 된다(Thornberry et al., 1992). 이러한 상호작용 과정에서 반사회적인 친구들과의 접촉은 청소년의 비행 경력 유지에 기여하는 동시에 이들이 성숙해지는 과정을 더디게 한다(Warr, 1993). 일반적으로 성인기에 접어들어 결혼을 하고 가정을 이루면 사람들은 가족과의 지속적인 친밀한 관계를 더욱 중요시하기 때문에 친구들과의 소통 기회가 줄어들고, 결과적으로 비행의 빈도와 강도가 낮아지게 된다(Warr, 1998). 그러나 반사회적인 친구와의 지나친 친밀도는 성인이 된 이후에도 개인의 올바른 행동과 선택을 방해하고, 청소년기의 비행보다 더 중대한 범죄를 유발하는 원인으로 작용할 수 있기 때문에 친구 관계의 개선을 신중히 고려해야 한다.

손베리의 통합론적 관점을 검증하기 위한 국내의 경험적 조사로서 이성식의 연구(2002)가 있다. 국내의 경험적 자료를 분석한 이 연구에서는 가정과 비행 간의 상호 영향력이 파악되지 않았지만, 비행친구 접촉과 비행 간의 상호 관계가 상대적으로 강하게 작용하였다. 즉, 가정 내 약한 유대가 비행에 주요한 영향을 미친다는 사회유대이론보다 비행친구와의 접촉이 비행의 원인이 된다는 차별접촉이론이 상대적으로 우세하였다. 비행친구 접촉이 과거의 비행에 영향을 받기도 한다는 연구결과는 비행친구와 비행이 상호 영향을 미친다는 손베리의 주장을 뒷받침한다. 그러나 비행친구와 비행 간의 상호 관계는 청소년 초기에서만 발견되었고, 청소년 후기에는 비행에 대한 비행친구의 영향력이 나타나지 않았다. 이정민과 조윤오(2016)는 손베리의 상호작용이론을 근거로 하여 한국 청소년의 사이버불링에 관한 연구를 진행하였다. 연구결과, 사이버불링에 영향을 미치는 위험 요인 중 비행친구 접촉이 가장 큰 유의미한 영향을 나타냈으며, 이 결과는 비행친구 선행론을 뒷받침한다.

2 비행 개시 시기와 비행 지속 간의 관계

청소년 비행과 친구와의 관계를 파악하기 위해 고려해야 하는 중요한 요소는 비행을 처음 시작한 나이이다. 패터슨과 동료들(Patterson et al., 1989), 모피트(Moffitt, 1993)는 비행 개시 시기를 비행의 경중과 지속성에 지대한 영향을 미치는 요인으로 파악하였으며, 성장기의 환경 변화에 따른 청소년 비행의 발전 과정을 설명하였다. 이들은 청소년 비행의 경로를 두 그룹으로 구분하였다. 첫 번째 그룹은 '초기진입자(early-starters)'로서, 아동기부터 문제 성향과 문제행동을 보인 소수의 비행 청소년 그룹이다. 이들은 비행 개시 시기가 상대적으로 이른 만큼 경미한 비행부터 심각한 비행에 이르기까지 다양한 종류의 비행과 범죄행위에 가담할 가능성이 높으며, 청소년기와 성인기에 이르기까지 생애 지속형 범죄자가 될 가능성이 높다. 두 번째 그룹은 '후기진입자(late-starters)'로서, 아동기에는 문제행동을 보이지 않았지만, 청소년기에 들어서 비행을 시작한 대부분의 비행 청소년 그룹이다. 이들은 청소년기에 사소한 규범 위반이나 경미한 비행을 저지르고, 성인이 되면 비행을 중단할 가능성이 높은 일시적인 비행 청소년으로 분류되었다.

이 두 그룹 간의 차이는 비행의 원인에서도 나타난다. 초기진입자의 비행에 영향을 미치는 요인으로는 개인의 생물학적 특성, 가정 환경, 사회화 과정, 비행친구 등이 파악되었으며, 이러한 다양한 원인이 복합적으로 작용하여 초기진입자의 비행에 영향을 미친다. 다시 말해, 이 그룹에 속한 청소년은 신경 계통상의 문제를 가지고 태어나거나, 부모의 부적절한 양육으로 인해 아동기부터 문제 성향을 보인다. 이들은 비행을 시작한 후로 준법적인 사고를 하는 사람과 기관으로부터 소외되고, 결국 비행친구들과 교류를 시작한다.

초기진입자들의 비행은 청소년기에 비행친구와 어울리는 과정에서 더욱 증가되고, 강화될 수 있다. 따라서 초기진입자의 아동기 비행은 비행친구 접촉을 증가시키는 비행 선행론에 부합하지만, 이들이 좀 더 성장한 후기에는 비행친구가 비행에 영향을 미치는 비행친구 선행론에 부합한다.

후기진입자는 아동기의 경험 및 환경과 상관없이 청소년기 부모 유대 약화와 부모의 감독 소홀이 비행친구와의 접촉으로 이어지고, 결과적으로 비행을 범하게 된다. 후기진입자는 특히 비행친구로부터 영향을 받는 경우가 많은데, 비행친구의 행동을 모방하고 비행친구 집단의 단체 행동에 참여하는 과정에서 한시적으로 비행을 범하는 경향을 보인다. 따라서 후기진입자의 비행은 비행친구와의 접촉이 주요한 요인으로 작용하기 때문에 비행친구 선행론을 지지하는 차별접촉이론에 부합한다(이성식, 2002).

③ 경미한 비행과 심각한 비행의 구분

청소년 비행과 비행친구 간의 관계를 파악하기 위해 고려해야 하는 또 다른 요소는 비행의 심각성을 나타내는 비행 유형이다. 한국 청소년의 비행에 대한 비행친구의 영향을 조사한 김준호(1993)와 이성식(1999)의 연구에 의하면, 청소년은 초기 비행 시작 단계에서 사회 부적응과 약화된 부모 통제로 인해 경미한 비행에만 가담하지만, 이후에는 비행친구 집단에 가입하고 활동하면서 본격적으로 비행에 참여하는 심화 단계에 이르게 되고, 이 단계에서 그들의 비행은 심각한 수준으로 악화될 수 있다. 즉, 사회유대 약화에서 비롯된 비행은 비행친구와의 접촉을 매개하고, 이 접촉은 청소년의 비행을 증폭시켜 지속적이고 심화된 비행을 유발할 수 있다. 김준호(1993)와 이성식(1999)은 연구를 통해 비행친구와 어울리는 것을 비행의 결과이자 원인으로 판단하였고, 청소년 비행을 사소한 비행과 심각한 비행으로 구분해야 할 필요성을 제기하였다.

주목할 점은 경미한 비행이 심각한 비행으로 악화될 가능성이다. 사회유대이론의 주장처럼 사회유대 약화가 청소년의 경미한 비행을 야기할 수 있으며, 차별접촉이론과 사회학습이론의 주장처럼 비행친구를 통해 학습한 비행 수법과 가치관 형성이 심각한 비행을 야기할 수 있다(이성식, 1999). 사소한 규범 위반이나 경미한 비행을 범하는 청소년은 유사한 비행을 반복해서 범할 수 있지만, '바늘 도둑이 소도둑 된다'는 우리 속담이 시사하는 바처럼 사회의 공식적·비공식적 낙인과 주변인의 시선 등이 청소년의 비행을 심화시킬 수 있다. 즉, 바늘 도둑이 사회의 낙인과 시선으로 인해 자신을 사회 부적응자로 인지하여 유사한 경험을 가진 비행친구와 어울리며 더욱 심각한 비행을 범하는 소도둑이 될 수 있다.

국외의 여러 선행 연구는 주로 차별접촉이론이나 사회학습이론을 근거로 청소년 비행과 비행친구 간의 관계를 설명하였지만, 사회유대 요인이 비행친구나 학습 과정을 거치지 않고 비행에 직접적인 영향력을 미친다는 사회유대이론을 지지하는 연구결과 또한 보고되었다(Cernkovich and Giordano, 1992; Lagrange and White, 1985; Marcos et al., 1986; Massey and Krohn, 1986). 사회유대이론을 지지하는 연구에서 발견된 공통의 문제점은 이 연구들이 경미한 형태의 청소년 비행에 집중했다는 것이다. 즉, 사회유대이론은 지위 비행을 비롯한 가벼운 비행을 설명하는 데에 적합한 이론이라고 볼 수 있다. 그러나 기존의 연구들이 주장한 바와 같이, 청소년의 심각한 비행은 비행친구와 접촉함으로써 발생할 가능성이 높아서 심각한 비행의 설명에는 사회유대이론보다는 차별접촉이론이나 사회학습이론이 좀 더 설득력을 갖는다(Elliott et al., 1985; Matsueda, 1982).

SECTION 03 청소년 비행집단의 유형과 비행

혼자서 범죄를 범하는 경우가 많은 성인 범죄와 달리, 청소년 비행은 절반 이상이 집단으로 발생하기 때문에 '집단성'이 청소년 비행의 뚜렷한 특징 중 하나이다. 청소년이 집단을 이루는 과정에는 일정한 패턴이 나타난다. 즉, 준법적인 청소년은 준법적인 청소년끼리, 비행 청소년은 비행 청소년끼리 집단을 형성한다. 따라서 청소년의 집단화 현상에 주목하고, 비행 청소년의 집단성 연구가 청소년 비행의 정확한 판단을 위해 필요하다. 이를 위해 우선 청소년 비행집단의 정의를 이해해야 한다. 다만 우리나라의 청소년 비행집단에 관한 연구가 현저히 부족한 실정이므로 미국의 청소년 갱에 관한 연구와 이론을 참작하여 우리나라 청소년 비행집단을 이해하는 노력이 필요하다.

1 청소년 갱의 정의

미국의 범죄사회학에서 비롯된 대부분의 범죄이론이 청소년 비행에 관한 이론이라고 해도 과언이 아니며, 청소년 비행에 관한 다수의 이론은 청소년 갱 연구에서 비롯되었다. 각각의 청소년 비행 이론이 청소년 비행집단의 발생 원인, 조직 및 활동에 대한 나름의 판단과 주장을 제시하지만, 학자들의 완벽한 합의나 절대적 지지를 얻은 이론은 아직 존재하지 않는다. 심지어 청소년 집단 연구에서 가장 선행되어야 하는 청소년 갱의 정의에 관해서조차 아직 일치된 견해가 없는 실정이다.

초기 청소년 갱 연구의 대표적 학자인 트레이셔(Thrasher, 1927)는 '청소년 갱'을 강력한 조직 체계의 범죄 집단과 불량 청소년 패거리 모두를 포함하는 용어로 폭넓게 정의하였다. 그는 갱을 주거 환경의 황폐화, 주거 이동성, 사회해체의 정도가 높은 지역에서 결성되는 특징을 가진 사회 군집화 현상으로서, 주로 대도시의 슬럼 지역에서 나타난다고 기술하였다. 갱은 구성원 간의 대면적 상호작용을 통해 서로 협력하고, 상호 간에 자극을 주고받으며 높은 단결심을 특징적으로 갖는 집단이다. 트레이셔의 연구에 포함된 청소년 갱의 대부분은 다양한 불법 행동을 범했는데, 주로 좀도둑질, 무단결석 등의 사소한 범죄인 것으로 보고되었다(김준호 외, 1992).

1950~1960년대에 청소년 갱을 연구한 학자들은 청소년 갱을 트레이셔의 정의보다 좁은 개념으로 정의하였다. 예로서 코헨(Cohen, 1955), 클라워드와 올린(Cloward and Ohlin, 1960)은 비행을 범하기 위해 조직된 비행집단만을 갱이라 규정하였고, 일반 청소년 집단은 제외하였다. 코헨, 클라워드와 올린과 같이 아노미이론에 기초하여 청소년 갱을 연구한 이론가들은 청소년 갱의 발생을 '중산층의 규범에 대항하는 비행집단의 형성 과정'으로 파악하였기 때문에 갱을 지배적인 중산층 문화와 대립하는 집단으로 설명하였다.

반면 인류학적 관점으로 청소년 갱을 연구한 밀러(Miller, 1975)는 트레이셔와 유사하게 갱을 정의했다. 밀러는 청소년 갱을 하층 계급 문화의 산물로 분류하였고, 갱의 출현과

활동을 행위의 불법성보다 하류층 청소년의 문화적 특성으로 파악하였다. 밀러는 청소년 갱을 정의하기 위해 다섯 가지의 기준을 제시하였다. 밀러가 제시한 기준은 ① 구성원이 스스로 정한 규칙에 따른 반복적인 모임, ② 활동 범위의 존재, ③ 청소년에 의한 갱 구성원 충원 및 연령 제한, ④ 일반적 목표뿐만 아니라 비행을 포함한 다양한 행동 목록의 존재, ⑤ 권위, 역할, 위계질서, 친밀함을 포함한 구성원의 조직 체계이다(김준호 외, 1992).

한편, 야브론스키(Yablonsky, 1959)는 명백한 비행집단을 갱이라 규정하는 견해들과 달리 갱을 '준집단(Near Group)'이라 기술하였다. 준집단이란 비조직적인 군중과 조직화된 비행집단의 중간에 위치하는 집단으로서, 빈번한 구성원의 교체, 비영속적인 존재, 구성원 상호 간의 제한된 결집력, 규범에 대한 최소한의 합의, 구성원 간의 불명확한 역할 규정 등의 특성을 갖는다. 쇼트와 스트로벡(Short and Strodtbeck, 1965) 역시 갱을 결집력이 강한 집단으로 파악하지 않았으며, 비행을 위해 간헐적으로 결성되는 집단으로 간주하였다. 쟌신(Jansyn, 1966)도 이와 유사한 입장을 견지하여 갱을 고도로 조직화된 집단이라고 보지 않았다(김준호, 1995).

학자들에 의해 제시된 갱의 다양한 정의 중에서 다수의 학자에게 인용되고 있는 정의는 클라인(Klein, 1971)이 처음 제시하고, 이후에 클라인과 맥슨(Klein and Maxson, 1989)에 의해 수정된 정의라고 할 수 있다. 이들의 세 가지 분류 척도를 포함하며 갱을 정의하였는데, ① 지역공동체에서 이웃에 의해 집단 혹은 집합체로서 인식되어야 하고, ② 청소년이나 젊은 성인으로 결성되고, 다른 집단과 구별되는 독특한 집단이라는 것을 각 구성원이 인식해야 하며, ③ 경찰과 같은 법집행기관과 이웃 주민으로부터 지속적으로 부정적인 반응을 유발할 만한 불법행위를 범해야 한다는 것이다.

지금까지 살펴본 바와 같이 갱을 정의하는 데 있어서 핵심적인 요건은 갱 활동의 결과로 나타나는 행위의 불법성과 조직체의 존재 여부이다. 갱에 소속되어 활동하는 비행의 범주에 불법행위만 포함시킬 것인가 아니면 일반적인 지위 비행까지 포함시킬 것인가, 또한 갱 조직체의 기준을 고도로 조직화된 범죄집단에 국한할 것인가 아니면 약소한 불량 청소년 패거리까지 포함시킬 것인가에 따라 갱의 정의가 달라질 수 있다. 이러한 기준을 적용하면, 좁은 의미의 갱은 고도로 조직화된 범죄 집단을 의미하며, 넓은 의미의 갱은 비행을 일삼는 불량 청소년 패거리까지 포함한다(김준호, 1995).

전술한 갱의 다양한 정의에 근거하여, 우리나라 청소년 비행집단 혹은 청소년 갱에 관한 연구를 진행할 때 넓은 의미의 갱 개념을 사용할 것을 제안한다. 그 이유는 미국 등 외국의 연구와 비교하여 국내의 청소년 비행집단에 관한 연구결과가 극히 드물어서 갱의 좁은 의미를 연구에 사용한다면 연구 대상과 자료의 신뢰성 문제가 대두될 수 있기 때문이다. 다시 말해, 좁은 의미의 갱은 청소년 비행집단이 아닌 성인 중심의 조직 폭력 집단을 의미하며, 국내 청소년 비행집단을 성인 폭력 집단과 동일하게 간주할 만한 명백한 이유가 없을 뿐만 아니라, 갱의 좁은 정의를 사용하면 대다수의 청소년 비행집단이 연구 대상에서 제외될 여지가 크다. 따라서 우리나라의 청소년 비행집단에 관한 연구는 그들의 불법행위에 국한되지 않고, 음주, 흡연, 비마약성 약물남용, 음란물 접촉, 가출, 장기 결석, 금지된 장소 출입 등의 지위비행도 포함해야 한다.

2 청소년의 갱단 가입 이유

학자들은 청소년이 비행집단이나 갱단에 가입하여 활동하는 이유를 밝혀내기 위해 오랫동안 노력해 왔다. 미국의 경우, 하류 계층의 많은 청소년이 갱단에 가입하지만, 청소년의 비행집단 가입을 단순히 하류 계층의 문화적 특성 탓으로 돌리는 것은 합당하지 않다. 그 이유는 여전히 다수의 하류 계층 청소년이 갱단에 가입하지 않고 살아가고 있으며, 갱단에 가입하여 활동하는 중·상류 계층 청소년의 비율도 낮지 않기 때문이다. 청소년이 갱단에 가입하는 이유를 다음의 네 가지 관점으로써 설명할 수 있다.

1) 집단생활에 대한 동경심

인류학적 관점에서, 청소년은 갱을 자신의 마음속에 오랫동안 존재해 온 집단생활에 대한 동경심을 충족시켜 줄 대상으로 인식하기 때문에 갱단에 가입한다. 일부 청소년은 자신이 직면한 다양한 문제를 혼자서 해결해야 하는 부담을 스트레스로 여길 수 있다. 인류의 조상들이 원시 부족 사회에서 공동체 생활을 통해 개인의 문제를 해결했던 것과 같이, 청소년은 자기 스트레스를 집단생활을 통해 해결할 수 있다고 생각하기 때문에 갱단에 가입한다고 인류학적 관점은 설명한다(Block and Niederhoffer, 1958).

2) 지위 획득의 수단

사회해체론적 · 사회문화적 관점에서, 슬럼가에 거주하는 하류 계층의 빈곤하고 피폐한 생활은 지역 청소년으로 하여금 갱단에 가입하도록 하는 근본적인 사회적 배경이다. 갱 연구자인 스퍼겔(Spergel, 1964)에 따르면, 갱단 멤버십은 하류 계층 청소년이 친구 집단 내에서 지위를 확보하는 수단이자, 개인적인 명성을 획득할 수 있는 수단으로 여겨진다. 즉, 하류 계층 청소년에게 갱단 멤버십은 빈곤과 피폐로 인해 개인의 목표 달성을 위한 기회가 제한되거나 박탈된 상황에서 유일하게 선택 가능한 유효한 기회로 인지될 수 있다. 따라서 황폐하고 절망적인 삶을 살아가는 슬럼가의 청소년에게 갱단 가입은 정상적인 방법으로 도저히 달성할 수 없는 열망을 충족시키기 위한 기회이자 수단이다.

3) 열등감 극복의 통로

심리학적인 관점에서, 청소년은 심리적 안정감을 얻고 열등감을 극복하기 위해 갱단에 가입한다. 심리적인 결함이 있거나 자아존중감이 낮은 청소년, 충동 조절 능력이 부족한 청소년, 또는 대인 관계 능력이 저조한 청소년은 타인과의 유대 관계 형성이 어렵고, 심리적으로 위축되며, 사회적으로 소외되는 경우가 많다. 갱단 멤버십은 이러한 청소년이 갱단의 구성원으로 역할을 수행하며 자신의 심리적 열등감을 극복하고 새로운 능력을 창조할 수 있는 탈출구를 제공한다고 심리학적인 관점은 설명한다(Klein, 1995; Yablonsky, 1966).

4) 합리적 선택의 결과로써의 이익 추구 수단

합리적 선택이론의 관점에서, 청소년은 갱단 멤버십을 통해 얻을 수 있는 이익과 예상되는 위험을 합리적으로 비교 · 분석한 결과로 갱단에 가입한다. 즉, 청소년은 갱단 활동이 자신의 범죄 경력에 도움이 되고, 이를 통해 수입을 얻을 수 있으며, 무엇보다 갱단 활동을 통해서만 경험할 수 있는 흥미로운 일에 매력을 느끼기 때문에 갱단에 가입한다는 것이다. 또한 갱단에 가입한 청소년은 갱단이 자신의 신변 안전을 위한 보호막 역할을 하고, 자신의 연령, 능력, 학력 대비 고수입을 얻는 일자리를 제공하는 방책이 있다고 생각할 수 있다. 준법적인 사고를 하는 보통의 사람이 경제활동을 위해 여러 조건과 혜택을 고려한 후 직장을 선택하는 것처럼, 청소년도 여러 가지 가능한 조건 중 자신의 이익을 최대화하고, 위험을 최소화하기 위해 갱단에 가입한다고 설명한다(Sanchez-Jankowski, 1991; Sullivan, 1989).

3 청소년 비행집단의 조직화

1) 조직화의 기준

청소년 비행집단의 '조직화'를 조사하는 과정에는 상당한 어려움과 복잡한 문제가 포함된다. 그 이유는 조직화에 대한 정확한 정의는 물론이고 조직화에 대한 기준 역시 모호하기 때문이다. 아놀드(Arnold, 1965)는 갱이 되기 위해서는 다섯 가지 조건을 만족시켜야 한다고 주장했다. 즉, 갱은 ① 일정 수준의 통합이 이루어져야 하고, ② 다른 비행집단이나 경찰과 같은 법집행기관과 갈등을 경험해야 하며, ③ 명시적 혹은 암묵적인 리더가 존재해야 하고, ④ 세력을 유지할 수 있을 정도의 조직 규모를 갖추어야 하며, ⑤ 반사회적인 행동에 참여하기는 하지만 사회의 도덕적 규범을 바꾸려 하지는 않아야 한다는 것이다. 한편, 밀러(Miller, 1975)는 아놀드가 제안한 5개의 조건(통합, 갈등, 리더, 규모, 반사회성)에 활동 영역, 구성원의 재충전 과정, 역할 분담 등을 더하여 갱의 성립 기준을 확대했다.

2) 비행친구와의 결속력

조직화의 또 다른 요건은 청소년 비행집단 구성원 간의 친밀도와 결속력이다. 전술한 비행친구 선행론과 비행 선행론은 비행친구 간의 결속력에 대해 상반된 입장을 보인다. 비행친구 선행론에 따르면, 비행친구 집단은 강한 내부 유대 관계와 결속력을 가진다. 그 이유는 준법적인 타인과 기관으로부터 소외된 청소년이 비행집단을 형성하여 서로의 입장을 공감하고, 위로하며, 격려하는 과정에서 서로에게 강한 유대와 신뢰가 형성되어 상호 영향을 미치는 관계로 발전하기 때문이다. 이러한 상황에서는 청소년이 비행친구의 비행 가치를 내면화하지 않더라도 친구들의 기대와 압력에 부응하여 집단비행에 가담할 가능성이 높다(이성식, 1999).

반면 비행 선행론에 따르면, 비행친구 집단의 내부 결속력은 약하다. 허쉬(Hirschi, 1969)를 비롯한 사회유대이론가들은 이미 사회적 유대가 약화된 청소년이 비행을 범한 후 비슷한 처지의 청소년과 어울리기 때문에, 이들 간의 결속력을 강화할 만한 상황이 존재하지 않는다고 강조했다. 유사한 맥락에서, 갓프레드슨과 허쉬(Gottfredson and Hirschi, 1990)는 부모의 부적절한 양육 방식으로 인해 유·아동기에 가정에서 이루어지는 사회화 과정이 제대로 진행되지 않았기 때문에 비행 청소년의 자기 통제력과 사회유대 관계가 올바르지 않다고 판단했다. 따라서 비행 청소년은 타인의 의견을 듣고, 공감하고, 유대감을 형성하는 능력이 부족하여 비슷한 처지에 놓인 청소년과 강한 결속력을 형성하지 못한다는 것이다. 비행 선행론은 비행친구 선행론과 달리 비행 청소년이 비행친구 집단을 통해 사회생활에 필요한 가치와 태도를 배운다는 것을 부정하였으며, 또한 집단과정 이론과 달리 비행 청소년이 친구의 기대를 충족시키기 위해 비행에 참여하는 것은 아니라고 강조했다(이성식, 1999).

이처럼 비행 청소년의 결속력에 대한 비행친구 선행론과 비행 선행론 간의 상반된 견해는 비행친구 집단의 성격에 대한 두 이론의 관점 차이를 반영한다. 다시 말해, 비행친구 집단이 일반 청소년 집단처럼 유대와 신뢰를 형성하는 사회화 능력을 가지고 있다고 설명하는 '사회적 능력 모델'과 그러한 능력을 부정하는 '사회적 무능력 모델' 간의 차이를 반영한다는 것이다. 비행 청소년 간의 결속력을 조사한 많은 선행연구는 사회적 능력 모델을 뒷받침하는 연구결과를 보고하였다(Giordano et al., 1986; Kandel and Davies, 1991; Krohn et al., 1988). 이 연구들은 일반 청소년 간에 유대 관계와 강한 결속력이 형성되는 것처럼, 비행 청소년 간에도 비슷한 형태의 친밀한 관계가 형성되어 우정을 유지한다고 보고하였다. 이 결과는 비행 청소년의 사회화를 부정하는 사회적 무능력 모델과 배치된다.

3) 비행친구 집단 내 유대 형성의 이유

비행친구 집단 내 유대 관계가 형성 또는 미형성되는 이유에 관하여 사회적 능력 모델과 사회적 무능력 모델의 견해 차이는 극명하다. 사회적 능력 모델에 의하면, 사회 제도와 준법적인 타인으로부터 소외된 비행 청소년은 자기 입장을 공감하고, 위로하고, 격려할 수 있는 비슷한 처지에 놓인 비행친구와의 교제에 중요한 의미를 부여한다. 가정과 학교 및 지역 사회에서 규범 위반이나 비행으로 인해 제재를 받은 청소년은 사회 제도 내에서 타인과의 유대 관계가 약화되는 것을 경험한다. 이때 비행 청소년은 약화된 유대 관계를 회복하기 위해 노력하기보다는 자신에게 주어진 부정적인 평가를 수용하여 부정적인 자아를 형성하고, 이 자아에 걸맞은 행동을 위해 비행친구와 어울린다. 더욱이 비행 청소년은 비행친구에게 인정받고 자기 행동에 대한 지지를 획득하는 과정에서 비행친구와 깊은 유대 관계를 형성한다. 결국 이와 같은 관계들이 모이고 결합하여 청소년 비행집단을 형성한다(이상현, 1997).

반면 사회적 무능력 모델에 의하면, 비행 청소년은 타인과의 유대 관계 형성 능력이 부족하기 때문에 자신과 비슷한 처지에 놓인 비행친구와도 유대를 형성하거나 결속하기 어렵다(노성호, 1992). 즉, 비행 청소년은 타인과의 상호작용 능력이 부족하고, 친밀한 인간관계를 형성하고 유지하는 데 필요한 사회성이 더디게 발달하기 때문에 일반 청소년과 달리 자신과 비슷한 처지의 비행친구와도 강한 유대를 형성하는 등 집단 내의 결속력을 다지기 어렵다.

④ 우리나라 청소년 비행집단의 유형

전술한 비행집단의 정의에 관한 논의를 바탕으로, 우리나라 청소년 비행집단을 다음과 같은 기준으로 정의할 수 있다.

첫째, 청소년 비행집단의 구성원이 집단을 중심으로 일체감을 느끼며 함께 통합되어야 한다. 통합의 일례는 청소년 비행집단의 구성원이 함께 시간을 보내며 비행을 포함한 많은 활동을 공유하는 것이다. 학교에 다니는 학생은 학교 수업이 끝나면 한곳에 모여서 밤늦게까지 함께 시간을 보내며 결속을 다지는 과정이 필요하고, 학교에 다니지 않는 청소년 또한 하루 중 많은 시간을 함께 모여 공감대를 형성해야 한다. 이와 같이 일정 시간을 함께 보내며, 생활 패턴을 공유하고, 반복된 행동을 하는 과정에서 이들의 관계는 정기적인 모임으로 발전한다. 이러한 정기적인 모임을 지속하기 위해서 특정 행동을 요구하거나 제약하는 역할을 수행하는 리더가 등장한다. 이후 비행집단은 리더에 의해 조직적인 체계를 갖추고 구성원들을 관리함으로써 그 집단의 정체성을 확립하고, 구성원 간의 일체감을 불어넣는 통합을 이루게 된다.

둘째, 청소년 비행집단은 집단의 영향력을 행사하기 위해서 조직적 체계를 갖추고, 일정 규모의 조직원을 확보해야 한다. 비행집단의 조직화 정도는 상황에 따라서 다르게 나타난다. 예로서, 어떤 조직은 모든 구성원에게 명시적으로 인정받는 리더가 존재하고, 리더를 부르는 명칭이 존재하며, 각 구성원의 직책, 역할 및 업무가 체계적으로 분류되어 있지만, 다른 조직은 암묵적으로 인정받는 리더가 존재하지만, 리더가 구성원에게 미치는 영향력이 없거나 미약하며, 조직 구성원의 역할도 체계적으로 분류되지 않는다.

셋째, 비행집단 구성원의 일반적인 활동이 반사회적이어야 한다. 즉, 사회에서 금지하고 있는 비행과 범행이 청소년 비행집단의 주요 활동이어야 하고, 그들의 활동이 같은 또래의 청소년에게 해가 되며, 학교나 기타 사회로부터 부정적인 평가를 받아야 한다. 청소년 비행집단의 반사회적 활동은 청소년 대상의 금품 갈취, 폭행, 패싸움 등을 시작으로, 본드나 환각제 등의 약물남용, 더 나아가 강도, 강간, 집털이 등의 범죄로 더욱 악화될 수 있다(김준호, 1995).

5 우리나라 청소년 비행집단의 구분

김준호와 동료들(1992)의 한국 청소년 비행집단에 관한 연구는 청소년 비행집단을 ① 비행집단 이름의 존재 여부, ② 명시적인 리더의 존재 여부, ③ 핵심 구성원들의 나이, ④ 조직화 수준을 기준으로 세 집단으로 구분하였다. <표 7-1>에서 보이는 바와 같이, 세 집단을 '패거리 집단', '불량서클', '폭력 조직 하부'라고 각각 명명하였다. 이 세 집단은 청소년이 가입할 수 있는 서로 다른 성격의 집단들이며, 상호 배타적이다(김준호 외, 1992).

• 표 7-1 • 청소년 비행집단의 유형 구분

구 분	집단명	명시적 리더	핵심 구성원의 나이	조직화 수준
패거리 집단	X	X	모두 10대	거의 없음
불량서클	O	O 또는 X	대부분 10대	약간 조직화
폭력 조직 하부	O	O	성인	고도의 조직화

출처: 김준호 외, 한국의 청소년 비행집단에 관한 연구, 1992: 70.

1) 패거리 집단

청소년 비행집단의 첫 번째 유형인 '패거리 집단'은 집단을 나타내는 특정 이름과 명시적인 리더를 가지고 있지 않다. 핵심 구성원들의 나이는 모두 10대이며, 조직화 수준은 매우 미약하다. 이 유형은 또래 친구끼리 모여 함께 놀면서 좀 더 흥미로운 재미를 찾아 다니다가 하나의 집단으로 구성되었을 가능성이 높다. 패거리 집단 구성원의 주요 활동이자 활동 목표는 재미있게 노는 일, 즉 오락과 유흥이며, 이를 위해 학생을 대상으로 금품을 갈취하게 된다. 이 집단은 구성원 간의 친밀도가 강한 편이며, 조직화 수준이 낮은 만큼 구성원 간 대면을 통한 상호작용을 매우 중요시한다. 이 집단에 가입하기 위해서는 모든 구성원의 명시적이거나 암묵적인 동의를 얻는 절차가 필요하다(김준호 외, 1992).

2) 불량서클

두 번째 유형인 '불량서클'은 집단의 이름을 가지고 있으며, 명시적인 리더가 있거나 혹은 없지만, 대부분은 리더가 존재한다. 불량서클의 리더는 구성원 중에서 육체적으로 가장 강한 사람으로서 싸움을 제일 잘하고, 의리가 강한 사람이 선출된다. 리더 선출은 구성원 사이에서 특정인이 리더로 추천되거나, 싸움 대결을 통해 최후의 승자가 리더가 되기도 한다. 핵심 구성원 대부분이 10대이지만 20대가 집단의 리더가 되기도 한다. 불량서클 또한 대면을 통한 상호작용을 중요시하며, 구성원 간의 친밀도가 강하다.

불량서클은 두 가지 형태로 분류될 수 있다. 하나는 중·고등학교에 재학 중인 학생으로 구성된 서클이며, 다른 하나는 학교에서 중퇴한 학교 밖 청소년으로 구성된 서클이다. 이 두 형태의 서클은 조직적 측면에서 큰 차이를 보이지 않지만, 주 활동 영역과 비행의 성격에서 차이를 보인다. 재학생으로 구성된 서클은 자기 학교 안이나 학교 주변에서 주로 활동하며, 학생을 상대로 폭행을 행사하거나 금품을 갈취하는 행위를 주로 범하지만, 그 이상의 심각한 수준의 비행을 범하지는 않는다. 반면 학교 밖 청소년으로 구성된 서클의 핵심 구성원은 대부분 학교를 중퇴한 청소년이며 간혹 재학생이 포함되기도 한다. 이들은 같은 학교에 재학하였거나 같은 지역에 거주하는 친구로 구성되며, 주로 거주지를 중심으로 활동한다. 이들의 행동은 학교 내의 서클보다 질적으로 더 흉포하며, 심각한 비행을 범하는 경우가 많다(김준호 외, 1992).

3) 폭력 조직 하부

세 번째 유형인 '폭력 조직 하부'는 성인으로 구성된 폭력 조직에 청소년이 구성원으로 가입된 형태이다. 20~30대 성인을 주축으로 조직된 이 집단은 전술한 두 집단보다 고도로 조직화·체계화되어 운영된다. 이러한 유형의 집단은 조직의 이름과 리더가 명확히 존재하고, 조직 구성원의 직책, 역할 및 업무가 체계적으로 분류되어 있으며, 도심에 위치한 유흥가와 주변 지역에서 주로 활동한다.

전술한 두 유형과 달리, 이 집단에서는 구성원 간의 대면을 통한 상호작용의 중요성이 다소 경시되며, 형식적인 서열 관계가 더욱 중요하게 여겨진다. 이 집단에 가입한 10대 청소년은 집단 전체의 구성원, 관리 체계, 리더 등 조직 내부에 대해 거의 알지 못한다. 즉, 이 집단의 청소년은 같은 또래 혹은 집단 내에서 주요 역할을 담당하지 않는 20대 초반의 구성원들과 소통하며 역할을 수행한다. 이러한 조직에 가입한 청소년은 대부분 학업을 중단한 상태이다(김준호 외, 1992).

CHAPTER

08 지역사회와 청소년 비행

20세기를 기점으로 범죄학의 패러다임은 현저한 변화를 겪었다. 20세기 이전의 범죄학이 개인의 생물학적, 심리학적 특성에 초점을 맞추어 범죄의 원인을 규명했다면, 20세기 이후의 범죄학은 미시적 접근에서 벗어나 거시적인 관점을 채택하기 시작했다. 이는 사회의 구조, 문화, 환경 등 광범위한 맥락에서 범죄의 원인을 탐색하는 방향으로의 전환을 의미한다. 미시적 시각이 특정 현상이나 대상을 국소적으로 관찰하는 접근이라면, 거시적 시각은 현상을 전체적인 맥락에서 조망하려는 시도이다. 범죄학적 이론 중에서 미시이론은 개인의 행위와 특성에 초점을 맞추지만 거시이론은 사회 전체의 구조와 특성을 분석의 대상으로 삼는다. 이러한 이론적 구분은 범죄 현상을 이해하고 설명하는 데 있어 다른 차원의 접근을 가능케 한다.

초기의 지역사회와 범죄의 관계에 대한 연구는 미시적 접근에 대한 반작용으로 거시적 측면에 치중되는 경향이 있었다. 그러나 거시적 접근만으로는 범죄 현상을 충분히 설명하기 어렵다는 인식이 확산되면서, 최근의 연구는 미시적 접근과 거시적 접근을 균형있게 통합하려는 시도를 보이고 있다. 구체적으로 미시적 측면은 지역사회 내 주민 간의 네트워크, 협력, 교제 과정, 문제 해결을 위한 노력 등 주민 친화 과정에 주목하는 반면, 거시적 측면은 지역사회의 구조, 문화, 환경적 요인에 초점을 맞춘다. 이 두 접근법은 상호 배타적이거나 적대적인 관계가 아니라 오히려 상호 보완적이고 친화적인 관계에 있다고 볼 수 있다. 따라서 이들을 연결하는 고리를 찾아 통합적인 이해를 도모하는 것이 중요하다. 이러한 통합적 접근은 주로 거시적 요인의 영향력이 미시적 요인을 통해 매개된다는 논리를 바탕으로 한다. 여기서 매개란 인과관계를 설명하는 메커니즘으로, 거시적 요인이 청소년 비행에 미치는 영향을 미시적 과정을 거쳐 설명함으로써 인과적 설명을 명확하게 하는 역할을 한다.

예를 들어, 빈곤 지역이라는 거시적 특성이 청소년 비행에 직접적인 영향을 미치는 것이 아니라, 빈곤 지역 주민 간의 상호작용과 갈등이라는 미시적 과정을 통해 비행이라는 결과가 초래된다고 설명한다. 단순히 특정 지역이 가난하다고 해서 범죄가 많이 발생하는 것이 아니라, 가난한 지역에서는 주민 간의 소통이 약화되고 경제적 어려움으로 인한 갈등이 심화되어 범죄 발생 가능성이 높아진다는 논리적 연결고리를 제시한다. 이러한 관점은 지역사회와 범죄의 관계를 보다 복합적이고 다층적으로 이해할 수 있게 해준다. 이 장에서는 지역사회와 관련된 이론을 거시적 구조와 미시적 과정으로 세분하여 설명함으로써, 범죄에 미치는 지역사회의 영향에 대한 깊이 있는 이해를 도모한다. 이러한 이론적 논의는 궁극적으로 효과적인 범죄 예방 및 대응 정책 수립의 기반이 될 수 있다.

SECTION 01 지역사회의 개념과 청소년 비행

지역사회라는 개념은 다양한 용어를 통해 표출되어 왔다. 먼저 커뮤니티(community)라는 용어는 사람 간의 사회적 관계, 공유된 정체성, 그리고 상호 지원을 포함하는 포괄적인 개념으로, 인간 사회의 상호작용과 유대감을 중심으로 형성된다. 커뮤니티는 공동체라는 용어로 번역되는데 지리적 위치, 공동의 관심사, 문화적 배경 또는 기타 사람을 하나로 묶는 공통 요소를 기반으로 형성될 수 있다. 이러한 커뮤니티는 구성원 간의 소속감과 사회적 연결성을 강화하며, 개인과 집단 간의 상호작용을 통해 공동체 의식을 형성한다.

다음으로 이웃, 근린 등으로 번역되는 근린(neighborhood)은 도시나 마을 내에서 지리적으로 구분된 특정 지역을 의미하며, 일반적으로 도보 거리 내에 있는 주택, 상점, 학교 및 기타 편의시설을 포함한다. 근린은 고유한 특성과 정체성을 지니며, 도시 내에서 독립적인 구성단위로 인정받는 경향이 있다. 이러한 특성으로 인해 근린은 지역 주민들에게 물리적 공간 이상의 의미를 가지며, 지역적 정체성과 공동체 의식을 함께 형성하기도 한다.

마지막으로 주거 지역(residential area)은 사람들이 거주하는 공간에 초점을 맞춘 용어로, 근린의 개념을 포함하면서도 구역 설정 및 토지 사용이라는 보다 구체적인 관점에서 정의된다. 주거 지역은 상업이나 산업 활동보다는 주택 및 거주 목적으로 설계된 공간을 나타내며, 도시 계획 및 토지 이용 정책에서 중요한 역할을 한다.

이를 요약하면 커뮤니티는 사람들 간의 관계와 상호작용에 초점을 둔 사회적 개념이며, 근린은 고유한 정체성을 가진 도시 내 특정 지역을 의미하며, 주거 지역은 거주 목적으로 구역화된 공간으로, 물리적 토지 이용에 중점을 둔다. 이러한 세 가지 개념은 서로 밀접하게 연결되어 있으면서도 각기 다른 관점에서 인간 생활과 환경을 설명한다. 결과적으로 지역사회란 개념에는 커뮤니티, 근린 및 거주 지역이라는 다양한 의미가 혼재하면서 상황에 따른 적절한 개념적 이해 및 해석을 가능하게 해준다.

SECTION 02 지역사회와 청소년 비행에 관한 이론적 논의

지역사회와 청소년 비행의 관계에 대한 이론적 논의는 다양한 관점에서 전개되었다. 이러한 이론은 지역사회의 구조적 특성, 문화적 요인, 그리고 사회적 과정이 청소년 비행에 미치는 영향을 체계적으로 설명한다. 대표적인 이론으로는 사회해체이론, 아노미이론, 하위문화이론, 거리규범 이론, 그리고 집합효율성 이론 등이 있다.

이러한 이론은 각각 지역사회의 다양한 측면에 초점을 맞추고 있으며, 청소년 비행의 원인을 다각도로 설명하고 있다. 이들 이론은 청소년 비행에 대한 종합적인 이해와 효과적인 예방 전략 수립에 중요한 이론적 기반을 제공한다.

1 사회해체이론

사회해체이론은 범죄 발생의 원인을 지역사회의 생태학적 특성에서 찾는 이론적 틀이다. 여기서 생태학은 동식물과 같은 유기체와 그 유기체가 처한 주변 환경 간의 상호작용을 연구하는 학문으로, 이를 인간 사회에 적용한 것이 인간생태학이다. 미국 시카고대학의 연구 전통을 기반으로 한 시카고학파의 사회학자들은 인간이 자연적 서식지 내에서 환경과 상호작용하며 살아가는 방식을 연구하고, 이를 인간생태학으로 정의하였다. 이들은 인간을 동식물과 유사하게, 열악한 환경 속에서 생존을 위해 끊임없이 투쟁하는 존재로 간주하였다.

사회해체이론에 따르면, 인간이 거주하는 지역의 환경적 조건은 생존을 위한 투쟁의 강도를 결정짓는 중요한 요소로 작용한다. 즉, 지역사회 환경이 안정적이고 인간의 생존에 유리한 조건을 제공할 경우, 생존을 위한 투쟁은 완화되며 사회적 안정성이 유지된다. 반면, 지역사회가 열악한 환경에 처하게 되면 생존을 위한 경쟁과 갈등이 심화되며 이는 사회적 결속력의 약화(사회적 해체)를 초래하고, 궁극적으로 범죄와 같은 사회 병리 현상으로 이어질 가능성이 높아진다.

사회해체이론은 범죄를 단순히 개인적 요인이 아닌 지역사회의 구조적·환경적 맥락 속에서 이해하려는 시도에서 비롯된 이론으로 지역사회의 생태학적 특성과 그로 인한 사회적 결속력 약화를 범죄 발생의 핵심 요인으로 설명한다.

1) 토마스와 즈나니에츠키

토마스와 즈나니에츠키(Thomas and Znaniecki, 1920)는 사회해체를 “집단 내 개별 구성원의 행위를 제한하는 사회적 규칙의 영향력 약화”로 정의하였다. 이는 사회적 규칙이 제 기능을 하지 못할 때 사회통제력이 약화되어, 공동체 구성원이 범죄를 저지르거나 갱단에 가입하는 등 비행을 저지를 동기를 제공한다는 것이다. 이러한 정의에서 알 수 있듯이, 사회해체의 책임은 개인에게 있는 것이 아니라 사회에 있다. 즉, 사회해체란 개인이 삶의 기본 목표를 달성하기 위한 노력을 게을리하는 개인적 해체를 의미하는 것이 아니다. 오히려 가족, 학교, 기타 사회조직과 같은 사회통제기제를 제공하는 기관이 제 역할을 다하지 못함으로써 개인이 사회적 규범과 규칙을 내면화하지 못하게 되는 상황을 지칭한다.

사회해체는 안정적인 사회보다는 불안정한 사회에서 더 쉽게 발생하는 경향이 있지만, 그렇다고 해서 사회해체 현상이 비정상적이라고 볼 수는 없다. 사실, 사회해체는 모든 사회에서 발생할 수 있는 정상적인 현상이다. 그 이유는 사회 자체가 해체와 재조직 과정을 반복하며 안정과 불안정 사이의 균형을 맞추는 동적 과정의 산물이기 때문이다. 문제는 특정 사회가 범죄와 비행을 효과적으로 통제할 수 있는 적절한 규칙과 기제를 갖추고 있는지 여부이다.

결국 적절한 사회통제기제의 존재 여부는 안정된 사회로 나아가는 데 있어 핵심적인 요인이다. 이러한 기제가 부재할 경우, 해당 사회는 질서 유지를 위협받게 되며 궁극적으로 불안정한 상태에 머물게 될 가능성이 높아진다. 따라서 사회해체를 이해하고 이를 해결하기 위해서는 효과적인 통제 메커니즘 구축과 유지가 필수적이다.

2) 파크와 버제스

파크(Park, 1925)는 인간의 행위가 도시 환경 속에서 어떠한 형태로 나타나는지를 탐구하기 위해 시카고를 하나의 실험장으로 삼고, 도시를 단순히 인간과 건물이 결합된 정적인 구성물이 아니라, 수많은 사람이 공생(symbiosis)과 공서(commensalism)의 관계로 얽혀 살아가며 형성해 나가는 역동적인 과정으로 보았다. 이는 자연에서 동식물이 흩어지기보다는 모여 있을 때 번식 활동이 활발히 이루어지는 것처럼 인간 사회도 유기적인 상호의존 관계가 형성될 때 역동적이고 활력있는 사회를 이룰 수 있다는 견해를 반영한다.

파크는 이러한 역동적 과정을 지배와 계승이라는 생태학적 과정으로 설명하였다. 한 집단이 특정 지리적 영역을 점유하면, 그 영역을 다른 집단이 노리고 획득하는 경쟁적 상태가 지속된다. 따라서 도시는 단순한 사회적 · 경제적 · 정치적 이해관계로 얽힌 인조물이 아니라, 침입, 지배, 계승이라는 자연적 과정을 통해 형성되는 자연적 산물이다.

파크는 토마스와 달리 사회해체를 개인화 과정으로 보았다. 그러나 개인화 역시 기존의 권위와 사회통제기제가 약화되어 공동체 구성원을 개별적으로 통제할 수 없는 상태라는 점에서 사회해체와 본질적으로 큰 차이가 없다고 판단하였다. 개인화와 사회해체를 방지하기 위해 학교, 교회, 기타 기관을 효과적인 사회통제기제로 활용해야 하며, 동양사회에서 자주 발견되는 유익한 제도적 장치인 '통제조직'을 높이 평가하며 부러워하였다.

다만, 파크는 도시의 역동적 변화를 지나치게 자연발생적인 현상으로만 간주하여 사회적 · 경제적 · 정치적 영향력을 간과했다는 점에서 비판을 받기도 하였다. 이러한 한계에도 불구하고, 그의 연구는 도시를 생태학적 관점에서 이해하려는 시도의 출발점으로 평가받는다.

버제스(Burgess)는 도시의 지나친 비대화로 인해 발생하는 문제, 특히 청소년 범죄, 범죄자 증가, 무질서한 주택 건축, 산업 시설의 불균형적 분포 등에 주목하였다. 그는 커져만 가는 도시에서 가장 심각한 문제로 인구 증가를 지적하며, 이로 인해 이혼, 범죄, 사회적 불안정과 같은 다양한 문제가 초래된다고 보았다(Burgess, 1925). 여기에서 말하는 인구 증가는 단순히 양적인 증가를 의미하는 것이 아니라 질적인 다양성도 포함한다. 예를 들어, 농촌에 비해 높은 여성 비율, 노년층보다 많은 소년과 중년층의 비율, 높은 외국 이민자 비율, 다양한 직업군의 사람들 등 도시 생활의 특성을 반영하는 다양한 인구 구성이 사회문제를 야기한다고 분석하였다.

버제스는 동심원이론의 제창자로 잘 알려져 있다. 동심원이론은 도시가 성장하는 과정을 설명하는 이론으로, 도시를 다섯 개의 동심원으로 구분한다. 다섯 개의 동심원은 ① 도심, ② 전이지역, ③ 노동자 주거지역, ④ 주거지역, ⑤ 통근지역이다.

버제스에 따르면, 외부 지역은 내부 지역의 발전으로 인해 침입을 받고 점차 바깥으로 확장하게 된다. 그는 이러한 확장 과정을 불안정한 상태에서 안정된 단계로 변화하는 것으로 보며 이를 계승이라고 명명하였다. 다섯 지역 중 전이지역은 도심에 위치한 상업 및 제조업으로부터 침입을 받기 때문에 범죄와 같은 사회해체 현상이 가장 심각하게 나타나는 곳이다. 따라서 버제스에게 있어 사회해체란 도시 팽창에 따른 물리적 환경 변화와 급격하고 다양한 인구 증가와 밀접하게 연관된 현상이라 할 수 있다.

그러나 버제스는 사회해체를 단순히 비정상적인 현상으로만 간주하지 않았다. 오히려 사회적 해체와 재조직이 인간 신진대사와 유사하게 사회를 효율적으로 조정하는 역할을 한다고 보았다. 즉, 유기체가 생명을 유지하기 위해 영양분을 흡수하고 노폐물을 배출하듯이, 사회 역시 해체와 재조직 과정을 반복하며 발전해 나간다는 것이다.

이러한 사회의 역동적 과정에서 핵심적인 역할을 하는 요소로 인구이동을 강조하였다. 인구이동은 사회가 살아 있음을 증명하는 맥박과 같으며 지역사회에 활력을 불어넣는다. 그러나 이러한 긍정적인 측면 뒤에는 부정적인 면도 존재한다. 예컨대 도덕 기준의 해이에 따라 청소년 범죄가 만연할 수 있다. 따라서 활기찬 인구이동이라는 긍정적 측면은 동시에 청소년 범죄라는 부정적 측면을 동반하게 된다고 버제스는 설명하였다(Burgess, 1925).

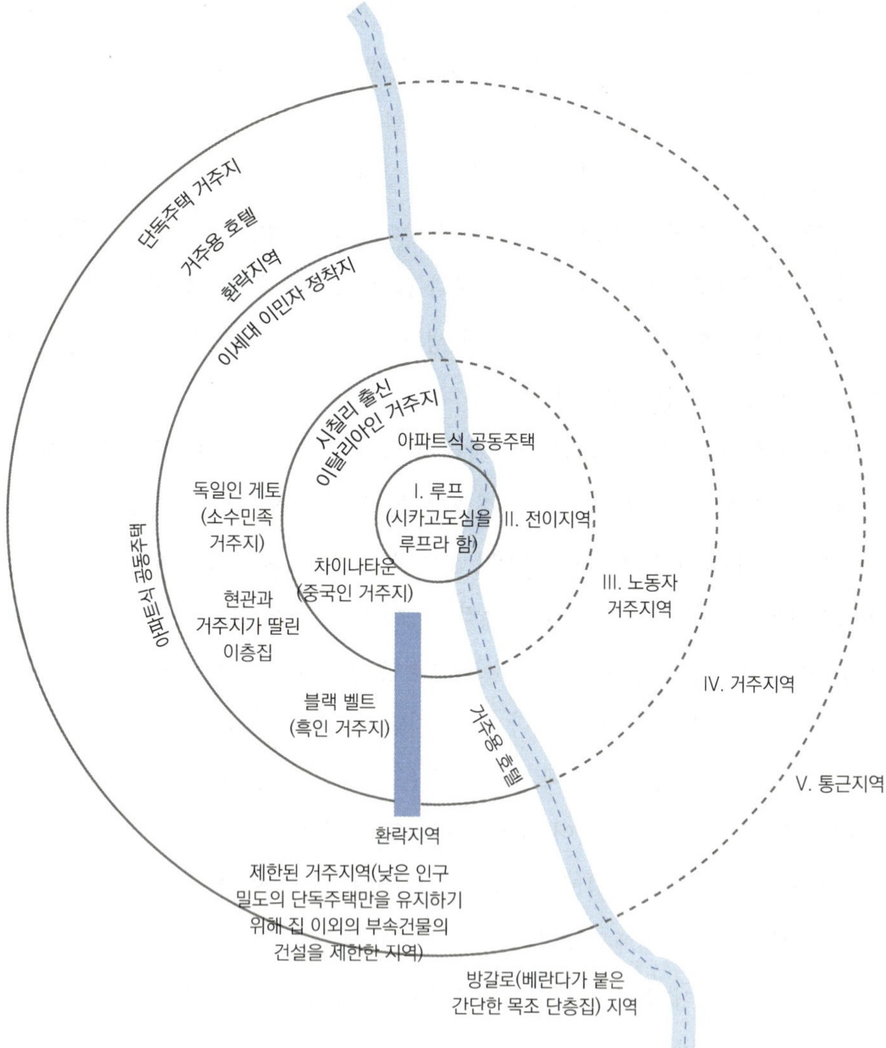

그림 8-1 버제스의 동심원

파크와 버제스의 가장 큰 공헌은 슬럼가 주민의 범죄와 비행이 유전적 열등성에서 기인한 것이 아니라, 도시 성장과 인구 증가로 인한 사회해체에서 비롯된 것이라고 주장한 점이다. 이러한 관점은 당시 생물학적 결정론에 기반한 범죄 원인론을 넘어서는 새로운 시각을 제시한 것으로, 이후 사회학적 범죄학 이론이 발전하는 데 중요한 토대를 제공하였다.

3) 쇼와 맥케이

쇼와 맥케이(Shaw & McKay, 1942)는 파크와 버제스의 도시 성장 이론을 계승하며, 시카고 주변 지역에서 발생하는 청소년 범죄에 초점을 맞춘 연구를 수행하였다. 이들은 청소년 범죄의 원인을 분석하면서 공동체의 ① 물리적 환경, ② 경제적 환경, 그리고 ③ 인종 구성이 범죄율과 어떻게 연관되는지에 주목하였다(Shaw and McKay, 1969).

첫째, 도시의 물리적 환경과 관련하여, 노후 건물이 밀집한 상공업 지역이나 이주율이 높은 지역은 주민의 안전 의식이 약화되어 주거지로 적합하지 않다. 그러나 공업/상업지역의 침투 등 물리적 환경 자체가 범죄율과 직접 연관되는 것은 아니다. 대신, 불리한 물리적 환경은 거주자 수 감소, 지역사회 통제기제 약화 등의 과정을 통해 범죄율을 간접적으로 증가시킨다. 둘째, 경제적 환경과 관련해 국가보조금 수급 가족 비율이 높을수록, 집세가 낮을수록, 그리고 자가 소유 비율이 낮을수록 해당 지역의 범죄율이 높게 나타난다. 이는 경제적으로 취약한 지역에서 범죄율이 상대적으로 높다는 것을 의미한다. 그러나 빈곤율 자체가 범죄율과 직접적인 인과관계를 갖는 것은 아니다. 쇼와 맥케이는 "빈곤 그 자체가 범죄율과 인과적으로 관계되지 않는다."라고 명시하며 빈곤과 범죄 간의 직접적인 관계를 상정하지 않았다. 셋째, 인종 구성과 관련하여, 백인보다 흑인이 많은 지역일수록, 내국인보다 외국인 부모를 둔 아이들이 많은 지역일수록, 그리고 예전 이민 부모보다 최근 이민 부모를 둔 아이들이 많은 지역일수록 범죄율이 높았다. 다만 이들 간 범죄율의 차이는 특정 인종 집단이 전통적 행위 규범에 부합하지 못하기 때문이 아니라 필요한 자원이 희소하게 분포되어 있기 때문이다. 공동체의 경제적 지위 및 주변인의 태도가 적절히 통제된다면 특정 인종 집단과 높은 범죄율 간의 관계는 무의미해질 것이다.

쇼와 맥케이를 비롯한 시카고학파의 실증적 연구는 청소년 범죄 연구에 크게 기여했지만, 몇 가지 한계를 노정하였다. 그중 가장 주목할 만한 문제는 소위 생태학적 오류이다. 생태학적 오류란 공동체 수준에서 나타나는 특성을 개인 수준에서 해석하는 오류를 말한다. 예컨대, 특정 공동체에서 흑인의 비율과 범죄율 간에 상관관계가 있다고 해서 "흑인은 범죄자일 가능성이 높다."라고 결론짓는 것은 명백한 오류이다(Robinson, 1950). 그러나 이러한 한계는 이후 샘슨, 로덴부쉬 및 얼스(Sampson, Raudenbush, and Earls, 1997)의 연구에 의해 상당 부분 극복되었다. 이들은 집합 효율성이라는 개념을 도입하고, 다수준 선형분석 통계 기법을 활용하여 공동체 연구에 대한 새로운 접근법을 제시하였다. 이를 통해 공동체 수준에서 발생하는 사회적 요인이 개인 수준에서 어떻게 영향을 미치는지를 보다 정교하게 분석할 수 있게 되었으며, 시카고학파의 생태학적 오류 문제를 해결하는 데 크게 기여하였다.

2 아노미이론

머튼(Merton)은 사회과학적 관점에서 범죄의 원인을 단순히 사회통제의 실패와 같은 피상적인 문제에 국한하지 않고, 사회질서의 근본이 되는 사회구조에서 찾아야 한다고 주장하였다(Scull, 1988). 그는 시카고학파처럼 인간 본성에 대한 통제 실패를 강조하기보다는, 개인을 범죄로 내모는 사회구조적 문제에 초점을 맞추었다. 머튼에 따르면, 범죄는 인간의 충동적 본성 때문이 아니라, 개인이 사회 내에서 차지하는 위치와 그로 인해 발생하는 구조적 제약으로 인해 발생한다.

머튼은 범죄를 설명하기 위해 뒤르켐(Durkheim)의 아노미 개념을 차용하였다. 뒤르켐이 아노미를 무규범 상태로 정의한 것과 달리, 머튼은 이를 사회구조와 문화구조 간의 괴리로 재구성하였다. 초기에는 사회구조와 문화구조를 명확히 구분하지 않았으나, 이후 사회구조를 "조직화된 집합으로서의 사회관계"로, 문화구조를 "조직화된 집합으로서의 규범적 가치"로 정의하였다(Merton, 1957).

머튼이 정의한 아노미는 사회구성원이 자신의 위치적 제약으로 인해 제도화된 수단을 통해 문화적으로 규정된 목표를 달성하기 어려운 상황을 의미한다. 예컨대, 미국 중산층의 핵심 가치인 물질적 성공을 이루기 위해, 필요한 합법적인 수단(예: 교육이나 취업 기회)

이 제한될 경우, 특히 하류층은 비합법적인 수단을 통해 이러한 목표를 달성하려는 경향을 보인다. 이러한 상황에서 문화적 목표를 규제하고 조정해야 할 규범이 제대로 기능하지 못하면 사회는 불안정해지고, 결과적으로 아노미가 심화된다.

머튼은 미국 사회의 아노미 과정을 설명하기 위해 사회질서의 쇠약화라는 개념을 도입하였다. 미국에서는 부를 성취하는 것이 보편적으로 받아들여지는 문화적 가치로 자리 잡았지만, 부를 얻기 위한 제도화된 수단(예: 교육이나 능력)은 모든 사람에게 공평하게 제공되지 않는다. 이로 인해 일부 사람들은 합법성과 관계없이 부를 성취하려는 열망에 사로잡히게 된다. 이러한 상황에서 합법성보다는 효율성을 중시하는 태도가 만연하게 되면, 사회 전반이 불안정해지고 결국 아노미상태에 빠지게 된다.

머튼에게 있어 개인이 비행행위를 저지르게 하는 주요 요인은 사회구조이며, 이는 문화구조와 구별된다. 물질적 부를 추구하는 문화적 가치는 모든 사람에게 영향을 미치지만, 실제로 범죄를 저지르는 것은 주로 사회구조적으로 열악한 지위에 놓인 하류층이다. 머튼은 도시 빈민층과 같은 계층에서 발생하는 개인적 긴장이 제도화된 수단의 부재에서 비롯된다고 보았다(Vold et al., 1998). 이처럼 긴장을 유발하는 주체는 문화가 아니라 구조이며, 이는 하류층이 비합법적인 수단을 통해 물질적 성공을 추구하게 되는 원인으로 작용한다.

아노미이론에서 중요한 점은 아노미가 개인 수준이 아니라 사회적 수준에서 발생한다는 것이다. 그는 이를 명확히 하기 위해 "'사회구조와 아노미' 패러다임은 구조적으로 발생하는 비율에 초점을 맞추고 있으며, 특정 개인의 행위에 맞추어진 것이 아니다."라고 단언하였다(Merton, 2000: 9). 머튼은 제자인 코헨(Cohen)이 이 패러다임을 확장시킨 점을 언급하며, 코헨 역시 구조적으로 열악한 위치에 놓인 사람이 상호작용을 통해 유형화된 집단 반응으로서 범죄 하위문화를 형성하는 과정에 주목했다고 강조하였다.

결론적으로 아노미이론은 범죄 원인을 단순히 개인의 도덕적 결함이나 충동적 본성에서 찾지 않고, 이를 둘러싼 사회구조와 문화 간 괴리 속에서 탐구함으로써 현대 범죄학에 중요한 관점을 제공하였다고 볼 수 있다. 특히 구조적으로 열악한 위치에 놓인 계층이 경험하는 긴장과 그 결과로 나타나는 비행행위를 설명하며, 범죄 예방 및 정책 개발에 있어 중요한 시사점을 제공한다. 동시에 범죄율 연구에서 개별 행위가 아닌 구조적 요인과 집단 수준의 상호작용을 강조함으로써 이후 연구자에게 지속적인 영향을 미쳤다. 머튼의 이론은 오늘날에도 여전히 유효하며, 특히 경제적 불평등과 기회 격차가 심화되는 현대 사회에서 범죄 문제를 이해하고 해결하기 위한 강력한 분석 도구로 활용될 수 있다.

③ 하위문화이론

코헨(1955)은 머튼의 아노미이론이 청소년 비행을 설명하는 데 한계가 있다고 보았다. 머튼은 사회가 경제적 성공이라는 목표를 강조하고, 이를 달성하기 위한 합법적 수단이 부족할 때 개인이 일탈행동을 하게 된다고 주장했다. 하지만 코헨은 이러한 논의가 갱이나 청소년 비행집단처럼 특정한 집단의 행동을 충분히 설명하지 못한다고 지적했다. 특히 청소년 비행집단이 경제적 성취를 위해 범죄를 저지른다기보다는, 또래 집단 내에서 인정받고 지위를 획득하려는 정치적 목적에 더 큰 중점을 둔다고 보았다.

청소년 비행집단의 행동을 이해하기 위해서는 단순히 경제적 성공이라는 주류 문화의 목표만으로는 부족하다. 코헨은 이들 집단이 공유하는 독특한 규범과 가치를 담고 있는 하위문화에 주목했다. 하위문화는 기존 사회 규범과 다른 목표와 행동 방식을 제시하며, 청소년이 자신만의 방식으로 사회적 지위를 추구하도록 만든다. 이러한 맥락에서 청소년은 경제적 성공보다는 정치적 성공을 더 중요하게 여긴다.

정치적 성공이란 또래 집단 내에서 인정과 감탄을 얻는 것을 의미한다. 이는 물질적 부를 통해 이루어지는 경제적 성공과는 다르다. 정치적 성공은 친구들 사이에서 '쿨하다'거나 '멋있다'는 평가를 받는 것으로 나타나며, 이를 위해 다양한 방식으로 노력한다. 어떤 경우에는 적극적으로 타인의 인정을 얻으려 하고, 다른 경우에는 비난이나 놀림을 피하려는 소극적인 태도를 취하기도 한다. 예를 들어, 싸움에서 이기거나 독특한 기술로 물건을 훔치는 등의 행동은 또래 집단 내에서 특별한 지위를 확보하려는 시도로 볼 수 있다.

하지만 이러한 행동이 항상 정치적 목적에서 비롯되는 것은 아니다. 때로는 단순히 심심함이나 무료함을 해소하기 위한 장난으로 비행이 발생하기도 한다. 예컨대, 재미 삼아 물건을 훔치거나 싸움을 벌이는 행위는 심리적인 동기에서 비롯된 것이지만, 결국 하위문화가 가진 독특한 영향력 속에서 형성된 행동이라고 해석할 수 있다. 코헨은 이러한 장난스러운 비행조차도 하위문화의 맥락 안에서 이해해야 한다고 보았다. 결국 코헨의 주장은 청소년 비행이 단순히 개인적인 일탈이나 경제적 요인에 의해 발생하는 것이 아니라, 그들이 속한 하위문화의 규범과 가치체계 속에서 형성된다는 점을 강조한다. 이는 청소년 비행 연구에 있어 중요한 통찰을 제공하며, 특히 특정 집단의 행동 양식을 이해하는 데 핵심적인 틀을 제시한다.

④ 거리규범 이론

앤더슨(Anderson, 1999)의 거리규범(code of street) 이론은 도시 빈민 지역에서 발생하는 범죄와 폭력을 이해하기 위한 중요한 틀을 제공한다. 거리규범은 미국 도심, 특히 아프리칸-아메리칸(African-American) 공동체에서 형성된 독특한 하위문화의 산물로, 이러한 지역의 사회경제적 조건과 밀접하게 연결되어 있다. 거리규범은 단순히 개인의 일탈적 행동이 아니라, 구조적 결핍과 사회적 배제의 결과로 나타난 집단적 규범이다.

미국 도심의 빈민 지역에서는 합법적 경제 기회가 줄어들고, 불법 경제활동이 증가하며, 마약과 총기 사용이 만연하고, 범죄와 폭력이 일상화되는 특징이 나타난다. 이러한 환경 속에서 주민들은 주변 지역사회로부터 소외되고 고립되며, 이는 두 가지 주요 집단으로의 분화를 초래한다. 하나는 중산층의 가치를 어느 정도 내면화한 '고상한(decent)' 집단이고, 다른 하나는 거리규범을 따르는 '거리(street)' 집단이다. 고상한 집단은 시민규범을 따르며 전통적인 중산층 가치와 행동 양식을 지향하지만, 거리 집단은 이러한 규범에 가치를 두지 않고 자신들만의 거리규범을 따른다.

거리규범은 "내 일은 내가 알아서 한다."라는 식의 타인 배제를 핵심으로 한다. 이는 형사사법체계와 같은 공식적 권위에 대한 깊은 불신과 연결되어 있으며, 자신의 생명과 안전을 스스로 보호해야 하는 현실에서 비롯된다. 거리규범의 가장 중요한 요소는 존중이다. 존중은 단순히 타인의 예의를 받는 것을 넘어, 자신의 생존과 직결된 문제로 여겨진다. 누군가에게 무시를 당하거나 존중받지 못한다고 느낄 경우, 이는 곧 육체적 공격이나 심지어 생명의 위협으로 이어질 수 있다. 따라서 거리규범에서는 선제공격이 유일한 해결책으로 간주되곤 한다.

문제는 이러한 거리규범이 단순히 거리 집단에만 국한되지 않는다는 점이다. 고상한 집단의 아이조차 거리규범을 따를 수밖에 없는 상황에 놓인다. 이는 그들이 거리 집단의 아이들과 어울려 살아가야 하기 때문이며, 부모 역시 자녀에게 거리규범을 이해하고 적응하도록 가르쳐야 한다는 압박을 받는다. 하지만 고상한 아이들은 중산층 규범으로 돌아갈 수 있는 반면, 거리 집단의 아이들은 오직 거리규범만을 따른다는 점에서 차이가 있다.

거리규범을 내면화한 아이들에게 남성성과 배짱이 핵심 가치로 자리 잡는다. 남성성은 물리적으로 강하거나 용맹함을 통해 타인에게 존중받을 수 있는 능력을 의미하며, 배짱은 죽음을 두려워하지 않는 마음가짐이다. 특히 배짱은 상대방의 선제공격을 막아내고 자기 존중을 지키기 위한 필수적인 요소로 간주된다. 이러한 가치체계는 단순히 개인적 특성이 아니라, 거리라는 환경에서 생존하기 위해 필수적으로 요구되는 규범으로 자리 잡는다.

앤더슨은 거리규범을 따르는 아이들을 비난하기보다는 그들이 처한 구조적 환경에 초점을 맞추어야 한다고 주장한다. 빈곤, 교육 기회의 부족, 직업 네트워크 부재와 같은 사회경제적 요인이 이들의 행동에 결정적인 영향을 미친다. 따라서 이들에게 보다 나은 교육과 안정된 직업 기회를 제공한다면, 그들도 중산층 가치에 부합하는 삶을 살 가능성이 높아질 것이다. 또한 앤더슨은 아프리칸-아메리칸 공동체가 역사적으로 경험해 온 노예제도와 인종 분리 상황이 이들의 삶에 깊이 뿌리내린 거부감과 경멸감을 형성했다고 지적하며, 이를 치유하기 위한 제도적 장치가 필요하다고 주장한다.

결국 앤더슨의 거리규범 이론은 단순히 폭력과 범죄를 설명하는 데 그치지 않고, 도시 빈민 지역 주민이 처한 구조적 문제를 이해하고 이를 해결하기 위한 사회적 개입의 필요성을 강조한다. 이는 범죄학뿐만 아니라 사회정책 전반에 걸쳐 중요한 시사점을 제공하는 이론으로 평가받는다.

5 일상활동 이론

일상활동 이론(routine activity theory)은 범죄가 개인의 일상적인 활동과 생활양식 속에서 어떻게 발생하는지를 설명하는 데 초점을 맞춘다. 사람들이 특정 시간에 특정 장소에 모이는 방식이 범죄자에게 기회를 제공한다는 점을 강조하며, 범죄를 이해하기 위해 사회적 구조나 개인의 심리적 특성보다 일상적인 활동 패턴에 주목한다(Felson, 1987, 1994; Felson and Gottfredson, 1984).

이 이론의 핵심은 약탈적(predatory) 범죄를 발생시키는 세 가지 요인에 있다. 일상활동의 구조적 변화가 약탈적 범죄를 일으키는 세 요인에 영향을 주고, 세 요인은 계속해서 범죄율에 영향을 준다. 첫째는 동기화된 잠재적 범죄자, 둘째는 적절한 범행 대상, 셋째는 범죄보호 기제의 부재이다. 이 세 가지 요인이 동시에 충족될 때 약탈적 범죄가 발생할 가능성이 높아진다. 반대로 이 중 하나라도 충족되지 않으면 범죄는 성공할 수 없다. 예를 들어, 동기화된 범죄자가 있어도 적절한 대상이 없거나 보호기제가 강력하다면 범행은 이루어지지 않는다.

코헨과 펠슨(Cohen & Felson, 1979)은 현대사회에서 일상생활의 변화가 이러한 세 가지 요인에 어떤 영향을 미치는지를 분석했다. 일상생활의 변화는 거시적 차원과 미시적 차원에서 동시에 이루어진다. 거시적 차원에서는 사회적 기회구조의 변화가 중요한 역할을 한다. 과거에는 빈곤이나 아노미와 같은 열악한 경제·사회적 조건이 범죄를 촉발하는 주요 요인으로 여겨졌으나, 현대에는 교통의 발전, 상업지구의 형성, 통신 기술의 발달 등 산업화로 인해 일상생활의 폭이 넓어지면서 범죄 기회가 증가했다. 이러한 변화는 도시화와 산업화로 인해 사람들이 더 많은 장소를 이동하고 다양한 사회구조와 접촉하게 되면서 도처에 범죄 유발 가능성을 만들어 낸다.

미시적 차원에서는 개인의 활동 영역이 과거보다 훨씬 확대되었다는 점이 중요하다. 과거에는 대부분의 활동이 집안이나 집 근처에서 이루어졌고 직장도 가까운 거리에 있었지만, 현대에는 공식적인 업무뿐만 아니라 비공식적인 활동도 집에서 멀리 떨어진 곳에서 이루어지는 경우가 많아졌다. 이러한 변화는 동기화된 범죄자와 적절한 대상자, 그리고 보호장치 부재라는 세 가지 요인이 만날 가능성을 높인다. 예를 들어, 야간에 외출하거나 외진 장소를 방문하는 일이 늘어나면서 범죄 기회가 증가할 수 있다.

일상활동 이론은 이러한 구조적 변화를 바탕으로 범죄 발생 환경을 분석하며, 이를 통해 범죄 예방 전략을 제시한다. 코헨과 펠슨(1979)은 "범죄를 저지르는 데 호의적인 환경은 장기적으로 범죄적 성향을 기르는 데 크게 공헌하게 될 것이다."라고 언급하며, 잠재적 범죄자가 행동에 옮길 수 없는 환경을 조성하는 것이 중요하다고 지적했다. 이는 곧 범죄 발생의 기회를 차단하는 것이 효과적인 예방책임을 보여준다.

현대사회에서 정보통신기술의 발전으로 재택근무와 화상회의가 활성화되고 있지만, 개인의 일상활동이 집 밖으로 확장되는 경향은 여전히 강력하다. 따라서 일상활동 이론은 여전히 유효하며, 특히 도시화와 산업화로 인해 증가하는 다양한 사회적 접촉과 이동성을 고려할 때 더욱 중요한 이론으로 남아 있다. 이 이론은 단순히 범죄 발생 원인을 분석하는 데 그치지 않고, 예방을 위한 구체적인 방향성을 제시한다는 점에서 실용적인 가치가 크다.

6 깨진 창 이론과 집합효율성 이론

1) 깨진 창 이론

깨진 창(broken window) 이론은 공공장소에서의 무질서가 범죄율과 밀접한 관계가 있음을 가정한다. '깨진 창'은 미국 도시의 슬럼가에 방치된 건물에서 흔히 발견되는 깨진 유리창을 상징적으로 사용한 것이다. 깨진 창은 단순한 물리적 손상 이상의 의미를 가지며, 사회적 무관심과 방치를 나타낸다. 깨진 창이 많다는 것은 물리적 무질서가 제대로 관리되지 않고, 지역 주민이 이를 방치하고 있다는 신호로 해석된다. 이러한 환경은 잠재적 범죄자에게 "이곳은 아무도 신경 쓰지 않는다."라는 메시지를 전달하며, 이는 다양한 범죄를 유발하는 촉매제로 작용한다.

윌슨과 켈링(Wilson and Kelling, 1982)은 깨진 창 이론을 통해 공공의 안전을 위협하는 두 가지 주요 요인을 지적했다. 첫째는 실제 범죄자와 그의 범죄행위이다. 이는 명백히 지역사회의 안전을 해치는 직접적인 요소이다. 둘째는 겉모습이나 행동이 범죄자와 비슷해 보이는 사람과 그의 행위다. 이들은 반드시 실제 범죄자가 아니더라도, 기초질서를 어기는 행동만으로도 주민에게 두려움을 줄 수 있다. 예를 들어, 공공장소에서의 소란, 쓰레기 투기, 또는 길거리에서의 무질서한 행동은 주민들에게 공공질서가 무너지고 있다는 느낌을 줄 수 있다. 이러한 두려움은 지역사회에 대한 애착을 약화시키고, 주민들이 공동체보다는 자신의 안전만을 우선시하도록 만든다.

범죄 발생은 빈곤과 비공식적 사회통제의 부재라는 두 가지 요인에 의해 더욱 가속화된다. 윌슨(1987)은 특정 지역이 '최하층민'으로 채워질 경우, 지역의 문제를 해결할 수 있는 인력풀이 부족해질 것이라고 보았다. 이는 지역사회의 자원을 고갈시키고, 주민이 공동체 문제에 대해 무력감을 느끼게 만든다. 또한 지역사회의 질서유지가 경찰의 강압적인 역할로 전환될 경우, 주민의 자발적인 참여에 기반한 비공식적 사회통제는 기대하기 어려워진다. 예를 들어, 경찰이 지나치게 공격적이고 강압적인 방식으로 대응할 경우, 주민은 경찰과 협력하기보다는 오히려 거리를 두게 된다.

윌슨과 켈링은 이러한 문제를 해결하기 위해 경찰과 지역주민 간의 협조가 필수적이라고 주장했다. 그들은 자발적으로 조직된 주민 단체를 통해 지역사회의 참여를 유도하고 사회질서를 유지하는 방안을 제안했다. 예를 들어, 경찰이 차량 순찰 대신 도보순찰이나 자전거 순찰을 통해 주민들과 더 가까운 관계를 형성할 수 있도록 하는 것이 그중 하나이다. 이러한 접근법은 경찰이 단순히 법 집행자가 아니라 지역사회의 일원으로 인식되도록 하여 신뢰를 구축하고 협력을 강화할 수 있다.

깨진 창 이론은 사회적·물리적 무질서가 잠재적 범죄자를 끌어들이는 중요한 환경적 신호라고 주장한다. 이 이론은 이후 미국 도시의 공공정책에 큰 영향을 미쳤다. 특히 뉴욕시에서는 공공무질서에 대해 매우 엄격하게 대응하며 경찰에게 공격적이고 강압적인 방식으로 활동하도록 지시했다(Kelling and Coles, 1996). 이러한 정책은 초기에는 범죄율 감소라는 긍정적인 결과를 가져왔지만, 동시에 과잉 단속과 특정 계층에 대한 차별이라는 부작용도 초래했다. 결국 깨진 창 이론은 단순히 물리적 환경 개선만으로는 충분하지 않으며, 지역사회와 경찰 간의 협력 및 주민 참여를 통해 지속 가능한 사회질서를 구축하는 것이 중요함을 보여준다. 이 이론은 범죄예방뿐만 아니라 공동체 회복과 신뢰 구축이라는 더 넓은 맥락에서 이해되어야 한다.

2) 집합효율성 이론

샘슨과 로덴부쉬(Sampson & Raudenbush, 1999)는 깨진 창 이론이 주장하는 무질서와 범죄 간의 직접적 관계에 의문을 제기하며, 무질서가 범죄의 원인이 아니라 비공식적 사회통제가 약화된 지역에서 무질서와 범죄가 공존한다고 주장했다. 무질서의 근원을 단순히 물리적 환경의 문제로 보지 않고, 구조적 제약과 인간 활동이라는 두 가지 축에서 접근했다.

먼저 구조적 제약은 빈곤, 주거 불안정, 높은 인구 밀도, 비거주용 토지 사용, 교통 분기점, 많은 유동 인구 등과 같은 지역적 특성을 포함한다. 이러한 요인은 지역사회의 무질서를 심화시키는 근본적인 배경으로 작용한다. 예를 들어, 빈곤과 주거 불안정은 주민들이 지역사회에 애착을 가지기 어렵게 만들고, 높은 유동 인구는 주민 간의 결속을 약화한다. 따라서 무질서를 이해하기 위해서는 이러한 구조적 요인들을 함께 고려해야 한다.

두 번째 축은 인간 활동과 관련된 사회통제의 문제이다. 샘슨과 로덴부쉬는 제노위츠의 사회통제 개념을 빌려와 이를 설명했다. 사회통제란 공권력에 의한 강제적 통제가 아니라, 지역사회 내에서 자발적으로 이루어지는 비공식적 통제를 의미한다(Janowitz, 1976). 사회통제는 결속과 신뢰, 그리고 안전을 위한 개입이라는 두 가지 요소로 구성된다. 이 두 요소가 결합되면 집합효율성(collective efficacy)이 높아지는데, 이는 공동체 수준에서 결속과 비공식적 사회통제가 얼마나 효과적으로 이루어지고 있는지를 나타낸다.

이들은 두 가지 가설을 검증하고자 했다. 첫 번째는 깨진 창 가설로, 무질서가 범죄의 직접적인 원인이라고 본다. 두 번째는 집합효율성 가설로, 무질서와 범죄가 모두 약화된 사회질서와 구조적 제약 또는 집합효율성의 약화에서 비롯된다고 본다. 이 두 가설을 검증하기 위해 시카고 프로젝트 PHDCN(Project on Human Development in Chicago Neighborhoods)에서 체계적 사회관찰을 도입했다. 시카고 전역을 비디오로 촬영해 무질서의 정도를 측정하고, 주민의 주관적인 판단을 통해 추가 데이터를 수집했다. 분석 결과 두 데이터, 즉 촬영 결과와 주관적 판단 간 높은 상관성이 확인되어 자료의 신뢰성을 확보할 수 있었다.

분석 결과 지역사회의 무질서와 범죄율 사이에는 높은 상관관계가 있었지만, 집합효율성 변수를 통제했을 때 이 상관관계는 사라졌다. 이는 무질서가 범죄를 직접 초래하는 것이 아니라, 무질서와 범죄 모두가 사회통제의 약화라는 공통된 원인 아래 존재한다는 것을 의미한다. 샘슨은 이러한 결과를 통해 매개과정을 정확히 이해하는 것이 중요하다고 강조했으며, 이는 깨진 창 이론이 단순히 물리적 환경의 개선만으로 범죄를 줄일 수 있다는 주장에 반박하는 강력한 논거로 작용한다. 샘슨과 로덴부쉬의 연구는 한국 사회에도 중요한 시사점을 제공한다. 특히 유해환경 논의에서 물리적 환경 개선뿐만 아니라 지역사회의 결속력 강화와 비공식적 사회통제 회복이 필요하다는 점을 강조한다. 이는 단순히 경찰력 강화나 물리적 정비에 의존하는 접근법보다 더 지속 가능하고 효과적인 범죄 예방 전략으로 이어질 수 있다.

SECTION 03 지역사회의 거시적 특성과 청소년 비행

① 지역사회의 구조적 특성

지역사회의 구조적 특성은 청소년 비행론에서 중요한 개념으로, 지역사회의 사회적, 경제적, 환경적 요인이 어떻게 범죄와 비행에 영향을 미치는지를 이해하는 데 필수적이다. 이 특성은 크게 일반적 특성, 사회적 무질서, 물리적 무질서로 나눌 수 있다.

먼저, 일반적 특성은 시카고학파의 이론과 환경설계를 통한 범죄예방(CPTED) 이론을 통해 설명할 수 있다. 시카고학파의 쇼와 맥케이(Shaw & McKay, 1942)는 지역사회의 빈곤율, 주민들의 이주율, 주민 간 이질성을 주요 변수로 제시했다. 빈곤율이 높은 지역에서는 문화시설과 교육시설이 부족하고, 주민 간 상호작용이 제한되며, 경제적 어려움으로 인한 상대적 박탈감이 만연해 비공식적 사회통제가 약화된다. 예를 들어, 서울의 일부 저소득 지역에서는 이러한 현상이 두드러지며, 이는 청소년 비행과 같은 문제를 유발할 수 있는 환경을 조성한다.

주거이동률도 중요한 변수다. 2020년 법무부 통계에 따르면 주택 거주기간이 2년 이내인 가구가 전체 가구 중 37.2%에 달하였으며, 자가 가구는 20.7%, 임차가구는 62.1%로 나타났다. 지역별로는 수도권이 41.9%에 달해 광역시 등(36.1%), 도지역(30.5%)에 비해 상대적으로 주거이동이 잦았다.[1] 빈번한 이주는 지역사회의 안정성을 약화시키고 주민 간 신뢰 형성을 방해할 수 있다. 특히 청년층의 높은 이동률은 불안정한 고용과 주거 문제에서 기인하며, 이는 지역사회 내 비공식적 통제와 유대감을 약화시키는 요인으로 작용한다.

주민 간 이질성도 중요한 변수다. 이 개념은 원래 인종 간 차이에서 출발했지만, 오늘날에는 문화적 · 경제적 · 사회적 차이를 포함한다. 한국에서는 외국인 거주자가 전체 인구의 약 5%를 차지하며, 이는 우리 사회가 다문화 사회로의 전환하고 있음을 보여준다.[2] 그

1 https://www.molit.go.kr/USR/NEWS/m_71/dtl.jsp?id=95085923: 국토교통부 보도자료 2021년 8월 13일(금) 배포자료

2 행정안전부의 통계청 인구주택총조사 2023년자료 분석결과 외국인 주민수가 246명으로 전체인구의 4.8%에 달한다.

런데 외국인 비율이 높은 지역에서는 사회적 신뢰가 낮아지고 집합효율성이 약화되는 경향이 있다. 이러한 환경은 범죄 발생 가능성을 높일 수 있다.

환경설계를 통한 범죄예방(CPTED)은 물리적 환경설계를 통해 범죄를 예방하려는 접근법으로 뉴먼(Newman)의 방어공간(defensible space) 이론에서 발전했다. 뉴먼은 방어공간을 '스스로를 방어하는 사회적 구조를 물리적으로 표현'하는 모델로 정의하며, 이를 통해 주민 간 책임감과 공동체 의식을 강화할 수 있다고 주장했다. CPTED는 자연적 감시, 자연적 접근 통제, 영역성 강화, 대상 강화라는 네 가지 주요 원칙을 포함한다. 예를 들어, CCTV 설치나 가로등 개선은 자연적 감시를 강화하고, 울타리나 출입문 설치는 접근 통제를 강화한다. 이러한 설계는 잠재적인 범죄자를 억제하고 주민에게 심리적 안정감을 제공한다.

한편, 사회적 무질서와 물리적 무질서는 지역사회의 취약성을 반영하는 핵심 개념이다. 샘슨과 로덴부쉬는 사회적 무질서를 거리에서 낯선 사람에 의해 발생하는 비공식적인 행위로 정의했다. 예를 들어, 공공장소에서의 싸움이나 불량 청소년의 집단행동 등이 이에 해당한다. 물리적 무질서는 도심 전경의 황폐화를 의미하며 낙서, 버려진 쓰레기나 차량 등이 대표적인 사례이다. 이러한 무질서는 공공장소가 관리되지 않고 있다는 신호를 주며 범죄 발생 가능성을 높인다.

결론적으로 지역사회의 구조적 특성은 단순히 물리적인 환경뿐만 아니라 사회적 관계와 경제적 조건까지 포괄한다. 빈곤율, 이주율, 주민 간 이질성과 같은 요인은 지역사회의 안정성과 신뢰에 영향을 미치며, 이는 곧 범죄와 청소년 비행에 영향을 줄 수 있다. 따라서 이러한 특성을 이해하고 개선하려는 노력이 필요하며, CPTED와 같은 전략은 이를 위한 효과적인 도구가 될 수 있다.

2 사회구조와 폭력허용적 문화

머튼(Merton, 1957)은 사회구조를 '조직화된 사회적 관계의 체계'로, 문화구조를 '조직화된 규범적 가치의 체계'로 정의하며, 아노미는 두 구조 간의 괴리에서 발생한다고 보았다. 그는 사회가 제시하는 문화적 목표와 이를 달성하기 위한 합법적 수단 간의 불일치가 개인과 집단에 좌절감을 주며, 이러한 좌절이 비행이나 범죄로 이어질 수 있다고 설명했다. 코헨(Cohen, 1955) 역시 청소년 비행을 연구하며, 지배문화만으로는 청소년의 특정한 비행 행위를 충분히 설명할 수 없다고 주장했다. 그는 청소년이 형성하는 하위문화가 지배문화와 충돌하거나 대안적인 가치를 제공함으로써 비행을 정당화한다고 보았다. 따라서 청소년 비행을 이해하려면 사회구조와 문화를 동시에 고려해야 하며, 특히 아노미상태에서 발생하는 문화적 목표와 사회구조 간의 괴리를 분석할 필요가 있다.

사회구조는 거시적 구조와 미시적 구조로 나뉜다. 거시적 구조는 정치, 경제, 교육, 가족, 종교 등 주요 제도를 포함하며, 이는 개인의 삶에 광범위한 영향을 미친다. 반면 미시적 구조는 개인이 갖는 지위와 역할을 통해 나타난다. 예를 들어, 학교라는 거시적 제도 안에서 학생이라는 지위와 학습자라는 역할이 개인의 미시적 구조를 형성한다. 이러한 구조는 개인이 사회 내에서 어떤 위치를 차지하고 있는지를 결정하며, 이는 청소년 비행의 맥락에서도 중요한 요소로 작용한다.

문화는 한 사회구성원들이 공유하는 가치관, 신념, 규범, 언어 등을 포함한다(Goode, 1988). 한국의 문화는 공동체 지향성과 권위주의적 성향이 강하게 나타나는 특징을 보인다. 최재석(1982)은 한국인의 사회적 성격으로 가족주의와 감투지향주의를 강조했으며, 박정선(2004)은 한국의 폭력문화를 폭력주의와 권위주의로 설명했다. 예컨대 한국 사회에서는 경제적 성공뿐만 아니라 권력과 명예를 중시하는 문화가 강하다. 이러한 문화적 특성은 아노미상태를 유발할 가능성을 높이며, 특히 청소년에게는 서열과 권위를 중시하는 경향이 두드러진다. 이는 가정과 학교에서 확대 재생산되며, 청소년 사이에서 서열 다툼이나 폭력적인 행동으로 나타날 수 있다.

한국 사회의 권위주의적 서열 의식은 일상적인 언어 사용에서도 드러난다. 예컨대 친밀한 관계에서는 법적으로 가족이 아닌 사람에게도 '아버지', '형' 등의 호칭을 사용하는 경우가 흔하다(임희섭 외, 2002). 이러한 언어적 관습은 상하관계를 강화하며, 폭력적인 행동을 정당화하는 데 기여할 수 있다. 대중매체 역시 이러한 권위주의 문화를 강화한다. 특히 사극은 감투주의와 서열주의를 대리 만족시키는 장르로 인기를 끌며, 과거 신분사회의 질서를 이상화하는 경향을 보여준다.

군대와 학교 같은 제도도 폭력문화를 형성하는 데 중요한 역할을 한다. 군대에서는 기강 확립과 단결심 확보를 명분으로 폭력을 정당화하며, 학교에서는 '사랑의 매'라는 이름으로 체벌을 정당화한다. 이러한 폭력 허용적 문화는 청소년에게 비합법적인 수단을 통해 문제를 해결하려는 태도를 학습하게 한다. 실제로 2023년 기준 한국에서 발생한 청소년 범죄 중 폭력 사건은 약 37,500건으로 집계되었으며, 이는 여전히 높은 수준이다.

그러나 한국 사회의 폭력성을 단순히 문화적 요인만으로는 설명할 수 없다. 범죄와 비행은 합법적인 수단이 제도적으로 막혀 있지 않음에도 불구하고 비합법적인 방법이 더 쉽고 효율적으로 보이는 쇠약화(attenuation) 상태에서 발생한다. 예컨대 선후배 간의 서열 의식이 강한 체육대학에서 선배가 후배에게 구타를 행사하여 사망 사고가 발생한 사례는 단순히 폭력문화 때문만이 아니라 선배라는 구조적 지위에서 비롯된 문제임을 보여준다.

결국 아노미상태란 합법적인 방법보다 비합법적인 방법이 더 효과적으로 여겨지는 사회적 분위기와 구조적 갈등이 결합된 상황이다. 이는 청소년이 비행에 빠지는 중요한 원인 중 하나이다. 따라서 청소년 비행 문제를 해결하려면 단순히 개인이나 특정 집단의 문제로 치부할 것이 아니라 문화와 사회구조 전반에 걸친 종합적인 접근이 필요하다.

3 유해환경과 퇴폐 문화

청소년 유해환경이라는 과제는 그동안 많은 연구자의 관심을 받았다(김준호 · 박정선, 1995; 도종수, 1990; 유재천, 1989; 이중한, 1989; YMCA, 1989, 1990). 이러한 연구는 대부분 청소년 유해환경을 망라적으로 보아왔다. 예를 들어, YMCA(1990)에 따르면 청소년 유해환경이란 "청소년의 올바른 성장을 방해하는 사회적 · 문화적 환경"이며, 한준상(1991)은 "청소년의 인격적 발달에 좋지 않은 영향을 줄 수 있는 물리적, 문화적, 사회적, 심리적 요소들과 청소년과 주변환경 요인 간에 이루어지는 유해한 상호작용의 총화"라고 정의한다. 한마디로 청소년의 건전한 성장에 저해되는 모든 요인을 유해환경이라고 정의할 수 있다. 그러나 총체적, 망라적인 개념 정의에도 불구하고 유해적 사회환경에 대한 실질적 논의는 주로 대중매체의 유해성과 향락업소 중심의 물리적 환경에 집중되어 있다(권이종 · 공병진, 1999; 김준호 · 박정선, 1995). 주희종(1998)은 유해환경이 청소년의 건전 성장의 저해, 피해 및 비행화의 세 가지 측면에서 유해하다고 하였다. 건전 성장의 저해란 청소년이 몸과 마음을 닦아 올바른 인간관을 가진 성인으로 자라나는 과정에서 유해환경으로부터 불건전한 영향을 받게 되는 것을 말한다. 유해환경의 영향으로 청소년이 성에 일찍 눈을 뜨거나 술이나 담배를 가까이하는 것 등은 청소년의 건전한 가치관 형성과 건강한 육체적 발달을 저해한다. 피해란 유해환경을 통해 각종 범죄의 피해자가 될 수 있음을 의미한다. CPTED의 패러다임에서 강조하듯, 영역성과 자연적 감시 기능이 약화된 지역에서는 잠재적 범죄자의 행위를 억제하는 통제기제가 취약해진다. 이러한 사회생태학적 맥락에서 유해환경의 만연으로 인해 지역사회의 집합효율성이 저하되면 범죄기회구조의 최적화가 이루어져 범죄피해의 상대적 증가가 초래될 수밖에 없다. 끝으로 비행화는 청소년의 일탈 및 범죄를 유발하는 환경적 요인을 제공함으로써 가장 심각한 유해성을 초래하는 것을 의미한다. 학교 인근에 위치한 유해업소의 무분별한 영업과 청소년 출입 통제 미흡은 청소년 범죄를 조장하는 것과 동일한 맥락에서 이해될 수 있다. 유해업소의 존재가 지닌 다양한 부정적 영향 중 청소년에게 비행 기회를 제공한다는 점이 가장 심각한 문제로 대두된다. 김문조(1997)는 이러한 직접적 해악 외에도 유해환경이 청소년의 탈규범적 행위나 비행에 대한 친화성을 강화시킬 수 있다는 간접적 해악의 가능성을 제시했다. 따라서 유해환경은 청소년의 건전한 성장을 직·간접적으로 저해하는 복합적 위험요인으로 작용한다.

박정선(2002)은 유해환경의 존재가 비행에 직접적인 영향을 주기보다는 비행친구와의 다양한 상호작용을 통해 탈선과 비행의 기회를 제공한다는 점을 강조하였다. 특히 유해환경이 청소년으로 하여금 술이나 담배 등 지위비행을 증가시키는 부정적인 영향을 주지만, 폭력비행의 증가에는 통계적으로 유의미한 영향력을 주지는 않는다. 지위비행의 경우 비행친구 및 유해환경 친화성을 통한 매개 과정을 통제해도 유해환경의 직접적 영향력이 남아 있어 유해환경과 지위비행 간에는 어느 정도 직접적인 관계가 있음을 보여준다.

샘슨과 로덴부쉬(1999)는 범죄 발생기제가 물리적 무질서나 사회적 무질서의 절대적 수준보다는 사회통제 시스템의 효율성에 달렸다고 보았다. 여러 연구가 지역사회의 수준이나 개인적 수준을 넘어서는 사회통제의 중요성을 경험적으로 입증하고 있다(Hirschi, 1969; Rountree et al., 1994; Sampson, 1991; Welsh et al., 1999). 그러나 이러한 연구결과에 의해 유해환경이 제공하는 부정적인 이미지와 그로 인한 유해환경 친화성, 유해매체 및 업소의 비행기회 제공 등이 부정되지는 않는다. 범죄의 발생은 주변 상황의 전개나 기회의 발생 등에서 연유하는데 유해환경이 밀집한 지역이야말로 "① 동기화된 범죄자, ② 적절한 범죄대상, ③ 유능한 감시자의 부재"라는 삼박자가 가장 잘 맞아떨어지는 지역이기 때문이다. 따라서 청소년의 유해환경 노출을 차단하기 위해 공간적 접근통제 등의 예방적 환경설계가 필요할 뿐만 아니라 유해업소에 종사자의 사회적 책임 이행 및 자정노력을 유도하는 정책적 대안이 필요하다.

SECTION 04 지역사회의 과정적 특성과 청소년 비행

샘슨과 라웁(Sampson and Laub, 1993)은 구조와 과정을 분리해서 분석하는 것은 오류라고 지적하며, 개인적, 구조적 배경 요인이 어떤 과정적 변인(예: 비공식적 통제)을 통해 매개되는지 파악하는 것이 중요하다고 주장했다. 이러한 관점에서, 한국의 지역사회를 논의할 때도 지역사회 개념을 어떻게 유형화할 수 있는지, 이렇게 유형화된 구조적 환경이 어떤 매개 과정을 통해 청소년에게 영향을 미치는지의 두 가지 측면을 구체적으로 살펴볼 필요가 있다. 따라서 본 절에서는 지역사회의 과정적 특성, 즉 구조적 요인이 개인의 행동에 영향을 미치는 과정에 초점을 맞추어 설명하고자 한다.

지역사회의 과정적 특성은 크게 주민의 인식과 태도 및 그러한 인식에 기반한 행동이라는 두 가지 측면에서 이해할 수 있다. 지역사회에 대한 거주민의 인식, 태도, 가치관 등이 중요함과 동시에 이러한 인식을 바탕으로 주민이 실제로 어떻게 행동하는지도 중요하다. 이 두 요소는 서로 밀접하게 연관되어 지역사회 특성 형성에 기여한다. 본 절에서는 '집합효율성'이라는 개념을 중심으로, 지역사회에 대한 주민의 인식과 그에 따른 행동을 살펴볼 것이다.

① 커뮤니티 활성화

지역사회 혹은 공동체를 뜻하는 영어 단어는 Community이다. 이 용어는 19세기 이후 점차 주목받기 시작했으며, 커뮤니티라는 개념은 가까운 인간관계와 조화로운 삶을 갈망하는 사람들의 희망을 상징하는 말로 자리 잡았다. 그러나 1910년 이전에는 커뮤니티에 대한 사회과학적 논의가 거의 이루어지지 않았으며, 1915년에 이르러서야 갈핀(Galpin)이 커뮤니티를 사회학적으로 명확히 정의하였다(Harper and Dunham, 1959).[3] 이는 커뮤니티에 대한 학문적 관심이 본격적으로 시작된 시점으로 볼 수 있다.

커뮤니티에 대한 연구는 이후 다양한 학자에 의해 확장되었으나, 연구의 초점은 학자마다 달랐다. 어떤 학자는 지리적 영역에 초점을 맞추었고, 어떤 학자는 특정 지역에 거주하는 사람들의 관계를 중시했으며, 또 다른 학자는 공동생활을 영위하는 지역을 중심으로 연구를 진행했다. 이러한 다양성은 커뮤니티 개념이 물리적 공간뿐만 아니라 사회적, 문화적 맥락에서 다층적으로 이해될 수 있음을 보여준다.

스미스(Smith, 2001)는 커뮤니티를 구성하는 주요 요소로 장소, 관심, 친교를 제시했다. 먼저 장소는 사람들이 함께 생활할 수 있는 물리적 공간을 의미한다. 이는 중앙정부나 중심성에 대비되는 지방자치 지역 혹은 지방성의 개념을 포함하며, 중앙으로부터 물리적으로 떨어져 있는 지방의 특정 지역으로 이해된다. 장소는 커뮤니티의 물리적 기반을 제공하며, 사람들이 상호작용할 수 있는 환경을 형성한다. 두 번째 요소인 관심은 커뮤니티 구성원이 공유하는 정신적 공간을 뜻한다. 이는 물리적 장소를 넘어선 이념적 공간으로 확장될 수 있다. 예를 들어, 비슷한 생활수준이나 교육수준을 가진 사람, 동일한 직업이나 종교적 관심을 공유하는 사람, 혹은 같은 인종이나 민족 구성원은 공동 관심사를 기반으로 강한 유대감을 형성할 가능성이 높다. 이러한 관심은 자아 정체성과 공동체 의식의 발전과 밀접하게 연결되며, 커뮤니티를 물리적 공간에서 이념적 공간으로 확장시키는 역할을 한다. 마지막으로 친교는 장소, 집단, 생각, 가치, 태도 등에 대한 애착으로 정의된다. 사람들이 특정 장소나 집단에 애착을 느끼고 이를 공유하려는 경향은 자연스럽게 만남과 회동의 형태로 나타난다. 친교의 본질은 이러한 상호작용 속에서 형성되는 정신적 유대감이며, 이는 일종의 정신적 커뮤니티를 통해 표현된다. 즉, 친교는 단순한 물리적 접촉을 넘어선 정서적 교감과 사회적 연결망의 핵심 요소로 작용한다. 결론적으로 커뮤니티는 단순히 물리적인 공간이나 특정 집단을 넘어선 복합적인 개념이다. 이는 장소와 관심, 그리고 친교라는 세 가지 요소가 상호작용하며 형성되는 인간관계와 사회구조를 포괄한다.

3 http://www.infed.org/community/community.htm에서 재인용

이러한 관점에서 커뮤니티에 대한 이해는 범죄학 및 청소년 비행론에서도 중요한 역할을 하며, 개인과 집단 간의 상호작용이 사회적 규범과 일탈행동에 미치는 영향을 분석하는 데 기초적인 틀을 제공한다.

웰먼(Wellman, 1979)은 지역사회에 대한 세 가지 패러다임을 제시하였다. 이는 '공동체 실종', '공동체 부활', 그리고 '공동체 자유화'로, 각각 현대사회에서 공동체의 변화와 지속성을 설명하는 중요한 이론적 틀을 제공한다.

첫째, 공동체 실종 패러다임은 도시화와 인구집중으로 인해 공동체 구성원 간의 친밀한 상호작용이 사라졌다는 주장을 담고 있다. 이는 19세기 후반부터 20세기 초반에 걸쳐 급격한 산업화와 도시화를 경험한 서구 사회의 변화를 반영한다. 퇴니스(Toennies)는 이러한 변화를 공동사회(Gemeinshaft)에서 이익사회(Gesellshaft)로의 전환으로 설명했다. 공동사회가 혈연, 지연, 정서적 유대를 기반으로 한다면, 이익사회는 개인의 이해관계와 계약관계를 중심으로 형성된다. 워스(Wirth, 1938)는 이러한 변화를 도시사회의 특성인 크기, 밀도, 이질성, 익명성과 연관 지어 설명했다. 그는 이러한 특성이 비인격적 관계를 조성하여 가족생활과 지역공동체의 긴밀한 관계를 약화시킨다고 주장했다.

둘째, 공동체 부활 패러다임은 공동체의 소멸을 부정하고, 도시사회에서도 여전히 혈연과 친구 관계를 기반으로 한 공동체가 존재함을 강조한다. 이 관점은 1960년대 이후 도시사회학자들의 실증적 연구를 통해 발전되었다. 특히 제이콥스(Jacobs, 1961)와 간스(Gans, 1962)가 제시한 '도시마을(Urban Village)' 개념은 경제적으로 열악한 환경에서도 주민 간의 긴밀한 관계가 유지될 수 있음을 보여준다. 이는 도시가 반드시 사회적 해체를 의미하지 않으며, 오히려 새로운 형태의 공동체가 형성될 수 있다는 점을 시사한다.

셋째, 공동체 자유화 패러다임은 공동체가 더 이상 물리적 공간에 국한되지 않고 공간을 초월하여 형성될 수 있다는 점을 강조한다. 이는 20세기 후반 정보통신기술의 발달과 함께 부각된 관점으로, 지리적 제약을 넘어서는 다양하고 유용한 사회적 관계의 형성에 주목한다. 그러나 초공간적 사회관계의 존재에도 불구하고, 지역사회의 중요성은 여전히 인정되고 있다. 이는 샘슨이 제시한 '제한된 책임만을 지는 공동체' 개념으로 설명될 수 있다. 이 개념에 따르면, 현대의 공동체는 구성원이 모든 자원을 투입하는 전면적 관계가 아니라, 필요한 만큼만 투자하는 제한적 관계로 존재한다. 샘슨은 이러한 공동체에서의 애착이 과거 개인 간 친밀도에 기반한 목적적 가치의 관계보다는, 상황논리에 따라 자발적으로 형성되는 도구적 가치의 관계에 기초한다고 주장했다.

이러한 세 가지 패러다임은 현대 사회에서 공동체의 변화와 지속성을 이해하는 데 중요한 이론적 기반을 제공한다. 범죄학과 청소년 비행론의 관점에서, 이러한 공동체의 변화는 사회통제와 범죄 예방에 중요한 함의를 갖는다. 예를 들어, 공동체 실종 패러다임은 사회적 유대의 약화가 범죄와 비행의 증가로 이어질 수 있다는 사회해체이론과 연결될 수 있다. 반면, 공동체 부활과 자유화 패러다임은 새로운 형태의 사회적 네트워크와 통제 메커니즘이 범죄 예방에 기여할 수 있음을 시사한다. 따라서 이러한 이론적 틀은 현대사회의 범죄 현상을 이해하고 효과적인 예방 전략을 수립하는 데 중요한 통찰을 제공한다.

2 지역사회에 대한 인식

지역사회에 대한 인식은 지역사회의 결속력과 사회통제 능력에 직접적인 영향을 미치며, 궁극적으로 범죄와 비행의 발생 및 예방에 중요한 역할을 한다. 커뮤니티 활성화를 위해서는 주민들의 지역사회에 대한 인식 전환이 필수적이며, 이는 크게 경계에 대한 인식, 주민에 대한 인식, 지역에 대한 자부심과 동질감으로 구분할 수 있다.

경계에 대한 인식은 주민이 '우리 근린'의 범위를 어떻게 인지하고 있는지를 의미한다. 이는 단순히 행정구역상의 경계를 넘어, 주민의 주관적 인식에 기반한 심리적 경계를 포함한다. 주목할 점은 이러한 경계 인식이 반드시 명확하거나 주민 간에 일치할 필요는 없다는 것이다. 오히려 주민의 인식 속에 공유되는 공간이 존재한다면, 그것만으로도 지역사회 의식 형성에 충분할 수 있다. 이러한 공유된 인식은 근린 이름, 특정 랜드마크, 또는 지역 선호도 등을 통해 표현될 수 있다.

주민에 대한 인식은 지역 내 거주자를 얼마나 알아볼 수 있는지, 그들과 어느 정도의 관계를 맺고 있는지를 나타낸다. 이는 거주기간과 주민 간 교류 빈도에 따라 증진될 수 있는 요소로, 지역사회의 사회적 네트워크 형성에 핵심적인 역할을 한다. 예를 들어, 시카고 근린지역 인간발달 프로젝트(PHDCN)의 커뮤니티 서베이에서는 응답자가 지역 아동과 그의 친구를 얼마나 알고 있는지를 통해 주민 간 인식 수준을 측정했다. 이러한 인식은 비공식적 사회통제의 기반이 되며, 청소년 비행 예방에 중요한 역할을 할 수 있다.

마지막으로, 주민 간의 동질감과 자부심은 지역사회의 정신적, 문화적 공유 공간을 형성하는 데 중요한 요소이다. 동질감은 교육수준, 경제수준, 직업, 문화적 취향 등에서 주민 간의 유사성에 대한 인식을 의미한다. 자부심은 이러한 동질감을 넘어 공통된 특성이나 가치에 대해 긍정적으로 평가하고 이를 표현하는 정도를 나타낸다. 이러한 요소는 지역사회의 집합효율성을 높이는 데 기여하며, 이는 범죄 예방과 지역사회 안전 증진에 긍정적인 영향을 미친다.

지역사회에 대한 이러한 다차원적 인식은 사회해체이론과 집합효율성 이론 등 범죄학의 주요 이론과 밀접하게 연관된다. 예를 들어, 강한 지역사회 인식은 사회적 유대를 강화하고 비공식적 사회통제를 증진시켜 범죄와 비행을 억제하는 효과를 가진다. 반면, 약한 지역사회 인식은 사회해체로 이어져 범죄 발생의 위험을 높일 수 있다.

따라서 범죄 예방과 청소년 비행 감소를 위한 정책 수립 시, 단순히 물리적 환경 개선이나 공식적 통제 강화에만 초점을 맞추는 것이 아니라, 주민의 지역사회 인식을 높이고 커뮤니티를 활성화하는 방안을 함께 고려해야 한다. 이는 지역사회 기반의 범죄 예방프로그램, 주민 참여형 안전 활동, 청소년 멘토링 프로그램 등 다양한 형태로 구현될 수 있으며, 궁극적으로 더 안전하고 건강한 지역사회 형성에 기여할 수 있다.

3 집합효율성: 신뢰와 참여

지역사회 내 사회적 연결망은 커뮤니티를 유지하고 발전시키는 데 필수적인 요소이다. 그러나 사회적 연결망이라는 개념은 개별 요소 간의 물리적 연결이나 정적인 상태를 주로 의미하며, 구성원 간의 활발한 교류나 교제의 역동성을 충분히 담아내지 못한다는 한계가 있다. 이러한 한계는 빈곤, 인종, 계층과 같은 개인적 인식이나 범주적 속성을 포괄하지 못하는 데서도 드러난다. 이를 보완하기 위해 등장한 개념이 바로 사회적 자본이다.

콜만(Coleman, 1988)은 사회적 자본을 사람들 간의 관계 구조가 특정 목표를 달성하도록 행동을 용이하게 하는 기능으로 정의했다. 즉, 사회적 자본은 개인에게 내재된 인적 자본과 달리 사람 간의 관계와 지위 간의 연결 속에서 존재하며, 이러한 관계가 활성화되지 않으면 고갈될 수 있다는 특징을 가진다. 예를 들어, 주민들 간의 규칙적인 교류나 협력이 이루어지지 않는다면 사회적 자본은 점차 약화될 것이다.

하지만 사회적 자본 역시 정적인 개념이라는 비판을 받는다. 이는 사람 간의 역동적인 활동과 진행 중인 과정을 충분히 반영하지 못한다는 점에서 한계가 있다. 이러한 한계를 극복하기 위해 샘슨(Sampson)은 집합효율성이라는 동적인 개념을 제시했다. 집합효율성은 지역사회구성원이 공공의 이익을 위해 기꺼이 개입하려는 의지와 상호신뢰를 기반으로 형성되는 능력을 의미한다.

샘슨은 비공식적 사회통제의 활성화 능력이 지역마다 다르다고 주장하며, 이를 개인효율성과 비교하여 설명했다. 개인효율성이 개인의 능력에 기초한 것이라면, 집합효율성은 주민 간의 상호신뢰와 연대감에 기반한다는 점에서 차이가 있다. 만약 주민 사이에 신뢰가 부족하고 서로를 경쟁 상대로 인식한다면, 지역사회의 문제 해결을 위한 협력 의지가 생기기 어렵다. 반대로 주민 간에 신뢰와 연대감이 강하다면, 지역사회 문제에 적극적으로 개입하려는 마음이 자연스럽게 형성된다.

집합효율성은 범죄 및 청소년 비행 예방에 중요한 기제로 작용한다. 높은 집합효율성을 가진 지역사회에서는 범죄나 비행행동이 목격되었을 때 주민이 적극적으로 개입하여 이를 억제할 가능성이 높다. 이는 비공식적 사회통제와 결합하여 지역사회의 안전을 증진시키는 핵심 요소로 작용한다. 연구에 따르면 집합효율성이 높은 지역일수록 범죄율이 낮아지는 경향이 있으며, 이는 주민 간 신뢰와 협력 의지가 강한 지역사회가 효과적으로 범죄를 예방할 수 있음을 보여준다.

결론적으로, 집합효율성과 사회적 자본은 범죄학 및 청소년 비행론에서 중요한 이론적 틀을 제공한다. 사회적 자본은 관계망과 규범을 통해 공동체 내 상호작용을 촉진하며, 집합효율성은 이를 기반으로 한 동적인 사회통제 능력을 설명한다. 이러한 개념은 지역사회의 결속력을 강화하고 범죄를 예방하기 위한 정책 설계에 필수적인 통찰을 제공한다.

SECTION 05 지역사회에서의 청소년 비행 대책

① 거시구조적 특성의 강화

1) 거주지를 중심으로 한 지역사회 안정화

카사다와 제노위츠(Kasarda and Janowitz, 1974)는 대중 사회에서 공동체 의식을 강화하려면 안정적인 주거환경이 필수적이라고 강조했다. 이는 주거 안정성이 집합효율성 형성에 핵심적임을 뒷받침하는 연구(Sampson, 1988; Sampson et al., 1997; Simcha-Fagan and Schwartz, 1986)와 맥을 같이한다. 청소년 비행 예방과 지역사회 발전의 토대는 거주지 안정성에 있다. 주민의 장기적인 거주는 지역사회의 질서 회복, 안전 확보, 교육 환경 개선, 경찰-주민 협력 체계 강화 등에 기반이 되기 때문이다. 미국의 경우 경제적 빈곤과 건축물 쇠퇴가 직접적으로 범죄 증가로 이어지지만, 한국에서는 범죄보다는 재개발 과정에서 빈곤의 악순환이 두드러진다. 재개발 지역 주민은 일시적 주거 불안정, 사회적 유대 약화, 상대적 박탈감 등을 경험하며, 이는 청소년의 사회적 단절이나 증오범죄로 표출될 수 있다. 따라서 균형적인 지역 발전과 동질적 주민 특성 유지는 범죄 예방의 핵심이다. 안정된 거주지는 인구이동 감소, 주민 간 익명성 해소, 지역 쇠퇴 방지로 이어지며, 이를 기반으로 한 공식적·비공식적 사회통제는 지역의 평화를 유지한다.

2) 경제자본의 확충

경제적 요인과 범죄 간의 관계는 단순한 인과성을 갖지 않는다. 초기 시카고학파 연구는 빈곤율, 높은 이주율, 그리고 인종적·사회적 이질성이 범죄를 촉진하는 요인이라고 보았다. 즉, 경제적 불안정성과 공동체의 와해가 범죄 발생의 핵심적 배경이 된다는 점을 강조했다. 그러나 이러한 설명만으로는 경제적 번영기에도 범죄율이 증가하는 역설적 현상을 충분히 설명하기 어렵다. 실제로 경제 호황에도 불구하고 범죄율이 증가하는 경우가 있으며, 경제 불황기에도 특정 범죄율이 감소하는 등 경제와 범죄의 관계는 복잡한 양상을 보인다.

이러한 모호성을 정교하게 설명하기 위해 볼드 외(Vold et al., 2002)는 몇 가지 핵심 개념을 제시한다. 첫째, 빈곤의 주관성, 즉 상대적 박탈감의 개념이 중요한 역할을 한다. 절대적 빈곤이 아니라, 개인이 속한 사회적 맥락에서 느끼는 상대적 불평등이 범죄 동기에 영향을 미친다는 것이다. 소득 불평등이 심화되고, 기대하는 삶의 수준과 실제 경제적 현실 간의 괴리가 커질수록 개인은 불만을 느끼고, 이는 범죄로 이어질 가능성을 높인다.

둘째, 경제적 변화와 범죄 간의 인과관계는 시간적·공간적으로 불명확하다. 경제적 요인의 변화가 즉각적으로 범죄율에 영향을 미치는 것이 아니라, 일정한 시차를 두고 나타날 수 있다. 예를 들어, 실업률이 상승하면 단기적으로 범죄율이 오를 수도 있지만, 장기적으로 사회적 복지 정책이 개입하면 그 효과가 상쇄될 수도 있다. 또한, 동일한 경제적 조건이라도 지역적 특성과 정책적 대응에 따라 범죄 발생 양상이 달라질 수 있다.

셋째, 다중공선성의 문제가 존재한다. 경제적 요인은 범죄와 직접적으로 연결되기보다는 다른 사회적 변수들과 복합적으로 얽혀 있다. 예를 들어, 빈곤율이 높을수록 실업률도 높고 교육 수준도 낮을 가능성이 크다. 이러한 변수들이 서로 중첩되면서 개별 변수의 독립적인 효과를 구분하기 어려워진다. 따라서 경제와 범죄의 관계를 분석할 때는 단순한 상관관계를 넘어, 구조적 요인과의 복합적 상호작용을 고려해야 한다.

한국에서는 상대적 박탈감이 절대적 빈곤보다 청소년 비행에 더 큰 영향을 미친다. 예를 들어, 지역 내 경제적 격차가 커질수록 청소년은 합법적 기회구조에서 소외되며, 이는 불법행위로의 유인으로 작용할 수 있다. 경제자본 확충을 위해선 청소년 대상 직업 교육, 지역 기업과의 연계 프로그램, 소득 격차 완화 정책이 필요하다. 특히 방과 후 활동(스포츠, 예술, 자원봉사) 지원은 비행예방에 효과적이며, 이는 경제적 자원이 사회적 자본으로 전환되는 사례다.

3) 유해환경의 정비 및 집합효율성

유해환경(예: 음란 매체 접근성, 폐쇄적 골목길)이 범죄에 미치는 영향은 직접적 또는 간접적이다. 초기 연구는 유해환경 자체가 비행을 유발한다고 보았으나, 최근 연구는 경제적 취약성, 주거 불안정성 등의 매개변인을 강조한다(Park, 2002). 예컨대, 방치된 공간은 청소년의 불법 집회 장소로 활용되기 쉽지만, 이는 근본적으로 지역 주민의 사회적 참여 부재에서 기인한다. 집합효율성은 이러한 메커니즘을 설명하는 핵심 개념이다. 경제적 열악성이나 유해환경이 만연한 지역에서는 주민 간 협력과 문제 해결 참여도가 낮아 비공식적 사회통제가 약화된다. 반면 집합효율성이 높은 지역은 주민이 공동의 문제(예: 청소년 비행)에 적극 개입하며, 이는 범죄 억제 효과로 이어진다. 대구시 조사에 따르면, 집합효율성이 높은 근린에서는 폭력 및 재산범죄 피해가 유의미하게 낮았다. 이를 위해선 지역사회 내 신뢰 구축(예: 주민 간 정기 모임, 공동체 프로젝트)과 경찰-학교-복지기관 협력 네트워크 강화가 필수적이다.

이처럼 지역사회 기반 청소년 비행 대책은 단순한 환경 정비를 넘어 구조적 안정성, 경제적 형평성, 주민 협력 체계의 종합적 접근이 필요하다. 거주지 안정화는 사회적 유대의 기반을, 경제자본 확충은 기회구조 확장을, 집합효율성 강화는 비공식적 통제 역량을 각각 증진시킨다. 이는 청소년이 지역사회의 일원으로서 건강한 성장을 이어갈 수 있는 생태계를 조성한다.

2 미시과정적 특성의 강화

1) 비공식적 사회통제의 강화

사회통제는 보상과 제재를 통해 개인 또는 집단의 행동을 규제하는 메커니즘을 의미한다. 제노위츠(Janowitz, 1976)는 이를 공식적 사회통제(법률, 사법체계)와 비공식적 사회통제(비난, 죄책감, 공동체의 자발적 개입)로 구분했다. 비공식적 사회통제는 급격한 사회변동기나 가치가 혼재하는 아노미적 사회에서 더욱 중요하다. 예를 들어, 지역주민이 수상한 사람을 경찰에 신고하거나 이웃의 안전을 살피는 행위는 공동체 치안의 일환으로, 범죄 예방과 주민 체감 안전도 향상에 기여한다.

비공식적 사회통제는 잠재적 범죄자의 범죄로의 유인을 억제하고 통제하는 데 효과적이다. 사회통제의 유무는 사회적, 물리적 무질서나 유해환경 등 가시적 환경뿐만 아니라 주민 간의 교제, 참여 등의 비가시적 여건의 존재를 통해서 확인할 수 있다. 비공식적 사회통제가 잘 이루어지지 않는 곳은 실제 조사에서 물리적 무질서(유해환경)와 비가시적 여건(주민 간 교류 부족)이 모두 약한 것으로 나타났다. 이는 주민들의 자발적 참여가 미흡함을 의미한다. 사회통제의 활성화는 외부의 강제가 아닌 공동체 내 자생적 규범에서 시작된다. 예를 들어, 미국 시카고의 연구에서는 주민 간 신뢰가 높은 지역일수록 폭력범죄율이 낮았으며, 한국의 경우 공동체 치안 프로그램을 통해 주민 참여를 유도한 사례가 효과를 보였다.

2) 집합효율성의 강화

집합효율성은 주민들의 상호신뢰와 공동 문제 해결 의지를 기반으로 한 역량이다. 이는 비공식적 사회통제의 구체적 구현으로, 교류와 참여라는 두 축으로 구성된다. 구조적 조건(빈곤 퇴치, 주거 안정성, 유해환경 정비)이 충족될 때 집합효율성은 자연스럽게 증진된다. 그러나 한국적 맥락에서는 주거 불안정성(잦은 이사)과 사회적 갈등(정치적 대립, 경제적 양극화)이 집합효율성 형성을 방해한다(박정선, 2007). 대구시 연구에 따르면, 지역사회 활동이 활발한 지역의 주민일수록 범죄피해 경험이 적었으며, 이는 사회적 유대의 중요성을 반영한다. 따라서 한국형 집합효율성 전략으로는 마을 공동체 프로젝트나 청소년 멘토링 프로그램과 같은 주민 참여형 사업이 필요하다.

3) 지역사회경찰제

지역사회경찰제는 공식적·비공식적 사회통제의 시너지 효과를 추구한다. 이는 단순히 범죄를 해결하는 데 그치지 않고, 예방 중심의 접근을 강조한다. 예를 들어, 쓰레기 청소나 깨진 창문 복구와 같은 환경 정화 작업은 안전에 대한 인식을 개선하고 범죄 두려움을 감소시킨다(Rosenbaum, 1986; Skogan, 1990). 스코건(Skogan, 1996)의 연구에 따르면, 주민친화적 경찰활동은 무질서와 범죄를 동시에 줄이는 효과가 있다. 한국에서도 경기남부경찰청은 주민과 협력해 공동체 치안 참여 기회를 확대하고 있으며, 이는 주민의 범죄 대처 자신감을 높이는 사례로 평가된다.

4) 지역사회 건설을 위한 토지 사용

CPTED(범죄예방환경설계)는 물리적 환경을 통해 범죄 기회를 차단하는 전략이다. 버제스(Burgess)의 동심원이론에 따르면, 도시 중심부의 공동화현상(밤 시간대 공업지역의 공백)은 범죄를 유발한다. 이를 방지하기 위해 주거지와 상업지를 조화롭게 배치하고, 학교·교회 등 사회적 랜드마크 역할을 할 건물을 적절히 분산시켜야 한다. CPTED의 핵심은 거버넌스(협치)로 전환하는 것이다. 예를 들어, 방치된 공간을 주민이 직접 관리하는 정원으로 조성하거나, CCTV 설치 위치를 주민과 협의해 결정하는 방식이다. 이는 환경 개선을 넘어 주민의 자발적 참여를 유도하는 효과가 있다.

5) 학생의 특성 확인 및 대책

박정선(2007)의 연구에서 청소년의 용돈이 많을수록 지위비행(흡연, 음주) 및 성비행이 높게 나타났다. 물론 용돈의 출처나 관리 방법에 대한 정보가 없이 해석에 한계가 있지만, 이는 경제적 자원의 남용이 비행으로 이어질 수 있음을 시사한다. 대응책으로는 청소년 경제교육 강화와 함께, 지역사회 기반의 방과 후 프로그램 확대가 효과적이다. 예를 들어, 대구시 연구에서 지역 활동 참여가 높은 청소년은 범죄피해 경험이 적었는데, 이는 사회적 유대감 형성이 비행 예방에 기여함을 보여준다. 또한 CCTV와 같은 물리적 통제 수단은 주민 인식과 결합될 때 더 큰 효과를 발휘한다.

결국 미시적 특성 강화를 위해서는 비공식적 통제, 집합효율성, 경찰-주민 협력, 환경설계, 청소년 대상 프로그램이 유기적으로 결합되어야 한다. 예를 들어, CPTED로 물리적 환경을 개선하고, 공동체 치안으로 주민 참여를 유도하며, 청소년 경제교육을 통해 비행 유인을 차단하는 방식이다. 이는 범죄학의 사회해체이론과 일상활동 이론을 실천적으로 적용한 사례라 할 수 있다.

SECTION 06 맥락적 논의

최근 지역사회와 범죄에 관한 연구에서 등장하는 '맥락' 또는 '맥락적 인과성'의 개념은 어떤 사건이나 현상을 독립적으로 이해하는 것이 아니라, 더 큰 구조 속에서 파악해야 한다는 의미를 가진다. 범죄 역시 개별 사건이 아니라, 그것이 발생한 환경과 상호작용하는 요인을 고려해야 한다는 것이 맥락이론의 핵심이다. 이 이론은 열 가지 원리에 의해 설명된다.

첫째, 근린(neighborhood) 수준에서 사회적 불평등과 공간적 계층화가 범죄와 어떻게 연관되는지 분석해야 한다. 개별 범죄자의 특성보다 장소의 특성과 구조적 요인이 중요하다. 둘째, 근린 수준의 변이를 연구하기 위해 공적 자료 수집과 계량적 분석이 필요하며, 사회통계학이 중요한 방법론으로 활용될 수 있다. 셋째, 개인의 속성에만 집중하기보다, 사회적·심리적·문화적 기제를 분석해야 한다. 범죄의 원인과 결과를 연결하는 사회적 과정을 이해하는 것이 중요하다. 넷째, 근린의 변화는 정적인 것이 아니라 시간이 지나면서 역동적으로 변화하는 과정이다. 이러한 변화는 범죄율에도 영향을 미친다. 다섯째, 근린 수준에서 형성된 규범과 사회적 관계가 지속되거나 변화하는 과정을 분석해야 한다. 여섯째, 개인적 선택이 근린 수준에서 어떻게 작동하는지를 살펴야 한다. 개인이 특정한 방식으로 행동하는 이유와 결과를 고려해야 한다. 일곱째, 근린 간의 관계와 공간적 연결성을 분석해야 한다. 범죄는 특정 지역에 국한되지 않으며, 공간적 확산과 지역 간 상호작용을 고려해야 한다. 여덟째, 도시 전체의 경제적·정책적 구조와 범죄의 관계를 연구해야 한다. 범죄는 개별 근린을 넘어 도시 전반의 사회적 조직과도 연결되어 있다. 아홉째, 범죄 예방 및 개입 전략을 사람 중심에서 장소 중심으로 전환해야 한다. 공간적 환경을 변화시키는 것이 더 효과적일 수 있다. 열째, 맥락적 인과성을 분석하는 연구방법론이 필요하다. 단순한 통계적 상관관계를 넘어, 범죄가 사회적 맥락 속에서 어떻게 형성되고 유지되는지를 분석해야 한다.

샘슨은 전통적인 개인 중심 또는 구조 중심의 접근 방식을 수정하고, 근린 맥락이 인간 행위에 미치는 영향이 크다는 점을 강조한다. 미국의 도시는 지리적으로 구분된 다양한 행정구역과 근린으로 구성되어 있으며 이들은 서로 다른 맥락을 가지고 있으며, 차이가 존재한다. 지역 간의 차이는 단순한 우연이 아니라, 사회적·경제적 불평등의 결과이며, 이러한 차이는 시간이 지나도 지속되는 경향이 있다. 그 차이의 핵심 요소는 불평등이다. 공간적 불평등이 인간 행위의 근본적인 틀을 형성하며, 이는 범죄에도 큰 영향을 미친다.

기존 연구에서는 도시(cities), 지역사회(communities), 근린(neighborhoods) 등의 개념이 혼용되어 왔는데 샘슨은 이 중에서 근린에 초점을 맞춘다. 근린은 단순한 지리적 공간이 아니라, 사회적 관계와 제도적 특성이 결합된 생태학적 단위이다. 제노위츠(1967)의 개념을 빌리면, 근린은 "제한된 책임만을 지는 공동체"와 유사하다. 주민 간의 친밀한 관계가 반드시 존재하는 것이 아니라, 제한된 상호작용 속에서도 특정한 사회적 영향력이 작용하는 공간이다.

오늘날의 근린 개념은 더욱 확장되고 있다. 스마트폰과 GPS 기술의 발달로 인해, 근린의 지리적·문화적 정보가 디지털화되고 시각적으로 구현되고 있다. 이는 근린 맥락을 더 정밀하게 측정할 가능성을 열어준다. 샘슨은 이를 계량생태학이라고 부르며, 다양한 데이터 분석 기법과 결합하여 근린 수준에서의 사회적 현상을 연구할 것을 제안한다.

동시에 그는 과거 시카고학파가 저질렀던 실수를 지적한다. 전통적인 연구들은 근린을 하나의 고립된 실체로 보았으며, 정치적·경제적 요인과의 연계를 간과했다. 하지만 현대 사회에서 근린은 단순한 지리적 단위가 아니라, 더 큰 사회적·정치적 시스템 속에서 작동하는 역동적 존재이다. 근린의 특성은 독립적으로 형성되는 것이 아니라, 국가 정책, 도시 개발, 경제적 불평등 등의 요인과 복합적으로 얽혀 있다.

이러한 배경에서 맥락적 인과성의 중요성이 더욱 부각된다. 기존의 연구는 통계적 방법론을 통해 범죄의 원인을 분석했지만, 이러한 접근법에는 한계가 있다. 특히, 사회적 현상을 연구할 때 독립성과 선형성이라는 전제가 현실과 맞지 않는 경우가 많다. 다수준 분석에서는 개인과 근린의 관계를 분리하여 분석하지만, 실제로는 두 수준 간의 상호작용이 매우 복잡하게 얽혀 있다.

PART 03

청소년 비행의 유형

CHAPTER

09 폭력

청소년문제 중 가장 큰 관심을 받는 것이 학교폭력이다. 청소년 폭력은 여러 형태가 있지만, 이 장에서는 학교폭력과 집단따돌림을 중심으로 청소년 폭력 현상을 살펴본다.

SECTION 01 학교폭력

1 학교폭력의 개념

학교폭력은 청소년 비행이나 청소년 범죄 가운데 가장 많이 다루어지고 많은 관심을 받는 주제이다. 오랜 기간 청소년문제를 논할 때마다 빠지지 않고 등장하는 문제이며, 정부와 관련 기관이 수많은 대책과 처방을 내놓았음에도 불구하고 여전히 해결되지 않고 있다. 흔히 학교폭력을 '학교에서 일어나는 폭력'이라고 생각하기 쉽지만, 이러한 정의는 조금만 더 생각해 보면, 여러 측면에서 부족한 개념 정의라는 것을 알 수 있다.

실제로 2004년 제정된 「학교폭력예방 및 대책에 관한 법률(이하 '학교폭력예방법'이라 함)」 제2조에는 '학교폭력'은 "학교 내외에서 학생을 대상으로 발생한 상해, 폭행, 감금, 협박, 약취·유인, 명예훼손·모욕, 공갈, 강요·강제적인 심부름 및 성폭력, 따돌림, 사이버폭력 등에 의하여 신체·정신 또는 재산상의 피해를 수반하는 행위"라고 규정하고 있다. 학교폭력 개념을 명확히 이해하려면 학교폭력에 포함되는 행위유형, 폭력이 발생하는 장소, 폭력 주체 등에 대한 쟁점을 살펴볼 필요가 있다.

1) 행위의 내용

어떤 행위를 학교폭력의 범주에 포함할 것인가는 폭력이라는 용어 자체에 대한 명확한 합의가 없기 때문에 쉽지 않다. 일반적으로 폭력이란 상대에게 신체적인 고통이나 상해를 가할 의도 혹은 그러한 의도를 인식하고 행해진 행위를 의미한다. 그렇지만 학교폭력의 개념에 이렇게 접근하는 것은 신체적 피해만 강조하는 한계를 지닌다. 현실에서 발생하는 폭력은 다양한 방법으로 행사되며, 심리적이고 정신적인 피해가 신체적 피해보다 더 심각할 수 있기 때문에 폭력 개념을 신체적 피해에 국한하지 않고 더 넓은 의미로 규정할 필요가 있다. 학교폭력에 관한 연구들 역시 학교폭력 개념을 폭넓게 정의하고 있다.[1]

이순래(2002)는 학교폭력 개념과 형법상 폭행 개념의 관계를 논하면서, 형법상 폭행이란 '사람의 신체에 대한 일체의 불법적인 유형력 행사'를 의미하며, 여기서 '신체에 대한'이란 직접적인 신체 접촉뿐 아니라 신체에 영향을 주는 모든 것을 포함한다(박재윤 등, 1996)고 설명한다. 결국 형법상 폭행은 불법한 범죄행위 중 하나로서 처벌의 대상이 되는 행위를 말한다. 학교폭력 중에서 형법상 폭행에 해당하는 요건을 갖춘 행위에 대해서는 형사사법기관의 적극적 개입이 필요하다. 이춘화(1995)는 학교폭력을 열 가지 행위유형으로 구분하면서, 금품갈취, 협박, 단독폭행, 집단폭행을 형사처벌이 가능한 학교폭력으로 제시하였다. 이러한 정의는 형사처벌 가능성을 하나의 기준으로 고려하여 학교폭력을 정의한 것이다.

---

1 때로는 학교폭력에 대한 개념 규정을 지나치게 광범위하게 정의함으로써, 사소한 특정 행위가 학교폭력에 포함되는 것이 타당한지에 대한 의문이 제기되기도 한다. 학교폭력을 사소한 행위까지 포함하여 광범위하게 정의하면 학교폭력 실태에서 가해 또는 피해율이 과도하게 높아지고, 이는 필요 이상으로 학교폭력을 과장하여 보고하는 결과를 가져올 수 있다.

그렇지만 학교폭력을 형사 처벌의 관점에서 접근하는 것이 옳은가에 대해 논란이 있다. 우선 학생 간에 발생한 사건에 대해 교육적인 접근을 배제하고 형사법적 개입을 중요시하는 것이 타당한지의 문제가 있고, 또한 학교 현장에서 발생한 동일한 행위에 대해 보는 관점에 따라 불법 여부에 대한 인식이 다를 경우 어디까지 처벌하는 것이 타당한지의 문제가 있다. 형사사법기관이 개입하여 가해학생을 처벌하는 것이 타당한지에 대한 논란이 지속되며, 학교폭력의 내용에 대해 가해자와 피해자가 서로 다르게 인식하고 있다는 현실은 학교폭력이 형식적 측면에서 범죄로서 가져야 할 정형화된 성격[2]을 충분히 갖추지 못한 개념이라는 것을 의미한다. 이순래(2002)는 학교폭력을 사회구조와 시민의식이 변화됨에 따라 새롭게 인식되는 법익 침해행위, 즉 실질적 범죄로서 성격이 강한 반사회적 행위로 보고, 학교폭력을 다소 포괄적으로 "타인에게 해를 입히기 위하여 힘, 무력, 언어적 공격, 상징적·심리적 강제 및 집단적 따돌림 등 다양한 수단을 사용하여 학교나 학교 주변에서 심리적 혹은 신체적 피해를 입히는 행위"로 정의하였다.

2) 폭력 발생 장소

폭력이 발생하는 장소와 관련해서도 다양한 견해가 제시될 수 있다. 좁은 의미에서 학교 안에서 발생하는 폭력을 학교폭력이라고 보아야 한다는 견해가 있는가 하면, 학교에서 경험하는 폭력뿐만 아니라 가정이나 학교 밖에서 일어난 폭력이라도 그것이 학생에게 영향을 미치는 것이라면 학교폭력으로 간주해야 한다는 견해도 있다. 일반적으로는 학교 내에서 발생하는 폭력은 물론 학교 주변과 등·하교 길에서 발생하는 폭력까지 모두 학교폭력으로 보고 있다.

2 흔히 범죄의 개념은 두 가지로 구분된다. 먼저 형식적 의미로서의 법적 개념이다. 법적 개념으로서의 범죄란 형법상 범죄구성요건으로 규정된 행위를 의미한다. 이는 실정법에 의해 처벌이 부과되는 행위로 형벌법규에 규정된 구성요건에 해당하고 객관적 법질서에 위반하고 그 행위에 대하여 행위자를 비난할 수 있는 행위이다. 이에 반하여 실질적 의미로서의 범죄란 법 규정과는 관계없이 범죄의 성질을 가지는 반사회적인 법익침해 행위이다. 실질적 범죄란 사회의 일반 규범을 기준으로 하며, 현행법상 형벌화되지 않은 반사회적 행위를 새롭게 범죄화하고, 사회의 변화에 따라 더 이상 처벌할 필요가 없는 행위를 비범죄화하는 과정에서 척도가 되기도 하는 반사회적 행위이다.

3) 학교폭력 주체

학교폭력의 주체에 대해서도 생각해 볼 필요가 있다. 즉 학교폭력의 정의를 폭력을 저지르는 가해자를 중심으로 할 것인지, 피해자를 중심으로 할 것인지에 따른 차이가 있다. 가해자를 중심으로 정의하면, 학생 간에 발생하는 폭력뿐 아니라 학생이 교사에게 행하는 폭력도 학교폭력 범주에 포함되어야 한다. 반면 피해자를 중심으로 정의하면 피해자의 신분이 학생이면 가해자의 신분과 관계없이 학교폭력으로 간주할 수 있다.

김준호 등(1997)은 학교폭력을 정의[3]함에 있어서 가해자와 피해자 신분과 폭력이 발생한 장소를 동시에 고려할 필요가 있다고 하였다. 가해자와 피해자 모두 학생 신분이고 폭력이 학교 안에서 발생한 경우에는 학교폭력으로 규정하는 데 문제가 없으나, 이처럼 좁은 의미로 학교폭력을 규정하면 학생이 실제로 경험하는 많은 폭력이 배제될 위험이 있다. 또한 학교라는 장소에 초점을 맞추어 정의하는 것도 학교폭력의 실체를 왜곡 또는 축소할 수 있다. 학교 안에서 발생하든, 학교 밖에서 발생하든 학생에게 미치는 피해에는 차이가 없기 때문이다.

따라서 학교폭력을 장소 특성보다 신분 특성에 초점을 맞추어 정의하되 가해자 신분보다 피해자 신분을 중심으로 정의하면, 학교폭력이란 "학생이 학교 안팎의 일상생활에서 누군가(동료 학생, 선배, 아는 사람 및 전혀 모르는 사람 등)로부터 당하는 유무형의 폭력"으로 정의할 수 있다.[4] 이렇게 정의하면 피해자를 중심으로 가해자 신분과 관계없이 학생이 교내외에서 경험하는 모든 종류의 폭력을 학교폭력으로 볼 수 있다.

---

3 학교폭력이라는 용어 대신에 학교 주변 폭력이라는 더 광범위한 용어를 사용했지만, 여기서는 학교폭력이라는 용어로 통일하여 사용한다.

4 구체적으로는 학교폭력 유형을 ① 놀림 및 욕설, 위협이나 협박 등과 같은 '언어적·심리적 폭력', ② 따귀 등을 맞는 가벼운 폭행에서 상해의 위험이 매우 큰 폭행까지 포함한 '신체적·물리적 폭력', ③ 증오 폭력의 대표적인 예로서 '괴롭힘', ④ 도구적 폭력의 상징인 '금품갈취', 마지막으로 ⑤ 폭력의 한 유형으로서 성적 침해를 내용으로 하는 '성희롱 및 성폭력' 등 다섯 가지로 구분하였다.

2 학교폭력의 실태

1) 학교폭력 실태조사

학교폭력에 대한 사회적 관심이 높아지면서 학교폭력에 관한 많은 연구가 수행되었다. 특히 1990년대 이후 학교폭력의 실태와 원인을 파악하기 위한 연구가 지속되었다. 학교폭력 실태를 파악하기 위해서는 두 가지 접근이 가능하다. 하나는 학생을 대상으로 가해 경험을 조사하여 폭력을 행사한 비율을 추산하고, 가해 학생의 특성과 원인을 살펴보는 방법이다. 다른 하나는 학생의 피해 경험을 조사하여 피해 학생 비율을 추산하고, 피해 학생과 가해 학생의 특성을 연구하는 것이다. 학교폭력을 주제로 한 1990년대 이후 실태조사는 학생의 폭력 피해를 중심으로 주로 연구가 이루어졌다. 여기서는 교육부가 실시하는 「학교폭력 실태조사」와 한국형사 · 법무정책연구원이 수행한 「청소년 범죄피해조사」를 중심으로 학교폭력 실태를 살펴본다.

교육부가 해마다 발표하는 「학교폭력 실태조사」는 「학교폭력예방 및 대책에 관한 법률」 제11조 및 동법 시행령 제9조에 따라 2012년부터 초 · 중 · 고등학생을 대상으로 학교폭력 피해 경험과 가해 경험 등을 조사하고 있다. 2012년부터 2017년까지는 연 2회 모두 전수조사로 진행되었으나, 2018년부터 1차는 전수조사, 2차는 표본조사로 진행된다. 매년 1학기에 전수조사로 실시되는 1차 조사는 학교폭력의 피해 및 가해 유형을 언어폭력, 집단따돌림, 스토킹, 신체폭력, 사이버폭력, 금품갈취, 성폭력, 강요로 세분화하여 온라인으로 조사한다(신태섭, 2024).

<그림 9-1>에서 2013년부터 2024년까지 학교폭력의 추세를 살펴보면, 피해율은 2013년 2.2%에서 2017년 0.9%까지 지속적으로 하락하다가 2019년 1.6%로 다시 증가세를 보였다. 하지만, 2020년 코로나19 기간을 거치며 0.9%까지 감소하다 이후 점차 증가하면서 2024년에는 2.1%까지 증가하는 양상을 보였다. 가해율은 피해율보다 전반적으로 수치가 낮은 편이지만, 그 추세는 피해율과 유사한 경향을 보였다.

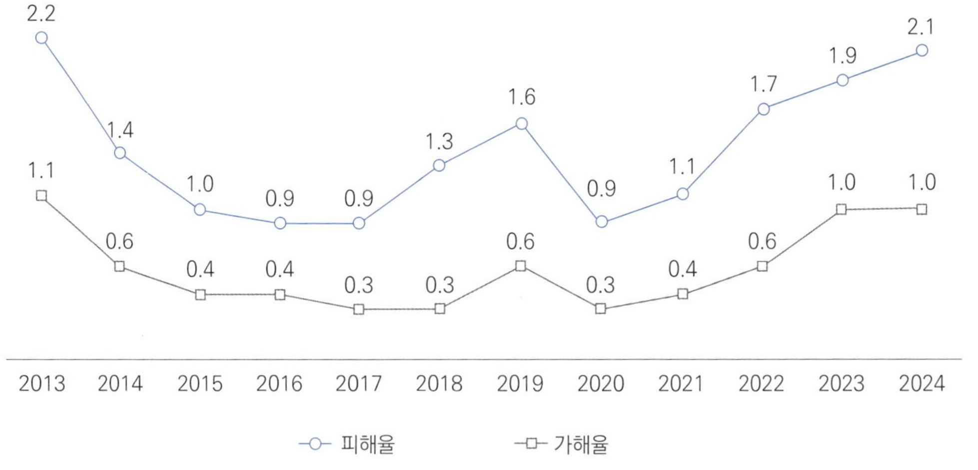

주: 1) 피해율=(피해응답 인원 수÷참여자 수)×100

2) 가해율=(가해응답 인원 수÷참여자 수)×100

3) 2020년을 제외한 모든 연도는 1차 조사 결과

출처: 통계청 통계개발원, 한국의 사회동향 2023 및 교육부 보도자료 2024.09.25.

▎그림 9-1▐ 학교폭력 실태조사 피해율(%) 및 가해율(%), 2013~2024

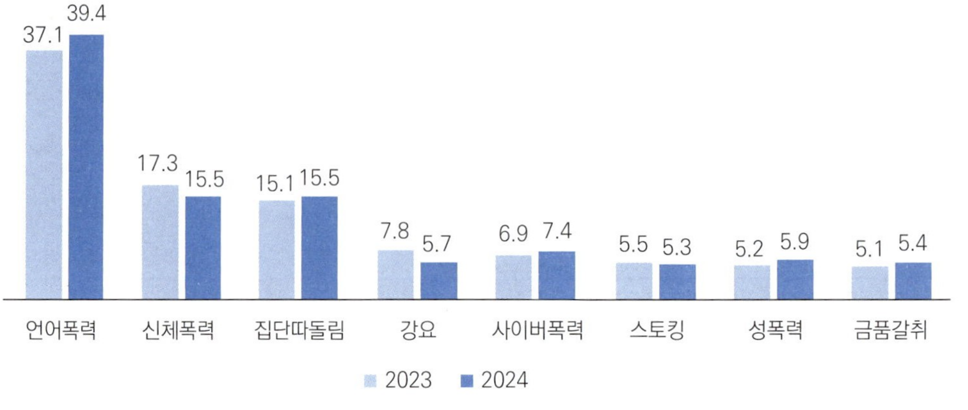

주: 2023년, 2024년 1차 조사 결과

출처: 교육부 보도자료 2024.09.25.

▎그림 9-2▐ 학교폭력 실태조사 피해유형별 비율(%), 2023~2024

<그림 9-2>에서 피해유형별로 살펴보면, 언어폭력이 가장 많고, 다음으로 신체폭력, 집단따돌림 순서로 피해가 많았다. 2023년과 2024년 자료를 비교하면, 언어폭력은 전년 대비 증가하였지만, 신체폭력과 집단따돌림은 전년 대비 감소하거나 비슷한 추세를 보였다. 그밖에 강요, 사이버폭력, 스토킹, 성폭력, 금품갈취도 비율은 낮지만 지속적으로 발생하는 것을 알 수 있다.

<표 9-1>에서 2024년도 학교급별로 피해응답률을 보면 피해율이 가장 높은 것은 초등학교로 4.2%이고, 중학교가 1.6%, 고등학교가 0.5%의 순서로 나타났다. 학교급에 따른 피해유형별 비율의 차이도 확인할 수 있는데, 신체폭력, 강요, 스토킹, 금품갈취는 초등학교에서, 언어폭력, 집단따돌림, 사이버폭력, 성폭력은 중·고등학교에서 상대적으로 높게 나타나는 경향을 보였다. 초등학생의 경우 피해율 및 가해율 모두 4학년에서 가장 높게 나타난 점도 주목할 만하다.

• 표 9-1 • 학교폭력 실태조사 학교급별 피해응답률과 피해유형별 비율(2024)

구분	피해 응답률	피해유형별 비율							
		언어 폭력	신체 폭력	집단 따돌림	강요	사이버 폭력	스토킹	성폭력	금품 갈취
전체	2.1	39.4	15.5	15.5	5.7	7.4	5.3	5.9	5.4
초	4.2	39.0	16.7	14.3	6.3	6.3	6.2	5.4	5.7
중	1.6	40.0	13.5	17.7	4.6	9.2	3.4	6.7	4.9
고	0.5	41.3	11.6	17.6	4.2	10.4	3.7	7.2	4.0

주: 2024년 1차 조사 결과. 피해유형별 비율은 복수응답 건수 기준

출처: 교육부 보도자료 2024.09.25.

가해의 이유로는 '장난이나 특별한 이유 없이'라는 응답이 가장 높은 가운데, '상대방이 먼저 괴롭혀서', '상대방과의 오해와 갈등으로', '상대방의 행동이 마음에 안 들어서'라는 응답이 주로 언급되고 있다.

2) 청소년 범죄피해조사

앞서 살펴본 학교폭력 실태조사는 관련 법률에 의거 시행되는 대표적 통계이며, 전국의 초·중·고교 대상 전수조사로 진행되고, 매년 동일하게 조사하기 때문에 추세를 파악할 수 있다는 점에서 장점이 있지만, 실태 중심으로 조사항목이 제한적이고, 교내에 모여 집단으로 조사하기 때문에 응답의 비밀 보장이 쉽지 않다는 단점도 있다. 이러한 단점을 극복하고 구체적인 실태와 원인을 파악하기 위한 목적으로 청소년 범죄피해조사가 이루어지고 있다. 청소년 범죄피해조사는 1990년 이후 꾸준히 이루어지고 있는데, 폭행, 금품갈취, 협박 등 폭력 피해유형을 중심으로 살펴보자.

• 표 9-2 • **청소년 범죄피해조사에 나타난 폭력피해율, 1991~2022**

연구	폭력 전체	폭행	금품갈취	협박
청소년 범죄피해, 1991	36.1	14.1	22.6	15.8
청소년 범죄피해, 1999	22.7	8.0	13.1	9.3
청소년 범죄피해, 2008	9.6	2.7	4.8	2.1
청소년 범죄피해, 2014	3.3	0.7	1.3	1.2
아동·청소년 범죄피해, 2018	5.9	2.4	2.6	1.7
아동·청소년 범죄피해, 2022	10.3	5.3	3.7	4.3

주: 1) 피해율은 전체 표본에서 폭력피해 유형 중 하나라도 당한 경험이 있는 비율로 계산
2) 1991년, 1999년 연구는 서울 지역만을 조사한 결과이고, 2008년 이후 연구는 전국을 조사한 결과
3) 아동·청소년 범죄피해 2018, 2021 연구보고서에서는 폭행과 협박이 분리되지 않고 묶여서 제시되어 있음. 본 표에서 제시한 내용은 별도의 분석을 통해서 계산한 값임

출처: 한국형사법무정책연구원 연구보고서 및 마이크로 데이터

1991년 청소년 범죄피해조사 결과를 보면, 지난 1년 동안 폭행, 금품갈취, 협박 중 한 가지라도 당해본 적이 있는 학생은 36.1%이며, 피해유형별로는 금품갈취가 22.6%로 가장 많았다. 1991년 조사와 유사한 표본설계로 진행된 1999년 조사에서는 그 비율이 22.7%로, 1991년 이후 약 10년의 기간 동안 폭력피해율이 크게 감소하였다. 피해유형별로는 금품갈취 13.1%, 폭행 8.0%, 협박 9.3%로 모든 유형에서 피해율이 줄었고, 이 중 금

품갈취의 감소폭이 가장 컸다. 폭력 피해율을 성별, 학교 유형별로 구분해 살펴보면 폭행, 협박의 경우 1991년 조사에서 가장 높은 피해율을 보인 집단은 남자 고등학생이었지만, 1999년 조사에서는 남자 중학생이 가장 높았다. 학교폭력의 피해 연령대가 남자 고등학생에서 남자 중학생으로 낮아지고 있음을 보여주는 결과였다.

2008년 청소년 범죄피해조사는 이전 조사와 달리 제주도를 포함한 전국의 13세 이상 청소년을 대상으로 조사가 이루어졌다. 폭행, 금품갈취, 협박 중 한 가지라도 당한 비율은 9.6%로 전국 조사임에도 불구하고 이전 조사에 비해 피해율이 상당히 낮았고, 금품갈취 4.8%, 폭행 2.7%, 협박 2.1% 순이었다. 이러한 결과는 실제 학교폭력의 감소에서 일부 기인할 수 있지만, 이전 조사와 다른 표본설계 및 조사방법의 차이에서 비롯된 것일 수 있다. 특이한 발견 중 하나는 1999년 조사에서는 남자 중학생이 폭행, 금품갈취, 협박 등 모든 유형에서 피해율이 가장 높았으나, 2008년 조사에서는 남자 중학생이 폭력, 금품갈취에서, 여자 중학생이 협박에서 피해율이 가장 높았다는 사실이다. 유사한 조사설계로 진행된 2014년 청소년 범죄피해조사에서는 폭력 피해율이 3.3%로 이전 조사(9.6%)와 비교하여 현저히 줄어든 것으로 나타났다. 특히 중학생의 경우 남녀 간 차이가 이전보다 크게 줄어든 것으로 나타났다. 1990년, 1999년, 2008년, 2014년 폭력 피해율을 비교하기 위해서 서울 지역에 국한하여 추세를 분석한 결과, 1990년 36.1%, 1999년 22.7%, 2008년 7.7%, 2014년 1.8%로 지속적인 감소 현상을 보였다.

전영실 등(2018)은 청소년 중기~후기에 해당하는 청소년만 조사할 경우 청소년 발달 단계에 따른 피해 실태의 차이를 고려할 수 없다면서, 이전과 달리 초등학교 고학년(4~6학년)을 포함하여 청소년 범죄피해조사를 아동·청소년 범죄피해조사로 확대하였다. 그 결과, 폭력 피해율은 5.9%로 나타났고, 피해유형별로는 금품갈취 2.6%, 폭행 2.4%, 협박 1.7%로 조사되었다. 박성훈 등(2022)은 2018년 조사와 유사한 표본설계 및 조사방법으로 아동·청소년 범죄피해를 조사하였다. 그 결과, 폭력 피해율은 10.3%로 2018년 조사(5.9%)와 비교해 증가하였다. 이러한 증가 추세는 폭행, 협박 등의 피해유형에도 반영되었다. 아동·청소년 범죄피해조사의 추세는 학교폭력 실태조사와도 유사하여 부분적으로는 코로나19의 영향으로 해석될 수 있지만 다른 원인도 함께 작용한 것으로 보인다. 학교급별로는 고등학생에 비해 초등학생과 중학생 피해율이 높게 나타나, 학교폭력실태조사에 나타난 것처럼 피해의 저연령화 경향을 재확인할 수 있었다.

3) 구체적인 폭력피해 실태[5]

(1) 폭력피해 내용

금품갈취의 경우, 가장 많이 갈취당한 물품은 '학용품 · 책 · 공책 · 가방'(38.7%)이었고, '게임아이템 · 사이버머니'(13.9%), '킥보드 · 롤러블레이드 · 자전거 · 오토바이 혹은 그 부속품'(13.5%), '현금 · 수표 · 상품권'(12.9%)도 많이 갈취를 당한 것으로 나타났다. 갈취당한 물품의 종류는 학교급에 따라 차이가 나타났는데, 학용품이나 게임아이템 등은 초등학생과 중학생에서, 화장품 · 악세사리나 휴대전화 등은 고등학생에서 더 많이 갈취당하였다.

폭행의 경우에는 초 · 중 · 고등학생 모두 '발로 차거나 손이나 주먹으로 때림'(66.0%)이 가장 많았고, '몸을 거칠게 밀거나 목을 조름'(21.8%)도 적지 않았다. '막대기, 유리병 등 물건을 사용하여 때림'(2.4%), '여러 사람이 무리지어 달려들거나 공격함'(4.4%)은 낮은 편이었다.

협박의 경우 '때리거나 죽이겠다고 말로 겁을 줌'(40.3%)이 가장 많았고, 이어서 'SNS나 온라인에서 실제로 찾아와 때리겠다는 등의 겁을 줌'(15.6%), 'SNS나 온라인에 안 좋은 사실이나 정보를 퍼뜨리겠다고 겁을 줌'(13.2%) 순이었다. 학교급에 따른 차이가 나타났는데, 초등학생일수록 오프라인에서 경험한 협박 경험이, 중 · 고등학생일수록 온라인을 통한 협박 경험이 상대적으로 높게 나타났다.

(2) 폭력피해 장소

폭력피해가 주로 발생한 장소는 '학교나 학교 근처'가 가장 많았다. 피해유형별로는 폭행(62.0%), 갈취(42.6%), 협박(33.7%) 순으로 나타났다. 다음으로 '집이나 집 근처'에서도 폭력피해가 자주 발생하였는데, 학교나 학교 근처와 달리 갈취(30.2%), 협박(26.7%)이 폭행(20.3%)보다 상대적으로 많았다. 협박의 경우 학교나 학교 근처, 집이나 집 근처 외에 '온라인'(24.7%)도 그 비중이 작지 않아 과거에 비해 온라인 접속이 많아진 생활양식의 변화가 학교폭력 양상에도 반영되고 있음을 확인할 수 있다.

---

5 여기에서는 아동·청소년 범죄피해조사(박성훈 외, 2022) 결과를 중심으로 폭력피해가 발생하는 구체적 양상을 소개하였다.

(3) 가해자 특성

대면으로 범죄가 이루어지는 폭행과 같은 범죄는 피해자가 가해자를 모두 인지하고 있지만, 협박과 갈취는 가해자가 누구인지 인지하지 못하는 상태에서 발생할 수 있다. 협박과 갈취의 경우 가해자에 대한 인지 여부를 확인한 결과, 협박은 54.8%가 가해자를 인지하였지만 갈취는 그 비율이 29.7%에 불과했다. 가해자를 인지했을 때, 가해자가 '1명'인 경우는 갈취가 78.3%, 폭행이 76.4%, 협박이 71.2%인 반면, 가해자가 '2명 이상'인 경우는 갈취가 21.7%, 폭행이 23.6%, 협박이 28.8%이었다. 협박의 경우 가해자가 '4명 이상'인 경우가 10.0%로 높게 나타나, 다수 가해자로부터 협박을 당하는 경우가 적지 않은 것으로 보인다.

피해자와 가해자의 관계에서 '모르는 사람'으로부터 피해를 당한 비율은 폭행 22.8%, 갈취 17.7%, 협박 13.8%인 반면, '아는 사람'은 협박 86.2%, 갈취 82.3%, 폭행 77.2%로 나타나, 주로 아는 사람으로부터 협박과 갈취를 당하는 경향을 보였다. 가해자가 아는 사람일 경우 대부분 '학교 친구'였고, 협박의 경우 '온라인에서 알게 된 사람'도 일부 있었다.

(4) 피해의 영향

갈취와 폭행 등 폭력피해에서 신체피해 정도를 확인한 결과, '가벼운 멍이 드는 등 치료가 필요하지 않을 정도로 다침'이 24.3%, '집이나 학교 의무실 등에서 가벼운 치료가 필요한 정도로 다침'이 5.1%, '병원에서 치료받아야 할 정도로 다침'이 1.1%로 나타났다. 비록 갈취나 폭행을 당하면서 '다치지 않았다'(69.5%)는 응답이 치료 여부와 관계없이 '다쳤다'는 응답보다 많은 것은 다행이지만, 병원 치료가 필요할 정도로 신체적 피해를 당한 경우가 있다는 사실만으로도 학교폭력의 심각성을 확인할 수 있다.

학교폭력의 정신적 피해 결과를 살펴보면, 대부분 피해자는 심리상담 및 정신건강의학과에서 진료받지 않았으나, 일부 학생은 진료를 받은 것으로 나타났다. 피해유형별로는 협박 4.9%, 폭행 3.3%, 갈취 1.3%로 비록 소수이기는 하나, 폭력피해로 인한 정신적 고통도 확인할 수 있다.

폭력피해는 일상생활이나 행동에도 영향을 미친다. 폭행, 금품갈취, 협박 등 폭력피해를 당한 학생 중 약 5%는 '이사 또는 전학', '무단결석', '가출'과 같은 외현적 행동 반응을 보인 것으로 나타났다.

4) 학교폭력에 대한 인식

학령기 자녀를 둔 부모들은 학교폭력을 심각하게 여기며 자녀가 폭력피해를 당할까봐 많이 염려한다. 반면 실제 학교에 다니는 학생은 의외로 학교폭력을 심각하게 생각하지 않는 경우가 많다. 대학생을 대상으로 중·고등학교 시절 학교폭력을 심각하게 생각했는지, 학교폭력을 당할까 두려워했는지 물어보면, 그렇다고 대답하는 학생이 생각보다 적다.

이러한 인식의 차이가 발생한 이유는 무엇일까? 이 차이는 학교폭력의 실상이 정확하게 파악되고 전달되고 있는지, 아니면 지나치게 과장되고 있지는 않은지에 대한 의문을 가지게 한다. 이러한 점을 고려하면, 학교폭력에 대한 학생, 학부모, 교사의 인식을 비교해 보는 것도 의미가 있다.

최인섭 등(1999)의 연구에 따르면 학생은 교내폭력의 심각성에 대해 26.7%가 '심각하다'고 응답하였고, '심각하지 않다'고 응답한 학생은 38.5%였다. 반면, 학교주변 폭력 심각성에 대해서는 37.4%가 '심각하다'고 응답하고 '심각하지 않다'고 응답한 비율은 29.7%였다. 즉 학생은 교내폭력보다 학교주변 폭력을 더 심각하다고 인식하는 경향이 있다. 학부모에게 같은 질문을 던졌을 때, 교내폭력에 대해 55.2%가 '심각하다'고 응답하고 27.5%는 '심각하지 않다'고 응답하였다. 학교주변 폭력은 60.7%가 '심각하다'고 하였고, 11.9%는 '심각하지 않다'고 응답하였다. 이처럼 학부모는 학생보다 학교폭력을 훨씬 더 심각하게 받아들이고 있다. 한편 교사의 경우 교내폭력에 대해 17.9%가 '심각하다'고 응답하였고, '심각하지 않다'는 응답은 45.4%이다. 학교주변 폭력은 45.3%가 '심각하다'고 응답하였고 '심각하지 않다'고 응답한 비율은 25.3%이다. 교사들은 교내폭력보다 학교주변 폭력을 더 심각하게 인식하고 있는데, 이러한 결과는 교사들이 자신이 몸담고 있는 학교 내 문제를 심각하게 여기지 않으려고 하거나, 실제 교내폭력이 교사조차 파악하기 어려울 정도로 은밀하게 발생하기 때문이라고 할 수 있다. 이 연구에서 교내폭력이 심각하다고 생각하는 정도는 학부모, 학생, 교사 순서인데 학교주변 폭력은 학부모, 교사, 학생 순서이다. 즉, 교사와 학생보다 학부모가 학교폭력 문제를 더 심각하게 느끼고 있음을 알 수 있다.

이승현 외(2013)의 연구에서 학생, 학부모, 교사를 대상으로 학교폭력의 심각성을 예전과 비교해 물어본 결과, 전반적으로 '예전보다 나아지고 있다'(33.0%)는 의견보다 '예전과 비슷하거나 더 심각해지고 있다'(77.0%)는 의견이 높게 나타났다. 학교폭력이 '예전보다 더 심각해지고 있다'는 인식은 교사(30.8%), 학부모(28.8%), 학생(24.6%) 순으로 나타나, 과거와 달리 학부모보다 교사들이 학교폭력을 더 심각하게 생각하는 경향이 나타났다. 특히 초등학교 교사들이 중·고등학교 교사보다 '예전보다 심각해지고 있다'는 인식이 높았다. 학교폭력이 예전보다 심각해지는 이유에 대해 교사는 학생의 사회 적응과 사회관계 능력이 예전에 비해 떨어지고 있기 때문이라는 의견을 제시하였고, 학부모는 학생의 정서가 과거에 비해 메말라가고 있다는 점을 지적하였다.

황지태(2005)는 학교폭력의 심각성에 대한 인지도에 있어 학생과 교사의 차이가 존재하는지, 그러한 차이가 어떤 함의를 가지는지 연구하였다. 학교폭력의 심각성 인식이 과장되어 있을 가능성을 염두에 두고 이것이 학교폭력의 대응 방안 평가에 영향을 미칠 수 있다고 가정하고, 제주도를 제외한 전국의 중·고등학생 2,822명과 교사 404명을 대상으로 조사하였다. 일반적인 학교폭력의 심각성과 자신이 속한 학교의 폭력 심각성을 비교한 결과, 인식 차이가 크게 나타났다. 이러한 결과는 학교폭력의 심각성에 대한 사회적 인식이 과장되어 있을 가능성을 보여준다.

• 표 9-3 • 학교폭력의 심각성에 대한 학생과 교사의 인지도(%)

	학생		교사	
	일반적 인지	자기학교 인지	일반적 인지	자기학교 인지
사실상 전혀 심각하지 않다	12.3	51.4	10.1	52.0
약간 심각하나 큰 문제는 아니다	34.7	35.3	44.3	39.4
꽤 심각하며 불안감을 좀 느낀다	44.2	10.1	41.3	6.4
매우 심각해서 늘 불안하다	8.6	3.0	2.5	0.5
모름/무응답	0.2	0.2	1.7	1.7
계	100.0	100.0	100.0	100.0

출처: 황지태(2005)

일반적으로 학교폭력이 얼마나 심각한지 물었을 경우에는 학생 44.2%, 교사 41.3%가 학교폭력이 꽤 심각하다고 응답하였다. 그렇지만 자기가 속한 학교에서 학교폭력이 얼마나 심각한지 물었을 때는 학생 86.8%, 교사 91.4%가 학교폭력이 별로 심각하지 않다고 응답하였다. 여기서 주목할 것은 학생과 교사에게 나타나는 일반적 인지와 구체적 인지 간 차이다. 일반적으로 생각하는 학교폭력의 심각성과 자기 학교의 심각성에 큰 차이가 존재하며, 이러한 결과는 학생이나 교사가 학교폭력에 대해 막연하게 심각하다고 생각할 수 있음을 보여준다. 여러 가지 해석이 가능하지만 언론이나 방송매체에 많이 노출된 사람이 학교폭력에 대한 보도를 많이 접하면서 그 문제를 더 심각하게 받아들인 결과일 수 있다.

5) 학교폭력에 대한 두려움

최인섭 등(1999)은 학생과 학부모의 학교폭력에 대한 두려움을 폭력피해 유형별로 조사하였다. 학생은 '집단괴롭힘'에 대해 37.5%가 두렵다고 하였고, 두렵지 않다는 응답이 39.3%였다. '금품갈취'에 대해서는 33.7%가 두렵다고 하였고, 두렵지 않다는 응답은 39.1%였다. '폭행'에 대해서는 43.2%가 두렵다고 하였고, 두렵지 않다는 응답은 35.2%였다. 폭력 유형에 따라 차이가 있지만 약 1/3에서 1/2에 가까운 학생이 학교폭력을 두려워하고 있으며, 세 유형의 폭력 중에서 학생이 가장 두려워하는 것은 신체적 고통과 피해가 예상되는 '폭행'이며, 금품갈취보다 집단괴롭힘을 더 두려워하였다.

반면 학부모들은 '집단괴롭힘'에 대해 66.6%가 두렵다고 하였고, 두렵지 않다는 응답은 19.8%에 불과했다. '금품갈취'는 67.2%가 두렵다고 하였고, 두렵지 않다는 응답이 17.1%였다. '폭행'은 72.9%가 두렵다고 했고, 두렵지 않다는 응답이 15.8%였다. 학교폭력 유형에 따라 차이가 있지만 학부모의 2/3 이상이 자녀가 학교폭력 피해를 당할까봐 두려워하는 것을 알 수 있다. 학부모의 두려움은 학생의 두려움보다 훨씬 높았으며, 유형별로는 학부모 역시 '폭행'을 가장 두려워하였다.

여기서 주목해야 할 부분은 학생이 느끼는 두려움과 학부모가 느끼는 두려움 정도의 차이다. 사람들은 자신의 범죄피해에 두려움을 느낄 뿐만 아니라 자신과 가까운 다른 사람의 범죄피해에도 두려움을 느끼는데, 이를 이타적 두려움이라고 한다. 이타적 두려움은 부모가 자녀의 범죄피해에 대해서 느끼는 두려움에서 특히 크게 나타난다. 여러 연구에서 이러한 결과를 보여준다. 김지선(2004)은 부모가 느끼는 두려움에는 자녀가 피해를 당할지 모른다는 두려움이 크게 작용하고 있다고 보았다. 자녀를 둔 부모는 자신의 범죄피해에 대한 두려움보다 자녀의 범죄피해에 대한 두려움을 훨씬 더 크게 느끼고, 그 강도 또한 매우 높았다. 최인섭 등(1999)의 연구에 나타난 부모의 두려움과 학생의 두려움 차이도 이러한 측면에서 이해할 수 있다.

3 학교폭력의 원인

학교폭력의 원인과 학교에서 폭력을 행사하는 가해자 특징은 학교폭력에 관심이 있는 사람들이 가장 궁금해 하는 부분이다. 많은 연구자가 학교폭력 원인에 관심을 가지고 연구를 수행했다. 여기서는 그 가운데 몇 가지 연구를 기초로 학교폭력의 원인이 무엇인지 살펴본다.

임영식(1998)은 학교폭력 유발요인으로 가정, 학교, 친구, 매체폭력과 같은 사회환경적 요인과 개인적 요인을 검토하였다. 첫째, 가정 관련 요인으로 부모의 갈등이나 이별로 인한 한부모가정, 가족구성원 간의 갈등, 부모의 감시나 훈육방식, 부모의 범죄성향을 들었다. 가정의 구조에 있어서는 구조적 문제보다는 기능적 문제를 중요하게 간주하였다. 둘째, 학교 관련 요인으로 학교생활의 실패이다. 학교는 청소년을 교육하는 기관인데도 불구하고 현실적으로 학교에서의 실패는 청소년 비행의 중요한 원인이 되고 있다. 학교나 교사에 대한 부정적인 생각, 학교생활 부적응, 낮은 학업성적 또는 학업능력 등은 폭력이나 비행을 유발하는 요인으로 간주된다. 셋째, 친구 관련 요인으로는 비행친구와 어울리는 정도와 친한 친구들이 비행을 저지르는 정도가 폭력에 대한 중요한 유발요인으로 여겨진다. 기타 폭력적인 내용의 TV, 비디오, 컴퓨터 게임 등과 같은 매체폭력은 공격행동과 반사회적 행동을 부추긴다. 그밖에 개인적 특성, 즉 개인의 인지적 요소, 사회적 능력, 성격적 특성 등도 폭력적 행동에 영향을 미친다. 구체적으로 낮은 IQ와 도덕적 추론 수준과 같은 인지적 요소가 폭력행동과 관계가 있고, 자기통제력 부족과 충동적인 성격도 동료에게 따돌림과 소외를 당하는 원인이 되며, 이러한 성격특성으로 인해 야기되는 공격행동은 긍정적인 동료로부터 사회적 기술을 획득할 기회를 감소시킴으로써 학교와 지역사회에서 문제행동을 유발하는 등의 악순환을 거듭한다. 또한 정신적 문제, 감각추구 성향, 외향성, 뇌의 손상, 신경학적 문제, 테스토스테론과 같은 호르몬 수준의 불균형, 주의결핍과잉 행동장애 등도 폭력이나 비행과 관련될 수 있다. 마지막으로 과거의 생활경험이나 생활양식 특성, 즉 폭력피해를 당한 경험도 학교폭력을 설명하는 중요한 요인으로 보았다.

그는 학교폭력을 예측하는 변인으로 학교와 교사 관련 태도 요인, 가정 관련 요인, 친구의 비행, 장래에 대한 희망과 꿈, 학교생활 충실도, 학교폭력 피해경험, 폭력매체 접촉정도, 결과중시 가치, 주변기대로 인한 부담, 충동적 행동 등 열 가지의 요인을 원인으로 해서 학교폭력의 가해행동에 대해서 회귀분석을 시행하였다. 그 결과 학교폭력에 대한 예측에 있어서 친구의 비행, 학교폭력 피해 경험, 학교생활 충실도, 충동적 특성, 장래에 대한 희망과 꿈, 폭력매체 접촉과 선호도, 가정 관련 요인의 순서로 영향력이 큰 것으로 나타났다. 학교폭력을 예측하는 요인으로 친구의 비행정도가 다른 요인에 비해서 상대적으로 높은 설명력을 가지는데, 이는 청소년이 어떤 친구와 교류하는가에 따라 그들의 사고와 행동 유형 또는 방향이 달라지기 때문이라고 해석하였다. 특히 학교폭력의 피해 경험이 가해경험에 미치는 영향은 가해자 특성을 지닌 집단의 구성원과 자주 접촉할수록 피해자가 될 가능성이 높고, 가해자와 피해자는 유사한 특징을 갖는다는 생활양식 이론의 동질성 원리로 설명할 수 있다고 보았다.

김준호 · 김은경 · 박정선(1997)도 학교폭력의 가해에 영향을 미치는 다양한 독립변인의 영향을 분석하였다. 폭력도 다른 행위와 마찬가지로 학습된다는 가정하에서 학교폭력의 원인을 폭력의 학습과 재생산 기제를 중심으로 다루었다. 즉 부모와 교사로부터의 폭력적 훈육이 일종의 폭력학습 기제로 작동하여 ‘폭력에 우호적인 태도’ 형성에 기여하며, 이를 매개로 폭력피해와 가해에 체계적으로 연관될 것이라는 점이다. 이러한 목적에 맞추어 가정, 학교, 친구의 변수 외에 부모와 교사의 폭력적 훈육(체벌)과 학생의 가치에 관련된 변인, 즉 폭력문화 선호도, 공격성, 폭력허용도, 그리고 다른 비행경험과 폭력피해 경험을 독립변인에 포함시켜서 분석하였다.

폭력가해 여부에 가장 큰 영향을 미치는 요인은 ‘공격성’이고, 다음으로 ‘경비행 경험’과 ‘폭력에 대한 허용적 태도’, ‘학교유형’, ‘중비행 경험’, ‘성별’, ‘피해경험’ 등이다. 즉 다른 사람에게 폭력을 가하기 쉬운 아이들은 가정과 학교에서 폭력적 사회화를 통하여 공격적 심성과 폭력에 허용적인 태도를 발전시키고, 비행적 생활양식을 가지며, 폭력피해도 많이 당해 본 학생이다.

이러한 결과는 폭력의 사회화가 폭력을 정당화해 주는 규범을 내면화하는데 기여하고, 폭력에 대한 우호적 태도를 매개로 공격적 행동이 쉽게 표출될 수 있다는 가설을 지지해 준다. 특히 폭력피해 경험이 많을수록 가해 성향 역시 높은 것으로 나타났다. 이는 폭력의 사회화 과정에서 피학적-가학적 심성이 강화될 수 있다는 점을 간접적으로 뒷받침한다. 더욱이 피해경험은 비행친구의 영향력을 사라지도록 하는데, 다른 연구에서 폭력가해에 가장 큰 영향을 미치는 것이 비행친구라는 점을 감안할 때 새로운 발견이라고 볼 수 있다.

이순래(2002)의 연구에서 밝힌 학교폭력 관련 요인은 다음과 같다. 폭력 유형별로 회귀분석을 실시하였는데, 욕/협박형 폭력에서 통계적으로 유의미한 요인은 친구 학습과 모멸감이다. 친구 중에서 학교에서 처벌받은 친구나 경찰에 체포된 친구가 많을수록 그리고 모멸감을 빈번하게 겪을수록 욕/협박형 학교폭력을 많이 저지르는 경향이 있다. 욕/협박형 폭력을 저지르는 데는 친구로부터 비행가치, 태도, 합리화방법 등을 학습하는 것보다 주위 사람에 의한 인간적 멸시감이 더 중요하게 작용한다는 것을 알 수 있다. 괴롭힘 폭력의 경우 유의미한 독립변수는 부모 애착, 친구 학습, 모멸감, 성별이다. 부모와의 정서적 유대감이 낮고, 비행친구가 많으며, 모멸감을 자주 느끼며, 남자가 괴롭힘을 더 많이 저지른다. 강제형 폭력에서 유의미한 독립변수는 친구 학습, 모멸감과 성별이다. 비행친구와 접촉 기회가 많을수록, 모멸감을 자주 느낄수록, 남자가 강제형 학교폭력을 많이 저지른다. 신체형 폭력에 유의미한 변인은 친구학습과 모멸감이다. 비행친구가 많을수록, 모멸감을 자주 느낄수록 신체형 폭력을 많이 저지른다. 성폭력형 학교폭력에 유의미한 변수는 학교애착, 부모학습, 친구학습, 모멸감이다. 학교에 애착을 덜 가질수록, 부모로부터 폭력사용을 학습할수록, 비행친구가 많을수록, 모멸감을 자주 느낄수록 성폭력형 학교폭력을 많이 저지른다.

이상의 결과를 정리하면 다음과 같다. 첫째, 학교폭력에 있어 중요한 유발원인은 친구학습과 모멸감이다. 이 연구에서 독특한 점은 모멸감 변수를 새로 포함하여 학교폭력의 원인을 분석하였다는 점이다. 모멸감은 폭력 원인에 대한 카츠(Katz, 1988) 논의에서 착안한 것으로 카츠는 행위자는 자신의 인간적 가치가 무시되거나 제대로 인정받지 못하면 모멸감을 느끼고, 훼손된 자기가치를 복원하려는 동기에서 분노심이나 폭력행위에 의존한다고 설명한다. 분노심을 가짐으로써 자기를 모멸한 주위 상황에 지배력을 가질 수 있으며 이를 행위로 표출함으로써 자신에 대한 모멸감을 극복하려 한다는 것이다. 분석 결과, 모멸감에 대한 이러한 논의는 학교폭력의 설명에 적합한 것으로 나타났다. 모멸감은 청소년 비행의 원인으로 가장 큰 영향을 미치는 것으로 인정받는 비행친구로부터 학습보다 더 큰 영향력을 미치는 것으로 나타났다. 이를 통해서 우리나라의 학교폭력 현상에서도 비행친구로부터의 학습효과와 더불어 개인의 내부에서 형성되는 심리상태가 중요한 원인임을 인식할 필요성이 있다.

학습효과란 학생 외부의 환경이며, 모멸감은 개인의 내부 심리과정으로 볼 수 있다. 이러한 두 요인의 상대적 영향력을 비교하였을 때 내생적 과정이 외부환경보다 더 중요한 것으로 나타났다. 이는 학교폭력의 발생에 학생이 접하는 외부환경도 중요하지만, 본인 스스로가 주위사람에게 겪는 모멸감이 더욱 중요한 영향을 미친다는 점이다. 즉 주위에서 자기의 정체성과 가치를 부정했을 때 그 학생은 모멸과 분노를 느끼고, 실추된 자기가치를 회복하려는 심리적 동기가 외부상황보다 더 중요한 인과요인이다.

두 번째로 학교폭력의 유형에 따라서 인과요인에서 차이를 보인다. 분석모형의 설명력과 독립변수의 영향력의 차이를 통해서 볼 때, 욕/협박형과 괴롭힘 학교폭력이 유사한 인과과정에 의해서 유발되며, 강제형, 신체형, 성폭력은 별도의 유사한 인과과정에 의해서 유발된다. 물론 비행친구와 모멸감이 중요한 영향을 미치는 요인이지만, 욕/협박형과 괴롭힘에서는 모멸감이 더 중요하게 작용하며, 강제형, 신체형, 성폭력과 같이 다소 심각한 학교폭력에서는 비행친구의 영향이 모멸감과 비견될 정도로 중요하게 작용하고 있다.

김준호(2002)는 학교폭력 가해에 대한 조사의 자료를 통해 전체 학교폭력 가해에 미치는 가정, 학교, 친구, 매체 등 몇몇 요인들의 상대적 비중, 혹은 직접·간접 효과를 살펴보았다.

분석결과를 보면, 학교폭력이 넓은 의미의 청소년 비행의 한 부분임을 알 수 있다. 이는 일반적으로 청소년 비행의 원인이라고 여겨지는 변인들이 학교폭력 가해에 있어서도 유사한 영향력을 미치고 있다. 학교폭력의 원인은 일반적 의미의 청소년 비행의 원인처럼, 가정과 학교, 그리고 비행 친구와 같은 요인들의 복합적 영향이다. 이 중 비행친구, 음란·폭력 매체 탐닉 요인이 학교폭력(가해)에 가장 큰 직접적인 영향을 미치고, 공부와 학교에 관련된 요인이 다음으로 영향을 미친다. 이 연구가 다른 연구결과와 차이를 보이는 점은 공부에 관련된 요인을 포함시켜서 학교폭력의 원인을 살펴보았다는 점과, 음란물·폭력물 등 대중매체가 폭력에 미치는 영향을 포함하였다는 점이다. 가정 요인, 혹은 부모-자녀 관계 요인은 다른 요인들과의 중다회귀분석에서 그 영향력이 사라져 간접적인 영향만 미치고 있다고 볼 수 있다. 이를 볼 때 가정의 영향력보다는 학교와 공부, 그리고 비행친구의 영향이 학교폭력 가해의 중요한 원인으로 분석되었다.

SECTION 02 집단따돌림

집단따돌림으로 인해 자살한 청소년의 사건이 보도되면서 1997년 말부터 청소년 간의 집단따돌림이나 괴롭힘이 사회문제로 부각되었다. 그 이후 청소년이 사용하던 은어인 '왕따'라는 용어가 전국적으로 유행하였고, 대다수 학생과 학부모는 따돌림이나 괴롭힘에 대해 지나칠 정도로 민감해지고, 두려워하는 현상까지 나타났다. 이러한 현상은 1998년에 시작되어 1999년과 2000년에 최고조를 이루었다가 지금은 과거에 비해서 그 관심이 많이 줄어들었다. 그렇지만 아직도 언론에 심심치 않게 피해사례가 보도되는 것을 보면 집단따돌림 혹은 괴롭힘의 문제가 완전히 해결되었다고 보기는 어렵다.

1 집단따돌림의 개념

집단따돌림에 대한 정의는 다양하다. 서울시 교육청(1999)이 발간한 자료에서는 집단따돌림을 '한 개인이 일방적이고 지속적인 심리적·육체적 고통을 받은 결과 심각한 고통을 느끼는 것'으로 정의하였고, 구본용(1997)은 집단따돌림을 '두 명 이상이 집단을 이루어 특정인(혹은 특정 집단)을 그가 소속해 있는 집단 속에서 소외시켜 구성원으로서의 역할수행에 제약을 가하거나 인격적으로 무시 혹은 음해하는 언어적·신체적 일체 행위'를 지칭하는 것으로 보았다. 청소년폭력예방재단(1997)에서는 '자기보다 약한 처지에 있는 상

대에게 불특정 다수의 학생이 남이 보지 않는 곳에서 신체적인 심리적인 폭력을 반복하여 행하거나 심각한 공격을 가하는 문제행동'을 집단따돌림으로 정의하였다. 이기문과 김진희(1999)는 집단따돌림을 '한 집단 내에서 다수가 한 개인에게 여러 가지 방법으로 고통을 주는 행위'라고 보고, 따돌림의 의미에는 단순히 놀이에 끼워주지 않거나 상대를 해주지 않는 정도의 소극적 따돌림부터 구타나 심부름, 금품갈취 등 심한 물리적 괴롭힘까지 포함된다고 하였다. 한국의 집단따돌림이 일본에서 유행하는 '이지메(いじめ)'를 모방한 것이라고 보는 견해도 있는데, 일본 문부성은 이지메를 '자신보다 약한 자에 대해서 일방적으로 신체적·심리적 공격을 계속 가하여 상대방이 심각한 고통을 느끼고 있는 상태'(이종원, 1998)라고 정의하였다.

이처럼 집단따돌림의 정의는 약간씩 차이가 있는데, 집단따돌림을 규정하기 위해서는 다음과 같은 점에 대한 고려가 필요하다. 첫째, 집단따돌림 현상이 예전부터 존재해 오던 것인가 아니면 새로이 등장한 현상인가, 새로 등장한 것이라면 기존의 따돌림과 무엇이 다른가에 대한 정리가 필요하다. 이 점에 대해서는 집단따돌림 현상이 기존에 있던 따돌림이나 괴롭힘과 성격이 다르다고 보는 것이 적절하다고 여겨진다. 기존의 따돌림이나 괴롭힘이 소수의 학생이 저지르는 따돌림이나 괴롭힘이었다면, 집단따돌림 현상은 학급 학생 대다수가 직간접적인 주체가 된다는 점에서 차이가 있다. 왕따라고 불리는 집단따돌림에는 학급 대다수 학생이 참여한다. 적극적인 형태인 놀림이나 괴롭힘은 소수에 의해서 주도될 수 있지만, 이 역시 다수의 따돌림이라는 기반 위에서 나타난다고 볼 수 있다.

둘째, 집단따돌림 현상이 기존 학교폭력과 어떠한 차별점을 가지는가이다. 오래전부터 청소년문제의 주된 관심은 학교폭력에 있어 왔다. 그렇다면 집단따돌림은 학교폭력과 어떻게 구분되는가? 학교폭력은 집단따돌림 중에서도 괴롭힘에 해당하는 행위와 유사하다. 그렇지만 소수의 학생이 다른 소수의 학생에게 폭력을 행사하는 행위(학교폭력)와 집단따돌림 중 하나인 괴롭힘은 구분할 필요가 있다. 양자 간에는 행사하는 폭력 정도에서 차이가 나타날 수 있고, 집단따돌림은 어디까지나 다수의 따돌림이라는 바탕 위에서 이루어진다는 점에서 차이가 있다. 다른 학생으로부터 폭력 피해를 당하는 학생에 대해 같은 반의 다른 학생이 피해 학생을 불쌍하게 여기고 도와주려는 태도를 가지고 있다면, 그 행위가 학교폭력에 해당할 수는 있겠으나 집단따돌림에 해당한다고 보기는 어렵다.

셋째, 집단따돌림에 포함되는 범위를 어디까지 정할지의 문제가 남아 있다. 집단따돌림은 따돌림, 놀림이나 조롱, 괴롭힘으로 세분화할 수 있다. 집단따돌림이 되기 위해서는 따돌림이나 소외에 학급 학생 전부 혹은 상당수가 참여해야 한다는 점이 선행되어야 한다. 더불어 피해 학생을 소외시키려는 의도나 적극성이 내포되어야 한다. 즉 어떤 학생이 학급 친구들과 놀기 싫어서 어울리지 않는 것을 학급에서 소외되고 있다는 이유만으로 집단따돌림이라고 규정하는 것은 곤란하다. 여기서 '적극성'은 단순히 개인적인 생각이나 취향 때문에 싫어하는 것 이상으로 학급 학생 간에 명시적이든 암묵적이든 특정 학생을 따돌리자는 합의가 존재하고, 이러한 합의에 기초해서 실제로 따돌리는 행위가 이루어지는 것을 의미한다. 단지 학생이 싫어하는 차원을 넘어 학급 구성원의 적극적인 소외, 놀림, 괴롭힘이라는 행위 또는 행위 의도가 포함되어야 집단따돌림이라고 할 수 있는 것이다.

기본적으로 집단따돌림은 초·중·고등학교에서 발생하는 현상이다. 따라서 집단따돌림을 정의함에 있어 학교라는 배경을 염두에 두는 것이 바람직하다. 노성호 등(1999b)의 연구[6]에서는 집단따돌림을 '학급에서 복수의 학생이 한 명 또는 소수의 학생을 대상으로 의도와 적극성을 가지고 지속적으로, 그리고 반복적으로 관계에서 소외시키거나 괴롭히는 일체 현상'이라고 정의하였다.

2 집단따돌림의 실태

집단따돌림에 관한 연구를 중심으로 피해 실태를 살펴보면, 피해율에 있어 적지 않은 차이를 보인다.[7] 가장 피해율이 높게 나타난 것은 황성숙(1998)의 연구로, 학생의 46.7%

6 이 연구에서는 집단따돌림의 실태와 구조의 파악을 위해서 두 가지의 방식으로 조사를 수행하였다. 집단따돌림의 실태를 파악하기 위해 청소년 범죄피해조사(노성호 외, 1999a)의 응답자를 대상으로 조사하였다. 또한 집단따돌림의 구조를 파악하기 위해 연결망 분석(network analysis)의 방법을 사용하였는데, 서울 시내의 초등학교, 중학교, 고등학교를 6개교씩 총 18개 학교에서 조사하였다. 연결망 조사는 학생의 긍정적 연결망과 부정적 연결망으로 구분하여 관계 구조를 분석하였다. 긍정적 연결망은 함께 생활하고 활동하는 행위를 통해 친구 관계를 살펴보는 것으로, 학생의 긍정적인 활동에서 나타나는 관계의 연결망을 의미한다. 첫 번째는 점심식사를 함께 하는 친구이며, 두 번째는 학교를 마친 후에 함께 어울리는 친구이고, 세 번째는 자주 대화를 나눈 친구이다. 반면 부정적 연결망은 싫어하는 학생과의 관계를 의미한다. 내년에 같은 반이 되기를 원하지 않는 친구, 학급 분위기에 도움이 되지 않는 학생, 다른 학교로 전학 갔으면 하는 아이 등 세 차원에 대해서 측정하였다.

7 집단따돌림 피해율은 집단따돌림 현상에 대중과 언론의 관심이 높아져 집중적으로 연구가 이루어졌던 1990년대 연구를 중심으로 제시하였다.

가 집단괴롭힘을 경험한 것으로 조사되었다. 다음으로는 김용태 · 박한샘(1997)의 연구에서 30.0%, 김준호 외(1997)의 연구에서 26.6%가 나타났다. 박경숙 외(1998)의 연구에서도 피해율이 24.2%로 비교적 높았다. 반면 홍성표(1998), 전교조(1999), 이승현 · 노성호(2013) 연구에서는 집단따돌림이 10% 이하의 낮은 수치로 조사되었다.

이처럼 실태조사 결과가 차이를 보이는 것은 여러 가지 이유에서 기인한다. 첫째, 연구자 간에 집단따돌림의 개념 정의에서 차이가 존재한다. 개념이 포괄하는 범위와 행동양식에 차이가 있어서 조사 결과의 피해율에서도 차이가 나타난다. 또한 개념과 측정 간 불일치 문제도 존재한다. 유사하게 개념 정의하고도 서로 다른 측정 문항을 사용하기 때문에 결과에서 큰 차이가 나타난다. 둘째, 연구마다 집단따돌림의 가해자 범위가 다르다. 어떤 연구는 가해자를 상당히 포괄적으로 정의하지만 다른 연구는 같은 학교 또는 학급의 학생으로 제한하기도 한다. 셋째, 집단따돌림 피해는 지속적이고 반복적인 속성이 있지만 실제 조사에서 지속성이나 반복성을 측정하는 기준에 대한 합의가 존재하지 않는 문제가 있다. 많은 연구에서 한두 번 피해 경험만으로 집단따돌림의 피해를 당한 것으로 파악한다. 넷째, 조사마다 피해 기간의 통일된 기준이 마련되지 않은 문제가 있다. 피해 기간을 1년, 6개월, 1개월로 한정하는 차이가 있고, 구체적인 피해 기간이 명시되어 있지 않은 연구도 있다. 다섯째, 조사마다 지역별 차이가 있다. 어떤 연구는 전국 규모로 조사를 진행하는가 하면, 다른 연구는 서울 · 수도권에 국한되어 조사하였다. 여섯째, 집단따돌림의 측정을 어떻게 하느냐에 따라 피해율이 달라질 수 있다. 피해율 20% 이상인 연구 중 상당수가 집단따돌림을 측정하기 위해 여러 개의 복합 문항을 사용하였다. 따라서 여러 개의 하위 문항으로 구성된 척도로 조사한 연구일수록 피해율이 높게 나타난 것은 당연한 현상이다. 반대로 피해율 20% 미만인 연구는 예외 없이 단일 문항으로 집단따돌림을 측정하고 있다. 바꾸어 말하면, 집단따돌림을 구체적으로 나누어 측정할수록 피해 경험이 있다고 응답한 비율이 높아지는 것이다.

• 표 9-4 • 집단따돌림 피해율의 비교(%)

연구자	조사시기	초등학생	중학생	고등학생	전체	조사지역
김준호 외	1996. 6.	-	283(28.9)	227(24.1)	510(26.6)	서울
김용태 외	1997. 9.	117(46.4)	139(28.4)	198(25.7)	454(30.0)	전국
홍성표 외	1998. 4.	399(26.1)	170(11.1)	108(6.5)	677(14.3)	전국
황성숙	1998. 6.	-	432(49.9)	508(43.8)	940(46.7)	서울
박경숙 외	1998. 7.	528(25.1)	576(26.9)	564(21.3)	1,668(24.2)	전국
전교조	1999. 2.	-	34(6.6)	18(3.4)	52(5.0)	서울/수도권
신규태 외	1999. 3.	127(59.9)	245(16.8)	39(18.7)	411(16.8)	서울
이승현 외	2013. 8.	1,188(4.9)	1,270(3.6)	-	2,458(4.2)	서울/수도권

노성호 외(1999b)의 연구에 따르면, 집단따돌림 피해 유형은 놀림 및 욕설, 위협이나 협박과 같은 언어적, 심리적 폭력은 물론 따귀 등을 때리는 가벼운 폭행에서 상해 위험이 큰 폭행까지 양상이 다양하였다. 가장 많이 나타나는 유형은 '같이 놀아주지 않기'로 67.9%가 피해를 경험하였다. 즉 집단으로부터 배제하고 무시하는 행위가 가장 일반적인 형태였다. 다음으로 '놀리기'(56.6%), '시비 걸기'(52.8%) 순이었다. 신체적인 결함을 흉보는 행위에 대해서는 피해자의 30.2%가 경험한 것으로 나타났으며, 따돌림을 당하는 아이와 친하게 지내는 친구를 따돌림으로써 간접적으로 집단에서 배제되도록 하는 유형도 22.6%나 되었다. 반면 직접적으로 신체에 폭력을 가하는 행위는 11.3%로 비교적 낮았다.

<표 9-5>에 나타난 바와 같이 집단따돌림을 유형별로 피해율을 살펴보면, '소외형' 따돌림이 71.7%로 가장 높았고, 이어서 '조롱형' 따돌림 62.3%, '공격형' 따돌림 54.7%, '장난형' 따돌림 22.6%, '지배형' 따돌림 17.0% 순으로 나타났다.

• 표 9-5 • 집단따돌림 유형별 피해율(%)

집단따돌림 유형	피해경험 있다	피해경험 없다
소외형	38(71.7)	15(28.3)
조롱형	33(62.3)	20(37.7)
공격형	29(54.7)	24(45.3)
장난형	12(22.6)	41(77.4)
지배형	9(17.0)	44(83.0)

여기에서 소외형과 조롱형의 비율이 가장 높다는 점에 주목할 필요가 있다. 기존의 학교폭력은 학생 간 물리적이고 신체적인 폭력, 가해행위, 금품갈취가 주된 문제로 파악되었다. 이처럼 학교폭력은 직접적인 가해행위가 나타나기에 피해자의 저항이 분명한 명분을 가질 수 있다. 하지만 집단따돌림은 간접적이고 은밀하게 나타나는 경향이 크기 때문에 자신을 공격하는 집단에 대한 저항의 명분을 가지기 쉽지 않다. 싫다고 하는 감정적 차원에 대해 반항하는 것은 논리적으로 설득하기 어렵기 때문이다. 싫어함의 극단적인 형태가 집단으로부터 배제이다. 배제와 무시는 상호작용 가능성을 원천적으로 봉쇄한다. 매일 같은 학교, 같은 반이라는 동일한 공간 속에서 살아가지 않으면 안 될 청소년에게 집단으로부터 소외만큼 곤혹스럽고 자아정체성의 위기를 초래하는 일은 없다.

청소년에게 학교는 서로 다른 개성을 가진 학생과 대부분의 시간을 부대끼며 살아갈 수밖에 없는 좁은 공간이자 작은 사회이기 때문에, 친구와의 인간관계가 중요할 수밖에 없다. 특히 청소년기는 또래와의 유대관계와 또래가 공유하는 문화에 가장 민감한 시기인데, 학교에서는 이러한 특성을 고려한 인간관계 형성과 갈등 해결 방법에 대한 교육이 이루어지지 않는다는 점도 학교라는 공간에서 발생하는 집단따돌림 문제를 더 심각하게 만드는 요인으로 작용한다.

대부분의 집단따돌림 피해자는 보통의 평범한 학생이다. 분석 결과에 따르면, 경제적 중산층의 유복하고 정상적인 집안에서 자란 청소년이 집단따돌림 피해를 당할 가능성은 저소득층 가정의 청소년과 동일하였다. 집단따돌림 피해를 경험한 학생은 학교에서 다른 폭력이나 피해를 당한 경험도 많다. 이러한 결과는 집단따돌림을 당하는 학생이 학교폭력에 노출될 가능성도 높다는 사실을 말해준다. 반면, 집단따돌림을 행하는 학생은 비행성향 및 범죄성향이 높은 것으로 밝혀졌다. 이러한 사실을 고려할 때, 집단따돌림 문제가 학교폭력 문제와 별개 차원에서 다루어지는 것은 적절하지 못하다. 집단따돌림은 피해자의 자아 정체감을 손상시키며 대인관계에 부정적인 영향을 미친다. 집단따돌림 피해자의 절반 이상이 자살충동을 느낀 적이 있으며, 대인관계에 소극적이고 회피적인 태도를 보였다. 그들은 또 다른 집단따돌림 피해에 대한 두려움이 매우 높았고, 그로 인해 피해경험이 없는 학생보다 행동상의 제약을 훨씬 더 많이 느꼈다. 서영석 등(2015) 연구에 따르면, 집단따돌림 경험은 의도적이고 반복적이며 지속적인 대인관계 내 폭력행위이기 때문에 단순외상을 넘어 복합외상으로 간주된다. 심층면접에 참여한 피해자는 집단따돌림을 고통스러운 학교생활, 자신에 대한 미움, 앞날에 대한 막막함으로 점철된 '바닥을 치는 경험'으로 기억하고 있었다.

3 집단따돌림의 원인과 발생 조건

1) 집단따돌림의 원인[8]

집단따돌림은 집단 내에서 다수의 가담자가 집단적으로 특정 학생을 따돌리거나 소외시키며 심지어는 폭력까지 행사하는 집단현상이기 때문에, 기존 접근과 같이 가해자 혹은 피해자 개인의 성향이나 특성에서 원인을 찾으려는 노력은 한계가 있다. 오히려 집단상황이 집단따돌림의 원인으로 작용하는가 방식을 살펴보는 집단역학 과정을 통해 설명하는 것이 설득력이 있다. 이러한 집단역학 과정은 집단동조에의 압력과 피해자에 대한 응징으로서의 집단따돌림이라는 두 가지의 형태로 나타난다.

특정 집단에 소속된 개인은 집단으로부터 동조(conformity)의 압력을 받게 된다. 사람은 누구나 집단에서 인정받고자 하며 집단에서 소외되기를 꺼린다. 다수의 구성원은 특정한 일에 동참하지 않으면 배척당할 위험 때문에 집단행동에 참여하기도 한다. 만일 집단 구성원 간에 의견이 일치되지 않거나 동조자의 수가 적을 때에는 동조 압력이 낮아질

8 많은 연구에서 집단따돌림 원인으로 다양한 요인을 제시하고 있다. 여기서는 집단따돌림의 원인으로 집단역학과정과 집단주의에 주목한 이성식과 전신현(2000)의 연구를 중심으로 검토하였다.

수 있지만, 그렇지 않은 상황에서는 집단의 동조 압력이 높아 대다수가 집단의 결정에 따라 행동하게 된다. 이러한 주장은 박경숙(1998) 연구에도 나타나는데, 많은 학생이 자신이 오히려 왕따당할지 두려워 따돌림에 가담한다는 결과를 확인하였다.

집단행동에서는 동조 압력으로 인해 그릇된 의사결정이 나올 수 있다. 집단사고(group thinking)로 불리는 이 현상은 충분한 논의와 숙고 하에 이루어져야 하는 의사결정이 집단적 상황에서 판단의 오류가 충분히 고려되지 못하고 순간적이고 우발적으로 이루어짐으로써 잘못된 결과를 낳는 것이다. 집단따돌림도 이러한 잘못된 의사결정을 통한 집단과정이라고 볼 수 있는데, 이렇게 보면 집단따돌림은 집단의 동조 압력에 따른 결과라고 할 수 있다.

집단상황에서 나타나는 몰개성화와 책임의 분산 과정도 집단따돌림을 촉진하는 역할을 한다. 군중에 관한 연구에서 보듯이 집단상황에 놓이게 된 개인은 자신이 노출되거나 눈에 띌 염려가 적어 혼자 있을 때보다 과감해지고, 다수가 함께 참여함으로 자기 행동에 큰 책임을 느끼지 않게 됨으로써 혼자서는 하지 못할 일을 두려움 없이 모험적으로 행할 가능성이 높다. 특히 집단상황에서 개인은 규범이나 내적 통제력을 순간적으로 잃게 되어 충동적이고 과격하게 행동할 수 있다. 따라서 다수의 학생이 따돌림이나 집단폭력에 가담하면 개인은 책임감과 두려움이 감소하고 충동적으로 되면서 주저 없이 따돌림 행위에 참여할 수 있다.

집단따돌림은 한 집단 내에서 특정 대상자를 따돌리거나 괴롭히자는 집단의 압력에 다수의 참여자가 동조하고 그 분위기에 휩쓸려 가담하게 되는 현상으로 볼 수 있다. 집단의 압력이 있으면 남을 따돌리는 것이 나쁘다는 생각이 있어도 평소 가치와 태도와는 다르게 따돌림 행동에 가담할 수 있다. 이처럼 집단따돌림은 집단상황에서 다수의 집단압력이라는 상황적 단서에 의해 이루어지게 되는데, 이는 우발적이고 충동적으로 이루어지기도 하고, 다수가 참여함으로써 책임이 분산되어 가담하더라도 큰 탈이 없을 것이라는 인식하에 더욱 과감하게 이루어질 수 있는 현상으로 이해될 수 있다.

집단따돌림의 또 다른 집단역학의 상황 요인은 피해자가 어느 정도 피해의 실마리를 제공한다는 점이다. 폭력과 관련된 비행이나 범죄는 가해자와 피해자의 역동적인 상호작용의 결과로 설명할 수 있는데, 상징적 상호작용이론에 근거하고 있는 이 설명은 가해자와 피해자의 상호작용과 상호작용 상황에서 행위자의 상황정의나 의미 해석 과정에 초점을 둔다.

집단 내에서 집단에 동조하지 않는 아이들은 배척당하기 쉽다. 집단따돌림의 경우 한 학생이 집단에 순응하지 않고 말을 듣지 않거나 튀는 행동을 하면 '어디 건방지게'라는 형태로 그 아이에게 응징을 가하는 상황이 나타날 수 있는데, 이러한 상황은 가해자의 성향만으로는 설명이 어렵고, 집단 내 상호작용의 상황에서 비롯된 결과로 볼 수 있다. 이때 피해자는 흔히 튀는 행동을 하고 잘난 척하며 주위와 어울리거나 타협하지 않는 건방진 아이라고 가해자에게 인식되는 경향이 높다. 가해자인 집단의 급우들은 피해자의 행동이 집단의 권위에 대한 도전이라고 간주하며 응징할 필요가 있다고 생각함으로써 집단따돌림이나 괴롭힘이 발생하게 된다. 이러한 설명은 집단따돌림을, 힘을 가진 집단이 힘이 없는 개인을 괴롭히는 현상으로 파악하고 있는 주장과도 일치한다.

이러한 상황에서 행사되는 폭력에는 호혜성의 규범(norms of reciprocity)이나 규범적으로 정당화될 수 있는 응징이라는 합리화 기제가 작용할 수 있다. 즉 눈에는 눈, 이에는 이의 원리처럼 상대방의 행동을 정당치 못한 것으로 받아들이면 상대방이 잘못한 만큼의 보복이나 응징은 당연한 것으로 받아들여지면서 폭력이 가능하게 된다는 것이다.

이처럼 피해자의 행동과 특성은 집단괴롭힘 가해자에게 중요한 상황요인으로 고려될 수 있다. 튀거나 잘난 척하면서 집단성원과 일체감을 형성하지 않는 아이를 따돌리거나 괴롭히는 것은 그에 대한 응징을 정당화할 수 있는 상황규범이 창출됨으로써 가능하다(Rabbie and Horwitz, 1982). 이와 같이 집단괴롭힘은 가해자인 집단의 성원들이 집단에 동조하지 않고 모가 나는 행동을 하는 개인을 응징하는 집단의 힘의 행사 가운데 발생하는 현상으로 이해할 수 있다.

2) 집단따돌림의 발생 조건

학급 내에서 발생하는 집단따돌림을 살펴보면 예외가 있기는 하겠지만 집단따돌림이 학생 사이에서 그렇게 쉽게 발생하거나, 빠른 속도로 이루어지는 것 같지는 않다. 반아이들이 싫어하는 학생이라고 해서 반드시 집단따돌림의 피해를 당하는 것은 아니라는 점은 싫어한다는 것이 필요조건은 될지언정 충분조건은 아니라는 것을 보여준다. 집단따돌림은 여러 가지 조건과 요인이 충족되었을 때 발생하는 복합적인 현상이다.[9]

---

9 그런 경우가 전혀 없다고는 할 수 없겠지만, 행동 한 번 잘못하고 말 한 번 잘못한다고 해서 그 학급에서 집단따

집단따돌림이 존재하기 위해서는 다음과 같은 조건들이 갖추어져야 할 것으로 생각된다. 첫째는 피해를 당할 가능성이 높은 특성을 가진 학생의 존재이다. 다시 말해, 반 아이들이 싫어하는 학생의 존재이다. 대부분의 학급에는 다른 학생이 싫어하는 학생이 있을 수 있다. 연결망 분석에서 집단따돌림이나 집단소외가 나타난 학급은 대개 부정적 연결망의 인접도 평균이 높거나, 집중도 높은 학급인 경우가 많다. 이는 학급에서 싫어하는 학생의 수가 많고, 집중적으로 많이 싫어하는 학생이 존재하는 경우 그 학생이 따돌림을 받거나 소외될 가능성이 높다는 것을 보여준다.

둘째는 따돌리는 학생의 존재이다. 따돌리는 학생은 때로 소수인 경우도 있지만, 대부분의 경우에는 반 학생 전체이다. 집단따돌림이란 반 학생 전체 또는 대부분이 소수의 싫어하는 학생을 따돌리거나 놀리거나 괴롭히는 것을 의미하기 때문이다. 따돌림의 경우에는 학생 대부분이, 괴롭힘의 경우에는 특정 소수의 학생이 그러한 행동을 주도한다. 적극적으로 따돌림을 주도하는 학생의 존재 여부에 따라서 집단따돌림의 발생 상황이나 과정이 달라진다. 주도하는 학생은 문제아인 경우도 있으며, 아니면 반에서 잘나가는 학생인 경우도 있다. 대부분의 학급에 다른 학생이 싫어하는 학생이 있듯이 문제를 일으키는 학생이 있는 경우가 많다. 문제 있는 학생이 어떻게 행동하는가에 따라서 교실 내에서 학생의 관계나 생활은 많은 영향을 받으며, 이는 집단따돌림의 경우도 마찬가지이다. 문제 학생이 다른 학생을 괴롭히면 학급 분위기가 나빠지고, 따돌림과 같은 현상이 나타날 가능성이 높다. 반면 이들이 학급 학생과 좋은 관계를 유지하면 별다른 문제 없이 지내게 된다. 이처럼 반에 문제 학생이 있는 정도, 그리고 그들이 학급 학생과 어떤 관계를 유지하는가가 집단따돌림의 발생에 중요한 부분을 차지한다.

셋째는 학급의 학생이 따돌리고자 하는 의지 또는 적극성이 있어야 한다. 앞에서 언급한 두 요소는 집단따돌림이 발생하는 데 중요한 요소이지만, 이것만으로는 충분하지 않다. 싫어하는 학생을 적극적으로 따돌리거나 놀리거나 괴롭히려는 학급 학생의 적극성이 필요하다. 이러한 적극성은 정도에 따라서 여러 가지가 있을 수 있다. 먼저 반 아이들이 적극적으로 따돌리기로 합의하는 것부터 소수의 학생이 나서서 따돌리고 나머지 학생은 암묵적으로 동의하며 따라 하는 경우까지 있을 수 있다. 그렇지만 공통으로 학생 전체

돌림을 당하는 것은 아니라고 본다. 적어도 본 연구에서 살펴본 18개의 학급에서는 이런 양상은 나타나지 않았다. 집단따돌림이란 학생이 싫어하는 성격이나 행동이 어느 정도 지속될 때 나타나는 것으로 보인다.

에게 특정 학생을 따돌리거나 소외시켜야겠다는 공감대와 의지가 있어야 한다. 집단따돌림의 피해를 호소하는 많은 사례들을 살펴보면, 집단따돌림을 받는 학생은 하루 종일 교실에서 다른 학생과 대화할 수도 없고, 점심을 함께 먹을 친구도 없고, 함께 놀거나 활동할 학생도 없으며, 이러한 완전한 따돌림 때문에 엄청난 고통에 시달린다는 것을 쉽게 찾아볼 수 있다. 이와 같이 완전한 따돌림, 즉 왕따가 되기 위해서는 명시적이건 암묵적이건 학급 학생 간의 동의와 적극성이 필수적으로 존재하여야 하는 것이다.

실제로 연구결과에서 싫어하는 학생이 있음에도 반 아이들이 적극적으로 따돌리려는 의지가 없는 학급에서는 집단따돌림이 나타나지 않았다. 이런 학급에서는 일부 학생이 다른 학생을 따돌리거나 소외시키려고 해도 다른 학생이 함께 놀아주거나 도와주려는 모습이 보인다. 그렇지만 학급 학생이 싫어하는 학생을 따돌리려는 경향을 보이는 학급에서는 집단따돌림을 당하는 학생의 수가 많아진다. 조금이라도 싫어하는 특성을 가진 학생은 쉽게 집단따돌림의 피해자가 될 가능성이 높아지는 것이다.

이상의 세 가지 요소와 더불어 집단따돌림의 형성에 중요한 역할을 하는 것이 학급의 분위기이다. 이 네 번째 요소는 세 번째 요인과 밀접한 연관을 가진다. 외형적으로 집단따돌림과 가장 큰 관계를 보이는 것이 바로 학급의 분위기와 교사와 학생의 관계였다. 집단따돌림이 있는 학급에서 공통으로 나타나는 현상이 학급 분위기가 좋지 않다는 점이다. 학급 분위기에 대한 평가에서 교사와 학생 모두 학급 분위기가 좋다고 평가한 반에서는 집단따돌림이 전혀 없었다. 교사와 학생 간에 학급 분위기에 대한 의견 차이가 있거나, 교사와 학생 모두 학급 분위기가 좋지 않다고 한 학급에는 집단따돌림이 나타나고 있다. 사실 학급 분위기는 앞에서 말한 여러 가지 요인들이 복합적으로 작용해서 나타나는 현상이라고 볼 수 있다. 그렇지만 실제로 학급 분위기는 객관적인 여건도 중요하지만, 교사나 학생의 노력으로 충분히 개선될 수 있다는 점에서 중요한 의미를 지니고 있다. 교사와 학생이 학급 분위기를 좋게 만들기 위해서 노력하면, 집단따돌림과 같은 학급 문제를 상당히 감소시킬 수 있을 것이다. 그뿐만 아니라 교사가 학급에 어느 정도 관심을 보이며, 어떤 역할을 하는가도 집단따돌림과 밀접한 관계가 있다. 교사가 학생 개인에게 관심을 가지고, 상대적으로 소외되는 학생에게 관심을 가지고 많은 대화를 나누면 그 학생이 집단따돌림을 당하는 것을 억제하는 효과를 가진다.

마지막 결정요인은 피해학생의 대응능력이다. 반 아이들이 특정 학생을 따돌리려고 할 때 피해를 당하는 학생의 반응은 여러 가지가 있을 수 있다. 따돌림에 신경을 쓰지 않는 부류, 따돌림에서 벗어나기 위해서 친구에게 잘하는 아이, 감정적으로 반응하는 학생 등 다양한 대응이 가능하다. 그런데 학생과 심층면접 결과 몇몇 학급에서는 따돌리고 싶어도 따돌리지 못하는 학생이 있음을 발견하였다. 앞에서 언급한 여러 가지 요소들이 충족되어 학생에게 따돌림받을 가능성이 높은 학생이 따돌림에 적극적으로 대응하여 자신을 방어할 능력이 없으면 따돌림을 당하게 되지만, 방어할 능력이 있는 경우 집단따돌림 피해에서 벗어날 수 있다. 실제로 조사된 학급에서는 이러한 요소가 모두 갖추어짐으로써 집단따돌림이 존재하는 학급이 있었고, 한두 가지 요소가 빠짐으로써 집단따돌림이 발생하지 않은 학급도 있었다.

CHAPTER

10 | 절도

사회생활에서 경제적인 부가 차지하는 비중이 높아지면서 다른 사람의 금품이나 물건을 부당한 방법으로 가로채서라도 자신의 이득을 챙기려는 범죄자가 늘어나고 있다. 개인 혹은 법인의 재산권을 침해하는 행위를 말하는 재산범죄에는 절도, 사기, 횡령, 배임, 장물, 손괴죄의 구성요건에 해당하는 행위가 포함된다(이황우 외, 1997). 그중에서 다른 사람의 재물을 소유주의 허락이 없이 절취하는 행위를 의미하는 절도는 고대사회부터 존재해 온 전형적인 범죄로서, 이탈리아의 범죄학자 가로팔로(Garofalo)가 어느 시대와 문화를 막론하고 범죄 자체의 성격상 비난받는 자연범의 하나로 절도범을 언급한 것처럼 재산범죄의 대표적인 범죄유형이다(배종대, 1998). 절도는 남의 재물을 훔친다는 점에서 자본주의 사회에서 소중하게 여겨지는 사유재산권에 관련된 가치를 침해하는 행위일 뿐만 아니라(Quinney, 1977), 침해행위가 타인의 의사를 고려하지 않고 일어나기 때문에 합의에 기초하여 운영되는 사회조직의 구성 원리를 깨뜨린다는 점에서 피해자에게 미치는 고통과 정신적인 후유증이 적지 않아서 심각하게 고려되어야 할 범죄유형이다(심영희 외, 1992).

절도는 청소년이 자주 저지르는 비행유형 중의 하나이다. 청소년의 절도행위는 주로 사소한 비행행위로 간주되어, 적발이 되어도 훈방이나 가벼운 처벌만 받고 사건이 종결되는 경우가 많다. 따라서 우리 사회에서 절도의 실태 파악이 힘들 뿐 아니라 적절한 대책 마련이 쉽지 않아 학문적인 연구와 실무적인 관심이 부족한 실정이었다. 이처럼 절도는 학문적인 연구 자료와 공식통계가 부족하여 실태 파악이 쉽지 않은 비행유형이지만 본 장에서는 청소년 절도에 대한 이해를 높이기 위해 여러 통계를 통해 개략적인 절도의 발생 현황과 상점절도와 침입절도의 여러 측면을 살펴보고자 한다.

SECTION 01 청소년 절도의 현황

1 절도의 개념과 유형

인류의 역사가 시작된 초창기부터 자신의 욕심을 채우기 위해 다른 사람의 재물을 훔치는 절도는 존재하고 있었다. 절도에는 다양한 유형과 형태가 존재하고, 그 행위 속에는 서로 다른 상황과 사람들이 포함된다. 우리나라 형법 제329조에는 "단순절도죄는 타인이 점유하는 타인의 재물을 절취함으로써 성립하는 범죄이다. 타인의 재물을 절취한 자는 6년 이하의 징역 또는 1천만 원 이하의 벌금에 처한다."라고 되어 있다. 우리나라의 수사당국에서는 실무차원의 편의상 절도범죄를 범행수법을 기준으로 하여, 침입 절도, 치기 절도(소매치기, 날치기, 들치기), 차량이용 절도, 속임수 절도 등으로 구분한다.

미국의 연방수사국(FBI)에서 집계하는 공식통계 자료집인 종합범죄보고서(Uniform Crime Report)에 따르면, "절도(Larceny-theft)는 다른 사람의 소유물 또는 준소유물을 불법적으로 취득, 운반, 도주하는 것이다."라고 정의하고 있다(Federal Bureau of Investigation, 1984: 24). 미국에서는 이러한 절도행위를 여러 가지 하위범주로 구분하는데, 소매치기, 들치기, 상점 절도, 자동차 절도, 자동차부품 절도, 자전거 절도, 건물에서의 절도, 자동판매기 절도, 기타 절도 등이 여기에 포함된다(노성호, 1996).

2 청소년 절도의 실태

1) 청소년 절도의 경향

공식통계 분석을 통해 1960년대부터 1990년대까지 30여 년간의 절도범죄 발생추세를 살펴보면, 성인 절도범죄는 감소 → 증가 → 감소(↯형)의 변화추세를 나타낸다. 성인 절도범죄는 1966년부터 1971년까지는 감소추세를 보이고, 1972년부터 1982년까지는 증가추세를 보이지만, 1983년 이후로는 계속 감소하고 있다. 반면, 청소년 절도는 전형적으로 오른쪽으로 상승하는 형태의 'W' 자의 변화를 나타내고 있었다. 청소년 절도사범 수는 성인 절도범죄와 유사하게 1966년에서 1971년까지는 감소하지만, 1972년부터 1983년까지는 증가추세를 나타낸다. 1984년부터 다시 하락세로 돌아서기 시작하며 그 감소추세는 대략 1990년까지 이어진다. 그렇지만 1991년부터 청소년 절도비행은 다시 큰 폭으로 상승하고 있다. 성인 절도범죄는 1982년 이후로 계속 감소하지만, 청소년 절도비행은 1990년대 초반 이후로 다시 증가하고 있는 것으로 나타나 뚜렷한 차이를 보인다. 그렇지만 청소년 인구의 감소와 더불어 2010년 이후 청소년 절도는 감소세를 보이고 있다(제2장 <표 2-9> 참조).

<표 10-1>에 의하면, 청소년 절도비행은 전체 청소년 재산비행 중에서 약 90% 정도를 차지한다(노성호·김성언, 1999). 하지만, 최근 공식통계에 따르면, 그 비중은 약 60%대(2015년 66.0%, 2020년 59.1%) 정도로 낮아지고, 대신 사기범죄의 비중이 높아지는 추세이다(제2장 참조. 범죄백서, 2016, 2021).

• 표 10-1 • 청소년 절도비행자의 변화특성

범죄유형	변화패턴	해당유형 내 청소년 비율				전체 청소년 재산범죄 내 비율			
		60년대	70년대	80년대	90년대	60년대	70년대	80년대	90년대
절도	W(+)형	32.3	38.3	44.0	52.9	90.2	90.1	90.0	89.0

출처: 노성호·김성언, 1999: 73.

2) 공식통계에 나타난 청소년 절도의 실태

(1) 청소년 절도범죄자 검거인원 현황

<표 10-2>는 2002년과 2022년 청소년 절도범죄자의 세부 범죄유형을 비교한 것이다. 2002년(경찰청 자료)에는 미성년 절도비행자가 가장 많이 저지른 절도유형은 특수절도로 67.0%이며, 다음으로 23.5%를 기록한 단순절도와 7.0%로 집계된 특별가중처벌법상의 절도행위, 그리고 1.3%의 야간주거침입절도의 순서로 나타났다. 2022년(검찰청 자료) 자료와 비교하기 위해 유형을 다시 정리해 보자면, 상습 특수절도와 상습절도를 포괄하는 의미로서의 특수절도군은 67.2%, 특가법 절도를 포함한 일반 절도군은 30.5%, 야간주거침입절도군 1.3%, 자동차, 선박 등 불법사용이 1.0% 순이다. 이러한 분포는 20년이 지난 2022년에도 크게 달라지지 않았다. 특수절도군은 62.5%, 절도군은 31.3%, 야간주거침입절도군은 1.5%로 2002년도와 비교해 비슷한 수치라고 할 수 있다. 다만, 자동차, 선박 등 불법 사용이 1%에서 4.7%로 증가한 것은 다른 유형들에 비해 두드러진다.

• 표 10-2 • 청소년 절도범죄자 세부 범죄유형 비교(2002년, 2022년)

(단위: 명)

구분	2002년 미성년 절도비행자 (검거인원)		2022년 미성년 절도비행자 (처리인원)
절도	6,179 (23.5%)	30.5%	4,855 (31.3%)
특가법(절도)	1,843 (7.0%)		
야간주거침입절도	353 (1.3%)	1.3%	235 (1.5%)
야간주거침입절도(상습)	1 (0.0%)		
특수절도	17,638 (67.0%)	67.2%	9,704 (62.5%)
특수절도(상습)	11 (0.0%)		
상습절도	59 (0.2%)		
자동차, 선박 등 불법사용	261 (1.0%)	1.0%	734 (4.7%)
절도범 계	26,345 (100%)		15,528 (100%)

출처: 경찰청 범죄통계자료, 2003, 검찰연감 2022.

여기서 특수절도죄는 야간주거침입절도범이 침입 방법으로 문, 담, 기타 건조물의 일부를 손괴한 경우(제331조 제1항), 그리고 흉기를 휴대하거나 2인 이상이 합동하여 절도행위를 한 경우(제331조 제2항)를 말한다. 전자는 절취행위의 '폭력성'으로 그리고 후자는 절취행위의 '위험성' 또는 '집단성'으로 인하여 가중처벌되는 구성요건이다(배종대, 1999). 아마도 청소년 비행의 주요한 특징 중의 하나가 집단성이기 때문에, 절도범죄의 경우에도 혼자보다는 다른 친구들과 함께 범행에 가담한 경우가 많아 특수절도가 가장 높은 비율을 차지하는 것으로 추정해 볼 수 있다.

(2) 청소년 절도범죄자의 비율

전체 절도범 중에서 청소년 절도범이 차지하는 비율은 <표 10-3>에서 알 수 있다. 1995년부터 2000년 기간 동안 50%를 상회하거나 50%에 근접하여 많은 우려를 안겨주었다. 1997년에는 61%까지 증가하기도 하였다. 하지만 그 후 2005년 37.8%, 2010년 31.6%, 2015년 20.3%, 2020년 17.2%로 지속적으로 감소하고 있다. 한때는 절도범죄를 저지른 전체범죄자 중에서 청소년의 비율이 상당히 높아 청소년 절도가 심각한 수준이었다고 할 수 있었으나, 청소년 인구의 감소와 더불어 적어도 청소년 절도범의 비중 자체는 상당히 감소하고 있다.

• 표 10-3 • **청소년 절도범죄자가 전체 절도범죄자에서 차지하는 비율**

(단위: 명(%))

구분 \ 연도		1995	2000	2005	2010	2015	2020
분류	전체 절도범	52,032	65,692	58,458	106,000	104,246	99,432
	소년 절도범	30,181 (58.0)	30,125 (45.9)	22,068 (37.8)	33,534 (31.6)	21,170 (20.3)	17,066 (17.2)

출처: 대검찰청, 범죄분석, 각 연도. 재구성

3) 범죄피해 조사에 나타난 청소년의 절도 피해

범죄피해 조사는 숨은 범죄를 파악하지 못한다는 공식통계의 한계를 보완하기 위한 자료수집방법이다. 청소년이 당한 절도 피해의 가해자가 청소년일 것이라는 추정에는 무리가 따르지만, 피해자가 청소년이면 비슷한 일상생활을 영위하고 활동공간을 공유하고 있는 청소년이 가해자일 가능성은 높다고 할 수 있다. 범죄피해조사를 통해 청소년의 절도범죄 피해 정도를 살펴보는 것은 간접적으로 청소년 절도의 규모를 파악하는 데 도움이 될 수 있다.

한국형사정책연구원에서는 1991년, 1999년, 2008년, 2014년, 2018년과 2022년 청소년을 대상으로 범죄피해조사를 실시하였다. 이 중 1991년, 1999년, 2014년 조사는 조사방법이 유사하지만(2008년 조사에는 학교 밖 청소년이 포함됨으로써 표본에서 차이가 발생하여 비교에서 제외함), 이후 조사 방법이 대대적으로 개편된 2018년, 2022년에는 이전과는 다른 조사 방법을 적용하였다.

2008년도 조사를 제외한 다섯 차례의 조사결과를 정리한 <표 10-4>에 의하면, 1990년에 39.9%의 청소년이 지난 1년 동안 절도범죄 피해를 당한 적이 있고, 1998년에는 29.6%의 청소년이 절도범죄 피해를 입은 적이 있는 것으로 조사되었다. 15년 뒤에 같은 방법으로 조사된 2014년 조사에 의하면, 2013년에는 절도피해율이 대폭 감소하여 7.6%까지 떨어졌다. 조사방법이 크게 변경된 2018년과 2022년 조사연구에서는 절도 추정 피해율이 2017년 12.6%, 2021년 15.0%로 2013년보다는 증가했지만, 1990년대의 피해율보다는 낮은 수준이다.

• 표 10-4 • 절도범죄 피해조사 결과

(단위: 명(%))

구분	총계	중학생			고등학생		
		남자	여자	소계	남자	여자	소계
1990년 절도 피해자수 (피해율)	2.157 (39.9)	885 (50.1)	439 (30.2)	1.324 (41.1)	586 (48.6)	247 (25.3)	833 (38.1)
1998년 절도 피해자수 (피해율)	636 (29.6)	185 (29.3)	137 (29.3)	322 (29.3)	166 (32.8)	148 (27.3)	314 (30.0)
2013년 절도 피해자수 (피해율)	541 (7.6)	139 (7.9)	108 (6.3)	247 (7.1)	135 (8.5)	159 (7.8)	294 (8.1)

구분	총계	초등학생	중학생	고등학생
2017년 절도 추정피해자수 (추정피해율)	474,252 (12.6)	124,261 (9.4)	184,380 (13.5)	165,611 (15.1)
2021년 절도 추정피해자수 (추정피해율)	532,165 (15.0)	232,499 (17.3)	204,930 (15.2)	94,737 (11.2)

출처: 한국형사정책연구원, 청소년 범죄피해에 대한 조사연구(I), 1991; (II) 1999; 청소년 대상 범죄피해조사, 2014: 108; 전국범죄피해조사(Ⅷ)-아동·청소년 범죄피해조사, 2018: 141; 한국형사·법무정책연구원, 전국범죄피해조사(XII)-아동·청소년 범죄피해조사 2021, 2022: 101.

4) 청소년 절도범의 특성

(1) 성별 현황

청소년 절도범의 성별을 정리한 <표 10-5>를 살펴보면, 2002년부터 2021년까지 약 20년 동안 청소년 절도범의 대부분은 남자 청소년이다. 여자 청소년 절도범의 비중은 2002년 7.7%에서 2021년 11.5%로 약간 증가하였으나, 의미 있는 증가라고 판단하기엔 어렵다.

• 표 10-5 • 청소년 절도범의 성별 현황

(단위: 명(%))

소년 절도범	계	여자 청소년	남자 청소년
2002	26,345(100.0)	2,041(7.7)	24,304(92.3)
2011	31,346(100.0)	3,914(12.5)	27,432(87.5)
2016	22,534(100.0)	2,522(11.2)	20,012(88.8)
2021	12,715(100.0)	1,467(11.5)	11,248(88.5)

출처: 2003년 경찰청 범죄통계자료; 대검찰청, 범죄분석, 2012: 570, 2017: 692; 2022: 692.

이러한 현상에 대해 사기범죄를 비롯한 재산범죄에서 여성의 비율이 꾸준히 늘어나고 있다는 공식통계(법무연수원, 2000)[1]와 여성의 입장에서 물리적인 힘이 필요한 폭력범죄

1 가장 최근의 통계(대검찰청, 범죄분석 2015~2024)의 경우, 여성 사기범의 비중이 미세하게 증가하는 듯한 경향이 없지는 않으나, 두드러지게 증가하고 있지는 않고 있다.

에 비해 상대적으로 실행하기 쉬운 것이 절도이기 때문이라는 추정이 있다. 즉 상점절도와 단순절도 등과 같이 비교적 수법이 간단하고 별다른 물리적인 힘을 필요하지 않은 절도유형에서 여성의 비율이 계속 높아지고 있다는 주장도 있다. 그렇지만 청소년 절도범의 경우 여전히 여성 청소년보다 남성 청소년이 압도적으로 많음을 알 수 있다.

(2) 연령별 현황

청소년 절도범의 연령별 분포를 정리한 <표 10-6>에 의하면, 18~19세 범주가 18세로 한정된 2010년 이후의 통계에 국한할 경우, 14~15세의 비중이 점차 증가하는 추세(2011년 35.3%, 2016년 43.4%, 2021년 54.2%)를 보인다. 이에 비해 18세(2011년 14.8%, 2016년 13.2%, 2021년 9.0%) 및 16~17세(2011년 50.0%, 2016년 43.4%, 2021년 36.8%)의 비중은 조금씩 감소하는 추세이다.

• 표 10-6 • 청소년 절도범의 연령별 현황(2001~2021)

(단위: 명(%))

연령별	소년 절도범		14세 미만		14~15세		16~17세		18세(~19세)	
구분	인원	비율	인원	비율	인원	비율	인원	비율	인원	비율
2001	23,065	100	284	1.3	9,875	42.8	8,192	35.5	4,704	20.4
2011	31,380	100	23	0.1	11,068	35.3	15,643	50.0	4,646	14.8
2016	22,534	100	5	0.0	9,770	43.4	9,790	43.4	2,969	13.2
2021	12,715	100	-	-	6,888	54.2	4,678	36.8	1,149	9.0

출처: 대검찰청, 범죄분석, 각 연도.

참고: 18~19세는 2010년 이후 18세로 한정. 2018년부터 14세 미만 제외.

(3) 계층별 현황

공식통계에 나타난 청소년 절도범의 생활 정도를 정리한 <표 10-7>에 따르면, 연도에 상관없이 하류층의 비중이 가장 높지만, 그 비중은 점차 감소하는 경향이 나타난다. 하류층의 비중은 2001년 67.4%에서, 2011년 61.1%, 2016년 57.5%, 2021년 49.3%로 계속 감소하였고, 같은 기간 중류층은 30.4%, 34.5%, 39.1%, 46.4%로 꾸준히 증가하였다. 여전히 하류층이 차지하는 비율이 상대적으로 가장 높기는 하지만 청소년 절도범 중에서 중·상류층이 차지하는 비율이 40% 이상이라는 사실은 단순히 경제적인 어려움과 생계유지보다는 유흥비 마련과 같은 다른 이유로 절도를 저지르는 경우가 많다는 것을 보여준다(대검찰청, 2012).

• 표 10-7 • **청소년 절도범의 생활 정도별 현황(2001~2021)**

(단위: 명(%))

소년절도범	계	상류	중류	하류	미상
2001	23,065 (100%)	93 (0.4%)	7,003 (30.3%)	15,547 (67.4%)	422 (1.8%)
2011	31,380 (100%)	121 (0.4%)	10,828 (34.5%)	19,184 (61.1%)	1247 (4.0%)
2016	22,534 (100%)	186 (0.8%)	8,808 (39.1%)	12,946 (57.5%)	597 (2.6%)
2021	12,715 (100%)	68 (0.5%)	5,904 (46.4%)	6,274 (49.3%)	469 (3.7%)

출처: 대검찰청, 범죄분석, 각 연도.

여러 학자의 연구에서는 중류계층 사람이 상당한 정도의 절도범죄를 저지르고 있다는 실태와 그 원인에 대한 설명이 나타나 있다. 특히 상점절도의 경우, 중류계층 사람이 범행하는 경우가 많다는 주장이 제기되었다. 물론 오랜 기간 동안 절도범의 낮은 사회경제적 지위가 절도의 유용한 예측요인으로 간주되어 왔는데, 이는 먹고살기 어려운 사람이 생계유지의 수단으로서 절도하는 경우가 많다는 사회적인 통념과도 일치하는 것으로 이해된다. 그러나 실제 연구자료에 따르면 상점절도는 하류층뿐만 아니라 중산층 출신 사람에 의해서 상당히 많은 양이 저질러지는 것으로 보고되고 있다. 원과 야마모토의 연구(Won and Yamamoto, 1968)에서는 상점절도범의 3/4 이상이 중간 정도의 수입에 해당하는 사람이었다고 보고되었다.

대부분의 상점절도범이 범행하다가 검거되었을 때 훔친 물건을 살 수 있는 돈을 가지고 있다는 점도 상점절도가 가난한 사람에 의해서 저질러지는 것이 아니라는 점을 보여준다. 에드워드의 연구에 의하면, 경비원이 상점절도범을 잡았을 때 절도범의 90% 이상이 훔친 물건을 구입할 수 있는 현금이나 신용카드를 가지고 있었다고 한다(Edwards, 1958). 이러한 사실은 많은 상점절도범이 중산층 출신으로서 경제적 궁핍함이 아닌 다른 요인에 의해서 상점절도를 했다는 점을 보여주는 것이다. 더욱이, 상점절도범이 훔친 물건의 성격이 대부분 생계유지에 필수적인 식용품이나 생활필수품 등의 실용적인 물건이 아니라 액세서리와 같은 장식품 또는 보석과 화장품 등의 사치품이라는 점도 냉정하게 따져볼 필요가 있다.

이처럼 일반적인 상점절도범은 가난해서 물건을 사지 못해 훔치는 것이 아니라, 다른 이유로 상점에서 물건을 훔친다는 것을 알 수 있다. 이러한 현상은 우리나라 청소년에게서도 나타난다. 그들은 물건을 살 돈이 없어서 훔치는 것이 아니라 그 물건을 사려 했지만 당시에 가진 돈이 부족했거나, 또는 그 돈을 다른 곳에 쓰기 위해서 절도하는 경우가 많았다. 책이나 학용품을 훔치는 학생이 주로 여기에 해당한다. 이들은 부모에게 참고서나 학용품을 산다고 돈을 받은 후, 그 돈을 다른 곳에 쓰기 위해서 참고서나 학용품을 훔치게 되는 것이다. 따라서 3월이나 9월 등 학기 초에 이런 현상이 두드러지게 나타난다(노성호, 1996).

(4) 공범현황

청소년 절도범의 공범관계를 정리한 <표 10-8>에 의하면, 소년 절도범의 70% 정도(2001년 71.5%, 2011년 73.7%, 2016년 69.0%, 2021년 66.6%)가 공범이 있는 것으로 나타나 청소년이 절도를 저지를 때는 혼자서 저지르는 경우보다 다른 친구와 함께 집단적으로 범행에 참가하는 경우가 많다는 사실을 증명해 주었다.

• 표 10-8 • 청소년 절도범의 공범관계(2001~2021)

(단위: 명(%))

연도 \ 소년 절도범	계	단독범	공범	미상
2001	23,065 (100)	6,212 (26.9)	16,512 (71.5)	341 (1.5)
2011	31,380 (100)	7,011 (22.3)	23,128 (73.7)	1,241 (4.0)
2016	22,534 (100)	6,607 (29.3)	15,549 (69.0)	378 (1.7)
2021	12,715 (100)	3,918 (30.8)	8,463 (66.6)	334 (2.6)

공범 유형										
연도	소계	학교 동창	교도소 소년원 동료	직장 동료	친인척	군동료	동네 친구	고향 친구	애인	기타
2001	16,512 (100)	8,901 (53.9)	75 (0.5)	118 (0.7)	142 (0.9)	11 (0.1)	3,549 (21.5)	321 (1.9)	96 (0.6)	3,299 (19.9)
2011	23,128 (100)	8,868 (38.3)	111 (0.5)	20 (0.1)	163 (0.7)	1 (0.0)	9,926 (42.9)	532 (2.3)	264 (1.1)	3,243 (14.0)
2016	15,549 (100)	5,876 (37.8)	99 (0.6)	31 (0.2)	104 (0.7)	1 (0.0)	7,359 (47.3)	309 (2.0)	274 (1.8)	1,496 (9.6)
2021	8,463 (100)	2,437 (28.8)	89 (1.1)	7 (0.1)	50 (0.6)	-	4,683 (55.3)	167 (1.9)	126 (1.5)	904 (10.7)

출처: 대검찰청, 범죄분석, 각 연도.

구체적으로 공범과의 관계를 살펴보면, 과거에는 학교동창의 비중이 가장 높았던 시기도 있었으나(2001년 53.9%), 2011년 이후로는 동네친구의 비중이 가장 높게 나타났다(2011년 42.9%, 2016년 47.3%, 2021년 55.3%). 물론 학교동창의 비중도 여전히 높은 편이다(2011년 38.3%, 2016년 37.8%, 2021년 28.8%). 한편, 소년원이나 교도소 동료가 공범관계인 비율이 2001년과 2011년에 0.5%, 2016년에 0.6%, 2021년에 1.1%로, 일반적인 사회적 통념보다 높지 않다는 사실을 확인할 수 있다. 이는 소년 절도범의 경우에 상대적으로 초범자가 많아, 본인과 친구들이 소년원이나 교도소에 수용된 경험이 없을 가능성이 높기 때문으로 보인다.

단독범 비중은 2001년 26.9%, 2011년 22.3%, 2016년 29.3%, 2021년 30.8%로 다른 범죄유형에 비해 낮은 편이다. 이는 앞서도 언급한 바와 같이 청소년 절도비행의 집단성을 반영하는 것이다. 이와 관련하여 우려할 만한 사실은 최근 여러 청소년이 절도를 계획하면서 조직화, 지능화되는 경향을 보이는 경우가 있다는 것이다. 일례로, 과거 강원도 강릉에서 10대 청소년이 상습적으로 주거침입 절도범죄를 저지르다가 경찰에 잡힌 적이 있다고 보도된 적이 있었다. 이들 중에서 14세 이상의 청소년은 바깥에서 망을 보는 역할을 담당했고 14세 미만의 청소년이 주로 담을 넘고 가정집에 침입하여 물건을 훔치는 역할을 담당했던 것으로 밝혀졌다. 14세 미만의 청소년은 수사기관에 잡히더라도 형사미성년자로 형사처벌을 받지 않는다는 사실을 악용한 것으로 알려졌다.

(5) 전과별 현황

청소년 절도범의 전과별 현황을 정리한 <표 10-9>를 살펴보면, 2001년과 2021년 모두 전과없음의 비중이 50~60%인 것으로 나타나 처음 범죄를 저지른 초범의 비율이 대체로 절반을 넘는다는 것을 알 수 있다.

• 표 10-9 • 청소년 절도범의 전과별 현황(2001~2021)

(단위: 명(%))

연도	계	전과없음	전과										미상
			소계	1범	2범	3범	4범	5범	6범	7범	8범	9범 이상	
2001	23,065 (100)	15,137 (65.6)	7,526 (32.6)	3,418 (14.8)	1,622 (7.0)	998 (4.3)	627 (2.7)	389 (1.7)	213 (0.9)	116 (0.5)	68 (0.3)	75 (0.3)	402 (1.7)
2011	31,380 (100)	17,648 (56.2)	12,558 (40.0)	4,483 (14.3)	2,504 (8.0)	1,632 (5.2)	1,099 (3.5)	761 (2.4)	520 (1.7)	384 (1.2)	286 (0.9)	889 (2.8)	1,174 (3.7)
2016	22,534 (100)	12,664 (56.2)	9,303 (41.3)	2,724 (12.1)	1,500 (6.7)	1,060 (4.7)	725 (3.2)	583 (2.6)	429 (1.9)	399 (1.8)	277 (1.2)	1,606 (7.1)	567 (2.5)
2021	12,715 (100)	7,717 (60.7)	4,674 (36.8)	1,193 (9.4)	695 (5.5)	487 (3.8)	319 (2.5)	275 (2.2)	235 (1.8)	194 (1.5)	174 (1.4)	1,102 (8.7)	324 (2.5)

출처: 대검찰청, 범죄분석, 각 연도.

그리고 2021년 기준으로 청소년 절도 비행자의 40% 정도가 이전에 전과가 있는 것으로 나타나 다른 형법범의 누범자 비중(2021년 22%)이나 강력범죄 누범자 비중(2021년 강력범죄 흉악 37.7%, 강력범죄 폭력 21.8%)보다 좀 더 많은 수치를 기록하고 있다.

(6) 범행 장소별 현황

자기보고조사를 통해 절도범죄를 저지른 범행장소를 정리한 <표 10-10>에 따르면, 노상에서 절도를 저지른 경우가 29.4%로 가장 많았다. 이는 범죄명에서 특수절도가 차지하는 비율이 가장 높은 것과 관련되는데, 친구들과 집단으로 몰려다니다가 노상에 방치되어 있는 자전거나 오토바이 등의 물건을 훔치거나 건물 외부에 있는 물건을 훔치는 경우가 많아서 그런 것으로 추정된다. 다음으로 상점에서 물건을 훔친 비율이 24.5%, 단독주택이 21.9%, 아파트가 15.0%, 그리고 학교에서 절도를 저지른 비율이 9.2%인 것으로 파악되었다. 단독주택이나 아파트를 범행장소로 선택한 것은 침입절도의 경우에 해당되는 것으로 보인다.

• 표 10-10 • 범행 장소별 현황

(단위: 명(%))

장소 / 계	노상	상점(가게)	단독주택	아파트	학교
700(100)	206(29.4)	172(24.5)	153(21.9)	105(15.0)	64(9.2)

출처: 김종욱, 법무연구, 1996: 152.

3 청소년 절도의 원인

1) 청소년 절도의 원인에 대한 비행이론적 설명

청소년 비행 이론 중에서 절도에 대한 원인을 설명할 수 있는 이론들은 아노미이론, 차별적 접촉 이론, 그리고 비행 하위문화이론 등이다. 즉 경제적인 성공에 대한 목표와 그것을 달성할 수 있는 제도화된 수단 사이에 불일치를 느끼는 청소년이 절도라는 비합법적 수단을 통해서라도 자신이 원하는 물건을 얻으려고 할 때 비행을 저지른다는 아노미 이론과 절도행위를 부정적으로 인식하는 친구보다 긍정적으로 받아들이는 비행친구와의 잦은 접촉을 통해 절도의 기술과 합리화하는 태도를 배우게 된다는 차별접촉이론을 통해 절도의 원인에 대한 설명이 가능하다. 그리고 비행 하위문화이론에서는 청소년이 살고 있는 지역에 중산층에 대항하는 비행문화 또는 원래의 고유한 문화 자체에서 절도행위를 유발하는 비행 하위문화가 형성되어 그 속에서 생활하다 보면 절도를 저지르게 된다고 설명한다.

이러한 이론들에 더해 합리적 선택이론에서도 청소년의 절도행위를 설명할 수 있다. 합리적 선택이론에 따르면, 청소년은 자신이 저지를 비행행위로 인해 얻을 수 있는 이득과 예상되는 손실을 면밀히 계산해 본 후 행동을 합리적으로 선택하고 비행행위를 저지른다. 따라서 비행행위는 이득을 얻을 기회가 예상되는 처벌이나 손실의 기회보다 훨씬 많다고 판단하는 범행의지를 가진 예비비행자에 의해서 이루어진 합리적인 선택 과정의 결과이다. 이처럼 합리적 선택이론은 어떤 청소년이 특정한 비행행위를 저지르기로 결심했다면, 이는 모든 입수가능한 정보에 입각하여 결과를 면밀하게 계산하고 검토한 이후에 내린, 이득이 최대한으로 기대되는 의사결정과정과 합리적인 선택 과정의 결과라고 본다(Siegel and Senna, 2000). 이는 청소년이 상점절도를 시도할 때도 그대로 적용이 된다. 다시 말해, 그 청소년은 상점절도를 통해 상점점원에게 잡힐 확률보다 절도에 성공해서 자신이 원하는 물건을 손에 넣고 만족해하며 이득을 얻을 확률이 높다고 판단될 때, 합리적인 선택 과정을 거쳐 범행을 실제로 행하게 된다는 것이다.

2) 공식통계에 나타난 범죄 동기

공식통계를 통해 청소년 절도범의 비행 동기를 파악한 결과를 정리한 <표 10-11>에 의하면, 재물에 대한 욕심을 말하는 이욕에 의한 것이 2001년 35%, 2011년에는 25.8%, 2016년에는 31.0%, 2021년 26.8%로 나타나 가장 높은 비중을 차지하고 있다. 그중 유흥비 마련을 위해 절도를 저지른 비율은 11.8%(2001년), 7.1%(2011년)로 생활비 마련(2001년 2.7%, 2011년 6.7%)보다 높았으나, 2016년과 2021년에는 각각 6.0%와 4.0%로 줄어들면서 같은 기간 생활비 마련(2016년 7.4%, 2021년 8.0%)보다 낮아졌다. 그럼에도 불구하고 소년 절도범 중에서 단순한 생계형 범죄자가 차지하는 비중은 그렇게 크지 않다는 것을 알 수 있다. 현대사회가 발전하면 할수록 절대적인 빈곤보다는 개인의 잘못된 가치관과 상대적 박탈감, 그리고 사회환경적인 요인들에 의한 절도가 늘어난다는 비행이론의 주장을 다시 한번 확인시켜 주었다. 그리고 소년 절도범은 일반적으로 호기심(2001년 18.3%, 2011년 18.0%, 2016년 16.5%, 2021년 18.6%)과 우발적인 이유로 범행(2001년 18.2%, 2011년 26.8%, 2016년 24.8%, 2021년 27.9%)을 저지르는 경우가 많은 것으로 나타나 계획적이고 치밀한 전문적 범죄자는 그렇게 많지 않다고 할 수 있다.

• 표 10-11 • 청소년 절도범의 범죄동기(2001~2021)

(단위: 명(%))

소년 절도범	계	이욕	사행심	보복	가정 불화	호기심	유혹	우발적	현실 불만	부주의	기타	미상
2001	23,065 (100)	8,086 (35.0)	333 (1.4)	22 (0.1)	16 (0.1)	4,219 (18.3)	553 (2.3)	4,295 (18.2)	55 (0.2)	206 (0.9)	4,892 (21.2)	388 (1.7)
2011	31,380 (100)	8,111 (25.8)	538 (1.7)	2 (0.0)	17 (0.1)	5,656 (18.0)	1,048 (3.3)	8,401 (26.8)	102 (0.3)	377 (1.2)	5,868 (18.7)	1,260 (4.0)
2016	22,534 (100)	6,981 (31.0)	409 (1.8)	-	9 (0.0)	3,728 (16.5)	665 (3.0)	5,583 (24.8)	71 (0.3)	196 (0.9)	4,293 (19.1)	599 (2.7)
2021	12,715 (100)	3,402 (26.8)	406 (3.2)	1 (0.0)	12 (0.1)	2,371 (18.6)	418 (3.3)	3,553 (27.9)	38 (0.3)	125 (1.0)	2,049 (16.1)	340 (2.7)

	이욕 유형						
연도	소계	생활비 마련	유흥비 마련	도박비 마련	허영사치심	치부	기타
2001	8,086 (35.0)	636 (2.7)	2,736 (11.8)	3 (0.0)	365 (1.6)	221 (0.9	4,25 (17.8)
2011	8,111 (25.8)	2,101 (6.7)	2,228 (7.1)	8 (0.0)	150 (0.5)	74 (0.2)	3,550 (11.3)
2016	6,981 (31.0)	1,667 (7.4)	1,350 (6.0)	13 (0.1)	64 (0.3)	8 (0.0)	3,879 (17.2)
2021	3,402 (26.8)	1,019 (8.0)	513 (4.0)	21 (0.2)	39 (0.3)	9 (0.1)	1,801 (14.2)

출처: 대검찰청, 범죄분석, 각 연도.

3) 자기보고 조사에 나타난 범죄 동기

절도범죄를 저지른 청소년이 범죄에 대한 동기를 밝힌 자기보고 조사 결과를 정리한 <표 10-12>에 의하면, 자신이 필요해서라고 응답한 비율이 32.1%로 가장 많고, 호기심 때문이라는 응답이 28.4%, 자기도 모르게라고 응답한 비율이 20.2%, 그리고 친구가 시켜서라고 응답한 비율이 10.3%인 것으로 나타났다. 특이하게, 술을 마시면 훔친다고 응답한 비율이 8.7%이고 생리 때만 훔친다고 응답한 경우도 0.3%가 나왔다.

• 표 10-12 • 범죄동기

(단위: 명(%))

원인 / 계	호기심	필요해서	친구가 시켜서	자기도 모르게	술 마시면 훔침	생리 때만 훔침
700(100%)	199(28.4)	22.5(32.1)	72(10.3)	141(20.2)	61(8.7)	2(0.3)

출처: 김종욱, 법무연구, 1996: 151.

SECTION 02 상점절도

① 상점절도의 개념과 특성

상점절도는 고객 또는 고객을 가장한 사람이 상점에서 판매를 위해서 전시한 상품을 개인적 이득을 목적으로 절취하는 것이라고 정의될 수 있다. 고객 또는 고객을 가장한 사람이라는 의미는 합법적으로 상점에 들어간다는 것을 의미하기에, 폐점시간 이후에 강제로 출입구나 창문을 파괴하고 불법적으로 내부에 침입하여 물건을 훔치는 경우는 상점절도에 포함되지 않는다. 또한 상점이라는 의미는 상점 내부 및 그 부속시설로서, 상점의 외부가판대에 진열된 상품을 훔치는 것도 상점절도에 포함된다(노성호, 1996).

상점절도는 사회의 어느 특정 부류의 사람들에게 한정되는 것이 아니다. 모든 연령층, 사회경제적 지위, 직업의 사람이 상점절도를 하다가 붙잡힌다(Brown, 1984; Demott, 1984). 하지만, 상점절도를 연구하는 학자들은 상점절도를 주로 저지르는 연령대에 특별한 관심을 가졌다.

엘 더그하미(El-Dirghami, 1974)는 청소년의 연령과 상점절도의 관계에 대해서 관심을 가지고 연구하였는데, 상점절도의 양, 상점절도에 대한 태도, 상점절도범의 특성에 대해 고등학생과 대학생이 보이는 차이를 비교, 연구하였다. 연구결과 고등학생이 대학생보다 상점절도를 더 많이 저질렀다. 고등학생 중에서 50.89%가 한 번 이상 상점절도를 해 본 적이 있다고 하였고 대학생은 39.62%였다. 상점절도에 대한 태도에 있어서 학생이 상점절도의 심각성 또는 상점절도의 경제적 영향을 깨닫지 못하고 있으며, 상점절도에 대비한 기존의 보안시설과 법률이 효율적이지 못한 것으로 인식한다고 결론지었다.

쉐이브의 연구(Shave, 1978)에서도 상점절도범 중에서 청소년의 비율이 상당히 높다는 것이 밝혀졌는데, 1972년부터 1976년까지 워싱턴주의 24개 소매점에 대해서 조사를 수행한 결과 상점절도로 검거된 자 중에서 18세 미만의 청소년이 60%를 차지하는 것으로 나타났다. 또한, 그리핀은 상점절도로 검거된 사람의 63.4%가 30세 미만이었으며, 82%가 40세 미만이었다는 것을 밝혀냈다(Griffin, 1985).

미국 소매상 연합(Small Marketer Aids)의 보고(1978)에 따르면 청소년이 모든 상점절도의 50% 정도를 저지르는 것으로 나타났으며, 다른 연구에서도 청소년의 50% 정도는 적어도 한 번 이상 상점절도를 해 본 것으로 나타났다(Robertson, 1980). 또한 상점절도범 중에서 가장 많은 연령범주는 10대로서 상점절도 발생의 50% 이상이 이들에 의한 것이며(Guffey, Harris and Laumer, 1979), 상점절도로 체포된 건수의 약 35%를 차지한다.

이상의 여러 연구를 통해서 상점절도는 나이가 많은 사람보다는 나이가 적은 사람이 더 많이 저지르며, 18세 이하의 청소년 상점절도범이 전체 상점절도범 중에서 차지하는 비율이 전체 인구에서 그 연령층의 청소년이 차지하는 비율보다 훨씬 높다는 점을 알 수 있다. 또한 경험적 연구의 대부분은 청소년이 상점절도범 중에서 가장 큰 단일집단을 구성하고 있다는 데에 의견의 일치를 보인다.

상점절도에 대한 일부 연구는 상점절도가 시작되고 발전되는 연령분포를 연구하였다. 이러한 연구들은 청소년이 상당히 어린 나이에 상점절도를 시작해서 몇 년간 지속되는 경우가 많음을 보여주었다. 보이드와 하렐(Boyd and Harrell, 1975)은 10대 상점절도범에 대한 기록연구에서 평균 10세에 상점절도를 시작하고 12세 정도에 그만두는 것을 밝혀냈으며, 쉐이브(1978)는 상점절도가 11세부터 시작해서 15세에 절정을 이루며, 16세와 17세가 되면 명백하게 감소한다는 것을 보여주었다.

상점절도와 절도범 연령의 관계에 대하여 종합적으로 검토할 때 상점절도는 주로 나이가 많은 사람보다는 나이 어린 연령층의 사람에게서 나타나는 현상임을 알 수 있다.

② 상점절도의 실태

모든 범죄에는 실체의 파악이 불가능하고 수사기관에서 인지하지 못하는 숨은 범죄가 있기 마련이지만 상점절도의 경우에는 그 정도가 특히 심할 것으로 예상된다. 경찰에 신고가 접수된 상점절도의 양은 전체 상점절도 발생건수에서 상당히 축소된 것이며, 발생한 상점절도의 극히 일부분만이 신고가 접수된다고 볼 수 있다. 이러한 사실은 설문조사 결과나 상점절도범에 대한 심층면접 결과, 그리고 상점에 대한 면접에서도 쉽게 나타난다. 일반적으로 상점에서 절도하다가 잡히더라도 물건을 되돌려주거나 변상하고 주인의 훈계를 듣고 재발방지를 약속하면 풀려나는 경우가 많은 것으로 보인다. 안타깝게도 우리나라에는 상점절도의 현황과 피해실태를 파악할 수 있는 공식적인 통계자료나 연구결과가 거의 없는 실정이다. 경찰청의 범죄분석에 의하면 2000년도에 발생한 절도범죄 중 절도수법을 확인할 수 있는 173,876건 중에서 상점절도가 포함된 치기절도의 발생 현황에서 날치기가 4,103건, 그리고 들치기가 1,387건이 포함되어 있다는 사실만을 확인할 수 있을 뿐이다. 따라서 이들 중 어느 정도가 상점절도인지 파악할 수 있는 현실적인 방법이 없다.

상점절도에 대한 공식통계의 미비와 선행연구의 부족 때문에 상점절도의 실태를 분석하는 것에 많은 제약이 따른다. 이러한 상황에서, 1996년에 한국형사정책연구원에서 발표된 상점절도에 관한 연구는 의미가 있는 작업으로 평가될 수 있다. 이 연구는 중·고등학교에 다니는 청소년을 대상으로 자기보고식 설문조사를 실시하여 상점절도의 원인과 실태를 분석한 결과를 정리한 것이다. 여기에서는 1995년 7월 10일부터 7월 15일까지 서울에 거주하는 남녀 중·고등학생 984명을 대상으로 조사한 후, 응답이 충실하지 않은 사례들을 제외시켜 최종분석에는 966명의 응답결과를 사용하였다(노성호, 1996).

1) 상점절도의 경험 여부

상점절도의 경험에 대한 결과를 정리한 <표 10-13>에 의하면, 조사대상자 966명 중에서 29.9%인 289명이 지난 3년 동안 한 번 이상 상점절도를 한 적이 있다고 하였다. 이러한 상점절도율은 학교 유형에 따라서 차이를 보이는데, 남자 고등학생은 38.6%, 여자 고등학생은 20.2%, 남자 중학생은 38.1%, 여자 중학생은 23.4%로 성별에 따라서 특히 큰 차이를 보였다. 상점에서 물건을 훔친 적이 있는 학생 중에서 한 번 해 본 적이 있다고 응답한 소년은 6.6%에 불과하고, 나머지는 두 번 이상 해 본 적이 있다고 응답하였으며, 아홉 번 이상이라고 응답하여 상습적으로 상점절도를 저지른 청소년이 3.6%나 된다는 사실에 주목할 필요가 있다(노성호, 1996).

• 표 10-13 • 학생의 상점절도 경험분포

상점절도 빈도	인원수(%)
한 적 없음	677(70.1)
1번	64(6.6)
2번	61(6.3)
3번	52(5.4)
4번	30(3.1)
5번	31(3.2)
6번	4(0.4)
7번	9(0.9)
8번	3(0.3)
9번 이상	35(3.6)
계	966(100)

출처: 노성호, 1996: 70.

2) 상점절도 시 훔친 물건의 종류

상점절도 시에 학생이 가장 많이 훔친 물건은 스낵이나 음료수 등으로 상점절도를 해 본 적이 있는 소년들의 68.7%가 이런 것을 훔쳐본 적이 있다고 하였다. 다음으로 학용품(57.7%), 장난감 · 액세서리 · 인형(28.2%)의 순서를 보였다.

노성호의 연구(1996)에서 실시한 심층면접 결과, 청소년이 주로 훔치는 물건을 살펴보면 몇 가지 유형이 나타난다. 가장 많이 훔치는 것은 음료수나 먹을 것으로써, 이들은 목이 마르거나 배가 고파서 슈퍼마켓이나 동네의 가게를 대상으로 먹을 것이나 음료수를 훔친다고 하는데, 심층면접 대상 청소년의 대부분이 슈퍼마켓에서 먹을 것이나 마실 것을 훔친 적이 있다고 응답하였다. 먹을 것을 훔칠 때는 절도를 쉽게 하려고 소리가 나지 않는 종이로 포장된 과자류를 주로 훔치거나 포장이 작고 비싼 초콜릿류를 대상으로 삼는다고 응답하였다. 둘째로, 훔친 물건을 팔아서 돈을 구하고자 하는 청소년은 크기가 작고 값이 비싼 물건을 대상으로 한다. 따라서 이들은 소형카세트나 컴팩트디스크(CD) 플레이어, 지갑을 주로 훔친다. 셋째로, 부모에게 학용품이나 책을 산다고 돈을 받고 다 써버린 청소년은 학교 부근 문방구에서 학용품을 훔치거나 서점에서 필요한 책을 훔친다. 넷째로, 친구가 입고 있는 유명상표의 옷이나 신발을 가지고 싶지만, 살 여건이 되지 않는 청소년은 그것을 훔칠 가능성이 높다. 다섯째로, 여학생은 자기가 필요한 장식품이나 화장품을 많이 훔친다. 그밖에 필요나 목적과 관계없이 훔치기 쉬운 물건들이 절도 대상이 되기도 하는데, 이때는 상점 외부에 전시된 물건들이 주요 대상이 되는 것으로 밝혀졌다.

3) 상점절도 범행 장소

학생이 가장 빈번하게 상점절도를 한 장소로는 슈퍼마켓이 67.8%로서 가장 높은 비율을 보였다. 다음으로는 문구점(51.2%), 편의점(35%), 서점(27.2%), 액세서리 전문점 · 선물의 집(25.1%), 레코드 및 CD가게(13.8%), 그리고 옷가게(13.1%)의 순서이다(노성호, 1996).

4) 상점절도범의 범행 방법

상점절도범은 물건을 훔치기 위해서 여러 가지 방법을 사용한다. 그중에서 청소년이 가장 많이 사용하는 방법은 단순하고 초보적인 것으로서 상점에서 물건을 훔쳐서 옷 속이나 주머니 또는 쇼핑백, 가방에 몰래 넣고 나오는 것이다. 이 방법은 혼자서 절도할 때나 집단으로 할 때 모두 가장 빈번하게 사용한다. 물건을 훔친 후에는 그냥 나오는 경우가 많지만 상황에 따라서는 의심받지 않기 위해서 값싼 물건을 들고 와서 그것만 계산하기도 한다. 몰래 훔쳐 나오는 것이 여의찮을 경우에는 물건을 들고 그냥 뛰어서 도망치는 경우도 있다. 상점절도에서 이러한 수법이 주로 사용되기 때문에 여름보다는 겨울에 상점절도가 더 많이 발생한다. 그 이유는 겨울에 두툼한 옷을 입기 때문에 옷 속에 물건을 감추더라도 표시가 잘 나지 않기 때문이다. 집단적으로 상점절도를 할 때에는 미리 계획하고 역할을 분담하여 물건을 훔치는 경우도 많다(노성호, 1996).

5) 절도한 물건의 처리

절도한 물건의 처리에 대해서 자신이 사용했다는 학생이 84.8%로 대부분이며, 친구에게 주었다는 응답이 5.8%이고 다른 사람에게 돈을 받고 팔았다는 응답이 3.3%인 것으로 조사되었다. 한편, 노성호의 연구에서 실시한 면접조사 결과 10명의 대상자 중에서 대부분은 자신이 쓰기 위해서 물건을 훔친다고 하였다. 즉 배가 고픈데 돈이 없어서 먹을 것을 훔치거나, 필요한 물건을 쓰기 위해서 물건을 훔쳤다는 것이다. 물론, 일부의 응답자는 다른 사람에게 팔기도 한 것으로 나타났다(노성호, 1996).

6) 상점절도로 인해 체포된 경험

상점절도로 인해서 붙잡힌 적이 있다고 응답한 학생은 22.6%에 불과하다. 이들 중에서도 붙잡힌 후에 그냥 훈방되었다고 응답한 학생이 78.4%이고, 경찰에 넘겨진 경우는 8.3%에 불과한 것으로 나타났다.

3 상점절도의 원인

상점절도의 동기 또는 이유는 여러 가지가 있을 수 있다. 크렘키는 상점절도의 동기적 요인으로서 경제적 요인 · 오락 · 친구의 압력 그리고 불법적 소득의 네 가지를 들었다(Klemke, 1982). 엔로우는 상점절도범과 면담한 결과를 바탕으로 상점절도의 이유를 다음과 같이 밝히고 있다. 첫 번째는 편하고 쉽기 때문에 상점절도를 했다고 응답한 사람이 가장 많다. 두 번째는 사회에 대해서 화가 났기 때문이다. 이들은 체계를 파괴하기를 원한다. 세 번째는 재미 또는 스릴을 위해서이다. 네 번째는 원하는 물건이 있는데 돈이 없어서이다. 다섯 번째는 계산대 앞에서 대기하고 있는 사람들이 너무 많아서 기다리기가 싫증이 나기 때문이다. 여섯 번째로 자신의 우울증, 개인적 문제 또는 정신적 장애로 물건을 훔쳤다고 응답하였다. 이 밖에도 일부 사람들은 자신이 그 상점에서 돈을 많이 썼기 때문에 무언가 돌려받아야겠다는 생각에서 물건을 훔쳤다고 응답하기도 하였다(Enlow, 1993).

한편, 노성호의 연구(1996)에서 제시한 상점절도의 원인은 다음과 같다. 첫째, 학생의 사회인구학적 변인을 비롯하여 가정 관련 요인, 학교 관련 요인, 용돈 관련 요인, 친구 관련 요인, 쇼핑습관, 상점절도에 대한 태도 등의 변인을 포함한 회귀분석 결과 상점절도의 원인으로 볼 수 있는 요인은 학업성적, 상점절도를 해본 친구의 수와 상점절도에 대한 직접적인 태도, 인식 변인이다.

둘째, <표 10-14>에 의하면, '물건을 보고 충동이 생겨서'가 33.0%로 가장 많고, '물건이 필요해서'가 25.8%, '재미로'가 13.6%이고 '그냥 심심해서'라고 응답한 비율이 11.1%이다. 이러한 결과를 살펴볼 때, 아직 우리나라에서는 돈을 벌기 위한 목적으로 전문적으로 상점절도를 하는 학생은 그렇게 많지는 않다는 사실을 알 수 있다.

• 표 10-14 • 상점에서 물건을 훔친 이유

상점절도 이유	인원수(%)
물건이 필요해서	72(25.8)
물건을 팔아서 돈을 구하기 위해	2(0.7)
그냥 심심해서	31(11.1)
재미로	38(13.6)
친구들이 하라고 해서	6(2.2)
그냥 친구들이 하니까	26(9.3)
물건을 보고 충동이 생겨서	92(33.0)
기타	12(4.3)
계	279(100)

출처: 노성호, 1996: 134.

심층면접 결과를 살펴보면, 대상자의 대부분은 자신이 쓰기 위해서 물건을 훔친다고 응답하였다. 즉, 배가 고픈데 돈이 없어서 먹을 것을 훔치거나, 필요한 물건을 쓰기 위해서 물건을 훔쳤다. 일부는 재미로 친구와 함께 하였다고 응답하였고, 어떤 청소년은 가출 시 용돈을 마련하기 위해서 했다고 응답하였다. 특이한 경우로 한 청소년은 물건값이 너무 비싸다고 생각되어서 돈이 있기는 하지만 돈을 다 내고 사는 것이 너무 아까워서 물건을 훔쳤다고 응답한 경우도 있다(노성호, 1996).

셋째, 상점절도에 대한 태도와 인식이 상점절도에 중요한 영향을 미친다는 사실은 올바른 도덕성 교육이 상점절도를 줄이는데 근본적이며 중요한 요인임을 보여준다. 이를 위해서 가정과 학교에서도 노력해야 하며, 상점절도에 대한 청소년의 태도를 변화시키기 위한 교육과 홍보가 필요하다. 상점절도의 용이성에 관련해서 상점절도가 그리 쉽지는 않다는 점을 인식시키고, 상점절도를 하는 경우에는 반드시 잡힌다는 인식을 심어줄 필요가 있다.

상점절도를 하는 사람은 여러 가지 심리적인 특성을 지니고 있다(한국백화점협회, 1993). 첫 번째는 경쟁심리인데, 친구 사이에서의 경쟁심리는 상점절도를 부추기는 요인이 되기도 한다. 오래전 중·고등학생 사이에서 상점절도가 크게 유행했던 적이 있었다. 서로 자신이 훔친 물건을 어디에서 훔친 것이라고 친구 앞에서 자랑하기도 하였다. 자신이 좋아하는 가수의 테이프나 CD를 훔쳐서 가지고 다니는 것을 자랑스럽게 생각하기도 하였다. 이때 네가 할 수 있으면 나도 할 수 있다는 심리가 상점절도를 부추기는 중요한 요인이 되기도 하였다. 두 번째는 집단심리로서 상점절도를 하는 청소년 사이에서 가장 보편적으로 나타나는 심리적인 특성으로 생각된다. 집단과정 이론의 설명과 같이, 혼자서는 할 수 없는 것을 친구들과 집단으로 어울릴 때는 집단심리로 인해서 할 수 있게 된다. 친구들이 함께 있으면 혼자 있을 때는 없었던 용기가 생기면서 함께 어울려 상점절도를 하게 될 가능성이 높아진다. 청소년 사이에 존재하는 동급생 의식이나 친구 사이의 의리는 상점절도를 부추기는 요인이 된다. 세 번째는 재미나 스릴 때문에 상점절도를 저지르는 경우도 있다. 네 번째는 절도에 대한 병적인 심리이다. 이는 성인 여성에게서 나타나는 경우가 많은데, 절도하지 않고는 참을 수 없는 강박관념에 의한 절도이다. 절도범의 유형에서 언급할 수 있는 절도광이 여기에 포함된다고 할 수 있다. 다섯 번째는 자기만 돈을 내는 것은 싫다는 심리로서, 다른 사람이 절도한다는 말을 듣고 자기는 돈을 내는 것은 모자라는 짓이라고 생각하고 절도하는 경우이다. 이러한 설명 중에서 처음 세 가지는 주로 청소년에게 적용되는 경우가 많으며, 나중의 두 가지 특성은 성인들에게 적용되는 경우가 많다(노성호, 1996).

상점절도의 또 다른 심리적인 특성 중의 하나는 계획적으로 실행했든지, 아니면 우연한 기회에 실행했든지 간에 어떠한 계기를 통해서 한 번 상점절도에 성공하면 그 이후에는 돈을 지불하고 물건 사는 것이 멍청한 행동인 것처럼 느껴진다는 점이다. 따라서 죄책감이 사라진 도덕적 불감증의 심리상태에 빠지게 되며, 절도행각이 들통이 날 때까지 계속해서 반복적으로 상점절도를 하게 된다. 즉, 상점절도에 맛을 들인 사람은 쉽게 그만둘 수 없다는 것이 상점절도의 심리적 특성이다. 이러한 특성 때문에 상점절도의 예방 대책을 수립할 때는 상점절도를 한 번도 하지 못하도록 해야 한다는 점에 신경을 써야 한다. 일단 한 번이라도 상점절도에 성공한 적이 있는 사람은 추후에 다시 상점절도를 하게 될 가능성이 매우 높기 때문이다(노성호, 1996).

4 청소년 상점절도에 대한 대책

청소년 상점절도를 예방하기 위해서 가장 시급한 것은 상점주인, 점원, 일반시민의 상점절도에 대한 인식 전환인데, 이러한 행동은 결코 재미난 장난으로 하는 행동이 아니라는 사실을 인식하고, 상점절도범을 범죄자로 인식하는 것이 중요하다. 상점의 입장에서는 상점절도범의 효율적인 검거보다는 상점절도가 발생하기 전에 예방하는 데 중점을 두는 것이 좋다. 상점절도 예방을 위해 권장되는 방지 대책은 충분한 점원의 고용, 상점의 구조 변화, 세심하게 배려된 상품의 진열, 철저한 재고관리, 폐쇄회로 TV와 기계경비시스템 등의 상점절도 예방 도구의 사용 등이다. 또한 잠재적인 청소년 상점절도범을 줄이기 위한 대책으로는 상점절도 예방을 위한 캠페인도 효과적일 것이다. 이때에는 대중매체를 이용한 캠페인과 초·중·고등학교의 학생을 대상으로 한 예방교육 프로그램의 실시가 필요하다.

SECTION 03 침입절도

① 침입절도의 개념과 특성 및 유형

1) 침입절도의 개념

침입절도는 우발적으로 상점의 물건이나 다른 사람의 소유물을 훔치는 것이 아니라 분명한 절도범행 의지를 가지고 적극적으로 타인의 사업장이나 주거지에 침입하여 현금이나 귀중품을 훔치는 범죄행위이기 때문에 심각성이 상당히 높은 유형이다. 현행형법에는 단순절도죄를 기본구성요건으로 하고 야간주거침입절도죄, 특수절도죄 및 상습절도죄를 가중적 구성요건으로 상정하고 있지만, 여기에서는 법률적인 개념이나 주·야간, 그리고 흉기 휴대 여부와 관계없이 사업장이나 주거지에 침입하여 범행을 시도하는 일체의 절도행위를 포괄하여 침입절도란 용어를 사용하기로 한다(최응렬, 1997).

2) 침입범죄의 특성

절도는 원시적인 이득 본능에 유래한 범죄로서 사람이 손을 움직이면 누구든지 할 수 있는 범죄이기 때문에, 우리 주위에서 절도 피해를 당한 사람에 관한 이야기를 쉽게 들을 수 있다(심영희 외, 1992). 절도는 다른 사람이 소유하고 있는 가치가 있는 물건을 주인의 허락을 얻지 않고 훔치는 범죄행위이기 때문에 절도범은 비난받고 처벌받아야 한다. 그런데 침입절도는 다른 사람이 소중하게 생각하는 사적인 주거공간이나 영업장소를 무단으로 침입하는 행위가 물건을 훔치는 행위와 함께 일어난다는 점에서 단순한 절도행위보다 가중한 처벌을 받는 범죄행위이다.

미국의 형사사법통계사전에 의하면, 침입절도(Burglary)는 "중범죄 또는 사소한 범죄를 저지를 의도를 가지고 힘을 사용하거나 사용하지 않고, 일상적인 주거지나 사업 또는 영업을 위해 사용되는 어떠한 고정된 구조물, 차량, 또는 선박에 대하여 비합법적으로 침입하는 행위"를 말한다(U.S. Department of Justice). 침입절도가 일반절도와 달리 문제가 되는 이유는 범행수법이 다른 사람의 사적인 영역에 무단으로 침입하여 범행을 저지르기 때문이다. 또한 범행을 저지르는 과정에서 추가로 더 심각한 다른 범죄를 저지를 가능성도 있기에 침입절도를 예방하는 데 각별히 주의를 해야 한다. 예를 들어, 주거침입 절도범이 처음에는 물건을 훔치려는 의도에서 침입하였지만, 집주인과 마주치는 상황에 직면하면 강도로 돌변하여 재물을 절취하고 피해자를 제압하기 위하여 강제력을 행사할 수도 있고, 심지어는 부녀자의 신고를 막기 위해 성폭력을 저지르는 사태로 발전할 가능성도 있다(Conklin, 2001).

3) 침입절도의 유형

(1) 스카의 침입절도 분류

미국의 워싱턴 D.C. 지역에서 발생한 침입절도를 체계적으로 연구한 스카(Scarr)는 침입절도의 유형을 범죄에 가담하여 느끼는 몰입의 정도와 주수입원, 범죄기술의 숙련 및 조직화의 정도, 그리고 범죄동기 등을 기준으로 해서 '전문적 침입절도(Professional burglary)'와 '아마추어 침입절도(Amateur burglary)'로 구분하였다(Scarr, 1972). 전문적인 침입절도범은 고도의 침입기술을 가진 범죄자로 범죄조직화 수준이 매우 높다. 그래서 조직적이며 계획적으로 물건을 훔칠 수 있다.[2] 반면에 아마추어 침입절도범은 "통상적으로 나이가 어리고 경험이 풍부하지 못하며 수법도 정교하지 못할 뿐만 아니라 전문성도 상당히 결여된 자"로 묘사된다. 이들의 범죄는 무계획적이고 그때의 형편에 따라서 주먹구구식으로 행해지는데, 예를 들어, 일시적으로 돈이 급한데 때마침 절도 목표물에 쉽게 접근할 수 있게 된다면 범죄 기회가 마련된다는 점에서 이들의 행위는 다분히 우발적인 모습도 띤다.[3] 청소년 침입절도범은 우발적이고 무계획적으로 범죄를 저지를 가능성이 높기에 전문적 침입절도범보다는 아마추어 침입절도범으로 분류될 가능성이 높다.

---

2 흔히 영화나 텔레비전의 드라마에서 전문적인 도둑으로 묘사되는 로맨틱한 이미지에 잘 부합되는 전문적 침입절도 유형은 그 수에 있어서 사실상 매우 적은 편이다.

3 목표물을 선택할 때 쉽고 용이하게 남의 재물을 훔칠 수 있느냐 하는 점이 훔친 재물이 얼마나 값나가는 것이냐 하는 것보다 더 중요하기 때문에, 친구나 자기 집 근처의 아는 사람의 주택을 대상으로 삼는 경향이 있다. 더욱이 범죄기술이 정교하지 못하고 모피, 보석 등 고가품을 처분해 줄 수 있는 소위 '장물아비'와도 연계되어 있지 않기 때문에 현금과 같이 처분이 비교적 쉬운 품목을 주로 훔치려 한다. 체계적이고 전문적 범죄자와 달리 아마추어는 언뜻언뜻 생기는 돈에 대한 필요와 욕구에 의해 범죄 동기가 결정되므로 그 유형도 종잡을 수 없는 것처럼 묘사된다.

(2) 월쉬의 침입절도 분류

월쉬(Walsh)는 범죄자의 태도와 동기 그리고 행위유형을 기준으로 침입절도의 유형을 도전적 침입절도(Challenge burglary), 만용적 침입절도(Dare burglary), 그리고 탈취적 침입절도(Dispossessive burglary)로 구분하였다. 도전적 침입절도범이란 재물을 훔치는 것은 범죄의 부차적인 동기일 뿐, 주인을 공격하거나 건물 등에 피해를 주는 일에 일차적인 동기를 부여하는 형태를 말한다.[4] 만용적 침입절도는 아동이나 청소년이 또래집단의 존경을 얻을 생각에서 무모하게 침입절도를 저지르는 형태를 말한다. 마지막으로, 탈취적 침입절도는 침입절도의 전형적 형태로서 현금이나 귀중품을 훔치는 것이 목적인 경우이다. 월쉬는 이 유형을 무차별적으로 닥치는 대로 남의 재물을 훔치는 형태인 '약탈자적 침입절도(Pillager)'와 선택적이고 정교하게 재물을 훔치는 형태인 '요령 있는 침입절도(Breaksman)'로 세분화하였다(심영희 외, 1992).[5]

(3) 그 외의 침입절도 분류

스카와 월쉬의 침입절도 범죄에 대한 유형분류 이외에도 여러 가지의 기준에 따라 침입절도 범죄를 나누어 볼 수 있다. 예를 들면, 범행수준에 따라 절도범죄의 유형을 분류할 수 있는데, 사전범행의 준비 여부, 즉 구체적인 계획 여부와 계획의 수준 등을 기준으로 '일회적 절도', '기회주의적 절도', 그리고 '직업적 절도' 등으로 나누어 볼 수도 있다. 또한 수사기관에서 범행장소를 중심으로 침입절도를 분류하는 방식을 따르면, 빈집털이, 사무실털이, 공장털이, 상점털이, 숙박업소털이, 기타 등 여섯 가지로 세분할 수 있다(대검찰청, 2001).

---

4 주거침입절도 후 피해자를 폭행, 강간하거나 건물을 훼손, 파괴하는 경우가 이에 해당된다.

5 '약탈자적 침입절도'는 스카의 아마추어적 침입절도 유형과 흡사하고 '요령 있는 침입절도'는 스카의 전문가적 침입절도와 유사한 형태라고 할 수 있다.

② 침입절도의 실태

1) 공식통계에 나타난 침입절도의 실태[6]

(1) 침입절도의 장소별 발생현황

<표 10-15>에 나타난 바와 같이, 2001년의 전체 절도범죄(180,704건) 중에서 침입절도범죄(88,110건)가 차지하는 비율은 48.8%로 거의 절반에 육박하는 것으로 나타났으며, 그중 가장 빈도가 높은 범죄유형이 아파트나 단독주택과 같은 주거지에 대한 침입절도로 전체 침입절도 범죄의 38.7%를 차지한다. 다음으로 12.5%를 차지한 상점 침입절도였고, 사무실(8.0%), 숙박업소(3.0%), 공장(1.8%)의 순서로 침입절도 범죄의 빈도가 높은 것으로 나타났다. 20년 후인 2021년에는 전체 절도범죄 166,782건 중 침입절도는 15,202건으로 그 비중이 9.1%로 감소하였다. 가장 빈도가 높은 침입유형도 기타(37.5%), 상점(32.5%), 빈집(20.95)로 그 순위가 꽤 달라졌음을 알 수 있다.

• 표 10-15 • 침입절도 범죄의 범행 장소별 발생 및 검거 현황

구분		빈집 (아파트 · 주택)	사무실	공장	상점	숙박업소	기타	합계
2001년	발생	34,142 (38.7%)	7,031 (8.0%)	1,550 (1.8%)	11,047 (12.5%)	2,617 (3.0%)	31,723 (36.0%)	88,110 (100.0%)
	검거	11,176	2,705	707	6,480	1,041	12,614	29,177
	검거율	32.7%	38.5%	45.6%	58.7%	39.8%	39.8%	33.1%
2021년	발생	3,177 (20.9%)	829 (5.5%)	269 (1.8%)	4,941 (32.5%)	287 (1.9%)	5,699 (37.5%)	15,202 (100.0%)
	검거	1,570	658	199	4,289	230	3,988	10,934
	검거율	49.4%	79.4%	74.0%	86.8%	80.1%	70.0%	71.2%

출처: 경찰청, 2002년도 국회 행정자치위원회 국정감사요구자료(I), p. 760.; 범죄분석 2022: p. 450.

6 공식통계는 청소년만을 따로 집계하지 않는다는 한계가 있다.

2001년도에 침입절도범의 검거 비율은 평균 33.1%로 강도, 강간, 폭행 등의 다른 강력범죄에 비해 매우 낮은 편이었는데, 특히 아파트와 단독주택과 같은 주거지를 침입한 범인을 검거한 비율(32.7%)이 가장 낮았다. 반면에 무인기계 경비시스템이나 경비원의 활용 등으로 주거지에 비해 상대적으로 방범시스템이 많이 갖추어진 상점에 침입한 절도범을 검거한 비율은 58.7%로 가장 높았다. 하지만 2021년에는 침입절도 검거율이 71.2%로 대폭 상승하였는데, 이는 CCTV를 비롯한 여러 가지 방범시스템의 지속적인 확장에서 기인한 것으로 보인다. 아울러 침입절도의 비중이 20년 전에 비해 크게 감소(44.8%에서 9.1%)한 것도 같은 이유 때문으로 추정된다. 주거지에서의 검거율은 49.4%로 여전히 전체 침입절도 검거율 평균을 밑도는 현상은 20년 전과 비슷하게 유지되고 있다.

아파트나 단독주택과 같은 주거지를 범행대상으로 삼는 침입절도는 과거에 비해 상당한 수준으로 감소하긴 하였으나 여전히 높은 비중을 차지하고 있다. 그리고 여전히 상대적으로 낮은 CCTV와 경비시스템의 이용률 등의 여러 이유로 침입절도범을 체포할 가능성은 주거지가 상대적인 수준에서는 가장 낮게 나타나고 있다.

(2) 침입절도의 침입구와 침입방법

침입절도를 저지르는 수법에는 야간 또는 주간에 침입이 용이한 곳을 이용하거나, 잠금장치를 파괴하고 주거 · 방실 · 건조물 등에 침입하는 방법, 방문객 · 행상 · 전기검침원 · 가스검침원 등을 가장하여 침입하는 방법, 그밖에 거짓말로 거주자를 밖으로 외출시키고 침입하는 방법 등 다양한 방법이 있다(김충남, 1999). 현재 대검찰청의 범죄분석에서는 침입방법을 '문단속 없음', '시정장치 부수고', '문 부수고', '시정장치 열고', '유리 깨고', 그리고 기타의 방법으로 구분하고 있다. 한편, 야간에 주거지에 침입하는 절도범은 집주인에 의해 범행이 발각되면 강도로 돌변할 가능성이 높아 특히 위험한 범죄로 간주하는데, 피해조사 결과에서도 주거침입 범죄에 대한 일반시민의 두려움이 가장 큰 것으로 나타나 범죄예방 대책을 마련할 때 이를 고려해야 한다.[7]

7 한국형사정책연구원에서 1998년 1년 동안 범죄피해 발생 실태와 범죄문제에 대한 일반인의 태도를 파악하기 위해 전국 15개 시도의 15세 이상 남녀 2,100명을 대상으로 실시한 범죄피해조사의 결과에 따르면, 일반시민이 범죄피해를 당할까 봐 가장 두렵다고 평가한 범죄유형은 46.8%가 느낀다고 응답한 주거침입절도와 44.7%가 느낀다고 응답한 주거침입강도이다(박순진 · 최영신, 2000).

2001년에서 2021년 사이 발생한 침입절도 사건에서 침입을 시도한 절도범이 침입구로 사용한 곳과 침입방법을 정리한 <표 10-16>에 따르면, 출입문을 침입구로 사용한 경우가 44.8%(2001년), 60.6%(2016년), 66.3%(2021년)로 가장 많았고, 다음이 창문(각 17.0%, 20.1%, 12.5%)과 담(각 1.5%, 2.1%, 2.3%)을 통해 침입한 경우였다.

• 표 10-16 • 침입절도범의 침입구와 방법(2001~2021)

침입구 연도	계	출입문	창문	담	지붕	비상문	기타/미상
2001	34,984 (100.0)	15,667 (44.8)	5,946 (17.0)	534 (1.5)	63 (0.2)	77 (0.2)	12,697 (36.3)
2016	24,047 (100.0)	14,586 (60.6)	4,828 (20.1)	504 (2.1)	21 (0.1)	301 (1.3)	3,25 (15.9)
2021	10,934 (100.0)	7,248 (66.3)	1,363 (12.5)	250 (2.3)	1 (0.0)	238 (2.2)	1,834 (16.8)
침입방법 연도	**계**	**문단속 없음**	**시정장치 부수고**	**문 부수고**	**시정장치 열고**	**유리 깨고**	**기타/미상**
2001	34,984 (100.0)	9,051 (25.9)	2,851 (8.1)	602 (1.7)	3,688 (10.5)	1,088 (3.1)	17,724 (50.7)
2016	24,047 (100.0)	8,444 (35.1)	2,366 (9.8)	924 (3.8)	4,049 (16.8)	774 (3.2)	7,490 (31.1)
2021	10,934 (100.0)	4,842 (44.3)	449 (4.1)	195 (1.8)	1,718 (15.7)	222 (2.0)	3,510 (32.1)

출처: 대검찰청, 범죄분석, 각 연도.

한편, 침입방법에 대한 분석 결과에 의하면, 문단속이 없는 경우가 2001년 25.9%, 2016년 35.1%, 2021년 44.3%나 되어 평소에 생활하면서 문단속만 철저히 해도 침입절도 발생건수의 1/3 내지 그 이상을 줄일 수 있을 것으로 보인다. 한편, 다양한 기타의 방법으로 침입하거나 수사기관에서 침입방법을 정확하게 파악하지 못한 경우가 20년 동안 여전히 30% 이상이 되어 보다 면밀한 주의가 필요하다.

2) 민간경비 회사의 통계자료에 나타난 침입절도의 실태

일상활동 이론은 범죄가 발생하기 위한 세 가지 요소로 범죄동기를 가진 범죄자, 적당한 범행 대상, 보호능력의 부재를 들고 있다(배종대, 1998). 범죄를 예방하기 위해서는 이러한 세 가지 요소를 면밀히 검토하여 각 요소에 적합한 대응책을 마련하는 것이 필요하기에, 침입절도를 저지른 범죄자의 특성을 파악하는 것은 효율적인 범죄예방 대책을 수립하는 데 있어서 중요한 일이다.

이러한 필요성에 따라, 침입절도 범죄에 대한 공식통계를 보완하고 비교해 볼 수 있는 민간경비 회사(S사)의 통계자료를 활용하여 청소년의 침입절도 비행에 대해 살펴보고자 한다. 전문경비회사의 침입절도 현행범 검거자료를 활용할 때 염두에 두어야 할 점이 있다. 범행현장에서 현행범을 체포한다고 하여도, 즉시 경찰관에게 인계해야 하는 민간경비업체의 경비원들로서는 충분한 시간을 가지고 현행범에 대한 다양한 정보와 인적 사항을 파악할 수 없는 한계가 있다. 또한, 이 회사의 기계경비시스템을 통해 방범서비스를 제공받고 있는 고객의 상업시설과 주거지에 침입을 시도한 사례에 대한 자료이기 때문에 엄밀한 조사방법론상의 표집 과정을 거치지 않아 대표성에 문제가 있고, 따라서 이를 일반화하는 데 한계가 있다. 하지만 S사의 관제시스템에 정리되어 있는 많은 자료는 침입절도범의 개략적인 특성을 파악하고자 하는 일차적인 관심을 충족시키기에는 부족하지 않다고 보여진다. 그러면, 이제부터 1999년 1월 1일부터 12월 31일까지 S사의 경비시스템이 설치된 장소에 침입을 시도하다가 S사의 출동요원이나 경찰관에 의해 체포된 절도 현행범 총 647명의 특성에 대하여 살펴보도록 하겠다(곽대경, 2001).

(1) 체포된 침입절도 현행범의 연령대

S사의 첨단기계경비시스템이 설치된 장소에 침입을 시도하다가 체포된 현행범의 연령대를 분석한 결과 평균연령은 24.3세이다. 가장 높은 빈도를 나타낸 연령은 18세로서 6.7%(40명)이며, 가장 나이가 어린 경우는 11세, 가장 나이가 많은 절도범은 65세의 노인으로 밝혀졌다. 연령을 10살 단위로 구분해 살펴본 <표 10-17>에 따르면, 체포된 침입절도 현행범 중에서 가장 숫자가 많은 연령대는 20대로서 39.7%인 236명이고, 다음으로 10대가 37.2%인 221명이고, 30대가 16.3%인 97명, 마지막으로 40대 이상이 6.7%인 40

명으로 집계되었다. 따라서, 10대와 20대를 합치면 절반을 훨씬 넘는 것으로 나타나, 침입절도는 30대 이상의 범죄자보다 20대 이하의 나이가 어린 범죄자가 주로 저지르는 범죄유형임을 알 수 있다. 특히, 10대가 1/3 이상이 되기 때문에 이 자료의 분석을 통해 어느 정도나마 청소년 침입절도의 다양한 측면에 대한 윤곽을 파악해 볼 수 있을 것으로 생각된다.

• 표 10-17 • **침입절도 현행범의 연령대**

	10대	20대	30대	40대 이상	미응답	합계
빈도	221	236	97	40	35	646
비율	37.2%	39.7%	16.3%	6.7%		100.0%

출처: S사, 1999년 침입절도 현행범 검거자료.

(2) 체포된 절도 현행범이 침입을 시도한 장소 유형

절도범의 침입장소를 S사의 자료를 통해 정리한 <표 10-18>에 따르면, 침입절도범이 가장 많이 체포된 장소는 학교시설로서 43.0%(278건)를 차지한다. 다음은 28.5%(184건)의 비율을 차지한 상점이다. 세 번째는 14.6%(94건)를 기록한 사무실이고, 네 번째는 공장이나 창고로 5.1%(33건)를 기록하였으며, 다섯 번째는 2.2%(14건)를 기록한 단독주택이었다. 그리고, 은행을 비롯한 금융기관과 병원, 치과, 약국, 한의원 등의 의료기관을 포함하는 기타 시설이 6.6%(43건)를 차지하는 것으로 나타났다.

그런데 이러한 결과는 <표 10-15>에 본 바와 같이 빈집(아파트나 단독주택)에 침입하는 절도범죄자가 38.7%로 가장 빈도가 많다는 경찰의 범죄통계와 뚜렷하게 차이가 난다. 이는 S사의 검거자료와 경찰의 범죄통계가 주요한 자료수집 출처가 다르기 때문이라고 생각된다. S사에서 주로 경비를 담당하는 시설은 학교를 비롯한 공공시설과 상점과 사무실 등의 민간시설이 많으며, 단독주택과 같은 주거시설은 전체 경비 물건 15만여 건의 10% 정도인 것으로 파악된다. 반면에 범죄통계에는 전국의 1천백만 이상의 가구를 대상으로 한 침입절도의 피해자료가 집계되고 있다.

• 표 10-18 •　침입절도범죄의 범행장소별 발생 및 검거 현황

	단독주택	사무실	공장 · 창고	상점	학교	기타	합계
발생	14	94	33	184	278	43	646
비율	2.2%	14.6%	5.1%	28.5%	43.0%	6.6%	100.0%

출처: S사, 1999년 침입절도현행범 검거자료.

(3) 침입절도범의 연령대와 침입 장소의 관계[8]

사람들은 나이가 들어감에 따라 신체적으로 성숙하고 다양한 경험을 하게 되며 보다 복잡한 인간관계를 형성하게 되는 등의 변화를 겪게 된다. 이러한 과정을 통해 연령대가 다른 사람들 간에는 관심분야와 소중하게 생각하는 대상에 차이가 생기게 된다. 따라서 침입절도를 시도하는 범죄자의 나이에 따라 범죄대상으로 노리는 목표물에 차이가 있고, 침입장소가 다를 것이라는 가설이 경험적으로 입증될 수 있는지 살펴보는 것은 의미가 있다. S사의 첨단기계경비시스템이 설치된 장소에 침입을 시도하다가 체포된 현행범의 연령대에 따라서 범행대상으로 선정한 침입장소에 어떠한 차이가 있는지를 분석한 결과는 <표 10-19>에 제시되어 있다. 10대 침입절도 비행자는 절반 이상인 56.1%(124건)가 학교시설을 침입하다가 체포된 현행범이다. 교실의 물건, 컴퓨터나 전자제품을 노리거나 교무실의 귀중품이나 시험지를 훔치려는 의도로 침입하는 경우가 많은 것으로 보여진다. 또한 학교시설에 침입을 시도하는 10대 청소년의 숫자가 많은 것은 야간에 숙직근무하는 교사가 줄어든 것과 관련이 있는 것으로 보인다. 어린 학생은 학교에 숙직하는 선생님이 없어서 쉽게 침입하여 절도를 할 수 있을 것으로 생각하고, 선생님을 대신해서 무인기계경비시스템이 경비를 하고 있다는 사실을 모르고 침입해 범행을 저지르다가 체포되는 경우가 있을 것으로 보인다. 10대 청소년이 학교시설 다음으로 침입을 선호하는 장소는 상점이나 가게로서 29.9%(66건)의 비율을 나타냈고, 사무실에 대한 절도를 시도하는 경우는 9.5%(21건)인 것으로 밝혀졌다. 10대 침입절도범이 공장이나 금융기관, 그리고 단독주택에 침입을 시도하다가 체포된 경우는 각각 1.8%, 0.9%, 그리고 0.5%로 많지 않은 것으

8　본 연구에서는 S사의 침입절도 현행범에 대한 검거자료를 통계프로그램에 입력이 가능하도록 재구성하여 추가적인 통계분석을 실시하였다. 침입절도범의 연령대와 침입절도의 범행장소 사이에 통계적으로 유의미한 차이가 있는지의 여부를 교차분석의 결과를 통해 알아보도록 하겠다.

로 밝혀졌다.

20대 침입절도범은 선호하는 침입대상에 있어 10대와 비슷한 경향을 보였다. 다만 학교시설에 침입한 비율이 39.8%(94건)로 나타나 10대보다 약간 낮고, 사무실에 침입한 비율이 15.3%(36건)로 약간 높았다. 30대 절도현행범도 범행대상으로 선택한 순서는 10대와 20대와 같은 것으로 나타났다. 다만 30대는 학교시설을 침입하는 비율이 26.8%(26건)로 20대보다 더욱 낮아지고, 사무실에 침입한 비율이 18.6%(18건)로 높아졌다. 그리고 30대의 절도범은 공장이나 창고를 침입하는 비율이 14.4%(14건)로 나타나 10대나 20대보다 대폭 늘어났다. 반면에, 40대 이상의 침입절도범은 가장 선호하는 범행 대상이 학교시설이 아니라 상점인 것으로 나타났는데, 그 비율은 32.5%(13건)이다. 그 뒤를 이어 사무실이 22.5%(9건)이고 공장이나 창고시설이 15.0%(6건)이다. 10대에 의해 가장 선호된 침입절도 범죄장소인 학교시설은 40대의 경우에 12.5%(5건)로서, 나타나 은행을 비롯한 금융기관이 차지하는 비율인 12.5%(5건)와 같았다. 이상과 같이 체포된 침입절도 현행범의 연령에 따라 침입을 시도한 범행장소를 선택하는 데 있어 통계적으로 유의미한 차이가 나타났다.

• 표 10-19 • 절도범의 연령대와 침입장소와의 교차분석결과

침입장소	연령대				합계
	10대	20대	30대	40대 이상	
은행 등 금융기관	2 (0.9%)	17 (7.2%)	5 (5.2%)	5 (12.5%)	29 (4.9%)
공장, 창고	4 (1.8%)	9 (3.8%)	14 (14.4%)	6 (15.0%)	33 (5.6%)
단독주택	1 (0.5%)	5 (2.1%)	6 (6.2%)	1 (2.5%)	13 (2.2%)
의료기관	3 (1.4%)	5 (2.1%)	4 (4.1%)	1 (2.5%)	13 (2.2%)
사무실	21 (9.5%)	36 (15.3%)	18 (18.6%)	9 (22.5%)	84 (14.1%)
학교시설	124 (56.1%)	94 (39.8%)	26 (26.8%)	5 (12.5%)	249 (41.9%)

상점	66 (29.9%)	70 (29.7%)	24 (24.7%)	13 (32.5%)	173 (29.1%)
합계	221 (100.0%)	236 (100.0%)	97 (100.0%)	40 (100.0%)	594 (100.0%)

*** $p<0.001$(연령집단에 따라 침입장소의 선택에 통계적으로 유의미한 차이가 있음)
출처: 곽대경, 2001.

3 침입절도의 원인

청소년은 우발적이고 충동적으로 침입절도를 저지르는 경우가 많다. 이는 특정 물건이나 돈이 필요할 때 즉흥적으로 다른 사람의 집이나 사무실에 침입하여 절도범죄를 저지르기 쉽다는 것으로, 그만큼 청소년의 욕구통제 능력이 부족한 것과 관련이 있다.

청소년이 침입절도를 저지를 때는 혼자 범행하는 경우보다 집단으로 범행을 저지르는 경우가 많은데 이러한 현상은 집단과정 이론에서 주장하는 것처럼 여러 친구가 함께 범행을 계획하고 시행함으로써 범행에 대한 두려움이 줄어들고 대담해지며 죄책감을 덜 느끼게 되는 집단심리에 영향을 받는 것으로 설명된다.

청소년은 보통 밤보다는 낮에 침입절도를 저지르며, 종종 이웃집이나 학교 등과 같이 위치를 잘 알고 익숙한 곳을 범행 대상으로 선택하는데, 이는 자신의 생활 주변에서 범행 기회를 포착하기 쉽고 상대적으로 청소년의 행동 범위가 사는 동네 주변으로 한정되어 있으며 차량 등의 이동수단을 가지고 있지 못하기 때문이다.

합리적 선택이론에 따라 청소년 침입절도범이 여러 가능한 행위의 결과를 면밀히 검토한 후에 범행을 실행한다고 주장할 수 있다. 그렇지만 청소년은 침입절도로 예상되는 보상과 처벌에 대해 엄밀한 계산하지 않는 경우가 더 많을 것으로 추정된다. 이는 침입절도의 수익이 그리 많지 않다는 사실에 의해서 뒷받침된다. 청소년은 침입절도를 통해 현금이나 귀중품 등의 값나가는 물건을 찾지 못하거나, 침입절도를 하는 중에 집주인이나 다른 사람의 방해를 받아서 아무것도 가지고 나오지 못하는 경우도 많다.

일부의 청소년은 침입절도를 저지르는 도중이나 이후에 기물파손을 하기도 한다. 때로 기물파손에 의한 손실이 침입절도로 인한 것보다 더 큰 경우가 많다. 이는 청소년이 기물파손을 장난이나 오락으로 간주하고 저지르는 것과 관련된다. 청소년 절도범에게는 합리적 계산보다 신나는 장난거리나 게임이 더 중요하다는 사실을 말해주는 것이다. 때로 청소년은 자신들에게 아무런 가치도 없는 것을 훔치고는 금방 버리기도 한다. 친구들과 어울려 재미로 또는 다른 친구에게 담력을 뽐내기 위한 수단으로 침입절도가 행해지기도 한다. 이러한 장난스러운 침입절도는 친구들과 함께 집단으로 이루어지는 경우가 많으며, 음주상태에서 발생하는 경우도 많다.

합리적 선택이론의 입장에서 청소년이 학교시설에 침입하는 범죄행위가 매우 재미있고 매혹적인 것이기 때문에 시도한다고 설명하는 외국의 학자도 있다. 카츠(Katz)는 10대 청소년은 재미있는 것을 해서 즐거움과 쾌락을 극대화하려고 하기에 자신에게 가장 친숙한 장소인 학교 건물을 침입하여 내부의 물건을 훔치는 경향이 있다고 지적하였다(Katz, 1988).

④ 청소년 침입절도에 대한 대책

청소년의 침입절도를 줄이기 위해서는 그들에게 침입절도가 결코 재미나 흥미를 위해 저지를 수 있는 장난거리가 아니며, 중대한 범죄행위라는 것을 인식시켜 줄 교육프로그램이 필요하다. 그리고 충동적이고 우발적인 침입절도 행위를 억제할 수 있는 자기통제 훈련을 제공하는 것도 도움이 될 것이다. 주변에 침입절도를 대수롭지 않게 생각하는 친구와 접촉을 삼가고 침입절도 행위의 부정적인 결과를 자세히 설명해 주어야 한다.

우리나라에서 10대 청소년이 학교시설을 침입하여 절도를 저지르는 경우가 상당히 많다는 민간경비회사의 통계자료 결과는 공식통계에서 단독주택이나 아파트와 같은 빈집을 가장 많이 침입한다는 결과와 차이가 나는 것이다. 이는 청소년이 학교시설에 침입한 경우에 문제가 외부에 알려지는 것을 꺼리는 학교당국에 의해 청소년을 훈계하는 정도에서 그치고 공식적인 처벌을 요청하지 않는 경우가 많거나, 경찰에 신고하더라도 비교적 가벼운 처벌을 받고 정식으로 입건되지 않는 경우가 많다는 점에서 기인하는 것으로 추정해 볼 수 있다. 그렇지만 청소년이 학교시설에 침입하는 행위는 향후 다른 장소를 침입하는 데 필요한 담력을 키우고 절도범죄 기술을 익히는 등의 경험을 쌓는 실습행위로 활용될 가능성이 있어 결코 가볍게 보아 넘길 문제가 아니다. 따라서 이러한 비행 청소년이 향후 상습적이고 전문적인 침입절도범이 되지 않도록 적절한 선도활동으로 지도하고 가르치는 프로그램의 개발이 필요할 것으로 보인다.

일반 시민의 입장에서는 침입절도의 피해를 예방하기 위해 일상생활 속에서 문단속을 철저히 하고 이중 잠금장치와 CCTV 등을 활용한 침입경보장치 및 기계경비장치 등을 활용하는 것이 도움이 될 것이다. 그리고 지역주민 간의 응집력과 주인의식을 높여 이웃집에 낯선 사람이 기웃거리거나 수상한 행동을 하는 경우 즉시 경찰에 신고하거나 집주인에게 알려주는 이웃감시프로그램의 활성화가 필요하며, 진입도로나 건물 구조 및 창문의 배치 등에 보다 자연스런 감시가 가능하도록 환경설계를 통한 범죄예방전략(Crime Prevention Through Environmental Design: CPTED)을 이용하는 것도 필요하다.

CHAPTER

11 | 약물남용

약물(drug)이 대한민국에 유입된 계기는 8·15광복과 한국 전쟁 등의 역사와 깊이 연관되어 있다. 1945년 광복 이후 조국으로 돌아온 동포 중에는 아편 중독자도 있었으며, 1950년대 한국 전쟁 당시에 부상한 군인 중 모르핀(Morphine) 중독자가 속출했다. 1970년대에는 미국과 일본을 통해 마리화나(Marijuana, 대마초)와 메스암페타민(Methamphetamine, 속칭 필로폰, 히로뽕)이 국내로 유입되었고, 1980년대에는 메스암페타민 중독자가 급증하였다. 이후에는 엑스터시, 야바 등의 신종 약물이 유통되면서 약물 사용자의 수와 범위가 급격히 확대되었다. 과거에는 군인, 연예인, 유흥업소 종사자 등 특정 직업에 종사하는 사람이 약물을 사용했다면, 현재는 대학생, 주부, 심지어 청소년까지 약물을 사용하고 있으며, 더군다나 GHB(Gamma-hydroxybutyrate, 속칭 물뽕) 등과 같은 약물을 이용한 범죄행위가 급증하고 있어 약물 사용의 심각성이 대한민국의 사회문제로 대두되었다.

전 세계에서 유통되는 약물 대부분은 태국-라오스-미얀마로 이어지는 황금의 트라이앵글 지대, 아프가니스탄-파키스탄-이란으로 이어지는 황금의 초승달 지대, 콜롬비아-페루-볼리비아로 이어지는 코카인 삼각 지대 등에서 생산된다. 국내에서 이용되는 약물 대부분은 국외에서 생산된 후 국내로 유입·유통되기 때문에 고가인 경우가 많으며, 이로 인해 청소년이 구입하기에 금전적인 제약이 따른다. 일부 청소년은 고가의 약물 대신 본드나 신나 같은 인체 유해 물질을 흡입한다. 최근에는 진통제나 진해제류 등의 대용 약물이 대규모로 유통되어 청소년의 약물에 대한 접근성이 더욱 용이해졌다. 더욱이 유학생과 교포 학생에 의해 국내로 유입된 암페타민 계열의 약물이 유통되고 있어, 청소년의 해당 약물에 대한 접근성이 쉬워졌을 뿐만 아니라 이들의 약물 중독 사례가 큰 폭으로 증가하였다. 전술한 약물은 그 성분이나 제조 과정과는 상관없이 청소년의 두뇌 기능과 발달에 치명적인 손상을 가져올 수 있으므로 청소년이 다양한 종류의 약물에 쉽게 노출될 수 있는 현대 사회의 구조적 문제점에 대한 논의가 절실하다.

SECTION 01 약물의 개념과 유형

1 약물의 개념

약물이란 일반적으로 질병이나 부상, 기타 신체 이상을 치료, 예방, 억제하기 위해 사용하는 물질을 말하지만, 이 장에서 논하는 '약물'은 인체에 정신적 쾌락을 유발하고, 오남용에 의해 신체적·정신적 의존성을 일으키는 물질을 말한다. 약물의 종류가 다양한 것처럼 약물의 명칭도 다양하다. 약물을 지칭하는 다양한 용어 중 '마약'이 가장 일반적으로 사용된다. 마약은 양귀비(Opium Poppy)와 아편(Opium) 및 그 제재와 유사한 약리 작용 및 중독 작용이 있는 약물을 의미한다. 약물을 지칭하는 또 다른 용어로 '물질(substance)'이라는 용어가 사용되고 있으며, '물질'은 마약을 포함한 모든 약물을 일컫는 포괄적인 개념이다. 물질은 마약에는 포함되지 않지만, 마약 대신 사용되는 본드, 신나, 진해 거담제 등도 포함한다. 그러나 이 개념은 인체에 해가 되지 않는 물질까지 모두 포함하는 지나치게 넓은 개념이다. 약물을 지칭하는 용어는 약물 사용 규제를 위해 제정된 다양한 법률로부터 명명되어 현재까지 사용되고 있으며, 이 용어에는 마약 이외에도 '향정신성의약품', '마약류'가 포함된다.

약물 사용 규제 법률 제·개정의 주요한 역사는 다음과 같다. 첫째, 우리나라는 「형법」에 아편에 관한 죄가 규정되었다.[1] 둘째, 1957년에 제정된 「마약법」은 아편, 모르핀(Morphine), 헤로인(Heroin), 코데인(Codeine), 테바인(Thebaine), 옥시코돈(Oxycodone), 하이드로몰핀(Hydromorphine), 코카인(Cocaine), 크랙(Crack) 등을 규제하는 법률이다. 「마약법」은 마약과 그 원료의 사용 등의 제반 행위를 규제하는 「마약류 관리에 관한 법률」이 제정되기 전에 약물 규제법으로서 중요한 역할을 하였다. 셋째, 1976년에 제정된 「대마관리법」은 대마초, 마리화나, 해쉬쉬(Hashish), 해쉬쉬 오일(Hashish Oil) 등의 제조, 수출입, 판매 등을 규제하는 법률이다. 넷째, 1979년에 제정된 「향정신성의약품관리법」은 암페타민, 메스암페타민, 펜메트라진, 메틸페니데이트(Methylphenidate), LSD(Lysergic Acid Diethylamide), PCP(Phenyl Cyclohexyl Piperidine), 메스칼린, 바르비탈계, 벤조디아제핀계 약물 등의 제조, 판매 등을 규제하는 법률이다. 다섯째, 1990년에 제정된 「유해화학물질관리법」은 톨루엔, 초산에틸, 메틸알코올, 신나, 본드, 도료, 부탄가스 등의 흡입 행위를 규제하는 법률이다(이훈규·이경재, 1996). 이와 같은 법률들이 제·개정된 후로 약물 사용을 규제하는 다수의 특별법이 제정되었으며, 이에 따른 법률 중복으로 인해 발생하는 혼란을 방지하기 위해 2000년에 「마약법」, 「대마관리법」, 「향정신성의약품관리법」이 폐지되고 「마약류 관리에 관한 법률」이 제정되었다.

최근에는 「청소년 보호법」에 의해 청소년유해약물이라는 새로운 용어가 등장했다. 이 법은 유해한 약물로부터 청소년을 보호하기 위한 법률을 포함한다. 청소년유해약물을 정의한 「청소년 보호법」 제2조와 청소년유해약물의 결정 기준을 명시한 「청소년 보호법 시행령」 제3조의 원문은 다음과 같다.

청소년 보호법 제2조(정의)

4. "청소년유해약물등"이란 청소년에게 유해한 것으로 인정되는 다음 가목의 약물(이하 "청소년유해약물"이라 한다)과 청소년에게 유해한 것으로 인정되는 다음 나목의 물건을 말한다.
   가. 청소년유해약물
      1) 「주세법」에 따른 주류
      2) 「담배사업법」에 따른 담배

---

1 「형법」 제17장은 제정 당시 유통되던 아편과 모르핀에 대한 규제를 담고 있는 법으로서, 특별법 우선의 원칙에 의해 사실상 사문화되었지만, 여전히 법률 조항으로 남아 있다.

3) 「마약류 관리에 관한 법률」에 따른 마약류
4) 「화학물질관리법」에 따른 환각 물질
5) 그 밖에 중추 신경에 작용하여 습관성, 중독성, 내성 등을 유발하여 인체에 유해하게 작용할 수 있는 약물 등 청소년의 사용을 제한하지 아니하면 청소년의 심신을 심각하게 손상시킬 우려가 있는 약물로서 대통령령으로 정하는 기준에 따라 관계 기관의 의견을 들어 제36조에 따른 청소년보호위원회가 결정하고 여성가족부장관이 고시한 것

청소년 보호법 시행령 제3조(청소년유해약물의 결정 기준)

법 제2조 제4호 가목 5)에서 "대통령령으로 정하는 기준"이란 다음 각 호의 어느 하나에 해당하는 것을 말한다.

1. 청소년의 정신기능에 영향을 미쳐 판단력 장애 등 일시적 또는 영구적 정신 장애를 초래할 수 있는 약물일 것
2. 청소년의 신체 기능에 영향을 미쳐 정상적인 신체 발육에 장애를 초래할 수 있는 약물일 것
3. 습관성, 중독성, 내성(耐性) 또는 금단 증상 등을 유발함으로써 청소년의 정상적인 심신 발달에 장애를 초래할 수 있는 약물일 것

이상의 법률에 따라 청소년유해약물은 ① 주류, ② 담배, ③ 마약류, ④ 환각 물질, ⑤ 청소년보호위원회가 결정한 약물을 모두 포함한다. 전술한 바와 같이 약물을 지칭하는 용어와 그에 해당하는 약물의 종류가 다양하지만, 일반적인 마약류와 청소년이 복용하는 다양한 유해 물질들을 모두 포괄하는 용어로서 '약물'이 사용될 수 있다.

2 약물의 종류와 약리 효과

청소년이 사용하는 약물은 크게 세 가지로 분류된다. 그 세 가지는 ① 자연에서 재배하여 얻어지는 것 또는 그것을 원료로 하여 제조되는 천연 약물, ② 자연 원료를 사용하지 않고 화학적 합성 과정을 통해 얻어지는 합성 약물, ③ 용법이 정해져 있지만 다양한 방법으로 오남용되는 대용 약물이다. 대용 약물은 합성 약물에 속하지만, 본드, 부탄가스, 각성제 등과 같이 남용을 목적으로 만들어지지 않고, 사용 목적이 명확하다는 점에서 합성 약물과 구분할 수 있다. 예전에는 천연 약물이 주로 사용되었지만, 최근에는 다양한 합성 약물이 생산되어 그 사용량 또한 증가하고 있다.

1) 천연 약물

천연 약물은 주원료에 따라 아편 계통, 코카 계통, 대마 계통으로 분류할 수 있다.

첫째, 아편 계통의 약물은 앵속, 약담배, 아편꽃 등으로 불리는 양귀비에서 얻어지는데, 양귀비의 익지 않은 열매에 상처를 내어 채취한 즙액을 섭씨 60도 이하의 온도에서 건조한 것이 아편이다. 아편의 주요 생산국은 미얀마, 아프가니스탄, 튀르키예, 파키스탄이다. 아편은 중추 신경계에 직접 작용하여 통각을 느끼게 하는 신경전달물질의 분비를 억제함으로써 통증을 줄이고, 감각을 마비시키기 때문에 의료용 진정제나 진통제로 사용되지만, 남용할 경우 강한 중독성이 나타난다. 아편은 생아편, 의료용 아편말, 흡연용 아편으로 나뉘는데, 아편말은 생아편을 가루로 만들어 모르핀의 함량을 10%로 조절한 갈색의 가루 형태이며, 흡연용 아편은 생아편을 물에 녹여 찌꺼기를 제거하고 증발, 농축시켜 액상으로 만든 것이다. 양질의 아편에는 모르핀이 9~14% 정도 함유되어 있는데, 모르핀은 19세기 초에 의약품으로 분리되어 주로 급만성 통증의 완화와 진정을 위해 쓰인다. 모르핀은 보통 정맥 주사 방법으로 인체에 투여되며, 남용할 경우 아편보다 더 강한 중독성과 금단 현상을 일으킨다. 헤로인도 아편 계통의 약물이며, 모르핀으로부터 만들어진 디아세틸모르핀이다. 헤로인은 1874년 영국에서 최초로 합성되었으며, 1895년 독일의 바이엘 제약회사에 의해 처음으로 제조 판매되었다. 헤로인의 어원은 '영웅적인'을 의미하는 독일어 'heroisch'에서 유래되었으며, 성상은 무색무취의 분말 형태이다. 제조 방법에 따라 다양한 색상을 띠며, 코로 흡입하거나 주사 또는 흡연의 방법으로 남용된다. 영국 등의 국가에서 의료용 마취제, 진통제, 진해제로 사용되며, 모르핀에 비해 수배나 강한 약효로 인해 오남용할 경우 심각한 부작용이 초래되기 때문에 현재 우리나라에서는 의료용으로조차 사용이 완전히 금지된 마약이다. 그 외 아편 계통의 약물로서 코데인, 테바인, 옥시코돈, 하이드로모르핀 등이 있으며, 이들은 헤로인에 비해 약효가 약하다.

둘째, 코카 계통의 약물로는 코카나무 잎에서 채취한 코카인이 대표적이다. 코카나무는 주로 페루, 볼리비아, 콜롬비아 등 안데스산맥의 고산 지대에서 자생하며, 코카잎 성분의 0.6~1.8%가 코카인이다. 코카인은 코로 흡입, 흡연, 정맥 주사를 통해 남용되거나 음료에 녹인 상태로 음용된다. 코카인은 1862년부터 의료용 국부 마취제로 사용되었으나, 남용할 경우 벌레가 몸 위를 기어다니는 느낌과 같은 특유의 환각 작용과 공격적 행동을 유발한다. 코카인 남용의 부작용으로서 영양 장애, 우울증, 불안감, 수면 장애, 만성 피로, 정신 장애 등이 발생한다. 코카인을 베이킹 소다와 혼합하여 만든 덩어리 형태의 크랙 코카인은 1985년경 미국의 뉴욕, 로스앤젤레스, 마이애미 등지에서 널리 사용되었다. 크랙 코카인은 가열을 통한 연기 형태로 흡입하는 방식이며, 코카인에 비해 가격이 훨씬 저렴하고 효과가 신속하지만, 약효의 지속 시간이 매우 짧아서 사용자의 과량 사용에 의한 중독성이 매우 높으며, 중독자는 뇌혈관 손상으로 사망할 수도 있다.

셋째, 대마 계통의 약물로는 온대 기후 지역에 서식하는 대마초가 대표적이다. 대마는 삼베의 원료가 되기 때문에 허가받아 농가에서 재배하기도 하고, 간혹 야생에서도 발견된다. 대마초는 한때 국내의 연예인, 유흥업소 종사자 등 특정 직업에 종사하는 사람들에게 남용된 적이 있다. 대마초는 외국에서 마리화나 또는 카나비스라는 이름으로 통용되는데, 가공되지 않은 대마초를 카나비스라고 부른다. 대마초는 대마의 꽃, 잎, 이삭을 말린 담배 형태로 흡연을 통해 남용된다. 민간에서는 대마초를 진통제, 경련 진정제로 사용하였으며, 약리 효과는 흥분과 억제 두 가지 작용을 모두 가지며, 다량 흡입하면 환각 증상이나 정신 이상 증세가 나타난다. 대마초는 다른 약물에 비해 접근이 용이하고, 중독 증세의 강도가 약하기 때문에 약물남용자가 처음 접하기 쉬운 가장 낮은 수준의 약물로 취급되며, 더 강한 약물을 남용하기 위한 관문으로 여겨진다. 대마로부터 채취된 대마 수지를 건조한 후 압착하면 해쉬쉬가 만들어지는데, 이는 파키스탄, 아프가니스탄, 레바논 등의 중동 지역과 동남아, 인도, 멕시코, 아프리카에서 주로 생산된다. 증류 공정을 반복하여 해쉬쉬를 고도로 농축하면 해쉬쉬 오일이 되는데, 이것 한두 방울이 대마초 담배 한 개비의 효과와 맞먹는다.

2) 합성 약물

합성 약물은 천연 약물에 비해 훨씬 많은 종류(70종 이상)가 존재하지만, 사용 빈도가 높은 약물은 단 몇 종류로 한정된다. 메스암페타민, LSD, 바르비튜레이트(Barbiturate), GHB(GBL gamma-buturolactone, 속칭 물뽕)가 대표적인 합성 약물이다.

첫째, 메스암페타민은 1919년에 처음으로 합성되었으며, 정맥 주사를 이용하여 체내에 주입하는 것이 일반적이다. 그 외에도 술이나 음료수 등 액체에 녹여서 복용, 코를 통한 분말 흡입, 열을 가하여 가스를 흡입, 상처를 내어 바르는 등 다양한 방법으로 남용된다. 메스암페타민은 신체적 의존성은 없으나, 사용자에게 거대한 쾌감과 황홀감을 주기 때문에 정신적 의존성이 매우 강하다. 이 약물은 식욕을 억제하는 효과가 있어 다이어트 목적으로 이용되기도 한다. 메스암페타민을 반복 사용한 중독자는 처음 사용 후 약 3개월 시점부터 환각과 망상을 동반한 정신 장애에 빠지게 된다. 국내에서 유통되는 암페타민류의 합성 마약으로는 엑스터시(속칭, 도리도리)와 야바가 있으며, 이 약물들은 미국, 유럽, 한국 등지에서 테크노 음악과 함께 최근에 급속히 퍼진 약물이다.[2]

둘째, LSD는 강력한 합성 약물이며, 매우 소량으로도 환각 작용을 일으킨다. LSD는 흰색의 무색, 무미, 무취이며, 분말이나 정제 또는 맑은 액체 형태로 이용된다. 약리효과는 메스암페타민에 비해 환각과 중독 증세가 강하며, 심지어 자기 모습을 제3자의 시선으로 관찰할 수 있다는 환각에 빠지거나, 음악에서 색채감이나 맛을 느낄 수 있다는 착각을 일으킨다.

셋째, 바르비튜레이트는 불안감과 긴장을 완화하는 효과로 인해 수면제, 진정제, 최면제, 항불안제, 항우울제 등으로 사용된다. 이 약물의 신경 안정 효과를 위한 과다 복용은 호흡 부전, 혈압 저하, 심정지 등을 유발하여 사용자가 사망할 수 있다. 일부 국가에서는 이 약물을 안락사에 사용하고 있으며, 미국에서 발생하는 자살의 약 6%가 이 약물의 남용에 의한 것으로 알려졌다.

넷째, GHB 역시 엑스터시와 함께 청소년이 많이 사용하는 약물이다. GHB를 음료수나 술에 몇 방울 떨구어 마시면 10~15분 이내에 기분이 좋아지고, 몸이 이완되며, 평온한 느낌이 들게 된다. 이 약물은 데이트를 가장한 성범죄에 많이 사용된다. 즉, GHB를 탄 음료를 여성이 마시면 10분 이내에 쓰러진 후 약 5시간 동안 의식을 잃게 되며, 남성은 이때 여성에게 성범죄를 범할 수 있다. 2019년에 한국에서 발생한 '버닝썬 게이트' 사건이 GHB를 이용한 대표적인 성범죄 사건이다. GHB는 특성상 섭취 후 24시간 이내에 소변과 함께 인체에서 배출되기 때문에 사후 추적이 매우 어렵다.

---

2 이 약을 먹고 머리를 좌우로 흔들면 큰 황홀감을 느낀다고 하여 일명 '도리도리'로 불리며, 실제로 테크노 댄스 클럽에서 열리는 레이브 파티에 이 약물이 필수적으로 이용된다고 한다. 특히 엑스터시의 가격이 상대적으로 저렴하여(한 알에 5만 원 정도) 청소년이 많이 남용하고 있다. 국내에서도 최근에 외국인과 여대생, 교포 고교생이 홍대와 압구정동 주변의 유흥가에서 엑스터시를 복용하고 레이브 파티를 열다가 적발된 사례들이 있으며, 또한 미스코리아 출신 연예인 S양을 비롯한 많은 연예인이 엑스터시를 복용한 것이 밝혀져 구속된 바 있다.

3) 대용 약물

일반적으로 마약이라고 불리는 약물은 가격이 비싸기 때문에 청소년이 구입하기 쉽지 않다. 이 때문에 청소년은 고가의 마약을 대신할 수 있는 대용 약물을 찾는데, 청소년이 주로 사용하는 대용 약물로는 본드, 신나, 부탄가스, 수면제, 각성제 등이 있다. 이러한 물질은 고유의 사용 목적이 명확하며, 마약류에 해당하지 않지만, 오남용 시 환각 증상을 일으키는 화학 물질이다.

청소년이 사용하는 대용 약물은 유기 용제류, 각성제나 수면제 등의 알약류, 주류 및 담배류로 분류할 수 있다. 술과 담배를 제외한 두 가지 물질의 특성은 다음과 같다. 첫째, 유기 용제류에는 본드, 가스, 휘발유, 신나, 아교, 에어로졸, 스프레이, 락카 희석제, 매니큐어 제거제, 라이터액, 드라이크리닝액, 타자 수정액 등이 포함된다. 유기 용제가 발산하는 휘발 성분이 구강과 호흡기를 통해 체내에 들어오면 뇌를 자극하여 흥분 및 환각 작용 등을 일으킨다. 유기 용제류를 장기간 반복적으로 사용하면 내성이 생길 수 있으며, 이 경우 사용자는 사용 초기와 같은 환각을 느끼기 위해서 더욱 많은 양을 흡입하게 된다. 결과적으로, 유기 용제류의 반복적·지속적 사용은 신체적·정신적 의존성을 유발할 수 있으며, 심한 경우 뇌의 영구적 손상을 일으킬 수 있다(이훈규·이경재, 1996; 주왕기, 1996).

둘째, 알약이나 액상 약물 또는 앰플 형태로 국내에서 유통되는 다양한 향정신성의약품은 용도에 따라서 각성제(흥분제: 타이밍, 나이트, 에스나인, 레그린, 하트나인 등), 진정제(안정제: 아티반, 바리움, 세코날, 바르비탈류,[3] 벤조디아제핀류,[4] 루미날 등), 진통제(폰날, 세다핀, 누바인/염산날부핀,[5] 카리소프로돌/S정,[6] 프로포폴,[7] 메사돈, 모르핀, 코데인, 데메롤 등), 진해제(덱

3 가장 일반적으로 사용되는 수면 진정제로서 적은 양으로도 진정 작용을 일으키며, 걱정이나 긴장감을 없애 준다. 장기간 사용 시 기분 저하, 불면증, 기억 상실, 성격 변화 등의 부작용을 일으킬 수 있다(정희선, 1997).

4 국내에서는 플루니트라제팜, 로라제팜, 클로나제팜, 디아제팜 등이 이 약물에 속한다.

5 강한 진통 작용을 하며 주로 병원에서 마취제로 사용되고 있었으나, 1991년 이후 히로뽕 남용자들이 히로뽕을 구하기 어려워지자, 히로뽕 대신 날부핀을 남용하는 사례가 증가하였다. 날부핀은 규정량의 20배 정도 복용하면 환각 증상을 유발하는데, 이 약물을 습관적으로 복용하면 식욕 저하, 몸무게 감소, 오한 등의 부작용이 나타난다.

6 근육통 등에 쓰이는 근육 이완제로서 시판되고 있으며, 화학 구조 자체가 아편을 정제한 모르핀계 마약과 유사하고, 약효 또한 모르핀의 일종인 코데인과 비슷하며. 다량 복용 시 환각 작용이 발생한다. 최근에 청소년이 남용하는 것으로 알려졌고, 부작용으로는 혼수상태, 쇼크, 호흡기 마비 등이 있으며, 교통사고 발생 시 운전자에게서 검출되는 경우도 있다. 보건복지부는 2003년 3월 18일 러미나와 함께 이 약물을 마약류로 지정하였다(문화일보 2003.3.18).

7 벤젠 계통의 화합물로서 수면 마취제로 쓰이는 우유빛의 정맥 주사용 액체인데, 이 약물의 오남용이 사회 문제로

스트로메토르판/러미나/루비킹/덱시판,[8] 지놀타, 지페프롤[9] 등), 항히스타민제(이빌, 프라콩, 페니라민 등), 식욕 억제제(푸링가, 푸링가올, 라식스 등), 수면제(세코날, 달마돔, 자메로 등) 등으로 분류할 수 있다(김준호 · 박정선, 1995 참조; 정희선, 1997). 특히 프로포폴은 최근 유명 인사들이 상습적으로 오남용하여 큰 사회 문제가 되었다.

<표 11-1>은 청소년이 오남용하는 주요 약물들에 대한 규제 법규와 약리 효과를 요약한 표이다.

• 표 11-1 • 청소년이 오남용하는 주요 약물의 종류·관련 법규 및 독성

구분	종류	약리학적 분류	법적 분류	투여 방법	신체적 증상 및 행동	독성
억제제 (진정제, 수면제)	Barbiturates Phenobarbital Amytal Seconal Nembutal Tuinal	중추 신경 억제제	마약류 관리에 관한 법률	경구, 주사	동공 축소, 취한 행동, 말더듬, 사고 산만, 억제, 졸리움, 멍청함, 과량 사용 시 무의식, 혼수, 호흡 마비로 사망	정신적 의존, 신체적 의존, 오판과 조정력 상실에 의한 위험, 금단 증상, 신장 장애, 뇌손상, 간장 장애, 과량 사용 시 사망(술과 함께 복용 시 상승 작용)
신경 안정제	Valium Librium Ativan Quaalude	중추 신경 억제제	마약류 관리에 관한 법률	경구	중추 신경 억제제와 유사한 평온, 즐거움과 안정감, 발한, 감정 억제, 정신적 침체, 배뇨 장애, 노여움, 긴장, 불안, 정신적 흥분, 언어 장애	억제제와 유사(그러나 보다 강함), 정신적 · 신체적 의존, 술, 마약, 수면제와 겸용 시 상승 효과, 시각 장애, 현기증, 졸림, 금단 증상(흥분, 오심, 감정 억제, 경련 등)

대두되자 정부에서는 2011년부터 마약류로 지정하여 관리하고 있다. 특히 2009년에는 유명 팝가수인 마이클 잭슨이 프로포폴 남용으로 사망하였다.

8 비마약성 진해제이며, 원래는 진통제로 알려졌지만 진통 효과는 거의 없다. 과량 복용해도 비교적 안전하다고 알려졌지만, 부작용으로서 환각, 불면증, 정신병 등이 올 수 있다. 이 약물의 환각 작용이 국내 청소년에게 널리 알려져 오남용되고 있으며, 과도하게 복용하여 사망한 사례도 11건이나 된다.

9 비모르핀계 진해제로 과량 복용하면 환각 작용이 나타나며, 신체적 중독성은 없지만 과량 복용하면 사망에 이르기도 한다. 국내에서도 이 약물의 과다 복용으로 인한 청소년 사망 사건이 1991년 이래 70여 건이나 발생하여 사회 문제가 되었으며, 1995년부터 향정신성의약품으로 지정되어 통제되고 있다. 1995년 3월 불법 약물 투약 여부를 단속하기 위해 인천을 중심으로 242명의 소변을 채취하여 시험한 결과, 74명에게서 지페프롤이 검출되어 투약률 1위를 기록하기도 하였다.

흡입제 (본드 · 가스)	Toluene Hexane Acetone Gasoline Thinner	중추 신경 억제제	유해과학 물질관리법, 청소년 보호법	흡입	술과 유사함, 동공 축소, 혼수, 언어 장애, 현기증, 도취감, 시각과 청각 왜곡, 환각 작용이 있다고 함, 콧물, 눈물, 침, 근조절 장애, 취한 행동, 성냄, 흥분, 졸리움, 무의식	정신적 의존, 판단 장애로 오는 위험, 공격적 행위, 반사회적 행동, 간장 장애, 심장 장애, 골수 장애, 영구적 뇌손상 가능, 식욕 감퇴, 체중 저하, 사망
술	Wine Beer Whiskies	중추 신경 억제제	청소년 보호법, 미성년자 보호법	경구	음주량과 개인의 정서적 상태에 따라 효과가 다름. 위통, 위염, 오심, 구토, 이뇨, 영양 장애, 각종질환, 불안, 긴장, 공포, 호전성	신체적 의존, 정신적 의존, 조정력 상실, 감상적 · 공격적 상태 등으로 인한 위험, 사망(수면제와 혼용하면 더욱 위험), 위염, 간경화, 췌장염, 반사회적 행동, 뇌손상, 각종 장기 손상
담배	Cigarettes Cigars Pipe-Tobacco Chewing-tobacco Snuff	중추 신경 흥분제	청소년 보호법, 미성년자 보호법	흡입	타액 증진, 기관지 분비 증진, 혈압 상승, 심박수 증가, 동공, 용량의 증가로 진전, 구토 호흡 증진이 옴	폐암, 구강암, 후두암, 만성 기관지염, 폐기종, 심장 질환, 혈관 질환, 공기 오염

출처: 이훈규 · 이경재. 1996: 31-32에서 재작성.

③ 약물범죄 청소년의 유형

약물범죄는 일반적으로 두 가지의 하위 유형으로 구분된다. 첫 번째 유형은 투약 범죄로, 투약자가 가해자이면서 동시에 피해자가 되는 경우이다. 마약 투약을 반복적 · 지속적으로 행하며, 폭력 · 재산 · 풍속 범죄를 동반한다. 두 번째 유형은 약물 제조 · 유통 범죄로서, 전문가에 의해 행해지는 전형적인 조직범죄이다. 국제성을 띠는 광역 범죄이며 한번 가담하면 범죄 조직에서 벗어나기 어렵고, 간혹 공무원이 가담한 경우도 있으며, 첫 번째 유형보다 사회에 미치는 파급력이 크다. 이 두 가지 약물범죄 유형은 상호 배타적이지만, 중복되어 발생하는 경우가 흔하다. 즉, 자신이 약물 투약자이면서 약물을 중개하거나 소매하는 역할을 겸하는 경우가 많으며, 특히 청소년에게서 이런 경향이 강하게 나타난다.

시겔(Siegel, 1991)은 약물범죄를 범하는 청소년의 역할, 생활양식, 행동 패턴에서 파악된 다양성을 바탕으로 다섯 가지 하위 유형으로 분류하였다. 첫째, 소량의 약물을 판매하는 청소년으로, 소량의 약물을 투약하는 동시에 공급도 하지만, 심각한 비행에는 가담하지 않는다. 자신이 사용할 약물을 마련하기 위해 친구 및 친인척 등 자신의 주변 인물에게 가끔씩 마리화나, 아이스(Ice), PCP 등을 판매한다. 이런 유형의 청소년은 자신을 심각한 약물 중독자로 생각하지 않으며, 또한 정상적인 학교생활을 유지하기 때문에 형사사법기관을 출입하는 경우가 거의 없다.

둘째, 약물을 자주 판매하는 청소년으로, 여러 종류의 약물을 투약하는 경향이 있으며, 성인 약물 공급자와 청소년 약물 사용자 사이를 연결하는 역할을 한다. 첫 번째 유형의 청소년이 매우 사적인 관계에서 약물을 판매하는 것에 비해, 이들은 종종 학교나 지역사회의 공공장소에서 약물을 판매하기도 하지만, 정기적이고 공개적으로 판매하지 않기 때문에 적발의 가능성이 낮은 편이다.

셋째, 다른 비행도 범하는 청소년 약물 딜러로, 자신이 약물을 투약하는 동시에 다양한 약물을 판매하며, 재산 및 폭력 범죄에 가담하는 유형이다. 미국에서 이들은 청소년 인구의 2%에 불과하지만 전체 강도 및 폭행 건수의 40%를 차지하며, 전체 청소년 절도 및 약물 판매의 약 60%를 차지한다. 상위 딜러에 의해 거리에서 약물을 판매하는 판매원으로서 처음 고용되는데, 3~12명 정도의 청소년이 함께 고용되어 하나의 그룹으로 활동한다. 그룹 내 역할은 망보기, 약물 구매자 물색, 보디가드로 구분된다. 이런 유형의 청소년은 헤로인과 같이 중독성이 강한 약물을 투약하지 않는 경우가 많고, 약물을 전혀 사용하지 않는 청소년 약물 딜러도 있다. 또한 이런 유형의 청소년은 약물을 판매하며 절도 및 강도를 범하기도 한다. 이들 중 대부분은 약물 거래를 잘못하여 약물 판매를 중단하거나 약물 중독자가 되지만, 일부는 경찰에 검거되지 않고 매우 성공적으로 약물 판매를 하여 상위 딜러의 신임을 얻고 재산상의 큰 이익을 취하기도 한다.

넷째, 교정 시설에 주기적으로 들락거리며 범죄행위를 지속하는 청소년으로, 약물 판매와 범죄 모두 실패한 청소년이다. 이런 유형의 청소년은 대개 심각한 수준의 약물 중독자이며, 갱에 가입하지 않고 기회에 따라 즉흥적으로 범죄를 범하기 때문에 경찰에 체포될 가능성이 매우 높다. 따라서 이들은 상위 딜러에게 신뢰를 주지 못하며, 단지 망을 보는 정도의 하찮은 역할만 부여받는다. 더욱이 이들의 서투른 행동과 섣부른 범죄 행동으로 인해 조직의 범죄가 발각될 가능성이 높아서 상위 딜러의 불신 대상이 된다.

다섯째, 성인이 되어서도 범죄를 지속하는 청소년으로, 성인이 된 후에도 약물남용과 범죄에 가담하는 유형이다. 약물을 남용하는 청소년의 약 2/3 정도가 성인이 되어서도 약물남용을 지속하지만, 그중 1/2 정도는 성인기 이후 약물남용을 멈춘다. 성인이 된 후에도 약물남용과 범죄를 지속하는 사람들의 인구·사회학적 특성을 살펴보면, 대부분은 하류 계층에 속하고, 가족 중에 전과자가 있으며, 상대적으로 범죄경력에 일찍 진입하고, 다양한 약물을 남용하며, 범죄를 빈번히 범하는 경향이 있고, 교육 수준도 낮은 편이다.

SECTION 02 청소년의 약물남용 실태

이 절에서는 한국 청소년의 약물남용 실태를 공식통계 자료와 자기보고식 조사 결과를 통해 파악하고자 한다.

1 공식통계 및 단속 사례에 나타난 실태

우선, 대검찰청의 통계자료인 『범죄분석』에 보고된 청소년 약물남용 실태에 대해 살펴보고자 한다. 2023년 대검찰청의 집계에 의하면, 필로폰, 대마초, 아편 등의 약물을 규제하는 「마약류 관리에 관한 법률」을 위반한 청소년은 797명으로 전년 대비 595명 증가하였고, 2007년 이래 최다 인원을 기록하였다(표 11-2). 지난 5년간 같은 법률을 위반한 청소년은 2018년 58명, 2019년 85명, 2020년 135명, 2021년 182명, 2022년 202명으로 집계되었다. 2007년에는 7명으로 집계되었으나 2008년 23명, 2009년 28명으로 증가하였고, 2010년 18명, 2011년 9명, 2012년 10명으로 감소하였다. 이후 매년 증가하여 2015년에는 56명으로 집계되었으나, 2016~2017년에 다시 감소하였다가 2018년부터 증가하고 있다.

「화학물질관리법」을 위반한 청소년은 2023년 5명으로 전년 대비 2명 감소하였고, 2007년 이래 최소 인원으로 집계되었다(표 11-2). 지난 5년간 같은 법률을 위반한 청소년은 2018년 90명, 2019년 76명, 2020년 26명, 2021년 13명, 2022년 7명으로 집계되었다. 2007년에는 188명으로 집계되었고, 2008년 435명, 2009년 505명, 2010년 847명, 2011년 1,114명으로 대폭 증가하였으나, 2012년부터 감소하고 있다.

• 표 11-2 • 청소년 약물 사범 추이

구분	마약류 관리에 관한 법률	(유해)화학물질관리법
2007	7	188
2008	23	435
2009	28	505
2010	18	847
2011	9	1,114
2012	10	1,014
2013	26	460
2014	49	168
2015	56	212
2016	44	282
2017	43	201
2018	58	90
2019	85	76
2020	135	26
2021	182	13
2022	202	7
2023	797	5

출처: 대검찰청, 범죄분석 각 연도

지난 10년간 「마약류 관리에 관한 법률」을 위반한 청소년 마약류 사용 유형을 살펴보면, 2021년을 제외하고는 향정신성의약품의 비율이 가장 높았고, 다음 순으로 대마, 마약이 파악되었다(표 11-3). 2020년에는 향정신성의약품, 마약, 대마 순으로, 2021년에는 마약, 향정신성의약품, 대마 순으로 파악되었다. 2023년에는 향정신성의약품이 733명(91.97%)으로 가장 많았고, 대마 58명(7.28%), 마약 6명(0.75%) 순으로 조사되었다.

지난 10년간 「마약류 관리에 관한 법률」을 위반한 청소년의 연령별 분포를 살펴보면, 2014년을 제외하고는 18세의 비율이 가장 높았고, 연령이 낮을수록 인원수가 적어졌다. 2023년에는 18세가 203명(25.47%)으로 가장 많았고, 16세 166명(20.83%), 17세 165명(20.70%), 15세 134명(16.81%), 14세 129명(16.19%) 순으로 조사되었다(표 11-3).

• 표 11-3 • 유형·연령별 청소년 마약류 사범 현황

구분	전체 마약류 사범	청소년 마약류 사범					
		14세	15세	16세	17세	18세	합계
2014	6,882	2	4	10	19	14	49
대마	909	0	1	7	10	6	24
마약	622	0	0	0	0	0	0
향정신성의약품	5,351	2	3	3	9	8	25
2015	8,876	0	1	7	21	27	56
대마	933	0	0	3	8	7	18
마약	1,047	0	0	0	0	0	0
향정신성의약품	6,896	0	1	4	13	20	38
2016	9,989	1	3	10	13	17	44
대마	1,056	1	0	1	1	4	7
마약	1,305	0	0	0	0	0	0
향정신성의약품	7,628	0	3	9	12	13	37
2017	10,361	0	3	5	13	22	43
대마	1,315	0	1	2	4	9	16

마약	1,346	0	0	1	1	0	2
향정신성의약품	7,700	0	2	2	8	13	25
2018	9,003	1	3	6	19	29	58
대마	1,189	0	0	0	6	11	17
마약	1,349	0	0	1	1	0	2
향정신성의약품	6,465	1	3	5	12	18	39
2019	11,246	2	3	6	24	50	85
대마	1,963	0	0	0	9	19	28
마약	1,497	0	0	1	0	0	1
향정신성의약품	7,789	2	3	5	15	31	56
2020	13,273	2	7	25	32	69	135
대마	2,340	0	1	1	7	14	23
마약	2,000	0	0	8	9	20	37
향정신성의약품	8,933	2	6	16	16	35	75
2021	11,268	5	4	22	61	90	182
대마	2,264	2	2	2	6	9	21
마약	1,454	0	0	8	30	45	83
향정신성의약품	7,550	3	2	12	25	36	78
2022	13,422	24	26	35	44	73	202
대마	2,447	0	1	2	5	8	16
마약	2,115	0	0	0	1	10	11
향정신성의약품	8,860	24	25	33	38	55	175
2023	19,636	129	134	166	165	203	797
대마	2,382	1	1	6	12	38	58
마약	3,821	1	0	1	0	4	6
향정신성의약품	13,433	127	133	159	153	161	733

출처: 대검찰청, 범죄분석 각 연도.

지난 10년간 「유해화학물질관리법」을 위반한 청소년의 연령별 분포를 살펴보면, 2014년부터 2016년까지, 마약류 사범과는 달리, 대체로 낮은 연령대의 청소년이 높은 비율을 보인다(표 11-4). 2016년에는 15세가 122명(43.26%)으로 가장 많았고, 16세 90명(31.91%), 17세 34명(12.06%), 14세 이하 19명(6.74%), 18세 17명(6.03%) 순으로 조사되었다. 2017년에는 16세가 53명(26.37%)으로 가장 많았고, 17세 48명(23.88%), 15세 39명(19.40%), 14세 이하 38명(18.91%), 18세 23명(11.44%) 순으로 조사되었다. 2018~2019년에는 17~18세 청소년의 비율이 높았고, 2020~2021년에는 14~15세 청소년의 비율이 높았으며, 2022~2023년에는 18세 청소년의 비율이 높은 것으로 나타났다. 종합적으로, 「유해화학물질관리법」을 위반한 청소년의 총합은 2016년 이후로 점차 감소하고 있으며, 연령별 분포에는 일정한 패턴이 파악되지 않았다.

• 표 11-4 • 연령별 유해화학물질관리법 위반 현황

연도	전체	14세 이하	15세	16세	17세	18세	청소년 합계
2014	624	33	43	33	42	17	168
2015	703	0	57	78	53	24	212
2016	842	19	122	90	34	17	282
2017	844	38	39	53	48	23	201
2018	583	17	18	15	18	22	90
2019	874	11	7	12	29	17	76
2020	929	6	5	4	3	8	26
2021	605	2	4	4	2	1	13
2022	582	1	1	0	1	4	7
2023	514	0	1	0	0	4	5

출처: 대검찰청, 범죄분석 각 연도

이상의 공식통계 자료만으로 한국의 청소년이 어떤 약물을 사용하였는지 구체적으로 파악하는 것은 불가능하다. 그러므로 정보습득 대체 수단으로서, 단속에 적발된 사례나 유통 실태를 보도한 신문기사를 참고할 필요가 있다. 예로서 1994년, 1995년, 2001년

각 연도에 보도된 신문 기사를 통해 대용 약물인 염산날부핀이 대량으로 밀거래되어 사회 문제가 되었다는 것을 알 수 있다. 즉, 병원에서 진통제로 사용되는 날부핀이 부도덕한 제약회사와 약국을 통해 시중에 대량으로 유통되어 오남용 약물이 된 것이다.[10] 또한 러미나와 S정 같은 대용 약물이 도매 약국에서 음성적으로 대량 거래되었다. 이러한 약물은 유흥업소 접대부나 성매매하는 청소년이 부끄러움을 잊기 위해 또는 성적 만족을 위해 복용하는 것으로 알려져 있다.[11] 이처럼 러미나와 S정의 오남용이 사회문제로 대두되자, 2003년 2월 서울지검 마약 수사부는 러미나와 S정을 불법으로 제조하여 시중에 대량 유통시킨 혐의로 적발된 H사와 M사 등 2개 제약회사의 20억 원대 약물 판매 수익에 대해 국세청의 협조를 얻어 압류 조치하였으며, 동년 3월에는 이들 약물을 마약류로 분류해 규제하기로 하였다.

시중에서 많이 판매되고 있는 해열 진통제인 게보린도 청소년에게 조퇴 약이나 다이어트 약으로 잘못 알려져 오남용된 사례가 보도된 바 있다. 2010년 청소년 사이에 게보린

---

10 당시의 신문 기사 내용은 다음과 같다. 최근 급속하게 번지고 있는 대용 마약 '염산날부핀'이 지난 1월 향정신성 의약품으로 지정된 뒤에도 일부 영세 제약회사를 통해 광범위하게 밀거래되는 것으로 밝혀져 대책 마련이 시급하다. 서울지검 강력부는 16일 반도제약 사장 박모(48)씨 등 2명을 마약류 관리에 관한 법률 위반과 약사법 위반 혐의로 구속기소하고, 이 회사와 명문제약을 벌금 1,000만 원과 500만 원에 약식 기소했다. 검찰에 따르면 박씨 등은 지난 1월부터 3월까지 날부핀 40만 앰플을 밀매업자인 김모(30. 구속)씨 등에게 불법으로 판매, 4억 원을 챙긴 혐의를 받고 있다. 날부핀은 산부인과에서 주로 쓰이는 진통제로 의사의 처방전이 있어야 약국에서 구입할 수 있는 전문 의약품. 그러나 모르핀의 2.3배나 될 만큼 강력한 효과 때문에 최근 대용 마약으로 급속하게 확산되고 있다. 금단 증세도 심해 실제 검찰에 적발된 한 중독자는 조사를 받으면서도 날부핀을 한 차례만 투약해 주면 모든 것을 다 털어놓겠다고 매달렸다는 후문이다(세계일보 2001.4.17.).

11 다음은 대용 약물에 관한 신문 기사이다. 17일 밤 10시 서울 중구 남대문로 5가 속칭 '약골목'. 어두운 골목길 구석에서 40~50대로 보이는 10여 명의 남녀가 제각각 한두 사람의 행인과 마약 대용 약물인 '러미나'가 담겨 있는 하얀 봉지와 현금 뭉치를 교환했다. "70알에 만 원이야. 약 얼마나 필요해?" 40대 여자가 조용히 접근하며 말을 건넸다. 3만 원어치를 요구하는 기자에게 그는 "고등학생이나 노숙자들 빼고는 5만 원 이하로 사는 사람은 거의 없다"며 "한 번에 10만 원, 20만 원어치가 보통이고 백만 원 단위로 사가는 사람도 많다"고 말했다. 18일 오전 1시 서울 동대문구 전농 2동 '청량리 588' 윤락가에서 만난 50대 포주는 "약물 판매상이 한 달에 한두 번 방문해서 아가씨들에게 한 번에 70~100만 원 단위로 거래하는 경우가 대부분"이라며 "최근 단속이 심해지자 우선 전화로 접선하는 등 거래가 은밀해지고 있다"고 말했다. 지난해 10월부터 검찰이 '러미나'와 'S정' 불법 제조·판매를 단속했지만 서울 남대문, 인천 등지의 '게릴라 판매상'은 여전히 활개를 치고 있다. 마약에 비해 가격이 10%에 불과하고, 복용해도 처벌받지 않았기 때문에 수요가 폭증한 것. 검찰은 과거 약만 팔던 '약아줌마'들이 최근에는 제조까지 하는 것으로 보고 있다. 검찰은 윤락업소 종사자를 비롯해, 10대 청소년과 노숙자의 상당수가 약물 중독 상태이고 그 수가 무려 30여만 명에 달하는 것으로 추정하고 있다. 지난해 7월 전북 전주에서 이모(34)씨는 '러미나'를 100알이나 먹고 환각에 빠져 "자신은 조물주", "어머니는 악마"라며 흉기로 어머니를 수십 차례 찔러 숨지게 했다(문화일보 2003.3.18.).

10알을 먹으면 열이 나고 구토하게 되어 학교에 결석하거나 조퇴할 수 있다는 소문이 돌면서 오남용한 사례가 보도되었고, 2011년에는 게보린 5알 이상을 삼키면 먹은 것을 모두 토해서 다이어트에 도움이 된다는 소문이 돌아 여학생이 게보린을 오남용한 사례가 보도되었다.[12] 현재는 인터넷이나 소셜 네트워크 서비스(SNS)가 마약을 쉽게 구입할 수 있는 수단으로 이용되고 있어 청소년 마약 사범 증가의 원인이 되고 있다.[13]

2023년 서울 강남구에서 발생한 필로폰 음료 사건(일명 대치동 학원가 마약 음료 협박 사건)은 불특정 다수를 향한 대표적인 마약류 범죄 사례이다. 이 사건에서 공식적으로 13명의 청소년이 마약 음료를 마시게 되었고, 이 학생의 학부모는 마약 공급책으로부터 협박을 받았으며, 최소 11명 이상의 미집계된 피해자를 포함하여 다수의 준법시민이 부지불식간 마약 사용자와 범죄 피해자가 되었다.[14]

② 자기보고식 조사에 나타난 실태

약물범죄는 피해자 없는 범죄의 대표적인 유형으로서, 신고율이 현저히 낮기 때문에 공식통계 자료를 통해서는 정확한 실태를 파악하기 어렵다. 따라서 자기보고조사를 통해서 청소년 약물남용의 실태를 파악할 필요가 있다. 주목할 만한 자기보고조사 자료로는 1989년부터 정기적으로 조사한 청소년의 약물남용 실태에 대한 추세 연구가 있다(표 11-5).

이 조사는 청소년 관련 정부 부처에서 용역 연구 형식으로 추진하여 국내의 다수 연구진에 의해 1989년, 1991년, 1993년, 1996년, 1999년, 2002년에 각각 진행되었고, 2005년 이후에는 매년 조사가 진행되다가 2012년 이후부터 2년마다 진행되었다. 2016년에는 기존의 청소년 유해환경 접촉 종합 실태조사와 청소년 매체 이용 실태조사를 통합·개편

12 "게보린을 5알 이상 삼키면 먹은 걸 전부 토하고 설사하게 돼 살이 2kg은 빠진다고 하더라구요." 10일 낮 서울의 한 여고 앞에서 만난 여학생은 이른바 '게보린 다이어트'에 대해 이렇게 설명했다. 실제로 서울 노원구 상계동의 한 병원엔 최근 여중생 김모(15) 양이 게보린 7알을 먹고 의식이 흐려져 병원에 실려 왔다(한국일보 2011.10.11.).

13 인터넷을 이용한 마약류 거래가 용이해지면서 '허브 마약'과 같은 신종 마약류 유통도 증가 추세다. 허브 마약은 허브 식물에 중독성과 환각 효과가 있는 화학 제품 가루를 뿌려 말린 뒤 흡입하는 마약이다. 3g당 5만-15만 원 수준으로 다른 마약과 달리 싸고 구입이 쉬워 중고등학생까지 구입해 흡입하는 실정이다(조선일보 2015.8.10.).

14 국가정보원은 작년 4월 캄보디아 프놈펜에서 검거된 '강남 학원가 마약 음료 사건'의 필로폰 공급총책 A씨(중국인·39세)에게 캄보디아 1심 법원이 징역 26년의 중형을 선고했다고 밝혔다(국가정보원 2025.01.23.).

하여 청소년 매체 이용 및 유해환경 실태조사를 실시하였다.

이 추세 연구는 재학 중인 청소년, 근로 청소년(1999년 이전), 비행 청소년(2012년 이전)에 대해 각각 진행되었다. 비행 청소년은 주로 소년원생, 가출청소년, 학교 부적응 청소년으로 구성되었다. 조사 대상 약물은 국내에서 청소년이 접할 수 있는 술, 담배, 수면제, 각성제, 진통제, 본드, 가스, 대마초, 마약, 히로뽕 등이다.

• 표 11-5 • 청소년 약물남용에 대한 실태 조사 현황

시행 연도	연구사업명	연구기관
1989	청소년 약물남용 실태와 예방	이화여대 한국문화연구원(체육청소년부)
1991	청소년 약물남용 실태 조사	연세대 보건대학원(체육청소년부)
1993	청소년 약물남용 실태와 대책 연구	한국청소년학회(문화체육부)
1996	청소년 약물남용 실태와 예방 대책 연구	한국청소년학회(문화체육부)
1999	청소년 유해환경 접촉 종합 실태 조사	데이터리서치(주)(청소년보호위원회)
2002	청소년 유해환경 접촉 종합 실태 조사	한국청소년개발원(청소년보호위원회)
2005, 2006, 2007	청소년 유해환경 접촉 종합 실태 조사	현대리서치(국가청소년위원회)
2008	청소년 유해환경 접촉 종합 실태 조사	현대리서치(보건복지가족부)
2009	청소년 유해환경 접촉 종합 실태 조사	메트릭스(주)(여성가족부)
2010	청소년 유해환경 접촉 종합 실태 조사	현대리서치(여성가족부)
2011	청소년 유해환경 접촉 종합 실태 조사	메트릭스(주)(여성가족부)
2012, 2014	청소년 유해환경 접촉 종합 실태 조사	한국청소년정책연구원(여성가족부)
2016 이후	청소년 매체이용 및 유해환경 실태 조사	한국청소년정책연구원(여성가족부)

한편, 2004년 질병관리본부(현, 질병관리청)는 국가 만성병 감시 체계 구축 계획의 일환으로서 청소년 건강 행태 조사를 추진하였다. 이 조사는 청소년의 흡연, 음주, 약물 사용, 정신 건강, 신체 활동 등을 포함한 청소년 건강 행태 현황을 파악하기 위하여 중학생과 고등학생을 대상으로 2005년에 제1차 조사가 시작된 후로 매년 수행되고 있다.

<표 11-6>은 청소년 건강 행태 조사 중 청소년의 음주와 흡연 실태에 관한 조사 결과이다. 지난 10년간 청소년의 1잔 이상의 음주 경험을 나타내는 평생 음주율은 2015년에 40.8%로 조사되었고, 2016년 38.8%로 감소하였으며, 2017년 40.2%, 2018년 42.3%로 증가하였다. 평생 음주율은 2019년부터 점차 감소하여 2024년에는 30.7%로 조사되었다. 최근 30일 동안 1일 이상 음주한 적이 있는 청소년은 2015년 16.7%이며, 2016년 15.0%로 감소하였으며, 2017년 16.1%, 2018년 16.9%로 증가하였다. 현재 음주율은 2019년부터 점차 감소하여, 2024년에는 9.7%로 조사되었다.

성별 음주 현황은 지난 10년간 남학생의 현재 음주율이 여학생보다 높게 나타났다. 2024년 현재 음주율은 남학생(11.8%)이 여학생(7.5%)보다 높았으며, 2023년 대비 남녀 학생의 현재 음주율이 모두 감소하였다. 중고등학교별 음주 현황은 지난 10년간 고등학생의 현재 음주율이 중학생보다 높게 나타났다. 2024년 현재 음주율은 고등학생(17.9%)이 중학생(5.8%)보다 높았으며, 2023년 대비 중고등학생의 현재 음주율이 모두 감소하였다.

지난 10년간 청소년의 일반 담배(궐련) 흡연 경험을 나타내는 평생 흡연율은 2015년에 17.4%로 조사되었고, 2016년 6.3%, 2017년에 13.7%로 감소하였으며, 2018년 14.9%로 조사되었다. 평생 흡연율은 2019년부터 점차 감소하여, 2024년에는 7.8%로 조사되었다. 최근 30일 동안 1일 이상 흡연한 적이 있는 청소년은 2015년 7.8%로 조사되었고, 2016년 6.3%, 2017년 6.4%로 감소하였으며, 2018~2019년에 6.7%로 조사되었다. 현재 흡연율은 2020년부터 점차 감소하여, 2024년에는 3.6%로 조사되었다.

성별 흡연 현황은 지난 10년간 남학생의 현재 흡연율이 여학생보다 높게 나타났다. 2024년 현재 흡연율은 남학생(4.8%)이 여학생(2.4%)보다 높았으며, 2023년 대비 남녀 학생의 현재 흡연율이 모두 감소하였다. 중고등학교별 흡연 현황은 지난 10년간 고등학생의 현재 흡연율이 중학생보다 높게 나타났다. 2024년 현재 흡연율은 고등학생(5.6%)이 중학생(1.7%)보다 높았으며, 2023년 대비 중고등학생의 현재 흡연율이 모두 감소하였다.

• 표 11-6 • 청소년 음주, 흡연 실태

(단위: %)

구분		2015	2016	2017	2018	2019	2020	2021	2022	2023	2024
평생 음주	전체	40.8	38.8	40.2	42.3	39.4	33.4	32.9	34.2	32.6	30.7
현재 음주[a]	전체	16.7	15.0	16.1	16.9	15.0	10.7	10.7	13.0	11.1	9.7
	남자	20.0	17.2	18.2	18.7	16.9	12.1	12.4	15.0	13.0	11.8
	여자	13.1	12.5	13.7	14.9	13.0	9.1	8.9	10.9	9.0	7.5
	중학교	8.8	7.5	8.5	9.5	8.0	5.8	6.2	7.7	6.6	5.8
	고등학교	30.0	25.3	26.2	26.6	25.0	18.3	18.8	22.9	19.7	17.9
평생 흡연	전체	17.4	14.8	13.7	14.9	12.7	10.2	9.9	8.9	8.6	7.8
현재흡연[b]	전체	7.8	6.3	6.4	6.7	6.7	4.4	4.5	4.5	4.2	3.6
	남자	11.9	9.6	9.5	9.4	9.3	6.0	6.0	6.2	5.6	4.8
	여자	3.2	2.7	3.1	3.7	3.8	2.7	2.9	2.7	2.7	2.4
	중학교	3.3	2.5	3.0	3.0	3.2	1.7	1.9	2.1	2.2	1.7
	고등학교	11.7	9.5	9.2	9.8	9.9	7.1	7.2	7.1	6.4	5.6

a) 최근 30일 동안 1일 이상 음주한 적이 있는 사람의 백분율

b) 최근 30일 동안 1일 이상 일반 담배(궐련)를 흡연한 사람의 백분율

출처: 질병관리청, 청소년건강행태조사 각 연도, 저자 재구성

<표 11-7>은 여성가족부의 2022년 청소년 매체 이용 및 유해환경 실태조사 중 청소년의 최근 1년간 환각성 물질 및 약물 복용 경험과 구매 방법에 관한 조사 결과이다.

중고등학생의 식욕억제제(나비약/디에타민정) 복용 경험률은 0.9%로 파악되었고, 여학생(1.2%)이 남학생(0.6%)보다 높았으며, 고등학생(1.0%)이 중학생(0.7%)보다 높았다. 학년별 복용 경험률은 고등학교 2학년(1.7%)이 다른 학년보다 월등히 높았다. 식욕억제제(나비약/디에타민정)를 복용한 경우, 구매 방법으로는 '병원에서 처방받아서'가 62.7%로 가장 높았고, '인터넷(SNS 등)을 통해' 22.8%, '친구 또는 선배에게 얻어서' 6.6%, '다른 사람(성인)에게 얻어서' 9.8%, 기타 1.3% 순으로 파악되었다.

• 표 11-7 • 최근 1년간 환각성 물질 및 약물 복용 경험과 구매 방법

(단위: 명, %)

구분		사례 수	복용(사용) 한 적이 있다	구매 방법(중복 응답)[a]				
				병원에서 처방	인터넷(SNS 등)을 통해	친구 또는 선배에게 얻어서	다른 사람(성인)에게 얻어서	기타
식욕억제제(나비약/디에타민정)	전체	11,302	0.9	62.7	22.8	6.6	9.8	1.3
	남자	5,853	0.6	88.1	0.0	9.1	2.8	0.0
	여자	5,449	1.2	49.9	34.4	5.3	133	1.9
	중학교	5,779	0.7	55.9	23.0	10.5	10.2	2.8
	고등학교	5,523	1.0	68.5	22.6	3.3	9.4	0.0
	중1	1,904	0.7	41.4	29.5	3.1	26.0	0.0
	중2	1,929	0.9	67.4	16.6	18.3	0.0	0.0
	중3	1,946	0.6	55.0	25.2	7.3	7.5	9.9
	고1	2,122	0.6	59.5	21.2	12.2	7.1	0.0
	고2	1,719	1.7	69.6	25.9	0.0	10.5	0.0
	고3	1,681	0.8	76.7	16.8	0.0	9.7	0.0
진통제(펜타닐패취)[b]	전체	11,295	10.4	94.9	0.5	1.5	9.6	0.0
	남자	5,849	8.9	95.7	0.7	1.6	3.1	0.0
	여자	5,446	12.1	94.2	0.4	1.4	7.5	0.0
	중학교	5,776	12.3	95.1	0.5	1.5	6.0	0.0
	고등학교	5,518	8.4	94.6	0.5	1.5	5.0	0.0
	중1	1,902	12.9	96.0	0.0	1.1	5.7	0.0
	중2	1,930	10.9	95.8	1.2	0.6	5.7	0.0
	중3	1,945	13.1	93.5	0.5	2.7	6.4	0.0
	고1	2,122	9.4	95.1	0.3	2.0	3.2	0.0
	고2	1,719	8.7	94.6	1.2	1.5	5.0	0.0
	고3	1,677	7.0	93.7	0.0	0.6	8.0	0.0

a) 최근 1년 간 환각성 물질 및 약물을 복용(사용)해 본 적이 있다고 답한 응답자에 한함

b) 진통제(펜타닐패취)의 경우, '진통제'라는 표현이 전면에 배치되어 응답 청소년의 입장에서는 일반 진통제 이용 경험까지 다수 포함되었을 가능성이 있기 때문에 해석에 유의

출처: 여성가족부, 청소년 매체 이용 및 유해환경 실태 조사

중 · 고등학생의 진통제(펜타닐패취) 복용 경험률은 10.4%로 파악되었고, 여학생(12.1%)이 남학생(8.9%)보다 높았으며, 중학생(12.3%)이 고등학생(8.4%)보다 높았다. 학년별 복용 경험률은 중학교 3학년 13.1%, 중학교 1학년 12.9%, 중학교 2학년 10.9%로 중학생이 고등학생보다 높았다. 진통제(펜타닐패취)를 복용한 경우, 구매 방법으로는 '병원에서 처방받아서'가 94.9%로 가장 높았고, '다른 사람(성인)에게 얻어서' 9.6%, '친구 또는 선배에게 얻어서' 1.5%, '인터넷(SNS 등)을 통해' 0.5% 순으로 파악되었다.

공식통계 자료와 자기보고조사 자료는 청소년의 마약류 사용률이 최근 들어 급속도로 증가하지만, 음주, 흡연, 환각성 약물 복용 및 유해 물질 남용은 전반적으로 줄어드는 양상을 보여준다. 2000년대 이전에 파악된 청소년 약물남용의 감소에는 청소년보호위원회의 등장과 청소년의 약물남용 방지를 위한 청소년 보호 단체들의 활발한 선도 활동이 일부 기여했을 것이다. 특히 1999년 조사에서 나타난 청소년 약물남용의 전체적인 감소는 청소년이 약물을 쉽게 구입하는 방법을 차단한 청소년보호위원회의 역할이 크다고 평가된다. 그러나 최근 청소년의 마약류 오남용의 급격한 증가는 대한민국의 심각한 사회문제로 대두되었으며, 따라서 청소년의 약물남용 방지 교육 및 구매 방법 차단 등의 적극적인 범죄 예방 대책이 절실하다.

SECTION 03 청소년 약물남용의 원인

청소년 약물남용의 원인은 시겔(Siegel, 2000)이 기술한 다양한 견해로서 설명할 수 있다. 첫째, 하위 문화적 견해로서, 개인의 약물남용 의지가 문화적 환경에 영향을 받는다고 보고, 주로 하류 계층 청소년의 약물 중독에 주목한다. 또한 전체 하류 계층 인구 중 약물 중독자가 높은 비율을 차지하기 때문에 하류 계층의 약물남용은 빈곤 지역에서 발견되는 인종적 편견, 낮은 자아존중감, 열악한 사회적 지위, 강한 불신과 부정적 사고, 반항적인 태도 등에 의해 시작된다고 본다. 특히 하위문화의 온상인 슬럼 지역의 하류 계층은 소외감과 무기력감에 젖어 있으며, 이들 중에 약물남용자의 비율이 매우 높다. 이 지역의 성인 약물남용자는 동일 지역에 거주하는 청소년에게 스트레스를 극복하는 방법으로서 약물남용을 가르치기도 한다. 하류 계층의 일부 청소년은 교육적, 직업적 성취를 통해서 약물남용에서 벗어나기도 하지만, 이들이 중·상류 계층으로 이동할 기회는 제한적이기 때문에, 대부분이 다시 약물남용에 빠지게 된다. 하위 문화적 견해의 한계는 하류 계층의 약물남용 원인만을 설명한다는 것이다.

둘째, 정신 역학적 견해로서, 약물남용이 성격 장애나 감정적 문제와 깊이 연관되어 있다고 본다. 청소년 약물남용의 원인을 무의식 속에 존재하는 욕구와 충동을 표출하는 수단이라고 설명한다. 청소년은 과잉보호하는 부모에게 의존하는 상태로 남아 있기 위해서, 청소년기의 감정적 혼란을 감소시키기 위해서, 또는 통제하기 어려운 충동에 대처하기 위해서 약물에 의존할 수 있다. 기존의 연구에 의하면 다수의 약물 중독자는 성격 장애를 앓고 있으며, 허약한 자아, 약한 인내심, 좌절에 대한 불안, 강박 등의 특징을 보인다. 정신 역학적 견해는 이런 성격적 특성을 가진 사람이 약물 중독자가 될 가능성이 높다고 본다.

셋째, 유전적 요인에 주목하는 견해로서, 약물남용이 유전적 요인에 영향을 받는다고 주장한다. 예로서, 알코올이나 약물을 남용하는 부모를 둔 자녀가 그렇지 않은 자녀에 비해 약물남용자가 될 가능성이 훨씬 높다. 이러한 견해는 입양아 연구에서나, 쌍생아 연구에서 경험적으로 확인되고 있다. 그렇지만 다수의 선행 연구에도 불구하고, 알코올이나 약물을 남용하는 부모를 둔 청소년 대부분이 약물 중독에 빠지지 않는다는 사실은 이 견해를 반박한다. 특히, 청소년 약물남용의 시작에 사회환경적인 요인이 더욱 주요한 역할을 한다는 점을 고려하여, 유전적 요인은 부차적 요인 또는 사회환경적 요인과의 복합적 효과로서 설명되어야 한다.

넷째, 사회학습의 견해로서, 청소년의 약물남용이 부모의 약물남용을 관찰하고 학습한 결과라고 본다. 부모의 부정적인 영향력은 부모가 우울증을 앓거나, 충동을 통제하는 능력이 약한 상황에서 약물을 오남용할 경우 더욱 강하게 나타난다. 또한 부모 또는 타인의 약물남용을 즐겁고 유익한 것으로 학습한 청소년은 약물남용에 호의적인 태도를 갖게 되며, 자신도 긍정적인 자세로 약물을 복용하려는 경향을 보인다. 사회학습 이론을 주장하는 이론가는 흡연과 음주를 약물 출입문(drug gateway)으로 간주한다. 흡연과 음주를 즐기는 청소년 대부분이 흡연과 음주 단계에 머무르지만, 일부 청소년은 좀 더 강한 자극을 제공하는 상위 약물 단계로 이동한다. 성인 약물 중독자가 매우 어린 시기에 음주를 시작하여 점차 강한 약물 단계로 이동하는 경향을 보이는 점을 고려했을 때, 청소년이 흡연과 음주를 자제하면 상위 약물 단계로 이동할 가능성을 스스로 감소시킬 수 있다.

시겔(Siegel, 2000)이 제안한 약물 중독의 심화 단계는 국내의 한 연구에서도 확인되었다. 김상희(1991)가 보고한 청소년 약물남용의 다섯 단계는 다음과 같다. 1단계, 담배와 술을 접한다. 2단계, 본드와 가스를 흡입한다. 3단계, 알약 형태의 다양한 대용 약물을 오남용한다. 4단계, 대마초 같은 중독성이 약한 마약을 시작한다. 5단계, 메스암페타민 같은 중독성이 강력한 마약을 시작한다. 이러한 약물남용의 심화 과정은 약물 내성으로 인한 투여량 증가와 청소년의 쾌락에 대한 욕망이 복합적으로 나타난 결과라고 볼 수 있다.

다섯째, 합리적 선택의 견해로서, 청소년이 약물 오남용을 통해 얻는 이익에 초점을 맞춘다. 자기통제력이 약한 청소년은 약물을 오남용한 비행친구가 느낀 쾌락, 스릴, 현실도피, 성적 욕구 충족 등의 만족감을 약물 오남용으로 얻은 이익으로 판단한다. 이와 같은 판단 이후, 약물 오남용을 시작한 청소년은 결국 약물 중독에서 헤어날 수 없는 상황에 놓이게 된다.

SECTION 04 청소년 약물 오남용 예방 대책

청소년 약물 오남용 예방 대책은 공급 감소 전략과 수요 감소 전략의 두 방향으로 강구할 수 있다. 공급 감소 전략은 약물의 생산, 제조, 거래, 판매 등 약물 생산·공급자를 통제하는 방법이다. 수요 감소 전략은 약물 오남용자의 약물 사용을 억제하는 방법이다. 이 두 가지 전략을 세분화하여 ① 억제, ② 처벌, ③ 약물 예방, ④ 지역사회, ⑤ 치료의 다섯 가지 전략으로 나눌 수 있다(Siegel, 1991).

첫째, 억제 전략은 약물 딜러 조직에 대한 체계적인 검거와 높은 금액의 벌금을 부과하는 등 엄격한 법 집행을 통해서 약물의 생산·공급·판매를 억제하는 것이다. 이 전략은 약물 딜러와 투약자를 처벌하고, 새롭게 약물 거래를 시도하려는 사람을 통제하는 것이 주목표이다. 이 전략에는 약물의 원료 작물 생산국의 정부 부처와 협력하여 원료 작물 재배지를 파괴하고 약물 카르텔의 구성원을 검거하여 공급을 차단하는 공급원 통제 방식이 있다(Siegel, 1991). 유엔은 마약류 생산 · 공급 · 판매책에 대한 통신 감청, 함정 수사, 예금 계좌 추적을 폭넓게 허용할 것을 권고하고 있으며, 특히 약물 거래로부터 발생하는 조직범죄 집단의 수익을 철저히 박탈하도록 권고한다. 이를 위해 돈세탁을 불법화하고, 수상한 금융 거래를 신고하도록 유도하며, 약물 수사에 대한 국제 협력을 확대하도록 권고하고 있다. 이러한 유엔의 전략은 마약 공급원을 통제하여 약물을 근절하겠다는 의지를 나타낸 것이다. 우리나라는 이러한 권고를 받아들여 1995년에 「마약류 불법 거래 방지에 관한 특례법」을 제정하였다.[15] 또한 2001년 9월에는 약물 판매 자금을 비롯한 불법 자금의 이동을 분석하고 범죄 수익을 몰수하는 내용을 골자로 한 돈세탁 방지 법률인 「범죄 수익 은닉의 규제 및 처벌 등에 관한 법률」과, 「특정 금융 거래 정보의 보고 및 이용 등에 관한 법률」을 제정하였다(조병인, 2002). 국내에서는 「청소년 보호법」에 의해 청소년 대상 유해 약물 판매 및 청소년 유해 약물에 대한 유해 표시 불이행을 엄격하게 금지하고 있다. 이 법은 청소년에게 술이나 담배를 판매할 경우 2년 이하의 징역 또는 1,000만 원 이하의 벌금에 처하고, 청소년에게 환각 물질을 판매할 경우 3년 이하의 징역 또는 2,000만 원 이하의 벌금에 처하며, 청소년 유해 약물에 유해 표시를 하지 않을 경우 2년 이하의 징역 또는 1,000만 원 이하의 벌금에 처하도록 규정하고 있다(표 11-8 참조).

15 실제로 1998년 4월에는 이 법에 명시된 '기소 전 몰수' 규정에 따라서 의정부 지청에서 중국산 히로뽕을 밀수하여 판매한 조모씨를 구속기소하면서, 조씨의 재산인 아파트, 은행 예금, 승용차 등 4억 원 상당의 재산을 몰수하였다. 또한 2000년 4월에는 부산 지방검찰청이 역시 이 규정을 적용하여 상습적으로 히로뽕을 밀매한 성모씨를 구속기소하면서 성씨의 동생과 어머니 등 명의의 예금, 현금, 아파트 전세 보증금, 외제 승용차 등 모두 6,036만 원 상당의 재산을 몰수한 바 있다(조병인, 2002).

• 표 11-8 •　청소년 유해 약물에 대한 규제 법령

대상	행위자	위반 행위	위반 시 형사 처벌
청소년 대상 판매 금지 위반	판매자	청소년에게 주류나 담배를 판매 (제28조 제1항)	2년 이하 징역 또는 1천만 원 이하의 벌금(제59조 제6호)
청소년 대상 판매 금지 위반	판매자	청소년에게 화학물질관리법상의 환각 물질이나 여성가족부 고시 약물 (제28조 제1항)	3년 이하 징역 또는 2천만 원 이하의 벌금(제58조 제3호)
청소년 유해 표시 불이행	제조·수입한 자	청소년 유해 약물 등의 유해 표시 불이행 (제13조 제1항 및 제28조 제5항)	2년 이하 징역 또는 1천만 원 이하의 벌금(제59조 제1호)

출처: 「청소년 보호법」

둘째, 처벌 전략은 약물범죄자의 기소와 처벌을 가장 우선시하는 전략이다. 이 전략은 약물 판매와 구매 활동을 집중적으로 단속하고, 가담한 조직의 활동책과 약물남용자를 체포하여, 이들이 유죄 판결과 실형을 받도록 하는 것이다. 이 전략이 지속적으로 유지되면 불가피하게 교도소 과밀화를 초래할 수 있으며, 이는 이미 과밀화된 국내 교정 시스템에 부담으로 작용할 위험이 있다(Belenko, 1990; Siegel, 1991).

셋째, 약물 예방 전략은 청소년이 약물의 유혹을 단호히 뿌리칠 수 있도록 돕는 전략이다. 이 전략의 대표적인 예로서 대중매체를 통해 약물남용의 위험에 대해 경고하는 방법과 초중고교의 교육프로그램을 통해 술·담배·약물 등에 대한 또래 친구의 압력에 저항하는 기술을 가르치는 방법이 있다(Siegel, 1991). 보트빈(Botvin, 1990)은 약물 예방 대책을 상호 배타적이지 않은 유형, 즉 정보 배포, 정서 교육, 대안, 거부 기술, 대면 접촉, 사회 기술의 훈련으로 구분하였다. 대부분의 약물 예방프로그램은 약물과 약물의 폐해에 대한 구체적인 정보, 자아존중감의 배양, 자기 선택에 대한 책임감 인식, 친구 압력을 다루는 방법 등을 공통으로 포함한다.

약물과 관련된 정보 배포 프로그램은 가장 일반적인 약물 예방 방안이며, 우리나라에서도 많은 단체가 대중매체나 가두 홍보, 이벤트 등을 통해서 약물 예방 캠페인을 전개해 왔다. 예로서, 공익 광고 협의회는 1989년, 1991년, 1994년에 약물 퇴치 공익 광고를 제작하여 각 TV 매체를 통해 방영하였으며, 1995년에는 극장 광고로도 방영하였다. 1992년에 서울신문사와 마약 퇴치 운동 본부는 「마약 퇴치 국민 대회」 캠페인을 개최하여 유공자 표창, 포스터 공모 및 전시 활동을 진행하였다. 1994년에 MBC는 「한 번쯤도 안됩니다」라는 캠페인을 진행하였고, 1992년에 SBS는 「정트리오 마약 퇴치 친선 대사 취임 공연」 이벤트를 개최하여 약물 오남용에 대한 경각심을 일깨웠다. 또한 마약 퇴치 운동본부는 다수의 공중이 이용하는 역, 터미널, 유원지 등에서 현수막, 피켓, 어깨띠, 전단, 이동식 TV 등을 활용하여 가두 홍보 활동을 활발히 진행하고 있으며, TV 및 라디오 광고, 극장 광고, 지하철 광고 등을 통해서도 약물 예방 캠페인을 활발히 진행하고 있다. 2003년부터는 초중고교에서 학기당 2시간 이상 의무적으로 약물 예방 교육을 실시하고 있다.

그러나 위와 같은 정보 배포 프로그램을 통해 약물 오남용에 대한 예방 지식을 보급하면서 예상치 못한 문제에 부딪히기도 한다. 예로서, 약물에 대한 자세한 지식을 학습함으로써 '스스로 확인해 보고 싶다'는 호기심에 의해 약물을 시험적으로 투약해 보는 부작용이 간혹 발생하고 있다(Lab, 1997). 국내의 예로서, 1997년 보호관찰소가 민간에 위탁한 약물 예방 교육을 받으러 간 4명의 청소년 약물 사범이 교육장에서 함께 본드를 흡입한 웃지 못할 사고가 발생하였다.[16]

거부 기술 훈련은 정보 배포 프로그램 다음으로 많이 시행되는 프로그램이다. 이 훈련은 문제 상황과 징후를 파악하는 방법, 동료의 압력에 대처하는 방법, 언론 보도로부터 압력을 파악하는 방법, 유혹에 적절히 대처하는 방법, 자기 존중감과 과단성을 배양하는 방법, 자기 입장을 분명히 밝혀야 할 순간과 상황을 구분하는 방법 등 다양한 훈련 내용으로 구성된다. 거부 기술 훈련의 기본 전제는 상황적 요소와 또래 집단의 압력을 마약 사용의 주요한 위험 요인으로 여기는 것이다. 따라서 청소년은 동료의 압력을 판단하는 방

16 청소년의 약물남용을 예방하기 위해 만들어진 「약물남용 예방 교육」 제도가 부실하게 운영돼 개선책이 마련돼야 한다는 지적이 일고 있다. 예방 교육은 본드 등을 흡입하다 적발된 약물사범을 교육하기 위해 법무부 산하 보호관찰소 등이 만든 프로그램으로 검찰에서 보호관찰 선도유예(선도조건부 기소유예) 처분을 받거나 법원에서 보호관찰과 함께 수강명령을 받은 청소년 약물사범을 대상으로 실시된다. 현재 교육을 받는 청소년은 서울에만 3백여 명으로 사회복지회관 YMCA 아동상담소 등 10여 곳의 각종 민간단체에서 위탁 교육을 받고 있다. 그러나 약물남용 청소년에 대한 교육은 처음부터 끝까지 책임지는 기관이나 책임자가 없고 교육 내용도 부실해 교육을 받으러 간 청소년이 오히려 교육장에서 본드를 흡입하는 사건까지 발생하는 등 문제를 안고 있다. 지난 10일 검찰의 선도유예 처분으로 Y사회복지회관에서 약물남용 예방 교육을 받던 이모군(16·K상고 2년) 등 10대 4명은 최근 교육장에서 본드를 흡입하다 적발돼 보호관찰 2년과 사회봉사명령을 선고받았다. 이 사건은 약물 예방 교육을 위탁받은 민간단체의 경우 보호관찰소와는 달리 법적 강제력이 없는 것이 그 원인으로 지적됐다. 현재 보호관찰소는 월 1회 2시간 정도 약물교육을 실시하고 있을 뿐 실질적인 교육은 사회복지회관 등 사회단체에서 맡고 있다. 서울지법 K판사는 『이군처럼 약물 교육을 받으러 왔다가 오히려 약물을 복용하는 「보호관찰소 동기」가 늘고 있는 것이 현실이다』고 말했다(동아일보 1997.9.21.).

법과 위기 상황에서 적절한 의사결정을 내리고 표현하는 방법을 반드시 배워야 한다. 미국에서는 1990년대부터 청소년을 대상으로 거부 기술 훈련 프로그램을 시행하고 있으며, 대표적인 프로그램으로서 '안 한다고 말하기(Just Say No)' 운동과 마약 남용 거부 교육(Drug Abuse Resistance Education, DARE) 프로그램이 있다. 현재까지 이러한 프로그램이 미국 전역에서 시행되고 있음에도 불구하고, 해당 프로그램에 대한 효율성 연구는 프로그램의 범죄 예방에 부정적이라는 결과를 보고하였으며, 해당 프로그램의 당위성에 대한 비판도 제기되었다(Lab, 1997).

넷째, 지역사회 전략은 지역사회의 다양한 집단이 주도하여 약물 예방프로그램을 제작·시행하는 것이다. 예로서, 약물 딜러가 학교 주변에서 약물 판매를 하지 못하도록 '약물로부터 안전한 스쿨존(drug-free school zone)'을 만들거나, 약물 딜러를 적극적으로 신고하는 이웃 감시 프로그램이나 시민 순찰 활동 등을 시행하는 것이다(Siegel, 1991).

다섯째, 치료 전략은 약물 오남용 청소년이 가지고 있는 성격적 특성과 성향을 치료하는 것이다. 이 전략은 약물을 오남용하는 청소년이 대체로 낮은 자아존중감을 가진다는 점을 고려하여, 자아존중감을 높이는 상담 및 치료, 신체 에너지 강화 운동, 야외 활동, 방과 후 프로그램 등을 포함한다. 약물을 오남용하는 청소년은 스스로 상황을 판단하는 기술, 자기 의사를 결정하여 타인에게 전달하는 기술, 또래 친구들의 압력에 대처하는 기술이 부족하기 때문에, 이러한 특성을 변화시킬 수 있는 다양한 치료 프로그램을 제공하거나 입원을 통해 집중치료해야 한다. 그러나 이런 프로그램은 대부분 시설 내에서 약물 중독자를 치료하기 위해 운영되기 때문에, 오히려 청소년이 약물 중독자로 낙인찍히는 위험이 따른다(Siegel, 1991).

우리나라는 과거 약물에 대한 규제와 통제 중심의 정책을 고수했으나, 최근에는 약물남용자에 대한 치료와 보호에 중점을 두는 정책을 더 중요시하고 있다. 「마약류 관리에 관한 법률」 제40조가 마약류 중독자의 치료 보호 규정을 포함하고 있다는 점에서, 해당 법률이 약물남용자에 대해 처벌과 치료 보호를 함께 도모하고 있음을 보여준다. 이러한 치료 보호 정책은 약물범죄를 비범죄화해야 한다는 주장과 관련되어 있다. 유럽의 여러 나라에서는 약물 투약을 부도덕한 행위로 간주하지만, 처벌은 하지 않는다. 예로서, 독일, 영국, 덴마크, 네덜란드, 오스트리아, 스페인은 약물 투약을 비범죄화하였고, 벨기에는 집단 투약만 처벌하고 있으며, 스칸디나비아의 국가들은 약물 투약을 양성화하여 공공장소에 투약 장소를 마련하고 약물을 희망하는 사람에게 무료로 투약, 위생 관리 및 계도의 정책을 시행하고 있다. 약물 투약 범죄를 비범죄화하자는 주장은 약물 투약이 타인에게 아무런 피해를 주지 않는데도 투약자 자신에게 유해하다는 이유로 처벌하는 것은 개인의 자유를 침해하는 행위라는 입장이다. 또한 약물 투약을 처벌하는 것은 개인의 행복 추구권에 대한 침해이며, 음주와 흡연을 처벌하지 않는 것은 평등권 조항에 저촉된다는 주장도 있다.

CHAPTER

12 | 성비행

청소년 비행 중에서도 성적 일탈문제는 최근에 중요한 사회문제로 떠오르고 있다. 과거에 비해 청소년의 육체적·정신적 성숙이 빨리 진행되고 남녀공학 중·고등학교가 증가하였으며, 상대적으로 이성과 만날 기회가 많이 증가하였다. 또한 초고속통신망의 발달은 인터넷을 통해 불특정 다수의 이성과 교제할 기회를 대폭 증가시켰다. 따라서 청소년의 성일탈의 모습도 과거와는 상당히 다른 모습을 보여주고 있다. 과거에 청소년이 할 수 있는 성일탈이 주로 강간과 같은 전통적인 성범죄가 대다수를 차지했다고 한다면, 최근의 성일탈은 지위비행이라고 할 수 있는 (동년배와의) 성행위를 뛰어넘어 금전적 이익을 추구하면서 성인과 성관계를 맺는 발전된 형태로 나타나고 있다.

유교적 전통이 아직 강한 한국에서 이러한 청소년의 청소년 성매매의 등장은 실로 매우 충격적인 사실이었다. 실제로 한국에서 처음으로 청소년 성매매 문제를 정면으로 다루었던 시사프로그램은 한국에서는 존재하지 않는 현상을 과장해서 보도하여 시청률을 높이려 한다는 비난에 직면했다. 모 방송국의 시사프로그램인 PD수첩이 '청소년 성매매: 10대 신종아르바이트'라는 제목으로 1998년 6월 16일 방송을 내보낸 후 많은 사람은 인터넷 홈페이지 등을 통해 비난을 퍼부었다. 이러한 분위기를 감지한 한국 내의 일간신문도 예외적으로 TV방송사에 대한 비난에 합세하였다.[1] 그러나 이러한 비난이 있은 지 채 1년도 안 되어 한국 사회는 청소년 성매매라는 새로운 사회문제로 골치를 앓게 되었다.

SECTION 01 전통적인 청소년 성비행

1 성비행의 개념과 유형

성비행(sexual delinquency)이란 "우리 사회가 가지고 있는 성규범에 부합하지 않는 행동양식"이라고 간단하게 정의할 수 있다. 따라서 이 개념에는 강간이나 성추행, 성희롱, 성매매와 같은 성범죄, 미성년자와 성인 또는 미성년자 간의 성관계 및 성적 접촉과 같은 지위비행, 심리학적으로 이상행동이라고 할 수 있는 여러 가지 성도착 증상(paraphilia) 등이 모두 포함된다. 그러나 이 중에서 청소년에게 주로 문제가 되는 것은 강간, 성추행, 성희롱, 이성과의 성관계, 성매매, 사이버상에서의 성희롱과 음란물중독 정도라고 할 수 있다. 특히 우리 사회에서 크게 문제가 되는 청소년의 성비행은 강간과 성추행, 성매매를 들 수 있는데, 이 장에서는 이들을 중심으로 청소년 성비행을 살펴보고자 한다.

이러한 행위 중에서 강간과 성추행(강제추행)은 폭행 또는 협박으로 개인의 성적 자기결정의 자유를 침해하는 범죄로서 그 보호법익에서 동일하다. 다만 강간은 피해자의 반항을 불가능하게 하거나 현저히 곤란한 정도의 폭행과 협박이 있어야 하고 간음 행위가 있어야 하므로 성추행보다 강하게 처벌한다.

1 당시 비난기사를 살펴보면, "고발핑계로 호기심 부추겨: 성문제 시사프로그램 범람"(국민 1998.6.18.), "시청률에 밀려난 시사고발 정신/몰래카메라, 함정취재 동원/훔쳐보기 욕망만 자극/파격적 시청률 얻었지만 시사프로그램 자존심 잃어"(한겨레 1998.6.19.), "사회고발프로 되레 고발수위"(경향 1998.6.23.), "시사고발프로 성 밝힘증?/방송 3사 성문제 다루기 경쟁"(한국 1998.6.25.), "자존심 버린 PD수첩 '청소년성매매'"(1998.6.29.), "시사고발프로가 진짜 고발대상"(세계 1998.7.8.) 등 빗발치는 비난을 퍼부었다.

② 청소년 성비행의 실태

<표 12-1>은 청소년 성비행의 발생실태를 알아보기 위해 대검찰청의 『범죄분석』을 연도별로 정리한 것이다. 여기서 성비행은 강제추행뿐 아니라 「성폭력범죄의 처벌 등에 관한 특례법」 위반죄, 「아동·청소년의 성보호에 관한 법률」 위반죄 가운데 일부를 포함하고 있으며, 주로 강간과 성추행으로 구성되어 있다.

• 표 12-1 • 최근 청소년 강간/성추행의 추이

구 분	성비행(명)[a]	청소년 비행 중 성비행비율(%)	청소년 인구 100,000명당 성비행률	전체 청소년 비행(명)	청소년 인구(천 명)[b]
2016	2,860	3.8	60.5	76,000	4,790
2017	3,083	4.2	67.1	72,759	4,592
2018	3,173	4.8	144.5	66,142	2,196
2019	3,180	4.8	155.0	66,247	2,051
2020	2,702	4.2	141.7	64,480	1,907
2021	3,341	5.5	183.2	54,017	1,824
2022	4,614	7.6	256.2	61,026	1,801
2023	4,548	6.8	251.1	66,758	1,811

a) 「성폭력범죄의 처벌 및 피해자 보호 등에 관한 법률」, 「아동·청소년의 성보호에 관한 법률」 위반이 포함됨.[2] 2018년부터는 범죄소년(15~18세)만 포함됨

b) 10~18세 인구임. 자료: 통계청, 『장래인구추계』. 2018년 이후는 15~18세 인구임

2 대검찰청의 『범죄분석』에서는 2014년부터 '강간'이라는 범죄분류명칭 대신 '성폭력'이라는 용어를 사용한다. 즉, 『범죄분석』에서 성폭력 범죄에는 「형법」상 범죄인 강간, 강제추행, 준강간, 준강제추행, 미성년자등에 대한 간음, 강간등살인 및 강간등치사, 강간등상해 및 강간등치상이 포함되며 2003년부터 「성폭력범죄의 처벌 등에 관한 특례법」 위반죄를, 2009년부터는 「아동·청소년의 성보호에 관한 법률」 위반죄 가운데 일부를 포함시키고 있어 「성폭력범죄의 처벌 등에 관한 특례법」에 명시된 카메라 등 이용 촬영, 성적목적의 장소 침입, 통신매체 이용 음란, 공중밀집장소 추행이 성폭력으로 분류되어 집계되고 있으며 「형법」상 강도강간의 경우 강도에 포함되어 집계되고 있으나 「성폭력범죄의 처벌 등에 관한 특례법」 제3조에 의거한 주거침입강간, 절도강간 등과 특수강도강간 등은 성폭력으로 집계되고 있다(김지선 외, 2017, 한국의 범죄현상과 형사정책(2016)).

<표 12-1>에 따르면 전체 청소년 범죄 중에서 강간/성추행이 차지하는 비율은 2016년에 3.8%였다가, 점점 증가하여 2019년에는 4.8%였다가 2020년 4.2%로 감소하였고 이후 다시 증가하여 2022년 7.6%로 크게 증가했고, 2023년에는 약간 감소하여 6.8%로 나타났다. 이러한 추이를 좀 더 정확히 살펴보기 위하여 청소년 인구 100,000명당 성비행건수를 살펴보면, 2016년에 60.5명이었다가, 2018년부터 범죄소년의 성비행만 집계하면서 144.5명으로 크게 증가하였고, 이후 2019년에 155.0명이었고, 2020년에 141.7명으로 약간 감소한 이후 계속 증가하여 2022년에 256.2명으로 가장 높았고, 그 이후에 2023년에 251.1명 수준으로 나타나고 있다. 이 결과는 범죄소년만이 집계된 2018년 이후만을 보더라도, 청소년 강간/성추행이 빠르게 증가하고 있음을 알 수 있다.

그러나 공식통계는 범죄로 처리되는 청소년의 일탈행위만 나타나기 때문에 현실과는 거리가 있을 수 있고, 따라서 더 정확한 실태 파악을 위해서는 자기보고조사를 살펴볼 필요가 있다. 청소년 성비행을 파악할 수 있는 믿을만한 대규모의 조사로는 청소년유해환경접촉 종합실태조사가 있다. 이 조사(2012)의 결과를 보여주는 <표 12-2>에 따르면, 전체 청소년의 1.2%가 지금까지 성희롱/성추행/강간 가해경험이 있는 것으로 나타났다. 이것을 성별로 살펴보면, 남학생은 1.7%, 여학생은 0.7%가 지금까지 가해경험이 있었고, 학교급별로 보면 중학생은 1.1%, 고등학생은 1.3%가 지금까지 성희롱/성추행/강간 가해경험이 있는 것으로 나타났다. 그러나 아쉽게도 이후의 조사에서는 이 성희롱/성추행/강간 가해경험을 조사하지 않고 있다.

• 표 12-2 • 중고등학교 청소년의 성희롱/성추행/강간 가해경험 비율(2012)

구분		사례수	경험비율(%)
전체		5,018	1.2
성별	남학생	2,543	1.7
	여학생	2.475	0.7
학교급	중학생	2.462	1.1
	고등학생	2.556	1.3

학년	중1	813	1.4
	중2	784	1.4
	중3	865	0.6
	고1	825	1.0
	고2	915	1.6
	고3	816	1.3

출처: 여성가족부. 2012. 청소년유해환경접촉 종합실태조사.

• 표 12-3 • 중고등학생의 성비행 생애경험률(2009~2014)

구분		2009	2010	2011	2012	2014
사례수		15.225	16.572	15.954	15.487	19.266
성인용 간행물		35.9	38.3	41.1	40.0	34.1
성인용 영상물[a]	비디오/DVD/CD	28.7	27.8	32.0	27.5	3.4
	지상파 TV	30.8	29.4	25.3	23.5	22.8
	케이블 TV	16.1	14.8	14.8	26.9	42.7
	영화관	-	-	-	-	5.2
컴퓨터 성인물		36.6	38.3	37.3	45.5	26.0
휴대폰 성인물		7.3	7.5	12.3	20.5	52.6
이성과의 성관계[b]		4.8	4.6	4.4	4.0	4.8
동성과의 성관계[b]		0.9	1.2	1.0	0.8	1.0

a) 2014년의 결괏값은 다중응답 빈도 값임

b) 2013년 청소년건강행태온라인조사 결과로 복수응답임

출처: 여성가족부. 2014. 청소년유해환경접촉 종합실태조사.

<표 12-3>은 성희롱/성추행/강간 외의 다른 성비행 생애경험률을 보여준다. <표 12-3>에 따르면, 최근 들어 케이블 TV 보급과 청소년의 휴대폰 사용 증가 등의 이유로 케이블 TV를 통한 성인용 영상물이나 휴대폰을 통한 성인물 시청 경험률이 증가하고 있음을 알 수 있다. 구체적으로 성인용 간행물 접촉률이 2009년 35.9%, 2010년 38.3%, 2011

년 41.1%, 2012년 40.0%, 2014년 34.1%로 2011년 이후 감소 추세인 반면, 케이블TV를 통한 성인용 영상물의 경우는 2009년 16.1%, 2010년 14.87%, 2011년 14.8%. 2012년 26.9%. 2014년 42.7%로 급증하고 있고 휴대폰을 통한 성인물 접촉률은 2009년 4.8%에 불과하였으나 2014년에는 전체 응답 청소년 가운데 절반 이상(52.6%)이 경험이 있는 것으로 나타났다. 한편, 이성과의 성관계 경험률의 경우는 2009년부터 2013년 기간 동안 큰 변화 없이 4%대의 경험률로 나타나고 있다.

지금까지 살펴본 청소년유해환경접촉 종합실태조사는 2016년 조사부터 청소년매체이용 실태조사와 통합되어 문항이 대폭 변경되었다. 예를 들어, 성비행 생애경험률을 조사하던 것에서, 지난 1년간의 성비행 경험률을 조사하는 것이 대표적이다. 그리고 성비행 유형도 시대의 변화에 따라서 변경되어, 과거 자료와 시계열적으로 추세를 비교하기 어렵다.

• 표 12-4 • 중고등학생의 지난 1년간 성비행 경험률(2016~2022)

연도	성인용 영상물	성인용 간행물	신변종 유해매체물				출입금지 업소 이용		
			성인 게임	성인음반/음악	데이트/미팅/채팅앱	도박성 게임	비디오방	유흥/단란주점	나이트클럽
2016	41.5	22.0	-	-	-	-	-	-	-
2018	39.4	23.3	27.1	16.2	2.5	4.2	2.3	0.7	0.4
2020	37.4	24.9	24.1	12.7	3.8	5.0	2.0	1.0	0.7
2022	47.5	24.1	19.7	19.2	2.3	2.8	1.7	0.5	0.3

출처: 여성가족부. 2022년 청소년 매체이용 및 유해환경 실태조사.

<표 12-4>는 2016년에서 2022년까지의 중고등학생의 지난 1년간의 성비행 경험률을 살펴본 것이다. 이 표에 따르면, 중고등학생의 지난 1년간의 성인용 영상물 이용경험은 약 40% 내외로 나타나며, 최근인 2022년에는 가장 높은 47.5%로 거의 절반으로 나타났다. 그리고 웹툰 등의 성인용 간행물 이용경험은 22%에서 25% 정도이며, 성인게임은 약 19~27% 정도이고, 성인음반이나 성인 음악동영상 이용경험은 약 12%에서 19% 정도였으며, 데이트/미팅/채팅앱 이용경험은 약 2~4% 정도였고, 도박성 게임 이용경험은

2~5% 정도, 그리고 비디오방/DVD방 이용경험은 약 1~2%, 유흥/단란주점은 1% 이하, 그리고 나이트클럽 역시 1% 미만의 수준으로 나타났다. 이러한 결과는 최근 한국의 중고등학생이 성인영상물을 많이 접하고 있으며, 그 외에 성인게임이나 성인만화나 잡지 등도 많이 접하고 있음을 보여준다.

3 청소년 성비행의 원인

청소년 성비행의 외연은 상당히 넓으며, 매우 다양한 형태로 나타난다. 따라서 어느 하나의 설명도식만으로 원인을 살펴보는 것은 위험스러운 일이다. 다른 일탈유형과 달리 성과 관련한 일탈의 설명에는 생물학적, 심리학적인 다양한 설명이 동원되고 있다. 따라서 성비행의 원인을 살펴보기 위해서는 다양한 설명을 검토하는 것이 필요하다. 우선 가장 많이 논의되어 온 강간의 원인을 설명하는 입장을 살펴보는 것이 도움이 될 것이다. 강간의 원인에 대해서는 대체로 다음의 여섯 가지 설명이 제기되고 있다(Siegel, 2000).

첫째, 진화적/생물학적 요인에 주목하는 입장이다. 여기에서는 강간의 기원과 기능에 주목하는데, 강간은 종을 유지하기 위해서 발전된 본능이며, 원시사회에서 강간은 유전자를 퍼뜨리고, 자손을 번창시키는 데 도움이 되었다고 한다. 종의 유지를 위해 남성은 많은 여성들과 성적인 관계를 맺도록 지향되어 있는 데 반해, 여성은 소수의 안정적인 관계를 유지하고 싶어하는 긴장이 존재하고 이것이 강간의 원인이 된다고 한다.

둘째, 남성 사회화에 주목하는 입장으로, 강간은 현대 남성 사회화의 한 역할을 담당한다고 한다. 이 입장에 의하면, 강간은 일탈이 아니라 남성으로 여겨지는 자질에 순응하는 행동이다. 다시 말해, 한 사회에는 사나이다워야 된다는 신화가 존재하며, 이러한 신화에 의하면 남성은 그들의 성적 감정을 사랑, 존경, 애정의 필요성과 분리해야 한다. 또한 남성은 공격자로서 사회화되고, 많은 여성과 성적인 관계를 맺을 것으로 기대되기 때문에, 숫총각이나 성적 경험이 없는 것은 부끄러운 일로 받아들여지며, 반면 성적으로 공격적인 여성은 남성을 두렵게 하고, 남성의 남성다움에 의심을 갖게 하기 때문에 남성에게 강간하게 만들고, 이렇게 함으로써 남성은 자아 이미지와 남성다움이라는 정체성을 회복하게 한다고 한다.

셋째, 과잉 남성다움에 주목하는 입장이 있다. 지나치게 남성적인 남자는 매우 틀에 박힌 성적 태도를 가지며, 폭력이 남성적이라고 믿으며, 이들은 모욕이나 비웃음에 매우 민감하다. 또한 이들은 충동적이며, 성적으로 여성을 정복했다는 사실을 떠벌리기 좋아하며, 특히 술을 마셨을 때 통제력을 잃는 경향이 있다.

넷째, 심리적 이상에 주목하는 입장으로, 주로 경험적 연구에 기초하여 강간범이 성격장애나 정신병을 앓고 있다고 주장한다. 이 입장은 강간범의 성격 형성이 이루어지는 과정에 주목하는데, 특히 어릴 적의 어머니와의 상호작용의 중요성을 강조한다. 일반적으로 강간범의 어머니는 자녀를 무시하며, 과도하게 통제하거나 지배하려고 하며, 벌을 잘 주며, 과잉보호적이며, 유혹적이며, 아버지는 무관심하며, 집에 자주 없으며, 냉담하지만, 때때로 매우 잔인하게 응징하는 경향이 있다. 몇몇 학자들은 과도한 자극이나 유혹, 아동학대, 비일관적인 양육, 질투, 성적인 좌절 등이 강간범의 인격 형성에 영향을 미치는 요인이라고 한다. 어릴 적에 어머니에 의해 부지불식간에 유혹의 대상이 되는 경우가 많은데, 지나치게 오랫동안(사춘기가 될 때까지) 어머니와 침대를 같이 쓰거나, 심각한 학대를 받은 경우가 많다고 하며, 강간범이 보이는 적대감은 어렸을 적에 어머니로부터 받은 고통에서 기인하는 경우가 많다고 한다.

다섯째, 사회학습에 주목하는 입장으로, 강간이 사회학습의 산물이라고 본다. 이러한 학습은 직접적인 학습뿐만 아니라 간접적인 학습도 포함되는데, 예를 들어 청소년기에 성적으로 피해를 당한 적이 있는 사람이나, 여성이 강간당하고 맞고 고문당하는 포르노 비디오를 많이 볼수록 강간을 많이 한다고 한다.

여섯째, 성적 동기부여에 의해 강간을 설명하는 입장으로, 강간이 성적 동기에 의한 행동이 아니라고 믿는 범죄학자 대부분과 달리, 강간이 순수한 성적인 욕구에 의해 나타난다고 본다. 그 근거로 첫째, 일반적으로 강간범이 자신과 교제할만한 연령대의 피해자를 선택하는 경향이 있다는 점, 둘째, 매력적인 젊은 여성을 강간의 대상으로 선택하는 경향이 있다는 점을 제시한다. 이것은 강간이 단지 폭력성에서 기인하는 것이 아니라, 순수하게 성적인 동기에서 기인하는 것이라고 주장한다.

4 청소년 성비행에 대한 대책

전통적인 청소년 성비행에 대한 대책은 크게 예방프로그램과 치료프로그램으로 나누어 볼 수 있다. 우선 예방 대책으로 가장 일반적인 것이 청소년을 음란 및 폭력적인 표현물로부터 격리하여 청소년이 성비행을 학습하지 않도록 하는 정책이다. 예를 들어 윤락업소가 밀집한 지역에 청소년의 출입을 금지하거나, 영화, 도서, 비디오 등에 대해 이용가능한 연령대를 표시함으로써 청소년이 음란물을 접하지 못하도록 하는 것을 들 수 있다. 또한 TV 프로그램에서 청소년에게 나쁜 영향을 끼칠 수 있는 부분을 미리 심의를 통해서 삭제함으로써 청소년에게 큰 영향을 주는 대중매체로부터 청소년을 안전하게 보호할 수 있다.

우리나라에서도 지상파 TV 프로그램에 대해 엄격한 심의를 하고 있다. 그러나 케이블 TV는 지상파와는 달리 통제가 어렵고, 더욱 선정적인 경향을 띠고 있어, 여기에 대한 대책이 요구된다. 또한 한국의 언론에 대한 규제는 음란물에 대해서는 엄격히 규제하지만, 폭력물에 대해서는 규제가 매우 느슨하다. 따라서 폭력물이 청소년에게 악영향을 끼칠 가능성이 높다.

이러한 예방 대책을 제외하면, 대부분 청소년 성비행에 대한 대책은 강간 등의 청소년 성범죄자에 대한 재활프로그램이다. 이러한 전략은 랩(Lab, 1997)의 분류에 따르면, 3차적 예방에 속하는 것으로 성범죄를 범한 청소년을 대상으로 한 시설 내 또는 사회 내의 다양한 프로그램을 들 수 있다. “미국의 경우 1930년대부터 이미 법규상으로 범죄자에 대해 전문화된 프로그램을 적용하도록 하여, 현재는 매우 많은 프로그램이 시행되고 있다”(Wilson, 2002). 국내에서는 청소년 성범죄자에 대한 특별한 처우프로그램이 보호관찰의 수강명령 프로그램을 통해서 시행되기 시작했다. 이러한 사회 내 프로그램과 더불어 교정시설 내 프로그램도 함께 개발이 이루어지고 있다(전영실, 2001). 일반적으로 시설 내 또는 사회 내에서 이루어지는 성범죄자 교정(치료) 프로그램은 크게 행동치료, 인지-행동치료, 의학적 치료의 세 가지로 나누어질 수 있다(Wilson, 2002).

첫째, 행동치료는 행동주의 심리학 이론에 근거하여 행해지는 치료 방법으로서, 행동수정이라고 불린다. 이 행동치료의 첫 단계는 수정이 필요한 문제행동을 파악하고, 문제행동을 강화하는 요인을 찾은 후, 이러한 요인과의 관계를 약화하는 것이다. 예를 들어,

포르노 영화나 음란잡지 등에서 볼 수 있는 강간의 이미지와 같은 자극과 혐오스러운 사건을 짝지어서 발생하도록 하는 것이다. 혐오스러운 사건을 일으키는 방법으로는 팔에 부착된 전극을 통한 약한 전기자극이 많이 사용된다. 다음 단계로는 문제행동을 대체할 수 있는 긍정적인 행동양식을 제시하고 그 행동이 이루어질 때마다 긍정적 보상을 주어 행동을 강화하는 것이다(박광배, 2002; Wilson, 2002).

둘째, 인지-행동치료는 인지심리학 이론의 발전과 함께 출현한 것으로, 기본 가정은 청소년이 성비행을 하는 것은 행동이 가져올 심각한 결과에 대해 미처 생각하지 않거나 못하기 때문이라는 것이다. 따라서 이들에게 자기 행동이 가져올 심각한 결과를 인지하도록 훈련한다면, 문제행동을 감소시킬 수 있을 것이다. 이와 같이 이 행동치료 방법은 자기 행동결과에 대한 현실감각을 갖게 한다는 측면에서 '현실감각치료'라고 불리기도 하고, 남을 생각하는 사고방식을 갖게 한다는 측면에서 '사고방식치료', 위험한 상황에서 같은 행동의 재발을 예방한다는 측면에서 '재발예방기법'으로 불리기도 하고, 또는 자기통제력을 높인다는 측면에서 '자기통제치료'라고 불리기도 한다(박광배, 2002).

특히 성범죄 청소년의 행동치료를 위해서는 재발예방기법이 가장 널리 사용되고 있는데, 이것은 행동이 재발할 위험한 징후를 조기에 포착하는 능력을 키우고, 이러한 상황에 대처하는 기법을 훈련시키는 것이다(Wilson, 2002). 예를 들어, 강간범은 성폭행하기 전에 분노를 경험하거나 술이나 다른 약물을 복용하는 경우가 많기 때문에, 이러한 강간에 선행하는 징후를 조기에 파악하여, 이미 훈련된 용인되는 방향으로 행동을 발전시킬 수 있다. 한편으로 분노나 약물복용과 같이 명백한 징후가 아니더라도, 잠재적인 피해자가 될 수 있는 여성과의 만남이나 여성이 보호받지 않고 눈에 많이 띄는 장소에 나가는 것과 같은 간접적인 징후도 이것이 강간과 연결될 수 있음을 간파함으로써 미리 이러한 상황을 회피하는 것은 강간의 예방에 도움이 될 것이다. 그러나 한편으로는 이 치료는 성범죄 청소년이 적극적으로 치료를 원해야 효과가 있다는 한계를 갖는다.

국내에서 시행되고 있는 청소년 성범죄자에 대한 프로그램은 대부분 이러한 인지-행동적 접근이라고 할 수 있다. 국내에서 시행된 바 있는 신당 종합사회복지관의 '반디교실', 이대 종합사회복지관의 '성비행 보호관찰 청소년의 성정체감 확립프로그램', 서울보호관찰소 남부지소의 '성폭력소년 수강명령 프로그램' 등의 프로그램들은 이러한 인지-행동적 접근으로 역할극 등을 통해 성비행으로 인한 피해와 여기에 대한 책임감을 인식시키며, 토론 등을 통해 특정 상황에서 분노를 적절히 조절할 수 있는 능력을 향상시키는 프로그램으로 짜여져 있다(전영실, 2001).

최근에는 2003년부터 4년간 국가청소년위원회에서 성폭력 가해 청소년에 대해 인지행동프로그램을 시행해 왔고, 서울보호관찰소에서 시행한 이러한 인지행동 치료프로그램의 효과를 평가한 송원영의 연구(2007)에 따르면, 12개월을 추적조사한 결과 프로그램에 참가한 집단이 참여하지 않은 집단에 비해 재범률이 훨씬 낮았다고 한다. 이러한 낮은 재범률뿐만 아니라, 프로그램에 참여한 집단은 우울과 불안, 충동성, 강간 통념, 언어적 공격성 등이 저하되었다고 한다(송원영, 2007; 이은진, 2009).

셋째, 의학적 치료는 성일탈과 관련이 있다고 생각되는 범죄자의 심리적 충동을 감소시키거나 없애는 것을 목표로 한다. 보통 치료방법은 폭력적인 성행동과 관련이 있다고 추정되는 남성호르몬인 테스토스테론을 감소시키거나 제거하는 것이다. 가장 많이 사용되는 호르몬요법은 Depo-Provera류(medroxyprogesterone)와 GnRH류(leuprolide, nafarelin, goserelin, triptorelin 등)를 이용하는 방법이 사용되는데, 전자는 여러 가지 부작용이 있어 문제시된다고 하며, 후자는 거의 완벽하게 혈류에서 테스토스테론을 제거하면서도 부작용이 별로 없어 최근에 많이 사용된다(Wilson, 2002).

이상의 성범죄 청소년 재활프로그램은 시설 내외에서 모두 수행될 수 있지만, 국내에서는 대부분 보호관찰에 병과된 수강명령의 일환으로 시행되고 있다. 따라서 지역사회 차원의 프로그램과는 거리가 있는 것이라고 할 수 있다. 최근에 청소년 성범죄자에 대한 대책으로, 새롭게 떠오르고 있는 대책 중에는 회복적 사법에 기초한 중재나 가족집단회합과 같은 프로그램이 있다. 이 프로그램은 주로 시설내 프로그램에 의한 낙인 문제를 해결하기 위한 취지로, 청소년 성범죄를 지역사회에 대한 가해행위로 인식하고 지역사회의 통제력을 동원해서 지역사회 차원에서 문제를 해결하려고 한다는 데 공통점이 있다.

SECTION 02 청소년 성매매

1 청소년 성매매의 개념과 유형

과거 청소년 성매매를 뜻하는 말로 사용되던 원조교제는 일본에서 유래한 것으로 기존의 성매매와는 달리 매개가 되는 업소가 없이 독자적인 방식을 통해서 청소년이 자신의 성을 성인에게 제공하고 그 대가로 금전이나 옷 등의 선물을 받는, 다소 관계가 지속적일 수 있는 성매매의 한 형태를 말한다. 한국에서 이러한 청소년의 세태가 나타난 것은 1990년대 후반으로 급속히 확산되어 큰 사회문제가 되자 경찰청에서는 이 용어가 청소년 성매매에 대해 죄의식을 잊게 하고 면죄부를 준다는 생각에서 대치할 새로운 용어로 청소년 성매매를 사용하기로 하였다. 이 용어는 원래 업소에서 청소년을 고용하여 행해지는 성매매와 청소년 성매매를 모두 포괄하는 용어이지만, 경찰청의 공모 이후에는 이런 광의의 의미와 함께 청소년 성매매를 의미하는 협의의 의미로도 함께 사용되고 있다.

청소년 성매매는 다양한 형태로 이루어지고 있는데, 그 매개체를 중심으로 분류하면 크게 다음의 몇 가지로 나눌 수 있다. 첫째, 전화방을 이용하는 방법으로서, 성격상 이용자가 청소년인지를 확인할 방법이 없어 청소년의 탈선이 쉽게 이루어지고 있다. 둘째, 인터넷사이트를 이용하는 방법으로서, 이것은 성매매를 전문으로 알선하는 사이트나, 대화방, 테마게시판 등을 통해 성을 매수할 자를 찾는 방법이다. 셋째, PC 게임방을 이용하는 방법으로서, 고스톱 등의 게임사이트에서 대화방을 개설하고 성을 매수할 사람을 찾는 방법이다. 넷째, 회원제 전화사서함을 이용하는 방법으로서, 성인 남성이 유료로 회원으로 가입하여 회원번호와 비밀번호를 부여받아 080 무료전화로 걸려오는 청소년과 통화하여 만나는 방법이다. 다섯째, 나이트클럽 등의 속칭 부킹이나 헌팅 등을 이용하는 방법이다(박동균, 2001). 여섯째, 업소를 통해서 성매매하는 방법으로, 최근에는 유흥주점, 티켓다방 등의 업소에 대한 단속을 엄하게 하고 있으므로 이들 업소에서 미성년자를 고용하기는 어렵지만, 다양한 형태의 합법적인 업소(예: 애인대행)에서 고용하고 불법적인 서비스를 제공하는 형태로 계속되고 있다.

② 청소년 성매매의 실태

1) 청소년 성매매의 출현과 확산

한국에서 청소년 성매매가 처음으로 문제시되기 시작한 것은 1997년 8월경이다. 인기 시사 프로그램인 모방송국의 "그것이 알고 싶다"에서 무분별하게 일본문화를 흉내 내는 청소년에 대해 방송하면서 새롭게 대두되는 청소년 성매매 문제를 다루고, 약 1년 후 1998년 6월에는 또 하나의 인기 시사프로그램인 "PD수첩"에서 본격적으로 한국의 "청소년 성매매"를 다루었다. 이 당시만 해도 한국에서 청소년 성매매는 크게 문제시되지 않을 정도로 미미한 수준에 머무르고 있었고, 별로 심각하지 않은 문제를 과대포장해서 보도하는 언론매체의 선정주의에 대한 비판을 불러일으켰다. 이 프로그램의 방송 후에 많은 시청자와 일간신문은 시사고발 프로그램을 고발해야 한다고 목소리를 높였다. 특히 이 당시는 공영방송사에서 야생이 아닌 수달을 풀어놓고 자연다큐멘터리 프로그램을 제작해 물의를 빚은 "가짜 수달 파동"의 후유증이 아직 가시지 않은 상태였기 때문에, 이러한 시청자의 반응은 어쩌면 당연하다고 할 수 있다.

이 당시 PD수첩 프로그램의 방송 내용 중에 가장 문제시되었던 사실은 "우리 반 50명 중에서 20명은 청소년 성매매를 한다."라는 한 여고생의 증언을 여과 없이 방송한 것이다. 많은 학부모와 교사 그리고 일반 시민을 놀라게 한 이 증언은 그 당시에 기승을 떨었던 방송사의 선정주의에 기초한 과도한 시청률 경쟁의 산물임에 틀림없을 것이다. 어떤 사람은 한국에서 청소년 성매매가 확산된 데는 언론사가 결정적인 역할을 했다고 비판하기도 하였다. 그러나 어쨌든 이 당시 청소년 성매매가 이미 한국에서 소리 없이 퍼지기 시작했다는 것은 지금 돌이켜 보면 상당히 설득력 있게 들린다.

한국에서 청소년 성매매의 규모나 성매매 청소년 수를 추정하는 것은 매우 어려운 일이다. 청소년 성매매는 일단 공식통계에 거의 잡히지 않으며, 음성적으로 개인 간에 이루어지기 때문에 실제로 참고할 만한 자료가 그렇게 많지 않은 것이 현실이다. 그나마 청소년 성매매의 수준을 추정하는 데 도움이 될 만한 자료는 중·고등학생이나 소년원생 등에 대해 몇 차례 단발적으로 이루어졌던 자기보고식 조사이다.

<표 12-5>는 청소년 성매매의 실태를 조사했던 몇 가지 연구결과를 요약한 것이다. 이

연구들은 표본의 대표성에서 약간의 한계가 있지만, 청소년 성매매의 확산 정도를 살펴보기에 매우 유용한 자료이다. 특히 황순길 외(2001)과 이종원 외(2012), 그리고 여성가족부(2019)의 연구는 일반학생을 대상으로 한 조사로서 청소년 성매매의 규모를 살펴보는 데 큰 도움이 된다. 특히 이종원과 동료들의 연구(2012)는 1만 5천 명이 넘는 큰 표본을 대상으로 한 조사로서 표본의 대표성이 높다.

• 표 12-5 • 청소년 성매매의 실태에 대한 조사결과

구분	고성혜 (2000)	이희경 · 이희길 (2001)	황순길 외 (2001)	이종원 외 (2012)	여성가족부 (2019)
조사 주체	자녀안심운동 서울협의회	자녀안심운동 서울협의회	한국청소년상담원	한국청소년 정책연구원	한국형사 정책연구원
표본	소년원 6개소, 중학교 3개, 인문고등교 3개, 실업고등교 4개	소년원 및 선도 보호시설 5개 기관 및 가출청소년 쉼터 10개 기관	6대 광역시 및 경기 지역의 38개 남녀 중 · 고등학교 50학급을 임의로 선정	전국의 남녀 중 · 고생(27개교 54학급)에 대한 집락표집	전국 중고생 (표집방법 미상)
표본 중 여학생 비율	소년원 15.8% 학생 45.3%	49.3%	77%	46.9%	47.3%
표본규모	2,064명	353명	1,972명	15,487명	6,423명
조사시점	2000년 7~8월	2001년 7~8월	2001년 5~6월	2012년	2019년 8~9월
조사방법	집단면접을 통한 설문지조사	집단면접을 통한 설문지조사	학급단위 우편조사	집단면접을 통한 설문지조사	학교 컴퓨터실에서 온라인조사
성매매 경험 청소년 비율	1.4% (남자 1.5%, 여자 1.3%)	29.2%	1.8%	0.5% (남자 0.9%, 여자 0.2%)	0.4% 1.1%(미수 포함, 남자 0.9%, 여자 1.3%)
성매수 경험 청소년 비율	-	16.3% (남자 80%, 여자 20%)	-	0.5% (남자 1.0%, 여자 0.07%)	-

이 연구들에 기초하여 일반청소년 중에 청소년 성매매의 경험이 있는 비율이 얼마나 되는지를 추정해 보면, 대체로 최소 0.5%에서 최대 1.8%라는 것을 추측해 볼 수 있다. 반면 이희경 · 이희길(2001)의 연구에 의하면 소년원이나 다른 청소년 시설에 수용된 청소년의 청소년 성매매 경험률이 약 30%에 이른다는 것을 알 수 있다. 이것은 (표 12-5에 제시되어 있지 않으나) 정혜원과 박윤환의 연구(2012)에서도 20.5%로 비슷하게 나타난다. 이 결과

는 소년원과 같은 청소년 시설에 수용된 청소년의 청소년 성매매 참가율이 일반 학교에 다니는 청소년에 비해 훨씬 높다는 것을 보여준다. 특히 여학생의 성매매 참가율은 일반 학교에 다니는 청소년에 비해 주로 가출상태에서 시설을 들락거리는 청소년이 훨씬 더 높다.

그리고 가장 최근의 연구인 여성가족부의 연구(2019)와 이종원과 동료들의 연구(2012)에서 일반 중고등학생의 성매매 참여율이 0.4%에서 0.5%로 비슷하게 나타난다. 그런데 이종원과 동료들의 연구(2012)의 연구결과는 새로운 사실을 추정가능하게 하는데, 비슷한 규모의 중고생이 적극적으로 성매수에도 가담했다는 것이다. 이 결과는 청소년의 성매매가 꼭 성인 남성과 여자 청소년 사이에만 나타나는 것은 아니며, 청소년 사이에서도 활발히 일어날 수 있음을 추정케 한다. 그리고 일반적인 기대와는 달리, 남학생의 성매매 경험 비율과 성매수 경험 비율이 여학생에 비해 오히려 모두 높다는 것이다. 다시 말해, 가출상태에서 여자 청소년의 성매매율은 매우 높은 데 비해, 일반 학교에 다니고 있는 여학생의 성매매율은 오히려 남자 청소년보다 더 낮게 나타난다.

이러한 결과는 매우 제한된 집단의 남학생에게 성매매는 재미있는 놀이와 같이 즐길 오락거리로 자리 잡지 않았나 하는 우려를 하게 한다. 이것은 성매매를 제안받은 경로를 통해서도 짐작할 수 있는데, 남학생의 경우 가장 많은 31.8%가 친구나 선후배를 통해서 소개받은 반면, 여학생은 17.6%만이 이 경로를 이용한 것으로 나타났다. 이것은 남학생이 성매매를 놀이처럼 공유하는 경향이 있는 반면에, 여학생은 상대적으로 이러한 경향이 덜하다는 것을 보여준다. 여학생이 선호하는 경로는 주로 휴대폰채팅/문자메시지(32.2%), 채팅/이성교제 사이트(22.9%), 길거리/공원(22.1%)으로써, 여학생은 자신의 신분에 대한 익명성이 보장되는 경로를 선호한다는 것을 알 수 있다. 이것은 남학생과 달리 여학생에게 성매매는 숨기고 싶은 비밀이라는 것을 보여준다(이종원 외, 2012).

이상의 여러 가지 논의를 종합해 볼 때, 한국에서 청소년 성매매 경험이 있는 청소년의 비율은 소년원생이 아닌 일반학생의 경우 대략 0.4%에서 0.5% 사이일 것으로 추정된다. 이것은 일본에서 성행위까지 포함하는 성매매를 하는 청소년 비율인 2.3%보다는 낮지만, 결코 적은 수치라고 볼 수 없다.[3] 또한 소년원생이나 유사 청소년 시설에 수용된 비

---

3 도쿄 가쿠게이대학 연구팀(팀장 후쿠토미 마모루 교수)이 여성기금쪽 의뢰로 실시한 의식조사를 정리한 이 자료는 청소년 성매매 실상의 단면을 잘 보여준다. 대상은 도쿄 기점 40km 내에 있는 80개 지역 여고생(15~18살)

행 청소년의 경우 훨씬 더 많은 약 30~40% 정도가 청소년 성매매를 경험한 것으로 나타난다.[4] 그 외 상당수의 남자 청소년도 청소년 성매매에 참여하고 있음을 알 수 있고, 청소년 성매매가 여자 청소년의 전유물이 아니라는 것을 보여준다.

2) 성매매 청소년의 특성

청소년 성매매를 경험한 청소년에 대한 사례연구들을 중심으로 특성을 살펴본 내용이 <표 12-6>이다. 앞의 세 연구는 청소년 성매매로 입건된 사건기록을 분석한 것이며, 나머지 두 연구는 위기청소년을 대상으로 면접/우편조사를 통해 수집한 자료에서 청소년의 특성을 요약한 것이다.

• 표 12-6 • 성매매 청소년의 특성

구분	박성동 (2001)	김종휘 (2001)	김지영 외 (2008)	십대여성인권센터 (2016)	여성가족부 (2019)
표본	2000. 7.~2001. 6. 사이의 기간에 경찰이나 검찰에서 단속한 청소년 성매매 사범	2000년 7월 「청소년성보호법」 시행 후에 입건된 사건	2007년 「청소년성보호법」으로 입건된 사건	성매매에 이용된 아동 및 청소년(아동청소년 성매매 피해자 지원시설 및 상담소 중심)	성매매지원단체 및 소년원생
표본규모	285	142	1,839	103	166
자료	수사기록조사	수사기록조사	수사기록조사	면접조사 및 우편조사	면접조사
연령	13세 7.8% 14세 6.2% 15세 22.3% 16세 34.0% 17세 18.5% 18세 11.2%	13세 8.0% 14세 10.7% 15세 24.0% 16세 32.0% 17세 13.3% 18세 12.0%	-	13~14세 10.7% 15~16세 38.8% 17~18세 50.5%	
학생여부	학생 35.8% 비학생 64.2%	학생 46.7% 비학생 53.3%	-	학생 60.2% 비학생 39.8%	

600명으로 전 학년이 고루 포함됐다. 그들 중 청소년 성매매 경험자는 5%로 나왔다. 30명쯤 되는 셈이다. 이 가운데서 성행위까지 간 경우는 2.3%(13~14명), 나머지는 '성교 이외의 성적 행동'(2.3%)이나 찻집 가기 등의 통상적인 데이트(복수응답 4.8%)다. 결코 적은 수치는 아니지만 그렇다고 일반화돼 있다고 보기도 어렵다(한겨레 1998.11.16).

4 안양 여자소년원에 수용된 여자 청소년에 대한 2001년 7월 조사에 의하면, 여자 소년원생의 경우 41.8%가 청소년 성매매를 경험했다고 한다(김지선, 2001에서 재인용).

가정환경	-	양친가정 41.7% 한부모가정 58.4%	-	-	
가출경험	있음 65% 없음 35%	있음 51.3% 없음 48.7%	-	있음 84.5% 없음 15.5%	
성경험	있음 84.4% 없음 15.6%	있음 76.7% 없음 48.7%	-	-	
청소년 성매매를 한 이유	용돈 마련 44.7% 가출생활비 36.9% 호기심 8.4% 우발적 3.3% 기타 6.7%	용돈 마련 50.7% 가출생활비 25.3% 호기심 14.7% 우발적 8.0% 기타 1.3%	용돈/유흥비 마련 76.7% 숙식해결 16.5% (가출)생계비 마련 2.5% 상대남성의 유혹 2.3% 기타 2.1%	〈복수응답〉 잘 곳이 없어서 35.0% 돈을 준다는 유혹에 의해서 32.0% 막연히 돈을 많이 벌고 싶어서 31.1% 화장품/옷 구입을 위해 30.1% 친구 권유 29.1% 호기심에 27.2% 다른 일자리가 없어서 26.2%	용돈/유흥비 마련 38.5% 갈 곳 없음 15.4% 친구 권유 10.3% 타인 강요 16.7% 호기심 3.8% 사람만나고 싶음 3.8% 자포자기 심정 3.8% 기타 7.7%

우선 연령 별로 살펴보면, 청소년 성매매를 하는 청소년은 16세가 가장 많으며, 다음으로 15세, 17세, 18세의 순으로 많다고 추정된다. 청소년 성매매로 검거된 자료에 따르면, 성매매 청소년은 학교에 재학하고 있는 경우보다 학교에 다니지 않는 경우가 더 많음을 알 수 있으며, 이들의 가정환경도 매우 불안정한 상태에 있음을 알 수 있다. 즉 양친이 모두 있는 경우보다 부모가 이혼했거나 한쪽이 사망한 한부모가정의 비율이 높은 것으로 나타났다.

또한 이들 중 절반 이상이 가출의 경험이 있는 것으로 나타났으며, 성경험이 있는 경우도 80% 내외에 이르렀다. 이렇게 성매매 청소년의 상당수가 가출 경험이 있으며, 이는 반대로 가출이 청소년 성매매를 부추기고 있다는 것을 보여준다.

그러나 일본에서 문제가 된 청소년 성매매의 원래 모습은 가출 이후 생계수단으로서의 청소년 성매매가 아니라, 소위 '고갸족'으로 불리는 명품브랜드를 특히 선호하는 일본 여학생이 더 좋은 외제 브랜드의 옷이나 핸드폰 등을 사기 위해 성인 남성과 성교가 동반될 수도 있는 교제를 하면서 돈이나 다른 물품으로 원조를 받는 것을 말한다.[5]

5 '고갸'은 일본어로 고교생을 뜻하는 '고쿄세이'와 영어의 소녀를 뜻하는 '갸(girl의 일본식 발음)'의 합성어이다. 초미니스커트 교복과 흘러내릴 듯한 흰색 양말(루즈 삭스), 거기에 맨살 다리라는 '3종의 신기'로 무장한 고갸족의

실제로 한국에서 청소년 성매매를 하는 청소년의 경우 상당수가 가출상태에서 용돈이나 생활비를 마련하기 위해 청소년 성매매를 하는 것으로 추측된다. 이것은 성매매 청소년이 밝힌 성매매의 이유에서도 알 수 있는데, 용돈을 마련하기 위해서 성매매를 한 비율은 44.5%, 50.7%, 76.7%로 상당히 높고, 가출 생활비를 마련하기 위해서(잠잘 곳이 없어서) 청소년 성매매를 한다는 경우가 각각 36.9%, 25.3%, 19.0%로 역시 높게 나타나고 있다. 한편, 최근 십대여성인권센터(2016)에서 아동·청소년 성매매 피해자 지원시설 및 상담소 이용 청소년을 대상으로 면접조사와 우편조사를 실시한 결과, 성매매를 한 이유에 대해 '잘 곳이 없어서'라는 응답이 전체의 35.0%로 가장 많았고 다음으로 '돈을 준다는 유혹에 의해서'(32.0%), '막연히 돈을 많이 벌고 싶어서'(31.1%), '화장품/옷 구입을 위해'(30.1%) 등의 순으로 나타났다. 여성가족부의 연구(2019)에서도 용돈/유흥비 마련이 38.5%, 갈곳 없음이 15.4%로 절반을 넘어서는 가장 높은 비율을 보인다.

이처럼 대부분의 연구에서 높은 비중을 차지하는 원인은 역시 용돈 마련과 가출생활비라는 것을 알 수 있다. 그리고 이러한 경향은 최근에 점점 심해지는 것으로 추정된다.

2000년을 전후하여 청소년 성매매의 변화를 분석한 김혜원에 따르면, 2000년 이전에 비해 2000년 이후의 성매매는 (유흥업소가 개입하지 않는) 주로 인터넷을 매개로 한 매우 개인적인 형태의 성매매로 발전되었고, 성매매의 동기도 성에 대한 호기심이나 유흥비 마련 등으로 변화하고 있다(김혜원, 2011). 어떻게 보면 이러한 변화는 정부가 성매매 청소년에 대해 피해자로서 지나치게 온정적인 태도를 견지하고 이들에 대해 쉼터 등의 지원을 함으로써 나타나게 된 것이 아닌가 하는 우려도 있다.

요약하면, 한국의 청소년 성매매 청소년은 15세에서 16세가 가장 많으며 부분적으로 일본의 성매매 청소년과는 다른 양상을 보이는데, 일본은 대부분 학교에 다니며, 양친 부모가 있는 가정에서 생활하지만, 한국의 성매매 청소년은 상대적으로 한부모가정 출신으

필수품은 핸드폰과 콘돔이다. 이들은 '난파'로 불리는 길거리 헌팅과 테레쿠라 전화 미팅방을 통해 몸을 파는 이른바 '청소년 성매매'로 사회적 물의를 빚고 있다. 일본의 한 청소년 연구기관은 여고생 중 63%가 청소년 성매매의 제의를 받았으며 20명 중 한 명꼴로 매춘 경험이 있다는 조사결과를 밝혔다. 도쿄예대의 후쿠토미 교수에 따르면 고갸족은 가난해서가 아니라 친구보다 더 좋은 옷과 액세서리를 구입하기 위해 몸을 파는 '상대적 빈곤'의 희생자이다. 밤이 되면 하나둘씩 고갸족이 모여드는 신주쿠의 거리는 현란한 네온사인으로 옷을 갈아입고 가부키초는 환락가로 모습을 바꾼다. 이처럼 신주쿠는 낮과 밤 너무도 왕성한 신진대사를 소화해 내는, 최신 유행과 붐이 탄생되는 축소판 '일본 대중문화의 메카'라고 할 수 있다(국민일보 1998.5.5.).

로 가출한 상태에서 부분적으로 생계비 마련의 도구로 선택하고 있는 측면이 강하게 나타난다.

3) 청소년 성매매의 특성

청소년 성매매의 구체적 특성을 잘 보여줄 수 있는 자료는 청소년 성매매로 입건된 사건에 대한 수사기록과 청소년 성매매 청소년에 대한 자기보고식 조사 두 가지 모두 이용될 수 있다. <표 12-7>은 이러한 연구결과를 요약한 것이다. 자기보고식 자료는 청소년 성매매를 경험한 청소년만 응답한 것이기 때문에 사례 수가 적은 것이 특징이다.

• 표 12-7 • 청소년 성매매의 특성

구분	박성동(2001)	김종휘(2001)	황순길 외(2001)	김지영 외(2008)	여성가족부 (2019)
표본	2000. 7~2001. 6 사이의 기간에 경찰이나 검찰에서 단속한 청소년 성매매 사범	2000년 7월 「청소년성보호법」 시행 후에 입건된 사건	6대 광역시 및 경기지역의 38개 남녀 중·고등학교 50학급을 임의로 선정	2007년 「청소년성보호법」으로 입건된 사건	성매매 청소년 지원단체 및 소년원생
표본 규모	285	142	35	1,839	166
자료	수사기록조사	수사기록조사	집단면접조사	수사기록조사	집단면접조사
최초 접촉 시 사용된 방법	인터넷 63.2% 전화방 23.0% 핸드폰 7.5% 소개 1.6% 기타 4.7%	인터넷 66.7% 전화방 26.0% 핸드폰 3.3% 소개 1.6% 기타 2.4%	인터넷 28.6% 헌팅 22.9% 친구소개 22.9% 전화방 21.0% 핸드폰 14.3% 업소의 알선 8.6%	인터넷 91.3% 전화방 0.5% 핸드폰 0.2% 소개 4.3% 기타 3.7%	채팅앱 37.4% 랜덤채팅앱 23.4% 지인 소개 20.6% 채팅사이트 14.0% 거리만남 등 3.7% 기타 0.9%
최초 접촉에서 성접촉까지의 시간	1시간 미만 26% 1~2시간 미만 16% 2~3시간 미만 12% 3~4시간 미만 8% 4~5시간 미만 6% 5~6시간 미만 5% 6~10시간 미만 6% 10~15시간 미만 4% 15~24시간 미만 3% 24시간 이상 14%	1시간 미만 12% 1~2시간 미만 31% 2~3시간 미만 45% 3~4시간 미만 12% 4~5시간 미만 7% 5~6시간 미만 7% 6~10시간 미만 3% 10~15시간 미만 2% 15~24시간 미만 3% 24시간 이상 21%	1시간 이내 45% 2~3시간 20% 4~5시간 6% 6~9시간 0% 10시간 이상 9% 무응답 20%		

성행위 장소	숙박업소 70.3% 성인피의자 집 18.8% 승용차 5.1% 사무실 2.1% 비디오방 2.1% 친구집 1.6%	숙박업소 73.3% 성인피의자 집 16.3% 승용차 4.4% 사무실 1.5% 비디오방 2.2% 친구집 2.2%	-		
성행위 방법	1대1(정상) 83.3% 1대1(구강) 11.0% 1대2 5.7%	1대1(정상) 85.9% 1대1(구강) 9.2% 1대2 4.9%	-	1대1 90.3% 1대2 9.1% 기타 0.6%	
대가	5만 원 미만 14% 5~10만 원 미만 10% 10만 원대 43.7% 20만 원대 9.0% 30만 원대 4.3% 40만 원 이상 2.6% 돈 못 받음 5.0% 숙식제공 7.0% 의류, 액세서리 2.0% 교통비 1.0% 유흥비 등 1.4%	5만 원 미만 19.7% 5~10만 원 미만 9.2% 10만 원대 40.8% 20만 원대 9.2% 30만 원대 1.3% 40만 원 이상 2.1% 돈 못 받음 4.6% 숙식제공 8.6% 의류, 액세서리 2.6% 교통비 1.3% 유흥비 등 0.7%	5만 원 미만 14% 5~10만 원 14% 10~15만 원 38% 15만 원 이상 11% 의류, 액세서리 3% 못 받음 11% 무응답 9%	5만원 미만 26.0% 5~10만 원 미만 32.3% 10~15만 원 미만 27.8% 15~20만 원 미만 8.8% 20만 원 이상 5.2% (전체 중 돈 못 받음 1.2%와 숙식제공 8.8%는 제외한 백 분율임)	돈 받음 88.5% 잠자리 29.5% 필요한 물건 23.1% 식사 23.1% 유흥 15.4% 기타 3.8% (복수응답)

우선 성매매 청소년과 성인피의자가 최초로 접촉한 경로를 살펴보면, 수사기록에서는 60% 이상이 인터넷을 이용하였고, 20% 이상은 전화방을 이용하였지만, 자기보고식 조사에서는 인터넷의 비중이 상대적으로 낮으며, 친구 소개나 길거리 헌팅, 그리고 핸드폰 등이 골고루 높게 나타나 청소년 성매매의 매개체가 다양하다는 것을 알 수 있다. 그러나 2008년의 수사기록 조사에서는 인터넷의 비중이 91.3%에 달했고, 가장 최근인 2019년 여성가족부의 조사에서는 스마트폰을 통한 채팅앱을 통한 성매매가 60.8%를 차지하여 성매매의 수단도 점점 변화하고 있음을 보여준다.

<표 12-7>에는 제시되어 있지 않으나, 2019년 여성가족부의 성매매 실태조사에 따르면, 실제로 성매매에 참여한 청소년이 성적으로 유인되는 경로는 인스턴트 메신저가 37.3%로 가장 많았고, 다음으로 SNS가 25.2%, 랜덤 채팅이 14.1%, 인터넷 게임이 12.7%, 인터넷 커뮤니티가 2.7%, 인터넷 방송이 1.4%, 그리고 미디어 공유 플랫폼이 0.8%의 순

으로 나타나고 있다.[6] 과거에 높은 비율을 보였던 전화방은 거의 없어졌음을 알 수 있다.

다음으로 최초의 만남에서 성접촉까지의 시간을 살펴보면, 수사기록 연구 중 표본규모가 큰 박성동(2001)의 자료를 기초로 할 때, 1시간 미만이 26%로 가장 많았고, 다음으로 1시간 이상 2시간 미만이 16%, 2시간 이상 3시간 미만이 12%, 3시간 이상 4시간 미만이 8%의 순이었으며, 24시간 이상의 교제시간을 가진 경우는 14%로 나타났다. 반면 자기보고식 조사는 다른 결과를 보여주는데, 1시간 이내가 45%로 대다수를 차지하였고, 2시간에서 3시간이 20%, 4시간에서 5시간은 6%, 그리고 10시간 이상은 9%로 나타났다. 이러한 결과는 성매매 청소년이나 피의자가 경찰에서 왜곡된 진술을 하고 있다고 추측하게 한다. 청소년 성매매의 피의자나 청소년이 자신의 행동이 경찰에게 성매매의 이미지를 주지 않도록 교제 시간을 늘려서 진술했을 가능성이 높다는 것이다. 이처럼 한국의 청소년 성매매는 일본과 달리 상대적으로 일회성 성매매에 그치는 경우가 많고, 만나기 전에 흥정을 끝내고 만나면 바로 성행위로 이어진다고 볼 수 있다.

다음으로 성행위가 이루어진 장소는 수사기록이나 자기보고식 조사 모두 비슷한 분포를 보여주는데, 여관과 같은 숙박업소가 대부분을 차지하고 있고, 다음으로 성인 상대자의 집이 많았다. 그리고 성행위의 방법은 정상적인 1 대 1 성행위가 80% 이상으로 가장 많았고, 다음으로 10% 정도가 1 대 1의 구강성교였고, 1 대 2의 성행위를 한 경우도 5%였다. 이렇게 1 대 2로 이루어지는 경우는 대부분 청소년이 낯선 성인을 만나는 것이 두려워서 자기 친구와 동행하는 경우였다. 성매매 청소년의 교제 횟수는 절반 정도가 평균 월 1~2회 청소년 성매매를 하였으며, 그 외 평균 월 11번 이상도 15% 정도에 이르는 것을 알

6 다음 표의 성매매 유인경로 참조.

구분(%)	인터넷에서 원치 않은 성적 유인만 경험(A) (540명)	인터넷에서 원치 않은 성적 유인 + 만남 유인 경험(B) (115명)
인스턴트 메신저	25.7	37.3
SNS	28.7	25.2
랜덤채팅	12.6	14.1
인터넷 커뮤니티	2.2	2.7
미디어 공유 플랫폼	3.9	0.8
인터넷 게임	15	12.7
인터넷 방송	1.6	1.4
기타	10.4	5.8
합계	100	100

수 있다.

청소년이 청소년 성매매의 대가로 받은 액수를 살펴보면, 표본이 소년원생에 다소 치우친 고성혜의 2000년 조사를 제외하면 대부분 10만 원대의 대가를 받고 있으며, 돈으로 받지 않는 경우에는 숙식 제공이 다수 있다는 것을 알 수 있다. 특히 소년원생의 경우 청소년 성매매 당시 가출상태에 있었을 가능성이 매우 높으며, 이 경우에는 대가로 받는 액수가 매우 적거나 숙식제공에 그치는 경우가 많았다. 최근에 청소년 성매매로 받는 대가는 점점 하락하고 있다고 한다. 그 이유는 과거에 비해 성매매 청소년이 별다른 처벌이나 재활프로그램을 받지 않고 경찰 단계에서 대부분 훈방되기 때문에, 성매매 청소년이 성매매를 멈추지 않음으로써 청소년 성매매의 공급이 늘어났기 때문으로 추정된다.[7] 일반적으로 티켓다방과 같은 업소에서 일하면서 성매매할 때는 금액이 적으며, 인터넷 채팅 등을 통해 성매매 대상자와 흥정하는 경우는 상대적으로 금액이 높은 것으로 알려져 있다.

이상의 결과는 청소년 성매매가 실제로 성인 성매매와 크게 다를 것이 없음을 보여준다. 미국 사회에서 흔히 볼 수 있는 거리 성판매 여성처럼 독자적으로 활동하면서 자신의 성을 사줄 성인을 찾아다니는 경향은 성인 성매매와 청소년 성매매가 큰 차이가 없다는 것을 알 수 있다. 다시 말해, 인터넷이나 핸드폰, 전화방 등을 통해서 성을 사줄 성인을 찾아다니며, 성인을 만나면 1~2시간 내에 여관과 같은 숙박업소에서 성을 팔고 10만 원대 정도의 대가를 받는 것을 한 달에 1~2회 정도 하는 고액 아르바이트로 생각하고 있는 것이 현재 한국의 청소년 성매매 청소년의 실상이다.

---

7 "요새는 많이 받아봤자 15만 원, 20만 원 해요. (왜 값이 내려갔어?) 하겠다는 애들이 많아졌어요. 예전 같은 경우는 40만 원 불렀다가 '아까 개네들은 15만 원이라는데' 그러면 우리는 할 수 없이 가격을 내려요. 손님이라도 더 빨리 잡아서 돈을 벌어야 하니까, '우린 10만 원에 할게요' 이래요. 원조교제하기 전에 누구한테 술 먹자, 내가 한 턱 쏠게 해 놓고 손님이 안 잡히면 더 불안해서 가격을 내려요. 아저씨들도 15만 원 부르면 너무 비싸다고 그래요 (이춘화, 2004)."

③ 청소년 성매매의 원인

청소년 성매매의 원인을 설명하는 시각은 원인을 성인에게서 찾는 것과 청소년에게서 찾는 것으로 나누어질 수 있다. 전자는 청소년 성매매의 원인을 상대편인 성인 피의자에 초점을 맞추고, 이들이 갖고 있는 공식적 권력관계에서의 공백과 같은 문제가 청소년 성매매를 발생시킨다는 것이다(심영희, 2001). 이러한 설명은 청소년 성매매의 설명에 참조할 수는 있지만, 청소년 성매매의 발생에서 성인 피의자의 역할을 지나치게 과대해석한 것으로 볼 수 있다. 엄밀히 말하면 이는 청소년 성매매를 설명하는 이론이라기보다는 성인의 범죄(미성년자간음)에 대한 설명이다. 따라서 청소년 성매매를 설명하는 이론은 청소년의 행위에 초점을 맞추어야 한다. 이런 전제하에 청소년 성매매를 설명하는 이론은 기존 이론을 참조하여 다음 몇 가지로 나누어 볼 수 있다.

첫째, 합리적 선택의 측면에서 청소년 성매매를 볼 수 있다. 이것은 적은 노력(비용)으로 많은 돈(보상)을 벌려는 합리적 계산으로 청소년 성매매가 발생한다고 설명한다. 실제로 성매매 청소년에 대한 설문조사 결과를 살펴보면, 성매매하는 이유로 가장 높은 비율을 차지하는 것이 용돈 마련인데, 이는 청소년 성매매가 경제적인 수입을 목적으로 발생한다는 것을 보여준다. 일부 학자들은 이러한 관점을 확대하여 경제적인 수입 이외에 청소년에게 만족을 주는 많은 요인이 이익으로 간주한다. 예를 들어, 청소년 성매매에서 얻을 수 있는 스릴이나 성적인 만족감 등이 있을 수 있다. 그러나 이 가설은 청소년이 자신과 상대방 성인과의 성행위에서 느끼는 이미지가 긍정적이기보다는 부정적이라는 점에서 기각 가능성이 높다. 따라서 합리적 선택의 측면에서 청소년 성매매를 설명하는 시각에서는 금전적 수입이 가장 중요한 요인으로 간주된다. 그러나 이 설명은 왜 일부의 청소년만이 자신이 얻는 금전적 이익에 비해 지불해야 하는 비용(성행위의 대상이 됨)을 상대적으로 적게 보는지에 대해서는 적절한 설명을 할 수 없다.

둘째, 사회학습이나 하위문화에 의한 설명은 왜 일부 청소년이 자신의 비용을 상대적으로 적게 보는지에 대한 설명을 제공할 수 있다. 호이가드와 핀스타트는 소녀가 성을 파는 행위를 가능한 선택의 하나로 간주하는 집단문화를 공유하고 있기 때문이라고 본다(김은실, 2001). 반면 시겔(Siegel, 2000)은 이를 성매매 소녀의 비극적인 경험으로 설명한다. 성매매 청소년은 대체로 문제가정에서 어린 시절을 불우하게 보낸 경우가 대부분이며,

이들은 대부분 10세에서 12세 정도의 어린 나이에 가족구성원에 의해 성적 학대를 받고, 이러한 경험에 의해서 자신의 몸이 가치를 갖고 있고, 성행위가 애정이나 권력 또는 돈을 획득하는데 이용될 수 있다는 것을 체득하게 된다는 것이다. 따라서 청소년 성매매는 본인의 직접적인 경험에 의해 얻어진 그릇된 지식에 기인한다.

셋째, 페미니스트 범죄학자도 유사하게 가정에서의 소녀에 대한 성적인 학대에 주목한다. 페미니스트 범죄학자들은 강간이나 성추행과 같은 범죄가 여성에 대한 남성의 가부장적인 지배를 반영하는 것이며, 이러한 여성의 높은 성비행 피해율은 가부장적인 가정 및 사회구조 내에서 여성의 열악한 지위를 반영하는 것이라고 주장한다. 페미니스트 이론가는 청소년 성매매를 기본적으로 가부장적인 가정의 역학구조에서 나타나는 아동학대와 이로 인한 가출에 의해 설명한다. 체스니-린드는 여자청소년의 가출이 대부분 가정에서 이루어지는 아동(성)학대에서 기인한다는 점에 주목한다. 소녀가 소년에 비해서 훨씬 더 아동 성학대의 피해자가 될 가능성이 높다는 점(아동 성학대 피해자의 70%는 소녀이다), 소녀에 대한 아동 성학대가 소년에 대한 성학대에 비해 일찍 시작된다는 점, 그리고 상대적으로 보다 오래 지속된다는 점 때문에, 소녀는 자신에 대한 공격을 회피하려고 상대적으로 더 간절하게 노력하게 된다(Chesney-Lind, 1989, 1999; Chesney-Lind and Shelden, 1998). 국내의 연구결과(이성식 · 전신현, 2001)도 여자 청소년의 가출 원인이 가부장적인 가정에 있다고 보고하고 있다. 가출한 여자 청소년의 상당수가 가출생계비의 마련이나 기거할 곳을 제공하는 대가로 청소년 성매매를 하고 있다는 점은 설문조사 결과에서도 이미 확인된 바 있다.

이와 같이 여자 청소년에게 있어서 가출은 폭력으로부터 살아남기 위한 생존전략의 하나인데도, 남성 위주의 형사사법제도는 이들을 성적으로 나쁜 것으로 규정하고, 이러한 질이 나쁜 소녀에 대해서 더 강한 처벌을 한다는 것이다. 이렇게 소녀 비행을 부모의 통제에 대한 대항으로 보지 않고 성적인 것으로 간주(sexualization)하는 한 소녀의 비행은 간과된다. 반대로 소녀의 가출은 부모의 권위, 특히 아버지의 가부장적 권위에 대한 도전으로 인식되기 때문에 사소한 지위비행임에도 불구하고 지나치게 범죄화된다. 이것은 1929년에서 1930년 동안 미국 하와이에서 법정에 피고로 나타난 소녀의 44%가 그들의 부모가 검거해 달라고 주장했기 때문이라는 점에서도 잘 알 수 있다(Chesney-Lind and Shelden, 1998; Chesney-Lind, 1989, 1999).

이러한 체스니-린드의 설명은 여자 청소년의 가출이 가족 해체나 가정 내 아동학대에서 기인하는 것임을 보여주며, 한국에서 청소년 성매매에 나서는 여자 청소년의 상당수가 가출소녀라는 점을 감안하면, 청소년 성매매 또한 가출과 마찬가지로 가부장적인 가정의 학대나 한부모가정의 생계 문제를 해결하기 위한 생존수단이라는 점을 보여준다.

④ 청소년 성매매의 대책

1) 유흥업소의 미성년자 고용에 대한 강력한 단속

법무부가 주도하여 1997년 9월에 출범한 "자녀안심하고학교보내기운동"은 초기에는 학교주변 유해업소를 점검하고 학교폭력을 줄이려는 노력을 중심으로 진행되다가, 점차 가출소녀 찾기에 큰 비중이 주어졌다. 가출소녀의 소재를 추적하는 과정에서 유흥업소에 수많은 가출소녀가 일하는 것을 알게 되었고, 이때부터 유흥업소에서의 미성년자 고용에 대해 지속적인 단속이 이루어지게 되었다. 특히 1997년 10월에는 미성년자가 많은 것으로 알려진 신길동 일대의 윤락가를 일제 단속하여 관련업소를 폐쇄조치하고 강제철거를 시행하였다. 이러한 노력은 다른 지역의 윤락가에 대한 단속으로 계속 이어졌다. 또한 청소년보호위원회도 "청소년성문화대책위원회"를 발족하여 정부의 "10대 성매매와의 전쟁선포"에 발맞추어 10대 여성 성매매 근절에 앞장을 섰다. 이 위원회는 한 달에 한 번씩 "IMF 시대, 향략산업으로부터 딸, 아들 지키기 연쇄 토론회"를 개최하였으며, "딸 아들 사고파는 향락문화 추방 선포식"을 열고 '아버지 감시단'을 결성하기도 하였다(김지선, 2001).

또한 미성년 윤락을 뿌리 뽑는 데 일조한 상징적인 사건에는 한 여자경찰서장의 활약이 중요한 역할을 차지하였다. 그녀는 1998년 옥천경찰서장으로서 그 지역의 대표적인 비공식적 윤락업소였던 티켓다방을 일소하는 데 앞장섰을 뿐 아니라, 2000년에는 서울의 대표적인 윤락가인 속칭 미아리텍사스를 관장하는 종암경찰서장으로 부임하여 관내 유흥업소들이 미성년자를 고용하는 것을 강력히 단속하였다. 경찰은 2000년 1월 이 여자경찰서장의 종암경찰서 부임을 계기로 "미성년 매매춘과의 50일 전쟁"을 선포하였고, 이는 점차 다른 지역으로 급속도로 번져갔다. 그녀의 활약은 미성년자의 유흥업소 고용과 매춘이 매우 나쁜 죄악이라는 것을 국민들과 업주, 그리고 형사사법기관의 종사자에게 심어주는 데 성공하였다.

결과적으로 1997년 이후 한국의 유흥업소에서 미성년 청소년이 급속히 사라졌고, 이들은 업소에 고용되어 성매매하는 형태를 점차 포기하고 독자적으로 자신의 성을 팔 수 있는 방법을 찾게 되었다. 그 결과 일본의 텔레쿠라를 모방한 한국의 전화방에서 초기에 청소년 성매매의 대상을 찾다가 점차 인터넷상의 알선사이트에서, 그리고 오프라인상의 알선이벤트업소 또는 핸드폰의 게시판을 통해, 그리고 친구 소개를 통해 청소년 성매매를 시작하게 되었다.

2) 원조교제의 대체용어로서의 청소년 성매매

원조교제는 일본에서 유래된 용어로서 청소년이 성인과 다양한 성적 행동을 동반하여 사귀면서 금품이나 사치품 등을 원조받는 것을 말한다. 그러나 원조교제라는 용어가 청소년의 성매매를 미화시켜 죄의식을 희석시킨다는 주장이 대두되었고, 따라서 새로운 용어의 필요성이 높아짐에 따라 경찰청에서 원조교제를 대체할 수 있는 용어를 공모한 결과 '청소년 성매매'라는 용어가 선정되었다.

그러나 청소년 성매매는 엄밀히 볼 때 원조교제와 동일한 개념은 아니다. 공모 이전부터 청소년 성매매는 주로 원조교제와 함께 업소 등에서 돈을 받고 이루어지는 모든 형태의 성매매를 포괄하는 의미로 사용되었다. 따라서 공모 이후에는 이 개념이 원조교제를 지칭하는 것으로 많이 사용되어, 용어의 모호함이 존재한다. 어쨌든 최근에는 청소년 성매매라는 용어가 거의 정착되어, 청소년이 개입된 다양한 형태의 성매매를 모두 지칭하는 넓은 개념으로 정착되었다.

3) 청소년 처벌주의와 보호주의

이전에 청소년 성매매는 성인과 동일하게 「윤락행위 등 방지법(1961)」에 의해 규제되어 왔다. 이 법은 "윤락행위를 한 자 또는 윤락행위의 상대가 되는 자는 1년 이하의 징역이나 30만 원 이하의 벌금, 구류 또는 과료에 처한다"라고 명시하고 있다. 이 조항에 의하면 성을 파는 사람뿐만 아니라 성을 사는 사람 모두가 처벌이 가능하지만, 한국에서의 현실은 사는 사람(남성)에 대한 처벌은 거의 이루어지지 않은 반면, 주로 성판매여성만을 처벌하는 방식으로 제재가 이루어졌다. 그러나 이마저도 실제로는 거의 처벌이 이루어지지 않는 일종의 사문화된 형태에 가까웠다. 즉 윤락행위를 법으로 금지하면서도, 윤락가의 존치, 윤락여성에 대한 보건증제도 등을 통해 볼 때 윤락행위를 사실상 묵인해 왔음을 부인하기 어렵다.

어쨌든 이전에 이 법은 청소년이 성매매했을 경우에 적용되던 유일한 법률로서, 성매매를 한 청소년에 대해서 선도보호시설에 위탁하는 보호처분이 규정되어 있었다고는 하지만, 청소년을 처벌대상으로 고려하는 대표적인 처벌위주의 법이었다고 할 수 있다. 반면 1997년 제정된 후 1999년 개정된 「청소년 보호법」은 유흥업소에 미성년자를 고용하거나 고용을 알선하거나, 술시중을 들게 하거나, 미성년자에게 이성혼숙을 허용하거나, 미성년자에게 금품 등을 제공하고 성교하는 행위 등을 강하게 처벌하고, 청소년의 고용을 금지하는 업소의 범위를 확대하는 것을 내용으로 하였다. 이 법의 시행에도 불구하고 청소년 성매매가 줄어들지 않자 여야 합의로 「청소년 성보호에 관한 법률」이 2000년 3월 공포되고 같은 해 7월부터 시행되었다.

현재 「아동·청소년의 성보호에 관한 법률」로 개칭된, 이 법은 성매매한 청소년에게 대해서는 윤락행위방지법의 규정을 적용하지 아니하고 소년법상의 보호사건으로 처리할 수 있도록 규정하고 있다. 이 법은 기존의 윤락행위방지법이 성매매 당사자 모두를 처벌하는 데 비해서 성매매한 사람이 미성년자일 경우 상대방 성인만 처벌하도록 규정하여 현행의 「소년법」의 취지와 상통하고 있다. 또한 이 법은 그동안 처벌의 사각지대에 있었던 성을 산 사람(주로 남성)에 대해 처벌의 초점을 맞추고 있으며, 이에 대한 더 강력한 처벌내용을 담고 있다.

「아동·청소년의 성보호에 관한 법률」은 성매매 청소년를 위해 보호시설(제45조)이나 상담시설(제46조) 그리고 성교육전문기관(제47조)을 두도록 규정하고 있다. 보호시설로는 청소년 지원시설,[8] 청소년상담복지센터,[9] 청소년쉼터[10] 그리고 청소년 보호·재활센터[11]가 있고 이들은 대부분 성매매 청소년의 보호·자립을 지원한다. 반면 상담시설은 성매매

8 「성매매방지 및 피해자보호 등에 관한 법률」 제5조 제1항 제2호

9 「청소년복지 지원법」 제29조 제1항

10 「청소년복지 지원법」 제31조 제1호

11 「청소년 보호법」 제35조

피해상담소[12] 및 청소년상담복지센터[13]로 구성되고, 이들은 여러 지원시설과 연계를 통해 성매매 청소년을 상담·지원하는 초기 단계의 개입시설이라고 할 수 있다. 마지막으로 성교육전문기관은 성매매 청소년에 대한 건전한 성가치관을 교육하는 역할을 맡는 기관이다. 현재의 위기청소년교육센터는 이런 전문적인 성교육기관이라고 할 수 있다.

법이 만들어진 초기에는 성매매 청소년에 대한 개입이 거의 이루어지지 않다가, 최근에는 다양한 시설이 갖추어지고 어느 정도 성매매 청소년에 대한 개입이 이루어지고 있다. 그러나 한편으로 여전히 현재도 성매매 청소년을 피해자로 보고 비행 청소년에 합당한 적극적인 개입을 꺼리는 경향은 유지되고 있다. 성매매 청소년을 오로지 피해자로 보는 시각은 지나치게 낭만적이다. 성매매 청소년은 현재도 인터넷 등에서 매우 적극적으로 자신의 성을 매수해줄 성인을 찾아다니고 있기에(윤옥경, 2001), 일반적인 범죄피해자와 동일한 동정심을 가지고 대하기에는 이들의 비행성향이 많이 진전된 상태이다. 현행법은 다양한 보호처분과 함께 재활프로그램을 할 수 있도록 제시하고 있지만, 현실은 대부분 경찰 단계에서 훈방되고 있으며 이것은 청소년 성매매를 줄이지 못하는 원인이 되고 있다(박성수, 2004). 최근에 성매매 동기가 생계비 마련에서 점점 유흥비 마련으로 바뀌고 있는 점(김혜원, 2011 참조)은 이러한 낭만적인 정책의 당연한 귀결이라고 할 수 있다. 하지만 성매매 청소년이 절도나 폭력 등의 범죄를 저지른 청소년과 달리 주변의 상황이나 환경의 특수성이 있고 성매매 청소년은 성적 착취의 피해를 경험하기에 이들에 대한 보호와 지원에 중점을 두어야 한다(이기연, 2016)는 주장에도 설득력은 있다.

4) 청소년 성매매 대상 성인에 대한 신상공개와 취업제한

「아동·청소년의 성보호에 관한 법률」에 따르면 신상공개는 청소년보호위원회가 청소년 성매매 범죄 방지를 위해 연 2회 이상 전국에 게시 또는 배포하는 계도문의 관보 게재 등 대통령령이 정하는 방법을 통해 이뤄진다. 공개 내용은 형이 확정된 관련 범죄자의 성명, 연령, 주소, 실제 거주지, 키와 체중과 같은 신체정보, 사진, 범죄사실 요지, 전자발찌 부착여부 등으로 이루어진다. 공개방법은 인터넷(http://www.sexoffender.go.kr)을 통

12 「성매매방지 및 피해자보호 등에 관한 법률」 제10조

13 「청소년복지 지원법」 제29조 제1항

한 ‘공개명령’과, 거주지의 읍면동 사무소의 게시판을 통하거나, 해당 지역의 아동·청소년이 있는 가구나 아동청소년시설(어린이집, 유치원, 학교, 학원 등)의 장에 대한 우편을 통한 ‘고지명령’으로 나눌 수 있다.

성명	아무개
나이	33
키	170cm
몸무게	66kg
주민등록상 주소	아무개시 아무개구 아무개동 123번지
실제 거주지 주소	아무개시 아무개구 아무개동 123번지

성범죄 요지

대상자는 2011년 1월 아무개시 000(읍 · 면 · 동)에서 14세 미만 여자 청소년의 가슴을 만지는 등 강제추행하여 2011년 3월 17일 징역 1년(집행유예 2년)형을 선고받았음.

부가기록

유의사항

이 정보를 신문, 잡지 등 출판물 또는 정보통신망에 공개, 수정 및 삭제하거나 성범죄자 취업제한시설이 아닌 곳에서 고지대상자의 고용, 주택, 사회복지시설의 이용, 교육기관의 교육 및 직업훈련 등에 차별하거나, 공연히 사실이나 허위사실을 적시하게 되면 관계법에 따라 처벌될 수 있습니다.

출처: 여성가족부 우편고지 홍보용 리플렛.

| 그림 12-1 | 성범죄자에 대한 우편고지의 예

좀 더 구체적으로 살펴보면, 신상공개의 대상이 되는 유형은 크게 다음의 몇 가지로 나누어진다. 첫째, 청소년 성매매 행위자로서 아동·청소년의 성을 사는 행위를 한 자, 둘째, 아동·청소년의 성매매의 장소를 제공하거나 알선, 강요한 자, 셋째, 아동·청소년 이용 음란물을 제작, 수출입한 자, 넷째, 아동·청소년을 매춘, 음란물 제작의 대상이 될 것을 알면서 아동·청소년을 국내외에 매매 또는 이송한 자, 다섯째, 아동·청소년을 (준)강간한 자, 위계 또는 위력으로서 간음한 자가 그것이다.[14]

행정법원은 신상공개 조항을 중심으로 2002년 7월 당시의 「청소년 성보호법」에 의한

14 일반적으로 인터넷을 통한 공개명령대상자와 읍면동사무소의 게시판이나 우편을 통한 고지명령 대상자는 거의 일치하나, 공개명령대상자에는 “13세 미만의 아동·청소년을 대상으로 아동·청소년대상 성범죄를 저지른 자로서 13세 미만의 아동·청소년을 대상으로 아동·청소년대상 성범죄를 다시 범할 위험성이 있다고 인정되는 자”라는 다소 폭넓게 해석될 수 있는 대상자가 포함되어 있다는 점이 다르다.

신상공개제도가 위헌의 소지가 있다고 헌법재판소에 위헌법률심판을 제청하였다. 위헌을 제청한 재판부는 두 가지 이유에서 신상공개제도가 위헌 소지가 있다고 판단하였다. 첫째, 헌법 제13조 제1항 '모든 국민은 동일한 범죄에 대해 거듭 처벌되지 않는다.'라는 조항에 위배된다는 것이다. 이미 형사처벌을 받은 성범죄자의 신상을 공개하면 이중처벌 금지 규정을 위반하는 셈이 된다는 것이다. 둘째, 청소년보호위원회가 사실상의 처벌권을 행사하는 부분도 위헌의 소지가 있다고 판단했다. 재판부는 법관에 의한 재판권을 규정한 헌법 제27조 제1항 '모든 국민은 헌법과 법률이 정한 법관에 의해 법률에 의한 재판을 받을 권리를 지닌다.'라는 규정을 들어 행정관청에 불과한 위원회가 자체 기준으로 대상자를 선별해 처벌효과를 갖는 공개결정을 내리는 것은 명백한 위헌이라는 입장이다.

이러한 위헌시비에 따라, 2009년 6월에 「청소년 성보호법」을 개정하여 법 명칭을 「아동 · 청소년의 성보호에 관한 법률」로 바꾸어 시행하였다. 이 법의 주요 개정내용을 살펴보면, 첫째, 유사성행위에 대해 처벌규정을 둠으로써 미성년자를 고용하여 행해지던 많은 유사한 행위에 대한 처벌이 가능하게 되었다. 둘째, 기존의 법은 실제 성행위가 이루어진 경우만 처벌할 수 있었으나, 새 법은 단순히 인터넷 채팅방 등에서 청소년에게 성매매를 제안하기만 하더라도 처벌할 수 있게 되었다. 셋째, 법원이 신상공개대상자를 판결 시에 선고하도록 하여 이중처벌 논란을 피해 가려고 하였다. 넷째, 이 법으로 치료감호를 선고받은 사람은 그것의 집행을 종료하거나 유예 또는 면제된 날부터 10년간 아동 · 청소년 교육시설에 종사할 수 없도록 하였다(취업제한).

요약하면, 한국에서도 청소년 성매매가 제법 큰 규모로 이루어지고 있다. 특히 일본에 비해 청소년 성매매를 하는 학생의 비율은 적지만, 성행위가 동반되는 청소년 성매매를 하는 비율은 거의 일본과 유사한 수준에 이르는 것으로 나타났다. 이렇게 한국에서 청소년 성매매가 급속히 증가한 이면에는 IMF 구제금융으로 인한 가정의 압박과 이로 인한 자녀의 가출, 용돈 부족의 심화로 인해 많은 청소년이 성산업에 진출하게 되었고, 때맞추어 나타난 「청소년 보호법」 및 「(구) 청소년 성보호법」의 제정과 유흥업소에서의 미성년자 고용에 대한 단속은 업소에서 일하던 많은 청소년을 청소년 성매매라는 새로운 고액 아르바이트로 움직이게 만들었다.

이런 실정에서 성매매 청소년에 대한 변변한 프로그램 하나도 없이 단순히 청소년 성매매를 하는 성인만 처벌한다고 해서 청소년 성매매가 해결될 것이라는 생각은 매우 위험한 것이다. 청소년 성매매가 물론 청소년을 찾는 성인이 있으니 나타나는 것이기도 하지만, 반대로 청소년 성매매를 하는 또는 심지어 해야 하는 청소년이 있고, 이들이 청소년 성매매를 하게 만드는 여러 가지 사회적 조건과 더 근본적인 문제에 대한 대책이 제시되어야 할 것이다. 이와 더불어 최근에는 인터넷과 스마트폰 앱을 통한 청소년 성매매 문제가 심각해지면서 사이버 성매매 환경에 대한 새로운 대응 방안이 필요한 상황이다.[15]

이상의 논의 결과는 한국에서 청소년의 성적 일탈 문제가 최근에 급속히 그 본질이 달라져 왔다는 것을 보여준다. 과거에 전통적인 형태의 성비행이라고 할 수 있는 강간, 성추행, 성희롱, 이성과의 성관계 등이 주로 남자 청소년의 전유물로 이루어져 온 반면, 여자 청소년의 경우 성비행과 관련하여 책임 없는 피해자로 등장했다고 할 수 있었다. 그러나 최근의 청소년 성매매의 급속한 증가는 여자 청소년이 성적 일탈의 분야에서 뚜렷한 주체로서 등장했다는 것을 보여준다. 이렇게 전통적인 형태의 성적 일탈이 크게 줄거나 느는 일이 없이 비교적 안정적으로 그 규모가 유지되고 있다는 점을 감안하면, 이것은 청소년 성비행의 외연이 급격히 넓어졌으며, 광범위화되어 가고 있다는 것을 의미한다.

주로 남자 청소년이 개입하는 전통적인 형태의 성비행이나, 주로 여자 청소년이 개입하는 새로운 형태의 성비행은 외관상 매우 상이하게 느껴지지만, 그 이면에는 가정의 해체라는 우리 사회의 부끄러운 현실이 도사리고 있는 것이 사실이다. 한국의 성윤리가 과거에 비해 턱없이 해이해져 있는 것은 인정하기 어렵지만 사실이며, 가정에서부터 많은 문제들이 생겨나고 있다. 따라서 청소년의 성적 일탈문제를 해결하기 위해서는 우리의 가정을 먼저 복원시킬 필요가 있다. 적절한 양육환경에서는 성격장애를 가진 강간범이나 청소년 성매매를 하는 비행 청소년이 나타날 수 없다는 점에서, 건전한 가정의 복원은 우리 청소년의 성비행문제를 해결하기 위해서 먼저 해결되어야 할 선결과제가 아닐 수 없다.

15 "채팅앱을 통해 전국에서 많게는 하루 수천 건의 즉석 만남으로 포장된 10대 청소년 성매매가 이뤄지는 겁니다. 전문가들도 스마트폰을 이용한 10대 청소년 성매매 실태는 이미 심각한 수준이라고 경고합니다(jtbc 뉴스, 2015.3.17.)."

CHAPTER

13 | 사이버비행

SECTION 01 사이버비행의 개념, 특성, 유형

1 사이버비행의 개념

정보화가 급속히 진행됨에 따라 컴퓨터와 스마트폰, 인터넷의 사용이 급속히 증가하면서 청소년의 사이버공간에서의 비행이 심각한 문제로 대두되고 있다. 일반적으로 비행이 사회의 주요 법률이나 규범을 위반하는 행위로 정의된다는 점을 고려하면 사이버비행은 인터넷 등 사이버공간에서, 또는 컴퓨터 등 정보통신기기를 매개로 이루어지는 제반 법/규범 위반 행동이라고 정의할 수 있다. 좁은 의미에서 사이버비행은 인터넷과 같은 정보통신망을 매개로 하여 일어나는 비행 행위로 정의될 수 있으며(Yoo, 2022), 이 경우 사이버비행은 인터넷 혹은 온라인 비행이라고 부르기도 한다.

그렇지만 인터넷을 매개로 하지 않고 물리적 장치를 이용하여 기기를 파괴하거나 지적재산권을 침해하는 등의 비행은 이러한 정의에 포함되지 못한다는 한계가 있다. 따라서 보다 넓은 범위의 사이버비행 개념이 필요하며, 이는 온라인 맥락과 무관하게 발생할 수 있는 기존의 컴퓨터범죄를 포함하여 사이버공간에서 행해지는 모든 유형의 비행 혹은 범죄를 포괄한다(강동범, 2000). 다만 인터넷 접근성이 점점 높아짐에 따라 최근 대다수의 사이버비행은 온라인을 기반으로 발생하는 것이 사실이다.

이러한 포괄적인 사이버비행의 범위와 정의를 바탕으로 청소년 사이버비행에 포함될 수 있는 더 구체적인 형태의 행위를 지칭하는 용어가 존재한다. 예를 들어 사이버공간에서 법위반 행위를 저지르는 경우 사이버 범죄라는 용어가 보편적으로 사용되고 있으며, 온라인을 통한 음란물 접촉이나 온라인 공간에서 욕설 및 비속어 사용, 인터넷 중독 등 청소년에게 요구되는 사회적 규범에 반하는 행위가 사이버공간을 매개로 발생하는 경우, 사이버 일탈 혹은 사이버 청소년 비행 혹은 사이버상의 문제행동이라는 용어 등이 사용되기도 한다.

2 사이버비행의 특성

현실의 일반 비행과 구별되는 사이버비행의 특성은 다음과 같다.

첫째는 비대면성으로, 사이버공간에서는 얼굴을 마주하지 않고 의사소통하기 때문에 상대방을 덜 의식하게 되고, 친밀감이 낮아진다. 이로 인해 평소 우회적으로 표현하던 말들이 직설적이고 노골적으로 표현될 가능성이 크며, 상대의 피해를 못 보기 때문에 죄책감이 줄어들어 비행행동이 더욱 가혹하거나 대담해질 가능성이 높다.

둘째는 익명성으로, 사이버공간에서는 자신이 누구인지 밝히지 않으므로 서로가 누구인지 모르는 상태에서 의사소통이 이루어진다. 익명의 바다로 불리는 인터넷의 특성은 자유로운 의사표현을 가능하게 하지만 다른 한편으로는 평소에 하지 말아야 된다고 생각했던 행동의 제약이 해제되는 탈억제 현상이 나타나 비행의 가능성을 높인다. 또한 자신이 노출되지 않으므로 발각의 염려가 적어 더욱 대담하게 행동하기도 한다.

셋째는 편이성과 즉시성으로, 사이버비행은 한 번의 클릭으로, 실시간으로 손쉽게 그리고 즉각적으로 이루어지며, 이는 24시간 내내 시간적인 제약 없이 항시 일어날 수 있다. 아울러 국내 스팸메일이 외국에 보내지고, 또 외국의 해커가 국내에 침입하고, 외국의 음란물이 국내에 전송되듯이 국경과 장소의 제약이 없이 전지구적으로 발생한다는 특징을 지닌다. 이러한 점은 사이버비행에 있어 국제적 협력과 공조가 필요하다는 이유이다.

넷째는 피해확산의 광범위성으로, 사이버비행의 피해는 온라인 매체의 빠른 전파력을 바탕으로 매우 광범위하게 확산될 수 있다. 예를 들어, 사이버명예훼손의 경우 한 사람의 개인정보나 사진 등이 게시판에 올려지게 되면 불특정 다수에게 개인정보가 퍼져 정신적인 피해를 보고, 잠재적 범죄자가 자신의 이익을 위해 이 정보를 악용해서 재산적 피해를 입을 수 있다.

다섯째는 전문성과 기술의 다양성으로, 일부 사이버비행은 해킹, 바이러스 프로그램의 제작, 지적 재산물의 불법복제 등 전문적인 지식과 기술을 요구한다. 이러한 사이버비행은 하층의 범죄가 아니라 중상층의 범죄로 볼 수 있으며, 전문/기술성을 요하기 때문에 수사기관에서도 이에 대응하기 위해 전문수사관을 양성하고 활용한다. 그러나 악성댓글이나 욕설 등 대부분의 사이버비행은 온라인 공간에서의 의사소통 과정에서 특별한 지식이나 기술이 없이도 간단히 저질러질 수 있어 모든 사이버비행에서 전문/기술성이 특징이 된다고 볼 수는 없다.

여섯째는 암수성으로, 사이버비행은 비대면성과 익명성으로 인해 발각될 가능성이 낮으며, 고도의 전문성을 갖는 사이버비행을 적발하기란 쉽지 않다. 또 피해를 당했다 하더라도 그것을 인지하지 못하는 경우도 상당히 많기 때문에 신고하는 경우 또한 드물다. 따라서 공식통계 등에서 제시되는 사이버비행의 실태는 실제 일어나는 사이버비행의 극히 일부분이라고 할 수 있으며, 피해 발생의 양상은 알려진 것보다 더 크다고 할 수 있다.

마지막으로 사이버비행은 변화의 속도가 매우 빠르다. 컴퓨터와 네트워크를 통해 이루어지기 때문에 정보통신기술의 발전과 사이버비행의 변화는 직접적으로 관련되며, 빠른 정보통신기술의 발전으로 사이버비행의 형태와 규모 역시 빠른 속도로 변화한다. 이는 사이버비행과 관련된 규제 및 처벌 등 예방을 위한 대응도 빠른 속도로 이루어져야 한다는 것을 의미한다.

③ 사이버비행의 유형

청소년의 사이버비행은 일반적으로 세 가지 유형으로 분류한다. 첫째, 해킹, 인터넷사기, 사이버명예훼손 등 직접적으로 법을 위반하는 사이버범죄이다. 둘째, 음란물접속, 욕설과 비속어 사용 등과 같이 청소년이 해서는 안 되는 바람직하지 못한 문제행동이다. 셋째, 인터넷중독이나 게임중독 등과 같이 지나친 매체의 사용으로 인해 청소년의 건전한 성장을 해치는 행동이다(이성식, 2005a; 이종원, 2001; 천정웅, 2000).

직접적인 법위반과 관련된 사이버범죄와 청소년에게 요구되는 사회 규범을 사이버상에서 위반하는 행위는 몇 가지 기준에 의해 세분화할 수 있는데, 전통범죄와의 관련성에 따른 분류방식이 가장 많이 사용된다. 한가지 방법은 기존에 존재해 왔던 범죄유형이 사이버공간에서 발생하는 전통적 사이버범죄와 새롭게 나타나는 신종 사이버범죄로 나누는 것이다(김종섭, 2000). 예를 들어, 사이버 성폭력이나 스토킹, 사이버명예훼손, 인터넷사기, 사이버 도박 등은 기존에도 존재했던 범죄유형이 온라인에서 이루어지는 행위로서 첫 번째 범주에 해당하며, 해킹, 바이러스 유포, 음란사이트 운영 등은 신종 범죄에 해당한다. 퍼넬(Furnell, 2002)은 유사하게 전통적인 범죄가 사이버공간에서 벌어지는 컴퓨터 조력범죄(computer-assisted crimes)와 새로운 정보통신기술을 사용하여 컴퓨터와 네트워크를 목표로 하는 컴퓨터 중심 범죄(computer-focused crimes)의 두 가지 사이버범죄 유형을 제시하였으며, 맥과이어와 다울링(McGuire & Dowling, 2013)도 새로운 유형의 사이버범죄를 사이버 의존 범죄(cyber-dependent crimes)로, 전통적인 범죄의 연속성에서 볼 수 있는 사이버범죄를 사이버 활용 범죄(cyber-enabled crimes)로 구분하였다.

한편, 월(Wall, 2001)은 기존 범죄를 폭력범죄, 재산범죄, 성범죄 등으로 구분하듯이 사이버공간 상의 범죄도 사이버폭력(cyber-violence; 사이버 언어폭력 등), 사이버 사기 및 절도(cyber-deception and thefts; 사기, 저작권침해, 절도, 도박 등), 사이버 포르노그래피/음란물(cyber-pornography/obscenity; 사이버 성폭력, 음란물 유통)로 나누고, 새롭게 나타난 해킹이나 스팸메일 등의 사이버 침해(cyber-trespass) 유형을 추가하여 네 가지 형태로 나누는 방식을 제시하였다. 이 분류 방법은 정보통신기술과 결합된 법/규범 위반행위 대부분을 포괄할 수 있는 분류법으로 사이버범죄 연구에서 꾸준히 사용되고 있다(Holt & Bossler, 2014).

이런 월의 분류법을 기반으로 야(Yar, 2006)는 대상에 초점을 맞추어 사이버범죄의 유형을 세 가지로 제시하였다. 먼저 재물 및 재산을 대상으로 하는 범죄(crimes against property)유형으로 사이버 사기 및 절도와 사이버 침해 범죄를 포함하였고, 두 번째로 도덕성에 대한 범죄(crimes against morality)에는 사이버 포르노그래피/음란물 범죄를 포함하였으며, 마지막으로 대인범죄(crimes against the person)에는 사이버 폭력범죄를 포함하였다.

그러나 일부 사이버비행 사례는 앞에 제시된 유형의 하나에 배타적으로 분류된다고 보기 어려운 경우도 있다. 예를 들어, 랜섬웨어(ransomware)의 경우 사이버 침해 유형이면서 금전적인 이득을 노리는 재산범죄의 성격을 지니며, 최근 사회적 경각심을 불러일으키는 디지털 성범죄도 사이버 폭력범죄와 사이버 성범죄인 동시에 불법 촬영물을 온라인에 유통하여 금전적 이득을 노리는 재산범죄의 성격을 갖는 복합적인 유형의 범죄이다. 따라서 사이버비행의 목적과 수법 등을 종합적으로 고려하여 특성을 잘 포착할 수 있는 새로운 분류방법에 대한 논의가 지속적으로 이루어질 필요가 있다.

SECTION 02 사이버비행의 실태: 사이버폭력과 디지털 성범죄를 중심으로

청소년 사이버비행 실태에 관한 공식통계는 아직 없다. 다만 경찰청 수사국에서 발표한 사이버범죄에 대한 통계자료(표 13-1)에 따르면 사이버범죄는 2014년 이후 대체로 증가하는 추세를 보인다. 비록 2017년에는 전년도에 비해 소폭 감소하기는 했으나, 2023년에는 약 24만 건의 사이버범죄가 보고되어 2014년 11만 건 대비 2배 이상 증가한 역대 최고 수치를 기록하였다.

가장 많이 발생하는 사이버범죄 유형은 정보통신망이용 범죄로 여기에는 인터넷 사기, 사이버 금융범죄, 개인위치정보 침해, 사이버저작권 침해 등이 포함되며, 전체 사이버범죄 발생의 약 80~85%를 차지하고 있다. 다음으로 불법컨텐츠 범죄가 전체 사이버범죄 발생의 약 13~20%를 차지하고 있으며, 여기에는 사이버 음란물, 사이버도박, 사이버명예훼손·모욕, 사이버 스토킹 등이 포함된다. 정보통신망침해 범죄는 서비스거부공격, 악성

프로그램 등 전문적인 지식과 기술이 필요한 범죄유형으로 발생빈도가 다른 유형의 사이버범죄에 비해 많지는 않으나, 한 해 약 2,000~4,000건 정도 발생하는 것으로 보고되고 있다.

• 표 13-1 • 경찰 공식통계에 나타난 사이버범죄 실태

(단위: 건수, %)

연도	총계		정보통신망침해범죄		정보통신망이용범죄		불법컨텐츠범죄	
	발생	검거	발생	검거	발생	검거	발생	검거
2014	110,109 (100.0)	71,950 (100.0)	2,291 (2.1)	846 (1.2)	89,581 (81.4)	56,461 (78.5)	18,299 (16.6)	14,643 (20.4)
2015	144,679 (100.0)	104,888 (100.0)	3,154 (2.2)	842 (0.8)	118,362 (81.8)	82,658 (82.6)	23,163 (16.0)	17,388 (16.6)
2016	153,075 (100.0)	127,758 (100.0)	2,770 (1.8)	1,047 (0.8)	121,867 (79.6)	103,172 (80.8)	28,438 (18.6)	23,539 (18.4)
2017	131,734 (100.0)	107,489 (100.0)	3,156 (2.4)	1,398 (1.3)	107,271 (81.4)	88,779 (82.6)	21,307 (16.2)	17,312 (16.1)
2018	149,604 (100.0)	112,133 (100.0)	2,888 (1.9)	902 (0.8)	123,677 (82.7)	93,926 (83.8)	23,039 (15.4)	17,305 (15.4)
2019	180,499 (100.0)	132,559 (100.0)	3,638 (2.0)	1,007 (0.8)	151,916 (84.2)	112,398 (84.8)	24,945 (13.8)	19,154 (14.4)
2020	234,098 (100.0)	157,909 (100.0)	4,344 (1.9)	911 (0.6)	199,594 (85.3)	134,969 (85.5)	30,160 (12.9)	22,302 (14.1)
2021	217,807 (100.0)	138,710 (100.0)	3,845 (1.8)	1,254 (0.9)	174,684 (80.2)	111,172 (80.1)	39,278 (18.0)	26,284 (18.9)
2022	230,355 (100.0)	143,885 (100.0)	3,494 (1.5)	729 (0.5)	190,958 (82.9)	119,473 (83.0)	35,903 (15.6)	23,683 (16.5)
2023	241,842 (100.0)	138,171 (100.0)	4,223 (1.7)	1,184 (0.9)	206,924 (85.6)	111,171 (80.5)	30,695 (12.7)	25,816 (18.7)

한편 사이버범죄 중에서도 최근 디지털 성범죄에 대한 우려가 지속적으로 커지고 있다. <표 13-2>는 검찰청이 발표한 범죄분석 통계에서 2019년부터 2023년까지의 디지털 성범죄의 유형별 발생 현황을 보여주고 있다. 이 자료에 따르면 카메라 등을 이용한 불

법 촬영, 통신매체를 이용한 음란 행위, 허위영상물 편집 및 반포, 촬영물 등을 이용한 협박·강요 등의 디지털 성범죄는 대체로 증가하는 추세를 보인다. 비록 카메라 등을 이용한 불법 촬영 범죄의 발생 건수는 2019년 5,893건에서 2023년 5,718건으로 다소 감소한 것으로 보이지만 전체적으로 코로나19가 시작했던 2020년의 감소를 제외하고 큰 변화는 없었다. 현저한 증가추세를 보인 유형은 통신매체를 이용한 음란 행위와 촬영물 등 이용 협박·강요 범죄이다. 통신매체를 이용한 음란 행위는 2019년 발생 건수 1,454건에서 2023년 8,026건으로 증가하면서, 발생비도 2.8건에서 15.6건으로 급등했다. 촬영물 등을 이용한 협박·강요 범죄 역시 2020년 125건에서 2023년 994건으로 급증했으며 발생비도 지속적으로 증가해 2020년 10만 명당 0.2건에서 2023년 1.9건을 기록했다.

• 표 13-2 •　디지털성범죄 유형별 발생 현황

(단위: 건, 건/10만 명)

연도	카메라 등 이용 촬영		통신매체 이용 음란		허위영상물 편집 반포 등		촬영물 등 이용 협박·강요	
	발생건수	발생비	발생건수	발생비	발생건수	발생비	발생건수	발생비
2019	5,893	11.4	1,454	2.8	-	-	-	-
2020	5,005	9.7	2,070	4.0	32	0.1	125	0.2
2021	5,686	11.0	5,079	9.8	260	0.5	558	1.1
2022	6,082	11.8	10,605	20.6	171	0.3	844	1.6
2023	5,718	11.1	8,026	15.6	173	0.3	994	1.9

출처: 검찰청, 범죄분석(2019-2023)

비록 사이버범죄 관련 공식통계 자료가 존재하더라도, 이는 법집행기관에 신고된 사례만을 집계한 것이기 때문에 신고율이 높지 않을 것으로 예상되는 사이버범죄는 암수범죄의 비중이 높을 것으로 예상된다. 따라서 공식통계 자료보다는 일반인을 대상으로 조사하는 자기보고 조사 자료를 통해 실태를 파악하는 방법이 선호되기도 한다. 또한 공식통계에서 집계된 사이버범죄는 청소년에만 국한된 것이 아니라는 점을 감안하면, 청소년의 사이버폭력 경험에 대한 자기보고 조사 결과를 이용하여 실태와 추세를 살펴보는 것이 필요하다.

청소년 사이버폭력 실태를 확인할 수 있는 대표적인 자기보고 조사는 한국방송통신위원회와 한국지능정보사회진흥원이 공동으로 실시하는 청소년 사이버폭력 실태조사이다. 2023년 조사 결과를 살펴보면 2023년 기준 전체 조사대상자 중 19.3%가 청소년 사이버폭력 가해 경험이 있는 것으로 나타났으며, 피해 경험은 36.8%로 나타났다(방송통신위원회·한국지능정보사회진흥원, 2024).

<그림 13-1>은 2017년부터 2023년까지의 사이버폭력 가해 및 피해 경험의 추세를 나타낸다. 사이버폭력 가해 경험은 2017년 16.2%에서 2018년 20.8%로 증가하였으나 이후 2019년과 2020년에는 각각 18%와 9.5%로 감소추세를 보였다. 2020년 이후 사이버폭력 가해 경험은 다시 증가추세를 보였는데, 2022년에는 20.6%, 2023년에는 19.3%로 2020년 대비 큰 폭의 반등을 보였다. 한편, 피해 경험의 경우 2017년 16.6%를 기록한 이후 대체적인 증가추세를 보인다. 가해 경험에서 확인되는 2020년 급감 현상은 나타나지 않았고, 오히려 2022년에는 피해경험 비율이 37.5%로 전년 대비 크게 증가하였다. 이후 2023년에도 피해경험률은 36.8%를 기록하여 2017년 대비 2배 이상 증가한 것을 확인할 수 있다.

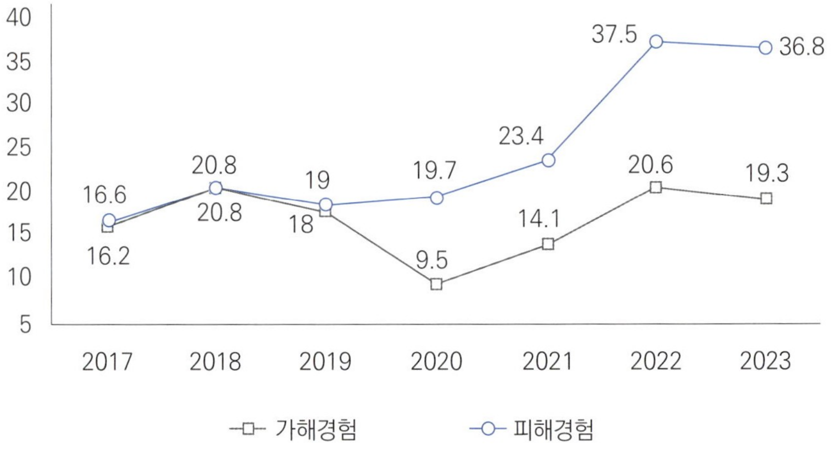

출처: 방송통신위원회·한국지능정보사회진흥원 사이버폭력 실태조사

그림 13-1 청소년 사이버폭력 가해 및 피해 실태

청소년이 주로 저지르는 사이버폭력의 유형은 <표 13-3>에서 보듯이 사이버 언어폭력이 2021년 12.0%, 2022년 19.2%, 2023년 18.1%로 가장 큰 비중을 차지하는 가운데, 사이버명예훼손, 신상정보 유출, 사이버 스토킹 등의 가해 경험 비율이 상대적으로 높게 나타나고 있다. 한편, 피해 경험은 모든 사이버폭력 유형에서 가해 경험에 비해 더 높은 비율을 보인다. 가장 빈번하게 보고된 사이버폭력 피해는 역시 사이버 언어폭력으로 2021년 16.4%, 2022년 33.3%, 2023년 33.1%로 나타났으며, 이어서 사이버명예훼손, 사이버 스토킹, 사이버 성폭력 순으로 피해 경험의 비중이 높게 나타났다.

청소년이 사이버폭력을 저지르는 주된 이유는 '상대방이 먼저 그런 행동을 해서 보복하기 위해'(38.6%), '상대방이 싫어서 · 상대방에게 화가 나서'(30.0%), '재미나 장난으로 스트레스 해소를 위해'(20.5%) 등으로 나타났다(방송통신위원회 · 한국지능정보사회진흥원, 2024: 58).

• 표 13-3 • 청소년 사이버비행의 유형별 가해 및 피해 실태(2021~2023)

(단위: %)

구분	2021		2022		2023	
	가해경험	피해경험	가해경험	피해경험	가해경험	피해경험
계	14.1	23.4	20.6	37.5	19.3	36.8
사이버 언어폭력	12.0	16.4	19.2	33.3	18.1	33.1
사이버명예훼손	4.2	10.8	5.3	16.1	4.7	15.2
사이버 스토킹	2.5	8.3	2.0	7.7	2.0	6.5
사이버 성폭력	1.8	5.1	1.8	6.1	1.8	5.3
신상정보 유출	2.4	4.4	2.5	5.9	2.5	4.8
사이버따돌림	2.3	4.0	2.3	5.0	2.0	4.0
사이버 갈취	1.7	3.5	1.6	4.4	1.4	2.9
사이버 강요	1.6	3.4	1.6	4.0	1.5	2.7

출처: 방송통신위원회 · 한국지능정보사회진흥원, 2023 사이버폭력 실태조사

청소년에게 온라인 공간은 주요한 사회적 상호작용과 또래 문화 형성이 이루어지는 주요한 공간이며, 청소년은 디지털 기술과 플랫폼을 일상적으로 사용하기 때문에 청소년

이 디지털 성범죄에 노출될 위험이 상대적으로 높다. 또한 이들의 온라인 활동은 점점 더 빈번해지고 그 의존도도 높아지고 있기에, 디지털 성범죄에 대한 노출 가능성도 함께 증가한다. <표 13-4>는 2021년부터 2023년까지의 청소년 사이버폭력 실태조사 중 디지털 성범죄 목격 경험을 조사한 결과이다. 10명 중 약 1명의 청소년은 디지털 성범죄 목격 경험이 있었다고 응답했으며, 2023년 기준 '불법 영상물 유포'(6.7%)와 '지인 능욕'(5.2%)의 목격률이 상대적으로 높게 나타나는 것을 확인할 수 있다.

• 표 13-4 • 청소년의 디지털 성범죄 목격 경험

(단위: %)

구분	목격 경험 있음	몰래 카메라[1]	불법영상물 유포[2]	지인 능욕[3]	디지털 성착취[4]	몸캠[5]
2021	9.3	5.0	5.7	5.6	3.9	3.4
2022	10.0	5.5	5.8	5.1	3.5	3.3
2023	10.0	4.6	6.7	5.3	2.9	3.7

주 1) 몰카: 동의 없이 디지털카메라나 스마트폰 카메라 등을 이용하여 타인의 신체를 몰래 촬영하는 행위

주 2) 불법영상 유포: 타인의 성적 수치심을 유발하는 촬영물을 동의 없이 인터넷 등 온라인을 통해 유포하는 행위

주 3) 지인 능욕: SNS 등에 게시된 사진을 성적인 내용의 사진과 합성하여 신상정보와 함께 유포하는 행위

주 4) 디지털 성착취: 온라인 채팅, 모바일 메신저, SNS를 통해 피해자를 유인한 후 길들여 성착취 행위를 용이하게 하고 피해 폭로를 막는 행위

주 5) 몸캠: 채팅앱을 통해 음란한 행위를 녹화하는 행위

출처: 방송통신위원회·한국지능정보사회진흥원, 사이버폭력 실태조사(2021-2023)

사이버폭력은 온라인에서만 그치지 않고 현실 세계로 전이되기도 한다. 2015년 한국형사정책연구원(이승현 외, 2015)에서 조사한 결과에 따르면, 사이버폭력의 가해 경험 중에서 온라인과 오프라인 간에 전이된 비율은 34.1%(현실에서 먼저 괴롭힘 26.3%, 사이버에서 먼저 괴롭히고 현실에서도 괴롭힘 7.8%)로 나타났다. 최근 청소년이 많이 이용하는 소셜미디어 환경에서 발생하는 사이버폭력에 관한 연구에 따르면, SNS에서 사이버폭력의 가해 및 피해를 모두 경험한 비율이 11.4%로 순수하게 가해만 경험한 비율(3.5%)보다 높은 것으로 나타났다(윤해성·박성훈, 2013). 이러한 결과는 중·고등학생의 사이버폭력 현상이 일반적

인 학교폭력과 마찬가지로 가해 집단과 피해 집단이 분리되어 발생하기보다는 동일집단 내에서 가해와 피해를 동시에 경험할 가능성이 높다는 사실을 보여준다(박성훈 · 심현정, 2015).

SECTION 03 사이버비행의 원인

사이버비행의 원인을 설명하는 요인은 다음과 같다.

첫째, 일반긴장이론에 따르면 현실에서의 일상적인 긴장과 부정적 감정이 청소년 비행의 주요한 원인인 것처럼(Agnew, 1992), 사이버비행의 동기도 청소년이 느끼는 긴장의 해소나 표출로 이해할 수 있다. 부모와의 갈등이나 학업 실패 등 현실에서 긴장을 겪는 청소년은 사이버공간에 의존하면서 그곳에서 자신의 불만을 표출할 가능성이 높다. 일상 긴장은 현실 비행보다는 사이버비행을 더 잘 설명할 수 있는데, 현실에서는 아무리 긴장을 겪더라도 그것을 비행으로 표출하기가 쉽지는 않기 때문이다. 현실에서의 비행은 신체적 해를 입힐 수 있고, 상대적으로 나쁘고 심각한 행위로 평가되며, 대면상황이기에 쉽게 발각될 뿐만 아니라 상대방인 피해자의 저항도 있을 수 있기 때문에, 긴장이 있고 화가 난다고 해서 그것이 곧바로 비행으로 표출될 가능성이 그다지 높지 않다. 그러나 사이버공간에서는 사회적 실재감이 낮고 비대면의 상황이며 발각 가능성이 작으므로, 긴장을 즉각적으로 해소하고 상대방을 화풀이의 대상으로 삼기 쉽다. 이처럼 사이버비행은 일상 긴장이 주요 원인이 될 수 있으며 선행 연구를 통해 긴장과 부정적 감정이 사이버폭력이나 사이버불링의 주요 요인으로 확인되었다(Cho et al., 2021; Patchin and Hinduja, 2011). 이성식의 연구(2006a)에서도 일상 긴장은 비록 간접적 영향력을 갖기는 하지만 현실 비행보다 사이버비행을 더 잘 설명한다는 결과를 제시했다.

둘째, 갓프레드슨과 허쉬(Gottfredson and Hirschi, 1990)의 일반이론에 근거해 보면, 사이버비행은 낮은 자기통제력 혹은 충동적 성향의 결과로 이해할 수 있다. 일반이론에서는 대부분의 비행과 범죄가 개인의 순간 만족과 쾌락을 위해 충동적이고 즉흥적으로 일어난다고 보면서, 순간 만족과 충동을 통제할 수 있는 개인의 능력으로서 낮은 자기통제력이 청소년 비행의 원인이라고 보았다. 또한 비행 유형과 상관없이 낮은 자기통제력은 모든 비행유형을 설명한다고 보았기 때문에 일반이론은 현실 비행뿐만 아니라 사이버 비행에도 적용될 수 있다. 사이버공간에서는 비행 기회가 더 많고, 발각/처벌의 가능성이 낮고, 비행을 저지르는 데 제약이 없어 쉽게 저지를 수 있기 때문에 현실보다도 더 우발적이고 충동적으로 행동하기 쉽다. 국내외 선행연구에서도 충동성 혹은 낮은 자기통제력이 사이버비행을 설명할 수 있음이 확인되었다(민수홍, 2005; Donner et al., 2014; Holt, Bossler, and May, 2012).

셋째, 사이버공간은 국경이 없고 다양한 주체가 참여하기 때문에 일정한 가치규범이 존재하기 어렵다. 사이버공간은 규제에서 자유로우며, 심지어 사이버비행이 당연하다고 여겨지기도 한다. 이처럼 인터넷의 친비행적 문화환경은 사이버비행의 원인으로 작용한다. 이처럼 청소년이 이용하는 인터넷 환경이 친비행적 특성을 가지는 환경요소는 사이버비행의 간과할 수 없는 중요한 요인이며, 이성식의 사이버 언어폭력에 관한 연구(2006b)는 사이버공간의 문화규범적 요소가 사이버 언어폭력에 가장 큰 영향력을 미친다는 결과를 제시하였다.

넷째, 차별접촉이론은 주위의 사람들로부터 학습한 비행친화적인 태도가 비행의 궁극적 원인이 된다고 보았고, 허쉬(Hirschi, 1969)의 사회유대이론도 도덕적 신념을 비행의 주요 요인으로 제시했듯이, 개인의 도덕적 태도와 윤리의식은 사이버비행을 설명할 수 있는 주요 요인이 될 수 있다. 사이버공간은 현실을 뛰어넘는 가상적 공간이라는 인식과 비대면 상황에서 기인하는 사회적 실재감 부족으로 상대방의 피해 정도를 정확히 인식하지 못하기 때문에 사이버비행이 크게 나쁘지 않다고 믿는 경향이 있다(Joinson, 2003). 더구나 사이버공간에서는 개인의 자기의식이 높아져 외부 환경으로부터 영향을 받기보다는 평소 자신이 생각하는 소신과 태도대로 행동할 가능성이 높은데, 기존의 연구들은 개인의 태도나 윤리의식이 사이버비행의 주요한 요인이 된다는 것을 밝혔다(박성훈, 2015; 이성식, 2006b).

다섯째, 사이버비행은 호기심이나 재미 때문에 저질러지는 경우가 많다. 건전한 사이버문화가 조성되지 않고, 사이버비행을 어느 정도 용인하는 분위기에서, 재미삼아 호기심에서 사이버비행을 저지르는 경우가 많다. 앞서 살펴보았던 2023년 방송통신위원회와 한국지능정보사회진흥원의 사이버폭력 실태조사 결과에 따르면 사이버폭력에 가담한 청소년 중 약 20.5%가 재미나 장난을 위해, 또는 스트레스를 풀기 위해, 그리고 약 15.7%는 특별한 이유 없이 사이버폭력에 가담한다고 응답하였다(방송통신위원회 · 한국지능정보사회진흥원, 2024: 58). 이러한 응답은 상당히 높은 비율로 사이버비행에 대한 문제의식 없이 재미나 장난, 스트레스 해소 등을 위해 사이버비행이 저질러질 수 있음을 보여준다.

여섯째, 아마도 사이버비행을 설명하는 원인으로 가장 많이 언급되는 요인은 사이버공간의 익명성일 것이다(Joinson, 1998). 군중 속에 파묻혀 자신이 드러나지 않는 군중행동이나, 마스크를 착용했을 때 더욱 과격한 행동을 한다는 것은 잘 알려진 사실이다. 이러한 현상을 '몰개성화'라고 하는데, 자신이 드러나지 않아 타인의 시선을 신경 쓸 필요도 없고, 평소에 해서는 안 된다고 생각도 탈억제되어 욕구와 충동을 자제하지 못하고 반규범적인 행동을 하게 된다.

마지막으로 사이버비행은 비행기회이론을 통해서도 설명할 수 있다. 아무리 비행 동기가 많거나 또 비행 성향이 높다고 해도 비행기회가 없다면 비행은 일어나기 어렵다. 비행기회이론에 따르면 우연한 비행 기회에 대한 노출이 비행의 주요 원인이 될 수 있다. 일상생활에서 집 밖에서 보내는 시간이 많고, 친구와 자주 어울려 다니거나, 밤늦게 유흥가를 배회하는 등 비행위험에 노출되어 있는 사람은 사소한 말다툼에서 시작되는 폭력 등의 우연한 비행 기회가 더 많듯이(Osgood et al., 1996), 인터넷에서 많은 시간을 보내는 청소년이나 인터넷중독에 빠진 청소년은 그렇지 않은 청소년보다 우연한 기회에 더 자주 노출됨으로써 사이버공간에서 비행을 저지를 가능성이 높다. 이성식(2005b)의 연구는 인터넷중독이 사이버비행의 주요 원인으로 작용한다는 비행기회이론의 설명대로 청소년의 인터넷 사용시간이 많을수록 사이버비행을 저지를 가능성이 높다는 결과를 보여주었다. 2023년 사이버폭력 실태조사 결과에서도 사이버폭력 가해경험이 있다고 응답한 청소년 중 인터넷 이용시간이 3시간 이상이라고 응답한 비율은 약 23%로 1~3시간(16.3%), 1시간 미만(8.8%)에 비해 높다는 결과도 이러한 설명을 뒷받침한다고 볼 수 있다.

SECTION 04 사이버비행의 대책

이성식(2017)은 사이버비행에 대한 대책으로 법/제도적 대처, 기술/상황적 대처, 그리고 사회문화/윤리적 대처를 제시하고 있다. 각 유형별 대책은 다음과 같다.

① 법/제도적 대처

먼저 법/제도적 대책은 법과 처벌, 제도의 정비 등과 같이 정부를 중심으로 한 접근방법이다. 법과 처벌 규정이 있어야 처벌이 가능하다는 죄형법정주의에 따라 새로운 처벌 규정을 마련하거나 기존의 법과 제도의 미비한 부분을 현실에 맞게 개정하는 것이다.

우리나라는 1992년부터 컴퓨터범죄에 관한 규정을 도입하였고, 1995년 개정형법에서 더 많은 관련규정을 두어 강화하였다. 이후 인터넷을 통한 범죄의 심각성에 대응하기 위해 특별법을 통해 컴퓨터/인터넷 범죄에 대한 규정을 두게 되었는데, 「정보통신망 이용촉진 및 정보보호 등에 관한 법률」이 대표적이다. 2024년 9월에는 디지털 성범죄와 관련하여 딥페이크(deepfake) 성착취물에 대한 수사와 처벌을 강화하고, 피해자의 회복을 지원하는 법률 개정안이 통과되었다.

법 집행과 관련해서 경찰에서는 1995년 해커수사대를 발족했고, 1997년 컴퓨터범죄수사대로 확대했고, 1999년 사이버범죄수사대, 그리고 2000년도에는 사이버테러대응센터를 조직하여 전문인력을 활용한 24시간 수사체제의 확충을 통해, 각종 사건을 파악하고, 사이버범죄자를 신속히 단속, 검거하는 활동을 벌이고 있다. 2024년 현재, 사이버범죄 관련 수사는 경찰청 국가수사본부 내의 사이버수사국과 지방 경찰청의 사이버수사과를 중심으로 이루어지고 있다.

정부가 사이버공간에서 발생하는 범죄에 대한 처벌 조항을 새롭게 신설하고, 수사의 전문화를 통해 대처하고는 있지만 나날이 새로운 양상을 띠는 범죄에 신속히 대처하는 데는 한계가 있다. 예를 들어, 음란사이트나 도박사이트의 경우 서버가 외국에 설치되어 있기 때문에 국가형벌권이 미치지 못하는 문제가 있다.

물론 법과 처벌 규정, 전문인력 확보, 그리고 신속한 검거 활동이 있음으로 해서 사전에 범죄의지를 막는 데에 도움이 될 수 있겠지만, 기존 연구에서 형사처벌의 범죄예방 혹은 억제효과가 미약하다는 결과가 있고, 사법적 대책은 주로 범죄 발생 후 사후대책에 초점을 둔다는 점에서 한계가 있다.

아울러 국가에 의한 통제는 표현의 자유나 사생활 침해 등 개인의 법익과 충돌할 우려가 있다. 기존의 일방향 매체와 달리 인터넷의 쌍방향 커뮤니케이션의 특성상 하나의 잣대가 아니라 다양한 가치가 존중되어야 하는데, 국가에 의한 통제는 그것을 저해할 수 있다는 것이다. 예를 들어, 음란물의 기준이 모호한 상태에서 음란물을 하나의 잣대로 정부가 규제하는 것은 문제가 있으며, 인터넷실명제라는 정부 제도를 통해 사이버폭력을 해결하려는 것도 표현의 자유 등과 충돌한다는 지적이 있다.

2 기술/상황적 대처

기술/상황적 대처는 기술개발을 통해서 비행과 범죄의 기회를 사전에 차단하는 상황차단의 전략에 근거한다. 해킹이나 개인정보 침해의 경우 방어벽이나 침입탐지시스템을 설치하고, 백신 프로그램을 설치, 업데이트하여 바이러스의 침투를 막거나, 스팸메일 방지 프로그램이나 음란물 차단 프로그램을 설치하는 것이 여기에 해당한다. 법/제도적 대처가 사이버비행이 발생한 후 이를 수사 및 처벌하고 피해자 회복을 돕는 정부 주도의 통제적인 접근이라면, 기술/상황적 대처는 민간 부분을 중심으로 첨단 기술을 활용하여 사이버비행 및 범죄가 발생할 기회 및 상황을 차단하여 실제로 비행이 이루어지는 것을 예방하는 부분에 주목한다. 바이러스 백신 프로그램이나 해킹방지 프로그램, 온라인금융 거래 시 사용되는 보안프로그램 등 첨단 기술을 기반으로 보안 서비스를 제공하는 기업이 존재하는데, 기술/상황적 대처는 이러한 민간 영역의 기술과 서비스 공급과 밀접하게 관련되어 있다.

기술/상황적 대처는 상황적 범죄 기회 요인을 제거함으로써 범죄를 줄일 수 있다는 범죄기회이론에 기반한 대처 방법으로 사이버범죄 발생을 줄이는 데 유의미하게 기여할 것으로 기대된다. 그렇지만 모든 범죄 기회를 근본적으로 제거하기는 어렵다는 한계도 존재한다. 사이버범죄의 경우, 정보통신기술 발전의 속도가 매우 빠르기 때문에 이로 인해 파생되는 범죄 기회의 요소 역시 매우 다양하고 빠르게 변화하는 경향이 있으며, 하나의 대처 기술이 개발되면 이를 피하는 대응 수법이 등장하거나 새로운 범죄 대상을 찾아 이동해서 기술적 대처가 무력화될 가능성이 있다. 나아가 기술/상황적 대처는 사이버비행으로부터 보호받을 수 있는 기술을 보유하고 활용할 수 있는 사람과 그렇지 못한 사람 간의 불평등 문제와도 연결된다. 기술/상황적 대처는 법적/제도적 대처에 비해 즉각적이고 효과적으로 사이버비행 피해를 예방하는 수단이 될 수 있으나, 근본적이고 유일한 해결책이라고 보기에는 여러 한계가 지적될 수 있다.

③ 사회문화/윤리적 대처

인터넷 공간에서는 언어폭력과 욕설이 거리낌 없이 자행되고 있고, 영화와 음악을 불법다운로드 받으며, 음란물의 유통 등이 이루어지고 있으며, 이러한 행위가 당연한 것으로 여겨진다. 이는 올바른 인터넷 문화가 정착되기 이전에 인터넷 사용이 급팽창함으로써 건전한 문화가 형성되지 못한 것에 기인한다.

따라서 다른 어떤 대처방안보다 인터넷 문화를 바로 잡는 노력이 가장 시급하다. 사법적/제도적 대처 및 기술/상황적 대처는 사이버비행 예방을 위해 중요하지만, 그것만으로는 한계가 존재하기 때문이다. 사회문화/윤리적 대처를 통해 인간 존중에 기반한 도덕적인 인터넷 문화를 만들고, 디지털 시민성을 기르는 것은 사회구성원 대다수에게 사이버비행이 도덕적으로 옳지 않은 행위임을 인식하게 하여 사이버비행을 선택 가능한 행위에서 배제시킴으로써 궁극적으로 사이버비행의 발생을 크게 줄이는 데 기여할 수 있다. 법적/제도적 차원의 대처와 기술/상황적 대처가 사이버비행을 저지를 가능성이 있는 잠재적인 가해자의 판단과 의사결정에 영향을 줌으로써 사이버비행을 저지하는 방식이라면, 사회문화/윤리적 대처는 법적/제도적 허점과 기회가 드러났을 때 언제든 사이버비행을 저지를 준비가 되어 있는 잠재적인 가해자가 우리 사회에서 차지하는 비율을 줄이는 방식이라고 할 수 있다. 잠재적 가해자를 줄임으로써 우리 사회 전체에서 발생하는 사이버비행을 줄일 수 있으며, 이는 앞선 법적/제도적 대처와 상황/기술적 대처의 한계를 극복할 수 있게 해준다.

사회문화/윤리적 대처의 예로서 건전한 사이버 환경을 만들어 가기 위한 시민운동을 생각해 볼 수 있다. e-Clean Korea 캠페인과 같은 네티켓 운동이나 2005년에 발족된 사이버 명예시민 운동은 안전하고 깨끗한 사이버세상을 만들기 위해 정부, 시민단체, 언론, 학계, 민간사업자 모두 함께 전개해 나가는 국민 참여 운동으로 네티켓을 지키기 위해 시민의 참여를 독려하는 시민운동의 예라고 할 수 있다. 특히 청소년이 인터넷을 사용할 때 건전한 의식을 갖고 올바르게 인터넷을 사용할 수 있도록 하는 체계적인 윤리 및 예절교육 역시 필요하다. 청소년기는 사회의 중심적인 규범과 가치를 학습하고 이에 기반하여 자신의 행동을 규제하고 다른 사회구성원과 더불어 살 수 있게 하는 도덕성과 사회성을 함양하는 시기로서, 이 시기에 형성된 도덕적 가치관은 청소년기 이후 지속적으로 행동의 중요한 기준이 된다. 이러한 맥락에서 학교에서 인터넷 윤리교육이 정규 교과과정으로 이루어져야 한다는 주장도 제기되고 있다. 학교와 연계하여 정보통신기업인 카카오와 학교폭력 방지 재단인 푸른나무재단이 함께 진행하고 있는 '사이좋은 디지털 세상'[1] 디지털 시민성 교육은 이러한 사이버비행에 대한 사회문화/윤리적 대처의 적절한 사례라고 할 수 있다.

1 https://www.digital7942.org/

PART 04

청소년 비행의 대책

CHAPTER

14 | 소년사법 제도

소년사법이란 소년의 비행에 대하여 국가가 일정한 법적 처우를 부과하는 작용을 말하며, 소년사법 제도란 소년사법과 관련된 조직의 구성, 소년비행의 성립요건, 소년사건의 처리절차, 소년에 대한 처우의 집행 등에 관한 법규범으로 구성된다. 어느 국가를 막론하고 소년사법 제도는 일반적인 형사사법제도와 차이가 있지만, 사실 소년범죄자를 성인범죄자와 분리하여 다르게 취급하는 관행은 소년사법 제도가 형성되기 이전부터 존재해 왔다.

범죄행위를 한 소년에 대해 성인과 차별적으로 취급한 것은 역사 발전에 따라 나타났다. 7세기까지도 6살 혹은 8살 소년이 교수형에 처해졌다는 문헌 기록이 전해질 정도로 과거에는 소년과 성인을 함께 수감하였고, 오늘날처럼 소년범죄자를 위한 별도 구금시설이 존재하지도 않았다. 역사적으로 소년범죄자를 성인범죄자에 비해 관대히 취급한 것은 서구의 중세교회 영향에서 비롯된다. 교회는 인간이 만 7세가 되기 전에는 이성의 능력을 갖추지 못한다고 보았다. 따라서 7세 이하 소년에게 형사책임을 인정하지 않았고, 14세가 되기 전에는 특별취급을 받았다. 교회는 14세부터 성년으로 보았고, 결혼연령도 14세부터 인정하였다. 7세부터 14세 사이의 범죄소년은 범행의 성격을 완전히 이해하는 것이 증명되어야만 성인과 같은 취급을 받았다.

다만, 이러한 관행이 제도화되어 소년이 일반적인 형벌과는 다른 독특한 제재 수단과 일반 형사절차가 아닌 별도 절차를 마련하기 시작한 것은 19세기 말 국친사상에 입각하여 영국과 미국에서 전개된 소년사법 운동을 통해서이다. 국친사상이란 국가가 모든 국민의 보호자이기 때문에 부모가 없거나, 있어도 자녀를 보호해 줄 수 없는 경우에는 국가가 부모를 대신해서 보호를 해주어야 한다는 사상이다. 국친사상의 기원은 로마법(B. C 약 753년)에서 유래된 가부장적 사상과 13세기 영국 형평법 사상에 그 기원을 두고 있다. 형평법 사상이란 소년 등 일정한 약자에게 국가 또는 법원이 보통법을 보충하는 형평법을 적용하여 국가 또는 법원이 어버이가 되어 이들을 보호하고 육성해야 한다는 것을 말한다. 엄격한 형벌보다 오히려 교육과 보호가 필요하다는 주장으로 소년범죄 대부분은 해당 소년에 대한 적절한 보호의무가 이행되지 않았기 때문에 발생한 것이므로 국가가 보호자를 대신해서 보호의무를 이행해야 한다는 것이다.

소년사법 운동은 국친사상을 기본이념으로 하면서 '청소년기'라는 생애사적 단계에서 나타나는 특성, 그리고 소년범죄가 갖는 제반 특성에 대한 이해가 그 바탕을 이룬다. 일반적으로 청소년은 합리적 사고와 판단에 기초한 의사결정을 할 수 있을 정도로 성숙하고 완성되지 않았고, 환경과 주변의 자극에 쉽게 반응하고 감수성이 예민한 존재로 인식되고 있다. 사실 성인과 아동 사이에 있는 독특한 존재로서 청소년에 대한 이해는 비교적 최근의 현상이다. 『아동기의 역사』에서 아리에스(Aries)는 18세기 이전까지만 해도 아동은 성인의 축소판으로 여겨졌다고 지적하고 있다(Bernard, 1992).

이러한 청소년의 속성상 소년범죄자는 사회적 여건과 환경이 그들에게 사회적으로 건전하고 관습적인 사회화를 경험할 수 없도록 만들었기 때문에 나타난 결과로 볼 수 있다. 이러한 견지에서 보면, 마치 환자를 벌할 수 없고 치료하고 보호해 주어야 하듯이 소년범죄자도 사회적으로 박탈된 병약자이므로 처벌의 대상이 되어서는 안 되며 오히려 치료하고 보호해 주어야 할 대상이 된다. 소년범죄자가 성인범죄자보다 개선 가능성도 더 크기 때문에 소년에게 성인과 같은 형벌을 부과하는 것이 적절하지 않다고 보았다. 소년은 형벌에 의한 개선 효과를 기대하기가 어려울 뿐만 아니라 오히려 범죄성향을 심화시킬 위험성이 크다는 인식이 널리 퍼지게 되었다.

정리하면, 국친사상, 소년의 미성숙성에 대한 인식, 소년의 범죄원인에 대한 환경결정론 입장, 교육을 통한 소년범죄자의 개선 가능성과 장래성, 성인에 비해 상대적으로 약한 범죄습성 등 소년에 대한 여러 특성에 대한 이해를 바탕으로 소년범죄자를 처벌 대상이 아닌 보호 대상으로 이해하고, 교육적·복지적 관점에서 교육과 지원을 강조하는 소년보호주의 이념을 제도화시킨 것이 소년사법 제도이다.

현재 대부분 국가는 국친사상을 이념적 토대로 두고 소년의 특성과 범죄자의 특성을 감안한 소년사법 제도를 운용하고 있다. 소년사법 제도 및 그것을 구체화한 '소년법'은 통상 ① 소년의 복지와 보호를 강조하는 영미형, ② 소년보호보다 형사사법적 측면에 중점을 두어온 서구 대륙형, ③ 행정기관에 부속된 아동복지위원회와 같이 준사법 행정기관이 소년보호업무를 담당하는 북유럽형 등으로 분류된다.

우리나라 소년사법 제도의 근간을 이루는 「소년법」(1958.7.24., 법률 제489호)은 1958년 제정되어 2007년까지 7차에 걸쳐 개정되었다. 그 외 소년사법 관련 법률로는 「보호소년 등의 처우에 관한 법률」, 「보호관찰 등에 관한 법률」, 「아동·청소년의 성보호에 관한 법률」, 「학교 밖 청소년 지원에 관한 법률」 등이 있으나, 소년사법 전반에 관한 기본적 내용을 담고 있는 법은 「소년법」이라고 할 수 있다.

SECTION 01 소년사건 처리 절차

1 소년사건 처리 과정

「소년법」은 비행이나 범죄로 인하여 법의 적용을 받게 되는 소년을 '죄를 범한 소년', '형벌 법령에 저촉되는 행위를 한 10세 이상 14세 미만인 소년', '다음 각 목에 해당하는 사유[1]가 있고 그의 성격이나 환경에 비추어 앞으로 형벌 법령에 저촉되는 행위를 할 우려가 있는 10세 이상인 소년'으로 구분하고 있다(소년법 제4조). 통상 첫 번째 유형을 '범죄소년', 두 번째 유형을 '촉법소년', 세 번째 유형을 '우범소년'이라고 한다. 구체적으로 범죄

1 「소년법」 제4조에서 언급한 사유는 다음과 같다. 첫째, 집단적으로 몰려다니며 주위 사람들에게 불안감을 조성하는 성벽(性癖)이 있는 것, 둘째, 정당한 이유 없이 가출하는 것, 셋째, 술을 마시고 소란을 피우거나 유해환경에 접하는 성벽이 있는 것

소년은 14세 이상 19세 미만 소년이 형벌법령을 위반하는 행위를 했을 경우, 촉법소년은 10세 이상 14세 미만 형사미성년자인 소년이 형벌법령에 위반하는 행위를 했을 경우, 우범소년은 10세 이상 19세 미만 소년으로 형벌법령에 위반한 행위를 하지는 않았지만, 장래에 형벌법령에 저촉되는 행위를 할 우려가 있는 경우를 말한다.

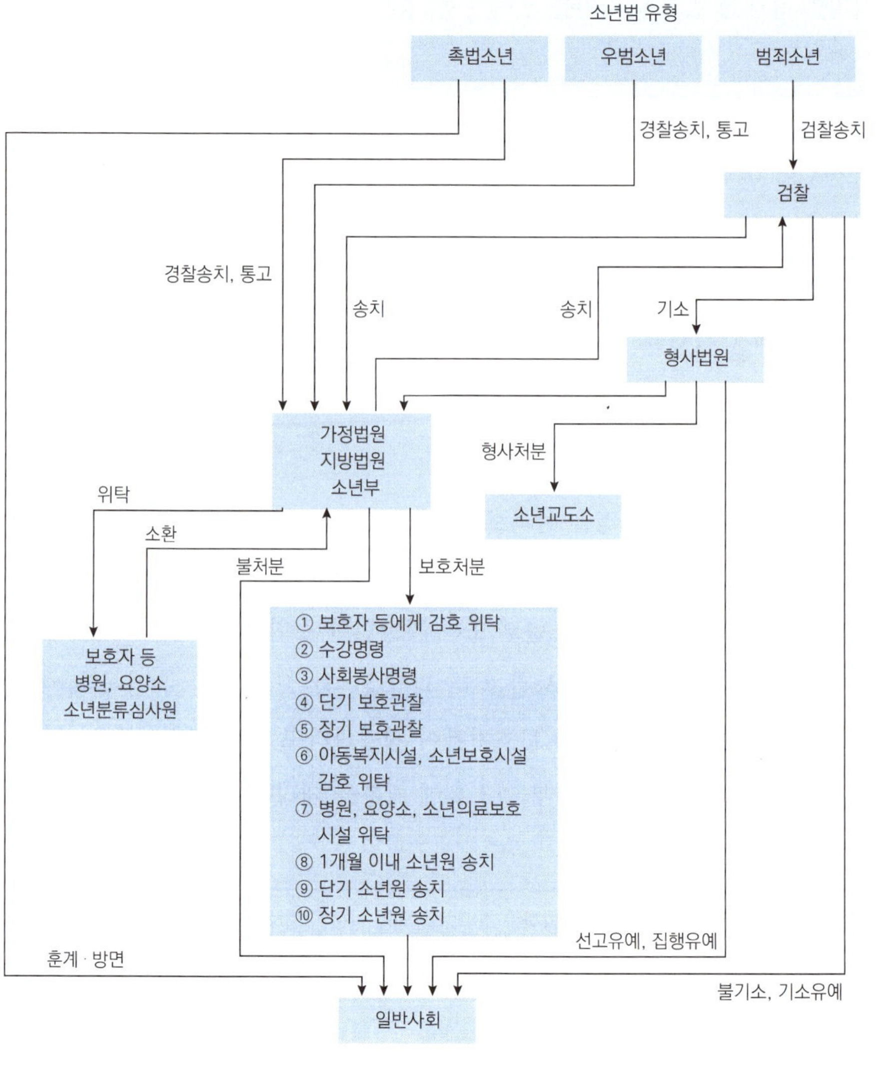

| 그림 14-1 | 소년사건 처리절차

범죄소년과 촉법소년은 형벌법령을 위반하는 행위를 한 소년이라는 공통점이 있으나 연령에서 차이가 난다. 연령에 따라 구분한 이유는 14세 미만은 「형법」상 형사미성년자에 해당되어 형사처벌을 할 수 없으므로 형사처벌이 가능한 14세 이상 소년과 구분하기 위한 것이다. 그러므로 범죄소년은 보호처분뿐만 아니라 형사처분도 가능하다. 반면에 촉법소년은 형사미성년자이므로 보호처분만 가능하다. 우범소년은 실제 범죄행위를 한 것은 아니지만 장래에 범죄를 저지를 우려가 클 경우 국가가 보호처분을 내릴 수 있도록 하고 있다.[2]

소년사건은 형사사건과 마찬가지로 형사사법기관인 경찰, 검찰, 법원이 처리한다. 다만, 소년사건은 소년보호사건(보호처분)과 소년형사사건(형사처분)으로 이원화되어 있는 것이 특징이다. 소년보호사건은 가정법원 소년부나 지방법원 소년부에서 담당하며, 소년형사사건은 일반 형사사건과 동일한 절차를 따른다. 소년사건의 이원화된 처리는 소년범 유형과 밀접하게 관련된다.

1) 범죄소년의 처리 과정

소년범의 유형별 처리 과정을 살펴보면, 범죄소년의 경우 경찰은 범죄혐의가 있는 사건을 검찰에 송치하여야 한다. 검찰이 해당 소년의 사건을 수사한 후 처리 과정은 세 가지로 구분된다. 첫째, '가정법원 소년부 또는 지방법원 소년부'(이하 소년법원)에 송치하여 촉법소년이나 우범소년처럼 보호사건 처리 과정을 따르도록 하는 유형이다. 이는 벌금 이하의 형에 해당하는 범죄이거나 보호처분이 적절하다고 판단되는 사유[3]가 있을 때 해당한다.[4] 둘째, 기소유예 또는 조건부 기소유예 처분을 내리는 유형이다. 조건부 기소유예

2 우범소년 규정과 관련하여 소년법이 표방하는 소년보호 이념 실현을 위해 필요하다는 의견, 우범 규정의 내용이 지나치게 포괄적이고 주관적이어서 명확성 원칙에 반한다는 의견, 통고에 따라 우범소년으로 송치될 경우 범죄를 저지른 소년범과 동일한 처우를 받기 때문에 개별처우 이념에 부합하지 않는다는 의견 등 다양한 비판이 제기되고 있다(윤해성 외, 2022).

3 보호처분이 적절하다고 판단하는 사유란 범죄사실의 유무와 그 경중을 불문하고 소년에게 보호처분이 필요할 경우를 말하는 것으로 범죄사실이 금고 이상의 형에 해당하든 벌금이하의 형에 해당하든 관계없이 가능하다는 의미이다.

4 소년법원은 검찰에서 보호사건으로 송치한 사건을 조사 심리한 후 형사처분이 필요하다고 판단할 경우에는 검찰에 송치하여 형사사건으로 처리하도록 할 수 있다. 이 경우에 다시 소년법원으로 송치할 수 없다.

처분은 재범가능성이 희박하고 선도보호가 필요하다고 판단되는 경우 내릴 수 있다. 이는 6개월 또는 1년 동안 선도보호 활동을 하는 민간자원봉사자의 지도감독을 받도록 한 것이다. 셋째, 형사법원에 기소하여 일반 성인범죄자와 마찬가지로 형사사건으로 처리하는 유형이다. 이 경우 기타 불기소처분 등을 내릴 수 있다.

검사는 소년의 처분을 결정하기 전 필요하다고 인정되면, 소년의 주거지 또는 검찰청 소재지를 관할하는 보호관찰소의 장, 소년분류심사원장 또는 소년원장에게 소년의 품행, 경력, 생활환경이나 그밖에 필요한 사항에 관한 조사를 요구할 수 있다.

검찰로부터 기소된 범죄소년에 대해서 형사법원이 사건을 심리한 후 진행되는 처리 과정은 네 가지로 나뉜다. 첫째, 소년법원에 송치하여 촉법소년이나 우범소년과 같은 처리 과정을 따르는 경우이다. 이는 벌금 이하의 형에 해당하거나 보호처분에 해당하는 사유가 있다고 인정될 때 해당한다. 둘째, 소년교도소에 수용하는 판결을 내리도록 하는 것이다. 셋째, 집행유예를 내리는 것이다. 이 경우에는 집행유예 동안 보호관찰을 받도록 명할 수 있다. 넷째, 선고유예 처분을 내리는 것이다. 이 경우에도 보호관찰을 받도록 명할 수 있고, 기타 벌금 등을 내릴 수 있다.

2) 촉법소년 및 우범소년의 처리 과정

촉법소년과 우범소년을 발견한 경찰은 훈계·방면하여 사회로 복귀시키거나 소년법원에 송치한다. 촉법소년과 우범소년을 발견한 보호자 또는 학교·사회복지시설·보호관찰소의 장은 관할 소년법원에 통고[5]할 수 있다. 소년법원에 송치 및 통고된 소년은 세 가지 중 하나의 과정을 따른다. 첫째, 소년법원이 사건을 조사·심리한 결과 금고 이상의 형에 해당하는 범죄사실이 발견되거나 동기나 죄질에 비추어 형사처분이 필요하다고 인정될 경우 검사에게 송치하여 일반 형사절차를 따르게 한다. 물론 소년이 14세 미만이면 형사미성년자이기 때문에 이러한 절차를 따르지 않는다. 둘째, 소년법원에서 불처분하여 곧바로 사회로 복귀시킬 수 있다. 셋째, 소년법원이 보호사건으로 처리하여 계속해서 절차

5 소년법 상 통고제도란 보호자 또는 학교, 사회복지시설, 보호관찰소의 장이 범죄소년, 촉법소년, 우범소년을 발견한 경우 관할 소년부에 알리고 소년사법의 보호를 받도록 하는 제도로 1963년 도입되었다. 수사기관이 아닌 일반인이나 기관이 법원에 직접 사건을 접수시키는 절차로 공공기관 또는 사인의 공법상 행정행위로 볼 수 있다(한영선 외, 2020).

를 밟도록 하는 것이다.

보호사건으로 처리되는 경우, 소년법원은 소년의 신병확보 및 사건의 조사·심리를 위하여 소년을 적절한 곳에 위탁·수용한다. 소년법원 판사는 ① 보호자, 소년을 보호할 수 있는 적당한 자 또는 시설이나 ② 병원 기타 요양소나 ③ 소년분류심사원 중 한 곳을 지정하여 위탁하는 조치를 취한다. 위탁기간은 소년분류심사원은 1개월, 기타 경우에는 3개월을 초과할 수 없으나, 필요한 경우는 1회 연장할 수 있다.

이러한 수용조치는 단순 신병확보를 위해 구금 목적으로만 이루어지는 것이 아니다. 소년보호처분의 목적이 소년의 죄질에 따른 처분을 내리는 것이 아니라 소년의 환경이나 성행, 경력 등을 종합적으로 판단하여 향후 재범가능성에 기초하여 처분을 내리는 것이기 때문에, 수용조치 기간에 각종 조사가 제대로 이루어져야 한다. 이 과정에서 조사관의 조사활동이 이루어지며, 소년분류심사원은 소년에게 적합한 처분에 관한 의견을 소년법원에 제출하기 위하여 각종 조사와 검사를 실시한다. 소년법원 판사는 조사관의 조사결과, 소년분류심사원 분류심사 결과와 의견 등을 고려하여 소년에게 적절한 보호처분을 최종적으로 결정하여 내리게 된다.

[소년보호처분 종류]

① 1호 처분: 보호자 또는 보호자를 대신하여 소년을 보호할 수 있는 자에게 감호 위탁
② 2호 처분: 수강명령(12세 이상)
③ 3호 처분: 사회봉사명령(14세 이상)
④ 4호 처분: 보호관찰관의 단기 보호관찰
⑤ 5호 처분: 보호관찰관의 장기 보호관찰
⑥ 6호 처분: 아동복지시설이나 그 밖의 소년보호시설에 감호 위탁
⑦ 7호 처분: 병원, 요양소 또는 소년의료보호시설에 위탁
⑧ 8호 처분: 1개월 이내의 소년원 송치
⑨ 9호 처분: 단기 소년원 송치
⑩ 10호 처분: 장기 소년원 송치(12세 이상)

소년보호처분을 내릴 경우 처분 상호 간에는 전부 또는 일부를 병과할 수 있다. 예를 들어, 1호·2호·3호·4호, 1호·2호·3호·5호, 4호·6호, 5호·6호, 5호·8호 처분을 병과할 수 있다. 보호관찰처분(4호 또는 5호) 경우에는 3개월 이내 기간을 정하여 「보호소년 등

의 처우에 관한 법률」에 따른 대안 교육 또는 상담·선도·교화와 관련된 단체나 시설에서 상담·교육을 동시에 명할 수 있고, 1년 이내 기간을 정하여 야간 등 특정 시간대 외출을 제한하는 명령을 준수사항으로 부과할 수 있다. 소년부 판사는 필요하다고 판단되면 보호자에게 소년의 보호를 위한 특별교육을 받을 것을 명할 수 있다.

보호처분 기간을 보면, 6호·7호 위탁기간은 6개월로 하되, 소년부 판사는 6개월 범위에서 한 번 더 기간을 연장할 수 있고, 필요한 경우에는 언제든지 위탁을 종료시킬 수 있다. 단기 보호관찰 기간은 1년, 장기 보호관찰 기간은 2년으로 하되, 보호관찰관 신청에 따라 소년부 판사가 1년 범위에서 한 번 더 기간을 연장할 수 있다. 수강명령(2호)은 100시간을, 사회봉사명령(3호)은 200시간을 초과할 수 없으며, 단기로 소년원에 송치된 경우 기간은 6개월을 초과하지 못하며, 장기로 소년원에 송치된 경우에는 2년을 초과하지 못한다.

② 소년사건의 처리 실태

소년사건의 처리 과정에서 형사사건에 해당하는 경우 검찰을 거쳐 형사법원에서 처리하게 되고, 보호사건에 해당하는 경우는 소년법원에서 처리한다. 따라서 검찰, 형사법원, 소년법원에서 해당 소년사건을 어떻게 처리하고 있는지 구체적인 실태를 살펴보자.

소년범죄자에 대한 검찰의 처리는 크게 기소, 불기소, 소년보호송치로 구분할 수 있다. 소년범죄의 경우 성인범죄에 비해 구공판 등 기소율이 낮으며, 기소유예 등 불기소 비율이 상대적으로 높은 것이 특징이다. 소년범의 개선 가능성과 소년범의 교육·선도를 우선 고려하기 때문이다. 다만, 2013년부터 2022년까지 추이를 살펴보면, 성인에 비해 여전히 낮지만 기소율은 2013년 10.1%에서 2022년 13.5%로 계속 증가하고 있고, 구약식보다는 구공판 비율의 증가세가 더 높게 나타났다. 반면, 불기소율은 2013년 55.0%에서 35.2%로 크게 감소한 가운데, 기소유예율 역시 2013년 40.5%에서 2022년 31.3%로 감소한 것으로 나타났다. 소년보호송치율은 2013년 34.5%에서 2022년 48.4%로 증가하고 있어 과거와 달리 검찰이 소년범에 대해 기소유예보다는 소년보호송치를 통한 보호처분을 우선 고려하는 동시에 강도나 상해와 같은 일부 범죄에 대해서는 기소도 적극 고려하는 것으로 보인다(2023 범죄백서, 573-575).

• 표 14-1 • 검찰의 소년범죄자 처리 현황

(단위: %, 명)

연도	기소			소년보호 송치[a]	불기소 등			총계
	소계	구공판	구약식		소계	기소 유예	기타[b]	
2013	10.1	6.1	4.0	34.5	55.0	40.5	14.5	100.0(85,364)
2014	9.6	5.7	3.9	32.6	54.2	37.8	16.4	100.0(72,947)
2015	10.4	6.5	3.8	31.6	55.5	35.7	19.7	100.0(65,924)
2016	9.2	5.6	3.7	33.3	54.7	35.6	19.2	100.0(72,354)
2017	9.1	5.3	3.8	34.9	55.4	35.4	20.0	100.0(70,713)
2018	10.8	6.7	4.1	37.0	51.6	31.9	19.7	100.0(64,065)
2019	11.2	7.3	4.0	38.6	49.5	29.8	19.8	100.0(64,410)
2020	11.2	7.3	4.0	38.6	49.5	29.8	19.8	100.0(65,510)
2021	13.6	8.8	4.8	47.0	34.9	31.0	3.9	100.0(44,530)
2022	13.5	8.8	4.7	48.4	35.2	31.3	4.0	100.0(49,856)

a) 가정보호송치 포함

b) 혐의 없음, 죄가 안 됨, 공소권 없음 포함

출처: 2023 범죄백서, 574면에서 재구성

검찰이 기소한 소년범에 대한 형사법원의 재판결과는 전반적으로 소년부 송치 및 선고유예 등 기타 처분이 가장 많고, 다음으로 부정기형, 집행유예 순으로 높은 비중을 차지하고 있다. 다만, 2013년부터 2022년까지 추이를 살펴보면, 일부 변화가 눈에 띈다. 우선, 소년부송치나 선고유예와 같은 기타 처분은 감소하였지만(2013년 71.1% → 2022년 54.7%), 소년교도소에 수용되는 부정기형(2013년 15.8% → 2022년 24.4%)과 집행유예(2013년 9.5% → 2022년 17.7%)는 증가한 경향을 보인다.[6] 소년 형사사건의 재판결과에서 소년부 송치 비

6 정기형은 판사가 형량 선고 시 일정한 기간을 정하는 것이며, 부정기형은 판사가 형기를 정하지 않고 행형단계에서 행정기관에 의해 석방 시기가 결정되는 것이다. 부정기형은 형기의 장·단기를 정하지 않는 절대적 부정기형과 형기의 장·단기를 정하는 상대적 부정기형이 있다. 우리나라는 소년에 대하여 형의 장·단기를 정하여 선고하는 상대적 부정기형 제도를 두고 있다. 소년범죄자 처우는 소년의 개선, 교육 및 사회복귀 목표가 다른 목표보다 우선하기 때문에 부정기형 제도의 정당성이 인정되고 있으며, 충분히 개선된 소년을 불필요하게 계속 구금하는

율이 높다는 점은 검찰이 기소한 소년범을 소년법원으로 송치하여 소년보호처분 절차를 거치게 하는 것이 바람직하다는 법원의 판단을 반영하고 있으나(2023 범죄백서), 그 비율이 최근 들어 크게 감소하고 있는 것은 과거에 비해 법원이 엄벌주의적으로 바뀌고 있다는 점도 시사한다.

• 표 14-2 • 형사법원의 소년형사사건 1심 재판결과

(단위: %)

연도	인원(명)	합계	사형·무기형	정기형	부정기형	집행유예	벌금	기타[c]
2013	4,268	100.0	–	0.1	15.8	9.5	3.4	71.1
2014	3,574	100.0	–	0.4	17.7	11.3	3.1	67.5
2015	3,516	100.0	–	0.3	17.9	12.5	2.9	66.4
2016	3,242	100.0	–	0.0b)	21.5	12.2	2.9	63.4
2017	2,716	100.0	0.0[a]	0.1	18.5	14.2	4.0	63.1
2018	2,841	100.0	–	–	22.0	12.9	2.7	62.4
2019	3,036	100.0	–	0.1	23.4	18.0	2.6	55.9
2020	3,278	100.0	–	0.1	27.7	17.4	2.2	52.6
2021	2,483	100.0	–	–	31.4	18.4	3.1	47.1
2022	2,540	100.0	–	0.0[b]	24.4	17.7	3.2	54.7

a) 2017년 무기형 1명
b) 2016년 정기형 1명, 2022년 정기형 1명
c) 소년부송치, 선고유예 등
출처: 2023 범죄백서, 590면에서 재구성

소년법원에 접수된 소년보호사건의 처분 실태를 살펴보면 대체로 1호부터 10호까지 단독 처분을 받은 비율보다 여러 처분을 동시에 받은 병과 처분이 상당수를 차지한다. 2013년 1호부터 10호까지 단독 처분이 21.1%, 병과 처분이 78.9%로 나타났고, 이러한 분

것이 불합리할 수 있지만 충분히 개선되지 않은 소년을 석방하는 것 역시 문제가 될 수 있기 때문에 소년의 건전육성을 강조하는 「소년법」 이념에 비추어 정기형 제도보다 적합하다는 평가를 받고 있다.

포는 2022년까지 10년 동안 거의 변화가 없다. 병과 처분 비율이 높은 이유는 개정된 「소년법」상 여러 조합의 병과 처분이 가능해지면서 처분 유형이 24개나 생겨났기 때문이다.

단독 처분 가운데 보호자 위탁 처분(1호)은 2013년 12.0%에서 2022년 14.5%로, 수강명령(2호)은 2013년 0.3%에서 2022년 2.1%로 증가한 것으로 나타났다. 반면에 장·단기 소년원송치 처분은 2013년 9호 3.6%, 10호 3.9%에서 2022년 9호 3.4%, 10호 2.4%로 나타나, 단기 소년원 송치(9호)에 비해 장기 소년원 송치(10호) 비율이 상대적으로 더 감소한 것을 알 수 있다. 병과 처분 중에서는 보호자 위탁 처분(1호)에 수강명령(2호), 사회봉사명령(3호), 단기 보호관찰(4호), 장기 보호관찰(5호)이 병과되는 비율이 교차하면서 증가세와 감소세를 나타내고 있다.

• 표 14-3 •　소년법원의 소년보호사건 처분 현황

(단위: %, 명)

연도	계	1호	2호	3호	4호	5호	6호	7호	8호	9호	10호	병과	주요 병과 처분 유형[a]							
													1,2,4	1,2	1,4	1,3,4	1,2,3,5	1,2,3,4	1,2,5	5,6
2013	100.0 (31,952)	12.0	0.3	0.4	0.3	0.1	0.0	0.5	0.0	3.6	3.9	78.9	12.6	11.0	8.6	5.8	5.9	4.9	4.7	3.6
2014	100.0 (24,529)	12.1	0.3	0.4	0.3	0.1	0.0	0.7	0.0	3.3	3.3	79.5	12.9	9.9	9.6	7.5	6.3	4.7	4.2	3.4
2015	100.0 (25,911)	14.6	0.1	0.2	0.2	0.1	0.0	0.5	0.0	3.1	3.3	78.0	14.3	10.1	8.9	7.1	6.1	6.3	3.1	3.4
2016	100.0 (23,526)	13.4	0.3	0.4	0.7	0.1	0.0	0.4	0.0	3.3	3.3	78.2	13.8	10.9	8.2	5.1	6.0	5.4	4.3	4.5
2017	100.0 (24,383)	12.9	0.7	0.3	1.1	0.3	0.0	0.8	0.0	4.0	3.1	76.9	12.4	10.3	6.2	4.5	6.2	5.7	4.0	4.0
2018	100.0 (24,494)	12.7	1.1	0.7	1.1	0.3	0.0	0.9	0.0	3.4	3.2	76.4	12.3	12.1	5.9	3.9	5.1	5.2	3.6	5.0
2019	100.0 (24,131)	12.9	0.8	0.8	1.0	0.5	0.0	1.1	0.1	3.4	3.2	76.3	11.8	13.0	6.3	3.8	5.3	3.5	4.3	6.0
2020	100.0 (25,579)	11.9	1.1	0.8	1.0	0.3	0.0	0.7	0.0	2.9	3.2	77.8	13.1	13.8	6.9	3.7	5.6	3.7	5.1	5.9
2021	100.0 (22,144)	13.9	1.4	0.6	1.0	0.4	0.0	0.9	0.1	2.7	2.0	77.1	15.5	16.3	6.0	2.7	4.3	3.0	6.3	6.4
2022	100.0 (24,933)	14.5	2.1	0.6	0.8	0.3	0.0	0.7	0.0	3.4	2.4	75.3	15.6	14.6	5.7	2.0	4.7	2.8	6.9	5.9

a) 주요 병과처분 유형은 빈도수가 많은 상위 8개만 제시

출처: 2019 범죄백서, 581면. 2023 범죄백서, 587면에서 재구성

SECTION 02 형사사건의 처리 및 처우의 특성

소년사건이 검찰이나 법원에 의해 형사사건으로 처리되는 경우 검찰에 의한 조건부 기소유예와 형사법원에 의한 소년교도소 수용이 대표적이다. 형사법원이 소년사건을 처리하는 경우 성인 형사사건과 차이가 없으나, 소년의 미성숙성과 개선 가능성을 고려하여 형사법원의 심판절차나 선고된 형의 집행절차에서 몇 가지 특칙 사항을 두고 있다. 「소년법」상 주요 특칙 사항으로는 가급적 구속영장 발부 제한(제55조), 18세 미만인 소년이 사형이나 무기형에 처할 경우 15년의 유기징역 선고(제59조), 상대적 부정기형 선고(제60조), 환형처분 금지(제62조),[7] 징역 또는 금고 집행 시 성인과 분리 집행(제63조), 가석방의 완화(제65조),[8] 자격형 적용의 완화(제67조),[9] 보도 금지(제68조)[10] 등이 있다.

1 조건부 기소유예

조건부 기소유예 제도는 죄질이 무겁더라도 개선 가능성이 엿보이는 소년에 대해 교도소나 소년원에 수용하는 것보다 범죄예방 자원봉사 위원의 선도보호에 맡기는 것이 효과적이라는 취지로 1978년 광주지방검찰청에서 처음 실시되었고 이후 1981년 법무부가 소년선도보호지침을 제정하여 시행함으로써 전국 검찰청에서 실시되었다. 조건부 기소유예는 2007년 「소년법」 개정으로 법제화되었다. 검사는 소년사건 중 ① 범죄예방 자원봉사 위원의 선도, ② 소년의 선도 · 교육과 관련된 단체 · 시설에서 상담 · 교육 · 활동 등을

7 벌금이나 과료를 선고받은 성인 형사범이 납부하지 않으면 노역장유치를 선고하게 되는데, 소년에 대해서는 이 같은 환형처분을 선고하지 못하게 하고 있다.

8 성인범의 경우 무기형은 10년, 유기형은 형기의 1/3이 경과하면 가석방을 허가할 수 있지만, 소년범의 경우 무기형은 5년, 15년 유기형은 3년, 부정기형은 단기의 1/3이 경과하면 가석방을 허가할 수 있다.

9 성인범의 경우 징역 또는 금고형의 경우 자격정지를 병과할 수 있고 그 경우 징역 또는 금고형 집행이 종료되거나 면제된 날로부터 자격정지 기간이 시작되지만, 소년의 경우에는 형집행 종료 또는 면제와 함께 자격정지 또는 자격상실에 관한 형의 선고는 효력을 상실한다. 이는 자격정지나 상실이 소년의 갱생 기회를 막는 결과가 되기 때문에 이를 방지하기 위한 것이다.

10 소년의 이름, 나이, 직업, 용모 등 본인을 추정할 수 있는 사실이나 사진을 신문, 출판물, 방송 등을 통해 보도할 수 없도록 하고 있다.

조건으로 공소를 제기하지 아니하는 조건부 기소유예를 실시할 수 있다(소년법 제49조의 3). 소년선도보호지침에 따르면, 선도조건부 기소유예를 할 수 있는 대상은 '범죄 내용의 경중과 관계없이 재범 가능성이 희박한 18세 미만 범죄소년'이다. 검사는 소년사건의 죄질과 범정을 바탕으로 '비행성 예측자료'와 '소년범 환경조사서'를 참작하여 대상 소년을 선별한다. 범죄예방 자원봉사 위원을 통해 접촉 및 원호 과정을 거치면서 선도상황을 모니터링하고, 그 결과가 전담 검사에게 통보되면 이를 바탕으로 전담검사는 선도 기간 연장 · 해제 여부 등을 결정한다(이승현 외, 2024).

조건부 기소유예는 학생인 소년범에 대한 기소유예가 성인보다 높다는 점, 학생에 대한 기소유예에 대한 우선적 고려는 학생이 아닌 소년범에게 차별적이라는 점에 착안하여 민간인의 선도를 조건으로 모든 소년범에게 기소유예 처분을 내릴 수 있도록 규정한 제도이다. 검사의 기소재량과 소년사건의 검사선의주의에 기초하여 등장한 것이 조건부 기소유예라고 할 수 있다(박상기 외, 2019). 조건부 기소유예는 검사가 범죄소년에 대해 공소를 제기하거나 소년부에 송치하지 않고 선도를 조건으로 기소유예 처분을 내려 공식적인 사법절차에서 벗어나 사회복귀에 필요한 선도를 받게 하자는 취지를 고려할 때 다이버전(diversion) 제도[11]로도 볼 수 있다.

조건부 기소유예 제도의 유용성에 대해서는 ① 검찰의 소년범죄 예방 기능 보완 · 강화, ② 단기자유형 폐단 제거, ③ 전과자에 대한 냉대 · 차별의 가능성 차단과 효과적인 사회복귀 지원, ④ 지역사회의 정화를 도모, ⑤ 교도소나 소년원 경비 절감 등이 제시되고 있다.

2013년부터 2022년까지 조건부 기소유예를 받은 현황을 죄명별로 보면, 전반적으로 절도, 「폭력행위 등 처벌에 관한 법률」 위반(폭처법)이 상당수를 차지한다. 다만, 그 비중은 2013년 절도 45.5%, 폭처법 22.3%에서 2022년 절도 27.9%, 폭처법 18.2%로 줄어드는 반면에 사기(2013년 7.6% → 2022년 11.3%), 기타(2013년 24.4% → 2022년 42.6%)는 비율이 증가하였다.

11 소년에 대한 다이버전 제도는 소년을 공식적인 사법절차를 밟게 하지 않고 비사법적 기관이나 절차에 의한 처우를 하는 것으로, 그렇게 함으로써 형사사법기관과의 접촉을 최소화하여 낙인의 효과를 줄이고 형사사법 경비도 절감하며 아울러 민간의 참여를 통하여 사회복귀를 원활하게 할 수 있다는 평가를 받는 제도이다.

• 표 14-4 • 조건부 기소유예 현황

(단위: %, 명)

연도	합계	폭처법	절도	강도	사기	기타
2013	100.0(4,548)	22.3	45.5	0.3	7.6	24.4
2014	100.0(3,473)	19.3	42.5	0.2	6.9	31.0
2015	100.0(3,413)	19.5	44.0	0.0[a)]	9.5	27.0
2016	100.0(3,409)	15.3	38.5	0.1	10.4	35.7
2017	100.0(3,495)	16.7	40.7	0.1	8.4	34.2
2018	100.0(3,031)	18.8	40.3	0.1	7.2	33.7
2019	100.0(3,000)	18.0	39.4	–	7.7	34.8
2020	100.0(1,315)	14.4	41.3	–	9.7	34.6
2021	100.0(1,037)	16.8	30.1	–	12.8	40.3
2022	100.0(1,824)	18.2	27.9	–	11.3	42.6

a) 2015년 강도 1명

출처: 범죄백서 2023, 579면에서 재구성

② 소년교도소

1) 소년 수형자의 죄명과 형기

소년교도소는 형사법원이 징역형이나 금고형을 선고한 소년범을 성인범과 별도 수용·처우하기 위한 기관이다. 징역형 또는 금고형을 선고받은 소년은 소년교도소 수용을 원칙으로 하고 있고, 일반교도소(성인교도소)에 수용하는 경우 분리된 장소에 수용하도록 하고 있다(소년법 제63조). 일반교도소 내 성인과 분리된 장소에서 형을 집행하는 경우 교도소장이 특별한 사정이 있다고 인정하면 6개월을 초과하지 않도록 하고 있다(박상기 외, 2019). 소년교도소는 천안, 김천 등 2개소가 있었으나, 2004년 법무부와 그 소속기관 직제 개정(대통령령 제18643호)에 따라 천안 소년교도소로 통합하였다. 이후 천안 소년교도소 기능이 전환됨에 따라 2009년 법무부와 그 소속기관 직제 개정(대통령령 제21946호)에 의해 김천교도소를 김천소년교도소로 변경해 1개소를 운영하고 있다.

2013년부터 2022년까지 소년 수형자 현황을 살펴보면, 2013년 152명에서 2018년 105명까지 감소하였으나, 2019년부터 다시 증가하여 2022년 133명이 수용되어 있다. 죄명별로는 강간 등 성폭력, 절도, 폭력·상해가 큰 비중을 차지하고 있다. 다만, 그 비중이 2013년 이후 조금씩 감소하는 반면, 2020년 이후부터 사기·횡령, 기타 범죄 비중이 커지면서 죄명 분포가 다양해지는 양상을 보이고 있다.

• 표 14-5 • 소년 수형자의 죄명별 분포

(단위: %, 명)

연도	계	절도	사기·횡령	폭력[a]·상해	강간등	강도등	살인	과실범	기타
2013	100.0(152)	28.3	0.7	11.2	30.2	10.5	4.6	-	14.5
2014	100.0(131)	26.0	1.5	9.2	26.0	8.4	4.6	1.5	22.9
2015	100.0(130)	20.0	7.7	7.7	20.8	10.8	3.8	1.5	27.7
2016	100.0(150)	15.3	1.3	18.0	23.3	12.7	3.3	1.3	24.9
2017	100.0(130)	20.8	6.9	3.8	33.8	8.5	3.8	-	22.4
2018	100.0(105)	16.2	11.4	2.9	22.8	4.8	3.8	1.0	37.1
2019	100.0(116)	8.6	7.7	9.5	22.4	12.1	2.5	3.5	33.7
2020	100.0(115)	18.3	7.0	11.3	18.3	11.3	0.9	0.9	32.0
2021	100.0(142)	18.3	4.2	4.9	21.9	7.8	0.7	1.4	40.8
2022	100.0(133)	17.3	4.5	7.5	27.0	6.8	0.8	-	36.1

a) 폭력은 폭행과 「폭력행위 등 처벌에 관한 법률」 위반을 포함

출처: 범죄백서 2023, 630면에서 재구성

소년 수형자의 형기는 2013년에는 3년 미만 57.2%, 5년 미만 25.7%, 10년 미만 6.6%로 나타났으나, 2022년에는 3년 미만 30.1%, 5년 미만 46.6%, 10년 미만 18.8%로 형기가 증가하는 경향을 볼 수 있다.

• 표 14-6 • 소년 수형자의 형기별[a] 인원

(단위: %, 명)

연도	계	6월 미만	1년 미만	3년 미만	5년 미만	10년 미만	15년 미만	15년 이상	무기
2013	100.0(152)	-	5.3	57.2	25.7	6.6	2.0	3.2	-
2014	100.0(131)	-	5.3	51.1	32.2	8.4	1.5	1.5	-
2015	100.0(130)	0.8	8.5	43.1	37.0	9.2	1.4	-	-
2016	100.0(149)	0.7	5.4	46.3	37.6	8.7	1.3	-	-
2017	100.0(130)	-	5.4	51.5	35.4	6.9	-	0.8	-
2018	100.0(105)	1.0	1.9	52.3	31.4	12.4	-	1.0	-
2019	100.0(116)	-	3.4	38.8	38.8	18.1	-	0.9	-
2020	100.0(115)	1.7	1.7	47.8	35.7	13.1	-	-	-
2021	100.0(142)	1.4	2.8	45.8	33.1	15.5	1.4	-	-
2022	100.0(133)	1.5	2.3	30.1	46.6	18.8	0.7	-	-

a) 부정기형은 단기형 기준(금고형 선고자 제외)
출처: 범죄백서 2023, 632면에서 재구성

2) 소년 수형자에 대한 처우[12]

(1) 교육

종전까지는 한글독해 및 문장능력이 없거나 기초수리능력이 없는 자를 대상으로 하는 초등 기초반을 비롯한 초등과, 중등과, 고등과 등 4개 과정의 학과교육을 편성·운용하였으나, 전반적인 학력 수준의 향상에 따라 기존의 학과과정을 폐지하고 검정고시반을 편성하여 소년 수형자에게 각급 검정고시에 응시할 기회를 주고 있다. 소년 수형자에게 정규 고등학교과정을 이수할 기회를 부여하기 위해 김천소년교도소에 김천중앙고등학교 부설 방송통신고등학교도 설치·운영하고 있다.

12 소년 수형자의 처우에 관한 내용은 '2023 범죄백서' 632-635면을 참조하였다.

(2) 직업훈련

소년교도소 직업훈련은 공공직업훈련과 일반직업훈련으로 구분할 수 있다. 공공직업훈련은 고용노동부 인가를 받아 설치된 공공직업훈련소에서 고용노동부 장관이 정한 훈련기준(교과내용, 시설, 교사 등)에 따라 실시하는 것을 말하고, 일반직업훈련은 고용노동부 허가 없이 자체적으로 이루어지는 직업훈련을 말한다. 김천소년교도소는 공공직업훈련소를 운영하고 있고, 2022년 기준으로 한식조리, 자동차정비, 제과제빵, 바리스타 등 4개 직종의 훈련을 통해 기능사 자격취득을 돕고 있다.

(3) 생활지도

소년 수형자의 생활 태도와 개선 의지를 고취하며 사회생활에 필요한 여러 지식과 정보를 제공함으로써 사회복귀를 촉진하기 위한 생활지도 교육을 하고 있다. 그중에는 신입자를 대상으로 수용생활 안내, 준수사항 및 처우내용을 교육하는 신입자 생활지도가 있고, 출소 1개월 전 소년 수형자를 대상으로 하는 취업교육, 창업교육, 인성교육 등이 있다.

(4) 교화활동

소년 수형자의 의식 개선, 정서 순화를 위해 종교지도, 상담, 사회참관, 불우이웃돕기, 체육대회, 음악회, 한자교육, 외국어교육 등 다양한 개별 및 집단 활동을 하고 있다. 특히 김천소년교도소는 2013년 2월부터 제로캠프 프로그램을 운영하고 있다. 제로캠프는 문화·예술교육과 집중상담을 통해 소년 수형자의 심성 순화와 문화 의식 함양을 목적으로 하고 있으며, 매년 연말에는 소년 수형자들이 직접 준비하고 참여하는 뮤지컬 공연을 통해 가족, 지역주민과 교감하는 자리를 마련하고 있다.

(5) 심리치료

2017년부터 김천소년교도소는 인터넷(게임)에 노출 빈도가 높았던 소년 수형자들을 대상으로 치료적 접근의 심리치료 프로그램을 운영하고 있다. 이를 위해 외부 전문기관(게임문화재단)과 협력을 통해 프로그램 신뢰성과 전문성을 확보하여 VR 콘텐츠 등을 활용한 인터넷(게임) 중독 예방 및 의사소통 및 정서조절능력 강화, 게임을 통한 사회성 및 대인관계 능력 향상을 도모하고 있다. 2018년부터 청주여자교도소 소년 수형자까지 대상자를 확대하였고, 2022년부터는 프로그램 진행 시 외부 임상심리전문가가 부강사로 참여하여 충동 및 정서조절 등을 위한 개인상담을 실시하고 있다.

SECTION 03 보호사건의 처리 및 처우의 특성

1 소년분류심사원

경찰에 의해서 소년법원으로 곧바로 송치된 우범소년이나 촉법소년, 그리고 검찰이나 형사법원에서 소년보호사건처리가 적절하다고 판단되어 소년법원으로 송치된 범죄소년에 대해서 소년법원은 조사관의 조사 결과나 소년분류심사원의 분류심사 결과를 참작하여 소년에게 적절하다고 판단되는 처분을 내리게 된다. 많은 국가가 비행의 예방과 재발방지를 위해서 소년의 성격과 행동 특징, 능력과 욕구 등 개인이 갖고 있는 전반적인 자질은 물론 그들을 둘러싼 가정, 학교, 사회의 환경적 특성에 대한 조사와 진단을 통하여 합리적인 처우방안을 제시하는 소년분류심사제도를 운용하고 있다. 우리나라의 「소년법」 제12조는 소년법원이 소년보호사건을 조사 또는 심리하면서 정신건강의학과의사, 심리학자, 사회사업가, 교육자, 기타 전문가의 진단, 소년 분류심사원의 분류심사 결과와 의견, 보호관찰소의 조사결과와 의견 등을 참작하도록 규정하고 있다. 「보호소년 등의 처우에 관한 법률」 제24조 제1항에는 분류심사의 목적이 소년의 신체, 성격, 소질, 환경, 학력, 경력 등에 대한 조사를 통해 비행 또는 범죄의 원인을 규명함으로써 심사대상인 소년 처우에 관한 최선의 지침을 제시한다고 되어 있다. 분류심사의 전문성에 대해서는 동법 제24조 제2항에 심리학, 교육학, 사회학, 사회복지학, 범죄학, 의학 등 전문적 지식과 기술에 근거하여 소년의 신체적·심리적·환경적 측면을 조사하고 판정해야 한다고 규정하고 있다.

분류심사의 구체적 방법은 「보호소년 등의 처우에 관한 법률 시행규칙」 제48조에서 다루고 있다. 분류심사는 면접조사, 심리검사, 정신의학적 진단, 행동관찰, 자기기록 검토, 자료조회, 현지조사 등의 방법으로 진행된다(동규칙 제48조 제1항). 행동관찰은 객관적이고 신뢰성 있게 하고 그 결과가 분류심사에 유용하게 제공되어야 한다고 규정하고 있다(동규칙 제50조). 분류심사는 문제 또는 비행원인이 비교적 단순한 소년을 대상으로 하는 '일반분류심사'와 문제 또는 비행원인이 중대하고 복잡한 소년을 대상으로 하는 '특수분류검사'로 구분한다(동규칙 제48조 제2항). 분류심사 결과 통지는 소년분류심사원장이 분류심사 또는 조사결과와 의견 등을 각각 법원소년부 또는 검사에게 통지하고, 소년이 보호처분 결정을 받으면 분류심사 결과 및 의견 등을 바로 소년원이나 보호관찰소에서 정보시스템으로 열람할 수 있도록 통지하도록 하고 있다(보호소년 등의 처우에 관한 법률 제27조, 보호소년 등의 처우에 관한 법률 시행규칙 제52조). 분류심사 결과통지서에는 소년의 요보호성[13]에 근거하여 소년에게 적합한 처분이 무엇인지 구체적으로 명기하고 있다.

소년분류심사원은 1977년 소년감별소라는 이름으로 처음 설립되었고, 1995년 소년분류심사원으로 명칭이 변경되었다. 2001년 법무부가 소년범 불구속 수사원칙을 정함으로써 수용인원 감소를 예상하여 2005년부터 소년보호기관(소년원 및 소년분류심사원)이 대폭 축소되었다. 2000년대 초반까지 5개이던 소년분류심사원은 2003년 대전소년분류심사원 폐지, 2005년 대구소년분류심사원 폐지, 2007년 부산 및 광주소년분류심사원 폐지를 거치면서 서울소년분류심사원만 운영되고 있으며, 부산 등 6개 지역은 소년원이 그 기능을 대행하고 있다(이승현·박성훈, 2015).

2013년부터 2022년까지 소년분류심사원에서 이루어지는 분류심사의 현황을 살펴보면, 대체로 수용분류심사의 비중이 상담조사에 비해 많은 편이나 최근 그 비중이 비슷해지는 경향을 보이고 있다. 수용분류심사 중에는 특수분류심사에 비해 일반분류심사가 더 많은 편이며, 특수분류심사의 경우 과거와 비교해 점차 비중이 감소하는 것으로 나타나고 있다.

13 요보호성이란 소년의 재범가능성을 의미한다.

• 표 14-7 •　수용분류심사 및 상담조사 현황

(단위: 인원, %)

연도	계	수용분류심사			상담조사 등[a]
		소계	일반분류심사	특수분류심사	
2013	100.0(10,739)	59.2	38.7	20.5	40.8
2014	100.0(9,805)	56.5	35.3	21.2	43.5
2015	100.0(9,924)	58.5	35.0	23.5	41.5
2016	100.0(9,134)	56.1	32.5	23.6	43.9
2017	100.0(9,793)	57.3	39.9	17.5	42.7
2018	100.0(8,609)	62.6	44.8	17.8	37.4
2019	100.0(7,176)	66.3	45.1	21.2	33.7
2020	100.0(6,856)	62.2	41.6	20.6	37.8
2021	100.0(6,575)	54.9	38.2	16.8	45.1
2022	100.0(7,173)	51.0	38.4	12.6	49.0

a) 검사결정전조사 포함

출처: 2023 범죄백서, 606면에서 재구성

② 보호자 등 감호위탁

1호 처분은 '보호자 또는 보호자를 대신하여 소년을 보호할 수 있는 자에게 감호를 위탁하는 것'이다. 그 기간은 6개월이며, 6개월 범위에서 1차에 한하여 그 기간을 연장할 수 있으며, 소년부 판사는 필요한 경우 언제든지 결정으로써 그 위탁을 종료시킬 수 있다(소년법 제33조 제1항).

여기서 보호자란 법률상 감호교육 의무가 있는 자 또는 현재 감호하는 자를 말하며(소년법 제2조) 친권자(부모 등), 후견인 등이 포함될 수 있다. 보호자를 대신할 수 있는 자는 '위탁보호위원'이라고 하며, 여기에는 정신과의사, 심리학자, 사회사업가 또는 「청소년복지 지원법」 제31조 제4호에 정한 청소년회복지원 시설의 종사자 중 시설장 자격기준을 충족하는 사람 등이 포함된다. 특히 부모에게 감호를 위탁하는 것은 사실상 법원에서 소년을 그냥 가정으로 원상복귀시키는 것이므로 엄밀한 의미에서 소년에게 특별한 처분을 내리지 않는 것을 의미할 수 있다. 그러나 보호자를 대신하여 감호를 위탁하는 것은 같은 1호 처분이지만 소년에게 일정한 처분이 내려지는 것을 의미한다. 보호자 등 감호위탁은 다른 병과처분을 고려하면 대략 70% 넘게 처분되는 것으로 나타난다.

보호자 등 감호위탁은 보호자에게 소년을 보호할 능력이 있다고 판단될 때 내리는 처분이므로 가장 중요한 것은 보호자의 보호능력이다. 소년을 보호자에게 돌려보내면 보호자는 소년보호에 대한 경각심을 가질 수 있으며, 법적 처분에 따른 심리적 강제성이 소년과 보호자에게 작용한다. 그러나 보호처분 단계에서 보호능력은 부모가 제대로 보호하겠다는 의지 표명만으로 판단하는 경우가 많고, 적절한 보호기관을 찾지 못해 보호할 형편이 안 되는 원가정으로 다시 돌려보내는 경우도 발생한다. 1호 위탁 기관인 청소년회복지원시설 역시 대안 가정으로 일시적이고 한시적인 역할만 할 수밖에 없어 이들에 대한 체계적인 지원이 어렵다는 문제가 한계로 지적되고 있다. 위탁보호위원이 6개월 내지 1년 동안 소년을 보호한다고 해도 보호처분이 종료된 이후 아무런 환경 변화가 없다면 재비행으로 이어질 가능성이 클 수밖에 없다는 점도 한계라고 할 수 있다(김남희, 2024).

3 보호관찰, 수강명령, 사회봉사명령

1) 보호관찰

4호 처분과 5호 처분은 각각 단기 보호관찰(1년), 장기 보호관찰(2년)을 말한다. 보호관찰 처분은 「보호관찰 등에 관한 법률」에 따라 비행 또는 범죄를 저지른 소년이 교도소, 소년원 등 수용시설에 가지 않고 가정, 학교, 직장으로 돌아가 일상적으로 생활하도록 하되 보호관찰관의 지도·감독을 통해 적절한 준수사항을 지키게 함으로써 재범을 예방하고 필요한 지원을 통해 사회적응을 돕기 위한 목적이 있다.

보호관찰제도[14]는 우리나라를 비롯한 여러 국가에서 범죄자에 대한 사회 내 처우의 대

14 보호관찰제도는 1869년 미국 매사추세츠주에서 최초로 입법화된 이후 영국(1878), 스웨덴(1918), 일본(1949), 독일(1953) 등을 비롯한 많은 국가에서 실시하여 그 효과가 입증된 제도이다.

표적 방법의 하나로 시행 중이며, 범죄예방과 범죄자 처우에 있어 지역사회의 관심과 협력을 끌어낼 수 있는 제도라는 평가를 받고 있다.

우리나라는 1981년 법무부에 기존 교정국과 별도로 보호국을 독립하여 설치한 후 보호관찰제도 연구반을 편성하고 1983년 보호관찰 시범실시 지침을 마련하여 시행하였다(김준호·이동원, 1995; 최인섭·진수명, 1993). 법무부는 가석방자를 대상으로 시범실시를 하고 그 효과를 확인한 후 1988년 보호관찰법이 제정되어 소년범죄자를 대상으로 보호관찰이 시작되었다.[15] 보호관찰 업무를 수행하는 보호관찰소(준법지원센터)는 2024년 기준으로 전국에 18개 보호관찰소, 40개 보호관찰지소 등 총 58개소가 운영되고 있다.

소년 보호관찰사건의 접수 현황을 살펴보면, 2013년 55,724명에서 2022년 28,033명으로 개시 인원이 대폭 감소하였고, 현재 인원은 2013년 19,441명에서 2022년 14,220명으로 감소한 것을 알 수 있다.

• 표 14-8 • 소년 보호관찰 사건 접수 현황

연도	개시		종료		현원	
	인원(명)	전년 대비 증감률(%)[a]	인원(명)	전년 대비 증감률(%)	인원(명)	전년 대비 증감률(%)
2013	55,724	-	36,283	-	19,441	-
2014	45,831	▽17.8	28,180	▽22.3	17,651	▽9.2
2015	42,318	▽7.7	26,816	▽4.8	15,502	▽12.2
2016	38,641	▽8.7	23,263	▽13.2	15,378	▽0.8
2017	37,202	▽3.7	21,919	▽5.8	15,283	▽0.6
2018	35,626	▽4.2	21,164	▽3.4	14,462	▽5.4
2019	32,640	▽8.4	19,363	▽8.5	13,277	▽8.2
2020	30,765	▽5.7	16,569	▽14.4	14,196	△6.9

15 1989년 7월 1일 이후 소년범죄자에게만 실시되던 보호관찰은 이후 성인범죄자에게도 실시되는데, 1994년부터는 성폭력범죄자, 1997년부터는 선고유예자 및 집행유예자(사회봉사명령과 수강명령 포함), 가석방자에게 시행하기 시작하였다. 1998년부터는 가정폭력 사범(사회봉사명령, 수강명령 포함)에게도 시행한다.

2021	29,308	▽4.7	16,910	△2.1	12,398	▽12.7
2022	28,033	▽4.4	13,813	▽18.3	14,220	△14.7

a) 전년 대비 증감률={(해당 연도 인원-전년도 인원)/(전년도 인원)}×100

출처: 2023 범죄백서, 592면에서 재구성

소년 보호관찰 대상자의 죄명별 현황을 살펴보면, 전반적으로 폭력, 절도의 비중이 가장 많은 가운데 시간이 지나면서 그 비율은 점차 감소하는 반면에 교통, 사기·횡령, 성폭력의 비율은 점차 증가하는 경향을 보이고 있다. 절도는 2013년 34.6%에서 2022년 17.8%로, 폭력은 2013년 26.0%에서 2022년 22.9%로 감소하였지만, 성폭력은 2013년 5.9%에서 2022년 13.2%로, 교통은 2013년 9.0%에서 2022년 11.6%로, 사기·횡령은 2013년 5.0%에서 2022년 7.3%로 증가하였다.

• 표 14-9 • 소년 보호관찰 대상자 죄명별 현황

(단위: %, 명)

연도	계[a]	폭력	교통	절도	사기·횡령	강력	마약	풍속	성폭력	경제	기타
2013	100.0(28,104)	26.0	9.0	34.6	5.0	1.7	1.3	0.6	5.9	0.3	15.7
2014	100.0(25,162)	23.0	9.4	33.1	6.2	1.5	0.6	0.8	6.3	0.4	18.6
2015	100.0(23,330)	22.3	9.3	31.5	7.2	1.2	0.4	1.0	7.0	0.6	19.6
2016	100.0(22,039)	21.7	10.2	27.9	6.9	1.2	0.4	1.4	7.4	0.7	22.3
2017	100.0(21,676)	25.3	11.4	24.9	6.8	1.0	0.5	1.3	7.2	0.4	21.3
2018	100.0(20,319)	27.4	10.8	22.2	7.1	0.9	0.4	1.3	7.8	0.5	21.7
2019	100.0(18,096)	26.7	10.1	21.2	7.6	0.9	0.3	1.4	8.7	0.6	22.3
2020	100.0(17,432)	23.2	12.0	22.1	8.1	1.2	0.2	1.4	8.1	0.5	23.3
2021	100.0(15,167)	21.8	12.1	19.4	8.0	1.0	0.2	2.2	9.8	0.3	25.1
2022	100.0(15,620)	22.9	11.6	17.8	7.3	0.8	0.2	1.7	13.2	0.2	24.2

a) 계는 해당 연도에 접수한 인원

출처: 2023 범죄백서, 597면에서 재구성

보호관찰제도는 소년범죄자를 교정시설에 수용하지 않고 사회 내에서 생활하며 보호관찰관의 지도·감독을 통해 재범을 방지하고 사회적응을 돕는 것을 목표로 하지만, 현재 운영에 있어 여러 한계가 존재한다. 우선, 보호관찰은 소년사건 발생 이후 사후처리에 초점이 맞춰져 있어 사전적 예방 조치가 함께 고려되어야 보호관찰이 더 효과적으로 기능할 수 있다. 보호관찰관 1인당 담당해야 할 소년 대상자 수가 과도하다는 문제점도 개선이 필요하다. 보호관찰 대상자가 매년 증가하고 있음에도 불구하고 이들을 지도·감독해야 할 보호관찰관의 수는 매우 부족한 실정이다. 법무부 발표자료에 따르면, 2022년 기준으로 보호관찰관 1명이 담당하는 전체 대상자 수는 평균 106.3명, 소년 대상자는 평균 47.3명으로 알려져 있다. 부족한 인력 문제는 소년에 대한 적절한 관리·감독과 원호가 촘촘히 이루어지지 못한다는 것을 의미한다. 실제로 대면 상담은 월 1~2회, 집중 보호관찰 대상자[16]인 경우에도 1시간 이내 월 4회 면담에 그치로, 대부분 전화상담이 주를 이루고 있어 보호관찰 본연의 목적을 제대로 달성하기 어렵다는 점이 한계로 지적되고 있다 (김남희, 2024).

2) 수강명령과 사회봉사명령

2호 처분, 3호 처분은 각각 수강명령과 사회봉사명령이다. 넓은 의미의 보호관찰에는 수강명령[17]과 사회봉사명령[18]이 포함된다. 수강명령은 일정 시간 강의 또는 교육을 받도록 함으로써 잘못된 인식이나 행동을 개선하기 위한 목적으로 시행한다. 법무부는 원활한 수강명령 집행을 위해 1997년 이후 약물치료, 준법운전, 심리치료, 가정폭력치료, 성폭력치료 등 협력기관을 세분화하고 전문화하여 지역별 전문기관을 협력기관으로 지정하고 있다. 2010년부터는 법무부와 외부기관이 공동으로 프로그램을 개발하여 소년심리치

16 보호관찰관 지도·감독은 기본적으로 처우 개별화 원리를 바탕으로 하고 있는데, 재범 위험성을 기준으로 일반 관리 대상자, 주요 관리 대상자, 집중 보호관찰 대상자로 분류하며, 분류 등급에 따라 지도·감독의 횟수와 강도를 다르게 적용하여 관리하고 있다.

17 1948년 영국에서 비행성향이 비교적 약한 21세 미만 소년범에게 주말을 이용해 수강센터(Attendance Center)에 참석하여 강의를 듣도록 한 것이 효시가 되어 발달한 제도이다.

18 1970년 영국에서 교도소 과밀수용의 주요 원인인 단기구금형을 대체할 수단으로 제안되어 시범 실시 후 1979년 3월 영국 전역으로 확대한 이후 형벌의 다양화와 단기구금형의 대체수단으로 효과가 인정되어 미국, 호주, 독일, 프랑스 등에서 실시하고 있다.

료를 비롯해 성범죄자치료, 가정폭력치료, 알코올치료, 약물중독치료에 대한 수강명령 프로그램을 실시하고 있다(김지영 외, 2016). 소년의 경우 수강명령은 12세 이상 소년에게만 부과할 수 있으며(소년법 제32조 제4항), 100시간을 초과하지 못하게 하고 있다(소년법 제33조 제4항). 「보호관찰 및 사회봉사명령 등에 관한 예규(재형 2003-9)」는 수강명령에 적합한 대상자의 유형으로 ① 본드·부탄가스를 흡입하는 등 약물남용범죄를 저지른 경우 또는 마약범죄를 한 경우, ② 알코올 중독으로 인한 범죄를 범한 경우, ③ 심리·정서상의 특이한 문제와 결합된범죄(성범죄 등)를 범한 자로서 적절한 프로그램을 통하여 치료를 받을 필요가 있는 경우, ④ 기타 수강명령을 부과하는 것이 적절하다고 판단되는 경우로 정하고 있다.

사회봉사명령은 범죄자를 구금하는 대신 자유로운 생활을 허용하면서 일정 기간 무보수로 사회에 유익한 근로봉사를 하도록 하는 제도이다. 사회봉사명령은 14세 이상 소년에게만 부과할 수 있으며(소년법 제32조 제3항), 200시간을 초과할 수 없다(소년법 제33조 제4항). 「보호관찰 및 사회봉사명령 등에 관한 예규(재형 2003-9)」는 사회봉사명령에 적합한 소년 대상자 유형을 ① 부모의 과잉보호로 인하여 자기중심적이고 배타적인 성격을 가진 경우, ② 생활궁핍의 경험이 없는 경우, ③ 근로정신이 희박하고 무위도식을 하는 경우, ④ 퇴폐향락과 과소비에 물든 경우, ⑤ 경미한 비행을 반복하여 범함으로써 가정에서 소외된 경우, ⑥ 기타 사회봉사명령을 부과하는 것이 적절하다고 판단되는 경우로 정하고 있으며, 이들에 대하여 자연보호활동, 복지시설 및 단체 봉사활동, 공공시설 봉사활동을 통해 범죄행위를 반성하고 책임감을 회복할 수 있도록 하고 있다.

사회봉사명령 및 수강명령 처분 현황을 살펴보면, 두 가지 처분 장·단기 보호관찰과 병과처분 비율이 단독처분 비율보다 높게 나타난다. 사회봉사명령에 비해서는 수강명령이 상대적으로 많은 것으로 나타나고 있다. 다만, 과거에 비해 점차 단독 명령이 증가하고 있는 경향도 확인할 수 있다.

• 표 14-10 • 사회봉사명령 및 수강명령 처분 현황

(단위: %, 명)

연도	사회봉사명령				수강명령			
	계	단기 보호관찰	장기 보호관찰	단독 명령	계	단기 보호관찰	장기 보호관찰	단독 명령
2013	100.0 (9,089)	36.7	37.6	25.6	100.0 (10,037)	45.3	24.6	30.2
2014	100.0 (7,212)	37.9	38.0	24.1	100.0 (7,023)	43.8	25.7	30.5
2015	100.0 (7,170)	41.8	32.7	25.5	100.0 (5,790)	48.0	24.0	28.0
2016	100.0 (6,432)	38.2	35.4	26.4	100.0 (5,452)	44.4	27.6	28.0
2017	100.0 (6,981)	40.2	33.1	26.7	100.0 (5,981)	45.5	27.4	27.1
2018	100.0 (6,714)	39.4	31.5	29.1	100.0 (5,794)	46.7	23.5	29.8
2019	100.0 (5,905)	35.5	33.7	30.8	100.0 (4,989)	42.3	22.9	34.8
2020	100.0 (5,655)	32.1	34.0	33.9	100.0 (6,528)	38.7	23.2	38.1
2021	100.0 (6,751)	28.4	31.4	40.2	100.0 (7,221)	36.5	21.9	41.6
2022	100.0 (5,137)	30.5	37.0	32.5	100.0 (6,388)	40.3	23.2	36.5

출처: 2023 범죄백서, 594면에서 재구성

현재 소년에게 주어지는 사회봉사명령은 주로 노인, 유아, 장애인 관련 시설에서 이루어지는 것이 일반적이다. 이러한 시설에 있는 사람들은 대부분 사회적 약자로 이들에게는 진정성 있는 봉사와 서비스 제공이 필요하다. 그런데 아직 비행성향이 개선되지 않은 보호소년의 봉사가 오히려 그들에게 부정적 인식을 심어줄 가능성을 완전히 배제할 수는 없다. 사회봉사명령을 통해 보호소년의 반성과 책임감을 회복시키려는 목적도 중요하지만, 시설에서 지내는 사회적 약자의 안위도 고려하지 않을 수 없다. 사회봉사명령은 기본적으로 무보수 근로를 통한 성행개선을 기대하는 것이어서 법적 근로연령에 도달하지 않은 소년을 대상으로 사회봉사명령을 집행하기에 적절한 영역과 협력 기관을 발굴하기 위한 노력이 요구된다(김남희, 2024; 박지수 외, 2023).

④ 아동복지시설 및 소년보호시설 위탁

6호 처분은 「아동복지법」이 정한 아동복지시설이나 기타 소년보호시설에 감호를 위탁하는 것이다. 주로 「아동복지법」상 아동보호치료시설이 여기에 포함된다. 많은 경우 소년이 원가정에서 제대로 된 보살핌을 받지 못하는 경우 소년부 판사가 소년을 보호위탁할 수 있고, 위탁기간은 6개월이며, 특별한 사정이 있는 경우 6개월 연장할 수 있다(소년법 제33조 제1항).

6호 처분은 소년을 민간시설에 위탁한다는 점에서 보호관찰이나 소년원 수용과는 여러 측면에서 다른 의미를 지닌다. 소년원과 마찬가지로 강제수용의 성격을 띠지만 지역사회에 설치되어 있기 때문에 사회로부터 격리된 환경이 아니다. 또한, 보호관찰처럼 사법기관의 지도·감독을 받지 않지만, 그렇다고 자유롭게 일상생활을 하면서 처분을 받는 사회 내 처우가 아니다. 이러한 점에서 6호 처분은 시설 내 처우와 사회 내 처우의 사이에 있는 중간처우의 성격을 갖는다. 6호 처분은 소년을 가정으로 돌려보낸다는 점에서 유사성을 가지는 사회 내 비수용처우(non-residential community treatment)와 사회로부터 소년을 격리하는 시설 내 처우(institutional treatment)로 양극화된 문제를 극복하기 위해 중간단계의 처분이 필요하다는 인식에서 비롯되었다(김지선, 2002). 따라서 6호 처분은 소년원송치 처분과 보호관찰 처분 사이에 존재하는 중간처우 성격을 갖는 처분이라고 할 수 있다.

「소년법」이나 소년심판규칙에서는 6호 처분의 목적과 처우 내용을 직접 규정하고 있지 않지만, 법원행정처에 따르면 ① 비행 정도가 낮지만, 보호자가 없거나 보호력이 없어서 비행 반복의 위험성이 큰 경우, ② 개선 가능성은 있지만 4·5호 처분 전력이 있으며 보호력이 미약한 경우, ③ 9·10호 처분 전력은 없으나 비행 정도가 높아 엄격한 제도적 선도보다는 온정적인 보호적 선도를 기대할 수 있는 경우에는 6호 처분이 적당하다고 제시하고 있다(박지수 외, 2023).

6호 처분을 받은 소년을 감호하는 시설은 소년의 환경 조정과 품행 교정, 보호자 특별교육에 적당한 아동복지시설 및 그 밖의 소년보호시설을 법원이 지정하여 위탁한다. 보호처분 집행을 위탁받는 다른 시설과 마찬가지로 법원이 시설의 운영자와 협의하여 해당 시설을 위탁 기관으로 지정하게 되며, 법원 소속 공무원으로 하여금 위탁받는 기관의 운영 실태 등을 조사하고 보고하도록 할 수 있고, 지정을 취소할 수도 있다. 아동보호치료시설은 6호 처분 위탁 시설 중 하나이다. 위탁시설은 「아동복지법」 제52조 제3항 아동보호치료시설 중 가목에서 정의하는 "불량행위를 하거나 불량행위를 할 우려가 있는 아동으로서 보호자가 없거나 친권자나 후견인이 입소를 신청한 아동 또는 가정법원, 지방법원 소년부지원에서 보호위탁된 19세 미만인 사람을 입소시켜 치료와 선도를 통하여 건전한 사회인으로 육성하는 것을 목적으로 하는 시설"에 해당한다. 2023년 기준으로 전국의 아동보호치료시설 중 6호 처분 위탁시설에 해당하는 시설은 8개이다.

• 표 14-11 • 아동보호치료시설(6호 처분 위탁 시설) 현황

(단위: 명)

시도	시설명	입소가능 성별	설치 연월일	종사자 수	수용아동	
					정원	현원
서울	돈보스코오라토리오	남자	2014.01.01.	29	45	41
	마자렐로센터	여자	1996.10.17.	28	50	43
	살레시오청소년센터	남자	1988.08.24.	36	80	42
대구	늘사랑청소년센터	여자	2015.09.15.	21	32	30
대전	효광원	남자	1984.05.02.	48	100	92
경기	나사로 청소년의 집	여자	1978.05.01.	28	40	40
충북	로뎀청소년학교	남자	1994.09.04.	25	36	33
전북	희망샘학교	남자, 여자	1986.04.24.	29	70	50

출처: 2024년도 아동복지시설 현황(보건복지부)

6호 처분 운영에 있어 여러 한계가 지적되고 있다. 위탁시설의 지역적 편재, 수용인원 한계 등이 6호 처분의 활용과 효과성을 떨어뜨릴 수밖에 없는 일차적 요인이라면, 위탁소년 이탈 등 관리상 문제와 지역사회와의 연계[19] 문제도 안고 있다. 몇 가지 한계점을 정리하면, 6호 처분 시설은 기본적인 운영방침이나 기준이 미비한 상황이다. 시설은 주로 종교 단체가 개별적으로 운영하고 있어 통일된 기준이 존재하지 않고 시설마다 운영 방식과 프로그램이 상이하다. 이로 인해 소년에게 제공되는 프로그램의 효과는 소속된 기관에 따라 달라질 수 있다. 시설의 부족도 문제이다. 처분에 비해 시설 수가 턱없이 부족하여 6호 처분이 필요함에도 불구하고 가정으로 돌려보내거나 소년원으로 위탁되는 경우가 발생하고 있다. 위탁 기간도 문제로 지적된다. 소년의 범죄행동을 완전히 끊어내고 사회에 적응하기 위한 지원을 실행하기에 6개월에서 1년의 기간은 충분하지 않다. 6호 처분이 다른 처분보다 범죄 연결고리를 끊기 위해 중요한 중간처우 기능을 담당할 수 있다는 점을 고려할 때, 시설 운영 및 프로그램 측면에서 전문성을 확보하기 위한 노력이 필요하다(김남희, 2024).

⑤ 병원, 요양소, 소년의료보호시설 위탁

7호 처분은 10세 이상 소년에 대하여 의료적 처우가 필요한 경우 병원이나 요양소 또는 의료재활소년원에 위탁하는 처분이다(소년법 제32조 제1항 제7호). 의료재활소년원이란 약물 오·남용, 정신·지적발달 장애, 신체질환 등으로 집중치료나 특수교육이 필요한 소년을 수용·교육하는 소년원을 말한다. 따라서 약물 의존도가 강한 소년, 조현병, 반사회적 인격장애 등 정신질환을 가진 소년이 그 대상이며, 소년의 비행 사실보다 정신건강을 고려한 처분이다. 7호 처분의 위탁 기간은 6개월이며, 6개월 범위 내에서 소년부 판사 결정으로 한 번 더 연장할 수 있다(소년법 제33조 제1항).

법원은 소년을 수용할 병원이나 요양소 등 위탁 기관을 지정하고, 위탁으로 인한 치료

19 사회 내 처우 성격을 가지는 6호 처분은 지역사회 자원을 효율적으로 활용하고 지역사회와 소년범의 유대 회복을 통한 사회 재통합 측면에서 매우 중요하다. 그러나 6호 처분 시설 대부분은 위치상 지역사회와 물리적으로 격리되어 있다. 이로 인해 지역사회의 자원 활용이나 유대관계 회복이 쉽지는 않다.

비 등 감호에 관한 비용은 원칙적으로 소년의 보호자가 전부 또는 일부를 부담하여야 하나, 보호자가 부담할 능력이 없는 경우에는 법원이 지급할 수 있도록 하고 있다. 그러나 실제로 소년법원에서 7호 처분을 내린 경우는 극히 미미하다. 2013년부터 2022년까지 7호 처분 비율은 1.0% 이하로 매우 낮게 유지되고 있다.

현재 국가에서 운영하고 있는 7호 처분 시설은 대전의료소년원 1개뿐이다. 대전의료소년원은 7호 처분을 받아 위탁된 소년과 의료재활교육이 필요한 약물중독, 신체질환, 정신장애, 발달장애 보호소년을 대상으로 전문적 치료 및 재활교육을 실시하고 있으나, 8호 처분을 받아 송치된 소년에 대한 인성교육을 담당하기도 하고, 9 · 10호 처분을 받은 소년도 보호하고 있어 의료적 처우에만 집중할 수는 없는 구조적 환경에 있다. 7호 대상자 중에서도 정신질환 치료 처우를 주로 담당할 뿐 신체질환 치료 처우는 미비한 상황이다. 7호 처분의 목적을 효과적으로 달성하기 위해서는 정신적 · 신체적 의료적 처우만을 위한 독립된 시설이 필요하며, 다양한 의료처우를 제공할 수 있는 지원 체계가 필요하다(김남희, 2024).

⑥ 소년원

1) 소년원 제도의 특성 및 운용

8호, 9호, 10호 처분은 소년원송치 처분으로, 법원 소년부에서 송치한 14세 이상 19세 미만의 범죄소년, 형벌법령에 저촉되는 행위를 한 10세 이상 14세 미만의 촉법소년, 성격 또는 환경에 비추어 장래 형벌법령에 저촉되는 행위를 할 우려가 있는 10세 이상 19세 미만의 우범소년을 수용하여 교정교육을 행하는 처분이다(소년법 제32조 제1항 제8호, 제9호, 제10호). 8호 처분은 1개월 이내 소년원송치 처분으로, 소년원에 일정 기간 수용된다는 점에서 시설 내 처우이지만 대부분 5호 장기 보호관찰과 병과처분되기 때문에 사회 내 처우의 성격도 지니고 있다. 9호 처분은 6개월 이내 단기 소년원송치, 10호 처분은 2년 이내 장기 소년원송치 처분이다.

소년원은 법원 소년부의 보호처분에 의하여 송치된 소년을 수용하면서 동시에 중 · 고등학교 교육과정을 이수하도록 하고 인성교육을 실시하는 국가기관이므로 '학교'라는 명칭을 사용하고 있다. 소년원에 입원하면 개별처우 계획을 세운 후 학교를 지정하고, 교과교육, 직업교육, 인성교육 등 기본교육을 실시한다. 이후 진로상담, 사회적응지도, 취업알선, 자립지원 등 사회복귀교육을 받는다.

소년원 수용인원을 살펴보면, 2013년 약 3,000명이었던 수용인원이 2022년에는 1,520명으로 절반으로 감소하였다. 처분별 비율을 살펴보면, 과거와 비교해 9호 처분과 10호 처분이 증가한 것으로 나타났다. 8호 처분의 경우 2013년 43.8%에서 2022년 30.5%로 감소한 반면, 9호 처분은 2013년 33.8%에서 2022년 40.7%로, 10호 처분은 2013년 18.9%에서 2022년 21.3%로 증가하였다. 실제 수용 기간은 8호 처분 25일 내외, 9호 처분 5개월 내외, 10호 처분 16개월 내외 정도로 나타나고 있다.

• 표 14-12 • **소년원 수용인원 및 평균 수용 기간**

(단위: 명, %)

연도	계[a]	7호		8호		9호		10호	
		인원	평균 수용기간	인원	평균 수용기간	인원	평균 수용기간	인원	평균 수용기간
2013	3,005 (100.0)	105 (3.5)	183일	1,317 (43.8)	25일	1,015 (33.8)	152일	568 (18.9)	458일
2014	2,378 (100.0)	93 (3.9)	182일	930 (39.1)	25일	772 (32.5)	160일	583 (24.5)	494일
2015	2,001 (100.0)	106 (5.3)	183일	846 (42.3)	26일	612 (30.6)	158일	437 (21.8)	495일
2016	2,018 (100.0)	87 (4.3)	183일	740 (36.7)	26일	682 (33.8)	160일	509 (25.2)	499일
2017	2,157 (100.0)	99 (4.6)	182일	876 (40.6)	26일	751 (34.8)	157일	431 (20.0)	506일
2018	2,208 (100.0)	108 (4.9)	185일	799 (36.2)	26일	749 (33.9)	154일	552 (25.0)	488일
2019	1,833 (100.0)	103 (5.6)	185일	701 (38.2)	26일	624 (34.0)	148일	405 (22.1)	454일
2020	1,452 (100.0)	78 (5.4)	192일	396 (27.3)	26일	584 (40.2)	144일	394 (27.1)	438일

2021	1,361 (100.0)	123 (9.0)	173일	326 (24.0)	26일	584 (42.9)	140일	328 (24.1)	432일
2022	1,520 (100.0)	114 (7.5)	173일	464 (30.5)	24일	619 (40.7)	139일	323 (21.3)	420일

a) 처분별 인원은 처분변경 등을 제외한 퇴원 및 임시퇴원 인원 기준

출처: 2023 범죄백서, 617면

소년원은 소년교도소와 달리 사법적 기능보다는 교육적 기능을 중시하여 비행에 대한 책임을 추궁하는 것이 아니라 국가가 소년들의 보호자가 되어 인성교육 등 생활지도와 특성화교육, 교과교육, 직업훈련을 통해 소년의 왜곡된 성격과 행동을 교정하고 건전한 청소년으로서 인격을 형성하도록 돕는다는 점에서 처벌을 전제로 한 소년교도소와는 그 성격을 달리하고 있다.

소년원은 법원 소년부로부터 보호처분을 받고 송치된 소년에 대하여 교육과정 편성 등 개별처우에 필요한 각종 자료를 수집하기 위한 분류조사를 실시한다. 분류조사는 소년의 가족관계, 성장환경, 교육력, 직업력 및 비행력 등 생활사 중심의 사회환경 조사를 비롯하여 지능, 성격, 적성 등 심리검사와 신체 및 정신상의 이상 유무를 밝히기 위한 의학적 검진과 행동관찰, 보호자상담 등이 이루어진다. 이러한 과정을 통하여 밝혀진 사실과 법원 소년부 및 소년분류심사원에서 송부된 자료를 보호소년등 처우·징계위원회가 종합적으로 심사하여 개별처우 계획을 수립한다. 법원 소년부는 소년원송치 처분 시 소년원의 종별은 지정하지 않고 소년원에 이를 일임하고 있다. 그런데 소년원에 수용되는 소년들의 문제점은 최근 들어 더욱 복잡하고 다양화되는 양상을 보이고 있어 법무부는 장래 진로 등을 고려하여 개별특성에 따라 처우하는 것이 효과적이라는 판단 아래 소년원을 초중등교육, 직업능력개발훈련, 의료재활교육, 인성교육 소년원으로 분류하고, 같은 소년원 안에서도 연령, 비행력, 입원횟수, 공범유무, 교육정도 등에 따라 분류하여 수용하고 있다(2023 범죄백서).

우리나라 소년원 제도는 일제 말기인 1942년 경성소년원(현 서울소년원) 개원이 그 효시로 전국에 10개 소년원이 운영되고 있으나, 대전소년원은 의료재활을 제공하는 곳이어서 8호, 9호, 10호 처분을 받은 보호소년이 바로 송치되지 않는다. 대전소년원을 제외한

전국 9개 소년원 중에서 8호 처분을 받은 보호소년을 수용하는 소년원은 3개(청주, 전주, 제주), 9호 처분을 받은 보호소년을 수용하는 소년원은 8개(서울, 안양, 청주, 전주, 광주, 대구, 춘천), 10호 처분을 받은 보호소년을 수용하는 소년원은 대전을 제외한 9개 소년원에서 모두 수용하고 있다.

• 표 14-13 • 소년원 학교 현황 및 특성화 교육 내용

구분	학교명(기관)	대상	주요 교육과정
수도권	서울소년원 (고봉중고등학교)	보호소년 (9·10호)	• 중·고등학교 교과교육 • 직업능력개발훈련(제과제빵·한식조리·헤어디자인) • 인성교육, 컴퓨터, 검정고시, 보호자교육
	안양소년원 (정심여자중고등학교)	여자 보호소년 (9·10호)	• 중·고등학교 교과교육 • 직업능력개발훈련(피부미용·제과제빵) • 인성교육, 컴퓨터, 검정고시, 보호자교육
	서울소년분류심사원	위탁소년	• 분류심사 • 인성교육, 보호자교육
중부권	대전소년원 (대산학교)	보호소년 (7·9·10호) 위탁소년	• 의료·재활교육 • 분류심사 • 인성교육, 컴퓨터, 검정고시, 보호자교육
	청주소년원 (미평여자학교)	여자 보호소년 (8·9·10호)	• 직업능력개발훈련(헤어디자인·제과제빵·예술분장·커피바리스타) • 8호 처분자 교육(女) • 인성교육, 컴퓨터, 검정고시, 보호자교육
호남권	광주소년원 (고룡정보산업학교)	보호소년 (9·10호) 위탁소년	• 직업능력개발훈련(자동차정비·에너지설비·소형건설 기계조종사면허) • 분류심사 • 인성교육, 컴퓨터, 검정고시, 보호자교육
	전주소년원 (송천중고등학교)	보호소년 (8·9·10호)	• 중·고등학교 교과교육 • 8호 처분자 교육(男) • 인성교육, 컴퓨터, 검정고시, 보호자교육
영남권	부산소년원 (오륜정보산업학교)	보호소년 (10호) 위탁소년	• 직업능력개발훈련(용접·제과제빵·헤어디자인) • 분류심사 • 인성교육, 컴퓨터, 검정고시, 보호자교육
	대구소년원 (읍내고등학교)	보호소년 (9·10호) 위탁소년	• 직업능력개발훈련(제과제빵·커피바리스타·케이크디자인) • 분류심사 • 인성교육, 컴퓨터, 검정고시, 보호자교육

강원권	춘천소년원 (신촌정보통신학교)	보호소년 (9·10호) 위탁소년	• 직업능력개발훈련(헤어디자인·그래픽디자인·디저트) • 분류심사 • 인성교육, 컴퓨터, 검정고시, 보호자교육
제주권	제주소년원 (한길정보통신학교)	보호소년 (8·9·10호) 위탁소년 대안교육	• 직업능력개발훈련(제과제빵·골프매니지먼트) • 8호 처분자(제주지역 男) 교육 • 분류심사 • 인성교육, 컴퓨터, 검정고시, 보호자교육 • 비행예방교육(대안교육), 청소년심리상담, 상담조사

출처: 2023 범죄백서, 622면

2) 소년원 교육과정 및 내용[20]

법무부 장관은 관련 법률에 따라 소년원 학교를 소년원에 설치·운영할 수 있고, 보호소년 교육에 관한 사항은 「보호소년 교육지침」을 따르며, 소년원은 수용 기간 등을 고려하여 기본 교육과정을 운용하고 있다. 기본 교육과정은 교과교육, 특성화 교육, 직업능력개발훈련, 인성교육, 검정고시, 생활지도 등으로 이루어진다.

(1) 교과교육

• 표 14-14 • 소년원의 교과교육 과정

구분	대상자	자격요건	교과목
초등학교	초등학교 미졸업자로서 학업연계가 가능한 자	• 소년원 입원을 입학 또는 전·편입학으로 봄 • 학적사항을 소년원 입원 전 재학 중이던 학교(전적학교)에 보내고 재학생에 준하여 관리(보호소년 등의 처우에 관한 법률 제31조, 동법 시행령 제64조의2)	• 교육부 고시 초·중등학교 교육과정 운영 • 특성화교육 실시(인성교육, 컴퓨터)
중학교	초등학교 졸업자와 중학교 재학, 휴학 및 학업유예자로서 학업연계가 가능한 자		
고등학교	중학교 졸업자와 고등학교 재학, 휴학 및 퇴학자로서 학업연계가 가능한 자		

출처: 2023 범죄백서, 620면

20 소년원생 처우에 관한 내용은 '2023 범죄백서' 618-628면을 참조하였다.

소년원 학생은 일반학교 학생과 달리 학력과 연령, 입원시점이 달라 효율적인 교육을 위해 소년원 내 다양한 교육과정을 마련할 필요가 있다. 이러한 이유로 종래에는 소년원을 교과교육소년원, 직업능력개발훈련소년원, 종합소년원 등으로 구분하고, 직업능력개발훈련소년원을 제외한 모든 기관에서 초·중·고등학교 교육과정을 운영하도록 하였다. 2000년 9월 소년원이 특성화학교 체제로 전환된 이후 법무부 소속기관의 조직과 직제의 변화에 따라 일부 기관별 교육과정에 다소 변화는 있었지만, 2022년 소년원별 교육과정을 살펴보면, 서울·대구·전주·안양소년원에서는 중·고등학교 교육과정을, 서울·부산·대구·광주·청주·안양·춘천·제주소년원에서는 제과제빵, 헤어디자인, 피부미용, 자동차정비 등 직업능력개발훈련과정을, 대구·광주·청주·춘천·제주소년원에서는 단기 인성교육 전문 과정을 운영하는 한편, 전주·청주·제주소년원에서는 8호 전담 교육을 하고 있다.

(2) 특성화 교육

급변하는 사회환경 속에서 획일적인 일반학교 운영체제로는 소년원 학생이 출원 후 적응하기 어렵기 때문에 교과교육 중심에서 탈피하여 학생의 다양한 요구와 특성을 반영할 수 있도록 2000년 9월 전국 소년원을 특성화학교 체제로 전환하였고, 2005년 소년원 교육과정을 전면 개편하여 인성교육 및 컴퓨터 교과목을 특성화교과로 지정하였다. 교육과정은 서울·전주·안양·대구소년원을 특성화 중·고등학교로 지정하여 인성교육과 컴퓨터 교과목을 특성화교과로, 국어, 수학, 영어, 사회 등 교과목을 보통교과로 편성하였다. 특성화교과(인성교육, 컴퓨터)는 전체 교육기간의 60% 범위에서 운용하도록 하였다.

(3) 직업능력개발훈련

• 표 14-15 • 소년원의 직업능력개발훈련 과정표

구분	훈련직종(14개)	훈련기간	훈련시간
10호	제과제빵, 한식조리, 자동차정비, 용접, 헤어디자인, 피부미용, 에너지설비, 골프매니지먼트	1년 1,400시간	주 32시간 내외
9호	커피바리스타, 케이크디자인, 예술분장, 디저트, 그래픽디자인, 소형건설기계조종사면허	1개월 32시간	주 8시간 내외

출처: 2023 범죄백서, 623면

직업능력개발훈련은 직업에 대한 올바른 인식과 사회에서 꼭 필요한 기본기능을 습득하게 하여 퇴원 후 경제적으로 자립할 수 있는 토대를 마련하는 한편, 근로정신을 함양하여 재비행을 예방하는 데 그 목적이 있다. 직업능력개발훈련과정은 건축환경설비, 서비스 마케팅 등 학생의 비선호 직종을 폐지하고, 제과제빵, 한식조리, 자동차정비, 용접, 헤어디자인, 피부미용, 에너지설비, 골프매니지먼트, 커피바리스타, 케이크디자인, 소형건설기계조종사면허, 예술분장, 그래픽디자인, 디저트 등 학생이 선호하는 유망 직종을 운영하여 취업에 도움이 되는 전문교육을 실시하고 있다. 훈련직종의 다양화와 더불어 시설 및 장비의 최적화, 산업수요와 연계한 맞춤형 교육과정 운영, '산업체 겸임교수제' 시행 등은 현장 실무형 인력 양성을 위한 것이다.

(4) 인성교육

2007년 소년보호기관 조정에 따라 교육과정 통폐합 및 교육기능 조정 필요성이 제기되면서 소년원학교 교육과정이 개편되었다. 이런 가운데 전문화된 인성교육과정을 운영하기 위해 대구·광주·청주·춘천·제주소년원을 인성교육 전문기관으로 지정하여 기본교육과정 중 60% 이상을 인성교육 시간으로 편성하였다. 인성교육은 강·절도예방, 성비행예방 및 치료프로그램 등 비행유형별 교육을 비롯하여 자기성장, 가족관계회복, 대인관계능력 향상, 진로교육 등으로 이루어졌다. 1개월 이내 집중 인성교육을 실시하는 8호 전담소년원은 2022년 12월 기준으로 남자는 전주소년원, 여자는 청주소년원, 남자 중 제주 거주자는 제주소년원에서 각각 교육을 받고 있다. 8호 교육과정은 비행예방 전문교육, 체험활동, 집단상담 및 교양교육으로 운영하고 있다.

(5) 생활지도

생활지도는 바람직한 습성과 관습적 생활태도를 익히게 하는 교육활동으로 일상 생활지도부터 전문적인 진로지도, 사후지도에 이르기까지 영역이 매우 광범위하다. 입원 초기부터 개별상담, 상벌점 운영을 통해 언어, 식사, 취침, 기상 등 일상생활에 필요한 기초적인 행동 양식과 공중도덕, 기본예절, 사회 규범, 민주적 질서의식 등을 익히도록 지도하고 있다. 창의력과 자율성, 바람직한 인간관계 형성과 참여의식을 고취하기 위한 자치회, 정서적 순화를 위한 독서, 영화감상, 레크리에이션 등을 지도하고 있다.

(6) 출원

「보호소년 등의 처우에 관한 법률」 제43조는 소년이 22세가 되면 퇴원시키도록 하는 한편, 22세가 되지 않더라도 교정성적이 양호하며 교정의 목적을 이루었다고 인정되는 보호소년은 소년원장이 보호관찰심사위원회에 퇴원을 신청하도록 하고 있다. 아울러 소년원장은 교정성적이 양호한 보호소년 중 보호관찰 필요성이 있다고 인정되는 경우 「보호관찰 등에 관한 법률」 제44조에 따라 보호관찰심사위원회에 임시퇴원을 신청한다. 보호관찰심사위원회는 보호소년의 인격, 교정성적, 생활태도 등을 종합적으로 고려하여 적부를 심사·결정한 후, 법무부장관의 허가를 받아 임시퇴원을 시킨다. 그러나 임시퇴원생이 임시퇴원기간 중 준수사항을 위반하거나 그 정도가 무거워 임시퇴원을 취소함이 상당한 때에는 임시퇴원 허가를 취소하고 재수용하여 교육을 하도록 하고 있다(보호관찰 등에 관한 법률 제48조 제1항).

• 표 14-16 • **소년원의 출원사유별 현황**

(단위: %, 명)

연도	보호처분	계	퇴원	임시퇴원	처분변경 등[a]
2013	7호	100.0(112)	93.8	-	6.3
	8호	100.0(1,328)	99.2	-	0.8
	9호	100.0(1,031)	42.2	56.3	1.6
	10호	100.0(615)	10.1	82.3	7.6
2014	7호	100.0(99)	93.9	-	6.1
	8호	100.0(936)	99.4	-	0.6
	9호	100.0(864)	40.0	57.4	2.5
	10호	100.0(709)	10.3	83.6	6.1

2015	7호	100.0(112)	94.6	-	5.4
	8호	100.0(851)	99.5	-	0.5
	9호	100.0(713)	36.3	60.6	3.1
	10호	100.0(566)	12.5	80.7	6.7
2016	7호	100.0(88)	98.9	-	1.1
	8호	100.0(762)	97.1	-	2.9
	9호	100.0(756)	40.9	56.5	2.6
	10호	100.0(610)	9.2	85.1	5.7
2017	7호	100.0(105)	94.3	-	5.7
	8호	100.0(880)	99.5	-	0.5
	9호	100.0(834)	35.5	61.3	3.2
	10호	100.0(530)	10.6	82.4	7.0
2018	7호	100.0(123)	87.8	-	12.2
	8호	100.0(801)	99.8	-	0.2
	9호	100.0(839)	33.6	62.8	3.6
	10호	100.0(648)	10.8	83.6	5.6
2019	7호	100.0(142)	72.5	-	27.5
	8호	100.0(708)	99.0	-	1.0
	9호	100.0(697)	27.0	70.1	2.9
	10호	100.0(501)	13.6	77.2	9.2
2020	7호	100.0(130)	60.0	-	40.0
	8호	100.0(405)	97.8	-	2.2
	9호	100.0(643)	25.5	71.2	3.3
	10호	100.0(493)	10.0	81.3	8.7

2021	7호	100.0(127)	54.3	-	45.7
	8호	100.0(326)	99.4	-	0.6
	9호	100.0(580)	22.8	72.9	4.3
	10호	100.0(491)	7.3	83.9	8.8
2022	7호	100.0(119)	61.3	-	38.7
	8호	100.0(490)	92.7	-	7.3
	9호	100.0(617)	14.6	82.2	3.2
	10호	100.0(362)	9.1	83.7	7.2

a) 처분변경, 처분취소, 구속 등 포함

출처: 2023 범죄백서, 574면 재구성

(7) 사회정착 지원

소년원 교육의 궁극적 목표는 소년원에서 교육과정을 이수한 소년이 재비행을 하지 않고 사회에 안정적으로 정착하여 완전한 자립을 이루는 데 있다. 이를 위해 외출, 통학, 체험학습 등 개방처우를 확대하여 사회적응력을 배양하는 한편, 민간 기관과의 협력을 통해 가족관계 회복, 건강 회복을 지원하고 있다. 법무부는 2000년 4월 서울소년원에 '레이저시술실'을 설치한 이후 전국 9개 소년원에 레이저시술실을 설치하여 자체 의료진에 의한 문신제거시술을 시행하고 있다. 다른 한편으로 출원생의 안정적인 사회정착을 돕기 위해 2013년부터 임시퇴원자를 대상으로 재원기간 동안 신뢰관계를 형성한 소년원 교사가 소년들이 출원한 이후 일정기간 동안 사후지도를 진행하는 '희망도우미' 제도를 도입하여 운영하였고, 프로그램의 효과도 긍정적인 것으로 평가되었다(권해수 · 윤일홍, 2015). 이 밖에도 2001년 무의탁 출원생을 위해 기숙사 형태의 의왕청소년자립생활관을 시작으로 영남권(부산 · 대구), 호남권(광주 · 전북), 수도권(의왕 · 안양), 중부권(대전), 강원권(강원) 등 8개 청소년자립생활관을 권역별로 설치하여 운영하고 있다. 청소년자립생활관은 약 20명 정도 생활할 수 있는 기숙사 형태의 숙식시설로 무의탁 및 원격지 거주 취업자들이 6개월에서 1년 동안 머물수 있도록 하여 사회에 적응하는 것을 돕고 있다. 청소년자립생활관은 (재)한국소년보호협회에서 관리 · 운영하고 있고, 생활지도와 상담도 제공하고 있다(박성훈 외, 2017).

CHAPTER

15 | 회복적 사법

형사사법 체계에서 소년범과 성인범을 구분하여 처리하는 소년사법이 독립된 제도로 자리 잡은 것은 그리 오래되지 않았다. 소년사법의 역사를 살펴보면 소년의 범죄행위를 개념화함에 있어 두 가지의 대립되는 관점이 존재하여 왔다. 복지모델(welfare model)과 사법모델(justice model)이라는 두 개의 대립적인 소년사법에 대한 관념이 그것이다. 지난 세기를 거쳐 오는 동안 이러한 접근은 부침을 거듭해 왔다. 복지모델이 부상할 때는 사법모델이 약해지고, 사법모델이 관심의 대상이 될 때는 복지모델이 비판의 대상이 되었다.

소년사법이 분리된 초기에는 복지모델이 소년사법 과정에 강한 영향력을 가졌다. 비행을 저지른 청소년에 대해 처벌보다는 처우에 초점을 맞춤으로써 이들을 교정하고 재범을 저지르지 않도록 하는 데 우선순위를 둠으로써, 법원에서 사회사업가나 사회학자, 심리학자, 교육 관련 종사자의 입김이 강해졌다. 이러한 복지모델은 여러 측면에서 비판을 받았다. 진보진영에서는 범죄를 저지른 청소년을 다룸에 있어 적법절차에 따르지 않는다는 비판을 받았고, 보수진영에서는 소년범죄자에게 지나치게 관대한 처벌을 내림으로써 범죄 위험으로부터 사회를 보호하는 데 소홀하다는 비판을 받았다. 그 결과로 부각된 것이 사법모델이다. 사법모델의 기본적인 관점은 소년범을 처우함에 있어서 적법절차를 지키고, 범죄에 합당한 처벌을 부과하도록 하는 것이다.

소년사법에서 기존 두 모델이 완전하지 못하다는 비판을 받으면서 소년범 처우에 있어 회복적 사법이 새로운 처우 방향으로 주목받고 있다. 본 장에서는 제도나 처우 프로그램을 중심으로 소년범 처우에 대한 새로운 방향을 소개하고, 그 가운데 회복적 사법에 대해 중점적으로 살펴보기로 하겠다.

SECTION 01 소년범죄자 처우의 새로운 방향

최근 외국에서 소년사법을 중심으로 형사사법에 있어서 새로운 경향이 나타나서 빠른 속도로 형사정책에 반영되고 있으며, 우리나라에서도 새로운 경향에 대한 관심이 높아지고 보편화되고 있다. 본 절에서는 우리나라 소년사법이 나아갈 방향에 대해서 살펴본다. 여러 연구자가 제시한 새로운 경향은 구체적인 내용과 표현 방식에서 약간씩 차이가 있지만 큰 틀에서는 기본적인 것을 공유하고 있다.

1 소년사법 운영 및 정책 수행의 시대적 조류

주희종(2000)은 소년사법뿐만 아니라 형사사법제도의 전반적인 운영 및 정책수행에 있어 '지역사회 중심의 정책 수행', '민간분야의 참여 강화', 그리고 범죄로 인해 손상된 각종 관계의 회복에 역점을 두는 '회복적 사법'이라는 세 가지의 시대적 흐름을 제시하고 있다.

(1) 지역사회 중심의 정책 수행

비행 청소년에 대한 선도보호정책의 기본 방향 중의 하나는 이러한 정책이 지역사회를 중심으로 지역에 속한 핵심적인 사회기관 간의 긴밀한 협력과 일치된 노력 속에서 시행될 때 실효성을 높일 수 있다는 사실이다. 핵심적 사회기관이란 가정, 학교, 종교단체 및 지역 내 관련 기관을 포함한다. 지역 내 관련 기관에는 공공이나 민간이 운영하는 각종 청소년 관련 기관과 주로 자원봉사 시민으로 구성된 지역내 이웃집단, 청소년에게 취업과 교육훈련, 기타 의미 있는 경제적인 기회를 제공할 수 있는 민간기업이 모두 포함된다.

정부는 이러한 핵심적인 사회기관의 활동을 적극 지원함으로써 유능하고 성숙하며 책임감 있는 청소년을 육성하며, 청소년 선도 및 보호정책의 성공적인 수행을 위한 제도적 장치를 마련하는 것이 필요하다.

이를 통해 지역 내에 존재하는 자원봉사자 집단, 학교, 각종 시민단체나 청소년기관, 정부기관 등으로부터 다양한 시설과 조직, 전문인력을 총동원하면서 지역의 실정에 적합한 특성화된 정책을 시행할 수 있다. 지역사회 내의 다양한 처우를 통하여 청소년의 사회재통합을 용이하게 하며 지역사회를 강화함으로써 각종 사회문제를 예방하는 효과도 기대할 수 있다. 또한 지역사회 내에 가용한 다양한 조직과 시설을 총체적으로 활용하여 체계적인 처우를 제공함으로써 종전의 획일적인 시설 내 처우 방식으로부터 탈피하여 전환하거나 다양한 중간처우 프로그램을 제공하는 처우의 다양화도 이룰 수 있다.

지금까지 정부의 공식적인 처우 방식은 보호관찰과 시설 내 수용(소년원이나 소년교도소)으로 양극화되어 있었다. 이러한 전통적인 처우방식은 청소년 범죄를 경중에 따라 적절히 처우하는 데 한계를 보여왔다. 그 결과 처우의 형평성을 제고하고 처우효과도 높일 수 있도록 지역사회에서의 다양한 중간처우와 전환 프로그램의 필요성이 제기되어 왔다.

오늘날 지역사회화는 민영화와 궤를 같이하면서 동시에 추진되고 있으며 각종 사회정책 전반에 걸친 중요한 변화로 인식되고 있다. 특히 최근 각종 범죄가 급증하면서 전체 사법제도의 업무량 폭증과 비효율, 운영경비의 급속한 증가, 과밀수용과 재범률 증가 등의 문제가 심각한 수위에 도달하면서 사법제도 전반의 운영에 있어서 민간 분야와 지역사회의 참여가 점차 강조되고 있다. 이는 민간의 전문적 인력이나 기술, 자원 등을 활용하고 전통적인 시설내 처우의 한계와 문제점을 보완하여 당면한 문제의 해결과 처우의 효과를 극대화하기 위한 다방면의 노력이 필요하다는 인식하에서 대두한 것이다.

(2) 민간 분야의 참여 확대와 체계적 역할 분담

최근 정부의 주요 정책 수행에 민간 분야의 참여가 증가하고 있다. 청소년 관련 업무나 소년 및 형사사법 제도의 정책 시행에 있어서 정부기관 이외에도 시민단체, 종교단체,

사회복지기관, 자원봉사자, 민간기업 등 다양한 민간부문의 참여와 협조가 중요하다.

일반적으로 공공분야에서의 민영화란 전통적으로 정부가 수행했던 재화의 생산이나 공공서비스의 공급을 계약에 의해 민간에게 위임하거나, 국가 재산을 민간 분야로 이전하는 것을 말한다. 이는 민간의 전문적 지식이나 기술, 자본을 활용하여 정부가 인적, 예산 상의 한계로 인해 직접 수행하지 못하는 각종 서비스를 제공할 수 있는 하나의 대안으로 제시되고 있다. 그러나 민영화란 정부가 수행하던 공공업무를 민간에게 이양하고 정부는 완전히 손을 떼는 것을 의미하지 않는다. 많은 경우에 정부는 업무 수행 시 필요한 지침과 엄격한 기준을 제시하고 이를 민간이 엄정히 집행할 수 있도록 사전 지도와 사후 감독을 실시한다. 또한 주요 프로그램의 개발 및 보급 등을 통해 서비스의 질을 감시하고 통제하는 역할도 수행한다.

오늘날 청소년 범죄의 증가와 범죄율 상승 등으로 소년보호 및 교정 분야의 민영화는 당면한 시설 부족 문제와 수용 환경의 악화 등 소년보호 및 교정 분야가 당면한 위기 상황과 결부되면서 그 움직임이 한층 더 가속화되고 있다.

따라서 정부는 정책의 큰 방향과 틀을 제시하면서 소년강력범의 시설내 수용과 사회복귀에 중점을 두는 반면에 죄질이 경미한 대다수의 비행소년에 대한 선도 및 보호활동을 지역사회 내에 있는 '핵심적인 사회기관'이 효율적으로 수행할 수 있도록 역할을 분담하고 측면지원을 강화해야 한다.

청소년 관련 서비스를 제공하는 건전한 청소년단체나 시민단체 등의 민간 분야에 대한 재정적인 지원과 동시에 철저한 사전지도 및 사후감독, 프로그램의 개발 및 보급 등을 통해 서비스의 질을 관리할 수 있다. 이러한 민간의 참여와 체계적인 역할 분담을 통해 정부는 업무를 효율적으로 수행할 수 있고, 적은 비용으로 다양한 양질의 서비스를 제공하면서 전반적인 정책의 실효성도 높일 수 있다는 장점이 있다.

(3) 회복적 사법의 추구

'회복적 사법'이란 특정 범죄와 관련된 모든 당사자가 함께 참여하여 범죄 피해와 후유증을 건설적인 방식으로 해결하려는 새로운 시도이다. 이는 범죄에 대한 인식과 대응 방식에 대한 대전환으로서 종전의 사법처우 방식에 대한 반성과 그에 대한 대안으로 제시되었다.

회복적 사법이라는 이념은 사법처우가 지향하는 궁극적인 목표를 범죄로 인하여 손상된 각종 관계의 회복에 두고 있다. 회복 위주의 사법은 용어가 의미하듯이 범죄로 인해 야기된 피해에 초점을 맞추어 피해자가 범죄로 인한 피해를 회복할 수 있도록 돕고, 범죄자에게는 그의 범행과 범행이 야기한 해악에 대해 책임지도록 요구한다. 지역사회와 정부는 공동노력을 통해 피해자와 가해자가 사회 내에 재통합되도록 하는 일에 역점을 둔다.

이처럼 회복적 사법은 21세기 사법제도의 전반적인 운영 및 정책 수행상 거부할 수 없는 시대적 조류로 대두되고 있는 지역사회화, 민영화와 큰 틀을 같이 하면서 향후 소년보호 및 교정정책이 지향해야 할 방향을 제시하고 있다.

2 성공적인 소년 사법정책을 위한 원칙과 전략

김은경 등(2007)은 구체적인 소년 사법개혁의 방안을 제시하였는데, 소년범죄 및 사법적 처우효과, 실무전문가 의견조사, 외국의 소년사법 정책동향 및 회합실험연구 등 다양한 방법을 사용한 연구결과를 종합적으로 검토한 결과 앞으로의 소년사법이 다음과 같은 5개 원칙을 지향하는 것이 바람직하다고 정리하였다.[1]

(1) 제1원칙: 균형적 · 회복적 사법이념의 추구

21세기 소년사법을 위한 이념적 토대로 '균형적 · 회복적 사법' 패러다임을 제시한다. 이는 소년사법 체계가 소년보호만을 목표로 해서는 안되고, 사회보호, 피해자 및 사회에 대한 소년의 책임 그리고 소년의 능력개발을 균형적으로 추구해야 한다는 것을 이념으로 한다는 점에서 전통적인 사법체계와 다르다. 이 패러다임은 국가적 수준의 형사사법기관으로부터 지역 수준의 방안으로 관심을 이동하고, 이미 발전하고 있는 회복적 사법 접근을 더욱 폭넓은 지역사회 향상의 관점과 연결한 것이다. 이러한 전략은 더욱 강화되고 효과적인 근린사회를 이끌어서 보다 나은 방식으로 범죄를 예방하고 대처할 수 있다.

1 본 절의 아래 내용은 김은경 외(2007)의 보고서를 중심으로 요약 정리하였다.

이런 원칙에 입각하여 소년사법은 적어도 사법 영역 내에서 1) 사회구성원이 안정되고 위험 없는 사회에서 살 수 있는 권리를 보장해야 하며, 2) 범죄피해자와 사회에 대한 관심과 배려와 더불어 가해소년으로 하여금 피해의 영향을 인지하고 책임과 의무를 부담하도록 해야 하고, 3) 소년이 처한 환경적 · 상황적 위험요인을 제거하고 보호요인을 강화하여 건강한 사회성원으로 성장할 수 있는 능력을 배양하도록 이끌어야 한다. 사회보호, 피해회복, 소년보호육성이라는 세 가지 목표가 균형적으로 추구될 수 있도록 소년사법의 재편이 요구된다.

(2) 제2원칙: 다이버전의 확대

'균형적 · 회복적 소년사법' 이념과 목표를 구현하기 위해서는 소년사법 절차의 개혁만으로는 도달하기 어렵고, 다양한 경로와 내용을 가진 다이버전 활성화가 요구된다. 다이버전은 사법절차로 인한 사회적 비용을 줄이고, 소년에게 부수되는 기본적 제약을 줄이면서 더 효과적이고 인간적인 선도활동을 가능케 함으로 낙인효과를 피할 수 있다는 장점이 있다. 또한 다이버전을 적극적으로 활용하면 소년사법 자체도 그만큼 부담이 줄어 자원을 심각한 대상에 집중하여 더욱 효율적인 체계로 발전할 개연성이 높다. 다이버전은 공식적인 사법절차로부터의 이탈과 비공식 처우로의 위탁으로 특징지을 수 있다. 그렇지만 현재 우리나라에서 시행되는 다이버전은 내용이 충실하지 못하며, 다른 공식절차로 이첩하는 형태로 되어 있어, 낙인효과 배제라는 다이버전의 기본취지와 다소 거리가 있다. 다이버전의 효과를 극대화하기 위해서는 무엇보다도 사법절차를 개시하기 이전에, 관료제적 통제를 받지 않는 지역사회 자원을 활용하여 즉각적으로 개입함으로써 소년범죄자에게 내재하는 문제를 유연하고 실질적으로 다룰 수 있는 제도 구축이 필요하다.

(3) 제3원칙: 회복적 사법 프로그램 도입

1990년 이후 세계적인 관심의 대상이 되고 있는 회복적 사법 실천과 프로그램은 소년사법의 새로운 다이버전 방안으로 활용될 수 있다. 회합(conference)이나 조정(mediation) 같은 회복적 사법 실천 프로그램은 소년범죄자로 하여금 자신의 범죄로 인해 야기된 피해를 자각하게 하고, 그에 대한 책임을 느끼며, 자신이 야기한 손상을 회복하는 데 필요한 행동을 취하도록 함으로써, 사회성원으로 재통합되도록 도모하는 새로운 소년처우 방법이다. 이것은 소년의 재범예방뿐만 아니라, 피해자의 권익과 피해회복을 강조함으로써 그동안 경시되었던 피해자 권리를 신장하는 방안이기도 하다. 실험연구를 통해서 확인할 수 있었듯이, 기존 사법제도 절차보다 회복적 사법 실천을 통해서 이해당사자들(가해자 및 피해자와 그 가족)은 공정성에 대한 인식과 만족도, 사법제도에 대한 신뢰감 향상 등 보다 긍정적인 경험을 한다는 점에서 회복적 사법 실천이 기존 사법제도보다 더 나은 대안이 될 가능성을 보여주었다. 전문가 의견조사 결과에서 실무전문가는 대부분 회복적 사법프로그램을 다이버전의 하나로서 소년사법 제도에 도입하는 것에 찬성하고 있다.

(4) 제4원칙: 소년사법 체계와 복지행정 체계의 유기적 연계

현행 청소년 범죄 대응정책은 소년 복지체계와 소년사법 체계로 구분되어 상호 유기적으로 기능하지 못하고 있다. 실무전문가들은 현행 소년사법 제도의 가장 큰 문제점으로 “사후관리 프로그램의 부족”, “관련 기관 간의 연계 및 협력 부족”, “초범이나 경미한 소년범에 대한 다이버전 부족” 등을 꼽고 있다. 오늘날 선진 각국의 소년사법 정책은 사후대처보다 사전예방, 특히 상황적 전략 또는 통합적 예방전략을 중시하는 방향으로 전환되고 있다. 또한 기존의 사법기관 중심에서 벗어나 다기관 협력체계, 특히 사법체계와 복지체계 간의 위탁·연계시스템을 강화하는 쪽으로 변화하고 있다. 그렇지만 우리나라의 청소년 범죄 대응체계는 여전히 사법기관 주도의 사후처벌을 중심으로 구조화되어 있는 반면, 지역사회에 기반을 둔 종합적인 청소년범죄 예방정책, 즉 다기관 간의 협력체계를 통한 비행예방-처우-사후보호단계별 연속적인 보호와 처우·지원을 제공하는 종합적이고 체계적인 대응체계 구축은 거의 없다.

무엇보다도 법체계상 소년사법과 소년복지 관련 법 간 유기적 위탁연계 규정을 통하여, 사법기관의 처분이 행정기관·민간기관과 자연스럽게 연계될 수 있는 제도적 장치의 마련이 요구된다. 예를 들어, 「소년법」에 위탁규정을 두어 소년복지 관련 법으로 이관되어 처리될 수 있도록 하는 근거규정을 마련할 필요가 있다. 또한 비행·범죄예방과 처우에 관련된 기관 간 협력을 촉진할 수 있는 시행령이나 실무규칙 등을 마련하여 중앙 및 지방정부의 책임과 역할, 협력주체, 협력내용 및 방법, 절차, 재정지원, 인력에 대한 내용을 구체적으로 명시하고, 중앙 및 지방정부 내 협력담당 부서를 설치해야 한다.

(5) 제5원칙: 단계적 처우체계의 구조화

실무전문가들은 소년범의 재범률이 지속적으로 상승하는 원인으로 소년범에 대해 지나치게 관대한 처벌을 가장 중요하게 생각하고 있다. 또한 소년사법의 개혁방향과 도입되어야 할 과제로서, '사후보호 프로그램의 강화', '비행예방 중심의 정책', '회복적 사법의 도입', '지역사회 자원의 개발' 등의 순으로 중요하다고 판단하고 있다. 이러한 인식이 지향하는 바는 소년사법이 사건 중심의 처우에만 초점을 두지 말고, 예방-처우-사후관리(사회재통합계획)에 이르는 종합적 수준에서 접근해야 한다는 것을 의미한다. 실증연구결과는 위기에 빠진 소년에 대한 조기개입의 부재 또는 지나치게 관대한 처우는 오히려 재범 및 범죄경력을 강화할 수 있다는 점을 일관되게 보고하고 있다. 따라서 다양한 연령층의 필요 및 비행위험수준에 따라 프로그램과 개입방식이 분화되고, 단계적 처우로 구조화될 필요가 있다. 청소년은 미성숙하다는 특징을 고려하여 소년사법은 소년에 대한 다양한 형태의 다이버전과 사회내 처우 등을 활용하고 복지적 처우와 연계하도록 하되, 중한 범죄소년에 대하여는 강력한 제재를 단계적으로 강화하는 처우체계를 구조화할 필요가 있다. 또한 관대한 처분과 강력한 처벌 사이에 중간 형태의 처우방식을 다양하게 개발하여 소년의 비행성 정도에 따라 차별적인 제재를 가하고 그 제재가 효과적이지 못했을 경우에 다음 방식의 제재로 넘어가는 단계적·누진적 처우도 필요할 것이다. 이를 위해서 결합판결과 같은 형태의 접근방법을 제안한다. 결합판결은 적절한 처벌과 감시를 통하여, 소년 스스로가 예측되는 처벌(또는 보호처분)의 부담을 피하려고 비공식적 처우프로그램에 성실하게 참여하도록 하는 동기를 부여하고, 행동개선을 독려하는 역할을 효과적으로 수행할 수 있기 때문이다.

SECTION 02 회복적 사법 프로그램

회복적 사법은 새로운 하나의 관점으로서, 이론으로서 그리고 구체적인 시행프로그램으로서 여러 국가로 확산되어 가고 있다. 북미와 유럽 그리고 호주, 뉴질랜드를 중심으로 전 세계에서 회복적 사법에 기반을 둔 다양한 프로그램들이 시행되고 있다.

1 회복적 사법의 태동

고대 전통적인 사회에서는 범죄를 사람들 간의 관계를 훼손시키는 것으로 보았으며, 따라서 범죄에 의해서 피해자가 손상을 당했기에 피해자가 보상받을 권리를 가지고 있는 것이 인정되었다. 그렇지만 중세 영국에서 보상중심의 사법에서 국가중심의 사법으로 중심이 옮겨가는 변화가 시작되었다. 국가가 질서를 유지할 의무를 지니게 되고, 범죄는 국가 질서를 위반하는 것으로 이해되었다. 국가는 고통받고 상처받은 편의 역할을 담당하는 것으로 가정되었다. 따라서 정확한 징벌과 처벌 부과가 국가의 임무가 되었으며, 피해자는 그 과정에서 의미 있는 참여가 배제되었다. 공동체를 중심으로 피해자 손실을 회복하는 것보다 국가권력을 사용함으로써 공동체의 질서와 평화를 지킨다는 명분이 강조되었으며, 이로 인해서 범죄자에 대한 처벌 목적에 대한 재정립이 이루어졌다. 새로운 목표는 억제, 무능력화, 그리고 궁극적으로는 사회복귀를 통해서 미래 범죄가능성을 감소시키는 것으로 바뀌었다. 범죄자와 잠재적 범죄자로 하여금 법을 준수하도록 하는 것과 같이 미래지향적이고 국가중심적으로 목표가 변화한 것이다. 따라서 이전의 과거지향적이고 피해자 중심적인 보상은 폐기되었다(Van Ness, 1997).

그렇지만 이러한 응보적 접근이 본연의 목적을 제대로 수행하지 못하고 여러 가지 문제점을 보임에 따라서 개혁가는 새로운 사법모델에 관심을 기울이기 시작했다. 소년범죄자 처우에 대한 새로운 논쟁에 있어서 피해자의 요구와 권리가 다시 주요한 관심의 대상으로 부각되었다. 반 네스(Van Ness)에 의하면 이러한 새로운 움직임은 단순히 국가중심의 사법이라는 기존의 체계 안에 피해자의 요구를 접목하는 것으로 그치는 것이 아니라, 범죄는 국가가 아닌 피해자에 대한 행위라는 인식을 기반으로 한 형사사법의 대안적인 패러다임의 요구에까지 이른다. 여기에는 치료과정, 즉 공동체의 평화를 회복한다는 개념을 수반한다. 범죄에 의해서 야기되는 손상은 '직접적인 피해자뿐만 아니라 피해자 및 가해자 가족, 그들이 속한 공동체와 경우에 따라서 가해자 자신도' 포함한다는 점을 인정한다. 이러한 관계의 손상은 주목받아야 하며, 의사결정 과정에 고통받는 당사자 모두가 참여함으로써 화해(조정)가 이루어져야 한다. 이것이 회복적 사법이라고 하는 대안적인 패러다임이다.

2 회복적 사법의 개념 및 원리

1) 회복적 사법의 개념

회복적 사법이라는 용어는 에그래쉬(Eglash)가 세 가지 유형의 형사사법이 있다고 주장한 1977년의 논문에서 처음 사용되었다. 세 가지의 유형은 ① 처벌에 기초한 응보적 사법, ② 범죄자의 정신치료에 기초를 둔 분배적 사법, ③ 보상에 기초를 둔 회복적 사법이다.

처벌과 치료모델은 범죄자의 행위에 초점을 맞추고, 사법과정에서 피해자의 참여를 거부하고, 범죄자도 단지 수동적인 참여만 요구된다. 반면 회복적 사법은 범죄를 피해자, 지역사회 그리고 범죄자 자신에게 해를 미치는 결과를 초래하는 개인 사이의 갈등으로 정의하며, 범죄자의 행동이 가져오는 해로운 영향에 초점을 맞추고, 보상과 사회복귀의 과정에 피해자와 가해자가 적극적으로 참여한다. 범죄자는 국가에 대하여 빚을 지는 것이 아니라, 피해자와 실질적인 지역사회에 대해 책임지는 것이다. 결국 회복적 사법은 범죄자의 행위로 인해서 나타난 해로운 영향에 초점을 맞추어 적극적으로 배상과 사회복귀 절차를 통해서 피해자와 범죄자를 연관시킨다.

회복적 사법에 대해서 논의하면서 많은 학자가 유사한 여러 용어를 사용하여 회복적 사법을 정의하고 있다. 제르(Zehr, 1990: 181)는 회복적 사법에 대해서, "범죄는 인간과 관계의 위반이다. 이것은 사건을 원상회복시켜야 하는 의무를 창출한다. 사법은 보상, 화해를 증진시키기 위한 해결책을 찾음에 있어서 피해자, 가해자, 지역사회를 포함한다."라고 하였으며, 라이트(Wright, 1991:112)는 새로운 모델이 "범죄에 대한 반응이 가해자에게 더 많은 손상을 부과함으로써 야기된 손상을 추가하는 것이 아니라 상황을 회복하기 위해서 가능한 한 많은 것을 하는 것이다. 지역사회는 피해자에게 도움을 주고, 가해자는 책임을 느끼고 보상을 요구받는다. 그 결과에만 관심이 주어질 뿐만 아니라 피해자와 가해자가 감정과 인간성을 제고하는 과정에 관심이 주어질 것이다."라고 하였다. 그렇지만 회복적 사법에 대한 여러 학자의 논의를 살펴보면 그들이 주장하는 내용에 있어서 상당한 공통점을 찾을 수 있다.

회복적 사법의 개념정의에서 가장 많이 통용되는 것이 마샬(Marshall, 1996: 37)이 제시한 개념 정의인데, 그에 따르면 회복적 사법이란 "특정범죄에 이해관계가 있는 당사자가 함께 모여서 범죄의 결과와 그것이 장래에 대하여 가지는 의미를 어떻게 다룰 것인지를 해결하는 과정"이다. 브레이스웨이트(Braithwaite, 1999: 1743)도 회복적 사법이란 "범죄로 인하여 영향을 받은 사람이 모여서 범죄로 인하여 야기된 손해를 어떻게 회복할 것인가에 대한 합의를 도출해 내는 과정"이라고 정의한다. 이처럼 회복적 사법의 궁극 목적은 범죄로 인하여 파괴된 범죄자와 피해자 및 사회공동체 사이의 관계를 복원하는 것이다.

여기에서 특정범죄에 이해관계가 있는 당사자란, 범죄자와 피해자를 포함하는 것은 물론이며, 더 나아가서는 그들의 가족과 지역사회의 구성원까지 포함한다. 이러한 의미에서 회복적 사법은 범죄자와 피해자뿐만 아니라 사회공동체, 즉 지역사회를 범죄문제 해결의 능동적 주체로 상정한다. 이러한 개념정의의 특징은 범죄자와 피해자 사이의 화해를 위한 절차적 과정을 중시한다는 데에서 잘 드러난다. 즉 회복적 사법의 고유한 특징은 범죄자와 피해자 그리고 필요한 경우 다른 이해관계자를 포함하여 서로 얼굴을 마주하고 범죄피해의 회복을 위하여 실행 가능한 방안에 대한 합의를 도출해 내는 절차를 활용한다는 점이다. 그렇기 때문에 회복적 사법은 종종 피해자-범죄자 조정제도와 같은 의미로 이해되기도 한다.

이러한 개념 정의는 당사자의 자율적인 참여와 비공식성을 회복적 사법의 핵심원리로 부각시킴으로써 전통적인 형사사법과 구별되는 면을 잘 보여준다. 그러나 회복적 사법의 개념 폭을 보다 넓히려는 시도도 이루어졌다. 베이즈모어와 월그레이브(Basemore and Walgrave, 1999)는 회복적 사법을 피해자와 범죄자의 대면절차에 한정시키는 것은 너무 협소하다고 비판한다. 오히려 회복적 사법의 중요한 특징은 절차적 측면보다는 범죄로 인한 피해를 회복하려는 노력에 있다. 물론 회복적 사법의 이념과 목표는 범죄자와 피해자가 자발적으로 참여하는 비공식적인 조정절차를 통해서 가장 잘 달성될 수 있지만,

여기에서 더 나아가서 기존의 공식적인 형사사법 체계를 회복적 이념에 적합한 방식으로 개혁해 나가는 것도 충분히 가능하고, 또 그렇게 해야만 회복적 사법은 전통적인 형사사법을 완전히 대체할 수 있는 '어엿한 이론'이 될 수 있다는 것이다. 그리하여 그들은 회복적 사법을 '범죄로 인하여 야기된 피해를 회복함으로써 정의를 실현하기 위한 모든 행위'라고 정의한다. 그럼으로써 회복적 사법은 이해당사자의 자발적인 참여를 전제로 한 조정절차뿐만 아니라, 법원에 의하여 강제로 부과되는 보상이나 사회봉사명령도 회복적 사법의 틀 속에 편입시키게 된다(이호중, 2000).

2) 회복적 사법의 원리

여러 학자가 회복적 사법에 대한 다양한 주장을 펼치고, 이를 실현하기 위해 다양한 형태의 모델을 제시하지만, 그 밑바탕에는 세 가지 근본적인 명제가 있다(Van Ness and Strong, 1997). 첫째, 회복적 사법 옹호자들은 범죄를 단순한 법위반, 정부의 권위에 대항하는 범죄로만 보지 않는다. 더 나아가 범죄는 피해자와 지역사회, 그리고 가해자에게까지 복수의 손상을 야기하는 것으로 본다. 둘째, 형사사법 과정이 이러한 손상을 복구하는 데 도움을 주어야 한다는 점을 주장한다. 셋째, 범죄에 대한 사회적 반응에 있어서 정부의 명백한 독점에 저항한다. 피해자, 가해자, 그리고 지역사회는 초기 단계부터 그리고 가능한 한 전적으로 개입되어야 한다. 이는 사회의 기본적인 질서의 틀을 유지한 책임이 있는 정부와 지역사회의 평화와 조화를 회복할 책임이 있는 다른 대상 간의 협력적인 노력을 제안한다. 정부의 노력은 지역사회의 구축이 강화되는 방향으로 되어야 하거나, 적어도 방해하지는 않아야 한다.

정리하면 다음과 같은 세 가지 명제가 된다.

1) 사법은 우리가 범죄에 의해서 손상받은 피해자, 가해자와 지역사회를 회복하도록 노력할 것을 요구한다.
2) 피해자, 가해자, 지역사회에게는 회복적 사법의 과정에 가능한 한 빨리 그리고 전적으로 적극적으로 참여할 기회가 주어져야 한다.
3) 회복적 사법을 제고함에 있어서 정부는 질서유지의 책임을, 지역사회는 평화구축의 책임을 진다.

그리고 이를 회복적 사법에 대한 핵심적인 4개의 질문에 대한 대답의 형식으로 기본 원리를 정리한 것이 다음 <표 15-1>에 제시되어 있다. <표 15-1>은 반 네스와 스트롱(Van Ness and Strong, 1997)이 네 가지의 질문, 즉 회복적 사법이란 무엇인가, 회복적 사법이 현행 제도와 다른 점은 무엇인가, 회복적 사법은 범죄에 어떻게 대응하는가, 회복적 사법은 어떤 방식으로 범죄를 예방하는가에 대해서 간략한 응답의 형식으로 제시한 내용이다.

회복적 사법은 기본적으로 범죄로 인해서 야기된 손상을 복구하고 미래의 손상 가능성을 감소시키는 데 초점을 맞추고 있다. 이러한 일은 가해자로 하여금 그들의 행위와 그로 인해서 야기된 손상에 대한 책임감을 가지도록 격려하며, 피해자에게 보상을 제공하고, 가해자와 피해자를 지역사회에 재통합시키도록 함으로써 이루어진다. 이 과정에서 지역사회와 정부의 협동적인 노력이 필요하다.

• 표 15-1 • **회복적 사법의 기본원리**

회복적 사법이란 무엇인가?	• 범죄 및 범죄 대응에 대한 새로운 사고방식이다. • 범죄로 인해 발생한 손상에 초점을 맞춘다. 피해자에게 가해진 손상을 복구하고, 범죄예방을 통해 미래의 손상을 줄인다. • 범죄자로 하여금 자신의 행위와 그로 인한 손상에 대하여 책임감을 가질 것을 요구한다. • 피해자의 원상회복, 범죄자에 의한 보상, 지역사회 내에서 양자 간의 재통합을 추구한다. • 지역사회와 정부의 협조적인 노력으로 이것들을 성취한다.
회복적 사법이 현행 제도와 다른 점은 무엇인가?	• 범죄행동을 더욱 포괄적으로 바라본다. 범죄를 단순히 법위반 행위로 정의하는 것이 아니라 범죄자가 피해자, 지역사회, 심지어는 자신에게까지 손상을 입힌다고 인식한다. • 회복적 사법은 더 많은 당사자가 참여한다. 정부와 범죄자뿐만 아니라 피해자와 지역사회도 핵심적인 역할을 맡는다. • 형사사법의 성공을 다른 방식으로 평가한다. 처벌의 정도로 측정하는 대신에 손상이 얼마나 복구되거나 예방되었는가로 측정한다. • 범죄 문제를 정부에게만 맡기지 않고 범죄 대응과 범죄 감소를 위해 지역사회가 적극적으로 참여하고 주도권을 갖는 것의 중요성을 인식한다.
회복적 사법은 범죄에 어떻게 대응하는가?	• 회복적 사법은 원상회복 · 해명 · 치유를 통한 피해회복을 강조한다. • 배상 · 공정한 처우 · 사회복귀를 통한 범죄자에 의한 보상을 강조한다. • 모든 당사자가 사건과 그로 인한 손상의 실체를 발견할 수 있도록 하고, 잘못된 점을 지적하고, 손상을 복구하기 위한 향후 행동에 동의하는 과정을 밟는다. • 지역사회와 정부가 범죄예방을 위해 새로운 전략이 필요하다고 판단할 때 사용할 수 있는 다양한 평가 과정을 구축한다.

회복적 사법은 어떤 방식으로 범죄를 예방하는가?	• 회복적 사법은 지역사회와 정부가 지닌 각자의 강점에 의존한다. 지역사회는 강하고 포괄적이며 올바른 관계를 통하여 평화를 구축할 수 있고, 정부는 공정하고, 효율적이며, 최소한의 힘을 사용해 질서를 세울 수 있다. • 미래를 준비하기 위해 과거의 손상을 복구할 필요성을 강조한다. • 손상을 입은 사람과 범죄자가 화해하도록 한다. • 지역사회가 피해자와 범죄자를 재통합시키는 데 도움을 준다.

출처: Van Ness and Strong, 1997

즉, 회복적 사법은 범죄에 대해 이전과 전혀 다른 틀로 대응한다. 여기에서 범죄란 기본적으로 개인 간 갈등으로 간주되고, 주요 피해자는 국가가 아니라 피해를 입은 개인이다. 범죄자의 역할도 달라진다. 수동적인 참여자에서 자기 행동의 결과를 이해하고, 책임을 인정하고, 손상을 복구하기 위한 행동을 취하는 주체로 전환된다(Strang, 1997a).

회복적 사법은 여러 가지 측면에서 현재의 형사사법제도와 차이가 있다. 먼저 회복적 사법에서는 범죄 행동을 좀 더 포괄적으로 규정한다. 범죄를 단지 법위반 행위에 한정하기보다는 가해자가 피해자, 지역사회, 그리고 심지어 자신에게 손상을 입히는 것으로 인식한다. 따라서 회복적 사법에서는 더 많은 당사자가 참여한다. 현재 형사사법제도에서 정부와 범죄자만 중요한 역할을 하는 것과는 달리 피해자와 지역사회도 포함된다. 형사사법의 성공을 평가하는 방법도 다르다. 처벌의 정도로 측정하는 대신에 손상이 얼마나 복구되거나 예방되었는가를 측정함으로써 성공을 평가한다. 마지막으로 범죄 문제를 정부에게만 맡겨 놓지 않고 범죄에 대응하고 범죄를 감소시키는데 지역사회가 적극적으로 참여하고 주도권을 쥐는 것의 중요성을 인식한다.

회복적 사법에서 처벌을 바라보는 시각에 주목할 필요가 있다. 회복적 사법에서 처벌이 본질적으로 손상을 더 키울 뿐이라고 보기 때문에, 범죄로 인한 손상에 비례하여 국가의 처벌을 강화함으로써 균형을 맞추려는 전통적 개념을 부정한다. 비례성의 개념은 국가가 범죄자를 동일하게 처리하도록 하기 위한 처벌에서 중요한 의미를 갖는다. 또한 형사사법체계의 발전은 피해자와 그 가족의 보복으로부터 범죄자를 보호하는 데 있기 때문에, 비례성 원칙은 형사사법체계가 발전함에 따라 부과할 수 있는 형벌과 범죄의 경중 사이에 합리적인 균형을 확보할 필요에서 나온 것이다. 따라서 회복적 사법에 있어서 비례성이나 공정성 개념은 전통적인 응보적 사법과는 다른 의미를 가질 수밖에 없다. 회복적 사법에서는 이웃 간 평화창조와 화해가 더 중요한 의미를 갖는다. 따라서 만족감이 공정성이나 비례성 개념을 대체하게 된다(박미숙, 2000).

따라서 회복적 사법은 원상회복 · 해명 · 치유를 통한 피해자 회복과 배상 · 공정한 처우 · 사회복귀를 통해 범죄자로 하여금 피해를 보상하도록 함으로써 범죄에 대응한다. 모든 당사자가 발생한 사건과 그 결과로 나타난 손상의 전모를 발견할 수 있도록 하고, 잘못된 점을 지적하고, 그러한 손상을 복구하기 위한 향후 행동에 합의하는 과정을 밟는다.

이러한 과정에서 회복적 사법은 지역사회와 정부가 지닌 강점에 의존하여 범죄를 예방하고자 한다. 지역사회는 강하고 포괄적이며 정의로운 관계를 통해 평화를 구축할 수 있고, 정부는 공정하고, 효율적이며, 최소한의 힘을 사용해 질서를 세울 수 있다. 미래를 준비하기 위해 과거의 손상을 복구해야 할 필요성을 강조한다. 손상을 입은 사람과 가해자가 화해하도록 한다. 그리고 지역사회가 피해자와 가해자를 재통합하는 데 도움을 준다.

회복적 사법은 기본적으로 지역사회에 기반을 둔 사법모델의 특징을 가진다. 회복적 사법의 프로그램은 범죄에 대한 새로운 대응을 통한 정의사회 구현이 응보적 대응이 아니라 문제해결과 치료를 통해서 가능하며, 이를 통해 인본적이고 책임있는 사법, 지역사회의 개입 확대, 생산적인 양형이 가능하다는 믿음에서 출발한다. 그렇지만 회복적 사법이 전적으로 지역사회에 기초하는 것은 아니다. 경찰, 법원, 행형기관의 피해자 원조가 요구되며, 이들은 지역사회 강화를 위해 협조해야 한다. 특히 경찰은 범죄자와 피해자로 하여금 법률과 지역사회의 이익에 부합한 적절한 결론을 얻게 하는 데 중요한 역할을 담당한다. 결국 회복적 사법은 관련 당사자의 참여와 합의를 유도하여 이미 발생한 갈등 상황에 대한 상호이해와 치료를 통해 완전하고 직접적인 책임을 추구하고, 이를 통해 대립된 당사자를 재통합함으로써 평화와 인도주의를 실현하고 지역사회 강화를 통한 범죄예방을 목적으로 한다(Sharpe, 1998).

회복적 사법은 피해자, 범죄자, 그리고 지역사회 일원 등 중요 당사자를 직접 절차에 참여시킨다는 데 강점이 있다. 회복적 사법 개념은 사법절차에 있어서 범죄피해자의 지위와 역할을 향상해, 피해자와 피해받은 지역사회에게 범죄자가 직접 이야기할 책임을 부과하며, 피해자와 범죄자의 직접적 대화, 피해자에 대한 범죄자의 피해배상, 범죄예방, 범죄자와의 협력, 피해자지원, 더 안전한 지역사회 구축 등 지역사회의 적극적 참가의 중요성을 강조한다. 즉 회복적 사법은 범죄문제를 국가에게만 맡겨두기보다는 범죄예방과 범죄감소를 위한 공동의 협조와 주도권의 중요성을 강조한다(Van Ness and Strong, 1997).

따라서 회복적 사법에서는 범죄피해자에 대한 보상과 범죄 대응을 모색하기 위해서 정부 혹은 형사사법기관이 법질서 유지의 책임을 지며, 지역사회가 평화수복·유지의 책임을 부담함으로써, 국가와 지역사회가 협동, 보완하는 역할을 하도록 한다. 따라서 회복적 형사사법절차에서는 갈등에 대한 해결을 위해, 피해자, 범죄자 그리고 그들의 지역사회에 의한 능동적인 참여를 조장하여야 한다. 종국적으로 회복적 사법에서 형사절차의 목적은 분쟁으로 야기된 손해를 원상복구하거나 당사자가 화해함으로써 지역사회의 평화를 창조하는 데 있다. 지역사회는 범죄에 대응하여 관련 당사자의 갈등을 해결하기 위한 책임이 필요하므로 적극적인 원조가 요구된다. 지역사회가 참여한다는 의미는 절차의 비전문화를 의미한다. 지역사회를 포함함으로써 회복적 사법절차는 비중앙집권화되고, 개방적이고 공공적인 절차가 될 수 있다(Galaway and Hudson, 1996).

반 네스와 스트롱(Van Ness and Strong, 1997)은 회복적 사법의 핵심 명제를 다음과 같이 다섯 가지로 정리하였다.

① 범죄 및 범죄 대응에 대한 새로운 사고방식이다.

② 범죄에 의해서 야기된 손상에 초점을 맞춘다. 피해자에게 가해진 손상을 복구하고, 범죄를 예방함으로써 미래의 손상을 감소시킨다.

③ 범죄자에게 자신의 행위와 그로 인한 손상에 대하여 책임감을 가질 것을 요구한다.

④ 피해자의 원상회복, 범죄자에 의한 보상, 지역사회에서 양자 간의 재통합을 추구한다.

⑤ 지역사회와 정부의 협조적인 노력으로 이러한 것들을 성취한다.

3 회복적 사법의 이론적 배경: 재통합적 수치심이론

브레이스웨이트는 기존 범죄학 이론이 가지는 문제점에 주목하여 1989년에 『범죄, 수치심, 재통합(Crime, Shame, and Reintegration)』이라는 책에서 자신의 이론을 발표하였다. 그의 이론과 기존 이론의 근본적인 차이는 인간에 대한 가정이다. 기존 범죄이론의 인간관은 인간은 외부환경의 영향을 받으며 외부환경을 통제할 수 있는 역량이 없다는 것이었다. 브레이스웨이트는 기존 이론의 수동적이고 결정론적인 인간관을 배격하고, 인간은 외부환경의 영향 아래서도 합리적인 선택을 할 수 있다는 능동적인 측면을 강조하였다.

이처럼 인간이 능동적인 존재이기는 하지만 인간의 선택에는 제약이 따를 수밖에 없다는 점도 인정하였다. 이에 따라 인간의 선택을 제약하는 사회적 영향이 무엇인지 찾고, 이러한 영향과 범죄현상의 관계를 규명하는 것이 브레이스웨이트 이론의 핵심이다. 세 가지 핵심적인 개념을 중심으로 이론을 전개하였는데, 이는 공동체 특성(communitarianism), 재통합적 수치심(reintegrative shaming), 상호의존성(interdependency)이다. 세 개념을 중심으로 어떤 사회에서 범죄가 많이 발생하는지뿐만 아니라 어떤 사람이 범죄를 많이 저지르는지 설명한다. 즉 범죄에 대한 거시적 설명과 미시적 설명을 모두 포함되어 있으며, 재범을 방지하기 위해서 범죄자에게 어떻게 대응해야 하는가도 제시하고 있다(이순래, 1994).

1) 공동체 특성

공동체 특성이란 어떤 사회의 사회적 상태를 지칭하는 개념이다. 사회적 상태는 사회적 통합의 정도와 도덕적 통합의 정도 두 측면에서 고찰한다. 사회적 통합은 인간관계나 사회적 관계의 상호의존성으로 파악하였는데, 사회가 사회적으로 잘 통합된 상태를 사회 구성원이 서로 친밀하고 상호의존적인 생활을 영위하는 것으로 이해하였다. 도덕적 통합이란 사람들이 자신이 속한 사회의 도덕적 권위를 인정하고 상호부조, 상호신뢰, 공동체 우선주의 등과 같은 집단가치를 수용하는 정도이다. 따라서 공동체 특성을 가진 사회란 사회적 측면에서 밀접한 인간관계나 사회적 관계가 형성되어 있고, 도덕적 측면에서 구성원이 상호신뢰, 상호존중, 상호의무감, 집단의 이익을 개인의 이익이나 편의보다 우선하는 사회적 상태이다. 공동체 특성이 강한 사회는 상호의무감에 대한 강력한 문화적 지향이 존재하고 사람들 사이에 밀접한 상호의존관계가 형성되어 있는 곳이다. 공동체 특성은 세 가지 요인에 의해서 파악할 수 있는데 ① 밀접한 상호의존 관계, ② 상호의무감과 상호신뢰감의 존재, ③ 인간관계나 사회적 관계가 개인의 필요나 편의에 따르는 것이 아니라 집단의 유지와 발전에 근거하는 경향 등이다(Braithwaite, 1989).

브레이스웨이트가 공동체 특성에 관심을 둔 이유는 도덕의식과의 관계 때문이다. 범죄발생에 있어 가장 중요한 것은 사람의 양심이나 도덕의식이다. 사람들이 일상생활 가운데 범죄를 저지를 기회는 많다. 그런데도 대부분의 사람이 범죄를 저지르지 않는 근본적인 이유는 양심이 이를 허용하지 않고, 각자의 도덕의식에 비추어 범죄자가 된다는 것은 생각할 수 없고 혐오스러운 일이기 때문이다. 이러한 양심이나 도덕의식은 "불안감을 일으키는 행위를 일반화하는 과정(Braithwaite, 1989: 71)"에서 형성된다. 즉 잘못된 행위에 대해서 주위 사람이 나쁘다는 평가를 내리고 이로 인해 불쾌감을 느끼는 경험을 반복함으로써 양심이나 도덕의식이 올바로 형성된다는 것이다. 앞에서 공동체 특성을 가진 사회상태에서는 사회적 관계가 밀접하고 사람들이 서로 의존하려고 하는 문화적 지향이 강하다는 점을 논의하였다. 이러한 사회상태에 있는 사람들은 잘못된 행동에 대해 주위 사람이 불쾌한 반응을 보이거나 부정적인 평가를 내리는 것을 공동체 특성이 낮은 사회의 사람에 비해 더욱 빈번하게 그리고 깊이 경험하게 된다. 따라서 공동체적 사회의 사람은 그렇지 않은 사람에 비해서 양심이나 도덕의식이 한층 높은 수준이며, 높은 도덕의식으로 말미암아 이들이 범죄행위를 더욱 자제할 것이라는 점을 알 수 있다.

2) 재통합적 수치심

수치심이란 지역사회 주민이 범죄자를 대하는 방식에 관한 개념이다. 브레이스웨이트는 수치심을 재통합적 수치심과 낙인적 수치심으로 구분하였다. 재통합적 수치심이란 범죄자의 잘못을 비난하지만, 이후에 이들을 사회에 재통합시키려는, 즉 다시 받아들이려는 노력이 뒤따르는 형태의 사회적 반응양식이다. 재통합을 위한 노력은 여러 가지 형태로 나타날 수 있다. 그 예로서 범죄자의 장래를 걱정하고 도와준다든지, 과거 잘못을 용서한다든지, 범죄자라는 낙인을 없애주는 의식을 치르는 것 등을 들 수 있다. 반면 낙인적 수치심은 범죄자의 인간적 존엄성에 대한 애정이나 존경심을 유지하려는 노력이 없고, 이들을 이방인으로 취급하여 사회에서 격리하고, 과거의 잘못을 용서하려는 시도를 하지 않는 등의 사회적 반응양식이다.

재통합적 수치심과 낙인적 수치심의 또 다른 차이는 수치심의 대상이다. 재통합적 수치심에 입각한 사회적 반응양식은 범죄자도 일반적인 사람과 같이 정상인으로서의 자질을 가지고 있다고 가정하고, 잘못된 행동이나 질서위반 행위에 대해서는 비난하지만, 범죄자의 인격은 비난하지 않는다. 이에 반해 낙인적 수치심의 특징은 범죄자의 인격이나 인간적 존엄성 자체를 의심하고, 범죄자를 무책임하다거나 무능하다거나 비도덕적이거나 혹은 존재가치조차 없는 사람으로 치부함으로써 비난의 대상이 범죄행위가 아니라 범죄자가 된다. 이러한 측면에서 부모가 자식의 잘못을 훈계하는 경우를 재통합적 수치심의 한 예로, 그리고 국가사법기관이 범죄자를 처벌하는 형태를 낙인적 수치심의 대표적인 경우로 들었다.

범죄예방에 있어 재통합적 수치심이 낙인적 수치심보다 더 효과적인 이유를 몇 가지 들고 있다. 첫째로 재통합적 수치심이 낙인적 수치심에 비해서 범죄자에게 더욱 의미 있게 받아들여지기 때문이다. 국가기관이 주관하여 범죄자를 사회에서 격리하는 낙인적 반응보다 지역주민이 일상적 사회생활에 재통합시키려는 노력이 이들에게 더욱 의미 깊을 것이라는 점은 쉽게 이해할 수 있다. 두 번째로 재통합적 수치심은 범죄자가 범죄하위문화에 유인되는 것을 방지할 수 있기 때문이다. 재통합적 수치심은 사회로부터 범죄자를 배척하는 것이 아니라 이들을 일상적인 사회로 유도하는 것이다. 따라서 범죄하위문화 자체가 형성되기도 어렵고 비록 형성된 사회문화가 있다고 하더라도 범죄자가 이러한 범죄하위문화에 쉽게 유인되지 않을 것이다. 세 번째로 재통합적 반응을 통해서 범죄자에게 취업기회, 경제적 후원, 정신적 지원 등이 제공되면 이들이 합법적 기회구조를 선택할 수 있기 때문에 비난과 격리에 입각하는 낙인적 수치보다 범죄자의 사회복귀에 더 효과적일 것이다.

이러한 재통합적 수치심이라는 개념은 다음에 살펴볼 가족회합모델의 운영에서 중요한 위치를 차지한다. 가족회합모델의 근본 운영 원리가 범죄자가 저지른 범죄행위를 원상복구 시킴과 동시에 범죄자가 사회에 통합될 수 있도록 하는 데 있기 때문이다.

3) 상호의존성

상호의존성이란 한 개인이 처해 있는 상황적 특성을 대변하는 개념으로, "한 개인이 다른 사람들과 서로 의존하는 인간관계에 참여하는 정도"(Braithwaite, 1989: 99-100)를 지칭한다. 개인의 상호의존성 정도는 두 가지 측면으로 구분되는데, 하나는 다른 사람과 얼마나 강한 애정적 관계를 맺고 있는가 하는 애착의 정도이며, 다른 한 면은 관습적인 사회생활에 얼마나 개입하고 있는가 하는 관여의 정도이다. 어떤 사람이 상호의존성이 높다는 것은 부모, 가족, 친구, 동료 등과 강한 애착 관계를 맺고 또한 본인의 미래에 대해 강한 야망이나 포부를 가져 학교, 직장 등의 일상적인 사회생활에 깊이 관여하고 있는 상태이다. 상호의존성과 범죄의 관계에 있어서 상호의존성이 강한 사람은 범죄를 자제하게 된다. 범죄행위란 애착 관계에 있는 주위 사람의 마음을 상심케 하고, 본인이 가지고 있는 미래의 포부나 야망을 그르칠 수 있어서 상호의존성이 강한 사람은 범죄를 저지르지 않을 것이라고 보았다.

4) 재범방지 기제

재통합적 수치심 이론은 개인이 범죄를 처음 저지르는 이유와 재범을 저지르지 않도록 하는 기제에 대한 설명도 함께하고 있다. 범죄자가 재범을 저지르지 않도록 하는 기제도 앞에서 언급한 세 가지의 개념으로 설명할 수 있다. 바로 이 기제가 가족회합에 적용되어 회복적 사법의 근본원리로서 작용한다.

사회적 상태가 공동체 특성이 강하고 사람들이 상호의존적일수록 사회적 반응은 대체로 재통합적인 경향을 가지게 된다. 공동체적 특성을 가진 사회상태에서는 사람들이 서로에 대해서 깊은 이해를 가지고 있기 때문이다. 즉 서로에 대해 깊은 이해가 있기에 비록 어떤 사람이 나쁜 행동을 했더라도 이것을 순간의 실수로 치부하고 정상적인 관계를 유지하려 하게 되어서 사회적 반응은 대체로 재통합적으로 된다는 것이다.[2]

사회적 반응이 재통합적일 때 범죄자의 사회복귀가 원활할 수 있는 이유는 여러 가지가 있다. 앞서 논의했듯이 재통합적 수치심은 지역주민이 애정과 관심으로 범죄자의 잘못된 행동을 꾸짖고, 과거의 잘못에 대해서 용서하며, 이들의 사회복귀에 필요한 후원과 지원을 제공하는 것 등이 강조되는 사회적 반응양식이다. 이러한 반응은 우선 범죄자가 범죄하위문화를 형성하는 기회를 미연에 방지할 수 있다. 즉 범죄자를 사회생활로부터 배척하지 않고 동참을 권유함으로써 배척된 사람끼리 모여 반사회적 문화를 형성하고 계속적인 범죄행위에 빠져드는 것을 예방할 수 있다. 두 번째로 지역주민이 범죄대책의 중추적인 역할을 담당함으로써 사회적 비난이 범죄자에게 더 의미 있게 전달될 수 있다. 즉

2 이러한 관계의 한 가지 예로 비행소년에 대한 부모의 반응을 들었다. 소년이 비행을 저질렀을 때 대부분의 부모는 "우리 아들은 절대 그럴 애가 아니다.", "친구를 잘못 만나 한순간 실수를 한 것이다."라는 식으로 자기 자식을 비호하고 비행소년으로 쉽게 낙인하려 하지 않는다. 부모가 이렇게 반응하는 이유는 오랜 가족생활을 통해 비행소년이란 추상적인 용어로는 묘사할 수 없는 소년에 대한 깊은 이해를 가지고 있기 때문이다.

범죄자가 자기 잘못을 참회하고 뉘우치는 데 있어서 이들과 완전히 동떨어진 국가기관의 처벌보다는 비슷하게 생각하고 생활하는 지역주민의 훈계나 비난이 더욱 의미 있게 작용할 수 있다는 것이다. 세 번째로 범죄행위는 질책하지만, 범죄자의 인격은 인정하고 존중해 줌으로써 이들이 긍정적인 자아개념을 유지할 수 있도록 한다. 끝으로 범죄에 빠져드는 사람의 대부분은 이미 사회적 능력이나 자질, 상호의존 관계 면에서 열악한 처지에 있기에 이들 스스로 합법적인 기회구조를 모색하고 참여하기가 쉽지 않다. 따라서 재통합적 수치심을 통해 이들에게 최소한의 교육 기회나 취업 기회를 제공해 줌으로써 범죄자가 사회의 합법적인 기회구조에 접근할 수 있는 계기를 마련해 줄 수 있다.

5) 가족회합과의 연관성

브레이스웨이트가 재통합적 수치심 이론을 제시할 때 뉴질랜드의 가족집단회합을 염두에 두고 한 것은 아니지만, 가족집단회합은 재통합적 수치심이론과 적절하게 조화를 이루었다. 그는 뉴질랜드의 가족집단회합을 시민들에 의한 재통합적 수치심 의식이라고 생각하였다. 가족집단회합은 수치심과 비난을 통한 처벌을 강조하는 것이 아니라, 오히려 범죄에 의해 영향을 받은 사람들에게 회복적 절차를 통해 재통합적 수치심을 부여하는 것의 중요성을 강조한다. 즉 범죄행위는 비난하지만, 범죄자는 지역사회에 복귀하여 생산적이고 준법적인 인물이 되도록 한다. 또 피해자도 범죄자의 이야기에 적극적으로 참여하여 자신의 상황을 이야기함으로써 피해를 보상받는다는 감정을 충족시킬 기회를 가지게 된다. 피해자에 대한 지원, 범죄자의 행위에 대한 비난과 동시에 범죄자를 지원하기 위한 몇 가지 핵심적인 원칙에 초점을 맞춤으로써 본질적으로 재통합으로 옮겨갈 수 있게 된다(Braithwaite and Mugford, 1994).

회복적 사법이 피해자의 만족을 더 높일 수 있다는 이론적 근거도 제시된다. 이 관점에 의하면 법원의 심리과정에서는 범죄자에 대한 존중이 수반되지 않는 수치심, 즉 낙인이 주로 나타나고, 이는 범죄자를 비난하기에 재범 가능성을 높인다. 반대로 재통합적 수치심은 범죄자가 존중감을 가지는 범위 안에서 비난하고, 용서 의식으로 마무리함으로써 범죄자의 행동을 변화시킬 기회를 더 많이 부여한다. 이러한 사회통제는 범죄자에게 의미 있는 지역사회의 사람들이 범죄자 개인이 아니라 범죄자의 행동을 비난하도록 하는데 기반을 두고 있으며, 동시에 범죄자가 지역사회로 재통합될 기회를 부여한다(Strang, 1997).

가족집단회합도 재통합적 의식에 실패하는 경우가 종종 있다. 브레이스웨이트와 머그포드(Braithwaite and Mugford, 1994)는 재통합적 의식의 성공과 실패를 구분하는 14가지 조건을 제시하였다. 실제로 피해자나 경찰보다는 소년범의 부모가 더 낙인적인 태도를 보이는 가족집단회합도 있었다. 피해자가 가족회합에 참석해달라는 요청을 받을 때, 그들은 이미 가족집단회합에 참석하는 것을 시민적 의무로 받아들이는 경향이 있다. 피해자가 회합에 참석할 때 그들은 자신이 잃은 것에 대한 보상을 얻고자 한다. 그렇지만 돈보다는 사과와 용서 등을 통한 심리적인 측면에서 더 큰 가치를 두는 때도 많다.

범죄에 대한 시민의 태도 연구를 보면 시민들은 의식조사의 응답에서 범죄에 대한 추상화된 질문에 있어서는 극도로 처벌적이고 용서가 없다. 반면 특정범죄의 구체적인 배경을 알게 되면 점차 비처벌적으로 변화된다. 피해자 운동은 대체로 더 처벌적인 경향을 띠지만, 가해자의 삶과 환경에 대한 자세한 정보를 들은 개별 피해자는 놀라울 정도로 비처벌적으로 변하기도 한다(Braithwaite, 1994). 이러한 요소는 가족회합이 낙인이 아닌 재통합적 수치심을 통해 범죄자를 사회에 재통합시킬 가능성을 높인다. 실제로도 가족회합은 전반적으로 참가자들에게 상당한 만족감을 주는 것으로 보고된다.

이상에서 살펴본 바와 같이 회복적 사법은 형사사법 전반에 큰 변화를 요구하는 시각이지만 실제 적용 단계에서는 성인 대상 형사사법보다는 소년사법을 중심으로 먼저 시행·운영되고 있으며, 소년사법에서 거둔 성과를 바탕으로 성인으로 확대되어 가는 경향을 보이고 있다. 앞으로 살펴볼 피해자-가해자 조정프로그램과 가족회합도 본래 소년범을 다루기 위한 소년사법 프로그램으로 출발하였다.

4 회복적 사법 실천 프로그램

회복적 프로그램이란 회복적 사법의 원리에 따라 분쟁 및 갈등을 해결하는 방식을 말한다. 회복적 사법 프로그램은 다양한 형태를 지니고 있지만, 근본적으로 피해자와 가해자가 직접 참여한다는 공통 원리에 기반을 두고 있다. 피해자는 범죄가 어떻게 해결되기를 원하는가에 대한 의견을 이야기할 기회를 가지고, 범죄자는 자신의 행위 결과와 그로 인한 손상을 이해해야 한다. 또한 범죄가 발생하게 된 상황이나 사회적 맥락에 대한 관심도 기본적인 부분이다.

회복적 사법 형성에 가장 큰 영향을 준 것은 뉴질랜드 마오리족과 북아메리카 원주민의 구술(口述)의 사법 전통이다. 이 전통에서는 범죄자와 피해자 두 사람이 마주 앉는 형태 대신에 두 지역사회의 구성원이 함께 모여 서클(circle)을 만든다. 서클 구성원은 부모나 형제자매에 한정되지 않으며, 30명 이상이 모일 때도 있지만, 전형적인 경우는 10명 내외이다. 1990년대에 들어와 북아메리카의 회복적 사법의 변형을 양형 서클(sentencing circle) 또는 치료 서클(healing circle)이라 불렀으며, 오세아니아 지역에서 행해진 또 다른 변형을 가족회합이라고 불렀다. 이러한 전통에 기반한 구체적 회복적 사법 프로그램은 피해자-가해자 조정(victim-offender mediation), 양형 서클, 가족집단회합, 지역사회 보상위원회(community reparation boards) 등이 있다(박미숙, 2000). 이 중에서 회복적 사법을 대표하는 세 모델이 피해자-가해자 조정모델, 뉴질랜드와 호주의 가족회합(family conferencing), 북미의 양형서클이다.

1) 조정모델

조정모델에는 '지역사회 조정(community mediation)', '피해자-가해자 화해프로그램(victim offender reconciliation program)', '피해자-가해자 조정(victim offender mediation)', '피해자-가해자 회합(victim offender conferencing)' 등이 있다. 이들 프로그램은 기본적으로 동일한 과정을 추구하며, 누가 프로그램을 작동시키는지, 사건이 어떻게 회부되는지, 누가 조정을 수행하는지, 예비조정상담이 어느 정도 이뤄지는지, 과정의 기본목표가 무엇인지에 따라서 구체적인 운영방식이 달라진다. 조정모델은 핵심적인 회복과정을 촉진하기 위해 조정(mediation) 방법을 사용한다. 중립적 제3자(보통 훈련받은 지역사회 자원봉사자 또는 사회사업전문가)가 피해자와 가해자 사이의 대화를 조정한다. ① 범죄가 그들에게 어떤 영향을 미쳤는지 이야기하고, ② 정보를 공유하며, ③ 상호 만족할 만한 문서화된 배상합의서를 작성하고, ④ 향후 실행 계획을 발전시킴으로써 피해자와 가해자의 핵심 절차는 마무리된다. 일반적으로 피해자, 가해자, 조정자만이 참석하지만, 다수의 피해자가 참여할 수 있고, 청소년의 부모가 조정에 참관할 수도 있다. 형사사건 조정자는 대체로 배상

액 결정에만 관여하며, 사건의 처분(case disposition)에는 직접 개입하지 않는다. 배상합의는 법원에 의해 강제 집행될 수 있다. 법원은 가해자에 대한 재판권을 보유함으로써, 과정에 간접적으로 영향을 미친다(McCold, 2003).

조정모델은 1970년대 초 캐나다 온타리오에서 피해자-가해자 화해 프로그램이라는 이름으로 처음 선보였다. 당시 이 프로그램은 피해자와 범죄자의 화해가 피해자에게 피해회복에 도움을 주고, 범죄자에게 범죄로 인한 피해와 고통을 체험할 기회를 제공함으로써 범죄자 교정에 도움이 된다는 인식하에, 주로 보호관찰의 조건으로 시행되었다. 오스트리아에서는 다이버전 제도의 일부로 형사절차법(제204조)에 피해자-가해자 조정이 포함되어 있고, 검사나 판사가 피해자-가해자 조정을 결정하면 보호관찰협회와 사회복지단체에 의해 시행되며 피해자-가해자 조정이 성공적으로 완료되면 형사소추, 판결 및 범죄기록 면제로 이어진다(UNODC, 2020: 26)

조정프로그램에서 피해자와 범죄자는 조정자의 보조 하에 직접 대면해 범죄로 야기된 피해의 회복과 갈등 해결을 도모한다. 이 과정에서 범죄자와 피해자는 형식에서 벗어난 분위기에서 갈등 해결의 능동적 주체가 된다. 당사자의 의견을 듣고 중재자가 중재안을 정하는 방식의 중재제도와 달리, 조정절차는 반드시 합의나 결과물을 도출해야 하는 의무는 없다. 여기에서 조정자의 역할이 중요하며, 그의 역할은 참여자의 대화 과정을 적절히 조율해 당사자가 스스로 문제해결에 다가갈 수 있게 돕는 것이다.

조정절차는 다음 세 단계로 진행된다. 첫째, 무엇이 행해졌는가를 확인하는 작업이다. 갈등해결 방안을 모색하기 위한 필수적인 전 단계로서 범죄사건의 발생 사실과 관련된 당사자의 경험을 이야기하는 것이다. 둘째, 피해회복의 방법에 대한 합의를 도출하는 일이다. 피해자의 피해 내용을 확정하고 그것을 어떠한 급부를 통하여 회복할 것인지 논의하여 합의에 이른다. 셋째, 합의사항의 이행을 어떻게 담보할 것인가에 대한 논의가 뒤따른다. 예컨대 배상의 경우 구체적인 배상 일정, 감독할 수 있는 미팅 일정 등이 논의된다(이호중, 2000).

2) 회합모델

회합모델에는 뉴질랜드의 사회복지 가족집단회합(social welfare family group conferences) 모델, 이를 수정한 뉴질랜드의 소년사법 가족집단회합(JFGC), 그리고 호주의 Wagga

Wagga 지역에서 경찰 회합에서 발전된 지역사회 사법회의 모델 등이 포함된다.

가족회합은 뉴질랜드의 가족집단회합에서 출발하였다. 뉴질랜드는 1989년 “아동, 청소년과 그 가족에 관한 법(Children, Young Persons and their Families Act)”에서 소년사법 가족집단회합을 핵심으로 하는 혁신적이며 독특한 체계를 도입하였다(Morris and Maxwell, 1993). 이 법에 따라 뉴질랜드 경찰은 소년범을 검거하였을 때, 경고, 가족집단회합 회부, 소년법원 재판 중에서 하나를 선택할 수 있다. 세 가지 중에서 가장 중요한 부분이 가족집단회합이다. 가족집단회합은 마오리족의 사법 개념에서 비롯된 것으로서 회복적 사법 모델과 거의 일치한다. 뉴질랜드에서 시행된 가족집단회합은 1991년 이후 호주를 비롯한 세계 각 지역에서 시행된 가족회합 프로그램의 원형이 되었다.

가족집단회합의 기본 개념은, 범죄로 인한 갈등은 가해자, 피해자, 그들의 가족과 지역공동체가 해결하되, 갈등해소 과정에서 국가 대리인은 중재자로만 참여한다는 것이다. 그 명칭이 시사하듯 가족집단회합은 비공식적이고 느슨하게 구조화된 회의로, 가해자와 가족(및 가능하다면 변호사)과 피해자와 그의 지지자 및 기타 양측이 추천한 사람이 함께 참여해 범죄 사실과 적절한 대응책을 논의하는 것이다. 회의는 독립적인 조정자(youth justice coordinator)가 소집하며, 참석 인원의 제한이 없고, 합의에 필요한 시간 제약도 없다.

이 과정에서 기존 형사사법절차와 다른 측면에 강조점이 주어진다. 첫째, 가족과 친척이 의사결정과정에서 중심적 역할을 하도록 함으로써(예를 들어, 피해자와 협의할 행동계획을 수립하는 주체도 가족이다) 가족에게 권한을 부여한다. 둘째, 가해자는 수동적인 관망자가 아니라 토론에서 능동적으로 참여하도록 한다. 셋째, 피해자도 과정에서 핵심적 역할을 담당하며, 가해자와 직접 대면하여 분노와 좌절을 표현하고 요구사항을 제시할 수 있다. 피해자의 참석으로 가해자는 직접적이고 개인적 방식으로 자기 행동의 결과를 알 수 있게 된다. 집단적 합의 과정의 궁극적인 목표는 처벌을 강요하는 것이 아니라, 피해자와 소년범 간에 화해를 유도하는 것이다(Naffine and Wundersitz, 1994).

가족회합에 대한 비판적 시각도 있지만, 가족 회합에 관한 많은 평가연구는 가족회합의 효과에 대한 긍정적인 결과를 보고하며, 이에 가족회합은 점차 그 시행이 확대되고 있다. 프로그램에 참여한 부모와 보호자는 대부분 회합에서 적극적 역할을 담당하였으며, 범죄가 심각하거나 반복적일 경우 친척들까지 참석하여 도움과 지원을 제공하였다. 피해자도 기꺼이 참석하였고, 그들 중 다수는 건설적이고 도움이 되는 역할을 하였다. 대다수

가족집단회합에서 적절한 결과에 대한 합의가 이루어졌고, 소년은 자기 범죄에 대한 책임감을 느꼈다. 가족집단회합은 본래 청소년을 다루는 데 적합한 것으로 여겨지지만, 최근에는 그 대상이 소년에서 성인으로 확대되는 경향을 보인다. 예를 들어 뉴질랜드의 경우 청소년 대상 프로그램 경험을 바탕으로 성인을 대상으로 하는 프로그램을 개발하여 진행하고 있고, 호주에서도 청소년뿐만 아니라 성인을 대상으로 한 회합도 시행되고 있다(Strang, 2001). 또한 영국에서는 가족폭력을 경험한 가족을 대상으로 가족집단회합 프로그램을 실시하여 효과성을 보여주기도 하였다(Mason et al., 2017).

3) 서클모델

서클모델은 북미지역에서 발전했다. 대표적인 세 가지 모델은 ① 미국 Arizona Navajo의 Peacemaking Court, ② 캐나다 Yukon지역의 Sentencing Circles, ③ 캐나다 Manitoba의 Hollow Water 원주민 지역에서 발전되어 정교화된 Circle 모델 등을 들 수 있다(McCold, 2003). 서클(Circle)은 전통적인 원주민 문화 및 사회적 과정의 핵심을 이룬다. 범죄 및 비행을 다루기 위한 서클 과정은 '어떤 사람이 다른 사람에게 결정을 부과할 수 없다'는 자유와 개별성의 전통적 관념에서 기원하였다. 전 세계 원주민 문화는 비행을 다루는 다양한 절차를 발전시켰다. 회복적 사법 서클모델은 두 개의 경로를 통해 발전되었는데, ① 하나는 상황 자체를 치유하는 치유 패러다임(healing circles)이고, ② 다른 하나는 사건 처벌과 관련하여 사법당국에 양형을 권고하는 데 중심을 둔 Co-judging 패러다임(sentencing circles)이다. 서클이 재판 이전 대안으로 사용되든, 재판 이후 처분을 결정하기 위한 것이든, 서클모델은 비슷한 구조적 과정을 따른다.

지역사회의 회복을 위한 고대 부족 내 실천은 오래전부터 존재해 왔다. 명칭이 무엇이든 회복적 사법은 사실상 국가 형성 이전의 법 형태를 띠고 있다. 최근 북미 원주민 보존지역 의 주권(통치권)의 회복은 회복적 사법에서 일련의 서클모델 부활을 의미한다. 서클의 목적, 참여자, 참여자의 역할 등은 다르지만, 다양한 서클 과정이 존재한다. Healing과 Talking Circle은 모든 당사자의 공통 관심사에 초점을 둔다. 이러한 서클에서 전문가가 참여하는 것은 드물지만, 필요에 따라 전문 상담자가 참여할 수 있다. 최근 캐나다, 뉴질랜드, 노르웨이 등의 여러 국가에서 가정폭력 문제에 회복적 사법 이념을 적용하려는 관심이 높아지면서 서클모델을 적용한 회복적 사법 프로그램이 운영되었고, 그 효과성도 확인되었다(Mills et al., 2019).

5 회복적 사법 프로그램에 대한 평가

지금까지 수행된 회복적 사법 프로그램의 효과에 대한 다양한 평가연구는 대체로 긍정적인 결과를 보이며, 형사사법의 새로운 형태로 회복적 사법이 인정받고 있다. 맥콜드(McCold, 2003)는 회복적 사법에 대한 초기 연구부터 최근 연구까지 종합적으로 정리하면서 회복적 사법의 성과에 관하여 다음과 같은 사실을 발견할 수 있었다고 제시하였다.

1) 실무현장에서 회복적 프로그램은 대체로 간접적인 조정(mediation · conciliation)의 형태로 진행되고 있다. 그러나 경험적 결과에 따르면 회복적 사법 실천에서 사건 당사자가 직접 모일 경우, 간접조정 방식보다 성공률이 높다.
2) 회복적 사법 실천과 관련하여, 피해자가 가해자를 만날 기회를 가져야 하며, 가해자도 반성과 재활의 기회가 필요하다는 것에 대해 피해자뿐만 아니라 일반인의 높은 지지가 있다. 연구결과에 따르면, 일반인이 범죄대응을 위하여 반드시 '엄한 처벌'을 원한다는 것은 신화적 통념이다.
3) 사건당사자의 참여율은 프로그램마다 차이가 있지만, 기회가 주어지면 피해자와 가해자 대부분 참여를 선택하는 경향이 있다. 그러나 가해자는 피해자보다는 덜 참여하려 한다. 참여율은 위반 유형, 가해자 연령, 피해자 유형 및 피해자-가해자 관계에 따라 달라진다.
4) 피해자는 간접조정이나 법원조정 방식보다는 대면 대화 조정을 더 높게 평가하며, 직접 대면하는 것이 그렇지 않은 때보다 두려움을 덜 느끼는 것으로 나타난다.
5) 뉴질랜드의 회합프로그램처럼 회복적 실천이 자발성에 의하기보다 의무적으로 시행될 경우, 피해자 참여와 만족도는 대부분의 회복적 프로그램보다 낮게 나타난다.
6) 피해자와 가해자가 프로그램에 모두 참여하면 합의율 및 이행률이 높다.
7) 프로그램에 대한 참여율과 합의 또는 이행율 간의 관계는 뚜렷한 일관성이 없다.
8) 회복적 사법에서 성공적 배상 결과를 가져올 수 있는 사건 유형에는 제한이 없으

며, 평가연구에서도 아무런 한계가 없는 것으로 보고된다. 조정과 회합프로그램 모두 폭력범죄뿐만 아니라 재산범죄, 성인 중범죄와 소년범 초범, 그리고 낯선 관계나 가족관계 모두에서 성공적인 해결을 보인다. 소비자분쟁에서 가정폭력에 이르기까지 모든 경우 회복적 사법이 긍정적 결과를 보인다.

9) 피해자와 가해자 모두 공식 사법보다는 회복적 사법이 더 공정하고 만족한다고 평가하고 있다. 지역공동체가 직접 참여하는 프로그램에서 피해자의 평가는 더 높다.

10) 가해자의 재범률이 공식 사법절차에 비해서 회복적 사법이 더 높다는 증거가 없다. 재범에 대한 프로그램 효과는 범죄유형 및 참여율과 직접적으로 연관된다. 자발적 프로그램이라는 성격상 강력한 자기선택 효과(즉 재범경향성이 덜한 위반자가 참여하는 경향이 있기 때문)가 있음에도 불구하고, 회복적 사법 경험 이후 재범률은 재산범죄나 피해자 없는 범죄에 비해서 대인범죄에서 감소 효과가 크다.

6 우리나라 회복적 사법 프로그램 운용 현황

최근 유엔마약범죄사무소(UNODC, United Nations Office on Drugs and Crime)는 회복적 사법의 개념과 기본 원리뿐만 아니라 회복적 사법 프로그램 및 과정에 대한 실질적인 지침을 제시하였다(UNODC, 2020). 우리나라도 세계적 흐름인 회복적 사법의 가치와 이념을 제도적으로 실현해 나가고 있다(조미선, 2023). 우리나라의 경우 2000년 이후부터 회복적 사법에 대한 관심이 본격화 되었다. 2000년부터 2004년까지는 회복적 소년사법의 소개를 목적으로 한 연구가 진행되었고, 2005년부터 2009년까지는 실제 적용 가능성을 모색하였으며, 2010년부터는 회복적 사법 적용 영역 확대와 함께 형사사법 단계별 회복적 사법 프로그램 개발 및 효과성에 대한 실증적 연구가 진행되었다(정혜원, 2015).

회복적 사법 프로그램은 형사사법제도의 모든 단계에 사용이 가능한데,[3] 수사단계인 경찰의 회복적 경찰 활동이 있고, 검찰 단계에서는 형사조정제도가 있으며, 법원 단계에서는 소년보호사건의 화해권고제도, 그리고 행형 및 교정 단계에서의 다양한 활동 프로그램이 시행되고 있다(김재희, 2022). 여기서는 형사사법제도의 단계별 대표적 제도와 프

3 유엔 형사 사법에 회복적 사법 프로그램 사용을 위한 기본원칙(UNODC, 2020: 112)

로그램을 소개한다.

1) 형사조정제도

형사조정제도는 응보적 형사사법 시스템의 문제를 보완하고자 2006년 시범실시하였고, 2007년부터 전국으로 확대 시행되었으며, 2010년에는 「범죄피해자보호법」 개정으로 형사조정 규정이 신설되면서 법적 근거가 마련되었다(장송이, 2024). 형사조정은 형사분쟁에 대하여 공정하고 원만한 해결을 통해 범죄피해자의 피해를 실질적으로 회복함과 아울러 지역사회의 동참을 통한 형사분쟁의 자율적 해결을 촉진하기 위한 것이다(형사조정 실무운용지침 제1조 참고).[4] 즉, 형사조정은 회복적 형사사법의 이념을 구현하는 조정절차로 형사조정위원이 가해자와 피해자의 분쟁에 개입하여 피해자의 피해가 실질적으로 회복될 수 있는 해결책을 도출해 나가는 절차이다(전현욱 외, 2023). 형사조정 현황에 따르면 2023년 기준으로 형사조정 성립률[5]이 62.3%로 최고치를 기록하고 있지만, 형사조정 의뢰 건수와 의뢰율이 감소 추세이며, 조정의 내용이 합의금 액수를 정하는 절차에 그침으로써 회복적 사법의 이념이 왜곡되고 있다는 비판을 받으며, 집행력이 확보되지 않아 당사자의 신뢰가 저하되고 있는 등의 문제점이 지적되고 있다(장송이, 2024; 전현욱 외, 2023; 허민경, 2023).

2) 화해권고제도

화해권고제도는 2007년 「소년법」 개정을 통해 피해자보호라는 측면과 피해자와 가해자의 화해·조정을 통해 「소년법」의 이념을 달성하고자 하는 목적으로 도입·시행되어 회복적 사법의 실천적 토대가 마련되었다(김은경, 2008; 김혜정·황태정, 2016). 「소년법」 제25조의3에 따르면 소년부 판사는 소년의 품행을 교정하고 피해자를 보호하기 위해 필요하다고 인정하면 소년에게 피해 변상 등 피해자와의 화해를 권고할 수 있다.[6] 이를 계기로 2009년에 서울가정법원 소년부 판사 및 전문조사관을 중심으로 대법원 산하 소년

4 국가법령정보센터(https://www.law.go.kr), 검색일 2025년 3월 17일

5 화해조정 성립률 = 형사조정 성립 건수(36,935건)/처리 건수(59,243건) × 100

6 국가법령정보센터(https://www.law.go.kr), 검색일 2025년 3월 10일

심판개선연구반이 만들어졌고, 2010년에 최초로 화해권고제도를 시행한 이후 지속적으로 확대되었으며, 당사자의 만족도가 아주 높아 성공적으로 정착된 것으로 평가된다(신한미, 2021). 참여자를 대상으로 화해권고제도의 효과에 대한 조사연구결과 가해자와 피해자의 관계 회복의 긍정 영향과 재통합의 가능성이 반복적으로 확인되었다(윤현석, 2019; 하태선·배임호, 2014). 한편 화해의 주도권이 판사에게 있어 회복적 사법 이념이 충분히 구현되지 않는다는 비판에 따라 민간위원 중심으로 한 법정 외 화해권고회의를 촉진시키는(김성돈, 2018; 이용식, 2018: 296 재인용) 등 화해권고제도가 진정한 의미의 회복적 사법의 형태로 발전되기 위한 노력이 계속되고 있다.

3) 회복적 경찰활동(회복적 대화모임)

경찰은 2007년 '가족회합 프로그램'을 시범 운영하였고 이후 각 지방 경찰청별로 유사한 정책을 시도하였지만, 정식 제도로 발전시키지는 못하였다(심보영, 2020). 이후 2018년 회복적 경찰활동을 갈등분쟁 해결을 위한 경찰활동의 원리로 설정하고 구체적인 실천방안을 마련하여 2019년 회복적 대화모임 운영을 시작하면서 전국으로 확대되었다(김태헌·최응렬, 2024). 2023년 기준 회복적 경찰 활동은 258개 전 경찰서에서 시행되고 있다.[7] 회복적 대화모임은 민간 대화전문가 주관으로 진행되고 가해자·피해자를 각각 따로 만나 사전모임을 갖고 이후 가해자·피해자가 함께 본모임을 진행함으로써, 사건 발생 초기 당사자 간 갈등이 심화되기 전에 신속한 피해회복 및 가해자 선도를 함으로써 효과적 운영이 가능하다.[8] 실제로 회복적 경찰활동 참여자를 대상으로 설문조사한 결과, 대화 결과에 대한 만족도와 피해 감정 회복도가 높았고 경찰에 대한 신뢰도 제고에도 긍정적 영향을 주는 것으로 나타나, 회복적 대화모임 과정이 절차적 정의를 실현하고 있음을 확인하였다(심보영, 2020). 이처럼 형사절차의 출발 단계인 경찰의 회복적 사법 프로그램의 효과는 클 수 있지만 회복적 사법 제도를 실현함에 있어서 법적 근거가 취약하여 실행력이 떨어지고 있는 것이 현실이라 향후 검찰이나 법원단계와 같이 법제화가 필요한 상황이다(김태헌·최응렬, 2024; 황태정, 2024).

---

7 경찰청 홈페이지(https://www.police.go.kr/www/security/support/support0102.jsp), 검색일 2025년 3월 25일

8 앞의 경찰청 홈페이지

단계		내용
사건선정	1	• 지역경찰 · 수사부서에서 피해회복 · 재발방지 등을 위해 상호 대화가 필요한 사건 발굴 • 가 · 피해자가 모두 동의하는 경우에만 진행 ※ 가 · 피해자로부터 정보수신 및 개인정보제공 동의서 수령
예비검토	2	• 전담경찰관 · 전문기관이 협의하여 회복적 대화모임 진행 여부 결정
회복적 대화모임	3	• 전문기관 주관으로 가 · 피해자 및 이해관계자(가족 · 교사 등) 등이 참여하는 회복적 대화모임 진행(경찰관 참여)
결과반영	4	• 대화결과보고서를 수사서류에 첨부하여 **경찰 · 검찰단계 사건처리 및 양형 등에 반영** • 경미사안은 **경미범죄 · 선도심사위원회 회부** ⇒ **즉심청구 · 훈방 등**
모니터링	5	• 약속 이행 여부 등 확인 • 필요시 사후모임

출처: 경찰청 홈페이지(https://www.police.go.kr/www/security/support/support0102.jsp)

【그림 15-1】 회복적 경찰활동 운영 절차

4) 교정 단계의 회복적 사법 프로그램

교정 단계에서 회복적 사법 프로그램은 2001년 안양교도소의 Sycamore Tree 프로그램이 실험적으로 시행된 이후, 2006년 법무부 교정국에서 회복적 교정 프로그램 시행에 대한 공식적 논의가 시작되었고, 교도소 현장 중심의 피해자지원단체 송금, 비폭력 대화, 피해자 공감 역할 편지 프로그램, 회복적 교도소 프로젝트 등이 시범 운영되고 있다(김영식, 2021). 소년수형자를 대상으로 한 우리나라 최초의 회복적 교정 프로그램인 Sycamore Tree 프로그램은 소개하기, 범죄란 무엇인가, 책임감 알기, 고백과 반성 · 용서하기, 손해배상과 화해, 손해배상 실행하기 등 총 7회에 걸쳐 진행하여 범죄자인 가해자에게 피해공감과 책임있는 행동을 인식할 수 있도록 하였다.[9] 한편, 2022년에는 서울보호관찰소에 '마음이음 회복적사법 지원센터' 개소와 함께 소년보호기관 회복적 서클프로그램 등 관

9 구체적인 프로그램 내용과 방법은 김영식(2021) 논문을 참고하기 바란다.

련 프로그램도 진행 중이다.[10] 박미랑 · 박은영(2020)은 법무부에서 진행된 보호관찰 단계의 소년 대상 회복적 사법의 효과성을 분석한 결과 피해에 대한 공감력이 높아졌고 보호관찰관에 대한 애착과 신뢰에 긍정적 변화가 발생하여 재범 억제력 증가에도 영향을 주고 있음을 확인하였다.

10 법무부 범죄예방정책국, "마음이음 회복적사법 지원센터 개소", 범죄예방정책 웹진 6호(https://www.cppb.go.kr/HP/CPPB/webzine/v30/05_02.html), 검색일 2025년 3월 11일

CHAPTER

16 | 청소년 비행 예방프로그램

그동안 우리나라에서 청소년 비행에 대한 대책은 주로 사법기관이 중심이 되어 추진되어 왔다. 따라서 청소년 비행 대책은 대부분 사후적인 대책으로, 청소년 비행이 발생한 후 사건처리를 어떻게 할지, 선도 및 교정 처우를 어떻게할 것인지에 초점을 맞추어 왔다. 그러나 사법기관 중심의 사후대처에는 한계가 있다는 지적이 있다. 보호관찰 등 지역사회 내 처우가 확대되어 사회복귀와 재통합을 위한 노력이 이루어지고 있으나, 이미 비행을 저지른 청소년에 대한 교정의 노력은 큰 효과를 거두지 못하여 많은 청소년이 재비행을 저지르고 있다.

이는 비행 청소년에 대한 사후대처 및 교정의 효과에 의문을 제기할 뿐만 아니라 그동안 효과적인 교정 프로그램이 부족했다는 점을 시사한다. 따라서 비행 청소년의 재비행 방지를 위한 효과적인 사후 프로그램을 마련하고 시행하는 것이 필요하다. 그러나 효과적인 프로그램 실시로 비행 청소년의 재비행을 대폭 감소시킨다고 해도 사후적인 대책만으로는 한계가 있을 수밖에 없다. 왜냐하면 사회에서는 끊임없이 새로운 비행 청소년이 발생하기 때문이다.

이와 같이 효과적인 교정 프로그램 이외에도 청소년 비행을 사전에 어떻게 예방할 것인지가 무엇보다도 중요하다. 특히 어렸을 때, 즉 초등학교 입학을 전후하여 문제행동이나 비행징후를 보였던 아이는 성인이 되어서까지 심각한 범죄를 지속할 가능성이 높다는 주장도 있어, 사전 예방, 특히 어려서의 조기 예방과 즉각적인 개입은 매우 중요하다.

청소년 비행에 대한 대책은 무엇보다도 비행의 원인에 근거해야 한다. 비행 청소년이 가진 위험 요소를 치유하지 않으면 그들의 사회복귀가 매우 어려워지기 때문이다. 또한 아직 비행을 저지르지는 않은 청소년도 위험요소를 조기 발견하여 대처해야 한다. 청소년 비행의 원인은 개인의 성향, 가정, 학교, 친구 관계, 지역사회 등 매우 다양한 데에 있기 때문에(엄명용, 1999; Farrington, 1996; Howell, 1995) 사법기관뿐만 아니라 가정, 학교, 사회복지기관, 종교기관, 그리고 일반시민 등의 비공식 부분의 역할도 매우 중요하다. 사전 예방은 물론, 사후대처에서도 비행 청소년이 가정, 학교, 그리고 지역사회에 복귀할 수 있도록 부모나 관계기관의 적극적인 참여와 협력이 필요하다.

여기에서는 청소년 비행에 대처하기 위해 그동안 시행된 주요 프로그램을 살펴보고자 한다. 청소년 비행의 원인에 근거하여 개인 성향, 가정, 학교, 비행친구, 그리고 지역사회 요인별 주요 프로그램은 각각 무엇인지 살펴보고, 그들 요인을 모두 다루는 통합적 프로그램의 비행 예방효과가 어떠한지를 다루기로 한다. 그리고 여러 관계기관이 참여하고 협력하는 체계적인 종합 연계 방안을 제시하고자 한다.

SECTION 01 청소년 비행 예방을 위한 비행 원인별 주요 프로그램

청소년 비행 예방에는 개인 성향뿐만 아니라 가정, 학교, 비행친구, 지역사회 등 다양한 요소에 기반한 해결과 대처방안이 요구된다. 기존 연구에서 제시됐던 다양한 프로그램들은 개인 성향, 가정, 학교, 친구관계, 그리고 지역사회의 특성과 관련한 대책으로 구분할 수 있는데, 그 주요 내용들은 다음과 같다.

① 개인 요인 관련 프로그램

1) 정신치료

정신분석학자들은 문제행동의 기반에 내면의 정서적 혼란이 있는 것으로 파악했다. 따라서 정신치료를 통해 아이의 정서 문제 그리고 내면의 갈등 문제, 예컨대 불안감, 우울감 등을 해결하고자 했다. 정신분석 치료에서는 심리학자나 정신과의사 등의 전문가가 아이와 상담하면서 내면의 갈등 문제를 파악하고 갈등의 근원을 찾아 상담을 통해 해결하는 치료 방법을 사용한다. 그러나 이러한 방법은 아이의 치료를 위한 체계화가 미흡하여 치료 방법으로 선택 빈도가 낮았으며, 이후 연구에서도 그 효과가 긍정적으로 검증되지 않았다. 예를 들어, 립시(Lipsey, 1992)는 기존의 연구결과를 검토하는 메타분석에서 그 방법이 재비행을 막는 데에는 큰 효과가 없음을 밝혔으며, 와이즈와 그 동료들의 연구(Weisz et al., 1987, 1995)에서는 정신치료가 긍정적이기는 했지만, 효과가 다소 미약하였고, 오히려 행동치료의 방법이 효과가 있었음을 제시했다.

2) 행동치료

행동치료는 치료 과정에서 외부에서 관찰할 수 있는 행동 변화를 목표로 한다. 이를 위해 일정한 학습 과정을 통해 문제행동을 고치는 데에 주목한다. 보상과 벌을 통해 학습원리를 적용하여 바람직한 행동을 강화하고 문제행동을 줄이는 방법을 가장 많이 사용된다. 치료 과정에서 바람직한 행동을 잘 따르면 보상하여 행동을 격려하고 그렇지 못할 때 벌을 주는 '토큰경제' 방법은 대표적인 예이다. 또한 치료당사자인 아이와 고쳐야 할 것은 무엇인지를 목표 행동을 함께 정하고 치료 과정에서 보상과 벌의 규칙 등 계약을 맺어 행동을 바꾸려는 행동계약 방법도 사용된다. 바람직한 행동모델을 제시하고 관찰을 통해 학습하도록 하거나 그 행동을 모방하도록 하는 방법을 사용하기도 한다. 이러한 방법은 청소년의 치료에서 큰 호응을 받아왔는데, 특히 행동치료의 방법이 인지 치료와 결부될 때 매우 효과가 높다는 연구결과가 다수 보고되었다.

3) 인지행동치료

비행 청소년은 충동적이고 과도한 활동성을 지니며 문제해결 능력과 대인관계에서 사회적 기술이 부족한 경우가 많다. 이러한 성향을 치료하기 위한 개인대처 전략이 그동안 많이 시도되고 논의되었는데, 이때 인지행동치료 방법을 통해 충동성과 분노 기질을 조절하고 문제해결 능력과 인지능력을 키우려는 대처전략이 긍정적으로 평가된다.

구체적으로 아이들의 충동적이고 이기적인 성향을 바꾸고, 행동하기 전 잠시 멈추고 생각하는 훈련을 시키며, 아울러 자신의 행동이 피해자 그리고 다른 사람에게 미치는 결과와 영향에 대해 생각하도록 하는 사회관점 혹은 역할담당 능력이 강조되었다. 그중 스피박과 슈어(Spivack and Shure, 1982)가 제시한 문제해결 능력을 길러주는 훈련방법은 이후 연구에서도 청소년 비행을 해결하는 데 긍정적으로 평가받고 있다(Hollin, 1990). 문제상황을 주고 이에 대한 다양한 해결방법을 제시하고 각각의 방법을 선택하게 되었을 때의 결과를 생각하게 함으로써 그중 가장 적절한 대안을 선택하게 하는 훈련이 대표적인 예이다. 아울러 화를 조절하기 위한 분노조절 인지훈련도 문제아이의 치료에 효과적이다. 이처럼 인지행동치료 방법은 그동안의 연구에서 여러 개인치료 방법 중에서도 가장 효과가 있는 것으로 평가받고 있다(Hollin et al., 1995; Kazdin, 1997a; Lipsey, 1992).

4) 사전적 교과과정 프로그램

사전적 예방의 측면에서 보면 어릴 때부터 학교에서 문제해결능력 등의 인지능력을 키우기 위해 학교에 일정 교과과정을 개설하는 것이 중요하다. 예를 들어, '대안적 사고증진 전략(Promoting Alternative Thinking Strategies)'(Greenberg et al., 1995), 그리고 '사회능력증진 프로그램(Social Competence Promotion Program)'(Weissberg et al., 1997)과 같은 교과과정 프로그램은 청소년의 인지능력 개발과 비행 예방에 상당히 효과적이었다. 또한 '생각 우선(Think First)의 분노조절'(Larson, 1992), '갈등해결'(Bretherton et al., 1993), '아동의 두 번째 단계(Children's Second Step)'(Grossman et al., 1997)와 같이 청소년의 폭력을 막기 위해 학교에서 개설한 갈등 해결과 분노 조절 교과과정도 긍정적 효과를 보였다.

반면 마약이나 약물을 방지하기 위한 '약물남용 거부교육(Drug Abuse Resistance Education)'과 같은 프로그램은 효과가 크지 않았다(Lindstorm, 1996; Rosenbaum et al.,

1994). 이 프로그램에서는 경찰이 학교를 방문하여 약물의 유해성, 법 준수 등을 주제로 강의한 프로그램인데, 이처럼 약물남용과 같은 구체적 분야의 교과과정보다는 일반적인 인지능력과 문제해결 능력을 위한 교과과정이 더 바람직하였다. 또한 교과과정 프로그램의 경우 문제가 있는 학생을 대상으로 실시한 경우에는 큰 효과가 없었으며(Lipsey, 1992). 그보다 일반학생 전체를 대상으로 한 예방 차원의 교과과정 개설이 더 바람직하였다. 아울러 많은 연구에서는 중학교 이후보다 초등학교 학생을 대상으로 하는 교과과정의 개설이 더 중요하다는 것이 강조된다.

2 가정 요인 관련 프로그램

1) 부모관리 훈련

청소년 비행의 원인 중 가정 요인으로는 부모의 관심과 감독 부족, 애정 결여와 부적절한 훈육 등이 중요하게 언급된다. 이는 청소년 개인을 대상으로 하기보다는 부모를 대상으로 하거나, 청소년과 부모 모두를 포함하여 가정 전체의 기능을 회복하기 위한 어떠한 대책이 필요하다는 것을 말해준다. 이에 따라 여러 연구에서는 청소년뿐만 아니라에 부모를 대상으로 하는 프로그램을 제시해 왔다.

부모가 자식을 올바르게 양육하면 청소년 비행을 미연에 방지할 수 있다. 이 점에서 부모에게 올바른 양육 방법을 지도하는 부모 관리훈련 프로그램은 큰 주목을 받았다. 오레곤 사회학습센터(Oregon Social Learning Center: OSLC)에서 패터슨 등(Patterson et al., 1982)에 의해 주도된 프로그램에 따르면 대부분의 문제 청소년의 부모는 자녀를 어떻게 효과적으로 양육해야 하는지를 전혀 모르고 있었다. 따라서 이 프로그램에서는 부모를 대상으로 효과적인 자녀양육 방법을 지도하였는데, 구체적으로 자녀가 무엇을 하는지 관심을 가지고, 자녀를 감독하며, 일정한 규칙을 세워 적절한 보상과 벌을 통해 아이를 지도해야 한다는 점을 강조했다. 특히 부모의 강압적이고 부정적인 훈육방식을 개선하는 데 초점을 맞추어, 부모가 자녀에게 지나치게 매를 들거나 폭언하는 방식으로 자녀를 키우는 것이 가장 위험하다는 것을 강조했다.

부모관리 훈련 프로그램은 자녀양육 방법에서 바뀌어야 할 부분이 무엇인지 문제 청소년의 부모에게 물어 확인하고, 어떻게 변화하여야 할 것인지를 상담가와 부모가 함께 모색하는 것에서 출발한다. 그리고 부모에게 자녀의 행동을 철저히 감독해야 한다는 것을 가르치고 주별로 일정 행동을 주의 깊게 관찰하도록 한다. 아울러 자녀를 키울 때 필요한 적절한 사회학습 기술을 가르친다. 잘할 때는 칭찬과 보상을 하여 격려하고 그렇지 못할 때는 벌을 주되, 벌을 줄 때는 고함이나 체벌 같은 방법보다 일정 권한을 박탈하거나 조용한 방이나 공간에 일정 시간 동안 혼자 있게 하는 방법을 취하게 한다. 이때 자녀와 함께 계약을 체결하여 규칙을 정하고 보상과 벌을 일관되게 사용하도록 하는 것이 중요하다.

이러한 부모관리 훈련 프로그램은 다수의 실험연구에서 매우 효과적이었다는 것이 밝혀지고 있다(Dishion et al., 1992; Patterson et al., 1992). 와이즈와 그 동료들(Weisz et al., 1995)은 기존의 연구결과를 메타분석한 결과 부모관리 훈련 프로그램의 효과는 상당하다는 것을 발견하였다. 특히 이 프로그램의 효과는 이미 성장한 청소년의 부모보다는 어린 자녀를 둔 부모를 대상으로 실시할 때 더욱 크게 나타난다(Kazdin, 1997b).

2) 가족치료

부모가 개입하는 또 다른 가정 프로그램으로는 가족치료가 있다. 주요 프로그램으로는 기능적 가족치료가 있는데, 이는 청소년의 가족구성원 간의 상호행동과 의사소통 방식 등을 개선하는 데 중점을 둔다. 가족치료에는 부모훈련도 포함되지만, 특히 전체 가족구성원 간의 관계 개선에 주된 목적을 둔다. 전 가족구성원을 대상으로 기존의 상호작용 패턴을 변화하는 데에 일차적 목적을 두고 의사소통 과정에서 협상하는 방법, 일정 규칙을 정하고 상호 강화의 방법을 습득하여 갈등을 해소하고 관계를 개선하는 것에 관심을 가진다. 부모와 자식 간의 관계 개선 이외에 부부 갈등을 해결하는 것에도 관심을 기울인다.

이러한 가족치료의 방법은 그동안의 연구에서 상당한 효과가 있다고 밝혀졌다. 예컨대 클라인과 그 동료들(Klein et al., 1977)의 연구에 따르면 비행을 저지른 아이의 가족원에게 바람직한 의사소통 방식을 강화와 격려를 통해 훈련시킨 결과, 가족치료를 하지 않은 가정의 청소년이나 정신분석 치료를 한 청소년보다 재비행률이 상당히 낮았다. 새디쉬(Shadish, 1992)는 기존 연구결과를 메타분석한 결과 가족치료가 가족기능 회복에 크게 기여했다는 것을 발견하였고, 이후 연구에서도 청소년 비행 예방효과가 긍정적이었다는 것이 밝혀지고 있다(Alexander, 1994; Tolan and Guerra, 1994; Tremblay and Craig, 1995).

가정문제 해결을 위한 프로그램에서는 상담가나 사회복지사가 문제 가정을 방문하여 간단한 상담을 제공하는 것보다는 더 적극적으로 개입하여 부모를 훈련하고 가족 간의 의사소통 체계를 개선하는 것이 바람직하다는 결과가 제시되고 있다. 아울러 자녀학대가 발생하는 가정의 경우에도 아이를 부모와 격리하여 대리부모나 보호시설 등에 위탁하기보다는, 가정 내에서 부모를 치유하는 적극적 방법이 효과적이라는 주장이 있다. 특히 부모훈련이나 가족치료는 아이가 어릴 때 개입하는 것이 효과가 크므로, 출산한 부모나 유아를 둔 부모, 특히 저소득층이나 미혼모의 가정을 대상으로 지역간호사나 사회복지사가 가정을 방문하여 부모에게 바람직한 양육방법을 교육하고, 이미 문제징후가 나타난 가정에 대해서는 조기에 적극적으로 개입하여 치료하는 것이 바람직하다.

3 학교 요인 관련 프로그램

학교 요인에 따른 대책은 청소년의 학업 부진과 적응 실패에 초점을 두는 것뿐만 아니라 교사와의 부적절한 관계 및 학교 환경 개선에 주목해 왔다. 많은 연구에서는 효율적인 학급관리를 통해 학생의 학업능력을 향상시키고 학교에서의 문제행동을 차단하는 데 주력했다.

'시애틀 사회발전 프로젝트(Seattle Social Development Project)'(Hawkins et al., 1988)는 대표적인 프로그램으로, 학급관리, 협동적 학습전략, 그리고 상호작용 방식의 수업을 주요 전략으로 제시했다. 구체적으로 학급활동에 대한 규칙을 세우고 칭찬과 격려를 통해 학급질서를 유지하며, 학생을 소집단으로 나눠 팀별 보상체계를 통해 협동하여 규칙에 따르도록 유도한다. 또한 학과시간에는 학생이 잘 이해하고 있는지 교사가 검토하면서 효과적으로 수업을 진행하도록 한다. 그 결과 학생의 학교에 대한 애착은 증가했고, 학교 공부에 대한 관여도 크게 향상되는 긍정적 효과가 있었다. 다만 이러한 프로그램은 하층 학생의 비행 예방에는 긍정적으로 기여했지만, 전체 학생의 비행 예방에는 큰 효과를 보이지 못하는 것으로 나타났다(Battistich et al., 1996).

'총체적 교육을 통한 긍정적 행동프로그램'(Gottfredson, 1986)은 학교 관련 여러 요소를 개선하려는 대표적인 전략이었다. 이 프로그램에서는 교사에게 학급규칙을 수립하게 하고 효과적인 학급관리 방법을 훈련하는 것에 더해, 학업성적이 부진한 학생에게 특별한 학습관리 및 상담 서비스를 제공하여 청소년이 학업에 정진할 수 있도록 격려한다. 또한 학생이 교과목 이외의 학교활동에 적극적으로 참여하도록 유도하며, 학교에 대한 애착을 증진하기 위해 학교자랑 캠페인 등을 실시하여 학교에 대한 소속감을 높이는 등 총체적인 노력을 기울였다. 그러나 연구결과 실험집단의 경우 학업성적은 향상되었으나, 청소년, 특히 위험 청소년의 경우 비행예방 효과는 통제집단과 비교하여 큰 차이가 없었다.

일반학생 외에 특별히 하층 등 위험집단의 청소년을 대상으로 한 학교 프로그램으로는 '학교 전이 환경 프로젝트(School Transitional Environment Project)'(Felner et al., 1993)가 있다. 이 프로그램은 위험집단의 학생을 따로 모아 특별 관리하고, 학업증진을 도우며, 학생상담을 실시하였다. 그 결과 실험집단의 학생은 학업성적도 올랐고, 학교 결석률도 낮아졌으나, 비행이나 문제행동에서는 실험집단과 통제집단 사이에 큰 차이가 없었다. 이처럼 위험집단의 학생을 따로 관리하는 방법은 큰 효과가 없는 것으로 밝혀지고 있다. 반면 갓프레드슨(Gottfredson, 1990)의 '도시전략을 통한 학생훈련(Student Training Through Urban Strategies)'에서는 따로 법준수와 관련된 교과과정을 추가하여 실험연구를 실시한 결과 실험집단의 비행은 줄어든다는 다소 긍정적인 결과가 제시되었다.

4 친구 요인 관련 프로그램

1) 비행집단에 대한 대처

비행친구와 사귀거나 갱 혹은 범죄집단에 속해 있는 청소년은 비행 가능성이 매우 높다. 이에 따라 비행집단을 해체하고 청소년이 사회에 복귀할 수 있게 하는 방안에 대해 많은 연구와 노력이 이루어졌다(Spergel, 1989). 시카고 지역 연구에서 시행되었던 사회사업가 할당 프로그램은 오래된 방법의 하나로, 사회사업가를 문제가 되는 지역에 보내 비행집단과 접촉하게 하여 그들과 함께 활동하면서 친밀감을 유지하며 긍정적 모델을 제시하고 개인 상담을 통해 긍정적인 방향으로 행동할 수 있도록 유도하는 프로그램이다. 그러나 이 방법은 별로 효과가 없었다. 오히려 사회사업가의 참여가 비행집단을 옹호하는 것으로 비쳐 비행집단 내의 결속력이 더욱 강화되고, 지속해서 새로운 요원이 충원되었으며, 사회사업가의 개입 후에 비행수준이 더욱 높아졌다는 주장이 있다.

또한 경찰의 강력한 대처도 비행집단에 대한 전략으로 시도되었다. 순찰을 강화하고, 비행집단에 대한 정보수집을 통해 갱을 체포하여 활동을 막는 전략이다. 그렇지만 연구결과에 따르면 그러한 전략은 큰 효과가 없었으며, 이에 따라 경찰에 의한 전략만으로는 한계가 있다는 주장이 제기되었다(Rush, 1996; Spergel, 1995).

비행집단이나 갱에 대한 대처로는 오히려 교화의 노력이라든지 직업훈련을 통한 취업지원 방법이 효과적일 수 있다. 경찰·보호관찰관·사회사업가 등이 협력하여 비행 청소년의 활동을 철저히 감독하면서, 아울러 교육과 직업의 여건을 제공하여 생활습관을 개선하고 사회복귀를 돕는 접근방법이 효과가 있다(Spergel, 1995).

2) 사전대책

이미 형성된 비행집단에 대해 사후조치를 취하는 노력은 효과가 없다는 연구결과가 다수 보고되었다. 이에 따라 비행친구와 사귀거나 비행집단에 가입하는 것을 사전에 막는 예방적인 대처전략이 중요하다는 것이 강조된다. 가정환경에 문제가 있거나 학교에 적응하지 못한 아이들이 비행친구와 사귀게 될 가능성이 높으므로 이를 막기 위해 사전에 가정과 학교에서 대책을 수립하는 것이 중요하다. 또한 아이들에게 인지능력과 문제해결 능력을 키워주는 것도 중요한 전략이 될 수 있다(Tremblay et al., 1992). 인지능력과 사회기술이 부족한 아이들은 친구의 유혹이나 압력에 저항하지 못하고 비행집단에 쉽게 휩쓸릴 수 있기 때문이다. 이와 관련하여 아이들에게 친구의 압력을 거절하는 방법, 예컨대 자기주장의 기술을 가르치는 것이 주요 전략의 하나로 주목받아 왔고 그 효과도 긍정적이라는 평가를 받아 왔다(Botvin et al., 1984).

학교에서는 교과과정을 통해 비행집단 가입의 부정적 결과를 교육하는 예방 전략도 효과가 있을 것이다. 한 예로 경찰이 학교에서 실시한 '갱집단 저항 교육과 훈련(Gang Resistance Education and Training)'(Esbensen and Osgood, 1997) 프로그램은 큰 효과를 나타냈다.

더 나아가 비행친구와 교류하거나 비행집단을 결성하는 현상은 거시적인 지역사회의 특성과 관련 있을 수 있다. 지역 해체로 인해 지역의 비공식적 통제가 약화되면 비행 청소년이 통제되지 못함으로써 지역에 비행 청소년이 많아진다. 그렇게 되면 지역의 아이들은 비행친구와 접할 기회가 많아지게 되고, 비행집단이 형성될 가능성이 커진다. 아울러 지역 내에 청소년이 건전하게 보낼 수 있는 여가시설과 놀이공간의 부족도 원인이 될 수 있다(Thurman et al., 1996). 이러한 측면에서 비행집단에 대한 대책은 지역사회 차원의 대책과도 밀접히 연관된다.

5 지역사회 요인 관련 프로그램

1) 시카고지역 프로젝트

사회해체이론에 따르면 청소년 비행의 원인은 지역사회의 특성과 관련이 있으며, 지역의 비공식적 통제력을 강화하고 개인 부적응의 근원이 되는 지역 차원의 환경 개선이 필요하다. 시카고지역 프로젝트는 사회해체이론에 기반을 둔 대표적인 연구로 청소년 비행 예방을 위해 빈곤하고 해체된 지역을 중심으로 지역 내 자조(自助)적 조직화를 통해 청소년의 여가활동을 늘리며, 지역 내 비행집단을 통제하고, 지역 환경을 청결히 정화하고, 성인이 출입하는 유해업소에 청소년이 접촉하는 것을 차단하는 등 환경 개선의 노력을 기울였다.

시카고지역 프로젝트는 두 차례에 걸쳐 수년 동안 실시되었으며, 프로그램의 직접적인 효과를 평가하기는 어렵지만, 전반적으로 프로그램에 참여한 지역의 청소년 재비행률이 낮아졌다는 긍정적 결과가 보고되었다(Schlossman and Sedlak, 1983).

2) 방과 후 여가활동

'여가활동 프로그램'은 대표적인 지역사회 차원의 프로그램으로, 시카고지역 연구에서 주요 프로그램의 하나였고 그 이후에도 많은 관심을 끌었다. 방과 후 여가활동 프로그램은 청소년으로 하여금 방과 후에 운동경기나 음악 등의 건전한 여가활동에 참여하게 하는 프로그램이다. 실제로 이 프로그램은 비행친구와의 접촉을 막고 건전한 친구와 접촉하게 하며 건전한 놀이를 제공함으로써 청소년의 비행 예방에 기여했고, 유해환경과의 접촉을 방지하여 비행을 예방할 수 있었던 지역 차원의 비행 대책 방안이다. 맥케이(McKay, 1993)는 1971년부터 1993년까지 있었던 여가활동 프로그램의 효과를 평가하면서 이 프로그램이 청소년 비행 예방에 기여하였다고 보고하였으며, 이후의 연구에서도(Schultz et al., 1995) 여가활동 프로그램은 위험 청소년의 비행을 예방하는 데 긍정적 효과가 있음이 확인되었다.

3) 멘토링 프로그램

지역사회의 자원봉사자들이 참여하여 청소년과 자매결연을 맺고 친밀한 인간관계를 맺어 청소년에게 정서적 지지를 제공하는 '멘토링 프로그램'도 지역사회 차원의 프로그램이다. '빅브라더/빅시스터(Big Brother/Big Sister) 프로그램'은 지역사회의 일반 자원봉사자가 참여하여 소외된 아이들과 하나씩 결연을 하고, 집을 방문하거나 전화를 걸어 안부를 묻고, 운동 등 각종 행사에 함께 참여하여 이웃 사랑을 전하는 등 사회에서 소외된 아이들에게 사회유대를 제공해 주는 프로그램이다.

멘토링 결연 프로그램은 시카고지역 연구의 사회사업 할당과 달리 특별히 비행집단이나 갱에 초점을 맞추지 않고, 일반 청소년 혹은 문제 청소년의 위험에 사전 개입하는 프로그램이다. 따라서 비행집단에 가입할 기회를 사전에 차단하게 할 수 있는 지역사회 프로그램으로서의 성격을 갖는다(Tierney et al., 1995).

4) 지역사회 범죄예방 활동

청소년 비행 예방을 위한 지역사회 프로그램에서는 청소년이 거주하고 있는 지역사회의 위험 요소를 발견하고 지역환경을 개선하는 것이 주요 정책으로 강조된다. 이런 측면에서 지역사회 범죄예방 활동은 지역사회의 환경을 개선하는 데에 초점을 맞춘 대표적인 전략이다(Hope, 1995; Rosenbaum, 1988; Rosenbaum et al., 1998). 지역사회 범죄예방 활동은 지역 환경의 문제를 다루는 거시적 전략이다.

지역사회 범죄예방 활동에서는 지역사회를 중심으로 지역사회의 환경을 개선하거나 지역 차원에서 범죄기회를 차단하는 노력을 통해 지역사회를 보호하는 사전적인 비행예방 활동에 주목한다. 이때 지역사회에의 상황적 비행예방 전략이 그 주요 전략의 하나이다. 비행기회를 차단하기 위해 비행을 하기 위해서는 많은 노력이 들게끔 여건을 조성하거나, 비행 후 발각될 가능성과 위험을 높이고, 비행으로부터 얻게 되는 이득을 줄이도록 노력한다. 구체적으로 거리의 조명을 밝히고, 건축물이나 도로의 형태를 개선하고, 거리의 낙서, 쓰레기 등 무질서한 징후들을 제거하는 등 '환경설계를 통한 범죄예방'을 통해 지역 차원의 상황적 범죄예방에 관심을 둔다(Taylor and Gottfredson, 1986). 또한 지역사회 범죄예방 활동은 지역의 물리적 환경 개선과 함께 지역의 조직화를 통해 지역주민의 참여와 유대를 강화하여 어떻게 하면 지역의 비공식적 통제력을 강화할 것인가에 주목한다. 즉 지역주민의 결속력을 높이고 지역의 조직화를 통해 서로 협력하고 감시하는 비공식적 통제력을 높임으로써 지역 차원의 비행예방이 가능하다고 보았다.

지역사회 범죄예방 활동에서는 지역주민에 의한 자조적 조직화를 특히 강조한다. 지역사회 범죄예방 활동에서 지역주민의 적극적인 참여는 핵심적인 필수요건이다. 지역주민의 역량을 강화하여 지역을 주민이 스스로 지키고 지역의 청소년을 보호하고 지역 내 비행 발생의 기회를 차단한다. 지역주민이 참여하여 경찰과 함께 방범순찰을 강화하고, 이웃감시 등을 통해 이웃 간에 유대를 강화함으로써 비공식적 통제력을 강화하는 것을 주요 내용으로 한다(Hope, 1995).

(1) 지역주민순찰

지역 내 경찰의 순찰활동은 비행 기회를 차단함으로써 지역사회의 비행 문제를 해결하는 주요 전략 중 하나이다. 경찰의 순찰이 강화되면 잠재적 비행 청소년이 검거될 가능성을 높여 비행 기회를 차단할 수 있다. 그러나 경찰은 인력이 한정되어 있어서 적은 인력으로 충분한 순찰이 어렵기 때문에, 비행 기회의 차단을 위해 지역주민의 참여가 큰 도움이 된다. 지역사회 범죄예방 활동에서는 지역주민이 직접 순찰에 참여하는 주민방범순찰을 그 주요 전략으로 사용하는데, 지역주민에 의한 방범순찰을 통해 지역주민이 경찰의 눈과 귀의 역할을 함으로써 감시기능을 높여 비행기회를 차단한다. 그렇지만 기존의 연구에 따르면 지역주민에 의한 방범순찰의 비행예방 효과는 다소 미약하다는 것이 보고되고 있다(Lab, 1992; Pennell, 1989).

(2) 이웃 감시

이웃 감시는 지역사회 범죄예방 활동의 주요 내용의 하나이자 지역사회 중심의 상황적 차단의 전략이다. 지역주민의 이웃 감시는 지역주민이 서로 감시해 주고, 비행이 발생하면 서로 즉각 신고하는 형태를 갖추며, 지역 내에 비행예방 표지판을 통해 잠정적인 비행 청소년의 비행 의도를 약화시키는 등 지역주민이 서로 협력하여 비행기회를 차단하려는 전략으로, 이웃 감시의 비행 또는 범죄예방 효과는 긍정적으로 평가되고 있다(Rosenbaum et al., 1998).

(3) 지역사회 경찰활동

최근 비행 대처에 있어서 경찰의 역할은 사후적인 업무보다 사전적인 업무가 강조된다. 비행이 발생한 후 비행 청소년을 체포, 수사하는 법집행자로서의 소극적인 임무가 아니라 사전에 비행을 방지하는 적극적인 임무가 경찰의 주요 역할로 강조된다. 최근 주목받는 지역사회 경찰활동도 이러한 사전적인 비행예방에 초점을 맞춘다. 물론 지역사회 경찰활동에서 경찰의 궁극적인 목표가 비행예방은 아니다. 지역사회 경찰활동은 비행뿐만 아니라 비행의 근원이 되는 지역사회의 여러 문제를 해결하여 지역 주민의 삶의 질을 향상하는 것을 주요 목표로 한다.

지역사회 경찰활동에서 경찰은 지역문제를 해결하여 비행을 사전에 막는 문제해결사로서 역할을 담당한다. 그렇지만 경찰력만으로 지역문제를 해결할 수는 없기에 지역문제를 발견하고 해결하기 위해서 지역주민의 참여와 협조가 필요하다. 따라서 경찰의 주요 임무는 지역주민의 협력을 끌어내 경찰과 지역주민의 상호 유기적인 협력체계를 구축하여 지역문제의 근원을 파악하고 지역주민과 함께 지역문제를 해결하는 것이다. 이처럼 지역사회 경찰활동은 지역주민과 함께 협력관계를 통해 지역문제를 해결하기 위한 경찰활동이다(Skolnick and Bayley, 1988; Trojanovitz and Bacqueroux, 1989).

지역사회 경찰활동은 앞서 언급한 지역사회 범죄예방 활동과도 밀접한 연관을 가진다. 지역사회 범죄예방 활동은 지역의 환경을 개선하고 지역 차원의 비행기회를 차단하면서 비행을 야기하는 근원적인 문제를 해결하려는 비행예방 전략으로, 특히 지역주민의 참여를 주요 요소로 하여 주민 방범순찰이나 이웃 감시, 지역 무질서의 문제해결 등을 통한 지역차원의 노력을 강조하고 있기 때문이다(Grinc, 1994; Rosenbaum et al., 1998). 지역사회 경찰활동도 지역주민의 참여를 통해 주민과 협력관계를 형성하여 지역문제의 해결을 최우선의 목표로 하며, 그러한 점에서 지역사회 범죄예방 활동의 주요 부분 중 하나이다.

지역사회 경찰활동을 위해서는 지역주민의 협력이 필수적인 요소이기에 경찰이 지역주민과 접촉하여 관계를 개선하고 친절하고 신뢰감을 줄 수 있도록 노력하는 것이 강조된다. 경찰이 강압적인 태도가 아니라 친절하고 봉사하는 경찰, 신뢰감 있는 경찰의 태도를 보일 때 지역주민이 협력자이자 동반자로서 경찰의 일을 돕는 데에 적극 참여할 수 있기 때문이다. 따라서 지역사회 경찰활동에서는 파출소를 거점으로 하여 도보순찰과 가정심방 등의 방법을 사용한다. 파출소를 거점으로 지역문제를 발견하고 지역주민에게 봉사와 서비스를 제공하며, 아울러 경찰이 지역주민과 접촉을 증대하기 위해서는 차량순찰이 아니라 도보순찰을 통해 지역주민과 접촉할 기회를 늘리고, 가정심방을 통해 지역의 문제에 귀를 기울일 뿐만 아니라 친근한 경찰상과 신뢰감을 형성하도록 노력해야 한다.

지역사회 경찰활동은 지역주민의 자율방범 활동을 촉진하고 이웃 감시 등의 지역주민의 참여를 활성화함으로써 지역의 비공식적 통제력을 강화하여 지역의 청소년 비행 예방에 크게 기여하는 전략으로 평가된다. 청소년 비행 예방을 위해 순찰활동을 강화하고, 지역의 무질서나 기타 문제를 해결하는 지역 차원의 노력이 필요하며, 이때 지역주민의 참여와 협력이 필수적이다. 이러한 협력을 통해 경찰은 지역주민과 함께 비공식적 통제력을 강화하여 청소년 비행 예방에 기여할 수 있다.

SECTION 02 청소년 비행 예방을 위한 통합적 프로그램

청소년 비행의 대책은 개인 성향뿐만 아니라 가정, 학교, 친구, 지역사회 등 다양한 요인에 근거하여 이루어져야 하며, 이러한 요소들이 통합적으로 고려될 때 더 효과적이다. 통합적 대처의 노력은 대상을 고려할 때 일반청소년을 위한 사전적 예방, 비행 가능성이 높은 위험 청소년에 대한 조기 개입, 그리고 비행을 저지른 비행 청소년에 대한 사후대처의 형식으로 적용될 수 있다. 여기서는 기존 연구에서 있었던 통합적 대처 노력을 살펴본다.

① 일반청소년을 위한 통합 프로그램

일반청소년의 경우, 부모를 대상으로 부모관리훈련이나 올바른 양육방법을 교육함으로써 가정환경의 위험요소를 사전에 차단할 수 있다. 아울러 문제해결 능력과 같은 사회기술, 대인갈등 해결 능력이나 대안적 사고능력, 그리고 분노조절 기술 등을 학교의 교과과정을 통해 교육하는 것이 바람직하다. 예를 들어, '평화롭고 긍정적 방식의 반응 교과과정 연구(Responding in Peaceful and Positive Ways)'(Farrell and Meyer, 1997)는 청소년에 대한 개인 중심의 예방책뿐만 아니라 부모 훈련을 포함하는 프로그램을 통해 청소년의 폭력비행 예방효과에 큰 효과가 있음을 보여주었다.

또한 초등학생을 대상으로 한 프로그램보다 취학 전 아이를 대상으로 한 프로그램이 더 효과적이라는 주장도 있었다. 이는 학교적응 능력이 어려서 형성되기 때문인데, '페리 취학전 아동연구(Perry Preschool Study)'(Schweinhart et al., 1993)가 대표적인 프로그램으로, 취학 전 아동에게 기본적인 언어능력과 학업능력, 그리고 인지능력을 키워줌으로써 학교에 잘 적응할 수 있도록 하였으며, 그 결과 결과는 차후 아이가 성장하면서 상당한 비행예방 효과를 나타냈다. 이처럼 유치원에서 어린아이를 대상으로 사회기술을 가르치고 가정방문을 통한 부모훈련을 포함한 통합적 프로그램은 큰 지지를 받았다(Tremblay et al., 1995; Webster-Stratton, 1998).

학교에서 학업증진, 학급관리 프로그램도 더 통합적으로 운영되어야 한다는 주장이 있다. '시애틀 사회발전 연구(Seattle Social Development Project)'(Hawkins et al., 1992; O'Donnell et al., 1995)는 학생이 학교 규칙을 잘 따르도록 적절한 보상과 벌로 학급을 관리하는 것뿐만 아니라, 초등학생 때부터 학생의 학업성취와 학교에 대한 관여, 노력을 증진시키고, 학생에게 문제해결 능력, 의사소통, 협상 기술을 가르치는 등 인지 및 사회기술을 습득하게 하는 데에 주력했으며, 학생의 부모를 대상으로 올바른 양육방법을 지도하도록 하였던 대표적인 통합적 프로그램이었다. 이 프로그램을 초등학교 5 · 6학년 때 실시하였을 때는 이후 청소년기의 폭력비행 예방에 별로 기여하지 못했지만, 초등학교 1학년 때부터 꾸준히 실시하였을 때는 매우 긍정적인 효과가 나타남으로써 조기 프로그램 실시가 중요하다는 것을 보여준다.

어린아이에 대한 사전적 예방책은 주로 부모훈련과 아이에게 문제해결 능력과 인지기술 및 사회기술을 가르치는 것에 주목한다. 또한 학교에서도 학업증진을 위한 프로그램 이외에 학급관리, 그리고 아이에 대한 인지기술과 부모훈련을 포함하는 통합적 예방책이 강조되었다. 반면 취학 전 아이나 초등학생의 경우 어린 연령기이기 때문에 비행친구와 접촉이나 비행집단에의 가입에 대한 예방책은 그다지 중요하게 다뤄지지 않았다. 비행친구와 어울리거나 비행집단에 가입하게 되는 것은 초등학교 이후에 발생할 가능성이 높기 때문이다.

학교의 교과과정을 통해 친구의 압력을 거절하고 자기주장을 펼치는 사회기술을 가르치고, 비행집단 가입의 부정적 결과를 알리는 예방책은 긍정적 효과가 있는 것으로 평가되지만, 통합적으로 접근하는 것이 더 효과적이다. 비행집단 가입 방지와 다른 대처방안을 포함하여 통합적으로 접근한 대응방안 중 '범죄집단 거부(Gang Resistance Is Paramount)'(Arnette and Walsleben, 1998) 프로그램이 대표적이다. 이 프로그램은 비행집단에 대처하기 위해 정부 기관뿐만 아니라 지역사회, 가정, 학교의 협력이 필요하다고 보고, 일정 지역 내의 부모를 대상으로 모임을 가지고 부모에게 갱의 활동, 가정의 역할, 스포츠나 그 밖의 대안활동, 갱에 대처하기 위한 지역의 대처 등을 소개하면서 부모의 협조를 구하였다. 더불어 아이들에게도 학교에서 비행으로 야기되는 결과, 학업에 정진하여 얻을 수 있는 장래의 이익 등에 대한 강좌를 실시하였는데 매우 긍정적인 효과를 보였다.

2 위험 청소년을 위한 통합 프로그램

통합적인 프로그램은 위험 청소년에 대한 조치에 효과적인데, 조기에 위험 아이를 발견하여 개입할수록 효과가 크다. '피츠버그 대학 연구(University of Pittsburgh Study)'(Kazdin et al., 1989, 1992)는 7세에서 13세에 해당하는 문제아이를 대상으로 부모관리 훈련과 동시에 아이에게 인지훈련으로 개입할 때 상당한 효과가 있었음을 보여주었으며, '몬트리올 종단적 실험연구(Montreal Longitudinal Experimental Study)'(Tremblay et al.,

1992)는 유치원에 다니는 문제아이를 대상으로 부모훈련과 함께 아이에게 사회기술 혹은 대인관계능력, 분노조절 기술을 가르친 실험집단이 통제집단에 비해 12세에 이르기까지의 비행 가능성이 상당히 낮았음을 밝혔다.

학교 중심의 통합적 프로그램으로는 '아동발달 프로젝트(Child Development Project)' (Battistich et al., 1996)가 대표적이다. 이 프로그램은 아이의 학업능력 향상 및 학교생활 적응을 돕고자 협동적 학습방법뿐만 아니라 학교 환경을 개선하고, 행동 혹은 인지발달을 위해 개인 처우를 실시하며, 학교와 부모의 지속적인 의사소통을 통해 가정의 참여를 도모하였다.

이후 '가정과 학교의 협력(Family and School Together Track)'(Bierman et al., 1996) 프로그램에서는 다양한 학교 관련 요소들을 개선할 뿐만 아니라 아이에게 사회기술을 훈련하고, 부모 훈련을 하는 통합적 방안을 제시했는데, 유치원 연령대에서 문제행동을 보이는 900여명의 아이를 대상으로 실시한 실험연구에서 매우 긍정적 효과를 보였다.

3 비행 청소년을 위한 통합 프로그램

1) 사회 내 처우 프로그램

절도나 사소한 지위비행을 저지른 청소년에 대한 전환 처우는 개인치료 외에 부모를 포함한 가족상담과 치료, 그리고 학교 재적응을 위한 도움 등 통합적 프로그램이 이루어질 때 더 효과적이다. 더욱이 12~13세 이하에서 비행을 저지른 아이에 대한 개입의 효과를 다룬 연구 중에서 미시간 오클랜드 카운티에서 있었던 '초기 비행 청소년을 위한 프로그램(Early Offender Program)'(Howitt and Moore, 1991) 연구가 대표적이다. 비행 청소년에게 가정 기반의 전문화된 개입 형태로 개인치료, 가족치료, 그리고 학과공부의 지원 서비스를 제공한 결과 실험집단의 재비행률이 매우 낮았다는 결과를 제시하였다.

보호관찰 등 지역사회 내 처우의 효과에 대한 연구인 '미시간주의 웨인 카운티 프로그램(Wayne County Intensive Probation Program)'(Barton and Butts, 1990)은 폭력비행을 제외한 재산비행 청소년을 대상으로 하여 개인상담과 가정 중심의 서비스, 학교 재적응을 위한 서비스 이외에, 여가활동, 취업훈련 등의 다양한 서비스를 제공했는데, 지역사회 내 처우는 시설 내 처우보다도 재범 감소에 어느 정도 기여한다는 결과를 얻었다.

비록 립시(Lipsey, 1992)의 메타분석의 결과에서는 지역사회 내 처우가 시설 내 처우보다 재비행 감소에 크게 기여했다고 보기 어렵다는 결과도 있지만, 웨인 카운티의 연구에서 알 수 있듯이 보호관찰이 비행 청소년에 대한 감독 이외에 다양한 방식의 교화 프로그램과 함께 시행될 경우 긍정적인 효과가 있음을 알 수 있다. 비행 청소년에 대한 지역사회 내 처우에서 통합적 대처의 대표적인 프로그램은 범죄의 다양한 원인에 근거해 여러 차원에서 통합적으로 프로그램을 실행했던 헨겔러와 그 동료들(Henggeler et al., 1992, 1993, 1997)의 '가정과 이웃보호 연구(Family and Neighborhood Services Project)'이다.

이들의 다체계적 치료는 청소년 개인뿐만 아니라 가정, 학교, 친구, 지역사회의 환경을 개선하고자 하는 대표적인 사후적인 통합프로그램이다. 이는 이미 심각한 비행을 저지른 청소년을 대상으로 하여 지역사회 내에서 전문적인 상담가를 배치하고 문제 청소년을 상대로 가정방문을 통한 개인 상담을 시행하는 것 이외에 가정에서 부모와의 관계를 개선하는 가족치료, 학교적응, 원만한 교우관계를 형성하도록 적극 지원하는 지역사회 중심의 프로그램이다. 석사학위 이상의 전문가가 세 가정부터 여섯 가정을 담당하고, 강화, 학습 등의 행동원리를 기반으로 비행 청소년 개인의 행동 및 인지 변화뿐만 아니라 부모를 대상에 포함함으로써 가정의 역기능적인 측면을 개선하는 데 주력했다. 또한 학교 재적응과 학업 증진, 그리고 비행친구의 영향에서 벗어나게 하도록 긍정적인 여가활동을 격려하는 등의 통합적인 전략을 사용하였다. 아울러 지역사회의 가능한 자원을 동원하여 지역 정부기관 혹은 지역의 자원봉사자의 도움을 받아 문제 청소년에게 적절한 서비스를 제공하는 데 주목하였는데, 상당한 효과를 거둔 것으로 평가받는다.

2) 시설 내 처우 프로그램

소년교도소 수감 등 시설내 처우의 대상은 주로 반복적으로 폭력비행을 일삼는 위험 청소년이다. 이들에 대해서는 사회보호를 위한 목적으로 시설 내 수감이 이루어진다. 그렇지만 교정시설에 수감된 위험 청소년에게도 교정을 위한 노력은 이루어져야 하는데, '폭력적인 비행 청소년 프로그램'(Fagan, 1990)은 폭력 위험 청소년을 사회에 복귀, 통합시키고자 하는 대표적인 프로그램이다.

이전에는 시설 내 처우가 폭력비행 청소년에게 국한되어야 한다는 주장이 있었다. 또한 시설 내 처우는 규모가 큰 시설보다 규모가 작고 소수 인원을 수용하는 시설이 바람직하다는 의견이 있었다. 폭력비행 청소년 프로그램은 이러한 환경 여건을 갖추고, 행동강화 원리에 입각하여 적절하고 효과적인 개인치료와 함께 학과교육, 직업훈련, 그 밖의 성공 기회의 제공과 청소년의 주변 사회유대를 강화할 수 있게 고안되었다. 특히 시설 내 청소년이 사회에 복귀할 수 있도록 순차적으로 지역사회 기반의 처우를 받도록 함으로써 사회통합을 꾀했다.

앤드류(Andrew, 1990)가 지적했듯이 시설 내 처우는 효과적이고 통합적인 다양한 프로그램이 이루어질 때 그 효과가 커진다. 즉 개인치료와 함께 가족치료가 병행된다든지 혹은 직업교육이 강화되면 효과는 더 커진다. 시설에 수용된 청소년은 청소년 후기의 연령대인 경우가 많아서 개인 성향 치료와 부모와의 관계 개선 이외에 직업훈련이나 취업보장의 정책이 재비행을 막는 데 매우 중요하다고 평가되고 있다(Howell, 1995).

그렇지만 재비행 방지 효과의 측면에서 보면 립시(Lipsey, 1992)가 지적했듯이 시설내 처우의 청소년보다 지역사회 기반 처우를 받은 청소년이 재비행률이 다소 낮고 사회복귀가 용이하다는 연구결과도 있다. 따라서 성인과 달리 비행 청소년은 시설내 처우를 가능한 한 줄이고, 사회복귀를 용이하게 할 수 있는 지역사회 기반의 처우가 더 확대해야 한다는 것이 일반적인 주장이다(Andrews and Bonta, 1998; Krisberg and Howell. 1998).

SECTION 03 청소년 비행 예방을 위한 다기관의 협력

최근까지의 많은 연구들은 여러 차원의 통합적 전략을 제시해 왔고 그 효과도 상당하다는 결과를 보여주고 있다. 이러한 통합적 전략은 지역사회를 기반으로 하여 지역사회 내 전문가 혹은 상담가를 배치하거나, 지역주민으로 구성된 자조적 조직체를 통해 청소년에 대한 적절한 인지훈련, 부모를 대상으로 하는 교육과 치료, 학업적응과 취업을 위한 노력 등 효율적인 서비스 제공이 필요함을 강조한다.

종합적 대처를 위해서는 개인 성향, 가정, 학교, 비행친구, 지역사회와 관련된 다양한 전략이 필요하기 때문에 여러 관계기관이 지역조직체를 중심으로 연계되어야 한다. 다기관 협력체계(multi-agency partnership)라는 전략이 1980년대 후반부터 소개되면서(Blagg et al., 1988; Crawford, 1994; Sampson et al., 1988) 그 중요성이 부각되고 있다. 다기관 협력체계란 청소년 비행과 관련된 다양한 기관이 청소년의 비행 예방 및 재범 방지라는 공동의 목표를 달성하기 위하여 상호 간 힘을 합하는 체계라고 정의할 수 있다. 지역사회의 여러 관계기관, 예컨대 가정, 학교, 종교기관, 상담기관, 여가시설, 행정기관, 보호관찰기관, 그리고 경찰 등이 어떻게 조화롭게 연계되어 청소년에게 적절한 서비스를 제공할 것인가가 종합적 대처 전략의 핵심 사항이었다.

호킨스와 카탈라노(Hawkins and Catalano, 1992)의 '지역사회 보호(Communities That Care)' 연구는 지역사회 내 여러 기관의 대표자로 구성된 지역사회 협력체를 구성하여 청소년이 직면한 지역사회의 위험 요소를 찾아내고 그것에 대한 대응책으로 비행예방 계획을 수립하는 데에 주목했다. 이 연구는 특히 어린 청소년에게 많은 관심을 기울여 지역조직체를 중심으로 어린아이에게 사회인지 기술과 함께 부모를 훈련하고, 학급 관리와 다양한 교과과정의 개발, 그리고 학교환경의 개선을 도모하며, 방과 후 여가활동을 추진하는 데에 주목했다.

호웰(Howell, 1995)도 다기관 협력을 통한 종합적 전략을 제시하면서 청소년의 개인, 가정, 학교, 친구 관계, 그리고 지역사회 차원의 위험 요소들을 발견하고 지역사회를 기반으로 여러 기관이 협력하여 어떻게 청소년에게 적절한 서비스를 제공하여 청소년 비행을 예방할 것인가에 관심을 가졌다. 그는 청소년문제를 해결하기 위해서는 한 기관의 역할만으로는 부족하며, 지역 내의 청소년, 부모, 학교, 사법기관, 종교기관, 기업, 자원봉사자 등이 협력하여 청소년 비행의 예방에 힘써야 함을 강조했는데, 이때 지역의 지도자를 선발하여 장기적이고 협동적인 전략을 마련하는 것이 중요하다고 주장했다.

'제거와 부흥(Weed and Seed)' 프로그램(Roehl et al., 1996)은 경찰을 포함한 다양한 사법기관과 사회복지기관, 학교, 기업 등이 연계하여 폭력비행 청소년에 대응하고, 지역 청소년에게 예방, 개입, 교정을 실시하며, 아울러 지역의 근본적인 문제를 해결하기 위해 지역 환경 개선에 힘쓴 대표적인 프로그램이다. 이를 위해 지역 내 경제 부문에 대한 투자 및 취업 기회의 증진에도 노력했으며, 특히 이 프로그램에서는 지역사회 경찰활동을 통해 경찰이 지역주민과 협력하여 다양한 문제들을 해결할 것을 강조했다.

한편 미국 사우스 캐롤라이나주의 유니온 하이츠 마을에서는 이웃 단위의 지역을 중심으로 여러 기관이 협력하는 종합적 프로그램을 통해 청소년에게 적합한 서비스를 제공하고 아울러 지역 차원의 문제도 해결하려는 프로그램을 실시하였다(Randall et al., 1999). 이 프로그램에서는 지역 기반의 여러 기관의 협력하여 종합적 치료를 통해 비행 청소년에게 가정 기반의 치료와 서비스를 제공하고, 동시에 교육, 직업, 여가활동 프로그램을 운영하며, 지역사회 경찰활동을 통해 경찰이 지역주민과 협력하여 지역의 다양한 문제, 예컨대 빈곤, 실업, 가정폭력 등의 문제를 해결할 것을 강조했던 프로그램이다. 특히 여러 기관의 협조 체계를 구축할 때 지역주민의 조직체가 운영의 중심이 되어야 할 것을 강조했는데, 그 효과는 긍정적으로 평가되었다.

Farrington과 동료들(2016)은 50개의 비행 예방프로그램을 평가하면서, 11개의 개인 중심 프로그램, 9개의 가정 중심의 프로그램, 그리고 25개의 학교 프로그램 모두가 효과적이었다고 제시했다. 또한 발달이론의 주장과 일치하게 어린 시절에 개입하는 것이 더 효과적이며, 가정, 학교, 친구집단, 지역사회 등 여러 기관이 협력하는 체계를 갖추는 것이 중요하다는 점을 강조했다.

SECTION 04 우리나라의 청소년 비행 예방프로그램

1 청소년 비행예방센터

범죄성향이 이미 고착화된 대상자를 위한 재범 대책은 매우 제한적이기 때문에, 비행이 시작되기 전에 초기 비행성향을 보이는 청소년을 대상으로 한 사전 예방 차원에서의 비행예방 대책이 더 효과적이고 중요하다. 이러한 배경하에 우리나라는 2007년 '청소년 비행예방센터'를 설치하고, 기존의 사후 집행적 재범방지 정책에서 사전 예방적 정책으로 소년사법 정책이 확대될 수 있는 계기가 마련하였다.

우리나라 법무부 범죄예방정책국 청소년 비행예방센터(일명 청소년꿈키움센터)에서 운영하는 프로그램은 부적응학생 등 위기(위험) 청소년과 기소유예자 등 비행 초기 단계에 있는 청소년에 대한 것으로 전국 18개 센터에서 운영 중이다.

이 센터에서는 소년법에 따라 소년부 판사에게 교육명령을 받은 소년, 기소유예를 조건으로 교육을 의뢰한 소년, 초중등교육법에 따라 징계 대상으로 학교의 장이 의뢰한 소년, 학교폭력예방 및 대책에 관한 법률에 따른 가해 학생을 대상으로 비행 예방 및 재범 방지 또는 사회 적응을 위한 교육과정을 운영한다.

이 센터에서 운영하는 교육프로그램에는 비행 유형별(폭력, 절도 등) 교육과 올바른 가치관, 준법의식 및 인성교육, 심리검사 및 조사관 면담 등의 상담조사, 가정 요인에 해당하는 보호자 교육으로 청소년 자녀 이해, 의사소통 방식의 교육, 그 외 가족회복 캠프, 지역사회 청소년 대상 센터방문의 법 체험 및 진로 체험, 센터직원이 학교에 방문하는 학교폭력 예방교육, 그밖에 교직원과 청소년 관련 단체시설 종사자 대상 직무연수 등을 포함된다.

2 청소년 비행예방센터 프로그램 효과에 대한 연구

권해수와 김현정(2013)은 청소년 비행예방센터 프로그램의 효과를 평가하기 위해 센터에 의뢰된 초기 단계의 비행 청소년을 대상으로 효과를 분석했다. 그 결과 참여 학생의 자기통제 능력, 공감 능력이 향상되었고, 공격성은 감소했으며, 이는 추후 검사에서도 지속적으로 유지된 것으로 나타났다. 또한 교육에 대한 중요성 및 흥미가 꾸준히 향상되었으며, 참여 학생이 학교에 돌아간 후에도 학교적응 지표인 출결사항, 학교교칙 준수. 자기절제, 자존감, 타인 공감 및 배려, 학교 유대감 등에서 긍정적인 변화가 나타났다. 이러한 변화는 프로그램이 초기 단계 비행 청소년의 재비행 예방 및 재범 방지에 긍정적인 영향을 미친다는 것을 보여준다.

송영지와 동료들(2016)은 검찰과 법원 등 사법기관에서 청소년 비행예방센터로 의뢰한 위기청소년을 대상으로 실시되는 비행 예방 교육프로그램의 효과를 분석했다. 그 결과 비행의 위험요인인 공격성과 우울/불안 수치가 유의미하게 낮아졌고, 보호요인인 자아존중감, 회복탄력성, 자기통제력의 경우 유의미하게 증가한 것으로 나타나, 프로그램이 청소년 비행을 완화시킬 수 있음을 제시했다.

정현욱(2016)은 센터를 평가하면서 프로그램에 참여한 학생의 만족도가 높았고, 수업 태도, 출결사항, 학교규칙 준수에 있어서 긍정적인 영향을 미쳤으나, 센터의 수와 각 센터의 배치인원이 수요에 비해 부족하고, 센터가 소년원의 하부조직으로 구성되어 있어 정체성에 혼란을 주고 있다는 점 등을 문제점으로 지적했다. 이에 따라 센터 수를 늘리고 직원을 보충하여 더 효율적인 교육이 이루어져야 하고, 소년원에서 센터 기능을 대행하는 경우 비행예방 교육업무를 담당하는 직원이 해당 업무에만 전념할 수 있도록 소년원 업무에서 제외시키는 것이 필요하고, 신속한 업무처리와 업무의 효율성 제고 및 비행예방 교육의 전문성 확보를 위하여 센터의 독립기관화가 필요하다는 개선방안을 제시했다.

3 청소년 비행 예방을 위한 다기관의 협력 제안

청소년 비행 예방과 재범방지를 위해서는 다기관의 조화로운 협력체계가 중요하다. 국내 연구에서는 이성식(2002)이 지역사회에서 동이나 구 단위로 여러 기관의 협력을 강조하였고, 청소년 비행 대책은 개인 상담 및 치료 이외에 가정, 학교, 친구관계, 지역사회의 개선이 필요하며, 지역사회가 운영의 기반이 되어 지역사회 내의 모든 기관이 서로 연계되어 협조하는 체계가 되어야 한다고 주장했다. 지역사회를 기반으로 어린아이들을 대상으로 청소년 비행의 예방에 힘쓰며, 문제 청소년을 조기에 발견하여 적극적으로 개입하고, 비행 청소년을 치유, 교화, 감독하는 데 있어 지역 내 각 기관이 연계하여 효율적이고 체계적인 서비스를 제공하는 데 주력해야 한다는 것이다.

이러한 주장은 이후 여러 연구에서도 제안되었는데(김지연, 2009; 배상균, 2014; 이미경, 2016), 이미경(2016)은 청소년 재범 예방을 위하여 현재 이원화되어 있는 소년사법 체계와 소년복지 체계를 연계하여 운영하는 방안의 검토가 필요하며, 지역사회를 중심축으로 하여 청소년을 위한 범죄예방 활동을 운영하도록 하여 청소년 관련 기관의 협력을 유도하는 것이 필요하다고 주장하였다. 부모를 대상으로 한 양육 교육의 필요성을 제기하고 학교에서 교사와 학생의 멘토링 프로그램을 활성화하는 등의 대책을 제시하였고, 청소년복지시설, 보호관찰 기관, 지역 행정기관, 지역 기업체, 종교단체, 경찰, 지역주민, 정부의 순으로 청소년 유관기관의 역할에 따라 청소년을 위한 개별 프로그램을 제언하여 안정적인 사회유대를 형성하기 위해 지원 그리고 보호와 선도의 대책을 제시한 바 있다.

김남희(2024)는 영국에서의 다기관 협력 사례를 토대로 소년범죄자가 소년사법 시스템에 유입된 직후부터 모든 절차를 마치고 사회에 나갈 때까지의 전 과정 동안 관련된 모든 기관이 함께 노력할 수 있도록 「소년법」 제67조의3을 신설하여 국무총리 산하의 "소년범죄대책위원회"의 설치를 제안했다. 그리고 「소년법」 제67조의4를 신설하여 소년범죄대책위원회의 위원장과 위원의 자격 및 인원을 명시할 것을 제안해, 소년범죄대책위원회의 위원들로 판사, 검사, 경찰, 교수, 보호관찰소장, 소년원장, 청소년회복지원시설장(청소년회복센터장), 아동보호치료시설장, 한국법무보호복지공단 이사장, 청소년자립지원관의 장, 청소년자립생활관의 장 등 소년범죄와 관련 있는 자들로 구성하여 실무적인 정책 수립이 가능한 소년범죄 전문가로 구성된 협의체를 제안하였다. 또한 「소년법」 제67조의5를 신설하여 소년범죄대책위원회의 실천기관으로서 "소년범죄전담팀"을 설치하고, 「소년법」 제67조의6을 신설하여 소년범죄전담팀의 업무를 구체적으로 명시할 것을 제안했고, 전국 시·도청 소재지마다 하나 이상의 소년범죄전담팀을 설치할 것을 제안하였다.

비록 김남희의 제안은 비행과 범죄를 저지른 소년범죄자의 재범을 막기 위한 제안으로 비행의 예방이나 위험 청소년에 대한 대책은 제외되어 가정이나 학교 등의 기관이 제외되었다는 한계가 있기는 하지만 다기관의 협력을 강조한 점은 의미가 있다. 앞으로의 비행 예방은 비행을 저지른 비행 청소년의 재범 방지뿐만 아니라 위험 청소년, 그리고 일반청소년을 포함하는 여러 기관이 참여하는 포괄적이고 종합적인 대책이 필요하다.

참고문헌

강동범. 2000. 『사이버범죄와 형사법적 대책』. 제25회 형사정책연구원 형사정책세미나.

강은영. 2002. 『약물사범 보호관찰에 관한 연구』. 한국형사정책연구원.

경찰청. 『경찰백서』.

______. 『범죄분석』.

고성혜. 1992. "아동이 평가한 부모의 정서적 아동학대에 관한 예비연구." 『대한가정학회지』 27(3):161-171.

______. 2000. 『원조교제 실상과 대책』. 자녀안심운동 서울협의회.

고순청 · 이창한 · 이승현. 2018. "스마트폰을 이용한 청소년 성비행의 사회학습이론적 고찰." 『한국경찰학회보』 20(3):3-27.

곽대경. 2001. "침입절도범죄의 특성에 관한 연구." 『치안정책연구』 15.

교육부. 2014. 『학교폭력 유관기관 합동 워크숍』. 자료집.

______. 2017. 『학교폭력예방을 위한 워크숍』. 자료집.

국가청소년위원회. 2005, 2006, 2007. 『청소년 유해환경접촉 종합실태조사』.

권이종 · 권병진. 1999. 『청소년유해환경이론』. 서울: 교육과학사.

권해수 · 김현정. 2013. "청소년 비행예방센터에 의뢰된 초기 단계 비행 청소년을 위한 대안교육 프로그램 효과." 『한국청소년연구』 69(5):261-290.

권해수 · 윤일홍. 2015. 『소년원 출원생 사회정착 지원을 위한 희망도우미 프로젝트 성과 분석』. 법무부 정책연구보고서.

기광도. 2001. "사회계층과 자녀양육 및 비행간의 관계분석." 『형사정책연구』 12(3):139-171.

______. 2011. "가정과 청소년 비행간의 관계분석: 사회통제이론을 중심으로." 『한국경찰연구』 10(2):2-24.

김경호. 2014. "초기 청소년의 부모-자녀 의사소통과 부모의 양육태다가 학업스트레스 및 사이버비행에 미치는 영향." 『미래청소년학회지』 11(2):1-22.

김귀연 · 김경연. 2005. "아동의 위축 및 공격성에 대한 관련변인들의 관계: 거부적 양육행동, 또래 괴롭힘, 부정적 부모 표상 및 부정적 또래 표상의 인과효과." 『아동학회지』 26(6):247-266.

김남희. 2024. 『소년재범방지를 위한 다기관협력체계의 강화 방안에 관한 연구: 영국 소년범죄 대응팀의 검토를 통한 소년범죄전담팀(가칭) 설치 제안』. 연세대학교 대학원 박사학위논문.

______. 2024. "영국 소년사법 제도의 검토 및 소년범죄 시사점." 『소년보호연구』 37(1):55-98.

김도선 · 김연수. 2023. "학업중단 청소년의 비행 영향요인 연구: 복학 여부와 봉쇄이론을 중심으로." 『한국경찰학회보』 25(3):79-105.

김상희. 1991. 『청소년의 약물남용과정에 관한 연구』. 한국형사정책연구원.

김성기. 2008. "학교폭력예방 및 대책에 관한 법률과 동법 시행령의 문제점과 개선방안," 『교육법학연구』 20(2):27-45.

김성언 · 노성호. 1999. 『청소년범죄 추세분석: 1966-1998』. 한국형사정책연구원.

김양균. 1983. "소년선도보호제도의 배경." 『청소년범죄연구』 1:245-280.

김영식. 2021. "교도소 단계에서의 회복적 사법." 『회복적 사법의 실천과 과제』. 박영사.

김용근. 2006. "사이코패시 범죄피해 감소를 위한 경찰의 대응에 관한 연구". 『피해자학연구』 14:360-363.

김용태 · 박한샘. 1997. 『청소년 친구 따돌림의 실태조사』. 청소년대화의 광장.

김은경. 1998.『대중문화의 선정성이 청소년 성범죄에 비치는 영향』. 한국형사정책연구원.

______. 2001. "사이버성폭력의 현실과 쟁점들." 『사이버커뮤니케이션학보』 7:72-117.

김은경 외. 2007. 『21세기 소년사법 개혁의 방향과 과제(I)』, 한국형사정책연구원 연구보고서.

________. 2008. 『21세기 소년사법 개혁의 방향과 과제(II)』, 한국형사정책연구원 연구보고서.

김장영 · 양진건. 2000. "학교폭력의 현실과 대처방안." 제주대학교 『생활연구』 21.

김재희. 2022. "회복적사법 프로그램으로써 한국 형사조정제도 발전방안에 관한 제언." 『성균관법학』 34(3):247-280.

김종기. 1999. "학교폭력의 실태연구와 대처방안," 『제2회 청소년폭력예방직무연수교육』. 청소년폭력예방재단.

김종섭. 2000. 사이버범죄 현황과 대책. 『형사정책』 12(1):229-252.

김종욱. 1996. "가정환경이 절도비행에 미치는 영향." 『법무연구』 23:123-175.

김종휘. 2001. "청소년 성매매의 실태와 분석." 『형사정책』 13(2).

김주영 · 장현석. 2016. "부부싸움이 청소년 비행에 미치는 영향: 일반긴장이론을 중심으로." 『한국범죄학』 10(2):69-93.

김준호. 1993. "친구와 비행간의 관계에 관한 연구. 『형사정책연구』 4(3):5-43.

______. 1995. “청소년 비행집단에 관한 연구. 『형사정책연구』 6(1):131-165.
김준호 등. 1989. 『청소년비행의 원인에 관한 연구』. 한국형사정책연구원.
김준호 · 김선애. 2000. “학교주변 폭력에 대한 일 연구.” 『한국청소년연구』 11(1).
김준호 · 김순영. 1995. 『가정환경과 청소년비행』. 한국형사정책연구원.
김준호 · 노성호 1989. 『청소년비행의 원인에 관한 연구: 공부압력을 중심으로』. 한국 형사정책연구원.
____________. 1993. 『학교가 청소년비행에 미치는 영향에 관한 연구』. 한국형사정책연구원.
김준호 · 노성호 · 곽대경. 1992. 『한국의 청소년비행집단에 관한 연구』. 한국형사정책연구원.
김준호 · 노성호 · 오수정. 1990. 『청소년 범죄피해에 대한 연구』. 한국형사정책연구원.
김준호 · 박정선. 1993. 『청소년의 가출과 비행의 관계에 대한 연구』 한국형사정책연구원.
____________. 1995. 『청소년의 약물남용 실태에 관한 연구』. 한국형사정책연구원.
____________. 1996. 『학교주변 유해환경의 실태 및 비행과의 관계』. 한국형사정책연구원.
김준호 · 박정선 · 김은경. 1997. 『학교주변 폭력의 실태와 연구』. 한국형사정책연구원.
김준호 · 안호용 · 김선애 · 김선업. 2002. “가족의 구조·기능과 청소년 비행.” 『한국청소년연구』 13(1):225-267.
김준호 · 이동원. 1990. 『범죄통계의 문제점 및 개선방안에 대한 연구』. 한국형사정책연구원.
____________. 1994. 『비행소년감별제도에 관한 연구』. 한국형사정책연구원.
____________. 1995. 『보호위원의 보호관찰활동에 관한 연구』. 한국형사정책연구원.
____________. 1996. 『청소년의 긴장과 비행』. 한국형사정책연구원.
김준호 · 이성식. 1996. “계층에 따른 학업성적과 비행과의 관계.” 『형사정책연구』 7(4):97-120.
김중곤. 2022. “비공식낙인이 비행친구와의 교제를 통해 비행에 미치는 영향: 낙인이론의 부분적 검증.” 『청소년학연구』 29(3):163-186.
김지선. 2000. 『소년보호처분유형의 결정요인에 관한 연구』. 한국형사정책연구원.
______. 2001. 『성 매매 청소년의 처우실태에 관한 연구』. 한국형사정책연구원.
______. 2002. 『4호 처분의 운영실태 및 개선방안』. 한국형사정책연구원.
______. 2004. “자녀의 범죄피해에 대한 부모의 두려움,” 『피해자학연구』 12(1):25-57.
김지선 · 이병희. 2001. 『청소년 성보호 현황과 대책연구』. 청소년보호위원회.
김지연. 2009. 『비행 청소년 멘토링 운영을 위한 다기관 협력체계 구축방안 연구』. 한국청소년정책연구원 연구보고서.
김지연 · 정소연. 2014. 『가출청소년의 보호지원 실태 및 정책과제 연구』. 한국청소년정책연구원 연구보고서.

김지영·박경래·정선희. 2008. 제2차 청소년대상 성범죄의 발생추세와 동향분석: 2000년부터 2007년간 성범죄추세. 보건복지가족부.

김지영·박성훈·김현정·노성호·이상원. 2016. 『형사정책과 사법제도에 관한 평가 연구(X): 수강명령제도의 운용 및 프로그램의 효과성 평가』. 한국형사정책연구원.

김지혜. 2003. "가출청소년의 비행 경험에 대한 해석적 연구." 『아동학회지』 54:99-121.

김충남. 1999. 『범죄수사학』. 집문당.

김태헌·최응렬. 2024. "회복적 경찰활동의 운용실태 및 정책방향." 『한국경찰연구』 23(1):53-82.

김현숙. 2023. "학교 밖 청소년 비행경로에 관한 연구: 한부모 자녀와 양부모 자녀의 차이를 중심으로." 『보건과 복지』 25(1):95-121.

김현진·김민. 2016. "부모의 학대가 청소년 공격성과 비행경험에 미치는 영향." 『한국청소년연구』 25(3):97-122.

김혜영. 1989. "아동학대 관련변인에 관한 연구." 『아동문제에 관한 연구보고서』 6.

김혜원. 2011. "청소년 성매매의 현황 및 특징에 대한 분석: 2000년대 이전과 이후의 비교를 중심으로". 『청소년학연구』 (18):4.

김혜정·황태정. 2016. "회복적 사법 이념의 경찰단계 구현 방안." 『피해자학연구』 24(3):225-246.

남영옥. 2004. "청소년 사이버섹스 중독과 성비행의 심리사회적 변인." 『청소년학연구』 11권 1호.

남영옥·이상준. 2002. "청소년의 사이버섹스 중독과 사이버음란물 접촉 및 성행동과의 관계." 『청소년학연구』 9(3):185-212.

노성호. 1992. "한국의 청소년 비행화에 관한 연구." 고려대학교 사회학과 박사학위논문.

______. 1996. 『상점절도에 관한 연구』. 한국형사정책연구원.

______. 2000. 『외국의 새로운 소년범 처우제도: 가족회합제도를 중심으로』. 한국형사정책연구원.

______. 2004. "학교폭력에 대한 기존연구들의 비판적 검토," 『형사정책연구』 15(1):87-120.

______. 2009. "부모가 청소년의 범죄의 두려움에 미치는 영향," 『피해자학연구』 17(1).

노성호·김성언·이동원·김지선. 1999a. 『청소년 범죄피해에 대한 조사연구(II)』. 한국형사정책연구원.

______________________________. 1999b. 『청소년의 집단따돌림에 관한 연구』. 한국형사정책연구원.

노희주·조윤오. 2022. "자기통제력과 청소년 비행 간의 관계: 자아존중감의 조절효과를 중심으로." 『교정연구』 32(3):117-140.

대검찰청. 『범죄분석』.

도종수 · 이광호 · 임상숙 · 김영아. 1990. 『청소년 유해환경의 실태와 대책에 관한 연구』. 한국청소년연구원.

문화관광부. 『청소년백서』.

민수홍. 2005. 낮은 자기통제력의 결과로서의 청소년비행과 학교에서의 징계경험. 『청소년학연구』 12(2):1-25.

박경숙 외. 1998. 『학생의 왕따(집단 따돌림 및 괴롭힘)현상에 관한 연구』. 한국교육개발원.

박광배. 2002. 『법심리학』. 학지사.

박동균. 2001. 청소년 성매매의 실태와 대책. 『한국경찰학회보』 3호.

박미랑 · 박은영. 2020. "보호관찰 단계의 소년대상 회복적 사법 프로그램 효과 연구." 『교정담론』 14(3):59-92.

박미숙. 2000 "회복적 사법과 피해자보호" 『피해자학연구』 8:201-225.

박병식. 2000. "10대 매매춘 청소년에 대한 보호처분제도." 『10대 매매춘 청소년의 다각적인 사후지원방안』. 한국교회여성연합회.

박상기 · 손동권 · 이순래. 2001. 『형사정책』. 한국형사정책연구원.

____________________. 2019. 『형사정책』. 제12판. 한국형사정책연구원.

박석만 · 노성훈. 2020. "청소년의 부모애착, 학교전념, 비행친구, 지위비행 간의 인과성에 관한 검증: Terence P. Thornberry의 상호작용이론을 중심으로." 『형사정책연구』 31(4):163-192.

박성동. 2001. "청소년 성매매의 실태 및 대책." 『성매매 청소년 보호대책 심포지움 자료집』. 자녀안심운동 서울협의회.

박성수. 2004. "청소년 성매매의 현황과 방지대책에 관한 연구." 『한국경찰학회보』 7호.

박성훈 · 김지영 · 조영오 · 김현정 · 황여정 · 김정숙 · 배상균 · 고나영. 2017. 『소년원생의 안정적 사회정착을 위한 실태조사 및 정책지원 방안 연구(I)』. 한국형사정책연구원.

박성훈 · 심현정. 2015. "SNS에서 청소년 사이버불링의 특징 및 위험요인에 관한 연구." 『한국공안행정학회보』 24(1):155-185.

박성훈 · 윤정숙 · 성유리 · 박영옥. 2022. 『전국범죄피해조사(XII): 아동 · 청소년 범죄피해조사 2021』. 한국형사 · 법무정책연구원.

박성훈 · 장안식 · 정혜원. 2022. "비행의 원인으로서 자기통제(self-control)에 대한 메타분석(meta-analysis)." 『형사정책연구』 33(1):135-164.

박세정. 1998. "효과적인 학교폭력대책으로써의 학교-경찰연계제도 도입에 관한 연구." 『한국공안행정학회보』 7:216-258.

박영규. 2004. “청소년 성보호법상 신상공개제도의 문제점과 개선방안.” 『교정연구』 22호.

박은주 · 최말옥. 2014. “부모의 학대적 양육태도와 청소년 비행 경험 및 피해 경험에 관한 연구: 우울증 및 공격성의 매개효과를 중심으로.” 『한국가족관계학회지』 18(4):219-238.

박재윤 · 박영숙 · 홍영란. 1996. 『학교폭력유발과 증가요인과 대책』. 한국교육개발원.

박정선. 2004. “제9장 일상생활과 폭력”, 최인섭 외(2004). 『한국사회의 폭력에 대한 연구: 진단과 처방』, 서울, 한국형사정책연구원 연구보고서.

박정선. 2007. “지역 사회 중심의 청소년 비행 대책”, 『한국범죄학』 대한범죄학회, 1권 2호.

박정선 · 황성현. 2013. “청소년의 긴장감, 사회유대감, 비행친구와의 차별적 접촉이 청소년 지위비행에 미치는 영향.” 『청소년학연구』 20(10):77-94.

박지수·이지연·한윤선·김혁. 2023. 『보호소년 범죄 실태 및 정책방안 연구: 소년보호재판 및 보호처분 제도를 중심으로』. 한국청소년정책연구원.

박철현. 2000. “캐나다의 피해자학 연구동향.” 『피해자학연구』 8.

박현진 · 김동민. 2010. “탈비행 청소년이 지각한 부모-자녀관계 변화 과정.” 『한국청소년연구』 21(1):91-121.

박효정 외. 2006. 『학교폭력 실태조사』, 한국교육개발원 연구보고서.

박희경 · 김은정. 2012. “지각된 어머니와의 애착과 아동 공격성의 관계: 정서 변인의 매개효과를 중심으로.” 『한국청소년학연구』 65:73-100.

방송통신위원회·한국지능정보사회진흥원. 2024. 『사이버폭력 실태조사』.

배상균. 2014. “비행방지활동으로서의 다기관연계.” 『소년보호연구』 24:255-290.

배종대. 1998. 『형사정책』. 홍문사.

백혜정 · 김은정. 2008. 『청소년 성의식 및 행동실태와 대처방안 연구』. 한국청소년정책연구원 보고서.

법무연수원. 『범죄백서』.

법원행정처. 『사법연감』.

__________. 1993. 『기타의 사법제도-소년사건처리절차개선방안』. 법원행정처.

보건복지가족부. 『아동청소년백서』.

______________. 2008. 『2008년도 청소년 유해환경접촉 종합실태조사』.

샌더슨(Sanderson, J.). 2001. 『범죄학개론』. 김형만 · 이동원 역. 청목출판사.

서보람 · 김유나. 2013. “가출팸 청소년의 생활경험에 관한 연구.” 『미래청소년학회지』 10(1):19-48.

서봉언 · 김경식. 2015. "남녀 집단에서 살펴본 청소년 비행과 부모감독의 종단관계 연구." 『청소년문화포럼』 41:87-109.
서영석 · 안하얀 · 이채리 · 최정윤. 2015. "집단따돌림 외상 경험 및 극복 과정 연구." 『한국심리학회지: 상담 및 심리치료』 27(3):685-719.
서울특별시 교육청. 1999. "집단따돌림 이렇게 지도합시다." 『99 장학자료』.
손은아 · 최응렬. 2024. "소년원생이 인식한 비공식 낙인과 청소년 비행의 관계: 비행친구교제의 매개효과를 중심으로." 『한국범죄학』 18(2):97-115.
손희권. 2003. "과잉금지의 원칙관점에서의 청소년 성매수자 신상공개제도의 위헌성." 『청소년학연구』 10권 4호.
송영지 · 김수영 · 김진현. 2016. "위기청소년을 위한 비행 예방 교육 프로그램 효과성 연구: 청소년 비행예방센터의 대안교육프로그램을 중심으로." 『교정복지연구』 40:49-74.
송원영. 2007. "성폭력 범죄로 보호관찰 중인 청소년에 대한 인지행동치료 효과." 연세대학교 박사학위논문.
송진영. 2016. "중학생이 지각한 부모-자녀간 개방적 의사소통과 자녀의 공격성의 관계에서 자기통제력의 매개효과." 『청소년학연구』 23(7): 29-58.
신동운. 1989. "서독의 소년사법제도." 『각국의 소년사법제도』. 법무부.
신의기 · 강은영 · 이민식. 2002. 『마약류 사범 처리 실태』. 한국형사정책연구원.
신태섭. 2024. "학교폭력 실태 및 추이 분석." 『한국의 사회동향 2023』. 통계개발원.
신한미. 2021. "소년심판과 회복적 사법." 『회복적 사법의 실천과 과제』. 박영사.
신현숙 · 곽유미 · 김선미. 2012. "청소년이 지각한 통제적 양육행동과 공격성의 관계: 우울과 역기능적 충동성의 중다매개효과." 『한국심리학회지:학교』 9(2):347-366.
심보영. 2020. "회복적 경찰활동 운영 성과와 향후 과제." 『피해자학연구』 26(1):213-238.
심영희. 1988. "비행소년에 대한 사회내 처우의 종류와 그 평가." 『청소년범죄연구』 6.
______. 2001. "청소년 성매매 담론의 문제와 대책." 『형사정책』 13(2).
심영희 · 김성언 · 류철원. 1992. 『강 · 절도범죄의 실태에 관한 연구』. 한국형사정책연구원.
안제넨트 · 안톤드만. 1999. 『청소년비행의 이해』. 노성호 등 역. 한국형사정책연구원.
엄명용. 1999. "청소년비행 예방 및 문제해결을 위한 사회복지대책." 『소년보호연구』 창간호:155-84.
에이커스(Akers, R.) 2001. 『범죄학이론』. 민수홍 외 역. 지산.
여성가족부. 2014. 『2014 청소년유해환경 접촉 종합실태조사』

_________. 2016. 『2016년 청소년 매체이용 및 유해환경 실태조사』.

_________. 2020. 『2019 성매매 실태조사 결과 요약』.

_________. 2022. 『2022년 청소년 매체이용 및 유해환경 실태조사』.

연진영. 1992. 『아동학대의 실태 및 영향』. 한국형사정책연구원.

오영근 · 최병각. 1993. 『부정기형제도에 관한 연구』. 한국형사정책연구원.

___________. 1994. 『선도조건부 기소유예제도에 관한 연구』. 한국형사정책연구원.

유서구. 2017. "가출팸 경험과 비행행동의 차이: 실천대안의 탐색." 『비판사회정책』 54:52-80.

유엔마약범죄사무소(UNODC). 2020. 『회복적 사법 프로그램을 위한 핸드북』 제2판. 김재희, 김영식, 나영민, 조현지, 조미선, 강지명, 안성훈 역. 박영사.

윤옥경. 2001. "인터넷 채팅공간에 나타난 청소년성매매(원조교제)의 현실." 『청소년정책연구』 2호.

_____. 2008. "청소년 비행에 대한 개인, 가정, 학교, 지역사회의 영향력 비교." 『교정연구』 38:107-138.

윤우석. 2011. "가족의 구조적 특성과 사회경제적 지위가 부모의 양육과 청소년 비행에 미치는 영향검증." 『형사정책연구』 22(1):137-172.

윤재윤. 1993. "소년자원보호자제도의 시행경위와 현황", 『가정법원사건의 제문제』. 재판자료 62집.

윤해성 · 박성훈. 2013. 『SNS 환경에서의 범죄현상과 형사정책적 대응에 관한 연구』. 한국형사정책연구원.

윤해성·한민경·이정주·강지명. 2022. 『시대변화에 따른 소년법 및 관련규정 개정방안 연구』. 한국형사·법무정책연구원.

윤현석. 2019. "소년법상 화해권고제도에 관한 소년들의 평가를 통한 재통합 프로그램 개발에 관한 연구." 『인문사회21』 10(2):889-902.

이경재. 2001. "청소년성보호법의 문제점과 개선방안: 청소년 성매매를 중심으로." 『형사정책』 13(2).

이기문 · 김진희. 1999. 『혹시, 우리아이 왕따 아닐까』. 국일미디어.

이기연, 2016 "아동 · 청소년 성매매 관련 인권개선 정책방안" 아동 · 청소년 성매매 환경 및 인권 실태와 개선방안 토론회 발표집.

이동원. 1994. "미국의 범법자 선도보호분야에서의 민간봉사자 참여제도." 『각국의 자원봉사자 제도 연구』. 법무부. pp. 71-99.

_____. 1997. "청소년 비행에 있어서 허쉬의 사회통제이론의 확장." 『한국청소년연구』 8(1):73-102.

_____. 1997. "청소년비행의 통제요인과 유발요인의 상호작용에 관한 연구." 고려대학교 사회학

과 박사학위논문.
______. 1997. "청소년의 긴장과 비행친구가 비행에 미치는 상호작용효과." 『형사정책연구』 8(3):233-272.
______. 1999. "보호관찰과 범죄예방위원제도." 『보호관찰제도의 회고와 전망』. 한국형사정책연구원 세미나자료집. pp. 103-116.
______. 2000. "청소년 범죄피해실태의 변화 - 1990년과 1999년의 비교를 중심으로." 『피해자학연구』 8:267-293.
______. 2001. "청소년비행의 주요 요인간 상호작용 효과." 『교정연구』 13:363-390.
______. 2002. "소년범죄자의 동향에 관한 고찰.". 『한국공안행정학회보』 14:103-134.
이동원 · 김지선. 1999. 『한국의 청소년비행연구동향』. 1999.
이동진. 2002. 『소년법상 자원보호자제도에 관한 연구.』 한국형사정책연구원.
이래혁. 2021. "학교 밖 청소년의 사회적 낙인감이 비행에 미치는 영향: 충동성을 통한 학업중단 기간의 조절된 매개효과." 『보건과 복지』 23(2):165-190.
이미경. 2016. 『청소년 범죄의 재범 예방 위한 대책 연구』. 연세대학교 법무대학원 학위논문.
이백철. 1995. 『중간처우제도에 관한 연구』. 한국형사정책연구원.
이상철. 1994. 『소년사건처리제도의 한 · 일간 비교연구』. 사법연구자료, 21집.
이상철. 1994. 『판결전 조사제도에 관한 연구』. 한국형사정책연구원.
이상현. 1994. 『범죄심리학(개정판)』. 박영사.
______. 1997. 『소년비행학』. 박영사.
이성식. 1986. "청소년 비행의 원인에 관한 연구: 하위문화이론을 중심으로." 고려대학교 석사학위논문.
______. 1994. "구조적, 문화적 특성의 차이를 통한 청소년비행의 원인 고찰." 『한국청소년연구』 17:43-70.
______. 1995. "역할담당 감정으로서의 수치심과 청소년비행: 상징적 상호작용모델의 검증을 중심으로." 『한국사회학』 29(가을호):617-649.
______. 1995. "청소년비행론에 있어서 허쉬의 사회통제이론에 대한 수정된 논의." 『형사정책연구』 24:183-204.
______. 1997. "사회내처우 비행소년과 시설내처우 비행소년의 재범가능성에 대한 비교연구." 『형사정책』 9:193-214.
______. 1998. "공식처벌의 간접손실효과: 확대억제이론의 검증." 『형사정책연구』 35:221-46.

_____. 1999. "비행친구와 비행과의 관계." 『형사정책연구』 10(2):193-221.

_____. 2002. "가정, 비행친구, 비행의 상호인과관계." 『형사정책연구』, 13(1):67-87.

_____. 2002. "청소년범죄 예방을 위한 지역중심의 종합적 다기관 연계전략." 『교정연구』 16:119-54.

_____. 2005a. 사이버공간에서의 청소년비행의 원인에 관한 연구. 『형사정책연구』 16(3):145-174.

_____. 2005b. 인터넷중독과 청소년비행의 관계. 『정보화정책』 12(3):35-47.

_____. 2006a. 중학생 오프라인과 온라인 폭력 원인모색을 위한 주요 요인들의 적용. 청소년학연구 13(6):179-200.

_____. 2006b. 사이버언어폭력의 원인과 방지대책. 『형사정책』 18(2):421-40.

_____. 2007a. 『청소년 사이버범죄 유형별 원인 및 통제요소에 관한 통합적 연구』. 한국형사정책연구원 연구보고서.

_____. 2007b. 청소년비행과 비공식낙인의 영향: 청소년패널자료의 분석. 『형사정책연구』 18(3):1105-1127.

_____. 2017. 『사이버범죄학: 원인/유형/대책』. 제2판. 도서출판 그린.

이성식 · 전신현. 2009. "학업성적과 청소년 비행: 청소년패널자료를 통한 비행이론들의 검증," 『청소년연구』 20(1):91-111.

___________. 2000. "학교에서의 집단괴롭힘의 상황요인과 집단역학과정." 『형사정책』 12(1).

___________. 2001. "가부장적 가정과 여자청소년의 비행: 대립되는 두 가설의 검증을 중심으로." 『한국사회학』 35:173-98.

이수정. 2006. "싸이코패스 감별도구인 PCL-R". 『한국경찰학회보』 12:221-226.

이숙 · 최정미. 2006. "어머니의 과보호 양육행동과 아동의 공격성, 위축 및 자기유능감." 『한국지역사회생활과학회지』 17:69-79.

이순래. 1994. "소년범죄자의 재통합에 관한 연구" 『형사정책연구』 5(3):157-190.

_____. 2002. "소년전환처우(Juvenile diversion)의 활성화 방안에 관한 연구: 화해제도의 도입을 중심으로." 『소년법연구』 1.

_____. 2002. 『학교폭력의 원인 및 대처방안에 관한 연구』. 한국형사정책연구원.

이승현 · 강지현 · 이원상. 2015. 『청소년 사이버폭력의 유형분석 및 대응방안 연구』. 한국형사정책연구원.

이승현 · 박성훈. 2015. 『소년분류심사원의 역할강화방안』. 한국형사정책연구원.

이승현 · 이천현 · 안성훈 · 박서훈 · 이덕난 · 김영식. 2013. 『현장중심 학교폭력 개선을 위한 법 · 제도 구축방안』. 경제 · 인문사회연구회 미래사회협동연구총서.

이승현·정소영·박현나·손여옥. 2024. 『소년범죄 처벌 실태 분석 및 처분 양형 기준 도입방안 연구(I): 소년보호처분 기준을 중심으로』. 한국형사·법무정책연구원.

이영숙. 1984. "부부갈등과 아동학대." 『군산대학 논문집』 7.

이완희. 2014. "한국 청소년들의 중비행에 관한 범죄이론적 비교연구." 『한국경찰학회보』 16(1):139-160.

이완희 · 유완석. 2014. "청소년 지위비행에 관한 분석적 연구: 청소년 비행이론을 중심으로." 『한국경호경비학회지』 39:217-239.

이용식. 2018. "회복적 사법에 대한 비판적 소고: 소년범을 중심으로." 『소년보호연구』 31(3):285-320.

이원기 · 유효은 · 이창한. 2019. "다문화청소년의 비행 영향요인에 관한 연구." 『한국경찰학회보』 21(1):65-90.

이윤호. 1991. 『소년보호처분의 효과분석』. 한국형사정책연구원.

______. 1997. 『형사정책』. 박영사.

______. 2002. 『범죄학개론』. 박영사.

이은진. 2009. "보호관찰 성폭력 가해청소년과 부모를 위한 교육프로그램의 효과." 『한국심리학회지: 여성』. 14(1).

이장현 외. 2001. 『학교폭력의 최근동향과 문제점에 관한 고찰』. 한국청소년개발원.

이재상. 1998. 『형법각론』. 박영사.

______. 2003. 『형법총론』. 박영사.

이정민 · 조윤오. 2016. "청소년의 연령별 사이버불링 행동 요인 분석: 숀베리의 상호작용이론을 중심으로." 『경찰학논총』 11(4):321-348.

이종갑. 2008. "성범죄자 신상공개제도의 법정책적 고찰." 『법과 정책연구』. 8집 1호.

이종원. 2001. 『청소년의 인터넷관련 문제행동 실태분석』 한국청소년개발원 연구보고서.

이종원 역. 1998. 『일본 청소년 이지메의 실태와 대책』. 한국청소년개발원.

이종원 · 이유진 · 김준홍. 2012. 『청소년 유해환경 접촉 종합실태조사』. 여성가족부.

이지현. 2019. "지역사회 집합적 효능이 아동의 학교폭력 가해 행동에 미치는 효과: 다층모형 분석." 『사회복지연구』 50(2):5-27.

이창연. 1996. "학교폭력 그 원인과 대책은." 『충북교육』 123.

이창한 · 강민완. 2010. "결손가정의 기능적 특성과 적응유연성이 청소년 비행에 미치는 영향."

『한국경찰학회보』 12(1):175-200.
이춘화. 1995. 『청소년의 폭력에 관한 의식 및 실태 조사연구』. 한국청소년개발원.
이충권 · 양혜린 · 윤연지. 2015. "가족구조 결손과 경제적 수준이 청소년 비행에 영향을 미치는 경로: 부모의 양육태도 및 청소년의 심리정서상태의 매개효과." 『청소년시설환경』 13(4):23-35.
이호중. 2000. "회복적 사법: 이론과 법이론적 쟁점들." 국제형사학 심포지움 발표논문.
이황우 외 7인. 1997. 『형사정책』. 법문사.
이훈규 · 이경재. 1996.『청소년 약물남용 예방전략』. 한국형사정책연구원.
이희경 · 이희길. 2001.『비행청소년의 성의식 조사: 청소년 성매매를 중심으로』. 자녀안심운동 서울협의회.
임영식. 1998. "학교폭력에 영향을 미치는 요인에 관한 연구," 『청소년학연구』 5(3):1-26.
임희섭 외. 2002. 『한국의 문화변동과 가치관』. 한국사회연구소 연구총서 1. 서울: 나남출판.
임희연, 정일환, 문상호. 2023. "청소년 비행의 영향 요인 분석: 학교생활의 매개효과를 중심으로." 『정책분석평가학회보』 33(1): 111-134.
장송이. 2024. "회복적 사법을 위한 형사조정제도 개선 방향 연구." 『형사법의 신동향』 83:45-86.
장준오. 2003. 『사이버상의 청소년일탈에 관한 연구』. 한국형사정책연구원 연구보고서.
전국교직원노동조합. 1999. "학교에서의 집단따돌림(왕따) 실태와 그 대안." 『교육정책토론회자료집』.
전대양. 2002. 『현대사회와 범죄』. 형설출판사.
전신현 · 이성식. 2021. "비행행동에 있어서 학교적응과 자아존중감의 상호작용효과와 성별 차이." 『한국범죄심리연구』 17(2):125-138.
전영실. 2001. 『청소년 성범죄자 재활 프로그램의 실태 및 개선방안』. 한국형사정책연구원.
전영실 · 유진 · 노성훈. 2018. 『전국범죄피해조사(Ⅷ): 아동 · 청소년 범죄피해조사 2017』. 한국형사정책연구원.
전현욱 · 송광섭 · 양가을 · 김혜영. 2023. 『형사조정제도의 운영현황과 개선방안』. 한국형사법무정책연구원 연구보고서.
정동숙. 2014. "자녀가 지각하는 어머니 양육태도가 학교폭력 가해경험에 미치는 영향." 『석사학위논문』 가천대학교 행정대학원.
정병삼. 2010. "부모지도감독이 청소년의 비행친구 접촉과 일탈행동에 미치는 종단적 억제효과." 『청소년상담연구』 18(2):149-165.
정보통신윤리위원회. 2007. 『2007년 불법, 청소년유해정보 이용실태 조사』.

정소희. 2006. "가족구조, 부모양육행동 및 청소년 비행: 모자가정과 부자가정의 비교를 중심으로." 『사회복지연구』 30:185-213.

______. 2007. "사회경제적 지위, 부부갈등, 부모양육행동, 자아통제력이 청소년 비행에 영향을 미치는 경로분석." 『사회복지연구』 32:5-34.

정주영. 2014. "부모-자녀의 부정적 상호작용이 우울, 분노를 매개로 청소년의 공격성에 미치는 영향: 성별차이를 중심으로." 『한국청소년연구』 25(2):237-263.

정주호. 2017. "부모의 폭력적 양육태도가 청소년의 폭력비행에 미치는 영향: 공격성 및 우울의 매개효과 검증." 『한국경찰학회보』 19(1):149-184.

정진성·장응혁. 2023. "청소년 비행의 발생과 지속에 대한 연구: 가정, 학교, 정서 요인 비교검증." 『형사정책연구』 34(3):163-192.

정진성·정하보·김정민. 2020. "청소년 비행을 설명하는 사회유대이론 검증: 비행의 경중에 따른 유대 요소별 영향력 비교." 『경찰학연구』 20(4):137-168.

정하은·전종설. 2012. "청소년 학교폭력 피해의 위험요인." 『청소년복지연구』 14(1):195-212.

정현옥. 2016. 『청소년에 대한 비행예방교육정책의 효과분석: 청소년 비행예방센터를 중심으로』. 서울대학교 행정대학원 학위논문.

정혜원. 2015. "국내 회복적 소년사법에 대한 연구동향 및 과제: 예비적 고찰." 『소년보호연구』 28(2):153-176.

정혜원·박윤환. 2012. 『성매매 피해청소년의 공간패턴 연구』. 한국여성인권진흥원.

정희선. 1997. "한국에서 남용되는 약물의 현황 및 분석에 대한 고찰." 『형사정책연구』 8(1).

젤레스(R. J. Gelles). 1997. 『가정폭력의 허상과 실상』. 이동원·김지선 역. 길안사.

조미선. 2023. "회복적 사법 프로그램 내 절차적 보호장치에 대한 검토." 『법학연구』 26(1):143-177.

조병인. 1997. 『현대사회와 범죄』. 법문사.

______. 2000. 『현대사회와 범죄』. 법문사.

______. 2001. 『현대사회와 범죄』. 법문사.

______. 2002. "마약류 불법유통과 규제전략." 『형사정책연구』 13(2).

조아미·임영식. 2009. "가족구조 유형에 따른 청소년의 심리적 특성과 지위비행의 차이." 『미래청소년학회지』 6(1):137-154.

조영오. 2021. "청소년 비행에 대한 일반긴장이론의 조절효과 검증." 『경찰학연구』 21(2):137-162.

조준상·오영환·이윤희·윤여생·이정훈·김솔. 2014. 『2014년 사이버폭력 실태조사』. 한국방송통신위원회·한국인터넷진흥원.

조진경, 2016, “아동 · 청소년 성매매 환경과 인권상활 실태”, 아동 · 청소년 성매매 환경 및 인권 실태와 개선방안 토론회 발표집

주영선 · 정익중. 2019. “지역사회 빈곤, 범죄, 유해환경 수준이 청소년 비행에 영향을 미치는가?” 『한국청소년연구』 30(4):33-62.

주왕기. 1996. “환각물질과 청소년비행.” 『보호』 1996년 6월호.

주희종. 2000. “청소년선도 및 보호정책의 방향과 과제.” 『보호』 11.

지광준. 1999. “학교폭력의 현상과 그 대책.” 『강남대학교 논문집』 33.

진계호. 2002. 『형사정책』. 대왕사.

천장웅. 2000. “청소년 사이버일탈의 특성과 유형에 관한 연구.” 『청소년학연구』 7:97-116.

청소년보호위원회. 2001. 『청소년폭력의 실태』.

______________. 2002. 『2002년도 청소년 유해환경접촉 종합실태조사』.

청소년폭력예방재단. 1999. “왕따 극복하기.” 『청소년폭력예방재단 자료집』.

최수형 · 박현수. 2013, 『청소년 강력범죄의 실태 및 특성에 관한 연구』. 한국형사정책연구원.

최응렬. 1997. “주거침입절도 방지를 위한 방범대책에 관한 연구-CPTED이론을 중심으로.” 『형사정책연구』 8(3).

최인섭 · 노성호 · 이동원 · 박순진 · 진수명 · 김지선. 1999. 『자녀안심하고 학교보내기운동 평가연구』. 한국형사정책연구원.

최인섭 · 진수명. 1993. 『소년보호관찰의 평가와 효율성 분석』. 한국형사정책연구원.

최재석. 1982. 『한국인의 사회적 성격』. 서울: 개문사.

하태선 · 배임호. 2014. “소년범죄 피해자와 가해자의 관계회복 경험에 관한 사례연구 -서울가정법원 화해권고제도 참여학생을 중심으로.” 『학교사회복지』 28:167-193.

한국방송통신위원회 · 한국인터넷진흥원. 2016. 『2015년 사이버폭력 실태조사』 결과보고서.

한국백화점협회. 1993. “소매업의 도난방지 매뉴얼.” 『백화점협회보』 45-51.

한상진. 1999. 『도시와 공동체』. 서울: 한울 아카데미.

한영선·이영면·현지현. 2020. 『소년법 강의』. 솔과학.

함인희. 2002. “베이비붐 세대의 문화와 세대경험”, 임희섭 외 한국의 문화변동과 가치관. 한국사회연구소 연구총서 1. 서울: 나남.

허민경. 2023. “순전한 회복적 사법의 구현으로서 형사조정제도의 전망.” 『법조』 72(3):185-209.

홍생표 외. 1998. 『학생 생활의식 실태조사』. 한국교원단체총연합회.

홍성초 · 조제성. 2021. “다문화 청소년의 비행 유형별 범죄이론 영향요인 연구.” 『한국범죄심리

연구』 17(1):209-222.

홍영오. 2008. 『2008년 청소년대상 범죄피해조사연구』, 한국형사정책연구원 연구보고서.

_____. 2014. 『청소년 대상 범죄피해조사』. 한국형사정책연구원.

황성숙. 1998. "학교내 집단괴롭힘에 대한 일 연구 : 실태 및 피해-가해의 중첩성을 중심으로." 고려대학교 사회학과 석사학위논문.

황성원 · 조준상 · 오영환 · 이정훈 · 임동균 · 김솔. 2013. 『2013년 사이버폭력 실태조사』. 한국방송통신위원회 · 한국인터넷진흥원.

황성현. 2006. "미국과 한국 청소년들의 약물남용에 관한 비교연구." 2차 한국범죄학회 학술대회 발표논문.

_____. 2012. "초, 중, 고등학교 청소년의 지위비행에 대한 상호작용론적 연구: 로지스틱 회귀분석을 이용하여." 『청소년학연구』 19(10):23-43.

황성현 · 이창한 · 이완희 · 이강훈 · 정재훈 · 이승현. 2022. 『한국 범죄학』. 서울: 동국대학교출판부.

황순길 외. 2001. "청소년 가출과 성매매 실태 분석." 『청소년 위기, 어떻게 해결할 것인가?』. 한국청소년상담원.

황지태. 2005. 『학교폭력의 심각성에 대한 학생 및 교사들의 인지도 연구』, 한국형사정책연구원 연구보고서.이승현 · 노성호. 2013. 『청소년 따돌림에 대한 형사정책적 대응방안』. 한국형사정책연구원.

황태정. 2024. "회복적 경찰활동의 법제화 방안." 『형사정책연구』 35(3):233-262.

Abrahamsen, D. 1944. *Crime and Human Mind.* New York: Columbia University Press.

Adler, F. 1975. *Sisters in Crime: The Rise of the New Female Criminal.* New York: McGraw-Hill.

Agnew, R. 1984. "Goal Achievement and Delinquency." *Sociology and Social Research* 68:435-451

Agnew, R. 1985. "A Revised Strain Theory of Delinquency," *Social Forces* 64:151-167

Agnew, R. 1985a. "Social Control Theory and Delinquency: A Longitudinal Test." *Criminology* 23:47-61.

Agnew, R. 1985b. "Social Control Theory and Delinquency: A Longitudinal Test." *Criminology* 29:47-72.

Agnew, R. 1991. "A Longitudinal Test of Social Control Theory and Delinquency."

Journal of Research in Crime and Delinquency 28:126-156.

Agnew, R. 1992. "Foundations of a General Strain Theory of Crime and Delinquency." *Criminology* 30:47-87.

Agnew, R. 1994. "The Techniques of Neutralization and Violence." *Criminology* 32:555-80.

Agnew, R. 2001. "Building on the Foundation of General Strain Theory." *Journal of Research in Crime and Delinquency* 38:319-61.

Agnew, R. and H. R. White. 1992. "An Empirical Test of General Strain Theory." *Criminology* 30:475-99.

Agnew, R. and Nikos Passas. 1997. "Introduction." in *The Future of Anomie Theory*, edited by Nikos Passas and Robert Agnew. Boston, The Northeastern University Press.

Aichorn, A. 1935. *Wayward Youth*. New York: Viking Press.

Akers, R. L. 1985. *Deviant Behavior: A Social Learning Approach*. Belmont, CA: Wadsworth.

Akers, R. L. 1996. "Is differential association/social learning cultural deviance theory?" *Criminology* 34:229-247.

Akers, R. L. 1998. *Social learning and social structure: a general theory of crime and deviance.* Boston, Northeastern University Press.

Akers, R. L., M. K. Krohn, L. Lanza-Kaduce and M. Radosevich. 1979. "Social Learning and Delinquent Behavior: A Specific Test of General Theory." *American Sociological Review* 44:636-655.

Alberts-Corush, J. P. Firestone, and J. Goodman, 1986. "Attention and Impulsivity Characteristics of the Biological and Adoptive Parents of Hyperactive and Normal Control Children. *American Journal of Orthopsychiatry* 56:413-423.

Alder, C. and J. Wundersitz. 1994. *Family Conferencing and Juvenile Justice*, Canberra: Australian Institute of Criminology

Alexander, J. F. 1973. "Defensive and Supportive Communication in Normal and Deviant Families." *Journal of Consulting and Clinical Psychology* 40:223-231.

Alexander, J. F., A. Holtzworth-Munroe, and P. B. Jameson. 1994. "The Process and Outcome of Marital and Family Therapy Research: Review and Evaluation." in *Handbook of Psychotherapy and Behavior Change*. edited by A. E. Bergin and S. L. Garfield. New York: Wiley.

Anderson, L. S., T. G. Chiricos and G. P. Waldo. 1977. "Formal and Informal Sanctions: A Comparison of Deterrent Effects." *Social Problems* 25:103-14.

Andrews, D. A., and J. Bonta. 1998. *The Psychology of Criminal Conduct.* Cincinnati, OH: Anderson.

Andrwes, D. A., I. Zinger, R. D. Hoge, J, Bonta, P. Gendreau, and F. T. Cullen. 1990. "Does Correctional Treatment Work? A Psychologically Informed Meta-Analysis." *Criminology* 28:369-404.

Andry, R. G. 1957. "Faulty Paternal and Maternal Child Relationships, Affection and Delinquency." *British Journal of Delinquency* 8:34-48.

Andry, R. G. 1960. *Delinquency and Parental Pathology.* London: Methuen.

Arnette, J. and M. Walsleben. 1998. *Combating Fear and Restoring Safety in Schools.* Washington, DC: Office of Juvenile Justice and Delinquency Prevention.

Arnold, W. R. 1965. "The Concept of Gang." *The Sociological Quarterly* 7(1):59-75.

Austin, R. L. 1978. "Race, father-Absence and Female Delinquency." *Criminology* 15:487-504.

Babbie, E., and F. Halley. 1995. *Adventures in Social Research: Data Analysis Using SPSS for Windows*. Thousand Oaks, CA: Pine Forge Press.

Bailey, W. C. 1984. "Poverty, Inequality and City Homicide Rates." *Criminology* 22:531-50.

Bandura, A. and R. H. Walters. 1959. *Adolescent Aggression*. New York: Ronald.

Bartol, C. 1980. *Criminal Behavior: A Psychosocial Approach*, Englewood Cliffs, NJ: Prentice-Hall, Inc.

Barton, W. H., and J. A. Butts. 1990. "Viable Options: Intensive Supervision Programs for Juvenile Delinquents." *Crime & Delinquency* 36:238-256.

Battistich, V., E. Schaps, M. Watson, and D. Solomon. 1996. "Prevention Effects of the Child Development Project: Early Findings from an Ongoing Multi-Site Demonstration Trial." *Journal of Adolescent Research* 11:12-35.

Bazemore, G. and L. Walgrave, 1999. *Restorative Juvenile Justice: Repairing the Harm of Youth Crime*. New York: Criminal Justice Press.

Becker, H. S. 1963. *Outsiders: Studies in the Sociology of Deviance.* New York: Free Press.

Beckwith, L. and A. Parmelee, 1986. "EEG Patterns of Preterm Infants, Home Environment, and Later IQ." *Child Development* 57:777-789.

Belenko, S. 1990. “The Impact of Drug Offenders on the Criminal Justice System.” in *Drugs, Crime and the Criminal Justice System.* Cincinnati: Anderson Publishing Co.

Bernard, T. 1984. “Control Criticism of Strain Theories: An Assessment of Theoretical and Empirical Adequacy.” *Journal of Research in Crime and Delinquency* 21:353-72.

Bernard, Thomas J 1990. “Angry Aggression Among the Truly Disadvantaged.” *Criminology* 28:73-96.

Bernard, Thomas J. and Jeffrey B. Snipes. 1996. “Theoretical Integration in Criminology.” pp.301-348 in, *Crime and Justice: An Annual Review of Research*, edited by Norval Morris and Michael Tonry. Chicago, The University of Chicago Press.

Bierman, K. L., M. T. Greenberg, and Conduct Problems Prevention Research Group. 1996. “Social Skills Training in the Fast Track Program.” in *Preventing Childhood Disorders, Substance Abuse, and Delinquency*. edited by R. D. Peters and R. J. McMahon. Thousand Oaks, CA: Sage.

Biles, D. 1971. “Birth Order and Delinquency.” *Australian Psychologist* 6:189-193.

Biles, D. and D. Challinger. 1981. “Family Size and Birth Order of Young Offenders.” *International Journal of Offender Therapy and Comparative Criminology* 25:60-66.

Blagg, H., G. Pearson, A. Sampson, D. Smith, and P. Stubbs. 1988. “Inter-agency Coordiation.” in *Communities and Crime Reduction.* edited by T. Hope and M. Shaw. London, HMSO.

Blau, J. R. and P. M. Blau. 1982. “Metropolitan Structure and Violent Crime.” *American Sociological Review* 47:114-28.

Blechman, E. 1982. “Are Children with One Parent at Psychological Risk?” *Journal of Marriage and the Family* 44:179-195.

Block, J., J. Block and P. F. Gjerda. 1986. “The Personality of Children Prior to Divorce: A Prospective Study.” *Child Development* 57:827-840.

Boccio, C. M. 2022. “Do as I Say, Not as I Do? Examining Possible Individual-Level Moderators in the Relationship Between Criminal Attitudes and Offending.” *Criminal Justice and Behavior* 49(5):761-777.

Botvin, D. J. 1990. “Substance Abuse Prevention: Theory, Practice and Effectiveness.” in *Drugs and Crime*. edited by Tonry and J. Q. Wilson. Chicago: University of Chicago

Press.

Botvin, G. J., E. Baker, N. L. Renick, A. D. Filazzola, and E. M. Botvin. 1984. "A Cognitive Behavioral Approach to Substance Abuse Prevention." *Addictive Behaviors* 9:137-147.

Bouchard, T., D. Lykken, D. McGue, N. Segal, and A. Tellegen, 1990. "Sources of Human Psychological Differences: The Minnesota Study of Twins Reared Apart." *Science* 250:223-228.

Bowlby, J. 1946. *Forty-Four Juvenile Thieves: Their Characters and Home-Life*. London: Bailiere, Tindall and Cox.

Boyd, J. A. and J. Harrell. 1975. "University Shoplifting Study." *Store* 51:9-25.

Braithwaite, J. 1981. "The Myth of Social Class and Criminality Reconsidered." *American Sociological Review* 46:36-57.

Braithwaite, J. 1989. *Crime, Shame and Reintegration*. Cambridge: Cambridge University Press.

Braithwaite, J. 1994. "Resolving Crime in the Community: Restorative Justice Reforms in New Zealand and Australia," in *Report of a conference of Resolving Crime in the Community: Mediation in Criminal Justice*. edited by C. Martin.

Braithwaite, J. 1999. "A Future Where Punishment is Marginalized: Realistic or Utopian?" *UCLA Law Review* 46.

Braithwaite, J., and S. Mugford, 1994. "Conditions of Successful Reintegration Ceremonies: Dealing with Juvenile Offenders," *British Journal of Criminology* 34:139-171

Brandt, D. and S. Zlotnick, 1988. *The Psychology and Treatment of the Youthful Offender.* Springfield, Ill.: Charles C. Thomas.

Brandwein, R., C. Brown., and F. M. Fox. 1974. "Women and Children Last: The Social Situation of Divorced Mothers and Their Families." *Journal of Marriage and the Family* 36:498-514.

Breckinridge, S. P., and E. Abott. 1912. *The Delinquent Child and the Home*. New York: Russell Sage.

Brennan, T., D. Huizinga, and S. Elliott. 1978. *The Social Psychology of Runaways.* Lexington: Lexington Books.

Brezina, T. 1996. "Adapting to Strain: An Examination of Delinquent Coping Responses."

Criminology 34:39-60.

Briar, S. and I. Piliavin, 1965. "Delinquency, Situational Inducements, and Commitment to Conformity." *Social Problems* 13:35-45.

Brown, M. L. 1984. "Five-finger Discount: A Look at Shoplifting and Retail Security." *USA Today*, 113(2474):64-67.

Brownfield, D. 1987. "Father-Son Relationship and Violent Behavior." *Deviant Behavior* 8:149-176.

Brownfield, D. and A. M. Sorenson, 1993. "Self-Control and Juvenile Delinquency: Theoretical Issues and Empirical Assessment of Selected Elements of a General Theory of Crime." *Deviant Behavior* 14:243-264.

Brownfield, D. and K. Thompson, 1976. "Attachment to Peers and Delinquent Behavior." *Canadian Journal of Criminology* 33(1):45-60.

Bruinsma, G. J. N. 1992. "Differential Association Theory Reconsidered: An Extension and Its Empirical Test." *Journal of Quantitative Criminology* 8:29-49.

Buchanan, C. M., J. Eccles, and J. Becker, 1992. "Are Adolescents the Victims of Raging Hormones? Evidence for Activational Effects of Hormones on Moods and Behavior at Adolescence." *Psychological Bulletin* 111:62-107.

Burchard, J. D., and S. N. Burchard 1987. *Prevention of Delinquents Behavior*. Beverly Hills: Sage.

Burgess, P. K. 1972. "Eysenck's Theory of Criminality: A New Approach." *British Journal of Criminology* 10:74-82.

Burgess, R .L. and R. L. Akers. 1966. "A Differential Association-Reinforcement Theory of Criminal Behavior." *Social Problems* 14:128-47.

Burgess, R. L. 1980. "Family Violence: Implications from Evolutionary Biology." in *Understanding Crime*. edited by T. Hirschi and M. Gottfredson. Beverly hills: Sage.

Burkett, S. R. and C. A. Hickman. 1982. "An Examination of the Impact of Legal Sanctions on Adolescent Marijuana Use: A Panel Analysis." *Journal of Drug Issues* 12:73-87.

Bursik, R. J. 1988. "Social Disorganization and Theories of Crime and Delinquency: Problems and Prospects." *Criminology* 26:519-51.

Bursik, R. J. and H. G. Grasmick. 1993. *Neighborhoods and Crime: The Dimensions of*

Effective Community Control. New York: Lexington Books.

Burt, C. 1958. "The Inheritance of mental ability." *American Psychologist*, 13:1-5.

Burton, V. S. and F. T. Cullen. 1992. "The Empirical Status of Strain Theory." *Journal of Crime and Justice* 15:1-30.

Cadoret, R., C. Cain, and R. Crowe, 1983. "Evidence for a Gene-Environment Interaction in the Development of Adolescent Antisocial Behavior." *Behavior Genetics* 13:301-310.

Cao, Liqun, Anthony Adams and Vickie J. Jensen. 1997. "A Test of the Black Subculture of Violence Thesis: A Research Note." *Criminology* 35:367-379.

Carlson, B. 1986. "Children's Beliefs about Punishment." *American Journal of Orthopsychiatry* 56:308-312.

Cattarello, A. M. 2000. "Community-level Influences on Individuals' Social Bonds, Peer Associations, and Delinquency: A Multi level Analysis." *Justice Quarterly* 17(2):33-60.

Cernkovich, S. A. 1987. "Value Orientations and Delinquency Involvement." *Criminology* 15:443-458.

Cernkovich, S. A. and P. C. Giordano. 1992. "School Bonding, Race, and Delinquency." *Criminology* 30:261-291.

Cernkovich, S. A. and P. Giordano. 1987. "Family Relationships and Delinquency." *Criminology* 25:295-321.

Chamlin, M. B. and J. K. Cochran, 1995. "Assessing Messner and Rosenfeld's Institutional Anomie Theory: A Partial Test." *Criminology* 33(3):411-429.

Chapman, W. R. 1986. *"Delinquency Theory and Attachment to Peers."* Ph.D. Dissertation at State University of New York at Albany.

Chapple, C. L. 2005. *Self-Control, Peer Relations, and Delinquency. Justice Quarterly* 22:89-106.

Chesney-Lind, M. 1997. *The Female Offender: Girl, Delinquency, and the Juvenile Justice System*. Pacific Grove, CA: Brooks/Cole.

Chesney-Lind, M. 1988. "Girls in Jail." *Crime & Delinquency* 34:150-168

Chesney-Lind, M. 1989. "Girls' Crime and Woman's Place: Toward a Feminist Model of Female Delinquency." *Crime & Delinquency* 35:5-29.

Chesney-Lind, M. 1999. "Challenging Girls' Invisibility in Juvenile Court." *The Annals of*

the American Academy 564:185-202.
Chesney-Lind. M., and R. G. Shelden. 1992. *Girls, Delinquency, and Juvenile Justice.* Pacific Grove, CA: Brooks/Cole.
Chesney-Lind, M., and R. G. Shelden. 1998. *Girls, Delinquency, and Juvenile Justice.* Wadsworth Publishing Company: Belmont, CA
Chilton, R. and S. K. Datesman. 1987. "Gender, Race and Crime: An Analysis of Urban Arrest Trends." *Gender and Society* 1:152-71.
Cho, S. 2021. "Modeling the Reciprocal Relationships Between Group-Based Developmental Trajectories of Peer Delinquency and Self-Reported Delinquency During Adolescence: An Application of Interactional Theory." *Criminal Justice and Behavior* 48(2):234-255.
Cho, Y., S. DioGuardi, T. Nickell, and W. Lee, 2021. "Indirect Cyber Violence and General Strain Theory: Findings from the 2018 Korean Youth Survey." *Children and Youth Services Review* 121:105840.
Choi, J., N. E. Kruis, and J. Kim, 2019. "Examining the Links Between General Strain and Control Theories: An Investigation of Delinquency in South Korea." *Asian Journal of Criminology* 14:201-221.
Cirillo, K., B. Pruitt, B. Colwell, P. Kingery, R. Hurley, and D. Ballard, 1998. "School Violence: Prevalence and Intervention Strategies for At-Risk Adolescents." *Adolescence* 33:319-331.
Clark, J. P., and E. P. Wenninger. 1962. "Socio-Economic Class and Area as Correlates of Illegal Behavior Among Juveniles." *American Sociological Review* 27:826-834.
Cloninger, C. R., and S. B. Guze. 1970. "Female Criminals: Their Personal, Familial and Social Backgrounds." *Archives of General Psychiatry* 23:554-558.
Cloward, R. A., and L. E. Ohlin. 1960. *Delinquency and Opportunity: A Theory of Delinquent Gangs*. Glencoe: The Free press.
Cohen, A. K. 1955. *Delinquent Boys*. Glencoe, IL: Free Press.
Cohen, A. K. 1971. *Delinquent Boys.* The Culture of the Gang. Glencoe: The Free Press.
Cohen, L. E. and M. Felson. 1979. "Social Change and Crime Rate Trends: A Routine Activity Approach." *American Sociological Review* 46:505-24.

Cole John, Robert Terry, Shari-Miller Johnson, and John Lochman. 1995. *"Longitudinal Effects of Deviant Peer Groups on Criminal Offending in Late Adolescence"*, Paper presented at the American Society of Criminology Meeting, Boston, Massachusetts, November.

Coleman, James S. 1988. "Social Capital in the Creation of Human Capital." *American Journal of Sociology* 94 Supplement:S95-S120.

Conger, R. D. 1976. "Social Control and Social Learning Models of Delinquent Behavior: A Synthesis." *Criminology* 14:17-40.

Conklin, J. E. 2001. *Criminology*. Boston: Allyn and Bacon.

Corley, C. J., S. Cerncovich, and P. Giordano. 1989. "Sex and the Likelihood of Sanction." *Journal of Criminal Law and Criminology* 80:540-56.

Cornish, D. B. and R. V. Clarke. 1986. *The Reasoning Criminal: Rational Choice Perspectives on Offending*. New York: Springer-Verlag.

Crawford, A. 1994. "The Partnership Approach to Community Crime Prevention." *Social and Legal Studies* 3:497-519.

Cromwell, P. and Killington, G. 1994. *Community Based Corrections: Probation, Parole and Intermediate Sanctions*. New York: West Publishing Company

Culliver, C. 1988. *"Juvenile Delinquency and Learning Disability: Any Link?"* Paper presented at the Academy of Criminal Justice Sciences, San Francisco, April 1988.

Daly, K. and M. Chesney-Lind. 1988. "Feminism and Criminology." *Justice Quarterly* 5:497-538.

Datesman, S. D., and F. R. Scarpitti. 1975. "Female Delinquency and Broken Homes: A Re-Assessment." *Criminology* 13:33-55.

Demott, J. S. 1984. "Light Fingers: Thieves within and without." *Time Magazine*, (Dec 31):65.

Denno, D. 1988. "Human Biology and Criminal Responsibility: Free Will or Free Ride?" *University of Pennsylvania Law Review* 137:615-671.

Dentler, R. A., and L. J. Monroe. 1961. "Social Correlates of Early Adolescent Theft." *American Sociological Review* 26:733-743.

Dishion, T. J., G R. Patterson, and K. A. Kavanagh. 1992. "An Experimental Test of the Coercion Model: Linking Theory, Measurement, and Intervention." in *Preventing*

Antisocial Behavior: Interventions from Birth through Adolescence. edited by J. McCord and R. E. Tremblay. New York: Guilford.

Dishion, Thomas, Deborah Capaldi, Kathleen Spracklen, and Fuzhong Li. 1995. "Peer Ecology of Male Adolescent Drug Use." *Development and Psychopathology* 7:803-8824.

Dodge, K. 1986. "A Social Information Processing Model of Social Competence in Children." pp. 77-125 in *Minnesota Symposium in Child Psychology*, vol. 18. edited by M. Perlmutter. Hillsdale, N. J.: Erlbaum.

Donnelly, Patrick G. and Charles E. Kimble. 1997. "Community Organizing, Environmental Change, and Neighborhood Crime." *Crime & Delinquency* 43:493-511.

Donner, C. M., C. D. Marcum, W. G. Jennings, G. E. Higgins, and J. Banfield, 2014. "Low Self-Control and Cybercrime: Exploring the Utility of the General Theory of Crime Beyond Digital Piracy." *Computers in Human Behavior* 34:165-172.

Dugdale, R. 1910. *The Jukes: A study in Crime, Pauperism, Disease and Heredity*. New York: Putnam's.

Eglash, 1977. "Beyond Restitution: Creative Restitution," in *Restitution in Criminal Justice*.

El-Dirghami, A. 1974. "Shoplifting among Students." *Journal of Retailing* 50(3):33-42.

Elifson, K. W., D. M. Petersen, and C. K. Hadaway. 1983. "Religiosity and Delinquency: A Contextual Analysis." *Criminology* 21:505-527.

Elliott, D .S., D. Huizinga, and S. S. Ageton. 1985. *Explaining Delinquency and Drug Use*, Beverly Hills: Sage Publication.

Elliott, D. 1988. Gender, *Delinquency and Society.* Aldershot: Avebury.

Elliott, D. S. and H. L. Voss. 1974. *Delinquency and Dropout*, Lexington: D.C. Heath and Co.

Elliott, D. S. and S. Menard. 1996. "Delinquent Friends and Delinquent Behavior: *Temporal and Developmental Patterns." in Delinquency and Crime*. edited by J. D. Hawkins. Cambridge: Cambridge University Press.

Elliott, D. S., S. Ageton and R. Canter. 1979. "An Integrated Theoretical Perspective on Delinquent Behavior." *Journal of Research in Crime and Delinquency* 16:3-27.

Elliott, D. S., W. J. Wilson, D. Huizinga, R. J. Sampson, A. Elliott and B. Rankin. 1996. "The Effects of Neighborhood Disadvantage on Adolescent Development." *Journal of Research in Crime and Delinquency* 33(4):389-426.

Ellis, Lee, 1996. "Arousal Theory and the Religiosity-Criminality Relationship." pp. 65-84 in *Contemporary Criminological Theory*, edited by P. Cordella and L. Siegel. Boston, Mass.: Northeastern University.

Emery, R. E., 1982. "Interpersonal Conflict and the Children of Discord and Divorce." *Psychological Bulletin* 92:310-330.

Emery, R. E., and K. D. O'Leary. 1982. "Children's Perception of Marital Discord and Behavior Problems of Boys and Girls." *Journal of Abnormal Child Psychology* 10:11-24.

Erickson, M. L. and G. F. Jensen. 1977. "Delinquency is Still Group Behavior': Toward Revitalizing the Group Premise in the Sociology of Deviance." *The Journal of Criminal Law and Criminology* 68:262-273.

Erickson, M. L. and L. T. Empey. 1965. "Class Position, Peers and Delinquency", *Sociology and Social Research.* 49:268-282.

Erickson, M. L., and L. T. Empey. 1963. "Court Records, Undetected Delinquency and Decision Making." *Journal of Criminal Law, Criminology and Police Science* 54: 456-469.

Erickson, M., J. P. Gibbs, and G. F. Jensen. 1977. "The Deterrence Doctrine and the Perceived Certainty of Legal Punishments." *American Sociological Review* 42:305-17.

Erikson, E. 1968. *Identity, Youth, and Crisis.* New York: Norton.

Esbensen, F. A., and D. W. Osgood. 1997. *National Evaluation of G.R.E.A.T. Research in Brief.* U.S. Department of Justice, National Institute of Justice.

Estabrook, A. 1916. *The Jukes in 1915*. Washington, D.C.: Carnegie Institute of Washington.

Evans, T. D., F. T. Cullen, V. S. Burton, R. G. Dunaway, and M. L. Benson. 1997. "The Social Consequences of Self-Control: Testing the General Theory of Crime." *Criminology* 35:475-501.

Eysenck, H. J. 1979. "Crime and personality." *Medico-Legal Journal* 47(1):18-32.

Fagan, J. A. 1990. "Treatment and Reintegration of Violent Juvenile Offenders: Experimental Results." *Justice Quarterly* 7:233-263.

Farnworth, M. and M. J. Leiber. 1989. "Strain Theory Revisited: Economic Goals, Educational Means, and Delinquency." *American Sociological Review* 54:263-74.

Farrell, A. D., and A. L. Meyer. 1997. "The Effectiveness of a School-Based Curriculum for Reducing Violence among Urban Sixth-Grade Students." *American Journal of Public Health* 87:979-984.

Farrington, D. 1992. "Juvenile Delinquency." in *The School Years*, edited by J. Coleman. London: Routledge.

Farrington, D. P. 1983. *Further Analysis of a Longitudinal Survey of Crime and Delinquency*, Washington, D.C., : Final Report to the NIJ.

Farrington, D. P. 1996. "The Explanation and Prevention of Youthful Offending." in *Delinquency and Crime: Current Theories*. edited by J. D. Hawkins. Cambridge, UK: Cambridge University Press.

Farrington, D. P., G. Gundry., and D. J. West. 1975. "The Familial Transmission of Criminality." *Medicine, Science and the Law* 15:177-186.

Farrington, D. P., H. Gaffney, F. L sel, and M. M. Ttofi, 2017. "Systematic Reviews of the Effectiveness of Developmental Prevention Programs in Reducing Delinquency, Aggression, and Bullying." *Aggression and Violent Behavior* 33:91-106.

Farrington, D., and D. West. 1990. "The Cambridge Study in Delinquent Development: A Long-Term Follow-Up of 411 London Males." in *Criminality, Personality, Behavior, and Life History*. edited by H. J. Kerner and G. Kaiser. Berlin: Springer-Verlag.

Faunce, E. E., and J. Riskin. 1970. "Family Interaction scales II. Data Analysis and Findings." *Archives of General Psychiatry* 22:513-526.

Felner, R. D., S. Brand, A. M. Adan, P. F. Mulhall, N. Flowers, and B. Sartain. 1993. "Restructuring the Ecology of the School as an Approach to Prevention During School Transitions: Longitudinal Follow-Ups and Extensions of the School Transitional Environment Project(STEP)". *Prevention in Human Services* 10:103-136.

Felson, Marcus. 1987. "Routine Activities and Crime Prevention in the Developing Metropolis." *Criminology* 25:911-931.

Fischer, Claude S. 1975. "The Study of Urban Community and Personality." *Annual Review of Sociology* 1:67-89.

Fischer, Claude S. 1982. *To Dwell Among Friends: Personal Networks in Town and City*. Chicago, University of Chicago Press.

Fischer, D. G. 1984. "Family Size and Delinquency." *Perceptual and Motor Skills* 58:527-534.

Fishbein, D., D. Lozovsky, and J. Jaffe, 1989. *"Impulsivity, Aggression and Neuroendocrine Responses to Serotonergic Stimulation in Substance Abusers."* Paper presented at the American Society of Criminology Meeting, Reno, Nev., November 1989.

Freud, S. 1963. *An Outline of Psychoanalysis, translated by James Strachey*. New York: Norton.

Furnell, S. 2002. *Cybercrime: Vandalizing the Information Society*. London, UK: Addison-Wesley.

Gabrielli, W. and S. Mednick, 1984. "Urban Environment, Genetics, and Crime." *Criminology* 22:645-653.

Galaway, B. and J. Hudson. 1996. *Restorative Justice: International Perspective*, New York: Criminal Justice Press.

Gans, D. 1991. "Sucrose and Unusual Childhood Behavior." *Nutrition Today* 26: 8-14.

Gibbs, J. J. and D. Giever. 1995. "Self-Control and Its Manifestations among University Students: An Empirical Test of Gottfredson and Hirschi's General Theory of Crime." *Justice Quarterly* 12:231-5.

Giordano, P. C., S. A. Cernkovich, and M. D. Pugh. 1986. "Friendships and Delinquency." *American Journal of Sociology* 91:1170-1202.

Glaser, D. 1956. "Criminal Theories and Behavioral Images." *American Journal of Sociology* 61:433-44.

Glueck, S. and E. Glueck, 1950. *Unraveling Juvenile Delinquency*, Cambridge, MA: Harvard University Press.

Glueck, S., and Glueck, E. 1959. *The problem of delinquency*. Boston: Houghton Mifflin.

Glueck, S., and Glueck, E. 1974. *Of Delinquency and Crime.* Springfield: Illinois, Thomas.

Goddard, H. 1920. *Efficiency and Levels of Intelligence.* Princeton, N. J.: Princeton University Press.

Gold, M. 1970. *Delinquent Behavior in an American City.* Belmont: Brooks and Cole.

Gottfredson, D. C. 1986. "An Empirical Test of School-Based Environmental and Individual Interventions to Reduce the Risk of Delinquent Behavior." *Criminology* 24:705-731.

Gottfredson, D. C. 1990. "Changing School Structures to Benefit High-Risk Youths." in

Understanding Troubled and Troubling Youth. edited by P. E. Leone. Newbury Park, CA: Sage Publications.

Gottfredson, M. and T. Hirschi. 1990. *A General Theory of Crime*. Stanford: Stanford University Press.

Gove, W., and R. D. Crutchfield. 1982. "The Family and Juvenile Delinquency." *Sociological Quarterly* 23:301-319.

Grasmick, H. G., C. R. Tittle, R. J. Burski, and B. K. Arneklev. 1993. "Testing the Core Empirical Implications of Gottfredson and Hirschi's General Theory of Crime." *Journal of Research in Crime and Delinquency* 30:5-29.

Greenberg, D. 1977. "Delinquency and the Age Structure of Society." *Contemporary Crises*. April.

Greenberg, M. T., C. A. Kusche, E. T. Cook, and J. P. Quamma. 1995. "Promoting Emotional Competence in School-Aged Children: The Effects of the PATHS Curriculum." *Development and Psychopathology* 7:117-136.

Greening, L. 1997. "Adolescent Stealers's and Nonstealer's Social Problem-Solving Skills." *Adolescence* 32:51-56.

Griffin, R. 1985. "Shoplifting in Supermarkets, Drug Stores, Discount Stores", *Reports on Commercial Service Systems Inc.*

Grinc, R. M. 1994. "Angels in Marble: Problems in Stimulating Community Involvement in Community Policing." *Crime & Delinquency* 40:437-68.

Groß, E. M., A. Hövermann, and S. F. Messner, 2018. "Marketized Mentality, Competitive/Egoistic School Culture, and Delinquent Attitudes and Behavior: An Application of Institutional Anomie Theory." *Criminology* 56(2):333-369.

Grossman, D. C., H. J. Neckerman, T. Koepsell, K. Asher, P. Y. Liu, K. Beland, K. Frey, and F. P. Rivara. 1997. "Effectiveness of a Violence Prevention Curriculum among Children in Elementary School." *Journal of the American Medical Association* 277:1605-1611.

Hagan, J., A. R. Gillis and J. Simpson. 1985. "The Class Structure of Gender and Delinquency: Toward a Power-Control Theory of Common Delinquent Behavior." *American Journal of Sociology* 90:1151-78.

Hampton, A. S., D. A. G. Drabick, and L. Steinberg, 2014. "Does IQ Moderate the Relation Between Psychopathy and Juvenile Offending?" *Law and Human Behavior* 38(1):23-33.

Hansell S. and M. D. Wiatrowski. 1981. "Competing Conceptions of Delinquent Peer Relations." in *Sociology of Delinquency: Current Issues.* edited by G. F. Jensen Beverly Hills: Sage.

Hanson, C. L., S. Henggeler., W. Haefile., and J. Rodick. 1984. "Demographic, Individual and Family Relationship Correlates of Serious and Repeated Crime among Delinquents and Their Siblings." *Journal of Consulting and Clinical Psychology* 52:528-538.

Harris, J. R. 1998. *The Nurture Assumption: Why Children Turn Out the Way They Do.* New York: The Free Press.

Hawkins, J. D. and D. M. Lishner. 1987. "Schooling and Delinquency." in Handbook on *Crime and Delinquency Prevention*. edited by E. H. Johnson. New York: Greenwood Press.

Hawkins, J. D., and R F. Catalano. 1992. *Communities That Care*. San Francisco, CA: Jossey-Bass.

Hawkins, J. D., H. J. Doueck, and D. M. Lishner. 1988. "Changing Teaching Practices in Mainstream Classrooms to Improve Bonding and Behavior of Low Achievers." *American Educational Research Journal* 25:31-50.

Hawkins, J. D., R. Catalano, D. Morrison, J. O'Donnell, R. Abbott, and L. E. Day. 1992. "The Seattle Social Development Project." in *The Prevention of Antisocial Behavior in Children.* edited by J. McCord and R. Tremblay. New York: Guilford.

Hay, C. and W. Forrest, 2006. "The Development of Self-Control: Examining Self-Control Theory's Stability Thesis." *Criminology* 44(4):739-774.

Heimer, K. and R. L. Matsueda, 1994. "Role-Taking, Role Commitment, and Delinquency: A Theory of Differential Social Control." *American Sociological Review* 59:365-390.

Hemez, P., J. J. Brent, and T. J. Mowen, 2020. "Exploring the School-to-Prison Pipeline: How School Suspensions Influence Incarceration During Young Adulthood." *Youth Violence and Juvenile Justice* 18(3):235-255.

Henggeler, S. 1989. *Delinquency in Adolescence*. Newbury Park, Calif.: Sage.

Henggeler, S. W., G. B. Melton, and L. A. Smith. 1992. "Family Preservation Using

Multisystemic Therapy: An Effective Alternative to Incarcerating Serious Juvenile Offenders." *Journal of Consulting and Clinical Psychology* 60:953-961.

Henggeler, S. W., G. B. Melton, L. A. Smith, S. K. Schoenwald, and J. H. Hanley. 1993. "Family Preservation Using Multisystemic Therapy: Long-Term Follow-Up to a Clinical Trial with Serious Juvenile Offenders." *Journal of Child and Family Studies* 2:283-293.

Henggeler, S. W., G. B. Melton, M, J. Brondino, D. G. Scherer, and J. H. Hanley. 1997. "Multisystemic Therapy with Violent and Chronic Juvenile Offenders and Their Families: The Role of Treatment Fidelity in Successful Dissemination." *Journal of Consulting and Clinical Psychology* 65:821-833.

Hepburn, J. R. 1976. "Testing Alternative Models of Delinquency Causation." *The Journal of Criminal Law and Criminology* 67:450-460.

Herzog, E., and C. Sudia. 1973. "Children in Fatherless Families." in *Review of child development research.* edited by B. M. Caldwell and H. N. Ricciuti. Chicago: University of Chicago Press.

Hetherington, E. M., R. Stouwie., and E. H. Ridberg. 1971. "Patterns of Family Interaction and Child Rearing Related to Three Dimensions of Juvenile Delinquency." *Journal of Abnormal Psychology* 78:160-176.

Hewitt, L., and R. Jenkins. 1946. *Fundamental Patterns of Maladjustment, the Dynamics of Their Origin*. Springfield, Ill: State of Illinois.

Hindelang, M. J. 1970. "The Commitment of Delinquents to Their Misdeeds: Do Delinquents Drift?" *Social Problems* 17:502-9.

Hindelang, M. J. 1973. "Causes of Delinquency: A Partial Replication and Extension." *Social Problems* 20:471-487.

Hindelang, M. J. 1979. "Sex Differences in Criminal Activity." *Social Problems* 27:143-156.

Hindelang, M. J., T. Hirschi and J. G. Weis. 1981. *Measuring Delinquency*, Beverly Hills: Sage Publications.

Hippchen, L. 1981. "Some Possible Biochemical Aspects of Criminal Behavior." *Journal of Behavioral Ecology* 2:1-6.

Hirschfield, P. J. and J. Gasper, 2011. "The Relationship Between School Engagement and Delinquency in Late Childhood and Early Adolescence." *Journal of Youth and*

Adolescence 40(1):3-22.

Hirschi, T. 1969. *Causes of Delinquency*. CA: University of California Press.

Hirschi, T. and M. Hindelang. 1977. "Intelligence and Delinquency." *American Sociological Review* 42:471-486.

Hoffman, J. and A. Miller. 1998. "A Latent Variable Analysis of General Strain Theory." *Journal of Quantitative Criminology* 14:83-111.

Hoffmann, J., L. Erickson, and K. Spence, 2013. "Modeling the Association Between Academic Achievement and Delinquency: An Application of Interactional Theory." *Criminology* 51:629-660.

Hollin, C. R. 1990. *Cognitive-Behavioral Interventions with Young Offenders*. New York: Pergamon.

Hollin, C. R., K. J. Epps, and D. J. Kendrick. 1995. *Managing Behavioral Treatment: Policy and Practice with Delinquent Adolescents*. London: Routledge.

Holt, T. J., A. M. Bossler, and D. C. May, 2012. "Low Self-Control, Deviant Peer Associations, and Juvenile Cyberdeviance." *American Journal of Criminal Justice* 37:378-395.

Hope, T. 1995. "Community Crime Prevention." in *Crime and Justice* (Vol 19). edited by in M. Tonry and D. P. Farrington. Building a Safer Society. Chicago: University of Chicago Press.

Howell, J. C. eds. 1995. *Guide for Implementing the Comprehensive Strategy for Serious, Violent, and Chronic Juvenile Offenders*. Washington, DC: Department of Justice, Office of Juvenile and Delinquency Prevention.

Howitt, P. S., and E. A. Moore. 1991. "The Efficacy of Intensive Early Intervention: An Evaluation of the Oakland County Probate Court Early Offender Program." *Juvenile and Family Court Journal* 42:25-36.

Hutchings, B. and S. Mednick, 1977. "Criminality in Adoptees and Their Adoptive and Biological Parents: A Pilot Study." in *Biosocial Bases of Criminal Behavior*, edited by S. Mednick and K. Christiansen. New York: Gardner Press.

Hwang, S. and R. L. Akers, 2006. "Parental and Peer Influence on Adolescent Drug Use in Korea." *Asian Journal of Criminology* 1:51-69.

Jackson, E. F., C. R. Tittle, and M. J. Burke. 1986. "Offense-Specific Models of the Differential Association Process." *Social Problems* 33:335-356.

Janssen, H. J., G. J. Bruinsma, and F. M. Weerman, 2022. "Can Inner and Outer Containment Counteract Pulls and Pushes Toward Delinquency? A Test of Walter Reckless's Containment Theory." *European Journal of Criminology* 19(6):1615-1637.

Jansyn, L. R. 1966. "Solidarity and Delinquency in a Street Corner Group." *American Sociological Review* 24:355-375.

Jarjoura, G.R. 1996. "The Conditional Effect of Social Class on the Dropout-Delinquency Relationship," *Journal of Research in Crime and Delinquency* 33: 232-255

Jensen, G. F. 1972. "Parents, Peers and Delinquent Action: a Test of the Differential Association Perspective" *American Journal of Sociology* 78:562-575

Jensen, G. F. 1973. "Inner Containment and Delinquency." *Journal of Criminal Law and Criminology* 64:464-70.

Jensen, G. F. and D. Brownfield. 1983. "Parents and Drugs." *Criminology* 21:543-54.

Jensen, G. F. and K. Thompson. 1990. "What's Class got to do with It? A Further Examination of Power-Control Theory." *American Journal of Sociology* 95:1009-23.

Jensen, G. F., J. P. Gibbs, and M. Erickson. 1978. "Perceived Risk of Punishment and Self-Reported Delinquency." *Social Forces* 57:57-78.

Johnson, R. E. 1979. *Juvenile Delinquency and Its Origin*. Cambridge: Cambridge University Press.

Johnson, R. E. 1986. "Family Structure and Delinquency: General Patterns and Gender Differences." *Criminology* 24:65-84.

Johnstone, J. 1980. "Delinquency and the changing American family." in *Critical Issues in Juvenile Delinquency.* edited by D. Schochor and D. Kelly. Lexington: Lexington Books.

Joinson, 1998. "Causes and Implications of Disinhibited Behavior on the Internet." in *Psychology and the Internet.* edited by J. Gackenbach. New York: Academic Press.

Kandel, D. and M. Davies, 1991. "Friendship Networks, Intimacy, and Illegal Drug Use in Young Adulthood: A Comparison of Two Competing Theories." *Criminology* 29:441-467.

Kaplan, H. B. 1975. *Self-Attitudes and Deviant Behavior*. Pacific Palisades, CA: Goodyear.

Kaplan, H. B. and R. J. Johnson. 1991. "Negative Social Sanctions and Juvenile

Delinquency: Effects of Labeling in a Model of Deviant Behavior." *Social Science Quarterly* 72:98-122.

Kasarda, John D. and Morris Janowitz. 1974. "Community Attachment in Mass Society." *American Sociological Review* 39:328-339.

Katz, J. 1988. *Seduction of Crime: Moral and Sensual Attractions of Doing Evil.* New York: Basic Books.

Kazdin, A. E. 1997a. "A Model for Developing Effective Treatments: Progression and Interplay of Theory, Research, and Practice." *Journal of Clinical Child Psychology* 26:114-129.

Kazdin, A. E. 1997b. "Parent Management Training: Evidence, Outcomes, and Issues." *Journal of the American Academy of Child and Adolescent Psychiatry* 36:1349-1356.

Kazdin, A. E., D. Bass, T. Siegel, and C. Thomas. 1989. "Cognitive-Behavioral Treatment and Relationship Therapy in the Treatment of Children Referred for Antisocial Behavior." *Journal of Consulting and Clinical Psychology* 57:522-535.

Kazdin, A. E., T. C. Siegel, and D. Bass. 1992. "Cognitive Problem-Solving Skills Training and Parent Management Training in the Treatment of Antisocial Behavior in Children." *Journal of Consulting and Clinical Psychology* 60:733-747.

Keenan, K., R. Loeber, Q. Zhang, M. Stouthamer-Loeber, and W. Van Kammen. 1995. "The Influence of Deviant Peers on the Development of Boys' Disruptive and Delinquent Behavior: A Temporal Analysis." *Development and Psycho-pathology* 7:715-726.

Kennealy, P. J., J. L. Skeem, S. M. Manchak, and J. Eno Louden, 2012. "Firm, Fair, and Caring Officer-Offender Relationships Protect Against Supervision Failure." *Law and Human Behavior* 36(6):496-505.

Kim, J. and Y. Lee, 2023. "Delinquent Peers and Delinquency: Findings from a Longitudinal Study of Youth." *British Journal of Criminology* 63(6):1482-1503.

Klein, D. C., E. Fencil-Morse., and M. Seligman. 1976. "Learned Helplessness, Depression and the Attribution of Failure." *Journal of Personality and Social Psychology* 33:508-516.

Klein, M. 1995. *The American Street Gang, Its Nature, Prevalence and Control.* New York: Oxford University Press.

Klein, M. W. 1971. *Street Gangs and Street Workers*. Englewood Cliffs, New Jersey:

Prentice Hall.

Klein, M. W. and C. L. Maxson. 1989. "Street gang violence,." in *Violent crime, violent criminals.* edited by N. A. Weiner and M. E. Wolfgang. Newbury Park: Sage Publications.

Klein, N. C., J. F. Alexander, and B. V. Parsons. 1977. "Impact of Family Systems Intervention on Recidivism and Sibling Delinquency: A model of Primary Prevention and Program Evaluation." *Journal of Consulting and Clinical Psychology* 45:469-474.

Kohlberg, L. 1958. *"The Development of Modes of Moral Thinking and Choice in Years 10 to 16."* Ph. D. Dissertation. Harvard University(unpublished).

Kohlberg, L., K. Kauffman, P. Scharf, and J. Hickey, 1973. *The Just Community Approach in Corrections: A Manual.* Niantic, Conn.: Connecticut Department of Corrections.

Kornhauser, R. 1978. *Social Sources of Delinquency*. Chicago: University of Chicago Press.

Krisberg, B., and J. C. Howell. 1998. "The Impact of the Juvenile Justice System and Prospects for Graduated Sanctions in a Comprehensive Strategy." in *Serious and Violent Juvenile Offenders: Risk Factors and Successful Interventions.* edited by R. Loeber and D. P. Farrington. Thousand Oaks, CA: Sage.

Krohn, M. and J. L. Massey, 1980. "Social Control and Delinquent Behavior: An Examination of the Elements of the Social Bond," *Sociological Quarterly* 21: 529-43

Krohn, M. D. and J. L. Massey, and M. Zielinski. 1988. "Role Overlap, Network Multiplexity, and Adolescent Deviant Behavior." *Social Psychology Quarterly* 51:346-356.

Krohn, M. D., W. F. Skinner, J. L. Massey, and R. L. Akers. 1985. "Social Learning Theory and Adolescent Cigarette Smoking : A Longitudinal Study." *Social Problems* 32:455-471.

Kvaraceus, W. C. 1944. "Juvenile Delinquency and Social Class," *Journal of Educational Sociology* 18:51-54.

Lab, S. P. 1992. *Crime Prevention: Approaches, Practice, and Evaluations*. Anderson Publishing Company.

Lab, S. P. 1997. *Crime Prevention: Approaches, Practices and Evaluations.* Cincinnati: Anderson Publishing Co.

LaGrange, R. L. and H. R. White. 1985. "Age Differences in Delinquency: A Test of Theory." *Criminology* 23:19-45.

Lange, J. 1930. *Crime as Destiny*. London: Allen and Unwin.

Larson, J. D. 1992. "Anger and Aggression Management Techniques through the Think First Curriculum." *Journal of Offender Rehabilitation* 18:101-117.

Larzelere, R. E. and G. R. Patterson. "Parental Management : Mediator of the Effect of Socioeconomic Status on Early Delinquency." *Criminology* 28:301-323.

Laub, J. H., and R. J. Sampson. 1988. "Unravelling Families and Delinquency: A Reanalysis of the Glueck's Data." *Criminology* 26:355-380.

Lee, Seong-Sik. 1993. *"A Cross-Population Test of Social Control and Differential Association Theories of Delinquency: Koreans, American Blacks, and American Nonblacks."* Ph.D Dissertation, University of Wisconsin.

Lemert, E. M. 1951. *Social Pathology.* New York: McGraw-Hill.

Lemert, E. M. 1967. *Human Deviance, Social Problems, and Social Control.* Englewood Cliffs, NJ: Prentice-Hall.

Linden, E. and J. C. Hackler. 1973. "Affective Ties and Delinquency." *Pacific Sociological Review* 16:27-46.

Lipsey, M. W. 1992. "Juvenile Delinquency Treatment: A Meta-Analytic Inquiry in the Variability of Effects." in *Meta-Analysis for Explanation: A Casebook.* edited by T. D. Cook, H. Cooper, D. S. Cordray, H. Hartmann, L. V. Hedges, R. J. Light, T. A. Louis, and F. Mosteller. New York: Russel Sage.

Liska, A. E. 1971. "Aspirations, Expectations, and Delinquency: Stress and Additive Models." *Sociological Quarterly* 12:99-107.

Liska, A. E. 1973. "Causal Structures Underlying the Relationship between Delinquent Involvement and Delinquent Peers." *Sociology and Social Research* 58:23-37.

Liska, A. E. and M. D. Reed, 1985. "Ties to Conventional Institutions and Delinquency: Estimating Reciprocal Effects." *American Sociological Review* 50:547-560.

Liska, Allen E. 1990. "The Significance of Aggregate Dependent Variables and Contextual Independent Variables for Linking Macro and Micro Theories." *Social Psychology Quarterly* 53:292-301.

Lochman, J. 1987. "Self and Peer Perceptions and Attributional Biases of Aggressive and Nonaggressive Boys in Dyadic Interactions." *Journal of Consulting and Clinical*

Psychology 55:404-410.

Loeber, R. and M. LeBlank. 1990. "Toward a Developmental Criminology." *Crime and Justice* Vol 12. edited by M. Thorny and N. Morris. Chicago: University of Chicago Press.

Loeber, R., and T. Dishion. 1982. "Early Predictors of Male Delinquency: A Review." *Psychological Bulletin* 94:68-99.

Loftin, C. and R. Hill. 1974. "Regional Subculture and Homicide." *American Sociological Review* 39:714-24.

Logan, C. 1972. "General Deterrence Effects of Imprisonment." *Social Forces* 51:64-73.

Longshore, D., E. Chang, S. Hsieh, and N. Messina. 2004. Self-Control and Social Bonds: A Combined Control Perspective on Deviance. *Crime & Delinquency* 50:542-564.

Lynam, D., T. Moffitt, and M. Stouthamer-Loeber, 1993. "Explaining the Relation Between IQ and Delinquency: Class, Race, Test Motivation, School Failure, or Self-Control?" *Journal of Abnormal Psychology* 102(2):187-196.

MacDonald, J. M. and M. Chesney-Lind. 2001. "Gender Bias and Juvenile Justice Revisited: A Multiyear Analysis." *Crime & Delinquency* 47:173-195.

Mannheim, H. 1965. *Comparative Criminology*. London: Routledge and Kegan Paul.

Marcos, A. C., S. J. Bahr, and R. E. Johnson. 1986. "Test of a Bonding/Association Theory of Adolescent Drug Use." *Social Forces* 65:131-161.

Marshall, T. 1996. "The Evolution of Restorative Justice in Britain", *European Journal of Criminal Policy and Research*, 4:21-43.

Mason, P., H. Ferguson, K. Morris, T. Munton, and R. Sen, 2017. *Leeds Family Valued: Evaluation Report. Children's Social Care Innovation Programme Evaluation Report* 43. United Kingdom: Department of Education.

Massey, J. L. and M. D. Krohn. 1986. "A Longitudinal Examination of an Integrated Social Process Model of Deviant Behavior." *Social Forces* 65:106-34.

Matsueda, R. L. 1982. "Testing Control Theory and Differential Association: A Causal Modeling Approach." *American Sociological Review* 47:489-504.

Matsueda, R. L. 1984. *"Determinants of Delinquency: A Longitudinal Analysis of Social Control and Differential Association Theories."* Ph.D. Dissertation at University of California, Santa Barbara.

Matsueda, R. L. 1992. "Reflected Appraisals, Parental Labeling, and Delinquency: Specifying a Symbolic Interactionist Theory." *American Journal of Sociology* 97:1577-1611.

Matsueda, R. L. and K. Heimer, 1987. "Race, Family Structure, and Delinquency: A Test of Differential Association and Social Control Theories. *American Sociological Review* 52:826-840.

Mazerolle, P. and A. Piquero. 1997. "Violent Responses to Strain: An Examination of Conditioning Influences." *Violence and Victims* 12:323-43.

Mazerolle, P. and J. Maahs. 2000. "General Strain and Delinquency: An Alternative Examination of Conditioning Influences." *Justice Quarterly* 17:753-78.

McCarthy, J. D. and D. R. Hoge. 1984. "The Dynamics of Self-Esteem and Delinquency." *American Journal of Sociology* 90:396-410.

McCold, P. 2003. *Repositioning Restorative Justice : Restorative Justice, Criminal Justice and Social Context*, Willan Publishing (http://www.willanpublishing.co.uk/reposrj.html)

McCord, J. 1979. "Some Child-Rearing Antecedents of Criminal Behavior in Adult Men." *Journal of Personality and Social Psychology* 34:1477-1486.

McCord, J. 1982. "A Longitudinal View of the Relationship between Parental Absence and Crime." in *Abnormal Offenders, Delinquency and the Criminal Justice System*. edited by J. Gunn and D. Farrington. New York: John Wiley and Sons.

McGuire, M. and S. Dowling, 2013. Cyber Crime: A Review of the Evidence (Chapter 1: Cyber-Dependent Crimes). *Home Office Research Report* 75:1-35.

McKay, S. 1993. "Research Findings related to the Potential of Recreation in Delinquency Prevention." *Trends* 30:27-30.

McKissack, I. J. 1974. "A Less Delinquent Cohort." *British Journal of Criminology*, 14: 158-164.

Meier, R. F. and W. T. Johnson. 1977. "Deterrence as Social Control: The Legal and Extralegal Production of Conformity." *American Sociological Review* 42:292-304.

Merton, R. K. 1938. "Social Structure and Anomie." *American Sociological Review* 3:672-82.

Merton, R. K. 1957. *Social Theory and Social Structure.* New York. The Free Press.

Merton, R. K. 1968. *Social Theory and Social Structure.* New York: The Free Press.

Merton, R. K. 1995. "Opportunity Structure: The Emergence, Diffusion, and Differentiation of a Sociological Concepts, 1930-1950s." in *The Legacies of Anomie Theory.* edited by

Freda Adler and William S. Laufer. New Brunswick, NJ, Transaction Publishers.

Messner, S. F. 1988. "Merton's Social Structure and Anomie." *Deviant Behavior* 9:33-53.

Messner, S. F. and R. Rosenfeld, 1994. *Crime and the American Dream* (1st ed.). Wadsworth.

Messner, S. F. and R. Rosenfeld, 1997. "Political Restraint of the Market and Levels of Criminal Homicide: A Cross-National Application of Institutional-Anomie Theory." *Social Forces* 75(4):1393-1416.

Messner, S. F. and R. Rosenfeld, 2012. *Crime and the American Dream* (5th ed.). Wadsworth/Cengage Learning.

Miller, W. 1958. "Lower Class Culture as a Generating Milieu of Gang Delinquency." pp 332-348. in *Delinquency, Crime, and Social Progress.* edited by D. R. Cressey and D. A. Ward New York: Harper and Row.

Miller, W. 1975. *Violence by Youth Gangs and Youth Groups as a Crime Problem in Major American Cities.* Washington, D.C.: U.S. Department of Justice.

Miller, W. B. 1958. "Lower Class Culture as a Generating Milieu of Gang Delinquency." *Journal of Social Issues* 14:5-19.

Mills, L. G., B. Barocas, R. P. Butters, and B. Ariel, 2019. "A Randomized Controlled Trial of Restorative Justice-Informed Treatment for Domestic Violence Crimes." *Nature Human Behaviour* 3:1284-1294.

Minor, W. W. 1980. "The Neutralization of Criminal Offenses." *Criminology* 18:103-20.

Moffitt, T. E. 1993. "Adolescence-Limited and Life-course-persistent Antisocial Behavior: A Developmental Taxonomy." *Psychological Review* 100:674-701.

Monahan, T. 1957. "Broken Homes by Age of Delinquent Children." *Journal of Social Psychology* 51:387-397.

Monahan, T. 1957. "Family Status and the Delinquent Child: A Reappraisal and Some New Findings." *Social Forces* 35:251-258.

Monroe, R. 1978. *Brain Dysfunction in Aggressive Criminals*. Lexington, Mass.: D. C. Heath.

Morash, M. and M. Chesney-Lind. 1991. "A Reformulation and Partial Test of the Power-Control Theory of Delinquency." *Justice Quarterly* 8:347-376.

Morris and Tonry. 1990. *Between Prison and Probation: Intermediate Punishments in a*

Rational Sentencing System. New York: Oxford University Press.

Morris, A. and G. Maxwell, 1993. "Juvenile Justice in New Zealand: A New Paradigm." *Australian and New Zealand Journal of Criminology* 26:72-90

Morris, R. R. 1964. "Female Delinquency and Relation Problems." *Social Forces* 43:82-99.

Motz, R. T., J. C. Barnes, A. Caspi, L. Arseneault, F. T. Cullen, R. Houts, and T. E. Moffitt, 2020. "Does Contact with the Justice System Deter or Promote Future Delinquency? Results from a Longitudinal Study of British Adolescent Twins." *Criminology* 58(2):307-335.

Naffine, N. and J. Wundersitz, 1994. "Trends in Juvenile Justice," in *The Australian Criminal Justice System*. edited by D. Chappell and P. Wilson. Sydney: Butterworths

Nagin, D. S. and R. Paternoster. 1991. "The Preventive Effects of Perceived Risk of Arrests: Testing an Expanded Conception of Deterrence." *Criminology* 29:561-85.

Nagin, D. S. and R. Paternoster. 1993. "Enduring Individual Differences and Rational Choice Theories of Crime." *Law and Society Review* 3:467-96.

Nye, F. I. 1958. *Family Relationships and Delinquent Behavior*. New York: John Wiley and Sons.

Odem, M. E. and S. Schlossman. 1991. "Guardians of Virtue: The Juvenile Court and Female Delinquency in Early 20th-Century Los Angeles." *Crime & Delinquency* 37:186-203.

O'Donnell, J., J. D. Hawkins, R. F. Catalano, R. D. Abbott, and L. E. Day. 1995. "Preventing School Failure, Drug Use, and Delinquency among Low-Income Children: Long-Term Intervention in Elementary Schools." *American Journal of Orthopsychiatry* 65:87-100.

OJJDP. 2017. *"Youths with Intellectual and Developmental Disabilities in the Juvenile Justice System."* Literature Review. Washington, D.C.: Office of Juvenile Justice and Delinquency Prevention.

O'Leary, K. D. and R. E. Emery. 1984, "Marital Discord and Child Behavior Problems in Nonclinical Sample." *Journal of Abnormal Child Psychology* 37:1097-1126.

Olweus, D. 1977. "Aggressin and Peer Acceptance in Adolescent Boys; Two Short-Term Longitudinal Studies of Ratings." *Child Development* 48:1301-1313.

Orcutt, J. D. 1987. "Differential Association and Marijuana Use: A Closer Look at

Sutherland." *Criminology* 25:341-358.

Osborn, S. G., and D. J. West. 1979. "Conviction Records of Fathers and Sons Compared." *British Journal of Criminology* 19:120-133.

Paramara, F., F. T. Cullen, and J. C. Gersten. 1986. "The Effects of Police and Mental Health Intervention on Juvenile Justice." *Journal of Health and Social Behavior* 27:90-106.

Park, R. E. and E. W. Burgess, 1925. *The Growth of the City: An Introduction to a Research Project.* Chicago: University of Chicago Press.

Park, Robert. 1915. "The City: Suggestions for the Investigation of Human Behavior in the City." *American Journal of Sociology* 20:577-612.

Park, Robert. 1925, 1984. "The City: Suggestions for the Investigation of Human Behavior in the Urban Environment." pp.1-46 in *The City: Suggestions for Investigation of Human Behavior in the Urban Environment.* edited by Morris Janowitz. Chicago. The University of Chicago.

Parker, R. N. 1989. Poverty, "Subculture of Violence and Type of Homicide." *Social Forces* 67:983-1007.

Pasternak, R. and R. Lyon, 1982. "Clinical and Empirical Identification of Learning Disabled Juvenile Delinquents." *Journal of Correctional Education* 33:7-13.

Patchin, J. W. and S. Hinduja, 2011. "Traditional and Nontraditional Bullying Among Youth: A Test of General Strain Theory." *Youth and Society* 43(2):727-751.

Paternoster, R. 1989. "Decision to Participate in and Desist from Four Types of Common Delinquency: Deterrence and the Rational Choice Perspective." *Law and Society Review* 23:7-40.

Paternoster, R. and P. Mazerolle. 1994. "General Strain theory and Delinquency: A Replication and Extension." *Journal of Research in Crime and Delinquency* 31: 235-63.

Paternoster, R. and R. Brame. 1997. "Multiple Routes to Delinquency? A Test of Developmental and General Theories of Crime." *Criminology* 35:49-84.

Paternoster, R., L. Salzman, T. G. Chirios, and G. P. Waldo. 1983. "Perceived Risk and Social Control: So Sanctions Really Deter?" *Law and Society Review* 17:457-79.

Patterson, G. R. 1982. *Coercive Family Progress.* Eugene, OR: Castalia.

Patterson, G. R. and T. J. Dishion. 1985. "Contributions of Families and Peers to

Delinquency." *Criminology* 23(1):63-79.

Patterson, G. R., B. D. DeBaryshe, and E. Ramsey. 1989. "A Developmental Perspective on Antisocial Behavior." *American Psychologist* 44:329-335.

Patterson, G. R., J. B. Reid, T. J. Dishion. 1992. *Antisocial Boys.* Eugene, OR: Castalia.

Patterson, R., and M. Stouthamer-Loeber. 1984. "The Correlation of Family Management Practices and Delinquency." *Child Development* 55:1299-1307.

Patterson, R., and T. Dishion. 1985. "Contributions of Families and Peers to Delinquency." *Criminology* 23:63-97.

Pennell, S. 1989. "Gurdian Angels: A Unique Approach to Crime Prevention." *Crime & Delinquency* 35:378-400.

Pepinsky, H. and R. Quinney, 1991. *Criminology as Peacemaking*. Indianapolis, IN: Indiana University Press.

Pickett, J. T., S. P. Roche, and G. Pogarsky, 2018. "Toward a Bifurcated Theory of Emotional Deterrence." *Criminology* 56(1):27-58.

Piquero, N. L. and M. D. Sealock. 2000. "Generalizing General Strain Theory: An Examination of an Offending Population." *Justice Quarterly* 17:449-84.

Pogarsky, G. 2002. Identifying Deterrable Offenders: Implications for Research on Deterrence. *Justice Quarterly* 19:431-453.

Polk, K. and W. E. Schafer, 1972. *School and Delinquency*, Englewood Cliffs: Prentice Hall.

Poole, E. D. and R. M. Regoli. 1979. "Parental Support, Delinquent Friends, and Delinquency: A Test of Interaction Effects." *The Journal of Criminal Law and Criminology* 70:188-193.

Porter, B., and K. D. O'Leary. 1982. "Marital Discord and Childhood Behavior Problems." *Journal of Abnormal Child Psychology* 8:287-296.

Pratt, T. C. and F. T. Cullen. 2000. "The Empirical Status of Gottfredson and Hirschi's General Theory of Crime: A Meta-Analysis." *Criminology* 38:931-64.

Pratt, T. C., M. G. Turner, and A. R. Piquero, 2004. "Parental Socialization and Community Context: A Longitudinal Analysis of the Structural Sources of Self-Control." *Journal of Research in Crime and Delinquency* 41:219-243.

Quicker, J. C. 1974. "The Effect of Goal Discrepancy on Delinquency." *Social Problems*

22:76-86.
Quinney, R. 1975. *Criminology: Analysis and Critique of Crime in America*, Boston: Little, Brown.
Quinney, R. 1977. *Class, State and Crime.* New York: Longman Inc.
Rahav, G. 1980. "Birth Order and Delinquency." *British Journal of Criminology* 20:385-395.
Rahav, G. 1982. "Family Size and Delinquency." *Sociology and Social research* 66:43-51.
Raine, A. 1993. *The Psychopathology of Crime.* San Diego, Calif.: Academic Press.
Raine, A., P. Brennan, B. Mednick, and S. Mednick, 1966. "High Rates of Violence, Crime, Academic Problems, and Behavioral Problems in Males with Both Early Neuromotor Deficits and Unstable Family Environments." *Archives of General Psychiatry* 53:544-549.
Raine, A., P. Venables, and M. Williams, 1996. "Better Autonomic Conditioning and Faster Electrodermal Half-Recovery Time at Age 15 Years as Possible Protective Factors against Crime at Age 29 Years." *Developmental Psychology* 32:624-630.
Randall, J., C. C. Swenson, and S. W. Henggeler. 1999. "Neighborhood Solutions for Neighborhood Problems: An Empirically Based Violence Prevention Collaboration." *Health Education and Behavior* 26:806-20.
Rankin, J. H. 1983. "The Family Context of Delinquency." *Social Problems* 30:446-479.
Rankin, J. H., and L. E. Wells. 1990. "The Effect of Parental Attachments and Direct Controls on Delinquency." *Journal of Research in Crime and Delinquency* 27:140-165.
Rathus, S. 1988. *Understanding Child Development.* New York: Holt, Rinehart and Winston.
Ray, J. V. and H. Park, 2024. "The Influence of Parenting on Delinquency: The Mediating Role of Peers and the Moderating Role of Self-Control." *Criminal Justice and Behavior* 51(6):876-895.
Reckless, W. 1961. *A New Theory of Delinquency and Crime.* Federal Probation 25:42-6.
Reckless, W. C., S. Dinitz, and B. Kay, 1957. "The Self Component in Potential Delinquency and Potential Non-Delinquency." *American Sociological Review* 22(5):566-570.
Reckless, W. C., S. Dinitz, and E. Murray, 1956. "Self Concept as an Insulator Against Delinquency." *American Sociological Review* 21(6):744-746.

Reid, S. 1985. *Crime and Criminology* (4th Ed.). New York: Holt, Rinehart, and Wiston.

Reiss, A. 1988. "Co-Offending and Criminal Careers." in *Crime and Justice* 10. edited by M. Tonry and N. Morris. Chicago: University of Chicago Press.

Reiss, A. J. Jr. and A. L. Rhodes. 1963. "Status Deprivation and Delinquency Behavior." *Sociological Quarterly* 2:135-149

Richards, P. 1979. "Middle-class Vandalism and Age-status Conflict," *Social Problems* 26:482-97

Riskin, J., and E. R. Faunce. 1970. "Family Interaction Scales III. Discussion and Methodology and Substantive Findings." *Archives of General Psychiatry* 22:527-537.

Robins, L., and Hill, S. 1966. "Assessing the Contributions of Family Structure, Class, and Peer Groups to Delinquency." *Journal of Criminal Law, Criminology, and Police Science* 57:325-334.

Robins, L., P. A. West, and B. L. Herjanic. 1975. "Arrests and Delinquency in Two Generations: A Study of Black Urban Families and Their Children." *Journal of Child Psychology and Psychiatry* 16:125-140.

Roehl, J. A., R. Huitt, M. A. Wycoff, A. M. Pate, D. J. Rebovich, and K. R. Coyle. 1996. *National Process Evaluation of the Weed and Seed Initiative.* Washington, DC: National Institute of Justice.

Rosen. L. 1970. "The Broken Home and Male Delinquency." in *The Sociology of Crime and Delinquency.* edited by M. Wolfgang, L. Saviz, and N. Johnston. New York: John Wiley and Sons.

Rosen. L. 1985. "Family and Delinquency: Structure or Function." *Criminology* 23:553-573.

Rosenbaum, D. P. 1988. "Community Crime Prevention: A Review and Synthesis of the Literature." *Justice Quarterly* 5:323-95.

Rosenbaum, D. P., A. J. Lurigio, and R. C. Davis. 1998. *The Prevention of Crime: Social and Situational Strategies.* West: Wadsworth.

Rosenbaum, D. P., R. L. Flewelling, S. L. Bailey, C. L. Ringwalt, and D. L. Wilkinson. 1994. "Cops in the Classroom: A Longitudinal Evaluation of Drug Abuse Resistance Education(DARE)." *Journal of Research in Crime and Delinquency* 31:3-31.

Rosenfeld, J., and E. Rosenstein. 1973. "Toward a Conceptual Framework for the Study of Parent-Absent Families." *Journal of Marriage and the Family* 35:131-135.

Rowan, Z. R., A. Fine, L. Steinberg, P. J. Frick, and E. Cauffman, 2023. "Labeling Effects of Initial Juvenile Justice System Processing Decision on Youth Interpersonal Ties." *Criminology* 61(4):731-757.

Rush, J. P. 1996. "The Police Role in Dealing with Gangs." in *Gangs: A Criminal Justice Approach*. J. M. Miller and J. P. Rush. Cincinnati, OH: Anderson.

Rutter, M. 1971. "Normal Psychosexual Development." *Journal of Child Psychology and Psychiatry* 11:259-283.

Rutter, M. 1979. "Maternal Deprivation, 1972-1978 New Findings, New Concepts, New Approaches." *Child Development* 50:283-305.

Rutter, M., and H. Giller. 1983. *Juvenile Delinquency: Trends and Perspectives*. New York: Guilford.

Salzman, L., R. Paternoster, G. P. Waldo, and T. G. Chiricos. 1982. "Deterrent and Experiential Effects: The Problem of Causal Order in Perceptual Deterrence Research." *Journal of Research in Crime and Delinquency* 19:172-89.

Sampson, A., P. Stubbs, D. Smith, G, Pearson, and H. Blagg. 1988. "Crime Localities and the Multi-agency Approach." *British Journal of Criminology* 28:478-93.

Sampson, R. J. and Stephen W. Raudenbush. 1999. "Systematic Social Observation of Public Spaces: A New Look at Disorder in Urban Neighborhoods." *American Journal of Sociology* 105:603-651.

Sampson, R. J. and W. B. Groves. 1989. "Community Structure and Crime: Testing Social Disorganization Theory." *American Journal of Sociology* 94:774-802.

Sampson, R. J., and J. H. Laub. 1993. *Crime in the Making: Pathways and Turning Points through Life*. Cambridge, MA: Harvard University Press.

Sampson, R. J., Jeffrey Morenoff, and Felton Earls. 1999. "Beyond Social Capital: Spatial Dynamics of Collective Efficacy for Children." *American Sociological Review* 64:633-660.

Sampson, R. J., S. W. Raundenbush, and F. Earls. 1997. "Neighborhoods and Violent Crime: A Multi level Study of Collective Efficacy." *Science* 277:918-924.

Sanchez-Jankowski, Martin. 1991. *Islands in the Street: Gangs and American Urban*

Society. Berkeley: University of California Press.

Santrock, J. W., and R. A. Warshak. 1979. "Father Custody and Social Development in Boys and Girls." *Journal of Social Issues* 35:112-125.

Santrock, J. W., and R. Tracy. 1978. "Effects of Children's Family Structure Status on the Development of Stereotypes by Teachers." *Journal of Educational Psychology* 70:754-757.

Sarbin, T. and J. Miller, 1970. "Demonism Revisited: The XYY Chromosome Anomaly." *Issues in Criminology*, 5:195-207.

Scarr, H. A. 1972. *Patterns of Burglary.* National Institute of Law Enforcement and Criminal Justice.

Schauss A. and C. Simonsen, 1979. "A Critical Analysis of the Diets of Chronic Juvenile Offenders, Part I." *Journal of Orthomolecular Psychiatry* 8:149-157.

Schlossman, S. and M. Sedlak. 1983. "The Chicago Area Project Revisited." *Crime & Delinquency* 29:398-462.

Schoenthaler, Doraz, and Wakefield, 1986. "The Impact of a Low Food Additive and Sucrose Diet on Academic Performance in 803 New York City Public Schools." *International Journal of Biosocial Research* 8: 185-195.

Schultz, L. E., J. L. Crompton, and P. A. Witt. 1995. "A National Profile of the Status of Public Recreation Services for At-Risk Children and Youth". *Journal of Parks and Recreation Administration* 13(3):1-25.

Schweinhart, L. J., H. V. Barnes, and D. P. Weikart. 1993. *Significant Benefits: The High/Scope Perry Preschool Study through age 27*. Ypsilanti, MI:High/Scope Press.

Scull, Andrew T. 1988. "Deviance and Social Control." p.824 in *Handbook of Sociology* edited by Neil Smelser. Newbury Park, CA: SAGE Publication.

Seguin, J., R. Pihl, P. Harden, R. Tremblay, and B. Boulerice, 1995. "Cognitive and Neuropsychological Characteristics of Physically Aggressive Boys." *Journal of Abnormal Psychology* 104:614-624.

Sellin, T. 1931. "The Basis of Crime index, Journal of Criminal Law," *Criminology & Police Science* 22.

Shadish, W. R., Jr. 1992. "Do Family and Marital Psychotherapies Change What People Do? A

Meta-Analysis of Behavioral Outcomes." in *Meta-Analysis for Explanation: A Casebook.* edited by T. D. Cook, H. Cooper, D. S. Cordray, H. Hartmann, L. V. Hedges, R. J. Light, T. A. Louis, and F. Mosteller. New York, NY: Russell Sage Foundation.

Sharpe, S. 1998. *Restorative Justice: A Vision for Healing and Change.*

Shaw, C. and McKay. 1969. *Juvenile Delinquency and Urban Areas.* Chicago: University of Chicago Press.

Shaw, C. R. and H. D. McKay. 1932. "Are Broken Homes a Causal Factor in Juvenile Delinquency?" *Social Forces* 10:514-524.

Shaw, Clifford and Henry McKay. 1942. *Juvenile Delinquency and Urban Areas: a study of rates of delinquents in relation to differential characteristics of local communities in American cities.* Chicago, IL, University of Chicago Press.

Shaw, Clifford and Henry McKay. 1949. "Rejoinder." *American Sociological Review* 14:614-617.

Short, J. F. 1957. "Differential Association and Delinquency." *Social Problems* 4:233-39.

Short, J. F. and F. L. Strodtbeck. 1965. *Group Process and Gang Delinquency*. Chicago: University of Chicago Press.

Short, J. F. Jr. 1960. "Differential Association as a Hypothesis: Problems of Empirical Testing." *Social Problems* 8:14-25.

Sicha-Fagan, O. and J. E, Schwarts. 1986. "Neighborhood and Delinquency: An Assessment of Contextual Effects." *Criminology* 24:667-703.

Siegel, L. J. 2000. *Criminology*. Australia: Wadsworth.

Siegel, L. J. and B. C. Welsh. 2017. *Juvenile Delinquency: Theory, Practice, and Law.* MA: Cengage Learning.

Siegel, L. J. and J. J. Senna. 1991. *Juvenile Delinquency: Theory, Practice, and Law*. St. Paul: West Publishing Company.

Siegel, L. J. and J. J. Senna. 2000. *Juvenile Delinquency: Theory, Practice, and Law.* Belmont: Wadsworth/Thomson Learning.

Silberman, M. 1976. "Toward a Theory of Criminal Deterrence." *American Sociological Review* 41:442-61.

Simon, R. 1975. *Women and Crime.* Lexington, MA: Lexington Books.

Simons, R. L., C. Johnson, R. D. Conger, and G. Elder. 1998. "A Test of Latent Trait versus Life-Course Perspectives on the Ability of Adolescent Antisocial Behavior." *Criminology* 36:217-43.

Sivertsson, F., C. Carlsson, Y. B. Almquist, and L. Br nnstr m, 2024. "Offending Trajectories from Childhood to Retirement Age: Findings from the Stockholm Birth Cohort Study." *Journal of Criminal Justice* 91:102155.

Skeem, J. L., J. E. Louden, D. Polaschek, and J. Camp, 2007. "Assessing Relationship Quality in Mandated Community Treatment: Blending Care with Control." *Psychological Assessment* 19(4):397.

Skolnick, J. H. and D. H. Bayley. 1988. *Community Policing.* Washington DC: National Institute of Justice.

Sloas, L., J. Lerch, S. Walters, and F. S. Taxman, 2020. "Individual-Level Predictors of the Working Relationship Between Probation Officers and Probationers." *The Prison Journal* 100(6):709-725.

Smart, C. 1976. *Women, Crime, and Criminology: A Feminist Critique.* London: Routledge and Kegan Paul.

Smith, D. A. and R. Paternoster. 1990. "Formal Processing and Future Delinquency: Deviance Amplification as Selection Artifact." *Law and Society Review* 24:1109-31.

Snyder, J. J., and G. Patterson. 1987. "Family Interaction and Delinquent Behavior." in *Handbook of Juvenile Delinquency.* edited by .H. C. Quay. New York: John Wiley and Sons.

Spergel, I. 1964. *Racketville, Slumtown, and Haulburg: An Exploratory Study of Delinquent Subcultures.* Chicago: University of Chicago Press.

Spergel, I. 1989. *Youth Gangs: Problems and Response.* Chicago: School of Social Service Administration, University of Chicago.

Spergel, I. A. 1995. *The Youth Gang Problem: A Community Approach.* New York: Oxford University Press.

Spivack, G., and M. B. Shure. 1982. "The Cognition of Social Adjustment: Interpersonal Cognitive Problem Solving Thinking." in *Advances in Clinical Child Psychology* (Vol. 5.). edited by B. B. Lahey and A. E. Kazdin. New York: Plenum.

Stanfield, S. 1966. "The Interaction of Family Variables and Gang Variables in the Aetiology of Delinquency." *Social Problems* 13:411-417.

Steffensmeier, D. 1980. "Sex Differences in Patterns of Adult Crime, 1965-1977: A Review and Assessment." *Social Forces* 58:1080-1108.

Sterne, R. S. 1964. *Delinquent Conduct and Broken Homes.* New Haven: College and University Press.

Stewart, E. A. 2003. "School, Social Bonds, School Climate, and School Misbehavior: A Multilevel Analysis." *Justice Quarterly* 20:575-604.

Strang, H. 1997. *"Reintegrative Shaming and Victims of Crime,"* Paper presented at the 9th International Symposium on Victimology

Sullivan, M. 1989. *Getting Paid: Youth Crime and Work in the Inner City*. Ithaca: Cornell University Press.

Sutherland, E. H. 1939. *Principles of Criminology.* 3rd Edition. Philadelphia: Lippincott.

Sutherland, E. H. 1947. *Principles of Criminology.* Philadelphia: Lippincott.

Sutherland, E. H. and D. R. Cressey. 1974. *Principles of Criminology*. Philadelphia: Lippincott.

Sutherland, E. H. and D. R. Cressey. 1978. *Principles of Criminology*, New York: Lippincott.

Sykes, G. and D, Matza. 1957. "Techniques of Neutralization: A Theory of Delinquency." *American Journal of Sociology* 22:664-70.

Syrotuik, J. M. 1978. "The Relationship between Birth Order and Parole outcome." *Canadian Journal of Criminology* 20:456-458.

Tannenbaum, F. 1938. *Crime and Community.* Boston: Ginn.

Taylor, R. B. and S. Gottfresdson. 1986. "Environmental Design, Crime, and Prevention: An Examination of Community Dynamics." in *Communities and Crime.* edited by A .J. Reiss and M. Tonry. Chicago: University of Chicago Press.

Thomas, C. and D. Bishop. 1984. "The Effect of Formal and Informal Sanctions on Delinquency: A Longitudinal comparison of Labeling and Deterrent Theories." *Journal of Criminal Law and Criminology* 75:1222-45.

Thornberry, T. P. 1987. "Toward an Interactional Theory of Delinquency." *Criminology*

25:863-891.

Thornberry, T. P. 1996. "Empirical Support for Interaction Theory: A Review of Literature." in *Delinquency and Crime.* edited by J. D. Hawkins. Cambidge University Press.

Thornberry, T. P. and M. Farnworth. 1982. "Social Correlates of Criminal Involvement : Further Evidence of the Relationship Between Social Status and Criminal Behavior." *American Sociological Review* 47:505-518.

Thornberry, T. P., M. Moore and R. L. Christenson. 1985. "The Effect of Dropping out of High School on Subsequent Criminal Behavior," *Criminology* 23(1):3-18

Thrasher, F. M. 1927. *The Gang: A Study of 1,313 Gangs in Chicago.* Chicago: University of Chicago Press.

Thurman, Q. C., A. L. Giacomazzi, M. D. Reisig, and D. G. Mueller. 1996. "Community-based Gang Prevention and Intervention." *Crime & Delinquency* 42:279-95.

Tibbetts, S. 1995. *"Low Birth Weight, Disadvantaged Environment and Early Onset: A Test of Moffitt's Interactional Hypothesis."* Paper presented at the American Society of Criminology Meeting, Boston, Mass., November 1995.

Tierney, J. P., J. B. Grossman, and N. L. Resch. 1995. *Making a Difference: An Impact Study of Big Brothers/Big Sisters.* Philadelphia: Public/Private Ventures.

Tittle, C. R. 1969. "Crime Rates and Legal Sanctions." *Social Problems* 16:409-23.

Tittle, C. R. 1980. *Sanctions and Social Deviance: The Question of Deterrence.* New York: Praeger.

Tittle, C. R. and A. Lowe. 1974. "Certainty of Arrest and Crime Rates: A Further Test of the Deterrence Hypotheses." *Social Forces* 52:455-62.

Tittle, C. R. and D. Curran. 1988. "Contingencies for Dispositional Disparities in Juvenile Justice." *Social Forces* 67:23-58.

Tittle, C. R. and R. F. Meier. 1991. "Specifying the SES/Delinquency Relationship." *Criminology* 28:271-299.

Tittle, C. R., M. J. Burke, and E. F. Jackson. 1986. "Modeling Sutherland's Theory of Differential Association : Toward an Empirical Clarification." *Social Forces* 65:405-432.

Tittle, C. R., W. J. Villemez, and D. A. Smith. 1978. "The Myth of Social Class and Criminality: An Empirical Assessment of the Empirical Evidence." *American*

Sociological Review 43:643-656.

Toby, J. 1957. "The Differential Impact of Family Disorganization." *American Sociological Review* 22:505-512.

Tolan, P. H., and N. G. Guerra. 1994. *What Works in Reducing Adolescent Violence: An Empirical Review of the Field.* Boulder, CO: Center for the Study and Prevention of Violence, University of Colorado.

Tremblay, R. E., and W. M. Craig. 1995. "Developmental Crime Prevention." in *Crime and Justice* (Vol.19). edited by M. Tonry and D. P. Farrington. Building a Safer Society. Chicago, IL: University of Chicago Press.

Tremblay, R. E., B. Masse, D. Perron, M. Le Blanc, A. E. Schwartzman, and J. E. Ledingham. 1992. "Early Disruptive Behavior, Poor School Achievement, Delinquent Behavior and Delinquent Personality: Longitudinal Analysis." *Journal of Consulting and Clinical Psychology* 60:64-72.

Tremblay, R. E., F. Vitaro, L. Bertrand, M. Le Blanc, H. Beauchesne, H. Boileau, and H. David. 1992. "Parent and Child Training to Prevent Early Onset of Delinquency: The Montreal Longtitudinal-Experimental Study." in *Preventing Antisocial Behavior: Interventions from Birth through Adolescence.* edited by J. McCord and R. E. Tremblay. New York: Guilford.

Tremblay, R. E., L. Pagani-Kurtz, L. C. Messe, F. Vitaro, and R. O. Pihl. 1995. "A Bimodal Preventive Intervention for Disruptive Kindergarten Boys: Its Impact through Mid-Adolescence." *Journal of Consulting and Clinical Psychology* 63:560-568.

Trojanowicz, R. and B. Bucqueroux. 1989. *Community Policing: A Contemporary Perspective.* Anderson Publishing Company.

Turanovic, J. J. and T. C. Pratt, 2013. "The Consequences of Maladaptive Coping: Integrating General Strain and Self-Control Theories to Specify a Causal Pathway Between Victimization and Offending." *Journal of Quantitative Criminology* 29:321-345.

Turanovic, J. J. and T. C. Pratt, 2014. "Can't Stop, Won't Stop: Self-Control, Risky Lifestyles, and Repeat Victimization." *Journal of Quantitative Criminology* 30:29-56.

U.S. Department of Justice, Bureau of Justice Statistics, *Dictionary of Criminal Justice Data Terminology*. Washington, DC: U.S. Government Printing Office.

Van Ness, D. and K. H. Strong, 1997. *Restoring Justice.* Cincinnati: Anderson Publishing Co.

Van Voorhis, P., F. T. Cullen, R. A. Mathers, and C. C. Garner. 1988. "The Impact of Family Structure and Quality on Delinquency: A Comparative Assessment of Structural and Functional Factors." *Criminology* 26:235-261.

Vold, George B., Thomas J. Bernard and Jeffrey B. Snipes. 1998. *Theoretical Criminology.* New York, Oxford: Oxford University Press.

Voss, H. L. 1964. "Differential Association and Reported Delinquent Behavior: A Replication," *Social Problems* 12:78-85

Voss, H. L. 1966. "Socioeconomic Status and Reported Delinquent Behavior." *Social Problems* 3:314-324.

Wadworth, M. 1979. *Roots of Delinquency: Infancy, Adolescence and Crime*. Oxford: Martin Robertson.

Waldo, G. P. and T. G. Chiricos. 1972. "Perceived Penal Sanctions and Self-Reported Criminality: A Neglected Approach to Deterrence Research." *Social Problems* 19:522-40.

Wall, D. S. 2001. Cyber Crimes and the Internet. In *Crime and the Internet.* D.S. Wall(ed). New York: Routledge

Wall, D. S. 2007. *Cybercrime.* Cambridge: Polity Press.

Warr, M. 1993. "Age, Peers and Delinquency." *Criminology* 31:17-40.

Warr, M. 1998. "Life-Course Transitions and Resistance from Crime." *Criminology* 36: 502-536.

Warr, M. and M. Stafford, 1991. "The Influence of Delinquent peers: What They think or What they do?" *Criminology* 29:851-865.

Wattenberg, W. W., and F. Saunders. 1954. "Sex Differences among Juvenile Offenders." *Sociology and Social Research* 39:24-31.

Webster-Stratton, C. 1998. "Preventing Conduct Problems in Head Start Children: Strengthening Parenting Competencies." *Journal of Consulting and Clinical Psychology* 65:93-109.

Weissberg, R. P., and M. T. Greenberg. 1997. "School and Community Competence-Enhancement and Prevention Programs." in *Handbook of Child Psychology: Child Psychology in Practice*. edited by L. E Sigel and K. A. Renninger. New York: John Wiley.

Weisz, J. R., B. Weiss, M. D. Alicke, and M. L. Klots. 1987. "Effectiveness of Psychotherapy with Children and Adolescents: A Meta-Analysis for Clinicians." *Journal of Consulting and Clinical Psychology* 55:542-549.

Weisz, J. R., G. R. Donenberg, S. S. Han, and D. Kauneckis. 1995. "Child and Adolescent Psychotherapy Outcomes in Experiments vs Clinics: Why the Disparity?" *Journal of Abnormal Child Psychology* 23:83-106.

Wellford, C. F. 1975. "Labelling Theory and Criminology: An Assessment." *Social Problems* 22:332-345.

Wellman, Barry. 1979. "The Community Question: the Intimate Networks of East Yonkers." *American Journal of Sociology* 84:1201-31.

Wells, L. E. and J. H. Rankin. 1983. "Self-Concepts as a Mediating Factor in Delinquency." *Social Psychological Quarterly* 46:11-22.

Wells, L. E., and J. H. Rankin. 1986. "The Broken Homes Model of Delinquency: Analytic Issues." *Journal of Research in Crime and Delinquency* 23:68-93.

West, D. J. 1969. *Present Conduct and Future Delinquency*. London: Heinemann.

West, D. J. 1980. "Parental Supervision: A Neglected Aspect of Delinquency." *British Journal of Criminology* 20:203-235.

West, D. J. 1982. "Parental Responsibility and Delinquency: Reflections on a White Paper Proposal." *The Howard Journal* 21:23-34.

West, D. J. 1982. *Delinquency: Its Roots, Careers and Prospects.* London: Heinemann.

West, D. J., and D. P. Farrington. 1973. *Who Becomes Delinquent?* London: Heinemann.

West, D. J., and D. P. Farrington. 1977. *The Delinquent Way of Life.* London: Heinemann.

West, D. J., and R. J. Herrnstein. 1985. *Crime and Human Nature.* New York: Simon and Schuster.

Wiatrowski, M. D., D. B. Griswold, and M. K. Roberts. 1981. "Social Control Theory and Delinquency." *American Sociological Review* 46:525-41.

Williams, K. R. and R. Hawkins. 1989. "Perceptual Research on General Deterrence: A Critical Review." *Law and Society Review* 20:545-72.

Williams, K. R. and R. L. Flewelling. 1988. "The Social Production of Criminal Homicide: A Comparative Study of Disaggregated Rates in American Cities." *American*

Sociological Review 53:421-31.

Wilson, David B. 2002. "Sex Offender Treatment." in *Encyclopedia of Crime and Punishment* 4. edited by David Levinson. Sage Publications

Wilson, J. Q. and R. J. Herrnstein. 1985. *Crime and Human Nature.* New York: Simon and Schuster

Wirth, Louis. 1938. "Urbanism as a Way of Life." *American Journal of Sociology* 44:3-24.

Wojciechowski, T. 2022. "Deviant Peer Association as a Predictor of Development of Risk for Selling Illicit Drugs: Are Effects Age-Graded?" *Journal of Drug Issues* 52(4):459-472.

Wolfgang, M. E. and F. Ferracuti. 1967. *The Subculture of Violence.* London: Tavistock.

Wood, P. B., B. Pfefferbaum, and B. J. Arneklev. 1993. "Risk-Taking and Self-Control: Social Psychological Correlates of Delinquency." *Journal of Crime and Justice* 16:111-30.

Wright, B. R., A Capsi, and P. A. Silva. 1999. "Low Self-Control, Social Bonds, and Crime: Social Causation, Social Selection, or Both?" *Criminology* 37:479-514.

Wright, M. 1991. *Justice for Victims and Offenders: A Restorative Response to Crime.* Milton Keynes: Open University Press.

Wundersitz, J. 1994. "Family Conferencing in South Australia and Juvenile Justice Reform," in *Family Conferencing and Juvenile Justice*. edited by Alder and Wundersitz. Canberra: Australian Institute of Criminology

Yablonsky, L. 1959. "The Delinquent Gang as a Near-group." *Social Problems* 7:108-117.

Yablonsky, L. 1966. *The Violent Gang*, Baltimore: Penguin.

Yar, M. 2006. *Cybercrime and Society*. London: Sage.

Yoo, J. A. 2022. "What Shapes Cyber Delinquency in Adolescents?: A Holistic and Comparative Analysis of Cyber and Traditional Offline Delinquencies." *Children and Youth Services Review* 136:106445.

Zehr, H. 1990. *Changing Lenses: A New Focus for Crime and Justice.* Scottdale, PA: Herald Press.

Zimring, F. E. 1981. "Kids, Groups and Crime: Some Implications of a Well-known Secret." *The Journal of Criminal Law and Criminology* 72:867-885.

저자진 소개

김준호 고려대학교 사회학과 명예교수

노성호 전주대학교 경찰학과 교수

곽대경 동국대학교 경찰사법대학 교수

박성훈 한국형사·법무정책연구원 선임연구위원

박여주 대구대학교 경찰학부 교수

박정선 경찰대학 행정학과 교수

박철현 동의대학교 경찰행정학과 교수

송효종 고려대학교 사회학과 교수

이동원 원광대학교 경찰행정학과 교수

이성식 숭실대학교 정보사회학과 교수

최수형 한국형사·법무정책연구원 선임연구위원

황지태 한국형사·법무정책연구원 선임연구위원

제5판
청소년비행론

초판발행 2003년 9월 5일
제5판발행 2025년 8월 20일

지은이 김준호·노성호·곽대경·박성훈·박여주·박정선
박철현·송효종·이동원·이성식·최수형·황지태
펴낸이 안종만·안상준

편 집 이혜미
기획/마케팅 박부하
표지디자인 BEN STORY
제 작 고철민·김원표

펴낸곳 (주) 박영사
서울특별시 금천구 가산디지털2로 53, 210호(가산동, 한라시그마밸리)
등록 1959.3.11. 제300-1959-1호(倫)
전 화 02)733-6771
f a x 02)736-4818
e-mail pys@pybook.co.kr
homepage www.pybook.co.kr
ISBN 979-11-303-2341-1 93350

정 가 29,000원